Philosophy of Judicial Proof

司法证明原论

张步文 / 著

商务印书馆
2014年·北京

图书在版编目(CIP)数据

司法证明原论/张步文著.—北京:商务印书馆,2014
ISBN 978-7-100-10063-2

Ⅰ.①司… Ⅱ.①张… Ⅲ.①证据—研究 Ⅳ.①D915.130.4

中国版本图书馆 CIP 数据核字(2013)第 135316 号

保留所有权利,侵权必究。

西南大学博士基金项目"证据基础理论研究"成果
学术精品成果出版资助、法学院出版基金资助

司法证明原论

张步文 著

商 务 印 书 馆 出 版
(北京王府井大街 36 号 邮政编码 100710)
商 务 印 书 馆 发 行
北京市松源印刷有限公司印刷
ISBN 978-7-100-10063-2

2014 年 1 月第 1 版　　开本 880×1230 1/32
2014 年 1 月北京第 1 次印刷　印张 21⅛

定价:68.00 元

序

两年前,步文告诉我,他正在写一本关于证据法基础理论的书,说如能出版,请我写个序,我当即承允。书稿早就杀青,我已先悉;得闻行将付梓,欣然命笔为序。

《司法证明原论》一书,旨在厘清诉讼法学和证据学领域关于何为司法中的事实、事实为什么需要证明、事实如何证明等基本问题,建立了事实证明基础理论的基本体系。

本书以宽阔的视野,严密的逻辑,深邃的分析,指出了近二三十年来关于上述问题研究中的各种谬误及对司法实践的危害,特别对所谓"法律真实"理论给予了透彻的反思、批评,澄清了在诉讼法和证据法学界存在的案件事实不能证明、证明的不是客观案件事实等不准确或错误的观点。

本书行文质朴,观点鲜明,语言犀利,说理透彻,同时理论联系实际,对于司法实践中正确运用法律、维护司法正义具有指导意义。

特需提到的是,本书所涉主题,是步文在做我的博士生前,就已经开始关注的。作者始终不曾舍弃,持久深思十余载,笔耕不辍三年多,秉持严谨学风,恪守学术旨趣,终成今日洋洋五十万言,在当前学术及社会氛围下,尤其值得嘉许。

徐静村

自 序

一

　　十五年前,我开始关注证据(法)学。十二年前,我集中注意到一个现象,即有关证据(法)的文章、著作和教材,都讲事实应当证明以及如何证明,但都不曾提出和回答一个很简单的问题:事实为什么应当证明,或者说为什么需要证明?

　　后来,陆续读到分析证据本质(属性)的诸多文章。不过,那些文章主要是在论争证据的属性,如客观性、相关性(关联性)和合法性等,"事实为什么要证明"似乎从来不是一个问题,无人问津。

　　2002年上半年,我需要确定自己的博士论文选题。那时,同门师兄熊志海选择了"刑事证据研究",牟军选择了"自白制度研究",都是有关证据(法)的选题,而且他们都对自己的选题已经做出了很好的前期研究。我本打算以"(司法)证明本质研究"为题,可我对这个选题丝毫没有把握,许多问题没有想明白,学力不足,只得放弃。

　　所没有放弃的是,这些年我持续关注和思考:事实究竟为什么需要证明?司法证明的本质是什么?

二

　　公历2008年的最后一天,我踏出国门,来到美国亚利桑那州一个偏远的小镇旗杆市(Flagstaff),进入北亚利桑那大学犯罪学与刑事司法系访学。这是一个独特、宁静的求学之地。几万人的小镇,低矮的房屋,便利的交通,隐藏在半径达四五十英里的庞德罗莎松森林(Ponderosa Pine Forests)里面;距小镇和学校不远处,是耸立的圣弗朗西斯科峰,最高点海拔3851米,一年中差不多一半时间被冰雪覆盖。小镇北边几十英里外就是赫赫有名的科罗拉多大峡谷,许多慕名而往的游客,要经过旗杆市。

但是,繁华与喧嚣,与我访学的校园没有多少缘分。这是安心读书和静静思考的好地方。

在那里,我开始整理多年对证据和司法证明问题的种种想法,审度"事实为什么需要证明"究竟是不是一个"问题",是否值得我花时间去做一番理论考察。因为在此前,一位好友对我提出的这个问题甚为惊讶:"事实不证明能行吗?我到法院告你欠我十万,我不证明,你会这样给我吗?"这是多么自然而晓畅的反诘!

三

事实为什么需要证明?这个问题本身并不玄奥。

但是,提出这个问题,似乎不顾常识,不明事理。

事实需要证明,尤其,司法裁判所依据的事实,一般都要进行证明,并且往往经过了证明,事实真相大多都揭示出来了。这几乎是不言而喻、不证自明的"公理"!

可是,各种简单的问题依旧明摆着。

四

按照常理,既然是事实,只需陈述清楚即可,何须证明?

为什么人们总认为"口说无凭",往往要求拿出证明事实的证据,进行证明?

如果事实的确需要证明,那历史上"莫须有的事实",为什么也需要"证明",并且常常"在当时"被"铁证如山"地证明了?

为什么曾经"被证明"的一些"事实"后来发现错了,而人们一般还是信任司法证明?

如果说当"人"是裁判者的时候,裁判事实需要证明自有其因,可是,为什么"神明裁判"中的事实依然需要"证明",并且总是由人来展示"神明"?

五

当有人口口声声诉说"事实"的时候,当有人理直气壮要求他人证明事实的时候,当某人信誓旦旦地证明事实的时候,我们有没有仔细思考:声明事实的是谁,要求证明事实的是谁,真正在证明事实的又是谁?为什么是他们?

事实的亲历者,耳闻目睹者,需要事实吗?需要向他人证明事实吗?需要别人为他们证明事实吗?

即使案外人希望知道案件真相,他们需要事实,可是他们需要别人证明事实吗?别人会为他们证明事实吗?

同样是裁判者,运动场上的裁判不需要谁来为他证明事实,法庭的判官却对事实证明有着天然的依赖,又是为何?

六

在司法领域,人类的能力和手段足以保证我们证明一个哪怕极其简单的事实吗?

我们曾经证明过事实吗?

诉讼中,为什么人们要采取或者拒绝某些事实证明方式?为什么要拒绝一些看起来能够证明甚至已经证明的事实?为什么事实可以并能够从别人的承认中,或者在强迫他人承认中得到证明？那些限制或者禁止取证、采证或排除证据的规则,到底是证明事实的规则,还是掩藏事实的手段？

七

就已经证明的事实而言,它们到底是人们"发现(重现)"、"认定"的客观事实,还是"建构(重建、重构)"的事实呢？事实在什么意义上是客观的、主观的或主客观统一的？

如果承认重现或建构事实的手段有限性,事实认识的有限性,真相不明案件的客观存在,许多案件事实可能永远销声匿迹,尘封于时间长河,那么,在司法场域,事实证明的相对主义和怀疑主义是否就具有历史和逻辑上的坚实基础及正当性？

基于怀疑主义甚至不可知论的司法证明理论,怎样"解构"了事实证明,怎样消灭着司法证明的对象、手段和价值与原则？司法证明理论和实践回应了这些挑战吗？

"事实"真的存在过、能够持续存在吗？以"语言"和"命题"所承载的"事实",还是事实并能够作为事实的存在形式吗？

如果(客观案件)事实压根儿不存在,即使存在也不能证明,即使能够证明,证明出来的事实也不是(客观的)事实,那为什么需要证明,证明了又如何？

司法裁判要是根本不依赖客观案件事实,或者事实根本就无需证明,那该多么简便快捷！

然而,我们从来不曾指望有那样的司法证明和裁判制度,为什么？

八

从 2009 年 8 月到今天,整整三年半的时间里,我大致整理出了自己的思考,对自己、也希望对学界,有一个说法:事实需要证明,事实能够证明,众多的事实得到了证明,少数案件事实没有被查清、证明,证明了的事实,一般说来都与案件客观事实基本吻合,这些其实在理论和实践上根本不是问题;但近二三十来年,我国诉讼法和证据法理论界关于司法证明、事实和"真实"的奇谈怪论不少,使得事实证明,特别是所谓"证明标准",成为一个大问题;现在,是系统回应那些怪论、重申和回归基本的司法证明理论和实践常识的时候了。

本书的宗旨在于,让司法场域的事实证明理论回归正确、朴实而基本的知识和道理,重述事实证明历经实践检验、正确有效的理论和常识,力求"澄清"而不苟求"创新"。

本书的基本认识和方法立场是:回归作为社会生活事实的案件事实,回归司法证明和裁判的实践,破除纯粹书斋的玄想和妄议,剥去那些哗众取宠、似是而非、误导司法证明和裁判实践的空谈,尤其是"法律真实"论和它的极致化产物——后现代的"超越事实"论。

九

本书前六章很少有注释。因为,这些内容都是我系统思考的结论,或者是对司法证明的实践与常识的重申、归纳,而没有对他人文献的旁征博引。我历来都不喜欢在文章里面穿插密密麻麻的注释(除了被某些原因所迫),而且,我想,除了被学术规训得差不多了的学者和后生,没有几个读者乐意在阅读之中被接二连三的注释搅得眼花缭乱。

后面第七至九章,引用的文献却比比皆是,注释码也少不了。真是不得已,因为这几章主要是对近二十年一些极为流行的理论进行批评,我必须尽力避免断章取义、张冠李戴或无中生有。我恪守一个信念:直言不讳地评论我认为值得商榷的重要观点,但尊重每一位作者,不论是德高望重的长辈,还是生龙活虎的新秀,尽管书中很可能有言词不周、礼数不到的地方——"学术的归学术,人格的归人格"。我忠诚于自己的思考和对学术的追求,把这么多年的研究结论诚实地表达出来;我尊重我所评论的那些学者把他们自己的观点看成是需要阐发和维护的"真理",尽管我质疑了一些观点的某种荒谬性,指出了它们对司法证明实践可能产生的误导。

张 步 文

2009年8月至2010年6月初稿

2010年8月至2013年7月改定

目　　录

序 ·· i
自序 ··· iii

导引:"故事"还是"真相" ·· 1

上　　卷

第一章　司法裁判场域中的事实 ·· 13
　第一节　我的事实观:定义和表达事实 ·································· 13
　　一、事实的客观和主观定义 ··· 13
　　二、客观和主观定义之下的"事实" ···································· 14
　　　(一)客观和主观定义中"事实"的实质 ····························· 14
　　　(二)客观和主观定义下的事实论分野 ······························· 17
　　　(三)主观事实论的显然且根本的缺陷 ······························· 18
　　　(四)事实和事实定义两个层面的统一 ······························· 19
　　　(五)"真"是事实和事实认识的根基 ································ 20
　　三、事实的把握和表达方式 ··· 21
　　　(一)事实可以为人所认识和表达 ···································· 21
　　　(二)事实的语言和逻辑表达 ·· 22
　　四、"未知"和"将来"的事实是否存在 ································ 24
　　五、事实的多样性和本体论特征 ······································· 26

（一）事实的多样性与"虚拟事实" ………………………… 26
　　　（二）客观事实的本体论和认识论特征 …………………… 27
　第二节　司法证明理论中的事实范畴 ………………………………… 31
　　一、司法证明理论中的事实范畴体系 ……………………………… 31
　　二、司法证明理论中的事实界定之方式 …………………………… 33
　　三、司法证明理论中的事实研究方法 ……………………………… 35
　　四、贯通东西方法学和司法实践的事实概念 ……………………… 36
　第三节　司法裁判活动中的事实范畴 ………………………………… 38
　　一、法律领域内的事实范围和类型 ………………………………… 38
　　二、案件的原生事实 ………………………………………………… 39
　　三、案件的讼争事实 ………………………………………………… 40
　　四、讼争事实与原生事实的关系 …………………………………… 40
　　五、原生事实和讼争事实与证据的基本关系 ……………………… 41
　　六、讼争事实的实践内涵和功能 …………………………………… 43
　　七、定案事实的特征和价值 ………………………………………… 44
　　八、从原生事实到定案事实：自然与逻辑关系 …………………… 46
　第四节　讼争事实的性质和特点 ……………………………………… 48
　　一、重心转移：从"案件事实"到"讼争事实" ……………………… 48
　　二、自然事实向讼争事实转化 ……………………………………… 50
　　三、社会纠纷向讼争事实转化 ……………………………………… 51
　　四、讼争事实仍然是社会生活事实 ………………………………… 52
　　五、讼争事实的主要特征 …………………………………………… 53
　　　（一）讼争事实一般是当事人自己明白的事实 …………… 53
　　　（二）事实有争讼，真相不会变 …………………………… 54
　　　（三）讼争事实须待证明和判定 …………………………… 55
　　　（四）讼争事实是社会事实中的"关键少数" ……………… 55

第五节　司法证明实务中有关事实的特别问题 …………… 56
　一、急于求成,欲速不达,真相难明 …………………… 56
　二、回避事实,无视真相,胡乱裁判 …………………… 58
　三、徇私枉法,"制作案件",颠覆正义 ………………… 59
　四、追逐名利,罗织构陷,伤天害理 …………………… 61
　五、机械执法与随意司法并存 ………………………… 62

第二章　司法裁判为什么需要事实 ……………………………… 65
　第一节　事实与司法裁判的多重联系 …………………………… 65
　　一、事实与司法裁判的启动和进行 …………………… 66
　　二、事实与司法裁判对象 ……………………………… 67
　　三、事实与司法裁判的根据 …………………………… 68
　　四、事实与司法裁判的结果 …………………………… 70
　　五、事实真伪不明条件下的司法裁判根据 …………… 72
　　六、事实与司法裁判公正性评价 ……………………… 75
　　　(一)事实是裁判公正性及其评价的基准 …………… 75
　　　(二)起诉者基于"事实"评价司法裁判 ……………… 76
　　　(三)被告方基于"事实"评价司法裁判 ……………… 79
　　　(四)起诉者和被诉者对司法裁判评价的真假对立 … 80
　　　(五)裁判者自己对案件裁判的内心评价 …………… 82
　第二节　审判中讼争事实的认知情态 …………………………… 83
　　一、已知与未知并存的案件事实认识状态 …………… 83
　　二、未知的案件事实是可知的事实 …………………… 84
　　三、讼争事实的证明与不可知论和"绝对证明"无关 … 86
　　四、裁判者的事实认知情态与司法证明和裁判机制 … 88
　第三节　司法裁判者需要事实 …………………………………… 90
　　一、起诉者不缺事实,但须证明主张的事实 …………… 90

二、被告方特殊情况下"需要"事实……………………… 94
　　　三、裁判者需要并依赖事实而裁决案件…………………… 97
　第四节　事实需要的功利性和非功利性………………………… 100
　　　一、事实需要的功利性……………………………………… 100
　　　二、事实需要的非功利性…………………………………… 103
　第五节　冤案"需要""铁打的事实"…………………………… 106
　　　一、冤案与案件事实的基本关系…………………………… 106
　　　二、制造冤案也需要"事实"……………………………… 107
　　　　（一）李斯亲口招供"谋逆"事实………………………… 107
　　　　（二）维辛斯基"言之凿凿"指控"叛国集团"………… 108
　　　　（三）维辛斯基的证据和事实"戏法"…………………… 113
　　　　（四）罗织人罪、陷害无辜的"经典"理论……………… 115
　　　　（五）构陷无辜有时候需要司法"审判"………………… 116
　　　　（六）构陷无辜的"审判"需要"铁证"和"事实"…… 119
　第六节　"神明"裁判仍然需要"事实"………………………… 121
　　　一、神明裁判是人信仰神明昭示出裁判…………………… 121
　　　二、神明裁判与世俗裁判相似或相同……………………… 122
　　　三、神明裁判与世俗裁判的分殊…………………………… 123
　　　四、神明裁判的共同要素…………………………………… 124
　第七节　司法裁判需要事实的刚性与柔性……………………… 126
　　　一、司法裁判对案件事实的刚性需要……………………… 126
　　　二、司法裁判需要事实的柔性特征………………………… 127

第三章　司法裁判需要什么样的事实……………………………… 130
　第一节　司法裁判必须面对讼争事实…………………………… 130
　　　一、现代司法并不"需要"但须面对讼争事实…………… 130

二、诉称事实和辩称事实的基本关系 …………………… 131
　　三、裁判者应当确定事实审查重点 ……………………… 132
第二节　司法裁判需要"查证事实" ………………………………… 134
　　一、"查证事实"是通过证据查实的待证事实…………… 134
　　二、"查证事实"与讼争事实、待证事实的关系 ………… 136
　　三、"查证事实"的属性和功能 …………………………… 137
第三节　司法裁判需要证据事实 …………………………………… 138
　　一、证据事实的来源和形成方式 ………………………… 139
　　　　（一）证据事实源于证据所载客观事实信息………… 139
　　　　（二）证据的形成是一个自然历史过程 ……………… 142
　　　　（三）证据得以证明案件事实的简单奥秘 …………… 144
　　二、证据事实与讼争事实、查证事实的关系 …………… 145
　　三、证据事实的价值 ……………………………………… 145
第四节　司法裁判需要定案事实 …………………………………… 146
　　一、定案事实由案件原生事实演变而来 ………………… 146
　　二、定案事实的特征 ……………………………………… 147
　　　　（一）定案事实的认识论与本体论特征 ……………… 147
　　　　（二）定案事实的原生态与程序化特征 ……………… 150
　　　　（三）定案事实的丰富与简约、不可选择与可选择特征……… 155
　　　　（四）定案事实应当无错但确有差错 ………………… 155
　　　　（五）定案事实的非解释性与解释性特征 …………… 157
　　三、定案事实的界限与范围 ……………………………… 160
第五节　查证事实和定案事实的特殊性 …………………………… 161
　　一、裁判者获知查证事实和定案事实的方式 …………… 162
　　二、裁判者预断对查证事实和定案事实的影响 ………… 162
　　三、偏见和预断对事实查证和认定的影响不同 ………… 163

四、查证事实和定案事实具有明确指向性 ································ 165
　　五、定案事实与事实真相在案件终点(基本)重合 ···················· 165
第四章　诉争事实为什么需要证明 ··· 168
　第一节　客观事实本身无需"证明" ·· 168
　　一、世界是"事实的世界" ·· 168
　　二、全部事实都无须证明 ·· 170
　　三、"证明"的含义、发生条件和方式 ·· 170
　　四、自然科学与社会科学中的证明 ··· 172
　　五、传播性证明的特征 ··· 172
　　六、事实需要证明的一般条件 ·· 174
　　七、事实证明的基本流程和核心要素 ·· 174
　第二节　司法裁判中的"事实证明" ·· 176
　　一、诉争事实"需要证明"的原因 ··· 176
　　　(一)纷争事实并不都需要证明 ·· 176
　　　(二)诉争事实"需要证明"的根本原因 ·· 178
　　二、司法活动中事实证明的主要特征 ·· 179
　　三、司法证明中"证明"的本义与双层结构 ···································· 180
　　四、诉争事实需要予以证明的条件 ··· 182
　　五、司法证明与社会领域其他"证明"的区别 ································· 183
　　　(一)司法证明是典型的知识传递性证明 ···································· 184
　　　(二)司法证明是科学要求与价值导向的统一 ······························ 185
　　　(三)司法证明是他向证明和自向证明的结合 ······························ 185
　　　(四)自向证明和他向证明的特殊情形 ······································· 188
　第三节　需要予以证明的争点事实 ··· 191
　　一、诉争事实并非都需要证明 ·· 191
　　二、"争点事实"真正需要证明 ·· 193

第四节 争点事实为什么需要证明 … 193
一、事实主张者并不希望证明事实 … 193
二、对事实主张的质疑产生事实证明的要求 … 194
三、事实"争点"决定了争点事实必须证明 … 195
  （一）客观事实不可争,事实主张多争议 … 195
  （二）争点事实面前裁判者的认知困境和证明需求 … 196
  （三）司法证明能够重现真相、消除事实和权益之争 … 198
四、司法证明是真相与正义的联结纽带 … 200
  （一）司法证明以揭穿真相而化解事实和权益纷争 … 200
  （二）事实真相的独特功能和特性 … 201
  （三）事实真相不可否定、忽视和嘲弄 … 204
五、司法正义之根本在于真相所蕴涵的自然正义 … 204

第五节 争点事实由主张者证明 … 207
一、争点事实的主张者承担证明义务 … 207
二、被告方有对争点事实进行答辩的权利 … 209
三、争点事实的知情者主张并证明事实 … 210
四、证明责任理论及规则的简化 … 213

第六节 事实证明中的裁判者 … 215
一、裁判者在事实证明中负有指挥和裁断责任 … 215
二、裁判者须面对指挥和裁断证明活动的难题 … 216
三、裁判者控制事实证明的风险与防范 … 217

第五章 事实证明之可能与本质 … 222
第一节 事实能否证明仍然是个问题 … 222
一、争点事实证明的真实难题 … 222
二、司法证明长期遭到怀疑主义哲学挑战 … 229
三、后现代证明哲学对司法证明的"解构" … 234

四、事实能够证明是理性主义的基本观念 ················ 235
第二节 "事实能否证明"的实质和回答 ················ 236
　一、"事实能否证明"的涵义和实质 ················ 236
　　（一）事实需要证明和能否证明互为表里 ················ 236
　　（二）事实需要证明和能否证明的实践意涵 ················ 237
　　（三）"事实能否证明"问题的整体性和具体性 ················ 238
　　（四）"事实能否证明"问题的准确内涵和实质 ················ 238
　二、司法历史和实践对"事实能否证明"的回答 ················ 239
　　（一）事实应当证明 ················ 239
　　（二）事实可以证明 ················ 240
　　（三）事实主要以理性方式证明 ················ 241
　　（四）事实证明是经验、常识和理论逻辑的综合运用 ················ 242
　　（五）事实证明的制度约束和价值导向并不根本改变事实 ··· 244
　　（六）被证明为真的事实是"实体性"客观事实 ················ 247
　　（七）事实的内容和法律性质是既定、客观的 ················ 248
第三节 "有限真相"与"有限证明" ················ 251
　一、案件裁判的个别化与"有限证明"、"有限真相" ················ 251
　二、法律真实论虚构出"无限、绝对"证明要求 ················ 252
　三、司法证明理论中的怀疑主义"不确定性"观念 ················ 253
　四、"法律真实"证明理论的怀疑主义特征 ················ 258
　五、"客观真实"的绝对性和相对性及其意义 ················ 260
　六、"有限真相"的合理性和正当性 ················ 262
　七、"有限真相"是司法证明的真实历史和现实 ················ 265
　八、真实的司法正义是个案的"有限正义" ················ 267
第四节 事实证明的本质是重现真相 ················ 269
　一、客观真实论的真相"重现"观念 ················ 269

二、法律真实论的事实(真相)"重构"论 …………………… 270
　　(一)将诉讼程序价值绝对化 …………………………… 272
　　(二)认为事实再现是神话 ……………………………… 273
　　(三)认为证据只是被解读的"文本" …………………… 277
　　(四)采用"诠释"或"解读"的方法 ……………………… 278
　　(五)认为裁判者编写"故事",从事"自我叙事" ……… 280
三、事实"重构"论的缺陷和偏差 ……………………………… 282
第五节　刑事司法中的"超限证明" ……………………………… 284
一、刑事证明实务中的"超限证明"现象 ……………………… 284
二、把握刑事证明范围和要求的七项"规则" ………………… 286

第六章　事实证明的有效性 …………………………………………… 290
第一节　证据是有效证明事实的基础 …………………………… 290
一、证据的内容是特定、客观的原生事实信息 ……………… 290
二、证据在司法证明中担当多重"角色" ……………………… 295
三、经查实的证据具有不可争、不能争的终结性 …………… 300
四、"审判有问题"多是"证据有问题" ………………………… 302
五、证据及其功能的价值中立性 ……………………………… 303
第二节　神示"证据"与事实有效证明 …………………………… 304
一、神明裁判中的证据信念和证据形式 ……………………… 304
二、神明裁判中证据和事实证明的特殊性 …………………… 306
第三节　现代证明规则与事实有效证明 ………………………… 309
一、证明规则的系统性和多样性 ……………………………… 310
二、司法证明原则对证明事实具有不同功效 ………………… 311
三、事实证明的基础性、价值中立性规则 …………………… 312
四、事实证明的支持、保障、促进性规则 …………………… 321
五、可能限制、削弱或阻碍事实证明的规则 ………………… 323

六、排除证明障碍、便宜事实证明的规则 …………………… 325
　　七、保障证明权利和证明秩序的规则 …………………………… 326
　　八、保护特定人权利的证据特权规则 …………………………… 327
　　九、保障言行诚信的禁反言规则 ………………………………… 328
　第四节　事实证明有效性"正解" ………………………………… 329
　　一、事实证明总体有效和部分无效 ……………………………… 329
　　二、理性证明的有限性与总体有效性 …………………………… 331
　　三、有限证明任务只需有限的理性证明能力 …………………… 332
　　四、错案现象不能根本否定事实证明有效性 …………………… 334

下　　卷

第七章　事实"命题"说述评 …………………………………… 339
　第一节　事实"命题"说的影响和主要观点 …………………… 339
　　一、事实"命题"说对诉讼法与证据法学界的影响 …………… 339
　　二、事实"命题"说的主要观点 ………………………………… 342
　　　（一）事实是主观认识中的经验事实 ………………………… 342
　　　（二）命题的内容是事实,被命题表达的事实才是事实 …… 345
　　　（三）事实是"真的特殊命题"所肯定的内容 ……………… 347
　　　（四）事实和理论相互渗透、相互作用和相互转化 ………… 351
　第二节　事实"命题"说的理论来源及简评 …………………… 358
　　一、事实"命题"说的主要理论来源 …………………………… 358
　　　（一）对罗素"原子事实"观念的批评与肯定 ……………… 359
　　　（二）对维特根斯坦事实和命题理论的批评和吸收 ………… 359
　　　（三）对金岳霖"事实"理论的继受和阐发 ………………… 364
　　二、事实"命题"说与马克思主义"事实"观存在差别 ……… 369

第三节 对事实"命题"说的总体性反思 ………………… 372
　一、关于《事实论》的研究起点和方法 ………………… 372
　二、《事实论》的主观主义色彩 …………………………… 375
　三、《事实论》存在不少逻辑矛盾 ………………………… 378
　　（一）"从事实出发"的"事实"究竟是什么 …………… 378
　　（二）《事实论》对毛泽东"事实"概念的错解 ………… 379
　　（三）《事实论》对"太阳胜于雄辩"的奇妙批评 …… 382
　　（四）《事实论》的"事实"将使事实不再"胜于雄辩" … 390
第四节 事实证明的出发点和归宿 ……………………………… 391
　一、事实"命题"说可以成立的条件和范围 …………… 391
　二、事实"命题"说会致使司法证明难以存在 ………… 392
　三、司法证明只能从讼争事实出发 ……………………… 392
　四、司法证明必须以事实真相为归宿 …………………… 393

第八章 "证明标准"与两种"真实" …………………………… 394
第一节 从"证明标准"返回"裁判标准" ……………………… 394
　一、证明标准之争是一场误入歧途的论战 …………… 394
　　（一）证明标准之争的肇始和消退 …………………… 394
　　（二）证明标准之争早就受到批评 …………………… 395
　二、"证明标准"是子虚乌有的标准 …………………… 397
　　（一）事实无需证明时，证明标准纵使存在，也形同虚设 … 397
　　（二）事实需要证明时，证明有要求但无"标准" …… 399
　　（三）各种"证明标准"并不成其为事实证明的"标准" … 408
　三、长期错把"裁判标准"当作"证明标准" …………… 411
　　（一）"裁判标准"的基本含义 ………………………… 411
　　（二）传统的"证明标准"实为"裁判标准" ………… 411
　　（三）"证明标准"与"裁判标准"有显著区别 ……… 414

　　　　（四）应当以"裁判标准"取代"证明标准" …………… 415
　　　　（五）司法证明过程是裁判标准发挥功能的过程 ……… 416
　　四、重新理解外国法律中的"证明标准" ………………………… 420
　　　　（一）三六九等的事实"证明标准"引人质疑……………… 420
　　　　（二）重新理解国外"证明标准"的涵义 …………………… 422
　　五、固守"证明标准"忽视"裁判标准"的原因 ………………… 428
　　六、仅有裁判标准的司法证明世界井然有序 …………………… 430
第二节　"客观真实"和"法律真实"的本义 ………………………… 434
　　一、"客观真实"的引入和涵义 …………………………………… 434
　　二、作为"证明要求"的客观真实 ………………………………… 435
　　三、"客观真实"成为"证明标准"之通说 ……………………… 438
　　四、英美法律哲学中的"客观真实"和"法律真实" …………… 439
　　　　（一）证据法范围内没有"客观真实"和"法律真实"范畴 …… 439
　　　　（二）"客观真实"和"法律真实"均用以指称事实裁判结果 … 440
　　五、"客观真实"的基本理论 ……………………………………… 443
　　　　（一）什么需要用"客观真实"来指向与指代………………… 443
　　　　（二）主观真实并不与"客观真实"完全、直接对立 ………… 447
　　　　（三）"客观真实"的裁判目标能否达到 …………………… 448
　　六、"法律真实"理论产生的特殊基础 …………………………… 449
　　　　（一）"法律真实"观念形成于特殊的法律思维……………… 449
　　　　（二）国外学者对法律真实与客观真实相互关系的争论 …… 450
　　七、"客观真实"和"法律真实"证明标准需要澄清 …………… 452
第三节　"法律真实"论的"舆论成功" ……………………………… 453
　　一、"法律真实"的违规定义 ……………………………………… 454
　　　　（一）"法律真实"的定义违反逻辑规则和司法实际 ………… 454

　　　　（二）"法律认可的真实"的虚幻性 …………………………… 464
　　　　（三）与"客观真实"相贯通的"法律真实"才能立足 ………… 465
　　二、"法律真实论"自身的分裂和混乱 ………………………………… 470
　　　　（一）"法律真实"的代表性观点及差异 ……………………… 470
　　　　（二）无所适从的多元"法律真实"观 ………………………… 474
　　三、"法律真实"对"客观真实"之批评的逻辑问题 …………………… 475
　　　　（一）前提与结论没有关联，"推不出" ……………………… 475
　　　　（二）以"虚假论证"方式批评客观真实论 …………………… 477
　　　　（三）对"客观真实"的似是而非、强加于人式的批评 ………… 480
　附："证明标准"争辩二十年的源流与话题 …………………………… 496
　　一、证明标准论争的起始和演变 ……………………………………… 496
　　二、证明标准论争中的主要话题 ……………………………………… 506

第九章　四种哲学观点与事实证明 ……………………………………… 525
第一节　辩证唯物认识论与司法证明 …………………………………… 525
　　一、"客观真实"的实践问题与辩证唯物认识论有关 ………………… 525
　　二、辩证唯物认识论不能指导诉讼证明活动 ………………………… 526
　　三、"现代哲学熏陶"与证明理论科学性 ……………………………… 527
　　四、直接以其他哲学认识论代替辩证唯物认识论 …………………… 528
第二节　语言哲学与案件事实的证明 …………………………………… 528
　　一、历史事实不可重复发生但可认识 ………………………………… 529
　　二、语言哲学中的事物"确实性" ……………………………………… 532
　　三、马克思、恩格斯对"把语言变成独立王国"的批判 ……………… 535
　　四、维特根斯坦后期哲学中的"确实性"思想 ………………………… 536
　　五、语言哲学并不能够作为司法证明基础理论 ……………………… 539
　　　　（一）语言哲学的研究方法不适于司法证明理论研究 ………… 540
　　　　（二）"语言哲学熏陶"无力澄清证明标准理论纷争 …………… 542

第三节　实用主义的裁判事实"可接受性"评析 …… 544
一、对"裁判(事实的)可接受性"的关注 …… 544
二、大陆学者对"裁判可接受性"研究的展开 …… 546
　(一)《易文》对裁判事实可接受性的阐述 …… 547
　(二) 张建伟先生对"合理可接受性"的批评 …… 547
　(三) 张继成先生的裁判可接受性根据理论 …… 550
　(四) 陈景辉先生对裁判可接受性理论的反思 …… 551
三、以实用主义为基础的"裁判可接受性" …… 553
　(一)《易文》的出发点和立论基点 …… 553
　(二) 司法裁判权威性的来源及其与裁判可接受性的关系 …… 555
　(三)《易文》没有准确、全面阐释尼桑的
　　　裁判可接受性理论 …… 556
　(四) 对"裁判事实可接受性"观念普遍化 …… 559
　(五)《易文》对"客观真实"的批评并不客观 …… 560
　(六) 事实虚化使得"裁判可接受性"没有客观基础 …… 563
　(七) 以"足球比赛"解析司法裁判是不当比喻 …… 567
　(八) 以实用主义"合理因素"重构证据法学基础理论 …… 575

第四节　后现代的"法官真实"理论评析 …… 583
一、"超越事实"的实质内容就是"法官真实" …… 584
二、传统证明手法并没有失败 …… 586
三、对"同一案件事实"不可能得出不同且都正确的认定 …… 588
四、一审法官和上诉审法官不同事实认定的实质 …… 590
五、事实的"多解"和"模糊"是"法官真实"的特征 …… 592
六、虚构的后现代证据哲学的价值与前景 …… 600
七、利用"怀疑"精神怀疑证据 …… 601

八、"断裂"是后现代的万能工具 …………………………… 602
九、后现代"解构"证据和事实的一般理路 …………………… 604
　　(一)后现代证据哲学解构"人证" ……………………… 604
　　(二)后现代证据哲学解构"物证" ……………………… 606
　　(三)后现代证据哲学中的"时间"利器 ………………… 606
十、后现代证明哲学中司法证明和裁判的本质 ………………… 607
十一、用"解释"("诠释")和"建构"曲解证据和事实 ………… 609
十二、把"叙事"作为建构案件证据和事实的基本方法 ………… 614
　　(一)后现代"叙事"的本质 ……………………………… 614
　　(二)"叙事"是证据学研究工具的重大革命 …………… 617
　　(三)"叙事"视角下的事实再现 ………………………… 620
　　(四)"故事形式一致性"是确定事实、发现真实的
　　　　逻辑起点 …………………………………………… 621
　　(五)法官的使命是创造"合理的故事" ………………… 629
　　(六)"叙事"给发现真相带来困难 ……………………… 631
　　(七)试图区别"叙事"与"虚构故事" …………………… 632
　　(八)"叙事"的功能和使命 ……………………………… 633

结语　事实证明理论需要返璞归真 ……………………………… 637
参考文献 …………………………………………………………… 642

导引:"故事"还是"真相"

一

司法证明究竟追寻什么,能够追寻到什么?通过司法证明程序,是演绎出了"故事",还是还原出了案件"真相"。法官认定的案件事实是"法律真实",还是案件的客观事实?这些问题的答案决定着如何回答"事实为什么需要证明"。

其实,电影艺术比我国大陆的"法律真实"论、后现代的"超越事实"论更早得多、更生动得多地揭示出:虽然案件本来的真相只有一个,但被人们"证明"或者"认定"的"事实"竟如此多样——

四部电影,四个"案件",却有八个"案件事实"!

这些案件事实究竟是"故事"还是"真相"呢?

二

《东方快车谋杀案》里面,在从伊斯坦布尔开往加莱的东方快车上,乘客雷切特被刺 12 刀身亡。同是列车乘客的侦探波洛经过调查查明:这个雷切特正是当年逃脱法网的匪首凯赛梯;同一车厢的 12 个旅客都与被匪徒杀害的阿姆斯特朗一家有牵连;这 12 位乘客刺杀了凯赛梯,共同为阿姆斯特朗一家复仇;复仇者制造了黑手党化装成列车员刺杀凯赛梯的假象。面对 12 位复仇乘客,波洛提出了两个谋杀结论:已经逃离列车的黑手党成员刺杀了凯赛梯;第二个就更加复杂……波罗让同在车上的列车公司董事来抉择"案件结论"和报告警方,并暗示"警方可能喜欢简单结论"。董事最后选择了"简单的结论",12名乘客都释然而暗自欣喜。随后,波洛起身并告诉大家,他要以"对警方和良心都负责"的态度去写报告了。

这个电影结局告诉我们的是:案件真相是清楚的,但为了某种良心和价值需要,人们可能有意选择虚构的"事实"——《东方快车谋杀案》中,一个案件只可能有一个事实,但波洛给出了两个"故事",任人选择。

三

英国电影《尼罗河上的惨案》,其案发过程扑朔迷离,破案过程步步惊心,结局则简单直白。拥有巨大财富的林内特小姐同新婚丈夫一起登上了"卡纳克号"游船,继续她的蜜月旅行。当游船沿迷人的尼罗河溯流而上的时候,在那个不平静的夜晚,美丽的林内特在睡梦中遭到枪杀。她头部中了致命的一枪,桌上那条价值五万英镑的项链也不翼而飞。接着游船上出现第二个、第三个遭谋杀的人。似乎游船上的每个人都有杀死林内特以及其他受害者的理由,其中有一个人的动机特别强烈,那就是林内特的情敌——杰奎琳·德·贝尔福特。唯一没有凶嫌的,是死者的新婚丈夫——西蒙·道尔。波洛经过严密推理,揭穿最不可能杀人的被害新娘的丈夫西蒙·道尔,以及他先前的真正未婚恋人,正是谋杀真凶——真相大白之下,凶手及其同谋双双饮弹自尽。

电影对我们的启示就是,再纷繁复杂的案件,也可能找到隐匿的真相,而在实际侦查和刑事证明活动中,也常常确实如此——一个案件,一个事实,真相败露,罪犯无处遁逃。

四

美国电影《十二怒汉》向我们展现的是陪审团对事实认定的复杂

过程和激烈争辩:一个在贫民窟中长大的男孩被指控谋杀亲生父亲,证人亲自出庭指证,凶器已经是呈堂铁证。陪审团12个人进入评议室,进行封闭和秘密讨论。根据法律,陪审团必须做出一致裁决,才算完成任务。在第一轮投票表决中,11位陪审员表决"有罪",工程师投"无罪"票,使得大家进入案情讨论之中。经过数轮争辩,一个老陪审员站到了工程师一边;在随后一次又一次的激烈争中,越来越多的人认为本案存在很多疑点,如果不负责任地表决"有罪",将会白白断送一个年轻人的性命。影片最终展现的是:通过各种不同人生观和思维方式的较量,12名陪审员一致表决被告人"无罪"。

《十二怒汉》让我们深思的是:第一,最初那11位陪审员是怎样得出被告有罪结论的?第二,在一开始就认为被告无罪的唯一陪审员的坚持下,在所有陪审员的激烈争论中,其余11名陪审员的"心证"一点点地从"有罪"转变为"无罪",这究竟是一个发现真相还是掩盖真相的过程?陪审团最终发现和认定的"无罪"究竟是客观"事实"还是"认识趋同"而已?第三,案件的原始真相究竟是什么,是亲子杀父还是另有真凶?案件审判之后仍然存在疑点,陪审团虽然只能按照罪疑从无来认定被告在"法律上清白",但被告人的父亲是谁杀死的,或者是自杀、意外?这个问题并没有得到回答。

《十二怒汉》其实只告诉我们:陪审团的事实认定过程是一个检验案件(证据)疑点的过程。但如果陪审员们个个心不在焉,马马虎虎,都被表面上的印象征服,那陪审团认定的"事实"又怎么可靠?而陪审团中,只要有一个坚定不移的"搅局者",整个事实认定就很可能彻底改变——当他严肃地质疑那些草率的有罪或无罪认定,他一个人就可能使陪审团整体更加接近被告人"无罪"或"有罪"的真相;当他对被告方心存偏见或偏袒,他也可能使陪审团远离案件真相,在有罪和无罪之间颠来倒去。

4　导引:"故事"还是"真相"

《十二怒汉》中的案件,肯定只有一个真相,陪审团认定被告无罪,这就是法律上的"事实",但这离案件本身的"全部真相"还很遥远。

五

日本导演黑泽明执导的《罗生门》讲述的是:武士金泽武弘死亡在丛林里,但武弘如何死的,真相不明。因此,"罗生门"的隐喻在诉讼和证据法学界,在司法实务界,不少人耳熟能详,视之为"魔咒"——事实真相难求。

在这个意义上,黑泽明通过电影艺术所表达的"法律真实"远比当今的"法律真实论者"来得深刻,展示得更加鲜明和生动。

问题是:如果我们从刑事诉讼和司法证明的"专业"角度,钻一钻牛角尖,"罗生门"的隐喻真的牢不可破吗?

影片中,强盗多襄丸、金泽武弘的妻子真砂、樵夫、金泽武弘的灵魂借助女巫,都被招到纠察使署接受审判或作证。但他们都怀着利己的目的,提供了各不相同的"事实":

多襄丸的供述:那天在山林里,他看到金泽武弘牵着他妻子真砂骑的马向他走来,一阵微风撩开真砂的面纱,顿时被真砂的美貌倾倒,便施计将武弘骗到林子深处,经过一番搏斗,将武弘缚住,接着,当着武弘的面强占了真砂。本来他不想杀害武弘,可真砂让他们两个人决斗,并说"哪个活下来,我就跟哪个"。多襄丸于是割断武弘身上的绳子,跟他决斗,终于把他一剑刺死。等他再寻找真砂时,她早已吓得逃之夭夭了。

真砂的说法:她被多襄丸蹂躏之后,又受到丈夫的蔑视,这让她悲愤不已,手持短剑晃晃悠悠地扑向了武弘……可等她醒过来一看,那把短刀已插在丈夫的胸口上,他已经死了。后来她想自杀,但怎么也没有死成。

死者武弘借女巫之口说:多襄丸强奸真砂以后,要真砂和他一起走,岂料真砂竟然同意,并要多襄丸杀死武弘。多襄丸也没想到真砂竟是这样的女人,就问武弘应该怎样处理她,听了这话,真砂跳起身向树林深处逃走,多襄丸跟着追去……许多时辰后,多襄丸返回丛林,割断武弘身上的绳索。武弘独自拾起短剑,朝自己胸膛猛力刺进,留下平静的躯体。

樵夫则在纠察使署作证说:他在进山打樵的时候,看到了树枝上挂着的带有面纱的帽子、地上的武士帽、远处林子里红色的匣子,然后是一具令人恐怖的尸体,他在惊恐之中扔下了柴斧,跑到官府报案。

但在罗生门下,樵夫却有另一番说法:强盗、真砂和武士三人说的都是假话,他躲在树林里看到的真相其实是——那天,多襄丸强奸真砂后,真砂不停哭泣,多襄丸要真砂做他妻子,于是,真砂起身割开捆住武弘的绳子,意思是要他两个人决斗。可是,武弘辱骂真砂是妓女,不如他的那匹马,宁可让多襄丸抢走;多襄丸也改变想法,瞧不起真砂。真砂怎么都没想到丈夫会这么对她,歇斯底里地吼叫,对两个男人都绝望和不满,两人被激后,开始一场混战,多襄丸不慎将剑插入土中,被本来吓坏的武弘穷追猛打,后来武弘把剑劈入树桩中,多襄丸爬到剑前,将自己的剑拔起,刺死了武弘,多襄丸自己也被吓得不停地颤抖,清醒后,又逼迫真砂,真砂极力反抗,最后逃走。

但樵夫也很可能隐瞒了部分真情——至少那柄很值钱的短剑就可能被他隐瞒和占有了。

《罗生门》喻示的是,生活中,有关人员在叙说与自己利益有牵连的事情时,他/她必定在涉及自己利益的那一点上,按照最有利于自己的方式陈述"事情原委",即编出符合自己需要的"故事",在其余的事情上,他们可能、可以"讲真话",陈述真相。因此,真实的事实,至少是完整且真实的事实,很难获得。

电影表达的意象是,每个案件相关者都在"自我叙述"他们所愿意陈述、不给自己带来（更大）损害的"故事"，电影并没有着力表达裁判者追查案件事实的过程和努力；黑泽明在电影中拷问的是"人性、利益与真相（虚伪、谎言）"，而不是要呈献给我们一幅日本当年的刑事诉讼图景，更不是要艺术地展现证据和司法证明技术在探知案件真相方面的能力和价值。

当我们离开影评路径，以刑事诉讼、证据（法）学和诉讼证明的"专业视角"，来审视"金泽武弘案件"而不是电影《罗生门》的故事，显然，我们发现案件的审判才刚刚开始，真相的察知远未真正展开。在《罗生门》的审判"剧场"中，导演根本没有让"法官"、检察官和律师等在镜头里出现，也没有让物证和言词证据真正接受质证，遗漏的重要物证也没有补充收集和举示，案件的诸多疑点根本就没有受到调查。

首先是证据的收集和查证，远没有展开和结束。

当樵夫向官方报案之后，官方应当通过勘验检查，掌握如下证据：

收集现场物证，制作勘验检查笔录、图画等，如樵夫丢弃在现场的斧头（由于樵夫在纠察使署撒谎，很可能斧头并没有丢在现场，但即使这样，官府也需要找到它，以印证或证伪樵夫的证言）、武士的帽子、武士尸体及勘验检查文件（特别是致命伤口的检验、可能对应的凶器）、红色衬里护身符盒子、真砂的帽子、捆绑武士的绳子等。

当强盗多襄丸被抓住，捕快不仅把他带进了纠察使署，也提呈了多支箭、一把弓、强盗的剑（好像电影画面上还有马鞍）。可是，武弘的那把武士刀并没有在纠察使署大堂上呈现，多襄丸当堂供称的是，那把刀他已经出卖换了酒喝，真砂的短剑被审问者问及，而樵夫却矢口否认看到过。武士刀和短剑都必须收集呈堂，进行检验，和武弘尸体上的伤口比对。

也就是说，仅从证据看，就缺少现场勘验检查证据、尸体检验报告，以及斧头、短剑和武士刀，还有可能留存于它们之上且尚未破坏、可以提取的指纹等证据。而其中，不论是强盗的长剑还是真砂的短剑让武弘送命,或者是武士刀所刺,这三件器物中总有一件是致死武弘的物证(不过,案件中没有任何人提到武弘的死亡和武士刀有丝毫关系,似乎可以初步排除这种可能)。

真实的刑事诉讼过程,绝不会对已有的证据线索弃之不顾,短剑、斧头和武士刀都会搜集并且最终呈堂——何况,"本案"中,我们没有发现不可克服的证据收集困难,樵夫想隐瞒短剑,据为己有,也不大可能得逞。

其次,真砂是如何被发现的,谁发现的,在哪里发现的?如何被带到纠察使署堂上的?这里至少也应该有相应的证据呈堂,或者相关证人出庭作证。

再次,樵夫的当堂证词与真砂、强盗当堂所言(暂不考虑所谓武士亡魂的陈述,因为它不能作为严格意义上的证据——虽然在承认"神示证据"的条件下,女巫是可以代言死者金泽武弘的),互有明显出入,那么,审判者怎么可能就在这么多的矛盾和疑点之前止步,不在法堂之上或法堂之外深察细究,而让樵夫在法堂之外、罗生门下对一个无关者讲述"真相"?

由于强盗的长剑在纠察使署的堂上呈献,其上是否有血迹、其锋刃是否和武士致命伤口吻合,是能够判断的;如果武士刀和真砂的短剑最终被收集呈堂,案件真相就将更易于确定。

当我们把"武弘案件"当作一个案件时,在黑泽明拍摄电影《罗生门》的年代(1949年),①日本刑事司法技术也能够确定:"武弘"的伤

---

① 本书依据的是芥川龙之介编剧、黑泽明执导的电影《罗生门》的故事,不是根据芥川龙之介的短篇小说《罗生门》的内容。即使在小说《罗生门》故事发生的12世纪左右,日本的刑事司法也有基本的证据收集与事实证明能力和技术,而不会完全像电影描绘的那样,案件审判者任凭几个人在审判时各自叙述各自的故事,对一系列可以收集到案的证据而不收集审查,让真相湮没。

口外形、深度等情况(由此就可以判断致命工具是什么),强盗多襄丸的长剑和还应当且可能收集到案的长刀、短剑等物证(在当代,还有残留在长剑或短剑上的血迹这一物证,以及 DNA 证据,还可能有指纹证据),就会揭示关键案情,就能真相大白。

即使纠察使署的裁判官根据"武弘案件"的全部证据最终揭示的是其他真相,全案得出的是另一个没有矛盾、一清二楚的事实,那也是真相被成功查明,也是对《罗生门》的隐喻的击破。

总之,根据现代刑事诉讼程序、司法证明手段,"武弘之死"的真相绝不会成为"罗生门"。有关武弘之死的多个"故事"不可能同时成立,那唯一的真相确实能够查清——从当今的刑事诉讼视角看,这是一个物证、人证俱在的案件,是一个容易办理的案件。

六

四部电影,虽然从艺术上给出了四种不同的"真实"意象,但其中三部电影都"提示"了案件事实的可知性,"真相"都得以查明;即使《罗生门》没有给出"故事"的"真相",但由于它的主旨不在于揭示真相,而在于揭示"人性",所以不能认为《罗生门》是案件真相可遇不可求的"隐喻",相反,按照电影本身提供的多种证据和证据线索,武弘之死的真相也能够揭穿。这些电影是不是暗示我们:真相不仅可求,而且多数时候能够获取,并且事实上已经取得?[①]

[①] 在某种角度上,笔者赞同吴丹红先生在《不是神明在审判》中说的:"在我看来,日本电影《罗生门》提出了关于证明的问题,美国电影《十二怒汉》作出了回答:虽然真相不太确定,但证明制度最大限度地避免了人类作出草率的裁判。这与其说是个案的命运,不如说是一种隐喻。当神不再对人类的案件进行审判的时候,人类才能承认并正视自己的有限理性,而人类自己发明的证明制度也有了更广阔的空间。"见北大法律信息网,http://article. chinalawinfo. com/Article_Detail. asp? ArticleId = 38732. 访问日期:2013 年 3 月 29 日。

如果真的可以这样认为的话,那么,这与司法证明和裁判的实践过程不是很"巧合"吗?恰如一位学者所言:"在司法裁判过程中,'法律真实'如果不能在统计意义上做到与'客观真实'在多数情况下的一致,或者使人们普遍相信也可能达到并追求这种一致,那么,裁判所依赖的这种'法律真实',就会在制度和意识形态上失去其正当性,司法过程就会变质。"①细想一想,要是"法律真实"大多数时候都不是客观真实的反映,甚至总与案件客观真实矛盾或不相干,与社会公众对司法证明功能和作用的一般期待相背离,司法制度和司法证明岂止是不正当、会变质,它根本就不可能在历史长河中存在下来,更没理由继续存在下去。

可以说,数千年各式各样的司法证明的实践,构筑了一个"定理":司法证明就是重返、重现案件客观事实之真相,尽管有一些例外。这是常识和常理。②

---

① 张志铭:《裁判中的事实认知》,载王敏远编《公法》(第四卷),法律出版社2003年,第2—3页。

② 当然,写到此处,我非常明白,如果希望"借助电影"来表达案件"故事"与事实真相之间的基本关系,这个逻辑本身就可能错误并遭到批评,即司法证明理论和实践中的案件客观事实与被证明的案件事实之间的关系,是不能简单地通过几个电影故事的艺术创作来完整、准确、科学地表达的。但是,我在"导引"这部分不是要阐述这样的观点,即"电影艺术已经全面、科学地揭示'故事'与'事实真相'的一般关系",而是希望借以阐明,"有些电影已经艺术地表达了案件客观事实与司法调查和诉讼证明的结果之间存在的复杂关系,而且一些电影凭其生活基础与艺术直觉,正确地展示了司法实务中人们通过证据查明、证实的事实与社会生活中的客观事实相符合的一般关系,以及某些案件中司法证明的事实结论与客观真相之间不相符合的特殊关系",尤其是,我以为,电影以及其他一些艺术形式,可能比纯粹、专业的诉讼法或证据法理论,能够更直观、生动甚至更精准地达到理论阐释的目的。

上　　卷

第一章　司法裁判场域中的事实

如何看待和定义事实,这与本书的宗旨攸关,又是我思考和论证的起点。我将围绕事实的定义、属性展开我的分析和批评论证,阐明我的基本事实观,引导读者重拾那些关于事实的朴实感觉和常识。当然,诉诸常识和感觉很危险,有人很可能直接以此为批评的靶子。

第一节　我的事实观:定义和表达事实

一、事实的客观和主观定义

人们已经用多种方法、从多个角度定义事实。定义事实的方法可以简单分为客观方法和主观方法,因此,事实定义可以粗略分为客观定义和主观定义。

事实的客观定义一般是这样的:

事实是指自然和社会中的一切客观事物、现象的运动过程或相互联系的实际状态,无论是历史、现实还是将来的过程或状态,是已经或可以为人所观察、认知和把握住的客观事物或现象的真实过程或状态。

在这个定义中,事实既指纯然客观的自然和社会事实,这与人的主观思维和认识活动无关;又指客观事实的可知性,即客观事实已经或可以成为认识对象;还指已经是人的认识结果的客观事实,即认识的事实是或者应当是以客观事实为基础、为内容的,是或者应当是客观事实在思维中的正确反映,主观思维本身不凭空"生产"事实。

事实的主观定义各种各样,但大致可以归纳为:

事实是人们对进入思维之中的客观事物、现象的状态、过程的主观把握,是人们认识到的事物状况、情态;事实是人的经验事实(即感官感知到的事实),命题是事实的表达形式,事实就是命题。①

事实的主观定义又因人们对事实的客观性与主观性相互关系的认识不同,而分为两类。一是,从认识的主观性定义客观事实,即事实是为人的主观思维把握的客观事物的过程和状态;二是,从主观认识定义作为主观经验的事实,认为事实就是经验事实,是以命题表达的为人所经验到、知觉到的对象,经验、知觉之外无事实,没有命题也就没有事实。前一类定义与事实的客观定义相通,涵义基本一致,可以把它归入"客观定义"之中;后一类定义不仅与客观事实分离,也与事实客观定义水火难容,是极端主观的定义,本书后文所指的事实"主观定义",就是这类定义。

二、客观和主观定义之下的"事实"

其实,就事实认识而言,任何事实都是作为认识对象和结果而存在的,认识中的事实是主观与客观保持一致(不是客观与主观一致)、辩证统一的事实,没有纯然的客观事实和绝对的主观事实,因此,有关事实的定义都是主客观统一的定义,不宜说有"客观定义"和"主观定义"之分,但显然,事实的不同定义能够表明不同的人对事实的认识存在明显差别甚至对立。

(一) 客观和主观定义中"事实"的实质

事实客观定义的实质在于它承认两个根本性常识。

---

① 参见本书第七章和其他章节相关内容。所谓"命题",就是能够确定其是真是假的陈述或判断。

第一，人们在接触和认识自然的过程中，知晓了众多自然事物及其运动规律，知晓了自然界的万千事实——无数自然事实已经先于人而发生和存在，还有无数自然事实将在永恒的未来发生和存在，就算宇宙毁灭，人类不复存在，那也是自然事实，是遥远的将来的一个事实。太阳、地球、月球的历史比人类历史久远得多，而在月球、地球、太阳最后毁灭前，地球上的人类可能早已荡然无存，无论毁灭了还是逃遁了；月明之夜，用一架普通的天文望远镜，就能够把月球表面的坑坑洼洼看个一清二楚，那里没有吴刚种的桂花树，也没有玉树琼枝、宫殿冠盖，那里嫦娥无迹，玉兔无踪。对日蚀月蚀，人们一般不再惶恐，知道那不过是地球、月球和太阳在空间位置上的变化，月球挡住日光或者地球挡住日光而把阴影投向地球、月球表面。云雾雷电，雨雪风霜，地震海啸，火山喷发，潮起潮落，林林总总，都是无数自然的事实而已，它们都"天行有常，不为尧存，不为桀亡"。宇宙是无限的，宇宙里面的事实无穷无尽，它不顾我们的感知和认识，我行我素。无意识性，或者"纯客观性"，是自然事实不同于社会事实的突出特征。

第二，社会始终是自然的一部分，是人化的自然，社会永远屈服于自然，从属于自然，所以，一切社会事实都是自然事实的一部分，是特殊的人化的自然事实。人类自从开始自己的生活，就发生了并且不断地发生着与人类及其社会相关的种种事实。社会事实首先在最简单的物质生活和精神活动中展开，并越来越精致复杂。生产劳动，生活消费，娱乐休闲，政治统治和社会管理，文化艺术创造，恩怨情仇，喜怒哀乐，生老病死，盛衰荣枯，和平与战争，铺陈出漫长的文明历史，衍生出无可计数的事实。全部社会事实就是整个社会物质和精神生活本身，并且是人自己创生、自我推进、自主终结的，虽然对于特定个人而言，许多社会事实的发生、演变和了结，不在他的自主意识之中，不在他的自由行为之中，不在他预期或者期待的结局之中，不在他生活的时代和周遭环境之中,即与他没有直接、具体的生活联系和"意义关联"。因此,人的"主观印记"始终是社会生活事实的一个特点,社会精神事实当然更具有这个显著特点,社会物质事实也不能完全免除这个特点。

但是,社会生活具有主观印记的特点,并不表明社会事实是纯粹主观的,不具有客观性。社会事实的客观性(也可以称为"自然属性")仍然是最基本的属性。因为,对于事实的认识者及其主观认识活动而言,社会事实作为认识对象,当然是一个外在独立的即客观的对象。其实,对于任何认识主体而言,所有的认识对象(包括认识主体及其思维活动本身),无论它多么"纯粹"主观,或者带有多么明显、强烈的主观印记,一旦成为认识主体(包括他自己和别人)的思维活动所把握的对象的时候,它都是客观对象,都是"对象化"、"外在化"和"客观化"的存在;最自我、最主观、最内在的人的"内省"活动,本质上正是某人把"他自己和他的思维"一起作为他"此刻"的认识和反思对象,他"在此"只能"客观"对待作为自己的认识对象的"自我",以及"自我"的思维和情感,他把自己的灵与肉都作为自己认识、省察的"客体",才能够实现和完成内省活动,达到省思目的。即便是"幻觉",其内容高度主观虚幻,不是"事实",但当把幻觉作为一种特殊现象进行观察和研究时,它就是一个对象,一个事实——"有人发生幻觉了"这个客观事实。人的自我对象化,即主体的自我客体化和主观的自我客观化,使得人(类)认识人(类),自我认识自我,成为可能,这就是个人和人类自我认识的基础。社会事实就是基于这样的基础和认识机制而成为客观认识对象的,它是客观的。

事实的主观定义的实质或要义在于:(主观)认识之外无事实;"客观事实"只能是已经进入主观、为主观把握了的事实,是陈述和断定了事实的命题,否则没有事实,更没有独立、外在于主观的"客观"事实;事实乃是主观对进入主观的对象的把握。

(二) 客观和主观定义下的事实论分野

以事实客观定义为逻辑基础的客观事实论认为：事物、事情、事态，与事实不可分。事实是事物的个别、部分或全部过程和状态。显然，事实是伸缩性很大的概念，可以指称从很宏观到很微观、很抽象到很具体的事实。事情、事态是事物的某种相对具体和确定的过程或状态，是事物的运动过程或静止状态的某些特定内容、特性或某种特定情态。事物、事情和事态，随时随地都意味着相对应的事实，随时随地都有事实，都是个别的事实或许多事实的集合体。虽然在语法规则和形式逻辑上，事物、事情和事态与事实概念常常不能相互通用，如我们说"遇到啥事情了"、"事态如何"，这时就不能说成"遇到啥事实了"、"事实如何"；但是，不仅事情、事态与事实概念有时候可以相互替用，如"事情到底是什么"、"群情激奋的事态"，也可以表达为"事实到底是什么"、"群情激奋的事实"，尽管说它们之间的语义有细微差异，可并不影响人们的理解；更重要的是，事物、事情或事态就是事实的根据、内容和形态，即一切事物、事情或事态便是一切事实，一切事实必定对应着一切事物、事情或事态。

在以事实主观定义为基础的语言哲学及其支撑的主观事实论那里，事实与事物、事情、事态等是完全割裂的，包括语言、逻辑上的对立和客观联系的割裂。

通过语法规则对事物与事实进行分离，是主观事实论的重要方法。他们认为："事物"不是事实，如"拿破仑"、"约瑟芬"、石头、太阳等等，皆非事实，只有所谓"拿破仑娶了约瑟芬为妻"是事实，"石头很硬"是事实，"太阳表面温度很高"是事实，也就是说，事物（实际上是与某事物对应的概念）只有在被人作出某种断定（即人对概念做出判断、形成命题）后，并且在展开的断定中（即判断、命题通过语言陈述的方式），才有"事实"，否则不存在关于那个事物的事实。语言哲学关于"事实"

的基本教义是,"(作为概念的)事实就是被断定";当然,"事情"也不是事实,如"在语法上",我们不能说"有人做了一件事实",而只能说"有人做了一件事情",一件事情可能包括了许多事实。"事态"同样不是事实,如只能说"事态扩大(事情搞大)了",不能说"事实扩大(搞大)了"。

(三)主观事实论的显然且根本的缺陷

在语言学或者语言哲学那里,主观事实论的议论自有其理由和逻辑。但是,客观事物、事情和事态与事实的客观联系,却不是语言学、语法上或语言哲学上的联系,不能把事物、事情和事态与事实在"语言和语法上"的对立关系直接当作事物、事情和事态与事实的"客观联系"的内容和特征。按照客观事物、事情和事态等自身的辩证逻辑,只要我们不把"拿破仑"、"约瑟芬"、"石头"和"太阳"看作是空洞无物的"东西",不把他(她、它)们当作纯粹抽象、无所定指的即没有内涵的概念,而是全面承认他(她、它)们是在确定的时空条件下真切存在的具体的、有丰富涵义的人、物,承认在他(她、它)们各自存在的历史过程中发生过(或发生着)非常具体的事情,每个事情都以一定事态呈现,就必须承认,客观事物无时无刻不在自我展开其丰富、具体的事情、事态,无时无刻不在展开和呈现其具体而丰富的事实。即是说,自然和社会中的一切事物、事情、事态,本身就意味着相应的一切事实,自然而然地、浑然一体地产生、存在和消失,这绝不是语言或语法问题,而是事物、事情、事态自身的内容和规律,任何语言和语法规则都不能割裂这种内在联系。从语言学上对事物、事情、事态与事实进行区分,使它们相互间不发生混淆,这具有语言表达精确化的意义,但如果把事物、事情、事态和事实的这种语言上的区分断定为它们在客观的自然和社会中的分割状态,无疑背离了它们之间的真实联系。比如:人们提及"拿破仑",必定意味着一切与拿破仑有关的事实,离开这些事实,"拿破仑"算啥？说起"约瑟芬",却又不指向关于这个拿破仑皇后的任何事实,那是哪个"约瑟芬"呢？碰上一块"石头",却说"单就这块石头,它不是事实",可是,对一些不承认这石头是"事实"的人而言,那石头本身的实实在在的存在是不是事实？它历经自然的磨砺是不是事实？它现在就在你手里或脚下是不是事实？它质地坚硬或柔软是不是事实？它是一块普普通通或珍稀无比的石头是不是事实……？要是后来有识珠慧眼,指出那石头保留了许多重大历史信息,这石头经历的沧桑是不是事实？照此分析,"太阳"又怎么不是"事实"？"把那天下午你打人的事情说清楚","打人的事情"不就是"事实"吗？"那里的事件闹得很大,事态很严重","严重的事态"不也是"事实"么？

其实,每个客观存在的、具有自身的自然和历史过程的事物、事情、事态,都是"事实",是许多个别的事实,或事实的集合,这与是否有人对其进行断定、制作出相关的"命题"毫无关系。虽然(汉语)语法上不允许我们说"张三是事实","事实扩大了",但是,在客观生活中,"张三"要么活着,要么死了,等等,"张三"有他"许许多多的事情",于是就有关于张三的各种各样的事实;"事态扩大了"或"事情搞大了",这本来就是"事实"。仅凭语言关系或语法规则不允许使用"事实"概念去替代许多语句或命题中的"事物"、"事情"、"事态"等概念,日常语言没有或不接受某种表达方式,就认为客观事物、事情、事态和事实之间没有本质联系,就断言事物、事情、事态都不是"事实",这是语言哲学的自我幻想。

(四)事实和事实定义两个层面的统一

理论上,事实区分为两个层面,一是不依赖于人的主观认识的客观事实,二是人们已经或尚待认识的客观事实;相应地,人们从两个不同角度和层面定义事实,即:从客观事实本身定义事实,由此形成事实客观定义的一个方面;从事实认识角度定义事实,由此形成事实客观定义的另一方面。事实认识必须统一于客观事实,事实的客观和主观定义都应当统一于客观事实,也就是,统一于客观事物自身的性质、过程和状态,极端主观的事实定义难以成立。

事实与事物、事情和事态不可分割。事物指的是客观物质性的存在物,包括有形物和无形物,社会中的客观生活现象、活动方式也在其中,它具有不同程度的"实体"属性;事情是事物发生演变过程中出现的某种具体情形、情景,过程中的具体环节、片段,它包括了特定场合、时间、人、物、特定行为或自然力量的具体作用过程、状态,以及这样那样的"结果";事态是事物、事情发生或演变的程度、等级、性质等情态、状况,多用来指社会事物、社会中的事情的情态、状况;客观事实指的就是在某个角度上,一定事物及相应的各种事情、事态的实然存在性、客观真实性、具体性,而认识中的"事实"是人对客观事实,即对事物、事情和事态的"真与实"内容、性质和价值的归结、反映和把握。

(五)"真"是事实和事实认识的根基

"事实"必定意味着"真",正确反映客观事实的主观事实认识也必定为真,所以,人们在日常话语中并不严格区分"客观事实"和"认识中的客观事实",也不需要判断作为认识结果和思维内容的事实的真假状况,否则,我们不会在口头语言或书面表达中习惯性地使用"事实"概念。简言之,在日常话言话语里面,谁都不会去多想"事实"还意味着"不是事实的东西",不会考虑"事实有假"的问题。客观事实的实质在于,它指明客观事物自身所历经的过程和存在状态是客观、真实的,不论是否为人认识,它决定人对事实的认识内容,防止人们在主观上对事物、事情和事态的客观过程和状态作出错误或不实的肯定和否定,要求事实认识必须与客观事实一致。进而,客观事实的"真"为人的事实认识和据以作出行为提出了价值要求,产生了价值导向,即尊重事实,尊重事实本身所包含的规律、道理、情义,尊重和维护客观事实蕴涵的

"自然正义",以及由它导出的各种"文明"要求,并以此出发,人们制定其方针策略和行动方案。

因此,客观事实,以及正确反映了客观事实的主观事实认知,它们和真相具有逻辑和价值上的等值性,即它们共同意指那些客观、真实存在的事物、事情和事态。"真"是各种事实的抽象的共同价值,各个事实的具体价值,则可能是真与善、美、丑、恶的种种组合,实际上,许多事实包含着既真且丑或既真且恶的价值,集真、善、美于一身的事实,并不是绝对而普遍的存在。因此,揭露事实或者揭示真相,有时是很残酷的,而在特殊情况下掩盖事实真相,却是某种社会需要(美或丑、善或恶的需要),甚至有时就是道德之善的要求。

事实是客观自然和人类生活中的事实。事物的运动和生活的变迁创生事实,展开事实,终结事实。作为历史或现实状态、将来图景的某些自然事实和全部社会事实,是人或社会的价值评判和抉择的对象与根据,是人的行为理由和价值追求,甚至是人们创建、支持或者反对某种社会状态的基础——太平盛世,民富国强,必定政治稳定,社会和谐;动荡之秋,民穷国弱,人心思变,便要奋起改弦更张,建一个清明富足之世;在当代世界,民主、自由、法治、民富、国强、文明、清正廉洁和公平正义,尚不是普遍的社会事实,许多国家和民族的人们还在为之奋斗。

三、事实的把握和表达方式

(一) 事实可以为人所认识和表达

客观事实和人的其他认识对象一样,当然可以通过感知、体验和逻辑分析等实践和理论手段把握。事实如果要为人所认知,或者已经被人认知,它必定会呈现给人的感官,并且被归属于相应概念,出现于人的逻辑判断系统,人由此获得关于事实的感性经验和知识形式。作为认识结果的事实("主观事实"、"经验事实"),是客观和主观相互作用的产物。"主观事实"或"经验事实"是客观事实进入主体思维世界的内化过程,以及主体思维外摄事实对象的主观外化过程,以及这两个过程交互影响而形成的事实感知和认识状态。作为认识对象的客观事实并不是经验事实和主观事实;已经作为认识结果而存在的经验事实或主观事实,也不是纯粹主观先验的东西,不能够把事实归结为人对事实的观察、经验、陈述和知识,从而否定事实本身。因此,当然不能笼而统之地把事实界定为主观与客观、经验与理性的统一,不能认为客观事实也具有主观形式,是"(被)陈述"的东西和主观判断,从而以这种方式消灭(客观)事实。进而言之,即使有所谓"主观事实",当它本身被当作认知对象时,它也必须对象化和客观化,成为"客观"事物或事实。

(二) 事实的语言和逻辑表达

人所认识的事实需要语言和逻辑来表达,语言与逻辑可以并能够表达事实。事实通常是外显的,宏观的自然事实往往通过可视、可听、可触的方式,感性地显现在观察者面前;社会事实在大多情况下,是通过人的外在行为而发生和演变,也是直观的。事实的表达工具是语言和逻辑,语言和逻辑就是为人们表达客观事实和主观思维而存在的,人们认识事物,最基本和本质的方式,就是通过语言和逻辑描述与某事物有关的事实状态,没有对相关事实的认知,就没有对相关事物的把握。

事实并不都需要语言表达,也不是都能够用语言表达出来。客观事实本身的存在,不依赖人的语言表达,也不需要语言表达,除非语言或语言表达本身就构成该事实,是该事实的部分或全部内容。需要语言表达的事实,只是那些成为人的认识对象或内容的事实,是那些关于事实的认识。语言无法或者难以表达的事实很多。只可意会、只需传神和灵犀相通的事实,客观上是存在的,尤其那些心理动机、情感方面的事实,或者人的独特内心体验的事实,以及涉及禁忌和风化等方面的事实,不可言传,或者难以启齿,也可能言不从心,词不达意。对某些特定人群及其风俗、习惯和信仰而言,比如宗教教徒对其敬奉的神明的信仰,一些特殊的宗教修行方式,即使人们能够使用外化的行为和可听的语言来表达,在"口相传"之外,"意相会"也是表达某些事实的方式。"言说"和"意会"都不能表达的"事实",应该是绝少的。

语言和逻辑可以表达事实,但表达的不一定都是事实。作为思维和交流工具的语言与逻辑,它们传输的内容纷繁复杂,但往往有相关的事实内容。语言和逻辑表达的也不尽是事实,如用语言来掩盖事实、捏造事实和歪曲事实。语言形式和逻辑结构与事实并不直接等值。(认识中的)事实需要概念、判断和推理等逻辑表达方式,但不等于概念、判断和推理;作为思维内容的事实和作为事实表达形式的语言及逻辑,都不应当与作为思维对象的客观事实相脱离、相矛盾,但却有可能相脱离、相矛盾。以语词、语句或概念、判断之间相互关系的研究,来取代、对抗客观事实之间的真实关系的研究,或者把客观事实及其相互间的关系,归结为本质上是语言和逻辑现象,是语词、语句之间或概念、判断之间的逻辑关系,并且追随这样的思想观点,服膺这样的学术方法,一切关于事实的理论研究就会走入歧途。

事实的语言和逻辑表达,要以语词、语句等语言形式和概念、判断(命题)、推理及论证等逻辑形式来展开。但事实究其实质不是语言和逻辑形式,不能说因为有了(关于事实的)语词、语句和概念、判断、推理等,才有事实,或者语句、命题等就是事实,才是事实,不能说事实就是"被断定"、被陈述,没有陈述和断定(命题),就没有事实(详见第七章)。

干脆这样说,"我"要是愿意,发神经,突如其来给自己几个耳光,其他任何一个"你"或"他"都可以玄乎其玄、神乎其神、满不在乎地说:尽管我就看见了,听到响声了,发现你流泪了,但"你打自己的耳光"不是事实,根本就没有那事实,因为我没有陈述和断定"你打自己的耳光";可是,要是"我"突发神经,趁"你"不备,出"你"不意,"咣咣咣"一阵耳光狂打在你的脸上,就是脸上,就是要毁你面子,让你脸面红肿,泪眼汪汪,但保证你思维活动不受损伤,说话功能完好,"你"还会慢条斯理、优雅柔和、语带玄机地喃喃自语——"喔,我没有陈述、断定你打了我的脸,所以,打我脸嘛,不是事实,不存在这个事实"? 也许,你的耻辱感搅和着痛感,早就消灭了你所信奉的"事实是被陈述、断定才存在,在陈述、断定中存在"的哲学! 以主体的"感知"赋予事实以"存在"的属性,以主体未能、未曾感知而否定事实的客观存在,实质上就是以认识论取代、消灭本体论,以思维内容和形式赋予思维对象的存在属性,这种哲学("存在就是被感知")我们不陌生,而且有些人在捧它的场——那个唯心主义的引力场。

四、"未知"和"将来"的事实是否存在

"未知的"和"将来的"事实是不是事实,有没有"未知的"和"将来的"事实?

没有进入人的认识视野,没有被感知、判断,没有得到陈述的事实,即还没有成为认识对象或认识结果的事实,肯定是存在的。一些事实没有为某个人或某些人认识,一些事实没有为整个人类所知晓,这都不足为奇。探求未知的事物和事实,恰是人类认识发展的不竭动力之一。断言没有为人所认识、知晓的事实不是事实,不存在未知的事实,认为"未知的事实"这一说法本身就是天大的矛盾和笑话,这其实是和人们的"常识和直观感觉"相矛盾的"玄学命题",它利用的是"我知道我什么都不知道(人们知道存在不知道的事实)"这个判断在语言和逻辑形式上的"自相矛盾",但这个在语言和逻辑形式上存在矛盾的判断,却包含着认识上的辩证法——我们知道,人类总是从对某种客观事物的

不认识到认识、从知之不多到知之甚多;在无限的世界面前,还有太多人类未知的事物和事实。所以,存在"未知的事实",这不仅不是矛盾,而且恰是事实,是正确的认识,是事实认识的辩证法,是人们求索无穷尽的未知事实的动力源泉之一。以人对事实是否已经有所认识为标准,否定"未知事实",是以认识裁剪事实、以"主观事实"剪裁客观事实,这既是思维的妄自尊大,又是思维的偏执和狭隘,实质上是一种唯心主义。

否定存在"未知事实"的学者,自然要否定尚未发生、存在且未知的"将来事实"。一些论者,如金岳霖和彭漪涟等断言,事实不能有"将来式","存在将来的事实"是个悖论。他们认为,事实必定是在认识中得到确定的,是"真"和"实"的,可是,将来才会发生和出现的"事实",还没有被认识所把握、确定,没有在命题中表达("还没有被经验到"),对人而言,怎么可能既"真"且"实"呢?谁能担保它在将来的"真、实"呢?所以,"事实不可能是未来的"。①是的,如果把一个个的人及其认识能力孤立起来,把一个个的事实与所有相关、相似事实的联系割裂开来,如果把一个个事实只限定在"当下的""主观事实(经验事实)"之中,把人对"将来的事实"的认识(能力)与已经认识的事实割裂开,把事实与客观事物、现象及其发展之间的规律性联系割断,如果不顾人类已经达到的认识水平和已经取得的认识成就,不顾人类总体的认识能力在不断提高,不顾人类对自然和社会规律的基本认知和把握力量,以为"人们生活着的每个当天都是末日而丝毫没有未来,也没有对未来的任何把握和信心,没有任何预见性和预见能力",那么,当然可以说没有"将来的事实",甚至还可以说"没有过去的事实"(比如,有人以为

---

① 参见金岳霖:《知识论》,商务印书馆2004年,第763—775页;彭漪涟:《事实论》,上海社会科学院出版社1996年版,第6、85—86页。本书所引《事实论》,均指此书。

"过去了的事实是不可能真正被认识的","历史叙事不可能有真实的历史")。

可是,不管是明天还是明年,或者千万年,地球总还是存在的,太阳还是会从东边升起西边落下的,地球和太阳系的毁灭还很遥远;"2012年"已经过大半,人类绝不会在今年毁灭,2013年及在此之后的漫漫岁月,人们会越来越好地活着;三峡大坝在其存在的未来岁月中,将年复一年,在汛期到来之前腾空库容,而在枯水期到来前蓄水至预设高程……,这些难道不是"将来的事实"?事物的客观性和联系、发展的规律性、必然性,以及人对这些必然性的认识和实践把握,已经充分表明,"将来的事实"不仅存在,而且其中一些"将来的事实"已经为人的主观所预测、把握、断定和陈述,它们都有其"真和实"的基础与保证。即使我们无法把握太久远的将来的事实,但对最近的将来的事实却不能毫无信心——断言不存在任何意义上的"将来的事实",只会导致粗糙的蒙昧主义和"末日观",而人们却需要有希望地生活下去。

五、事实的多样性和本体论特征

(一) 事实的多样性与"虚拟事实"

事实是全面和多样的,即它是物质事实和精神事实、自然事实和社会事实,以及既有事实和将来事实、已知事实和未知事实的总和。在人的认知对象层面,主观现象的客观存在,与客观事物及其在主观中的反映和存在,它们是平等的,但在本体论层面,客观事物及其事实却始终是第一位的。事实的理论既不应当割裂各种事实,也不应当把事实等同于关于事实的经验、判断(命题),事实不同于事实的理论,事实的理论也不是事实自身;事实的认识过程当然是客观事实内化于主体的过程,但是,不能把内化于主体的事实认知,直接等同于外在的客观事实,并进而取代、消灭客观事实,乃至最终消灭认识客观事实的可能性。一个封闭于客观事实之外并自我满足的主观事实理论和逻辑体系,或者把主观事实当作外在客观事实本身,这两者都是"不顾事实"的糊涂之举。

要特别提出的是,人类社会中,长期存在"虚拟事物",出现虚拟的事实,但是,虚拟的"事实"不是事实。以虚拟事件、人物为核心的小说、影视等文艺作品,即使有生活原型,也并不是事实的载体。但人能够虚拟事实,已经并且还将虚拟大量事实,这却是千真万确的事实。现代网络空间里面,有许多虚拟事物和事实存在,但是,网络不是虚拟事物,网络空间不都是"虚拟空间",网络行为不是虚拟行为,网络中的虚拟事物和事实只包括具有如下特征的有限的事物和事实:被人制造的不具有现实时空和客观存在特性的事物或者事实,如数字模拟的各种游戏人物、场景、武器等。制造网络空间中的虚拟事物和事实的那些主体、工具、行为乃至主观想象过程及其产物(包括软件设计理念和软件产品开发),以及全部物理上的网络空间本身,等等,都是实际存在、并非虚拟的——这是一个无可否认的事实。当今,社会上,特别是几乎所有的媒体,都把网络空间不加区分地称为"(网络)虚拟空间",这是天大的误会——网络空间里面,真正属于"虚拟"的东西其实很少,大部分的物、人和事,都是真实的。

(二) **客观事实的本体论和认识论特征**

总结上述分析,根本点就是,所有自然事实和社会事实都具有本体论特征,所有已经成为认识对象特别是成为认识结果的自然事实和社会事实,都具有不同程度的认识论特征。所谓本体,意指外在并且先在于人的主观认识的客观对象("客观实在")。本体论特征,就是客观认识对象对于认识活动和内容而言所具有的哲学上"第一性"的特征(本源性、外在性、独立性),即"客观实在性"。认识论特征,就是具有本体论特征的客观认识对象被思维内化,成为人的内在的、随认识而发生的主观把握之物,并且往往以概念、判断、推理、证明的逻辑形式和语言陈述方式,表达和外化为可被他人感知和理解的知识。实践使认识对象和认识活动、内容统一起来,客观事实及其本体论特征和认识中的事实及其认识论特征,在人们认识客观事实的实践活动中统一起来。事实的客观定义和主观定义的根本差别,可以归结为承认还是否定事实的本体论特征,而不在于是否承认(作为认识结果的)事实的认识论特征。客观事实论充分肯定事实的本体论属性,不否定认识论属性。

第一,自然事实和社会事实都具有本体论特征。

自然事实无处不在,无时不有,为人所认识的事实只是少数。没有被人认识到的自然事实,虽然在认识中我们的确"说不出所以然",但"生也有涯,而知也无涯"的一般认识和经验,足以使人明白:有不为我们所知的自然事实存在,就像我们今天知道了前人所不知道的许多事实,以及我们纠正了前人错误认识的许多事实;我们还明智地认识到,我们的后人会比我们认识更多得多的事实,纠正我们对许多事实的错误认识,诚如恩格斯在《反杜林论》中所说,"很可能我们还差不多处在人类历史的开端,而将来会纠正我们的错误的后代,大概比我们有可能经常以十分轻蔑的态度纠正其认识错误的前代要多得多"。[①]那些自然事实并不因为我们尚未认识,尚未进行逻辑判断,未用语句予以陈述,就不存在。人类不知道南极洲之前,南极洲早已存在,这个事实不依赖于思维断定和语言陈述;地球绕日而行的事实,并不因为"地心说"的判断和陈述而改变;外星智慧生命存在不存在?迄今人们自然只能说"尚不知道",不能做出有或者没有的断定——如果真的存在,即使在人类最终消失于宇宙的时刻都还没有认识到,我们也不能因为人类终究没有发现和认识外星智慧生命,没有关于它的断定和陈述,而说没有外星智慧生命存在的事实;如果除了人类,这无限的宇宙里面,

---

[①] 《马克思恩格斯选集》第三卷,人民出版社1995年,第426页。

就是没有其他智慧生命了,那么,也不能因为有人断定、陈述了外星智慧生命,它的存在就成了事实。未为人知的自然事实,其实有两个不同的基本类型:一类是,人们能够肯定其"存在",但不能具体断定和陈述,如一定还有我们尚未发现的宏观星体,还有我们尚未认识的微观粒子,这是天文、物理知识的发展规律告诉我们的;另一类是,人们不能肯定也不能否定的未知之域和相关事实,如外星人的存在与否。不存在所谓人们能够否定其存在的自然事实。结论是:自然事实的存在不依赖于断定、陈述等认识活动;自然事实在认识中的存在,要依靠实践活动,依靠感知、判断、推理来把握,依靠语句来表达。

全部社会事实,包括司法所面对的纷争事实,都具有本体论特征。社会事实不像自然事实那样无处不在,无时不有,它们是某人或者某些人"做出来的",而且许多社会事实并不众所周知,只有"圈子内"的人才知道,但并不因为许多人不知那些事实、尚未对其进行判断和陈述而不存在;另一方面,已经被人断定和陈述的"社会事实",可能是事实,真实存在,也可能有误,并不是客观事实。"未为人知的社会事实"非常不同于"未为人知的自然事实",严格说来,对社会事实而言,只有"未为'他人'所知的社会事实",不存在"未为任何人所知的社会事实",因为,在社会生活中,"为其事者,必知其事",就算做出事情、亲历事实的人死了,丧失记忆了,无法陈述了,那也意味着至少曾经或者在某个瞬间,有人知道其事:被害人当即死亡,加害人还在;加害人即刻死亡,背后往往有另一个人在,"螳螂捕蝉,黄雀在后",虽然可能蝉已入腹,螳螂遇害,黄雀中箭,但那个持弓静观的射手,眼见了这一切,知道这一切;即使案件中的确只有被害人和加害人,而且双方都死去,或者失去记忆、不能陈述事实,但在他们都死亡或者失忆、无法陈述之前,案件事实也曾经为他们所知。做出行为者,参与事件者,旁观事情者,不论他们在事情发生、演变的过程中是有意而为还是无意卷进,是中途远离还是坚持到底,不论他们是不是把这个事情作为他们的反省、认识对象,他们对那个事情或社会事件,即特定的社会事实,是"知情的"。而一切为人所知的社会事实,对于知者和不知者而言,其一,那完全是一个外在、客观、不再依赖于人的事实;其二,那事实成为人的认识对象后,人们要在认识中反映和表达它,当然也与自然事实一样,需要人的感知、判断、推理和语言陈述,然而,所有对事实的认识都后发于事实的存在,对事实的断定、陈述更后发于某种事实认识。

第二,为人认识的事实当然具有认识论特征。

自然事实和社会事实,一旦进入认识领域,为人的感性所感知或者理性所认识,就具有认识论特征。认识的外在对象内化为人的主观把握之物,认识活动为认识对象打上主观印记;认识活动不能够完全、彻底、机械地把握认识对象,认识对象是被选择的,因此有遗漏、缺失;认知行为本身存在缺陷,可能导致认识不全面、不准确或错误,早先所获得的认识也可能随后遗忘、混淆;认识手段和条件存在欠缺,可能导致认识差错等。人们认识事物的过程是主观投射于认识对象和认识对象主观化的过程,是主观既摄取对象又磨损甚至"消灭"对象的过程。这样,人们获得的关于对象的认识,不能不是外在对象的主观内化,不能不是以主观形式所反映和表达的客观对象。

尤其,当事物及其事实作为认识结果而出现时,这个事物和事实的"主观性"方面,在一些认识论和事实论那里取得了决定性的优势地位:对人及其认识而言,只有认识了的事物,才是为我之物,只有认识了的事实,才是为我的、对我有意义的事实,并且这才是事实,才能够为人所肯定;特别是,一些人把自己理解的事物和事实等同并代替本真的事物、事实,一个由认识所构造"事实的世界"替代客观事实,或者凌驾于其上,"填平"或抹去认识到的事实与客观事实之间的"鸿沟",以此克服"客观事物和事实不可认识"的困难和障碍。此时,认识论范畴内被经验和理性把握的主观事实,似乎高傲和彻底地胜利了:它成为一些哲学和事实理论所承认的唯一事实,它不仅构成整个事实的世界,也构成全部客观世界,不仅凯旋于哲学的大道上,而且要占据司法领域事实证明(标准)理论的制高点(详见本书第七至九章的阐述)。当把事实的认识论特征,即事实认识的主观性拔高到这个份上的时候,自然事实和社会事实的客观性就消磨殆尽了,事实的本体论特征似乎被消灭了。

人类的生活领域有多广、多深,人们能够认知、把握或者希望认知、把握的事实,就有多广、多深,难以通过有限语言完全叙述。在一般生活语言和社会交往中,在自然科学和社会科学语言中,事实既可能指客观事实,作为认识对象的事实,也可能指那些作为主观经验和认识内容的事实。在事实研究中,每个研究主题都只能指向特定的事实。本书所研究的事实及其证明,主要是司法裁判中的诉争事实及其司法证明,特别是裁判事实与客观案件事实在司法证明中的逻辑和实践关系。

第二节 司法证明理论中的事实范畴

我国证据学、证据法学和其他司法证明理论研究者,自造和借用了哲学、逻辑学和法理学的事实概念,以及与事实相关的概念,纷然杂呈,它们之间有某种内在关联,但又常常相去甚远,甚至抵牾。

一、司法证明理论中的事实范畴体系

迄今,司法证明理论中常用的事实或与之相近、相关的宏观概念主要有:事实、真实、真相,客观事实、生活事实、法律事实,客观真实、法律真实,案件事实,等等。

这些宏观层面的事实或相关概念,进入证据、证据法和司法证明活动领域后,就具体展开为如下范畴体系:

系争事实或待证事实、要证事实、讼争事实、争议事实等,多以表达证明对象;

基本事实、主要事实或要件事实,情节事实、环境事实或间接事实、辅助事实等,这些概念既用于界定证明对象的范围和边界,又用于说明证明对象的主要内容或方面;

实体法事实和程序法事实,用于对证明对象进行区分,以强调不同性质的事实的证明任务、方式、手段和标准可能并不相同,并且所证明的事实的法律效果可能也不同;

需证事实、免证事实和禁止证明的事实,这是从司法裁判的事实证明需要、可能和司法价值准则出发,对证明对象的"提示"或强制要求;

原生事实(或称原发事实、原始事实等)、证据事实(案件证据所蕴含的事实信息表明的部分或全部事实)、查证事实和定案事实等,这是从事实的自然形成、到事实的司法证明、再到裁判者形成事实认知的演变过程,揭示事实在不同阶段、场合中的呈现形态、内容、性质和法律意义;

证明的事实、自认的事实、推定的事实、司法认知的事实,这是对诉讼中证明、发现事实的不同方法及其相应结果的描述,证明方式不同,证明的难度和有效性也就存在差异;

真伪已明的事实、真伪不明的事实,这是司法证明的基本结果状态,也是裁判者根据事实进行裁判,还是根据客观证明责任规范进行裁判的分界点。

在刑法和刑事诉讼领域,还有犯罪(定罪)事实、刑罚(量刑)事实、处罚条件事实、除罪事实(正当防卫、紧急避险、执行法律、受害人自愿接受或强制要求的伤害事实)、有罪事实、无罪事实等实体法的事实概念,以及犯罪嫌疑事实、侦破事实、指控事实、辩护事实、定案事实等诉讼法上的事实概念,这是从实体法对有关事实的基本构成或程序法对不同诉讼阶段事实状态的称谓来指称事实,以便于理论、制度和实务对不同事实状态进行意指和表达。

此外,我国证据法学者还在论著中使用到如下事实概念:本体论事实、认识论事实、价值论事实(主观事实),"自然事实"、"科学事实"和"现象学事实",受人力制约的事实,原子(基本)事实、复合事实,等等。

二、司法证明理论中的事实界定之方式

各国证据法都没有对事实概念进行定义。不同的证据法学著作,对事实概念进行了许多界定,有的相同或近似,有的差别极大。我国证据法学的事实定义,深受哲学范畴内的事实概念影响,甚至照搬哲学中的事实概念。这和其他国家和地区的证据法学者大不相同,他们一般不会在证据法学范围内定义事实概念,而是把最一般、最公认的事实涵义(客观案件事实、客观事实、事实真相)作为基点。

第一,哲学家们的事实定义直接为我国证据法学者所用,以在宏观层面界定证据法和诉讼法领域的事实。这在我国众多证据法学文献里面能够得到印证,比如,在几乎所有讨论客观真实或法律真实的文献中,都会援引某种哲学上的事实定义,尤其是彭漪涟先生的《事实论》所界定的"事实"("经验事实")。

第二,我国证据法学者直接将证明标准[①]问题上升为哲学层面的本体论、认识论和价值论问题,把事实证明的司法活动直接抽象为一个哲学范围内的实践—认识、客体—主体、客观—主观的相互关系问题,或者更准确地说,是把哲学层面的实践—认识、客体—主体、客观—主

[①] 在本书中,我并不同意"证明标准"这个提法,认为诉讼证明的确有要求但没有标准可言。详见第八章第一节。为遵从学界表达习惯,方便讨论相关问题,书中不少地方仍然使用了"证明标准"这个术语。

观的相互关系,在概念上机械并且错误地套用在案件事实的司法证明研究中,并因此形成不同的事实定义。① 强调案件原生事实的客观性和作为认识对象的外在性,便是侧重于本体论层面的事实;强调人对案件事实的认识过程和结果,被认识的事实的主观性和相对性,便是侧重于认识论层面的事实;强调具有各种不同价值导向的诉讼法和证据法规则对事实证明的引导和控制,把司法证明的事实看作价值平衡的结果,便是从价值论角度解释事实。承认事实本体论性质的理论,以事实的自然真相为理论核心;认为事实主要具有认识论和价值论属性的理论,又分为两种情况,一是"客观事实论",其重心在强调事实及事实认识内容的客观性,它对主观认识形式的独立性,强调实质、实体或"客观真实"及其价值,同时,并不否定和忽视事实认识的主观性、内在性,主观涵摄客观事实的主体性;二是"主观事实论",它不仅特别强调事实认识的主观性、内在性,主观涵摄客观事实的主体性,尤其强调客观事实对认识主体的依赖性,强调事实的主观把握和表达形式,强调主观真实(在诉讼法理论上,有"神示真实"、"形式真实"、"程序真实"、"法律真实"、"诉讼真实"和"法官真实"等"主观真实"说)及其价值,把事实认识的主观内容和形式凌驾于客观事实之上,或者否定客观事实或事实的客观性。

第三,不同哲学体系下的相互对立的事实概念,为我国证据法学者随心所欲、不加深究地使用,并且用以反驳自己所不认同的概念和方法。大致说来,主张客观真实的学者,大多肯定本体论意义上的事实,强调事实真相的自然性、客观性和外在性,强调事实的对象性、独立性和可知性,以及事实的既成性、原生性和可靠性;主张主观真实的学者,

---

① 我国大陆学者在证据法学领域围绕"客观真实"和"法律真实"开展的证明标准论争,是一场完全错误的论争。详见本书第八章。

大都把事实作为认识论和价值论范畴,强调事实的主观性、内在性,形式性、依赖性,解释性和可变性,不承认认识之外的客观事实独立存在。作为司法证明结果的裁判事实的两个基本属性,即客观真实性和法律正当性,它们根本就不相互对立,却被不同学者分别置于"客观真实"和"法律真实"的名下,搞得它们之间似乎水火不容。

第四,毫不奇怪的是,证据法和司法证明活动中关于"事实"的理论争鸣,在证据法学的宏观层面,显得云遮雾绕,莫衷一是,有许多不近人情、玄奥莫测之处(特别是那些移植于语言哲学、实用主义和后现代证明哲学的"事实"观念),而在深入司法证明实践的证据法学的层面,却几乎完全还原到"常理"之下,即大家都不得不实实在在地讨论真实案件中的真实问题,无可逃避地要接触案件的原始事实究竟是什么的实际问题,这时,"客观真实"和"法律真实"的争论和差异被置诸脑后,某些西方哲学的"事实"话语也被冷落一旁,这在相关文献中也显示得一清二楚——那些认真关注司法证明具体实践的论著中,具体证明技术和证明规范被仔细探讨,而关于事实概念的哲学玄论,不是完全销声匿迹,就是只剩一星半点而已。

三、司法证明理论中的事实研究方法

因为界定事实的方式不同,司法证明领域的事实研究方法也因此分道扬镳。注重哲学层面的事实理论的学者,大都从哲学文献到自己的宏论(详见本书第八、九章),延伸出一套自己关于司法证明场域的事实概念、证明事实的方法、规范和标准,而且具有"分裂"特征:事实概念是高度抽象的哲学概念,牵扯到本体—认识,主体—客体等大词语,他们论及的证明标准也没有哪个是具体、可操作的标准("客观真实"和"法律真实"在这一点上都彼此彼此),而一旦进入证明方法、规范层面,他们又都拥抱着与那些大概念几乎可以不发生任何关系的生

活化的具体证据、证明规则和证明手段。

注重证明实务的研究者,他们主要运用经验观察、实证调查等方法,总结司法证明的经验和问题,不大理会一些玄论和时髦的术语。他们往往直接体验、实际知道司法活动中的事实探知过程,拥有相应的经验,他们不会在经验不足或者毫无经验之时,借用那些自己也不明就里的"后现代"理论,随心所欲地"创造"(其实是"学舌"而已)"事实建构"理论,糊弄学界、实务界和后生;他们一般在证据法自身的层面研究事实,研究证明,研究证明对象、标准等问题,使事实证明理论回归证据法学和司法实务;他们的看法一般符合大多数司法人士和普通民众对事实所具有的朴素经验,使证据法的事实研究符合常识和常理,祛除神秘和妖魅。

四、贯通东西方法学和司法实践的事实概念

社会生活事实的常识化内容和特征,使得"事实"概念在东西方证据法学之间能够"通译"和同解。不论东西方文化在宏观层面有多少不同和相通之处,但在司法裁判历史上形成的事实证明理论和文化,有三点是明确的:司法裁判实践中的事实概念和常人理解的事实,东西方之间的共识大于差异;裁判者认定和处置案件事实的实际方式大同小异,政治、社会的因素,法律效果和社会效果的考虑,人情世故的处理,都会或多或少、或明或暗、潜移默化地影响他们裁判案件;[1]当事人、裁判者和社会公众对司法裁判中的事实认定的评价,都是制约司法裁

---

[1] 大约在2009年12月的某天下午,我到位于美国亚利桑那州旗杆市(Flagstaff)的科科尼诺郡高等法院(Coconino County Superior Court)旁听了一个家庭财产纠纷案件的部分审理情况,基本案情是女儿拒绝按照约定给付母亲钱款。法官没有当庭判决,而是说:你们是母女,我不即刻作出判决,希望你们回去后,自己找到比我来裁判的更好的解决方法。母女双双哭泣着离开法庭。这真实的一幕让我大感意外,又觉得非常熟悉,仿佛瞬息置身于我国的某个基层法庭里。

判的力量,是促使裁判者追求事实真相、维护司法权威及裁判者自身威望和荣誉的力量。

在英美法律词汇里面,事实的解释也和我们差不多,不仅具有多重含义,而且那些含义也是我们能够心领神会的,是我们在生活或学理的世界常常碰得到的。

在《布莱克法律辞典》(第九版)中,事实(fact)被定义为:1.实际(确实)存在的事情(事物);真实的方面。2.实际的或声称的事件或情况,与其法律效果、后果或解释相区别。3.恶行,犯罪。《元照英美法词典》中,fact 被译为"事实"、"真相"、"实际情况",并解释为:指实际发生的事情、事件及通常存在的有形物体或外观,具有确实的绝对的真实性,而非仅为一种推测或见解。事实必须是实情,而非虚构的或谬误的。

真正懂得并尊重司法证明实践的历史和现实的英美证据法学者,他们所秉持的事实和证明的基本观念也与我们相同,或者说这些观念本身就超越文化差异。威格莫尔(John Henry Wigmore)说,"绝大多数(证据法学的)理论家们分享这一假定:准确的事实发现应当是证据法的中心目的";特文宁(William Twining)虽然指明,司法裁判中,事实真相的追求必须不时让位于其他价值和目的,但司法裁判的目的却是确立事实真相;美国《联邦证据规则》之规则二对整个规则的"目的和解释"的规定是:本规则应当被解释为,在管控、消除不合理的费用和延误之中确保公平,确保促进证据法成长和发展,以达到查清真相和公正裁决案件的目的。①

----

① 参见宋英辉、汤维建主编的《证据法研究述评》第 4 页脚注④。卞建林所译美国《联邦证据规则》"第 102 条"文本,误将"Purpose and Construction"译为"目的和结构",可能是误把动词 construe 及对应名词 construction(解释)当作动词 construct 及对应名词 construction(建造、结构)了。该条文的内容也在"意译"过程中被不当剪裁。在《外国证据法选译(下)》中,刘品新将其译为"宗旨和解释",是正确的。美国《联邦证据规则》(2011 年重塑版)第 102 条只规定了"目的",删除了"和解释"。

第三节　司法裁判活动中的事实范畴

一、法律领域内的事实范围和类型

立法者制定法律,行政主体执行法律,司法机关裁判案件、适用法律,是文明社会的基本事实。

制定法律虽然要面对社会事实,规范一定范围和类型的事实,但它主要只对一般化、概括性的事实做出事后反应,并且对将来同类或近似的社会事实设置处理规则,所以它可以逃避对任何一件具体事实做出反应,虽然立法史上确有一些立法就是对某个有巨大影响的事实(准确地说是"事件")的反应。"恶法"的指责即使可能落在某部法律或某个法条规定上,但它也往往通过行政执法和司法裁判两堵"隔火墙"得到屏蔽或者缓减。

行政执法和司法活动必须面对千千万万的具体事实,主动和被动地处置相应的案件事实及其涵盖的利益。行政执法和司法的善恶,是通过个案事实的认定和法律调整及当事人的直观感受来显现的,个案事实被认为是执法和司法的公正性的基础,规则正当或不正当的问题只有在事实认定准确的前提下才会发生。当然,许多人明白,法律规则往往可以先导性地影响甚至决定事实认定活动。

在司法场域,事实是指需要或者已经为司法主体查明、裁判的各种与法律纷争之产生和解决相关的客观事物、事件或行为的特定过程或状态。案件事实是人们对这种事实的一般称谓。

理论上,案件事实可以具体划分为案件原生事实(或称原始事实、原初事实)、讼争事实、证据事实、查证事实和定案事实等几种具有不同涵义和范围的事实。

二、案件的原生事实

原生事实就是纠纷事实本身,即通常所说的客观案件事实(或案件客观事实),它是具有"唯一性、确定性"的原汁原味的生活中的纠纷事实,是唯一的事实真相,它不因当事人的纷争和不同事实主张而改变,它是案件的本真事实,是实际发生过、存在着的客观事实。"原生事实"概念是对案件原生事实的理论概括。恰如有句话所说,"人在做,天在看",那个为"天"所见所闻的"事实"(好比摄影机拍摄、记录),在任何时空下都从头到尾、原原本本听闻、记录的完整案件事实,这就是案件原生事实。

在各种案件事实或案件事实的各种分类中,唯有"原生事实"是任何条件下都可以称为"事实"、与唯一的真相完全同义的事实。对司法裁判者来说,这个案件原生事实必定是"未知的、过去的、不可再次发生于眼前耳畔"的事实,绝无"将来的"原生事实,绝少有"现在时"或"现在进行时"的原生事实。但对当事人或者目击证人来说,他们亲历者或直接观察了案件原生事实,原生事实既可能以"过去时"、"过去进行时"或"过去完成时"的形态存在着,也可能以"现在时"、"现在进行时"或"现在完成时"的状态存在和演变着。假如当事人或者目击证人都不受利益影响而改变记忆中的事实,不说谎,不捏造、隐瞒、歪曲真相,不制造假象,假如他们对事实的记忆和陈述都没有错误,那么他们陈述出来的事实就应当是相同的,且与案件原生事实一致。这种情况下,便不会存在事实争议,该事实应当适用的法律便是明确、确定的,当事人就应当接受由这一事实和相关法律确定的权利义务关系和社会秩序,这样的话,就不会有事实和法律上的讼争,不会有官司。

三、案件的讼争事实

在诉讼案件中,案件原生事实往往被讼争事实裂解。讼争事实(也称为纠纷事实、诉争事实等)包括起诉者诉称的事实和被告方辩称的事实。诉称事实一般就是起诉书、反诉状所载明的请求法官认定并据以做出某种裁判的事实,它是起诉者请求法官确认或分配法律上的权利义务、确定法律责任的根据。被告方在诉讼中用以辩驳诉称事实的事实,就是辩称事实(或者抗辩事实),包括提出新的对立于诉称事实的事实,对诉称事实内容、性质、情节、起因、结果的改变,等等。在提起反诉的案件中,反诉所称事实,既是辩称事实,又是诉称事实,原告的诉称事实是反诉事实的辩称事实,原告也可以针对反诉事实提出新的辩称事实。起诉者、反诉者在诉讼过程中追加、变更的事实,既可以是诉称事实,也可能属于辩称事实。

严格说来,讼争事实不同于"事实",更不同于原生事实,而是在诉讼中提出的存在争议的事实认识和主张。这个事实认识和主张究竟是否符合原生事实,则有待证明。

四、讼争事实与原生事实的关系

其实,案件就是那么一个或一些事实,事实本无所谓纠纷和讼争。只因当事人基于该事实产生了相互冲突的权益诉求,原本统一、唯一的案件事实,在不同当事人那里形成了不同的事实感知,产生了相互对立的事实认识,原生事实被对立的事实叙述分割为诉称事实和辩称事实。这时,构成案件原生事实的那些要素,被不同当事人做出不同理解和认定,产生事实认识和法律权益上的纷争,比如,对原生事实某个客观方面的认识或记忆、理解不同而产生讼争,像某方当事人是否作出了某个侵害行为,是否在某个不适当或不应当的时间或场所实施了某个行为,究竟是张三还是李四作出了某个行为,某种危害结果是否出现或会不会持续存在,某个损害后果是不是某行为所致,等等;再如,对原生事实或其中的某些要素的属性的认识相互对立,像某甲打在某乙身上的一拳是侵害行为还是防卫行为,某甲在挥动胳膊时碰了某乙的脸是故意还是过失的,病人在接受常规、小型手术时竟然猝死在医院手术台上,是否存在医疗事故问题,等等。这些不同的事实认识一旦被当事人诉诸于司法裁判,案件原生事实就孪变为相互冲突的事实陈述。当然,并不是每一个案件,原生事实都被分裂、转换为诉称事实和辩称事实,实践中,有些案件的被告并不提出与诉称事实相对立的事实主张,诉称事实可能就是原生事实,包括民事、行政案件中,被告对诉称事实予以承认,刑事诉讼中被告不提出事实方面的抗辩,或者直接认罪;也不是每个诉称事实或辩称事实都是对原生事实的掩饰、扭曲、误解或对抗,诉称或辩称事实符合真相的情况,在实践中并不少见。

但在理论和实践上,不论诉称事实还是辩称事实,确实存在是否与案件原生事实相符合的问题。如果只有诉称事实,对方当事人等没有提出辩称事实,那么,诉称事实可能都符合原生事实,或者各方当事人都在背离、隐瞒原生事实;如果被诉的一方提出了辩称事实,那么,一般来说,它是与诉称事实相对立的事实主张,诉称事实和辩称事实至少会有不一致的地方,它们各自与案件原生事实是否符合,是真是假或都半真半假,则有待证明。

五、原生事实和讼争事实与证据的基本关系

原生事实以事物、事情、事态的即情即景地发生、演变和终结为其自然或社会存在形式,其表现方式包括特定自然事件的出现和产生各种影响,人做出各种各样的行为并形成相关后果,比如,地震发生,洪水袭来,受灾者众,或者有人殴打他人致人伤亡,或有人诈骗、盗窃,有人

被骗、被盗,等等。原生事实可以被人感知、记忆和陈述出来,也可以被遗留下来的物质及其痕迹"记忆(记录)"。人们对原生事实的记忆和陈述,以及能够再现原生事实的物和痕迹等,都是原生事实发生、续存和消失的各种信息的物质载体和物化显现方式,都成为与该原生事实相关的证据。简言之,一切有关原生事实的证据乃是原生事实本身的产物,没有原生事实就没有证据,而没有证据却不一定没有原生事实。与此相反,讼争事实的存在和表现形式首先是证据,也只能是证据,即人对讼争事实的主张和陈述,只能以证据为基础,没有证据就没有能够成立和足以认定的讼争事实。如果用以证明所主张的讼争事实的证据恰好是原生事实所留存的证据,那么,讼争事实与案件原生事实便有了可靠联结点,讼争事实与原生事实的一致性就有了基础。

经验表明,所有讼争者都会声称,他们是根据案件事实和法律规定进行起诉或答辩的,即基于案件真相来起诉、答辩和主张权利的。原生事实不可重演,但又必须在裁判者面前重现,于是,他们只得搬出各种各样的证据来还原、重现原生事实,各自证明其所写、所说的就是案件事实的本来面貌,让裁判者确信"我(们)"说的才是真实的,我(们)的"说法"才正确,"他(们)"说得不真实、不正确。对讼争者来说,证明事实的过程应当是让事实主张得到证据印证、重现原生事实即重返真相的过程;对裁判者来说,这是各方当事人、其他诉讼参与人共同通过证据让裁判者亲自发现案件原生事实或其基本内容的过程,是以证据重现原生事实发生、演变和终结过程的过程。在讼争者那里,证明事实主张是其通过诉讼获得法律利益的手段,在裁判者那里,讼争事实是一个起点,向后,则通过证据的阶梯,回溯逝去的时空,获得原生事实或其基本内容,向前,则把查明的原生事实作为定案事实予以认定,并以此作为事实根据,支撑他正确适用法律、裁判案件,达到定纷止争、实现公平正义的司法目的。

六、讼争事实的实践内涵和功能

"讼争事实"这个概念重在表明:案件原生事实发生了时空转换,人们对原生事实发生了认识分裂,讼争各方基于原生事实产生了利益冲突,并且争讼双方都在新的时空内,主张了不同或直接冲突的事实;讼争事实不再当然与原生事实一致,不再当然就是事实真相,是真是假须得证明;甚至,讼争事实可能与案件原生事实根本无关,即讼争事实可能完全歪曲、隐瞒、错认了本来的案件事实,也可能根本没有发生和存在过讼争者所称的事实,还有可能,讼争者提起或应对诉讼,本来就是基于彻头彻尾的阴谋,他们捏造案件事实、滥用诉讼权利,损害某人或国家、社会的利益,根本不存在所谓的"案件事实";在司法证明过程中,裁判者并没有自己的独立于讼争事实的案件事实主张,他只是在等待揭示真相;证明过程终结时,裁判者对讼争事实做出裁断,本质上是(或者应当是)他对庭审中由全部证据重现的案件原生事实(或其基本内容)的"亲身感知"和认定,法官可能在当事人的事实主张中做出选择与认定(如果某方当事人的部分或全部事实主张得到证据印证的话),也可能对当事人主张的所有事实全部否定,通过庭审证据,他自己发现、揭穿了另一个被人隐匿或人们不曾知晓、意识到的真相。[①]但是,法官不能脱离案件证据独立认定与讼争事实完全无关的事实,更不能凭空创造(建构)一个事实,强加于讼争各方当事人,他只能在与案

[①] 在这方面,有时候刑事侦查人员或者刑事技术鉴定人可能比法官有更多的机会,揭示"谜案"的奥秘。据媒体报道,曾经广为舆论关注的"做梦死",其真相被著名法医顾晓生揭穿:一名17岁少年因盗窃被判入狱。10多天后的一个晚上,少年半夜突然鼾声如雷。值班人员发现异常,急忙报告,但抢救无效。各种猜测、非议接踵而来。但是,经调查,当晚监舍内没任何冲突,初步尸检也没发现少年的伤痕。而且,少年入监时被查出有心脏病史,由此,有法医认为是心脏病猝死,尸体无需解剖,可以定性并火化。但受邀参加鉴定的顾晓生认为,少年虽有心脏病史,但属于哪一种心脏病不明确,这种病能否致死也不清楚;

件裁判有关的范围内,根据证据认定案件事实,哪怕是一个"崭新的事实"。在当事人主义的司法体制下,法庭认定事实的范围受到讼争事实的严格限制。即使在法官可以依职权探知事实的诉讼模式下,裁判者通常也只是就讼争事实本身的真伪进行分辨和认定,被认定的事实主张成为定案事实;就算裁判者主动探明了不同于讼争事实的真相,这个真相仍然与讼争事实紧密相关——它是在为查明讼争事实真伪的过程中获取的,是对讼争事实的否定,案件将在这个真相的基础上得到裁判。这里,当事人隐瞒、歪曲或捏造了事实,主张的事实是假象,裁判者查明、认定的事实就是被隐瞒的真相,它仍然是当事人自己的真相,裁判者仍然没有自己独立的事实,不能说是裁判者建构了新的与当事人和案件无干的事实。

讼争事实既是司法裁判启动的原因,也是司法裁判活动要消灭的目标。为终结诉讼,裁判者必须查明讼争事实真伪,对讼争事实进行判定,给出最终认定的案件事实即定案事实。

七、定案事实的特征和价值

定案事实是裁判者对庭审查明属实的事实从法律上进行最后确

况且,体表没伤不等于内脏完好。在他坚持下,对少年进行尸检。少年的胸腔和腹腔器官除心脏稍大,且有病变迹象,其他都很正常,没有病变也没中毒迹象。顾晓生发现,心脏虽有病变,但构不成少年的死亡。顾晓生注意到死者头颅并进行解剖。头皮没什么损伤,剖开头皮发现,左侧大片出血,整个颅骨露出时,一条裂痕露在面前,接着发现颅内有血肿,当取出大脑,发现上面有挫伤,颅脑血肿已呈紫褐色,中央部分液化,部分血肿和硬脑膜已有粘连,相应处脑挫伤已坏死软化。进一步的显微病理检验发现,这个血肿和脑挫伤有相当长时间,至少有10天左右。结论是少年肯定受过外力击打。但没人相信:监狱录像,同室囚犯证词等都证明少年死亡当天没受到殴打,也没有摔伤或跌倒的可能。根据顾晓生的结论,监狱再次调查,果然同舍囚犯交代,约10天前,这位少年刚入监时曾被一囚犯殴打。殴打中,少年头撞到墙上,但当时并没感觉太多不适。未曾有人料到,这一撞竟让少年在10天后出现了"做梦死"。《法医"对话"尸体14年》,《扬子晚报》2010年11月17日。

认,是对讼争事实进行证明或证伪的实体性和程序性双重结果,一般以载于裁判文书为标志,使其具有特定的法律效力,产生特定法律效果,即裁判者据以裁断讼争者在事实上的真假黑白,法律上的是非曲直,分配法律上的权利义务,判定法律责任的承担,并且可能同时展现其在道德和其他社会价值上的判断和导向。

定案事实在法理上具有如下特征:第一,是对部分或全部讼争事实的印证或排斥;第二,是还原和重现案件原生事实(之全部或基本部分);第三,是关于案件事实真相的法律认定;第四,是裁判者单方面独自认定的事实,是他的内心确信或排除合理怀疑的产物,但这种单方面的事实认定又须以当事人、证人等多方面参与诉讼为基础;第五,查证属实的证据是支撑其事实认定的根据,案件本身演变的自然或社会逻辑,必须以清晰、透彻的语言和逻辑形式进行外化和表达;第六,获取定案事实,必须遵循诉讼价值、程序规范和证据法则,裁判者必须正确运用经验、逻辑和法律知识技能,本着职业良知。

定案事实普遍受到重视,它是司法裁判的基石,有重大的价值和意义。

第一,定案事实和案件真相是否一致是检验司法是否正义的实质标准,是考察评价司法程序是否正义的实体依据,仅以程序本身是否完备和正义(形式标准)来评价整个司法是否正义,这样的评价本身就并不完全正义,正如不能单纯以实体是否正义来评价司法是否正义一样。司法实践已经表明,忽视实体和实质正义可能助长司法的不正义。

第二,定案事实与案件事实真相(大体)一致,这是当事人(至少大多数当事人)和公众的一般期待,寄托着人们对司法的信念和对正义的诉求,是当事人和公众对司法产生依托和信赖的基石。特别是经过司法程序后，当事人、公众根据自己的资讯条件和经验，会拿定案事实与讼争事实和证据进行对照，衡量定案事实与讼争事实之间的映照或变异关系，审视、探寻司法活动处置讼争事实、对待证据、导出定案事实的机理、价值，判断司法活动与当事人、社会公众的期待之间的距离，形成对司法的尊重或者藐视，对裁判的服从或者抗争。那些明显离奇古怪的事实认定，不可理喻的"定案事实"，以及为"产出"那些"事实"结论而采用的荒唐证据、荒诞逻辑，以及层出不穷的荒谬解释或说明，只会严重损害司法的根基。

第三，从法官不能够拒绝裁判、案件必须有个终了来说，即使讼争事实可能被否定，真相可能最终依旧不明，但定案事实（如"被告方无罪"，虽然真凶不明，甚至被害人也身份不清）必定最终要按照某种规则权威性地确立起来，并决定当事人的权益。

八、从原生事实到定案事实：自然与逻辑关系

从案件的原生事实裂变为讼争事实，再到司法裁判者查明、重现全部或者基本的原生事实，形成定案事实，中间要历经整个诉讼过程，要收集、举示、采纳或排除证据，解读各个证据所蕴含的事实信息，排除证据事实信息的矛盾，确认相互印证的事实信息。证据载有案件原生事实的若干信息，经过举证、质证和采证诸环节，由之揭示出部分或全部案情，这就是证据事实。将部分或者全部证据事实按照案件自身演变的客观规律予以整合，理清这些事实的内在逻辑和结构，并且从程序法角度进行认定，即是查证属实的事实（查证事实）。查证事实是多方面的证据事实的综合和具体统一，是裁判者和当事人以及其他诉讼参与人共同在诉讼程序中依法查明的部分或者全部案件原生事实，是通过证据和法定程序还原、重现的部分或全部案件真相，是对讼争事实的部

分或全部的印证或否定。在诉讼证明过程中,不断有事实被发现、查明和确定属实,因此,查证事实主要是一个动态的、尚未最终整合的事实概念,它是证据事实与定案事实之间的联结范畴,也是诉争事实和原生事实、定案事实之间的联结范畴,它一方面把案件真相和定案事实联系起来,另一方面又把当事人的符合真相的诉争事实(事实主张)与定案事实联系起来,并阻断不符合真相的事实主张与定案事实的联系。

司法活动中,案件事实的各个阶段和各种形态的相互关系,如图1-1、1-2所示:

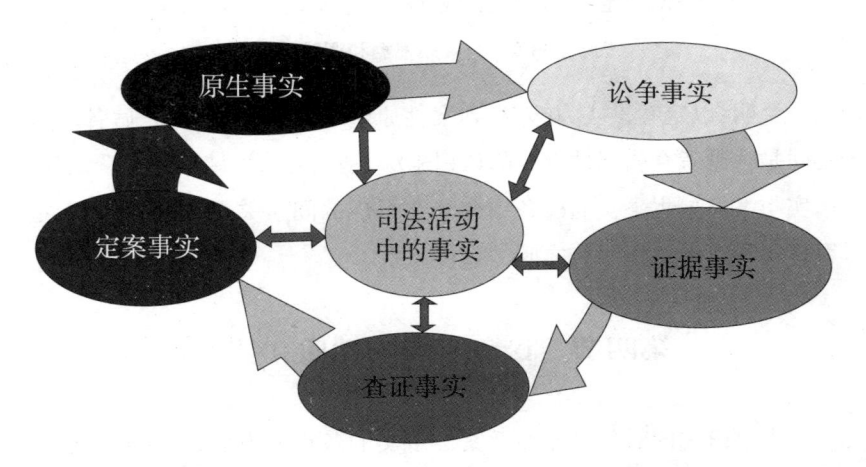

图1-1 案件"原生事实"与"定案事实"之间的"自然"
演变顺序和在诉讼中展开的认知关系

说明:以案件原生事实为起点,到定案事实这个终点,先后环节之间是自然的和社会的演变关系,定案事实既是原生事实逐步演化而来,又是对原生事实的某种回复、回归和重现。

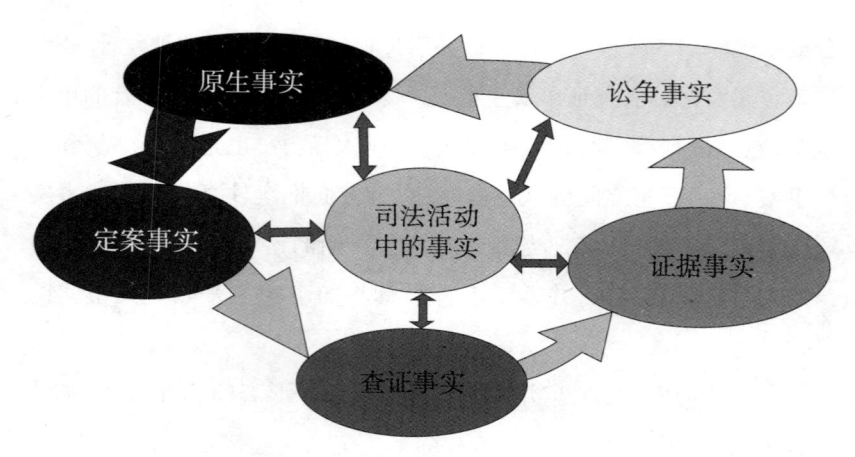

图 1-2 "定案事实"的客观基础、内容与裁判者发现、重现
"原生事实"的认知根据和逻辑关联

说明：以定案事实为起点，到案件原生事实这个终点，先后各环节之间是裁判者查明案件真相的认识来源、基础与认识结果的关系，定案事实与案件原生事实通过各中介环节形成的间接关系，最终蕴涵着定案事实和案件原生事实之间的直接关系。

第四节 讼争事实的性质和特点

本书研究的对象虽然涉及案件事实的各重要方面，但主要是讼争事实及其证明的基础理论。

一、重心转移：从"案件事实"到"讼争事实"

在我看来，很长时间里，证据法范围内的事实研究，大多以宽泛、笼统因而并不准确的"案件事实"为中心，过分看重判决书所载的事实和理由，不重视从起诉、举证到完成司法证明的过程，不重视讼争事实

（起诉和辩称的事实，特别是其中真正有争议的"争点事实"）、证据事实和查证事实与案件原生事实和定案事实之间的自然联系和认识桥梁关系，没有透彻分析司法证明的整体结构和意义。我们所知的一些貌似重大、严肃、深刻的争论，比如"客观真实"与"法律真实"的论争，就是一个标本，因为它们都主要从概念出发，并且很大程度上局限在概念范围内，没有具体剖析案件"原生事实（客观事实）"与"客观真实"或"法律真实"的自然联系，没有具体探讨诉争事实、证据事实、查证事实和案件原生事实及定案事实之间丰富多样的对立统一关系。

首先，"证据法范围内"这个前提很重要，超越这个范围，我的看法可能不再有效。须知，证据法其实就是司法或诉讼证明法，是讼争事实的司法证明的法律规范，其适用过程就是规范性的讼争事实的证明过程。一旦产生定案事实，证明就结束，证据法也不再需要。显然，透过裁判者化解讼争事实、确认定案事实的过程和结果，来探讨诉讼证据、证明和证据法，不仅是有效的，而且抓住了根本，能够对司法裁判领域中的事实证明即司法证明追本溯源。

其次，讼争事实通常指起诉书、答辩状、上诉状和申诉书等文书载明的争议事实，是当事人诉请法院裁判的事实，它们既可能是实体事实，也可能是程序事实，包括诉讼进程中当事人追加、变更的实体和程序事实，但多数情况下是实体事实。至于追加或变更诉讼主体，即使导致诉争事实变化，但不会从性质上影响讼争事实的证明活动，从讼争事实的证明和裁判研究而言，几乎可以不考虑诉讼主体变更问题。

再者，讼争事实不等于诉讼中的要件事实，要件事实是讼争事实的核心，但讼争事实往往还包括情节事实，与要件事实相关的环境事实。司法活动不仅要查明要件事实，也须查明至关重要的情节和环境事实——要件事实的原因事实、发生环境、来龙去脉，构成要件事实的社会联系。如果要实现社会正义，就需确保司法正义，并以司法正义还当事人以社会正义，那么，裁判者就没有权力割取整个讼争事实的某个片段，哪怕是"主要"片段。司法裁判实践中屡屡出现的"机械执法"，执法结果和法律效果屡遭诟病，主要原因就是，一些司法人员双眼只盯住很狭隘的"案件事实"，特别是刑事案件中，心目中只有所闻要件事实和法定情节事实，对案发的原因、环境、来龙去脉、后果、影响等因素综合考虑不够，对各方当事人在案件中的具体动机、意图、行为手段和方式、案情的特殊演变过程，有意无意地不理不睬，对案情缺乏真实、具体、全面和透彻的把握，以及机械看待法条规定，案件裁判结果不仅让当事人惊讶、不服，社会公众也感到诧异、唐突。因此，司法人员需要重视"全案事实情节"，特别不要忽视酌定事实情节，要把案件事实还原到生活中，把正当的生活情理、社会事理带入案情查证、理解和判断，并与法理融合。这才是对讼争事实的准确把握，才能合情合理地适用法律。

讼争事实是那些导致了当事人法律权益争议并且诉请司法裁判的社会生活事实，即使案件中没有真实发生、存在过讼争的事实，但捏造讼争事实、挑词架讼等事实就会成为司法审判、证明的对象，这些也是社会生活事实。

二、自然事实向讼争事实转化

与人的生活和权益无关的自然事实，一般不会构成讼争事实，而且通常情况下，人们一般不会单独把自然事实当作讼争事实，诉至法院。即使那些对人的生活和权益产生重大影响，甚至导致严重损害的自然事实，一般也不会当然形成讼争事实，如纯粹的自然灾害本身，自然状态下生活的野兽发生的侵袭等等，是不可能直接、独自成为诉讼事由的。影响、损害某人权益的自然灾害等自然事实,只有通过某种中介与人的义务、职责或权益发生关系,权益受损的人才可能基于特定义务人的不作为、不当作为或先前的契约或承诺(如保险公司对承保范围内的自然灾害造成损失的赔偿义务),对自然事实引起的权益损失等进行诉争。这时,自然事实已经具有了社会意义,并且与其他因素一起,形成另一个有争议的事实,比如,洪灾是自然灾害,但它毁损的财产倘若投保且在保险范围中,保险公司拒赔就可能被诉,而洪灾是否在保险理赔事由内,就可能成为讼争事实。

当某个以自然事实为基础的讼争事实被诉诸司法裁判后,那个自然事实是否会继续作为讼争事实的构成部分而接受审理和裁判,这取决于该自然事实本身是否成为争议点,以及它是否牵涉到某种法律权益纷争。与社会事实相关或交织的自然事实,是否会构成讼争事实或者其组成部分,需要根据案情具体区别对待。当自然事实发生前,倘若人们已经设定如果它真实发生就会产生的法律后果(效果),一旦后来对这种法律后果形成争执,或者,当自然事实被人利用,以达到他违法、犯罪,侵害他人合法权益的目的,此时,自然事实成为一种特殊的违法、犯罪的工具;或者有人故意利用某种自然规律而制造出"自然事实",此时的自然事实只是表象,在这诸多情形下,自然事实就可能涉讼,构成讼争事实或其组成部分,但其背后的社会事实才是本质,自然事实也由此被社会化。

三、社会纠纷向讼争事实转化

社会中的各种纠纷进入司法轨道,成为讼争事实,需要具备几个基本条件。第一,当事人之间存在无法自行解决的纠纷,一方或双方都不息争,而纠纷必须解决;第二,没有除司法之外的纠纷解决机制,或者一方或双方拒绝使用非诉讼纠纷解决机制;第三,一方或者双方请求司法介入,将纠纷作为讼争事实诉至司法机关;第四,司法裁判者接受诉讼案件,启动司法程序。司法程序终结前,某些讼争事实可能因为讼争主体的共同意愿而退出司法解决轨道,它回归为一般社会纠纷,并通过双方合意甚至单方"隐忍"、退让而止争,使该纠纷归于消灭。

社会中的生活事实大多并无争议,多数的纠纷事实也并没有进入司法场域,它们在法律和习俗的调整下,始终保持着生活事实的真实本性,尤其是参与到那些生活事实中的人们,没有谁怀疑和否定事实的存在,也没有谁为证明这些日常生活事实(包括纠纷事实)而煞费苦心。但是,讼争事实能否保持生活事实的原生内容、性质和基本形态,其真实本性是否会因为"纷争"而扭曲或丧失,这是谁都不敢轻易断言的。

四、讼争事实仍然是社会生活事实

当前,在一些学者当中流行这样的观点:讼争事实不仅是进入法律调整领域的事实,更是进入司法调整的事实,这样的事实不仅被法律、更被司法"赋予"了某种特殊禀性,它成为与原生态的社会生活事实不同的独特事实,人们对社会生活事实进行观察、理解和认识的方法、尺度,对讼争事实来说不再有效,不能适用。他们的理由是:"司法场景"的出现及其效应,诉讼程序规则、技术的适用,证据规则的运行,以及诉讼价值取向的存在,使讼争事实成为一种从人们的日常生活事实中"脱脂"或"蒸馏"出来的特殊"事实",它失去了生活事实的汁味,它被孤立、封闭于神秘的"司法场域";它被视为本质上是不可知之物,因为它是"司法裁判者"无法亲历、不可回溯的历史事实,当事人等证明其存在的结论也值得怀疑。讼争事实在司法进程中不断被体制化和格式化,成为司法格式的"建构物",符合法律要件是它最重要的特征,它的内容就是法律规范要求的要件事实(和情节事实)应当具备的内容。①

但是,笔者认为,讼争事实仍然是社会生活事实,它具有全部社会生活事实的内容和特征。它的时间、地点和人物,它的起因、发生、进程和结束,它的内容、后果和影响面,都是生活中的内容,或者是其中的某些部分。虽然某个社会生活事实成为纷争点并被诉诸司法裁判,但它没有脱离其曾经是社会生活事实的那些内容和本质,观察、认识、理解社会生活的方法、逻辑、情感和常识,不仅不会在司法证明过程中完全失效,而且恰恰是观察、认识、理解讼争事实的经验和理性基础。进一步说,司法过程和司法场域,也是一种社会生活过程和场域,司法过程和场域并不与世隔绝,并且它在很大程度上依赖和尊重社会生活实际及其蕴涵的事理、情理。司法与社会和生活不能隔离,讼争事实与生活纠纷事实也不能割裂,司法场域没有那种使讼争事实与生活纠纷事实完全隔绝、变得人们再也无从认识的魔力。

五、讼争事实的主要特征

讼争事实具有四个显著特征。

(一) 讼争事实一般是当事人自己明白的事实

对当事者来说,它其实是已明的事实,是当事者一方或多方知晓的事实或事实的一部分(比如一个蒙面歹徒深夜抢劫了很多人,被害人一方不知道谁实施的抢劫;嫌疑人一方不确定自己抢劫的是不是就是指证他的这个被害人),包括实际存在的引起纷争的原生事实,在纷争中各方坚称的事实,某方或各方虚构(包括歪曲、捏造)的"事实"和隐瞒的事实。这对研究讼争事实的人来说,是应当承认的一个极其重要

---

① 参见杨建军:《论法律事实》,山东大学2006届博士学位论文;朴永刚:《案件事实真实性研究》,吉林大学2006届博士学位论文。

的常识和前提——不能因为裁判者没有也无法亲历原生事实,就断定对所有的人来说,引起诉争事实的那个生活事实(即客观事实或客观真实)都是未知的、不可知的。即是说,那些断定"客观真实"不可知的人,一开始就彻底搞错了:法庭上很多时候就坐着、站着直接亲历、目睹耳闻了"客观事实"的当事人、证人,即使他们当中有人说谎,但也有人告诉法官事实真相,"客观真实"怎么会"不可知",不能达到呢!

实际上,即使某方当事人虚构了诉称的"事实",那个虚构事实当然不是事实,可是,"虚构事实"的事实在虚构者自己心中,以及在被虚构事实所侵害的人心中,都是明明白白的事实,他们相互之间根本无需证明;如果虚构事实一方提出"证据"进行"证明",也是为了"诈服"对方,并不是要对方知道和确信那个虚构事实;如果受虚构事实侵害的一方举证证明"事实是虚构的",其目的也不是使对方知道事实的虚假性,而是以证据和真相"制伏"对方,让对方"服气",打破对方凭空捏造事实、滥用诉讼权利达到"诉讼诈骗"的图谋,或者使其对"虚构事实"的代价和收益无法估计和控制,从而息争。这样的案件进入司法程序后,当事各方同样不需要就这些讼争事实向对方证明,因为,一般情况下,他们彼此对事实真相都心知肚明,不可能通过直接向对方证明事实来息争,诉讼中的证明,是"证明给法官看的"。而法官正是通过这个司法证明过程,通过证据的较量,很可能就"知道了"真实案情,看清了一方"虚构事实"的把戏。

(二)事实有争讼,真相不会变

当事者对讼争事实的认识多数时候是分裂、对立的,但"真相只有一个"。当事者对事实的认知各执一端,如对事实的客观内容持不同看法,对事实性质和后果持相反观点,对导致该事实的原因各有说辞等,这些事实认知的相互对立可能是真的,也可能是其中某方当事人虚张声势,甚至可能是在隐瞒真相、虚构事实,通过诉讼诈取对方的权益。

被诉的一方承认诉称事实,虽然总体上有利于裁判者认定事实,一般来说,认定的事实也会是真相,但并不绝对。被诉者对诉称事实提出辩解,予以否认,可能增加了法官查证事实的难度,但并不都是坏事,因为,真相往往在争辩中显示和明朗化。

(三)讼争事实须待证明和判定

对裁判者而言,所有讼争事实都真相不明,而他的职权和职责要求他知悉事实真相。讼争事实的证明产生于裁判者对案件事实的认知需要。"以事实为根据"是"以法律为准绳"的基础,而把客观事实作为裁判根据,是千百年司法裁判立足于社会纷争之中而不倒的基石。司法裁判的根本价值和核心职能,决定了裁判者必须于未知之处查明已然的事实,而发现真相却不得不从事实纷争开始,甚至不得不从假象出发。但假象连接着真相,法官对事实虽然懵懂,但有知情的人和其他种种证据帮他揭开真相。千百年的司法历史表明,法官大致胜任和完成了他们的使命,这就是各个时代的司法制度和判官、法官等社会角色能够相袭至今、无可动摇的简单奥秘。讼争事实终结于定案事实,而讼争事实和定案事实大多回溯到了它的原点——引起纷争的生活事实即案件原生事实,不论它在细节上与原生事实有多少无关紧要的出入。

(四)讼争事实是社会事实中的"关键少数"

从数量来看,讼争事实只是生活事实中的极小部分,绝大多数社会生活事实,甚至大多数纠纷事实,并不进入司法领域,不会成为讼争事实。到底有多大比例的社会纠纷进入司法场域,成为讼争事实,这是个"暗数(Dark Number)",根本不可能查明,也无需查明,只要社会在有序运行即可。

不用说,在没有司法裁判的历史时代,任何社会生活纠纷,都不会成为讼争事实,朴素原始的方式,如同态复仇、诅咒,以及其他和平或暴力的自力救济,就把冲突和纠纷化解了(历史上,这种纠纷化解有时候很残酷,甚至以整个氏族、部落的毁灭为代价)。司法机器产生之后,私力救济、社会救济及司法救济等公力救济并存,司法裁判应对的只是社会纷争中的极少数。在现代社会,提交司法裁判的纠纷,一般包括刑事纠纷、民事纠纷和行政纠纷,有的国家,重大政治纠纷也通过宪法诉讼而解决。本书不涉及国际纠纷事实与国际司法裁判中的事实证明问题。

不过,尽管讼争事实只是社会纠纷事实的极少部分,但由于司法救济一般被看成是社会正义的最后防线,是正义底线的守护神,所以在化解重大社会纷争方面,司法仍然担当了无可替代的角色,因此,司法裁判的少量纷争及裁判结果,便格外受人瞩目。

第五节　司法证明实务中有关事实的特别问题

司法活动中有些特殊事实问题,它们在其他国家和地区也多少存在,但在中国大陆尤显突出。

一、急于求成,欲速不达,真相难明

求真心切,不计代价,急于破案,屈打成招,不惜以牺牲人权而获得真相,但很矛盾的是,这最终造成一些案件事实不清,不了了之。这是一些证明哲学或证据法学者否定案件客观事实(应当)与证据、司法证明、司法正义存在天然联系的根据之一。

求真心切,一般在刑事诉讼当中,特别是在侦查阶段,容易出现,不少情况下是欲速则不达,搞错了事实,冤屈甚而错杀了无辜,错过侦查取证的有利时机,放纵了真正的罪犯,甚至让真正的罪犯得以不断危害社会(包括流窜各地,不断强奸、杀人、抢劫等)。此类案件往往最终落得个真相不明,对司法造成多重严重危害。

求真心切,可能是真的,也可能是表面现象,在急促并且往往糟糕

的求真行为背后,另有隐情,如办案者面临各种办案压力(长官限期破案的命令,"命案必破"的纪律和政策高压,"恶劣治安"下的维稳压力、舆论压力,"群情"、"民愤",等等),或追逐一己私利,徇私枉法,报复陷害等。

富有正义感的警察、检察官(在我国大陆,很可能还有法官),因为案件性质恶劣、危害后果严重,基于对受害者的同情,对罪犯嫉恶如仇,有时无论真凶假凶,只要他们认为抓到的就是那个人、事实清楚,尽管有些案件漏洞百出(甚至办案人员自己也发现、明白证据和事实的种种问题),但他们往往不仅把那些疑点和矛盾重重的证据拼凑成所谓证据链,把不合逻辑和常理的荒诞事情硬生生地认定为事实,而且把这些"证据"、"事实"和被捕获的人生硬捆绑(这时使用"嫌疑人"的法定字眼,显得隔靴搔痒,太书生气,不符合社会"常情"。侦查人员、检察官,乃至一些法官,早已对"危害事实"及"行为人"心证有罪。用违反无罪推定原则去批评他们,他们会轻蔑以待,认为那个原则本来就很滑稽;以奉行有罪推定的封建司法原则批评他们,他们认为那是给他们错戴了帽子),不顾他们的辩解,不理他们大呼冤枉,对无辜者不在犯罪现场的证据或明显线索,置若罔闻,一门心思把他们弄进看守所,搞进监狱,甚至往死刑整,即使发现案件显然错了,还自以为是在打击犯罪、维护和伸张正义,既不纠正,更无悔意,傲慢十足,不可一世。不过,在已经公开披露的错案中,多数是由于办案压力大,也有徇私枉法情形。

如果案件事实搞错了,如果"真凶"自始至终都不落网,"罪犯"完全"认命",那我们连批评错案的权利都被无形剥夺——最多能够在纯粹理论上假设存在错案,并基于假设而展开没有具体对象的批评。倘若此类错案三五年或十年八年后最终曝光,除非关键证据尚存,否则案件事实将永久尘封。人们都知道佘祥林幸运地得到昭雪,可是,那个案件中的"不是张在玉的那个死者"是谁？死于何故？我们查了吗？能够查明吗？

二、回避事实，无视真相，胡乱裁判

回避真相，睁一眼闭一眼，拖延诉讼，不给裁判；掩盖、扭曲真相，捏造"真相"，指鹿为马，无中生有，恣意裁判；无视真相，甚至为了某种"政治或社会效果"，"先判了再说，判错了，以后赔偿都行"，胡乱裁判。错案、错判成为一些人"证明"诉讼中事实真相不可求的又一个根据。

在中国的行政诉讼、民事诉讼和刑事诉讼里面，由于种种原因，或多或少都存在办案者回避事实，不愿意查明事实的案件。特别是在刑事和行政诉讼中，政法机关甚至明知事实不清或不确定，但为了某种社会需要，暂时息事宁人，或者至少抑制住某一方当事人"上访"、抗法、自杀自伤等恶性事件的发生，等不及查明事实，根据存疑事实进行审判，或者政府花钱平息申诉、缠访。这种无奈的先判后赔、边下判边拟赔或花钱息诉、不管真相等情况，无疑是十足的"中国大陆特色"。但即便在这样的案件中，事实仍然有某种基础性价值，即"大致的事实"、"不太确定的事实"仍然是裁判的基础，虽然这距离事实真相远近不同。

特别是近十来年，媒体陆续曝光多起错判、错杀的刑事案件，加之刑事诉讼中长期存在的刑讯逼供顽疾尚待消除，于是有学者干脆认定：刑事案件不应当追求客观真实，能够求得"法律真实"就很不错。这些学者把经过漫长历史形成的如下真知轻松抛掷：

> 刑事诉讼之目的，在发现实体的真实，使刑法得以正确适用，形成公正之裁判，并不因诉讼制度、裁判制度之不同而有异。裁判之是否公正，应以适用法令是否正确为准；适用法令之是否正确，则应以认定事实是否真实为前提。故裁判之威信是否得以保持，

应视其裁判是否公正;裁判之任务,亦即寻求真实之事实加以认定。换言之,裁判之威信,赖真实事实之认定始得以确保。因之,真实事实之如何认定,为刑事裁判之最基本问题。……刑事程序之作用,在致力于真实事实之发现。①

民事诉讼比较特殊,因为它本身就允许以"相对为真的事实"作为裁判根据,其证明标准中的"盖然性优势",从规则和理论上为可能和很可能为真的"事实"认定提供了合法性和合理性;调解、和解则从根本上把当事人的意思表示凌驾于"事实"之上,不过,即使当事人和解或同意调解,也是基于他们内心已知的事实和利益权衡,只是对诉讼场域的其他主体来说,事实是掩盖住的;此刻,法官也会主动闭上那只关注事实的眼睛,用另一只眼睛瞧着他们握手言和,或在调解协议书上签署各自的姓名,即告成功。

公安、司法机关,面对某种已经显现的事实,基于各种原因,对其背后的真相和稀泥,"躲猫猫"。近年来,中国社会屡屡出现政府或者其他组织严重自伤公信力的事件,不仅一些地方行政机关多次遭遇公众、媒体,特别是网民的不信任,如"周老虎"、"郭美美"、河南宋庆龄基金会的"黄河儿女"塑像等事件,都让人无法"确信"官方或慈善机构所称之事实;一些公安、司法机关也做了给自己抹黑的事情,"躲猫猫"最终没有躲过网民和媒体的求真压力,但类似"躲猫猫"、"花了眼"的贬损民智、自损威信和自贬形象、自欺欺人的官方声明或解释,在全国范围依然不绝如缕。

三、徇私枉法,"制作案件",颠覆正义

有的裁判者为了某种"屈法"、"枉法"的目的,限缩事实认定,或延

---

① 陈朴生:《刑事证据法》,台北三民书局1979年,第148、151页。

伸认定无关事实，把证明规则当作自己的"私人规则"，于需要之际，或使之成为"严格规则"，或让规则具有无比的弹性，甚而有时人们不知道法官遵循了何种规则，或许可以恰当称为"无规则证明"。

许多年前，笔者初做兼职律师时，办理过一个小小民事上诉案件，然而那个"麻雀"案件的心肝肠肚却真的齐备：一审"助理审判员"为帮原告打赢官司，把本与案件无关的"第二被告"（第一被告在外地打工，不知所在）扯进案件，在案件还没有开庭审理的情况下，就把被告方司法拘留了；不仅主动依职权为原告收集"证据"，而且把证人集体"传唤"到她的办公室，证人尚未开口，就当着原告的面，背着"被告方"，训斥在场所有的人：被告某某，其行为如何如何，现在你们要证明什么什么，不然就进看守所！那些从未见过这类场面的农民，战战兢兢，个个只得在他人写好的所谓证言笔录上签字画押；一审卷宗里面，证据一塌糊涂，事实认定与证据关系漏洞百出，不是一般的牵强，而是荒唐得无以复加，把"第二被告"扯进案件，让她替第一被告担责（幸好，二审法官根据证据和事实，直接改判，宣告一审第二被告、二审的上诉人不承担责任）。

时至 2009 年 3 月 8 日，陕西丹凤高中生徐梗荣在县公安局蹊跷死去。八个月后，这一事件以原县公安局长闫耀锋被判有期徒刑两年，其他涉案民警被判一到三年不等的有期徒刑，原县公安局纪委书记王庆保免予刑事处罚，画上句号。而媒体公开的从轻判决各被告方的理由，则让人诟病不已。判决书称，"鉴于三被告人是在执行领导指令过程中的行为，参与审讯民警较多，责任分散，加之犯罪嫌疑人患有原发性心肌病等原因，各被告人尚能认罪"。"涉案人员众多、责任分散"这个完全与法定事由无关的"事实和理由"赫然在目，把民间传统说法"羊随大群不挨打，人随大流不挨罚"演绎得生动活泼，精准细致；"各被告人尚能认罪"本属于现行刑事诉讼法规定的"陈述义务"（虽然学者反对声音很大），却作为从轻情节，也是刑事审判的"创造"（"尚能认罪"

不是最高法院量刑指导意见中指出的可以作为从轻处罚情节的"自愿认罪");"责任分散"更是无稽之谈,在共同犯罪案件中,刑事责任绝不是"(平均)分摊"的,而是各共同被告必须共同承担刑事责任,至于各被告人的具体刑事责任,则要根据其在犯罪中的具体行为、作用和主观状态确定;"是在执行领导指令过程中的行为",这算不算一个从轻的事实和理由? 如果那位下达刑讯逼供指令的领导被从重追究了刑事责任,他们作为接收指令而刑讯的人,也许可以酌情从轻,但这也没有清晰的法律依据。笔者所强调的是:本案的法官把一连串与从轻判处被告人刑罚无关的"事实"扯进来,延伸认定不相关事实(姑且相信确有那些事实),或者把被告人的义务性行为诠释为可以从轻量刑的行为。而这些情况,在实践中并非"个别"。

四、追逐名利,罗织构陷,伤天害理

搞"莫须有"、罗织入罪,栽赃陷害,张冠李戴,甚至故意炮制假案或诱发犯罪,然后"破案"立功,等等。比如,2001 年 8 月,甘肃省临洮县公安局原副局长张文卓、缉毒队队长边伟宏,竟然为破案立功受奖,炮制"运毒"假案,出租司机荆爱国差点被冤杀。历史和现实中,在"人赃俱获"、"铁证如山","经得起历史考验"诸名言的背后,"事实"也不时走向其反面,不一定是真相的代名词,而是整人工具,"莫须有"就是它们最恰当的称谓。中国历史上的来俊臣是罗织人罪的理论和实践"高手"。来俊臣在其《罗织经》中,奉行"人皆可罪,罪人须定其人"的入罪哲学,信奉"人辩乃常,审之勿悯,刑之非轻,无不招也","刑有术,罚尚变,无所不施,人皆授首","死之能受,痛之难忍,刑人取其不堪","刑有不及,陷无不至"的刑讯准则。①对"来俊臣们"而言,多少个"狄

---

① 参见来俊臣:《罗织经》,马树全注译,吉林摄影出版社 2003 年,第 251、277、303 页。

仁杰"也无济于事，"证据"和"事实"都是有的，即使没有，"罗织"也能织出来。"莫须有"加"罗织经"，是中国封建史上政治整人和司法迫害的两大法宝。现当代中国司法中，这种情况与社会主义民主法治水火不容，但不能说完全绝迹，还得依法防范。

五、机械执法与随意司法并存

司法证明实务中，一些法官（和检察官、警察）机械地以"诉称事实"或"辩称事实"（它们往往被当事人按照有利于自己的方式"掐头去尾"）画地为牢，不重视对案件事实真相的有机和整体性的把握，忽视甚而反对把整个事情的来龙去脉、前因后果也当作案件事实的有机组成部分，"只顾一点，不及其余"，貌似有根有据、客观公正，并且在这种基础上，僵硬套用法条，导致定案事实和法律适用背离完整、真正的案件事实，背离当事人和公众对案件裁判的基本预期和常情。比较常见而典型的例证就是，在不少正当防卫案件中，一些公诉人、法官不敢直接认定正当防卫事实，而是以"防卫过当"之由，以故意伤害等罪名起诉防卫者，作为"抚平"被防卫的"受害人"或其亲属的策略，有意忽略或淡化"受害人"此前对防卫者的侵害事实。特别是，现在司法界存在一种相当普遍的心理、观念，以为只要是"死了人"的"命案"，发生了"人命关天"的大事（大案），不管具体案情如何，非得要找出一个人来担责问罪，平息家属、其他亲友的"情绪"，以防有人"闹事"、上访，甚至一些显然属于"意外死亡"的案件，也要抓人、关人和判刑。这样的案件，办案人员只看见"死了人"、导致人死的那个直接具体行为，不考虑整体案情，甚至也不顾刑法上的因果关系，把防范涉法、涉诉上访放在第一位，那个致人死亡的行为人就只好自认倒霉。

某地"孙某一个耳光致陈某死亡"的案件，一些检察官、法官和学者就认为属于"过失致人死亡"的刑事案件，而非"意外事件"。其基本案情是：长期醉酒的陈某，当天下午又醉酒滋事，沿街骂人；其同村熟人孙某见状，劝其回家；陈某不听，反倒谩骂孙某，孙某随手打了陈某一个耳光，陈某后退几步倒地，没有起来，孙某以为陈某是装出吓人的样子，没有理睬就离开了；随后，有旁人看见陈某没有起来，就报警和呼救120，救护车很快赶到，但没有把陈某抢救过来。后来经法医解剖、检验，陈某心血中检出乙醇，含量为 122.7mg/100ml，其死因是"脑左额叶、左颞叶、右颞极、左额底、小脑、大脑 willis 环及延髓蛛网膜下腔出血，延髓、桥脑、小脑分子层、左颞叶、顶叶及额叶小灶性出血坏死，视交叉处血管畸形；心肌和心外膜下多灶性出血，左冠状动脉起始部、前降支、右冠状动脉起始部粥样硬化，Ⅰ级狭窄；急性弥散性肺水肿、肺淤血，双肺多灶性出血；胰腺自溶，间质大片出血；肝、脾、肾、肾上腺等脏器淤血"。而就本案咨询医学专家，认为，如果陈某纯属被孙某耳光打倒在地，即使出现蛛网膜下腔出血，也不会很快死亡，应该有抢救的时间；让陈某倒地猝死的真正原因是，陈某的血管等严重病变，倒地时全部重要器官出血，几乎没有抢救机会。但在一些办案人员那里，这里只有"陈某死亡、陈某倒地、孙某打了陈某耳光导致陈某倒地"三个"逆序相关"的事实，并且推论道，没有孙某的耳光，就没有陈某倒地，也就没有陈某倒地死亡，所以孙某即使没有故意杀人、伤人致死的犯罪事实，也有过失致人死亡的犯罪事实（他们还有一个奇特理由，即孙某对醉酒的陈某有特殊注意义务，孙某打陈某耳光，就没有尽到特殊注意义务，便要承担刑事责任）。与孙某和陈某相关的其他事实，以及孙某行为时的真实主观状态，全然不见踪影了。

对这五个方面的"事实"认定特殊情况，我有两点看法：

其一，诉讼证明历史中确实存在一些"悬案"，有的是作案者"太高明"，或者知情者无可寻，破案线索严重不足，案件根本就无法侦破；有的是因为案件"敏感"而被人为盖住，有的是办案人无所用心，怠于职守；而有的则是办案人员操之过急、弄巧成拙，反而使得事实真相的查证被延误。这些情况所导致的事实不清、真相不明，与司法证明的基本能力、正常功能并没有直接关系，与事实真相是否可知也没有逻辑关联。

其二，徇私枉法等"不正常情况"导致的事实真相难以查明，根本不能纳入司法证明制度和机制、司法证明能力和功能的范围内予以理性考察，因为，"人要作恶，只有他自己、上帝或阎王可以拯救"，即使好制度可以让"坏人"不作能轻易作恶或少作恶，但无法杜绝其作恶；再好的司法证明制度，如果有人故意毁坏，故意背离事实，掩盖真相，也是无能为力的——对此，需要另外的法律救济，而不能以此认定司法证明机制没有查证客观事实的基本功能和能力。

第二章 司法裁判为什么需要事实

事实和司法裁判存在着悠久的历史联系,更有丰富复杂的现实联系,司法裁判依赖于事实,事实为合法、正当的裁判提供客观基础,是它们间最基本的联系。但是,裁判者几乎天然缺乏"事实资源",在参与司法活动的各方主体中,裁判者是真正需要事实的一方。与案件无关的人作为裁判者,他需要知晓事实真相,作出公正裁判;即便是"神明",他要裁断人间纠纷,也需要事实;而自古以来,那些臭名昭著的冤狱制造者,他们对"铁证如山的事实"似乎也如饥似渴。个中缘由,正在于事实和司法裁判的联系机制中。

第一节 事实与司法裁判的多重联系

司法裁判需要事实,这是由事实和司法裁判机制各自的性质、作用和它们之间的相互联系决定的。

生活纠纷事实,主要是其中的讼争事实,是启动司法裁判的事实因素,是司法裁判的对象;依法查明的事实,即定案事实,是司法裁判的根据和结果;定案事实与讼争事实之间的关联,与案件原生事实的吻合,是评价司法裁判正当性的基础。离开事实,司法裁判既无从发生,也无法持续有效地存在,更无法对其作出任何恰当的评价。

一、事实与司法裁判的启动和进行

尽管只有极少数的社会生活事实可能演变为纠纷事实，只有极少的纠纷事实会引发司法裁判活动，但是，所有的司法裁判活动却总是由有纷争的生活事实所导致。没有合同债务和侵权等诸多纠纷，就不会有民事诉讼；没有行政相对人对行政行为的不服，就不会有行政诉讼；没有诈骗、盗窃、强奸、杀人、放火、抢劫等犯罪事实，就不会有刑事侦查、起诉和审判。生活中的争议事实，即便具备成为讼争事实的条件，但该等事实并不自动触发司法机制，只有符合以下条件，才会引起诉讼，裁判者才须履行裁判职责，实现司法裁判救济功能。

其一，提起诉讼。争议一方或者多方主体因讼争事实，其权益已经遭受或者面临损害，他们选择司法作为救济手段，提起诉讼。他们在起诉文书中，必须载明符合诉讼受理条件的争议事实，没有争议事实，或者该事实不符合受案条件（包括法院不当认定所诉事实不属于受案范围、拒绝受理等情况），都不会触发司法裁判活动。在刑事公诉或者民事、行政公益诉讼中，如果相关事实属于有关国家机关应当起诉的事实范围，理论上，只要该事实发生、存在，并被国家相关机关发现、掌握，那么它就会导致司法裁判；如果该事实属于有关国家机关裁量起诉范围，并且决定起诉，那么该事实也触发司法审判机制。

其二，符合受理、立案条件。起诉和受理案件的行为虽然直接启动了司法活动，但是无论如何，起诉、受理的前提仍然是事实，讼争事实。立案审查虽然主要是就起诉书等形式要件进行审查，对所诉事实不做实质审查，但有无明确的争议事实，争议事实是否与所诉案件相关，是否属于管辖范围，都是针对事实的。没有讼争事实就没有审判，没有符合立案、受理条件的讼争事实也不会导致审判。

其三，发生程序事实。起诉、受理、立案和进行审判等程序事实的发生是以讼争事实为基础的,讼争事实引起程序事实。"起诉"这个事实就是因为当事人提起诉讼导致的;"做出裁判"的事实就是法官在审理诉争事实后为具体解决当事人的纠纷而发生的。如果涉及当事人程序权利的事实出现,也会引出各种程序事实:有申请回避的事实根据时,会导致一些人回避;有法定的予以拘留、逮捕等的事实依据,公安、司法等机关会采取拘留、逮捕等强制措施;有法定或酌定不起诉的事实,检察机关应当或可以决定不起诉;其他一些相关事实,可能引起管辖权异议,申请证据保全,申请恢复诉讼期间,申请重新鉴定,申请财产保全和先予执行,提出上诉、抗诉,申请再审,申请不予执行仲裁裁决和公证债权文书,等等。这些程序事实都伴随着一定的实体事实,这些实体事实往往是讼争事实或其中的一部分,或与讼争事实存在关联。

二、事实与司法裁判对象

司法裁判是一个过程,其中,民事、行政诉讼主要是审与判,刑事诉讼则包括了侦查、起诉和审判、执行等重要阶段(即使是审判中心主义,侦查、起诉也很重要),司法裁判对象就是审和判的对象。司法裁判的对象很广泛,但核心就是讼争事实的有无、真假,事实内容和性质等是否确如当事人所主张的那样。

实践中,司法裁判对象大致包括这样几类:当事人请求裁判的实体纠纷事实;关于当事人和其他诉讼参与者的身份、资格或者能力的事实;关于诉讼行为、程序的事实,包含证据调查诸事实。

在一些案件中,当事人的身份、资格事实,可能就是讼争事实或其一部分,如需要确认身份和行为能力;如果身份、资格争议是诉争事实的一部分,往往要先行裁判。但大多数情况下,讼争事实不包括诉讼参与者的身份、资格等事实,它们不属于起诉文书请求裁判的对象。

在程序事实中,既有需要裁判的纯粹程序事实,如请求延期审理、回避,请求判定违反法定程序,刑事诉讼中请求解除或者变更强制措施,等等,也有直接间接牵涉实体事实的程序事实,如诉讼的不予受理和驳回,关键证据的排除,等等。

但是,每个案件中,无论司法裁判的具体对象如何广泛和千变万化,无论实体事实与程序事实如何交织,基本情形始终是,所有程序事实都是因实体事实而发生,都围绕着最终查明和裁判实体事实这个目标而展开。而实体事实,在诉讼进程中,分别表现为讼争事实、查证事实或定案事实等。

三、事实与司法裁判的根据

在基本的法律意识层面,"以事实为根据"无疑是正确并且准确的司法理念。它植根于千百年来人们朴素而深厚的情感、常识和经验,以及司法理性和逻辑。于情感上,正因为当事人对事实有争议,对侵害自己权益或可能造成不利状态的事实(事情)不服气,无法接受,他自然希望向裁判者表明他所知道、认同的事实,希望裁判者认定这个事实,并且根据这个事实所蕴涵的情理,还他"公正"和权益。从常识来看,讼争无不起于所争之事,裁判者若非首先查清事实,就没有特定裁判对象,或者偏离讼争对象,明断是非就无从说起,司法裁判定纷止争的基本功能就不能实现。就算当事人诉争的不是"事",而是"理",但毕竟"理在事中",是"事中有理","由事明理",万般事物蕴涵千万道理,争"理"终究要落到争"事"上面,大到国际争端,小到家人间的口角,更别说法庭诉争,莫不如是。当事人不可能毋需认真对待具体的纠纷事实,裁判者也不可能只面对抽象的道理争辩。从司法专业经验和一般社会经验看,一切成功与不成功的司法裁判,皆与讼争事实的真相是否得到准确查明和认定直接相关。尽管说,真相得到查明和认定,不一定都正确适用了法律,给出了公正裁判,但从来没有哪个案件,(基本)事实不清,真相未明,却裁判公正。从司法理性和裁判逻辑看,尽管有人对"法律规范(大前提)——个案事实(小前提)——裁判结果(结论)"这个极度简化的司法逻辑有所批评,但这个基本的司法逻辑形式是成立的,而且就裁判实践而言,作为大前提的法律规范是先定的、恒在的,真正需要获得的是个案事实这个小前提,在大前提不变且假定正确、推理方式无误的条件下,裁判结论的正确性当然只能依赖小前提正确——定案事实准确,符合真相,否则正确的裁判结论无从产生。

"以事实为根据",是漫长的司法裁判历史经验的总结,是司法裁判的第一原则,也是司法裁判的一个技术根据。在个案裁判中,"以事实为根据"活生生地演化为查明事实、认定事实的过程和结果,阐释并适用与此事实对应的法律规范。"以法律为准绳"离不开"以事实为根据",同样的事实,不仅应当适用同样的法律,并且应当以同样的方式来适用法律,产生同样的法律适用结果;针对不同事实,不仅需要适用不同的法律,而且可能需要以不同方式来适用法律,带来不同的法律适用结果。根本上说,是"事实决定了什么是法律,如何适用法律",尽管事实真相的发现要受到法律(特别是程序法和证明规则)的制约,即"以法律为准绳"要在一定程度上反制"以事实为根据",但事实对法律适用的基础性和决定性意义是不可抹煞和颠倒的。

当然在实践中,"以事实为根据",不应当甚至也从来没有被简单地解释。没有真正意义上的相同事实,所有事实都是个别的存在——即使所谓事实性质相同,它们的内容、情景,所涉及的行为主体因素、社会因素,不可能完全相同。显然,事实作为裁判根据,存在统一性和差异性,明确性和模糊性,即绝对性和相对性的辩证法。

统一性就是,无论何时何地,司法裁判都应当根据事实进行裁判,尽管个案之间存在事实差异,但它只是不同裁判结果的根据,基于事实进行裁判的原则不会被个案事实及裁判结果的差异所否定,简言之,定案事实始终是司法裁判的一致基础;差异性就是,真实的裁判活动总是针对具体的讼争事实,不同个案中的讼争事实绝无雷同,或者性质不同,或者基本事实内容不同,或者手段方式、动机、后果等情节不同,或者事发诱因不同,等等。虽然刑法、民法或者行政法等等,把人们在社会生活中的行为和事件,都给予了类型化规定,但那都是抽象了诸多相近事实的共同要素而形成的事实概念体系,它们是若干事实概念或概念性事实,不是真实、具体的个案事实。这样一来,所谓"以事实为根据"这个司法裁判的理念、原则和操作技术规范,似乎既清晰又不清晰,并且导致事实与裁判之间的关系既稳定明确,又松弛模糊(一些人喜欢使用诸如"断裂"等后现代术语,其实,断裂倒是未必)。当裁判者无力把握或者无视这个辩证法,司法裁判活动中就出现滥用事实认定权力,滥用法律适用裁量权的种种情形,并且他们能够从容不迫地将自己的行为合理化、合法化。

四、事实与司法裁判的结果

裁判结果包含两个基本方面,即事实认定结果,以及在此基础上适用法律的结果。这两个结果共同构成裁判结果的整体,它们之间又存在因果关系。

与裁判结果相联系的事实,是四重意义上的事实:原生的生活纠纷事实(案件原生事实)、讼争事实、已经或正在查证的事实,包括证据事实,以及定案事实。事实与裁判结果的关系最集中地体现为定案事实与裁判结果的关系。从应然方面说,定案事实就是直接的事实裁判之结果,它应当是案件原生事实的重现(包括的确发生和存在过的引起诉讼的生活纠纷事实,以及经查明的当事人为兴讼而捏造、隐瞒、歪曲案件事实的事实),是对讼争事实的全部或部分的印证或证伪,是经查证属实的证据证明的事实。从实际关系看,定案事实意味着:讼争事实可能得到了查明,为证据事实所印证,与原生事实相符,被裁判者确认为定案事实,它决定了法律的适用,为正确适用法律奠定了基础,司法正义和社会公正全面或基本实现,这样,原生事实既重现在裁判结果中,又支撑裁判所确定的法律结果,但也可能情况相反,案件事实被错误认定,虽然定案事实与裁判结果的基本关系仍然不会改变,但案件真相与裁判结果没有建立正确联系,法律不能正确适用,司法公正将难以实现。显然,定案事实是否符合真相是司法裁判结果的关注焦点。

定案事实是生活纠纷事实经司法程序演绎后的法定结果状态。生活中的纠纷事实,一旦被载入诉讼文书,为司法机关接受,就具有法律意义,成为讼争事实。讼争事实对于相关争讼者是既定的事实,但对于裁判者则是审查、待定的对象。在诉讼过程中,裁判者首先通过接触诉状、初步证据,开始得到讼争事实的最初印象,开始对事实真相进行点点滴滴的重现、还原;审判过程,特别是法庭调查过程,随着调查的深入展开,举证、质证、辩论的交互深化,载有原生事实信息的各种证据释放出原生事实的图案,不断印证或者修正、推翻讼争事实,裁判者逐步查清案情真相。当审判终结,足以认定的案件事实即从讼争事实和证据事实脱胎而出。讼争事实无论被证实还是证伪,经裁判者依法定方式形成内心确认,然后载于有效裁判文书中,按照法定要件表述出来,即外化成为定案事实。

定案事实可能就是对讼争事实的确认,裁判文书就是对讼争事实的重述;也可能是讼争事实的某种修订版,在重大或细小情节方面与讼争事实有所不同;定案事实也可能与讼争事实完全不同,它是在诉讼过程中查明的另外的事实。这几种情况下,裁判者都重现了事实真相,定案事实与案件原生事实形成了一个逻辑闭合圈。如果讼争事实最终真伪不明,那么,定案事实是裁判者根据证明责任规则"认定"的事实,准确地说,它是裁判者对某种事实主张的否定,而不是"肯定"了某个事实,比如,不存在所诉的契约债务,不存在所诉的侵权,不存在所诉的违法行政行为,没有确实充分的证据证明某个犯罪事实,等等。

五、事实真伪不明条件下的司法裁判根据

如果定案事实只是裁判者简单否定讼争事实而没有具体确定一个事实(案件事实真伪不明),那么,事实是否仍然是裁判的不可或缺的基础?"以事实为根据"的裁判原则是否仍然有效?证明责任规范是否改变了事实在司法裁判中的基础意义和价值?

对这些问题,笔者认为:在事实真伪不明的情况下,法官裁判的基础依旧是"事实",而非其他;"以事实为根据"的裁判原则仍然有效,只是以特殊方式表现出来;证明责任规范没有、也不会改变事实在司法裁判中的基础意义和价值。

第一,证明责任规范是以实体事实的某种状态为基础的,它没有脱离实体法中的要件事实,它是在以某种生活事实为内容的实体法要件事实真伪不明情况下,对败诉风险做出的分配,是对裁判行为进行的特殊规制。

历史上,法律设置或者法官创造了很多克服案情真伪不明的方法,以便于法官在任何案件里面都能够发现"真相",或者避开、消除事实真伪不明产生的裁判困境:各种非理性的事实查证方式,如超凡的神明裁判制度和法定证据制度,强制裁判者根据神启、经验和法定规则判定"事实";在理性范围内,如果真伪不明确实无法克服,可以通过法官搁置判决、驳回起诉等方式,绕开事实真伪不明的问题,也可以通过法律设置不可反驳的推定、拟制和法律解释规范,或直接把真伪不明作为一个要件事实而规定其后果,让法官能够给出裁判;再者,法律或法官可以采取其他方法,以化解真伪不明的裁判难题,如让不承担证明责任的一方担负起释明义务,法官按照事实可能性的比例在当事人之间分摊

责任和后果,降低证明要求,等等。但是,这些方法均无法真正克服事实的真伪不明,法官不裁判或者裁判,都有其不合理之处。由罗森贝克、普维庭等人创建的证明责任理论,认为案件事实真伪不明时,法官应当根据客观证明责任所分配的败诉风险,进行裁判。① 不过,在现代刑事诉讼中,法官对指控有罪的事实认为真伪不明时,应当直接做出被告人无罪的判决,虽然这也是根据控方的证明责任做出的裁判,但相比于民事诉讼,情形就简化了很多。

汉斯·普维庭认为:

> 证明责任规范的核心内容在于真伪不明时对不利后果的分配。这表明,证明责任规范不是完整的法律规范,不能单独适用。只有将实体法规范(一个完整的请求权规范)要件中的一个真伪不明的生活事实与证明责任规范结合起来,才能从完整的法律规范中得出司法上的法律后果。因此证明责任规范不外乎就是实体法规范的一个要件事实,在例外情况下,它可能与某个实体规范的其他要件一并加以规定,这时它就与该实体法规范合二为一了。②

普维庭一再强调,"必须将证明责任规范纳入事实真伪不明所联系的要件事实的法律所属的法律领域……才能说明证明责任规范的本质就是对某个要件事实真伪不明的法律规范的补充规范","实体法的要件事实真伪不明时,通过证明责任判决的风险分配只能是来自于实

---

① 参见莱奥·罗森贝克:《证明责任论》,庄敬华译,中国法制出版社2002年,第一章;汉斯·普维庭:《现代证明责任问题》,吴越译,法律出版社2000年,第二章至第五章、第十章至第十四章。

② 汉斯·普维庭:《现代证明责任问题》,吴越译,法律出版社2000年,第249页。

体法并投身于实体法之中"。①

在普维庭的论证中,我们尤须注意三点,一是,某个要件事实真伪不明本身是一个事实,只有在诉讼中确定了这个事实,证明责任规范才发生作用;二是,案件中,在通常情况下作为裁判基础的某个实体法上的要件事实真伪不明,法官对它真假难判,因此不能按照该要件事实为真或者为假来裁判;三是,这个真伪不明的要件事实是一个基于某种真实生活事实的可真可假、非真非假的"事实",那个生活事实在当事人和裁判者的生活经验之中,而在裁判者的司法理性力量和案件证据总的证明力之外。

正是基于案件存在这样的事实状态,法官得适用证明责任规范进行裁判,所以,某种事实仍然并当然是司法裁判的基础。

第二,在事实真伪不明条件下,法官依证明责任规范进行裁判,"以事实为根据"的准则当然呈现出特殊性。特殊在于,本来是法官要尽力查明的(诉争)事实,但诉讼程序和司法证明活动给出的结果是"(诉争)事实"真假莫辨,法官不能直接依据查明的事实来支撑案件实体裁判;这时,法官反倒必须根据(诉争)事实真伪不明的这个既定事实,并且依据规制这种事实状态的法律规范进行裁判,当然,他很可能做出与案件真相大白条件下完全不一样的判决;特别是,诉争事实在经历诉讼程序和司法证明后,出现真伪不明,这本身就是案件事实的一种状态,是真实或虚假的生活事实、社会纠纷在历经程序法和证明规则后的一种可能的呈现方式,尽管几率不高。裁判者根据证明责任规范对事实真伪不明的案件做出的裁判,当然不是仅仅根据程序法进行裁判,也不是在"没有任何事实根据"的情况下进行的裁判,简言之,法官当然还是"以事实为根据"而裁判。这时,法官的定案事实就是"当事人

---

① 汉斯·普维庭:《现代证明责任问题》,吴越译,法律出版社2000年,第257页。

诉争事实真伪不明"这个事实。

所以,无论哪种定案事实,只要是定案事实,理论上,它就是法律适用的基础事实,就具有确定的法律效力,会带来特定的法律效果,即裁判者只能据此确定所应适用的法律和争讼者的权益或责任。

因此,无可置疑的是,司法裁判结果既包含事实认定结果,又包含由事实决定的法律适用及其结果。

六、事实与司法裁判公正性评价

(一)事实是裁判公正性及其评价的基准

人们总是用"公正"或"不公正"来评价无可计数的司法裁判,来表达对司法正义的渴求、赞颂或失望。然而,在每个具体案件中,人们议论司法公正或不公正的最后尺度总是"事实",它决定法律适用是否准确和恰当。法官公正裁判,全赖于是否发现案件真相,以及对已经发现的真相如何认识其性质、影响,如何把握人们对某种案件事实的接受或者容忍的程度。事实完全清楚而置之不顾,或事实不清、胡乱适用法律,人们会直接批评裁判者"枉法",但归根结底,裁判是否枉法,基准还是事实,而不是所适用的法律,离开事实,人们没有办法评价法律适用的正确性、公正性。即使当事人和亲属,以及公众,他们不懂法,甚至不需要懂法,但他们也能够评价裁判,能够感觉到裁判是否公正,法律是否正义,这为什么?就因为他们往往可能知道了某些基本事实,以及事实所包含的情理,而再高深的法理也不能够完全背离起码的情理。

人们用以评价司法活动是否正当、裁判是否公正的标准尽管千差万别,但裁判是否符合案件事实是他们共同的"标尺"。不同的人们,经常从不同的立场和侧面,选择不同的视角,看待案件事实,评价司法裁判。当事人、裁判者和每个旁观者、公众,都不要指望别人一定持有和你一样的事实看法,对司法裁判做出一致的评价,但得承认,基本的客观事实及其所蕴涵、支持、维系的基本司法正义,即使有人否定和不喜欢,它们也不会消失,人们能够达成大致一致的看法。这是司法得以长久作为最终、最权威的纠纷解决机制的根源。

诉讼当事人评价司法裁判,其外在、公开的尺度,是他们各自诉称或辩称的事实,而内在的尺度则是各自内心明白的事实,那些事实既可能真实外显,也可能永远埋藏。对那些确实真相在握、期待司法还他公正的诉讼参与人来说,他们可能表里如一地对裁判者查清真相、还他正义而赞誉有加,崇敬当代"青天";而对某些试图通过司法裁判谋取不法也不义的权益的诉讼参与人而言,一旦法官查明案件真相,把他们内心秘藏的事实揭穿,打破他们试图通过与真相不符的诉称或辩称事实来欺蒙裁判者的心理底线,司法的公信力和权威性不仅得以确立,而且可能更为震撼——即使他们口头不服裁判,那也多半是虚张声势、挽回面子的举动,而我们也无需考虑他们是否嘴硬、是否良心泯灭。

(二)起诉者基于"事实"评价司法裁判

起诉者一般把诉状载明的事实,在诉讼中增加、变更的事实,作为评价法官事实裁判的外在尺度。

起诉者,如果不滥用诉讼权利,具备起码的法律意识和道德良知,尊重法律、司法和他人应有的权利,那么,他起诉的事实,应当是事实,或者基本属实,他以诉称事实(以及在与对方当事人辩论中辩称的事实)是否得到认定来衡量司法裁判是否公正,就具有合理性。在守法成本和司法成本双高、违法成本低廉、民事和行政起诉难的情况下,除少数起诉者有办法通过操弄某些司法机构、司法人员获得收益外,对于普通公众来说,他们没有客观事实,或者歪曲、捏造、隐瞒事实,伪造证据,滥用诉讼权利而起诉他人,可能性应该不大;相反,一般来说,绝大多数民事、行政和刑事自诉案件的原告,往往是无可奈何地走进法院,寻求司法救济,希望法官还他事实真相和正义。正是这个基本社会背景,使得社会公众、一些媒体,在遇到起诉者(特别是社会中的弱势群体成员)大呼冤枉,诉说裁判者隐瞒或者歪曲事实,偏袒被告,裁判不公时,往往直接把起诉者视为真相和道义的拥有者,给予同情和支持,并且近乎苛刻地检视司法裁判。

但是,起诉者以其诉称事实评价司法裁判的事实认定和法律适用,这个评价尺度不完全可靠。他所诉的事实,希望法官认定的事实,可能千真万确,或者基本符合实际;他也可能发生记忆偏差,所诉事实不确切;可能认知错误,所诉事实与真情不符;可能故意隐瞒事实的全部或一部分,或者歪曲、篡改和捏造"事实",报复、栽赃、诬陷、嫁祸他人,图己之利。无论裁判者是否发现了事实真相,是否还各诉讼当事人以公道,起诉者对司法结果进行评价的事实尺度,表面上都是他们所诉称或辩称的事实,而暗地里,是他们内心明白的事实——可能与诉称或辩称事实一致,也可能相反。起诉者对裁判认定的事实,可能完全或部分接受,可能全部或部分拒不承认、提起上诉等,他可能自始至终都认为事实真相在他这一方,也可能在诉讼终结之际暗自明白裁判者弄清楚了事实。即是说,起诉者对裁判事实正确与否的外在评价,和他内心的评价,可能一致,也可能相反,甚而可能,他面对裁判认定的事实,内心充满矛盾,惶惑不安,无所适从,难以评价。

就起诉者内心认定的事实来说,其实也应当区分不同情况。比如,起诉者内心知晓和确信、并且仅仅知晓和确信一个事实,对方借了他的钱,该还而不还,逼他诉至法院,无论法官是否认定那个借钱未还的事实,起诉者评价法官事实认定的标尺肯定只能是他内心明白并诉至法院的那个事实。

可是,并非所有起诉者都是良善之辈,真相在握。原告无理兴讼,恶人先告状,企图利用司法(特别是司法腐败)达到不可告人的目的,并非罕见。如果起诉者自己清楚知道,他起诉对方欠钱未还只是他整对方的花招,①那么,他内心其实知晓四重事实,一是他捏造的对方借钱不还的"事实",二是他捏造"事实"的事实,三是他借诉讼方式整人的事实;四是如果起诉者居然"胜诉",他还知道法官被"成功"蒙蔽或被他"买通"的事实,如若败诉,则他内心不得不暗中承认,他的花招前功尽弃、把戏没有成功的事实,甚至他得面对法律制裁这个事实。当起诉者内心清楚知道若干相互矛盾、并且是见不得人的事实,他于诉讼终结之际,又如何评价法官的事实裁判?当他"成功"欺骗了法官,玩弄了诉讼程序和司法证明规则之后,他会认为裁判者"公正"地认定了"真相"吗?当他的把戏被法官揭穿,他会"痛恨"法官,认为"司法不公","真相"被掩埋吗?他的内心评价究竟是什么?对这样的原告,即使司法揭穿真相,也不要指望他们会说"法官是公正严肃的"(但不排除他们内心可能这样认为),他以其所诉称的事实批评司法裁判,不足为道。他纯粹以自己是否获得利益来评价裁判结果,而且如果从司法中获利,即使口头"感谢法官,还我公道",他也不会真诚感激司法,相反,内心可能更加鄙视司法人员和司法部门,窃窃自喜,并更大胆地利用司法的漏洞和腐败;当然,如果他败诉,对司法的评价很可能还是那句套话,"法官搞错了,我不服!"

  即使起诉者没有耍花招,他诉称或辩称的事实就是其内心认知和真诚确信的事实,但这也不是没有出错的可能,因为,那些导致认知、记忆偏差或错误的因素,当然会造成他对诉称事实出现认知和确信的偏

---

① 在民事审判实践中,有原告或被告方通过"诉讼"而行诈骗的事情,如原告杜撰债务,状告被告方,或被告方以子虚乌有的债权等,反诉原告,等等。他们达到目的的方法却完全一致:勾结腐败法官或法院,判处对方"败诉"。更为恶劣的是,"原告"、代理律师、默契配合的"被告方"和法官一起,先"做好一个案子",起诉书、答辩状、代理词、胡编乱造或精心编制的证据和判决书等一应俱全,专门为"原告"或"被告方"在下一场真正的诉讼中打赢官司做精心铺垫。

差或错误,因此,起诉者从事实和法律两个层面对司法裁判所做评价,并不总是正确、可靠。但是,无论如何,我们不能指望起诉者违背他诉称的事实来赞美或批评法官的裁判。

(三) 被告方基于"事实"评价司法裁判

被告方评价司法裁判的标准,当然首先是他辩称或反诉的事实,以及他自己内心知晓的事实。他评价司法裁判的根据可能正好与起诉者的根据相对立,但基本的方式方法相同,即都是根据自己声称的事实,以及自己内心明白的事实。他和起诉者一样,对司法裁判公正性的表面评价与其内心评价,可能一致,也可能冲突,表里不一。

一般情况下,被告方完全明白被起诉的事实是真是假,因为他是案件的一方当事人。被告可能真的做了被诉之事,他不履行义务,实施侵权行为,他对法官作出的不利于己的事实认定和法律裁判愿意接受;或者相反,被告虽然已经作出不法之事,但不轻易就范,还力图隐瞒真相,无理还要辩三分,向裁判者主张对立的事实,甚至不惜捏造事实、伪造证据,买通腐败法官。被告方也可能真的被冤枉,对原告所诉事实一无所知,或者与所诉事实没有干系,事情被移花接木,栽到他头上,清楚知道对方在诬告、错告、乱告,他知道自己未做亏心事,据理力争,希望真相大白,他主张查明事实真假,揭穿背后隐藏的真相,希望法官为他/她依法否决不当有的责任或义务,除去不白冤屈。被告也可能稀里糊涂被设套,做了所诉的事,但无心而为,主张对讼争事实做出有利于他的认定。总之,被告对自己究竟做没做那被诉之事,是有心所为,还是无意为之,是自作自受,还是被人下套坑害,往往心知肚明,即使对被诉事实始终不明不白,但他可以提出辩称事实,与诉称事实相对抗。

因此,被告方评价司法裁判所依据的事实,表面上都是他在应诉、审判过程中辩称或反诉的事实。辩称、反诉事实可真可假,可能被裁判者部分或全部认定或否定。辩称、反诉事实被裁判者采信和认定,被告方当然会在表面上或内心深处认为他获得了公正;若辩称、反诉事实被否定,一些被告会默默接受,一些被告可能上诉,但他们往往会声称没有得到公正裁判——这既可能是真的,因为裁判者错误地否定了他陈述的事实真相;也可能是假的,因为裁判者识穿了他的试图弄假成真的把戏,但这时,被告至少表面上要异议一番,使自己"面子上挂得住",即使他内心清楚,那就是他应得的结果。在利用事实评价司法裁判方面,被告方和起诉者一样,他们对自己做没做某件事情,某个事实存不存在,裁判是否揭穿真相,公正与否,内心明白得很。

此外,某些败诉的被告,尤其是那些无视法律、存心坑人整人、恃强凌弱、害人利己的被告,利益"损失"会使他们不满甚至憎恶司法裁判,他们只在乎"胜诉"与否,厌恶"事实真相";这样的被告方胜诉后,也不会由衷感激司法及其"公正",更不需要扯起"真相"的幌子(即使在某些公开场合需要打出"事实"这个遮羞招牌);特别是那些手握特权、能量通天,或者"关系到位"、"打点到家",可以摆布司法机器的被告,他只需要单独或合并使用以权弄法、以钱买法、以势压法等手段,"酬庸"司法,"回报"法官,"事实根本不是问题",并在随后一次又一次遭起诉后,还可以更加肆无忌惮地牵制法官,化司法公器为私家溺器。这些案件中,我们不能够学究般地讨论被告对事实裁判以至整个司法裁判的评价问题。

(四)起诉者和被诉者对司法裁判评价的真假对立

作为一个常识,除了那些撤诉、和解或调解成功的案件,起诉者和被告对司法裁判结果的评价很难一致,这不仅因为他们各自依据相互冲突的诉称事实和辩称事实,而且他们自己的表面评价与内心评价,也可能不一致,爽快坦承事实和坦然接受裁判结果的起诉者和被告,生活中都有,但并不总是容易见到(当然这与司法受信任程度相关)。难得的一致是,原告、被告都可能抛开真实的案件事实,以他们各自主张的

"事实"而非内心知晓的真相,根据自己的利益,评价司法裁判,遵从着表里不一的"双重标准"。

然而,对起诉者和被告人来说,有一点是明确和相同的:无论他们对司法裁判结果所做的外在或内在评价是否正确,正确或错误的司法裁判都会产生很大力量——面对裁判,他们可能心平气静或诚心诚意地服从,可能无可奈何地屈从,也可能上诉、申诉、上访,毫不遵从裁判结果,极个别情况下还可能敌视这个裁判,蔑视司法,积怨在心,伺机报复对方或社会,而支持他们这些心理和行动的理由就是,法官是否揭示了真相,特别是,法官有没有歪曲、掩盖事实,伙同某方当事人捏造假象,法律是否(基本)保障了他的合法权利,是否(基本上)还他公正。正所谓:"头顶三尺有神明,不畏人知畏己知","人人心中有杆秤,人可欺人难自欺",只要法官掘出案件中那些为当事人"自己所知"、"难以自欺"的事实,正确适用法律,就不怕当事人不服,也不须在意口头如何评价,法官应当有这样的自信和"内心定力"。

进一步说,起诉者和被告各自主张的事实,不论是否在裁判结果中认定,它们作为评价裁判结果的一种标尺,确实举足轻重。因为:

第一,如前已述,起诉者和被告一般会以他们各自公开主张的事实来判断法官的事实认定和法律判断,他们一般不会公开承认其他事实,即使旁人清楚他们各自可能隐瞒着什么;

第二,起诉者和被告各自的事实主张,不仅直接事关他们的权益,而且,他们对事实的诉说,会引起各自的亲属、周围公众的审视(暂不考虑是否有公众独立获知了事实真相),会引起这些人的认同或排斥,这些人可能会用自己的经验、常识和道义情感,来猜度真相,打量法官的裁判结果。特别是,如果案件"敏感",甚而媒体等力量介入,那么,诉称事实和辩称事实就会曝晒在大众面前,定案事实与诉称和辩称事实的联系就会受到常识、常理、事物自身演变逻辑的检视。偶然、意外和巧合虽然难免,但是,如果定案事实和讼争、辩称事实之间没有关联,或者联系过分奇特,除非裁判者给出了完全符合情理的、透彻、明晰、服众的解释,否则,公众无论如何都有理由认为,裁判者给出的定案事实有猫腻,司法裁判的公正性无从在个案和社会中建立;

第三,在没有区别事实审和法律审的国家和地区,上诉法官审查的案情主要是原审起诉者和被告各自所称的事实及理由,以及原审法官认定事实的根据和逻辑,一审事实是否查清,证据是否有疑点,是上诉审维持原判、查清事实后直接改判或发回重审的一个基本根据,而上诉审法官认定一审事实调查是否清楚,证据是否确实充分,其重要依据之一,就是审查一审的诉争事实和定案事实之间的关系是否理顺,那些显然有理、有确凿证据支持的事实主张是否得到确认,那些无根无据、或者证据不足的事实主张是否被否定,从各方事实主张到一审定案事实之间的自然和社会联系,是否得到证据、经验和逻辑的支撑。原告方的诉称事实和被告的辩称事实,一审法官认定的事实,以及原告或被告在上诉状中重申的事实主张、对一审事实认定表达的正式评价,都是上诉审法官最为关注的情况。

(五)裁判者自己对案件裁判的内心评价

除了诉讼参与者和公众,裁判者自己的内心也会对裁判进行评价,而评价的事实依据应该就是裁判文书所载明的事实。裁判者自己内心明白他的裁判在事实认定和法律适用方面是什么状况,是秉公审判、解开案件真相、准确适用了法律,还是徇私枉法隐瞒了事实真相、乱用法条。裁判者哪会不明白:真正能够维护裁判者公正形象的,主要不是他声称正确认定了事实、适用了法律,而是他确实秉公审判,从证据、经验和逻辑等方面,一致昭示着真相和正义已经在裁判中展现,当事人和公众信服他正确认定了事实、准确适用了法律。一些司法人员面对当事人或者公众对裁判的质疑和不满,有的躲躲闪闪,言不由衷,有的以势压人,粗暴相待,有的强词夺理,无视常识和逻辑,认定的事实漏洞百出,不堪一击,愚弄他人和自己。当然,我不知道,这样的裁判者还有没有对裁判结果进行自我评价的道德勇气和内心力量,他们是否从肉到灵早已自我麻痹,变得麻木、玩世和冷漠,或者是否已经脸厚心黑到了"厚而无形,黑而无色,至厚至黑,而常若不厚不黑"(李宗吾语)的至境,完全免除了良心的折磨,并淡然地自我欣赏、自鸣得意。

第二节 审判中讼争事实的认知情态

司法裁判不可须臾离开事实。可是,裁判者、当事人和其他诉讼参与者对案件事实有着完全不同的认知状态。

从认识论层面看,事实与人的认识不外乎是两重关系,即要么可知要么不可知,要么已知要么未知。如果我们坚持唯物论、辩证法和辩证唯物的实践观,坚持彻底的可知论,否定不可知论及其精致或粗糙的变种,如怀疑主义,那么,事实都是可知的,只有已知和未知的差别。

一、已知与未知并存的案件事实认识状态

一般而言,定案事实是法官认识、认定的事实,是法官已知的事实,尽管可能出错;由诉称事实和辩称事实构成的讼争事实,至少在案件的一方当事人和其他知情人那里,属于已知事实,但对裁判者而言,属于需要他决疑的互有差异甚至相互矛盾的事实主张,通常情况下,他只知道当事人之间对事实有争议,争论行为和被争论的事情就摆在他面前,他需要确定这个存在争论的事情,是不是事实,是怎样的事实,有无别的事实。

如若诉称或者辩称的事实被当事人、裁判者各方都认知为事实,这当然不会发生案件事实可知不可知的问题,也毋庸进行司法证明,我们

也不必讨论。问题是,除知晓案件真相的当事人和其他知情者外,裁判者和其他诉讼参与人往往对诉称或者辩称的事实处于"未知"状态,那么对他们来说,这个"未知的事实"究竟"可知"还是"不可知"呢?

二、未知的案件事实是可知的事实

无论对某方当事人、案件裁判者或其他诉讼参与人来说,"未知的事实"都是可知的事实,没有不可知的事实。不知道特定案件事实的人,通过诉讼程序和司法证明活动,一般能够获得事实真相。

第一,在哲学上,未知状态的存在恰是以"可知"为逻辑起点和前提的,彻底的不可知论实质上消灭了关于任何事实的已知和未知的差别与疑问,因为彻底的不可知论会逻辑地导出"一切皆不可知",进而导出一个绝对"不可知"困境:"对'不可知'也是不可知的",以至于对"不可知"本身也根本不能且无法"言说"。所以,"未知"虽然是与"已知"对应的认知状态,"已知"的起点是"未知",是对此前未知状态的克服、转化,并且为探索新的未知提供条件,但"未知"和"已知"状态得以存在的共同前提,却只能是事物的"可知性"。如若事物根本不可知,没有"可知性",任何关于"未知"和"已知"的讨论都是多余的。并且,在认识发生、发展过程中,我们实际上往往是已经对事物有一定感知、一点"已知"之时,我们才能对某个事物提出最简单的"未知"问题,进而去"探知"更多未知事物、事理。

第二,在任何具体诉讼案件中,讼争事实都不存在哲学意义上的"可知"和"不可知"问题。哲学认识论所谓的"可知"和"不可知",是对"人类认识能力"的有限性与无限性关系的思辨和抽象把握。特别是,哲学认识论里的"不可知"意味着:亘古至今,以及永恒的将来,都没有任何人对任何一般或者特殊的事物能够、已经或将会获得任何认识,即"无人能知"、"无人已知"和"无人将知",是绝对的"不知"和"不能知"。不过,这样的"不可知论"认识和结论,本身就是一个可知论的认识和结论,是不可知论的悖论。借用苏格拉底"我知道我什么都不知道"的表达方式和逻辑,当说"我知道我什么都不知道"时,他的前提就是"我"首先已经"知道",否则哪里会"知道"有所"不知道"。按照这个逻辑,任何最彻底的不可知论在言说"不可知"时,都暗中以可知论为前提,这就是物极必反的道理。

第三,因此,在司法审判个案中,对未知案件事实的可知或不可知的追问,虽然看起来以"未知"为起点,但在哲学上却是以"可知"为基础的。特别是,我们务须明白,个案中的讼争事实乃至案件原生事实根本不可能"不可知",因为,一来,当事人(至少其中的某一方当事人)和其他知情人早就"已知"案件事实,从而打破了哲学上的"不可知"状态,决定了案件事实可知,而且,事实裁判者对案件真相"能知";二来,如果每个具体案件中,法官面前的讼争事实根本"不可知",要对这样的"未知事实"进行查明、证明,无异于缘木求鱼,那么,全部司法证明就不会产生和存在,但这不符合司法证明的历史经验。所以,真正的问题只在于,法官在何时,需要什么能力、方法和条件,对案件事实从"未知"达到"知"。

第四,讼争事实是"有人已知"、"有人能知"和"有人将知"的事实,不可知论意指的"无人已知"的认识状态首先就被打破。讼争事实,无论其本身是真是假,无论背后是否隐藏了别的事实,对当事人而言,至少是其中一方或一个人,他清楚知道事实真相,压根儿不存在"任何人对这个事实无知"的问题;不可知论意涵的对事物"无人将知"的状态,在案件诉讼中,被随时都在揭穿的案件真相而击破,每一次成功的诉讼证明都会揭示一些新的案件真相,虽然不是全部诉讼都成功揭穿了真相,但也绝不是从未揭穿真相;"无人能知"就更不用说了,既然案件事实早就有人知道,既然证据能够用来证明案件事实,既然人类早就创造出并且完善着各种事实证明的手段、方式,哪还有绝对"无人能知"的状态。司法审判、诉讼证明以自己漫长的实践天然地对抗着最顽固的不可知论。更准确地说,诉讼证明和司法裁判历来远离(或者拒绝)不可知论的哲学玄思,它在自己的领域中逐步开辟着具体的求证诉争事实真伪的道路,它有深厚的可知论思维和探知真相的传统。

三、讼争事实的证明与不可知论和"绝对证明"无关

讼争事实在司法程序中能否得到证明,参与诉讼的各方对讼争事实究竟有哪些认知状态,这些都属于诉讼认识层面的问题,是在解决了哲学认识论立场、确定了可知论的前提下,由理论和实务人士深入讨论的问题,因此从源头上与不可知论区隔开了。

第一,在查明诉争事实真伪的诉讼过程中,不存在哲学认识论意义上的事实能否认识、查明的问题,与哲学范畴的可知论和不可知论问题不相关,即生活中的讼争事实天然地属于"有人已知"的事实,当然是"可知"的事实,和哲学上的不可知论(及其变种怀疑论、相对主义)一开始就切断了联系。

第二,诉讼中,不同主体对讼争事实是已知还是未知,情况不同,但显然的是:全部或者部分当事人及其他知情人,他们知晓讼争事实的全部或部分真相;讼争事实的裁判者,或者其他不知情的诉讼参与者,他们通过诉状和答辩状而知道关于讼争事实的各种主张,但对讼争事实的真相仍然未知;所以,从诉讼开始之时,不是"任何人"都对诉争事实及其真相一概不知,而主要是裁判者不知道案件真相而已。

第三,当我们把所有诉讼参与主体看作一个整体,在这个整体面前,讼争事实以及事实真相就是已知的,而非未知;只有当这些主体因为职责、权利、利益等差异,分化为有稳定结构的对立的当事人,居中的裁判者,以及证人等,这才分化出讼争事实及其真相的知情者和不知情

者,才出现事实的已知者和未知者的差别,才形成一个强迫事实的已知者(事实主张者)对事实的未知者(主要是裁判者)证明事实主张的司法证明结构,并且用诉讼法和证据法把这个结构规范化、稳定化和格式化。

第四,司法证明实践中,裁判者对讼争事实真相的未知,不能与哲学认识论范畴的"未知"划等号,更不等于"不可知"。裁判者对讼争事实未知,是具体、有限和相对的未知,而哲学认识论中,未知的内涵和外延都更为复杂,它既可以指对具体事物或其某方面的未知,也可以指一切抽象、无限和绝对的未知,即"不知且不可知"。在个案审判中,虽然一方面,裁判者作为具体认识主体,显然只具备有限认识能力、手段,但是另一方面,裁判者的认识对象也是有限的、具体的,他的任务就是认识一个个特定案件的有限、具体的事实,而非"绝对、无限的事实",根本不存在法官要以其有限认识能力、方法和工具,去认识"无限、绝对的案件真相"的问题。如果有人把"自亘古至永恒的一切案件的事实"看成是"无限、绝对的事实",那么,与这样的事实及事实认识能力相对应的也只能是"自亘古至永恒的办理一切案件的无限的法官整体",以及无限的认识能力和方法、手段,而不能苛求每个具体时代和社会中的法官个体或群体,来完成这样的案件事实认识任务。认为每个具体案件的事实是"无限、绝对的事实",这个看法只在一种意义上成立,即那个事实本身的客观存在,相对于人的认识和主观思维来说,是绝对的、无条件的;但是,那个事实的产生和存在,具有时间、地点、产生原因和内容等多方面的条件性、具体性,因此必定是有限的、相对的。而且,法律要求法官查明的具体案件的事实真相,只须是裁判所需的那部分真相,是案件原生事实中作为要件事实和情节事实的那些内容,这更是有限和相对的。声称"法官的有限、相对的认识能力,不能认识无限、绝对的案件事实",因而法官不可能认识案件事实真相,这是拿"无限、绝对"的"大字眼"搞逻辑诡辩和理论恐吓而已。

第五，对具体讼争事实来说，裁判者面前已经站着或坐着事实的知情者，裁判者还拥有帮助他认识事实、发现真相的多种手段和方式，他能够并且一般情况下都获得了具体案件的（基本）事实真相。这个真相是实体事实之真相，是实实在在的曾经发生的生活中的真实，不需要也不应当用"程序真实"来矫饰和伪装。所以，很显然，在每个案件中，裁判者无须具有绝对的认识能力和手段就能够认识客观案件事实，这一点是清晰无疑的、"绝对的"，尽管司法裁判史上有悬案、疑案、错案和"无头案"等，但无数案件的事实真相被查明，就是直接的证明。凭臆想和杜撰的个案中"客观真实"的"无限性"、"绝对性"，吓阻只有有限认识能力和手段的法官去发现客观真实，诱导法官追求"法律真实"，这是"法律真实"论的虚妄和贻害之所在。

四、裁判者的事实认知情态与司法证明和裁判机制

司法裁判中，不同当事人对案件事实的认识，存在这样那样的对立，有的知晓事实，有的不知事实，有的尽力获知事实，有的竭力掩盖真相。揭发、探知事实和掩藏、蒙蔽事实，就是审判活动、司法证明的基本戏码。司法证明过程中，最难得到事实真相的人恰好可能是裁判者——全部或部分当事人和其他诉讼参与人，很可能知道事实原委，但唯独裁判者，开始时对事实一无所知，而且很可能，诉讼中的一方或双方，基于各种理由，极力对他蒙蔽真相，裁判者只能利用发现真相的司法装置即司法证明机制，一步步接近客观事实，最后发现（基本）事实真相。

所以，在讼争事实的认知结构中，裁判者并不是优势一方——诉讼开始之际，他几乎总是讼争事实的不知情者，讼争事实的真相对他属于未知之域；知情者一般只在指望向裁判者披露事实真相获得利益的时候，才会告知并证明事实真相，但同时，很可能遭到另一方极力阻挠，给

知情者的事实证明制造障碍,对裁判者的事实认知活动进行干扰;当事实的知情者正是惧怕真相泄露的一方,而不知情的一方只能把他所知的表面事实诉诸司法裁判的时候,裁判者要探知真相,特别是被另一方故意扭曲、埋藏的真相,实在艰难,但他不能够因此望而却步。理论上,裁判者"没有自己的利益",并且代表国家力量居中裁判,通过裁判而在当事人之间分配利益,维护社会公共利益,实现社会正义,因此,他必须利用法律赋予他的权力,授予他的各种工具,发现事实真相,裁判案件。

不过,虽然法官在案件中"没有自己的利益",也不应当有自己的利益,但这不等于法官是与案件"利益无涉"的人。法官面对的就是当事人各方的利益,他有可能不公正地分配利益,甚至徇私舞弊。正因为如此,法官也可能因不当涉入他人利益纷争,或者甚至为自己的非法利益,而故意无视事实、歪曲事实或掩盖事实——但这与案件事实是否"可知"的问题毫不相干。

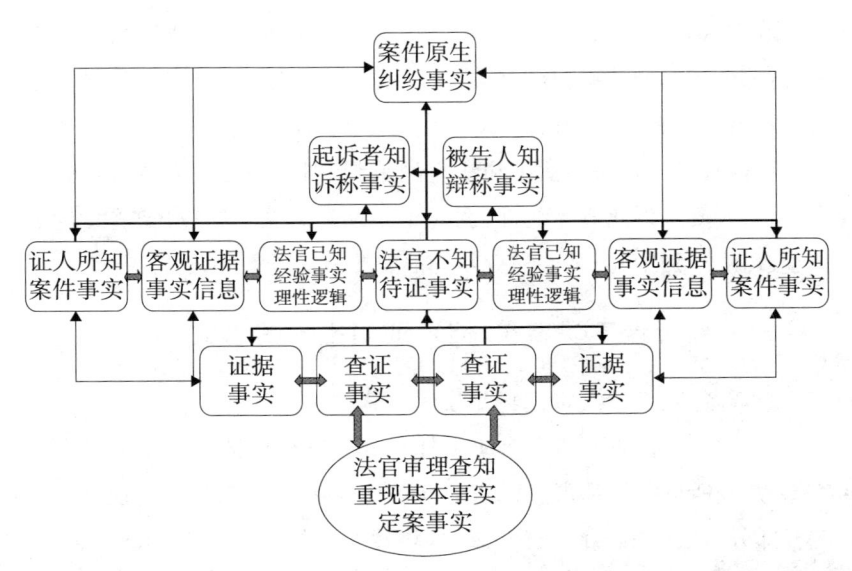

图 2-1 司法审判中,事实裁判者、当事人、证人对案件事实的基本认知关系

说明:案件中最初的事实只有一个,它就是原生的事实真相,也是引起纠纷的那个事实。这个原生事实可能真的存在,就像诉称或者辩称的那样,也可能与诉称或辩称的事实都无关,还可能根本不存在。纷争各方进入诉讼,各方对事实的表述就不相同,起诉者诉称的事实和被告方辩称的事实一般是相互对立的。面对诉称和辩称的事实主张,裁判者对真相不知情,诉称或辩称的事实都有待证明。案件中的人证、物证载有案件事实的相关信息,通过它们所获得的证据事实,法官的司法经验和生活经验,以及司法理性和逻辑等,能够帮助法官,都是法官可以依赖的事实认知手段和方法,真相得以在司法证明过程中重现,从而准确认定案件事实即定案事实。

第三节 司法裁判者需要事实

通常认为,"需要"是人或者其他有机体在缺乏某种东西的状态下,对那个东西的依赖和欲求关系,是人或其他有机体内部的一种不平状态。需要都有对象,就是所缺的东西。

案件真相决定法律适用和法官的裁判,即司法裁判需要并依赖事实,当事人要胜诉或避免败诉,也需要有利于自己的事实作支撑。问题在于,司法审判中,当事人和裁判者都需要事实吗?

一、起诉者不缺事实,但须证明主张的事实

起诉者缺少事实、"需要"事实吗?

起诉时,起诉者对所诉事实无外乎处于三种认知状态中的某一种状态:知晓所诉的全部事实,知晓所诉的影响或侵害其权益的表面事实或者部分事实(如医疗损害结果,环境侵害结果),知晓其所诉"事实"有真有假或者全部都由他自己捏造(如伪造证据、捏造事实,通过"合

法诉讼途径"实施诈骗,并且在与一些不良法官勾结下,还真有一些"成功案例")。理论上说,对相关事实一无所知的人是不会起诉的,因为他没有起诉的起码事实根据,即使他被侵害,因为他既不知道告谁,也不知道告什么。起诉者必定有某些事实在手(即使是他捏造的"事实"——这种情况下,以及他自己"捏造事实"的事实),并且依赖其已知的事实提起诉讼,因此,起诉者一般不缺事实,不存在"需要事实"的问题;如果他所诉的事实是虚假或者半真半假的,那么,他当然知道"所诉事实有假"的事实,而且指望通过不实之事,骗得司法裁判的支持,谋求非法利益,这种情况下,他当然不需要真正的事实,更要掩盖起诉的真相。起诉者最为需要的是裁判者承认他"所诉的事实"是事实,全部是事实,是全部事实,并按照其诉讼请求做出裁判。他只在裁判者要求提供事实时,必须有事实可以提供,实际上,起诉者往往已经通过诉状和证据提供"事实",如果可能的话,还愿意继续提供。

但是,为什么起诉者常常为事实而发愁?为寻找、证明事实而发愁呢?

我们看许多实际案件,以及文艺影视作品,都会发现一个基本现象:起诉者明知事实如何有利于自己,他如何受害、被冤枉,如何深知埋藏的罪孽,可是,却万般苦于没有证据,百口莫辩,真相不彰,而作为被告的侵害者却公开或暗中得意,有恃无恐地颠倒黑白、混淆是非,得寸进尺,欺软凌弱。显然,不能说起诉者没有事实,关键是,除他和被告之外,谁知道事实?谁会相信他所诉的是事实?倘若被告承认起诉者诉称的事实,那对起诉者太好不过了。可是,被告却常常否定和反对诉称事实,他提出另一套关于事实的说法即辩称事实,与诉称事实对抗。在这时,好像是起诉者"万分需要"事实,但这其实是表象,甚至是假象。

如前已述,起诉者在起诉时,他有事实,知道事实,包括有些起诉者试图通过诉讼来诬赖、陷害别人的事实等。问题产生于：法官虽然可以相信起诉者所诉"事实"，但他也可以相信被告辩称的事实；起诉者不能凭空让法官相信其事实主张，他得"证明"事实，至少要帮助法官寻得事实。裁判者其实不仅需要起诉者提出事实主张，更要提供事实，即提供证据证明事实，让裁判者在远离事实发生的时空去"发现"真相，这才是起诉者的难题和压力所在。因此，起诉者本质上不需要事实，而需要把所诉的事实证明给法官看。

被告方通常也会要求起诉者证明事实，以阻绝起诉者凭空捏造、虚构"事实"，或者以此"难倒"起诉者，阻断起诉者的诉讼后路和胜诉希望；特别是某些案件中，事实真相可能就压在被告方的心底，证据就被他湮埋，而他可能愈加要求起诉者证明所诉事实。但被告方要求起诉者证明事实不是问题的根本所在——如若法官不给起诉者施加证明的压力而径直认定诉称事实，裁判其胜诉，被告要求起诉者证明事实就会变得没有意义。由于起诉者被要求证明事实，他竭力找寻证据，而这看起来很像是在寻求事实，千百年来人们也这么认为——起诉者需要事实，他提出事实主张，追寻事实，证明事实"给人（法官）看"。但从起诉者的立场看，他既不需要事实，更不需要证明事实，证明事实是外部强加给他的义务——他"被需要"证明事实。特别是，在实际生活中，少数亲历了悲惨遭遇而又无力向他人证明该事实的起诉者，会对司法制度"要求"他证明事实感到无助、绝望，个别人甚至不惜倾家荡产直至舍命，也要让真相大白于天下，这更说明，正是诉讼和司法证明制度需要起诉者提供并证明所诉的事实。

在现代刑事诉讼体制内，自诉案件的起诉者即自诉人，大多是直接的受害者，对被告方的所作所为，诸般恶行，都曾领教，有刻骨铭心之痛，对自诉事实了如指掌，他不需要所谓事实；即使是代他人提起自诉的人，多半是受害人的近亲属，对被诉者和所诉事实，也往往知情甚深。

至于公诉案件的公诉人,情况似乎有很大不同,因为他是犯罪事实发生后介入案件的,甚至还要通过侦查者的活动和认识,才能间接得到案件情况,而要保证能够提起公诉,他自己就需要案件事实,并且还得向裁判者证明指控的犯罪事实。从公诉人与受害人相互间对犯罪事实的认知关系看,存在这样几种基本情形:一是,被害人活着,知道犯罪事实全貌,愿意并且已经告知公诉人真相,或者基于特殊原因,不愿意告知公诉人,或不愿意和盘托出;二是,被害人只知道部分犯罪事实,比如经常发生的情况是,知道自己受害,但对加害人或受害原因不知情,虽然他有可能猜测到背后的情况,但那毕竟不是已知事实,通常情况下,被害人会把所知的部分事实和猜测一并告知公诉人,有时候他也可能不愿意告知;三是,如果被害人死亡,或失去意识,丧失表达能力,公诉人没有办法从被害人那里获知事实。不能从受害人那里得到的事实,公诉人会从侦查人员那里得到。当然,侦查人员获得并且传递给公诉人的事实,可能是事实,可能不是事实,可能半真半假,半显半隐。当公诉人还是对案件不知情的事实查证者时,他还不能起诉,也不是起诉者;当公诉人从被害人、证人、侦查人员和其他证据那里,获得犯罪事实的整体,认为已经掌握的事实和证据,达到起诉标准,能够指控被告人时,他自己便完成了从案件的不知情者向知情者转化,并成为不再需要事实的角色,他只需要指控犯罪事实,按要求证明犯罪事实。如果公诉人认为自己还需要事实(即缺事实),那他就不会也不应当成为起诉者。

总的来说,起诉者"不需要事实",他需要的是裁判者把他所诉称和证明的事实认定为案件真相。这个观点可能引起误解——那不遍地滥诉吗?我认为不会。起诉者已经事实在手,所以"不需要事实";所诉事实属实,即不存在滥诉;所诉不实,胜诉权就会丧失,但诉权不可剥夺。理论上,起诉者向裁判者、被告证明事实的强制义务,会阻止他滥诉。历史和现实中的滥诉,主要是社会原因所致,包括不法利益驱动，法律体制漏洞，权利义务观念的改变，以及民风民俗等。

二、被告方特殊情况下"需要"事实

大多数情况下，被告方对被诉事实心中有数，或者一清二楚，他了解事实的全貌和细节，他不需要事实。一些被告会坦承其事，起诉者和法官都落得轻松；也不乏被告对起诉事实百般辩解的情况，有理辩解和无理蛮缠的都有，有的甚至认为能蒙就蒙；被告方对所诉事实一无所知的情况也确实有，但并不是常见的情形。在特定民事诉讼案件中，综合全案情况，或者根据法律的明确规定，被告的沉默可能被视为或推定为对诉称事实的默认，这表明被告知晓且不否认所诉事实是客观事实；在刑事诉讼中，嫌疑人、被告人对案件事实供认不讳，一般表明他明白自己的所作所为，虽然不排除胡乱认罪、虚假认罪或顶包认罪的可能；嫌疑人、被告人对指控事实保持沉默，一般意味着他对案件事实并非一无所知，相反，从生活和司法经验看，嫌疑人、被告人基本上是知道自己的案件真实情况的，只是因为有"不得强迫他自己承认有罪"的法律要求，裁判者不能从嫌疑人、被告人的沉默中作出对他不利的推定，除非法律明确作出了相反规定。所以，通常情况下，嫌疑人和被告人既不缺乏对案件事实的认知，也不需要什么案件事实。

刑事案件中的嫌疑人、被告人，除侦查、公诉、审判机关和人员办错了案件，出现真正的无辜者外，他（们）是对案件原生事实最知情的人；而无辜的嫌疑人、被告人对自己清白无辜这个事实，也是知晓的。真有违法犯罪事实的嫌疑人、被告人，无论他们是主动投案，或者被动落网，或者东躲西藏如惊弓之鸟，这些人哪能不知道自己的那些事儿？他（们）的记忆中不缺事实，不需要什么事实，他们所缺的可能是去自首、如实供述犯罪的压力和动机,需要的是说出事实的时机和对象。即使在复杂的共同犯罪案件、有组织犯罪案件或者连环谋杀等特别复杂的案件中,一些犯罪者对整个犯罪事实知之不多,但对自己受何人指令、做了什么,也是清楚的;而那些组织、领导、策划、指挥、指使、教唆他人犯罪的人,即使对直接作案者的行为细节没有现场感知,但对整个犯罪也是知道的(这正是刑法规定他们对其组织、领导的全部犯罪或唆使的犯罪承担刑事责任的事实方面的原因)。即使在那些凶手背后还有层层凶手的精心策划的谋杀迷局中,只要是被告,就算他只是一个影武者,一只后面紧跟"黄雀"的"螳螂",他也知道自己的犯罪事实,以及某些内幕;纵然"蝉"、"螳螂"和"黄雀"统统遇害,射杀"黄雀"的人也必定知情。

从我国行政诉讼的特殊情况来看,在中国这个见官就称"大人"的文化和社会土壤上面,起诉者多是相对弱势的一方,很难想象会出现行政相对人没有遭受行政侵权的事实而乱告政府的,所以,行政诉讼被告多半是违法或不当行政行为在前,即被告对违法或不当行政行为肯定是知晓的。或许,被告对其工作人员的具体行为在被诉前及得知被诉的那一刻,确有不了解的可能,但当要应对诉讼时,被告方是有权力、有能力和手段,自己先行查明真相的——它不一定会把这个真相带入法庭。所以,行政被告实际上在诉讼中也不需要事实,实践中,它常常被迫证明一些事实,但往往也扭曲、掩藏不少事实。

特殊情况下,民事和刑事诉讼中的某些被告可能真的不知道案件真相,他们有权利知道真相,需要知道被诉的是什么事实,为什么是这个事实,起诉者有何证据证明事实。民事诉讼和刑事自诉中,起诉者可能捏造、歪曲事实,夸大其辞,嫁祸栽赃,滥用诉权,利用司法方式损害被告方权益;刑事公诉案件中,既存在自认为没有犯罪但实际上不一定无罪的人(不管裁判结果如何),也存在真正的无辜者(尽管他们中有人在法律上被判有罪），包括自己知道没有犯罪事实的无辜者，以及误以为自己犯罪、其实暗中另外有人作案①或事件纯属意外却被作为罪案处置的无辜者。这些情况下，被告人对被诉事实，有的一无所知，有的一知半解，有的倍感冤枉，有的虽然不完全觉得冤枉，但好像事情过分蹊跷，不得不自认倒霉，甚至也有人以为自己罪有应得。这些无辜的嫌疑人、被告人中，幸运者可能在侦查人员、检察官和法官那里讨回了清白、公道，不幸者，有的被冤杀，有的枉坐大牢若许年月，有的冤情最终大白，有的可能要背万年黑锅。对这些嫌疑人、被告人（乃至"罪犯"）来说，他们（生前）希望的不外乎三件事：起诉者诉称事实的虚假性被揭穿；他们自己所受冤枉得以昭雪；案件原本的事实真相公之于众（现在，他们自己或其亲属在冤情确定后，可能还会申请国家赔偿）。一句话，他们这些人的确需要事实，需要裁判者认定案件本来的事实，需要公众知晓事实真相，因为他们需要"还我清白"。

进一步说，在刑事诉讼中，大多数遭受不白之冤、还得强忍强制措施和接受诉讼的被告，他们各自内心至少确切知道一件事实：起诉者指控的犯罪至少和我完全无关，这就是关于他的全部事实，即使没有谁相信，没有谁理睬，即使因为惧怕遭受更多刑讯而默默无语，或者屈打成招、逆来顺受。这些被告人除了需要别人知道、认定和解决他们的冤情，是"不需要"那些与其无关的真真假假的案件事实的。如果通过司法程序，根本没有查明真相，没有揭穿他们遭受的冤枉，他们"需要事实"也是白搭，"还我清白"的要求也无法满足。所以，有时候即使被告方真切"需要"事实，但被告不可能主导司法活动，他的事实需要不能

---

① 不仅在司法审判实践中，而且在文学、影视等艺术中，都有这样的情况。在巴基斯坦电影《人世间》里面，女主角拉芝雅误以为是自己的子弹射杀了恶棍莫克塔尔，但实际上是报仇心切的老妇古尔欣见拉芝雅面对莫克塔尔连发五枪都没有打中，便从莫克塔尔背后开枪打死了他。不过，按照我国大陆现在通行的刑法理论，拉芝雅并不是无罪的。

单凭自己的努力就可以得到满足,司法主体(特别是法官)才是其"事实需要"能否得到满足的决定者,而且,一旦裁判者认为自己"需要的事实"已经获得,足以进行裁判,被告方(特别是真正的无辜者)的事实需要便无足轻重。

我的结论是,被告一般不需要事实,他自己就是事实的拥有者;即使特殊情况下他需要事实,也无法自主获得,依赖于司法的帮助;甚至最后,司法也没有给他事实,他的需要被压制。这表明,"被告需要事实"不是问题的实质所在——被告方需要公正的司法,需要能够还他事实真相和清白的司法,这才是核心。

三、裁判者需要并依赖事实而裁决案件

真相需要司法,司法需要真相,真相需要通过司法发现,司法需要通过发现真相而持续存在,这就是二者之间的"宿命"。但司法发现真相远不止为了起诉者或被告方,而是司法的核心使命和价值。

能够完成司法使命、实现司法价值的,不是抽象的司法机关,而是具体的相互关联的司法人员。于是,司法需要真相,直接转化为"裁判者需要事实"。

为什么是裁判者需要事实?

这是由裁判者对所诉事实的认知状态及司法职责、社会评价机制多种因素决定的。

裁判者需要事实,第一个因素就是他对讼争事实不知情,并且对当事人诉争的事实经常疑问重重。虽然裁判者,包括法官和陪审团,是事实的最终认定者,但却是讼争事实的最后接触者,他们一开始就面对相互对立的事实主张,这在民事诉讼里面,以及在当事人主义的刑事诉讼里面,情况特别明显。诉称事实和辩称事实,何为真,何为假?真假虚实之中,真相究竟是什么?能够查清真相吗?在民事诉讼、行政诉讼和

刑事自诉中,常常是原告、被告和证人均对讼争事实知情,而法官不仅在诉讼开启之际,而且在诉讼终结之时,都可能对案件真相仍然不明。在刑事公诉案件中,法官更是讼争事实的最后接触者,受害人和嫌疑人、被告往往早就知道事实,继而侦查人员、公诉人员也相继知道事实,唯独法官,理论上他最后接触事实,而且大多是存在争议的事实。这时,裁判者特别需要事实,需要无争议、不可争议的事实,需要已经查明、足以定案的事实,而不是讼争事实(详见第三章)。

裁判者需要事实,主要还不是因为他对讼争事实无知,当事人、社会和国家"逼迫"裁判者认定、裁断事实,才是关键。因为,法官和公众不一样,公众对当事人之间所争事实,除有好奇者"需要"找出真相外,对所争事实是否是事实,有多少是事实,都可以不闻不问;如果只是为了评头品足一番,也无需"严格的事实",道听途说的"事实"就可以成为他们茶余饭后的谈资。但是,法官肩负化解事实纷争等司法职责,各方诉讼当事人都要求法官不仅要知道事实,而且要知道"真正的事实",最好是确认"我起诉的事实"或者"我答辩的事实"才是、就是事实,即使并非如此,至少要给我一个"可以接受的事实裁判"。至于适用法律,那是后话,"打赢"了事实,就不怕法官乱用法律——摆事实,讲道理,事实就摆在那里,多半不愁法官如何适用法律了。所以,起诉者和被告都在逼迫法官寻求事实。某些产生社会影响的案件,公众也给法官施加压力,逼他查明事实,拿出说法。

在更加宏观的层面上,裁判者履行着国家司法职责(暂不考虑我国大陆司法高度行政化和过渡社会化带来的过多非司法性职责,如协助行政执法、参与普法、接待信访,协助"维稳",等等),包括:第一,总的职责就是通过司法审判活动,准确查明事实,正确适用法律,化解社会纷争,实现公平正义;第二,主要司法职责:其一,依法受理案件,有效管理案件,在诉讼过程中,案件文书、审理流程管理井井有条,不出差错;其二,公正、及时、经济地审结案件,保证各方当事人都有公平的准备诉讼、参与诉讼的机会,及时推进诉讼,避免拖延;保证各方充分举证和质证,查明事实真相,正确适用法律;其三,尊崇宪法和法律,谨守司法权力分际,不越权,不滥权,不渎职;其四,谨守司法伦理,遵守职业道德,实践公平、公正,不允许裁判者受到事实和法律之外的利益、情感、压力的影响,不能审理与自己有利害关系的案件,不参与可能使人怀疑法官公正性的活动,不发表影响案件公正审判的意见;其五,妥善处理与他人、公众和媒体的关系,促进公众和社会树立并保持对司法的信任和信心;最后,在刑事诉讼中,法官应当保护基本人权,坚守无罪推定原则,保护被告不被强迫承认自己有罪;告知被告其所受到的指控;保障被告自己或其律师的辩护权利;保护被告不受非法搜查和拘禁;保护被告获知所有对其不利和有利的证据,在法庭上质询对其不利的证人和其他证据的权利,保障无辜者不受追究,等等。

  在诸多司法职责里面,准确查明事实是其他各项司法职责的基础。司法最基本的功能就是依法裁夺纷争,纷争未明,便无以裁夺。纷争就是存在分歧、争议的事实及牵涉的权益,若无纷争事实,或者查不清事实,司法者都将无以为计,法律便无适用对象。即是说,法律以事实为规范对象,法律的具体适用以个案事实为自然和逻辑起点,为对象和归依,案件事实使法律规范活化,赋予规范以生命。即便是纯粹程序规范的适用,也以程序事实的发生和推进为起点。控告、起诉行为使诉讼法关于起诉、受理、立案诸规范被"激活",它们不再是躺在纸上的条文,司法人员受理案件、审查起诉等行为,必须适用这些规范。实体法规范的适用,自然需要有相关实体事实。司法裁判活动既是实体法的适用活动,也是程序法的适用活动,它们都依赖实体上的纷争事实和程序上的诉讼行为事实。裁判者与其说主要是法律适用者,不如说主要是纷争事实的权威认定者,法律适用是事实认定的逻辑延伸。

在刑事诉讼范围内,裁判者需要事实的原因和理由,也是侦查人员、侦查监督人员和公诉人(他们都以侦查机关、检察机关的名义)需要事实的原因和理由——在侦查和起诉阶段,侦查人员和公诉人对案件事实也要经历从未知到已知的过程。侦查人员要收集、审查证据,要依法破案,提出是否决定撤销案件或移送审查起诉的意见,或者是否决定取保候审、拘留、监视居住的意见,侦查监督人员要提出是否批准或决定逮捕的意见,公诉人要提出是否起诉的意见,他们实际上都在寻求、认定相关的案件事实,适用相应法律。

仲裁者也需要事实,他们履行着准司法的职责,尤其是那些著名的国际仲裁机构,其权威性正在于仲裁员严谨、准确、清晰的事实认定,以及在此之上精确、公正地适用法律或者当事人同意的其他规范,使人不得不服。司法、行政调解者或民间调解者对事实的需要就可能完全不同了。他们只要能够有效地"和(huò)转事情",化解纠纷,就算了事——除非他们觉得确实需要弄清基本事实才能解开疙瘩,否则,他们会采用各种策略避开事实纷争,从道德伦理、人情世故和一般情理上来模糊处断。①

第四节 事实需要的功利性和非功利性

一、事实需要的功利性

司法活动中,裁判者和其他类似主体需要事实,起诉者和被告方一

---

① 《中华人民共和国民事诉讼法》规定:"人民法院审理民事案件,根据当事人自愿的原则,在事实清楚的基础上,分清是非,进行调解。"这个规定所要求的"事实清楚"、"分清是非"究竟在多大程度上符合司法调解的实际和经验,值得深入考究。

般不需要事实,他们只在特殊情况下需要事实,事实需要显然具有浓厚的功利色彩——事实首先是实现司法职能的需要。

事实需要的功利性,主要表现为:

第一,裁判者需要事实的功利性。裁判者为了不让与裁判无关的事实拖累司法进程,不让自己的职业活动和私人生活被他人讼争的事实完全充塞,他必须选择需要的事实。虽然,他不得不面对别人强加给他的讼争事实,但他只把讼争事实作为发现事实真相的一个知识或者信息来源;他听取证据,听取质证和辩论,他从中选择能够使之确信某种事实存在或不存在的信息,逐步发现或者还原最初的纷争事实的基本元素,梳理出纷争事实的来龙去脉,勾勒出需要法律调整的案件原生事实的基本图景,对于一切无关法律适用的冗余事实,统统抛掷脑后。适用法律所需的要件事实、法定和酌定情节事实,就是他功利地选择认定的事实。使裁判能够顺利做出,这就是裁判者对事实需要设定的目标和范围。

第二,起诉者和被告在特殊情况下需要事实,都存在功利性。从起诉者的最大功利来说,就是他只要提出事实,就被裁判者直接认定,对手提出的辩称事实直接被裁判者否定,他不再需要做任何事情,尤其是不需要证明事实;对被告而言,他的最大功利就是,起诉者不仅要证明事实,而且不能证明事实,或者被裁判者直接否定,他自己无须提出任何辩称事实,或者辩称事实都直接被裁判者认定,从而打赢官司。但是,这两种情况都因为裁判者必须基于事实真相和司法正义而裁判案件的职责和价值要求,难以成立。经过对立和折衷,起诉者需要把他已经知晓且已起诉的事实,转化为希望裁判者予以认定的事实,为此,他需要向裁判者和对方证明事实,说服裁判者,从而把他自己"所知的事实"转变为他人"确信的事实",事实成为起诉者获得司法利益的基础和工具;除起诉者栽赃、错告等之外,被告一般已经知晓所诉事实及其真假,他不需要事实,而且很多时候不希望事实被提出、被查明,他可以借掩盖事实而获得司法利益(这在以无罪推定为原则的刑事诉讼里面,某些真有犯罪事实的被告不希望真相败露,如果他被错误地无罪释放,那他就获得最大功利,不过这对被害者和社会而言,没有正义)。当然,起诉者或被告方如果被对手算计,他不知道对手诉称或辩称的事实,或者知道真相刚好和对手诉称或辩称的事实相反,此时,起诉者或被告方需要事实真相,需要向裁判者揭穿真相,他需要用这个真相来维护他的正当、合法的权益。在起诉者或被告需要事实的很多场合,他们是基于取得、维护自己的利益(包括合法或不法利益)而需要事实,以对自己是否最有利为判断标准,决定是否向法官披露真相,或者披露多少真相,甚至,有的起诉者或被诉方还为通过司法获得不法利益,不惜隐匿、篡改、毁灭证据、伪造证据、捏造事实,使事实需求的功利性最大化,极端恶质化;倘若再遇到玩忽职守或贪赃枉法的法官,"事实需要"还会腐朽化。

第三,公众对待案件事实的功利态度。照理说来,公众应该与案件事实无涉,不会以功利的立场来看待事实,但实际情况常常不是这样。特别是具有公共影响力的案件,或者公众人物所为的案件,人们并不单纯地就事论事,而是因人而异地言事议事,因事而誉人毁人,这在社会生活中频频发生。比如,许多案件中,知情者不愿意作为证人,他只把自己作为与案件无干无涉的人,尽管原因复杂,但他的功利考虑是其中最重要的原因;公众对一些颇有争议的典型案件,如何表达对事实的看法,或者如何给裁判者施加查明、公布真相的压力,还可能决定了案件审判的走向,使得一些原先可能不会揭开的事实得以公诸于世,一些原先可能以某种方式呈现的事实,不再具有意义,或者不再被作为事实。再如,一些引发群体性事件的具体事实,公众显然不是把那个事实只作为个案事实,只当作他人的事实,而是当作表达极端不满和集体抗议的一个由头。更为常见的是,那些平平常常、普普通通的案件事实,没有几个人去关注和品评,它们会以常规方式呈现。

第四,在一些司法不公或腐败的案件中,掩盖事实,拒绝真相,用重重黑幕掩盖住案件之"真",是一些当事人和裁判者达到玩弄司法、牟取非法利益的惯用伎俩之一,不用说,这种拒绝事实的方法和态度,不仅完全是"恶"的功利主义,而且是丧失法律和道德良知的坏法之举。

二、事实需要的非功利性

当然,司法裁判领域的事实需要,也有明显的非功利性,尽管许多时候是间接显现的。司法活动中,正是这种事实需要的非功利性,铸就了司法及其品质——司法正义。

第一,重现案件原生事实蕴涵的"真",成就了司法之"善"和"美"。事实之真是一柄双刃剑,它会成全一些人的期盼,护卫一些人的权益,也会戳破一些人的心灵,剥去一些人的外衣,会让一些人感到青天朗朗,乾坤昭昭,也会使一些人尴尬毕现,丑态尽露。事实往往能够不经意就暴露一个社会中最深最暗最微妙的东西,包括根据"潜规则"所玩的种种游戏。事实,不论其产生的原因如何,内容是什么,性质怎样,它都明示或暗示了某种行为或事件的本来面目。司法活动通过揭示事实,还原真相,把导致某事实的社会因素和特定个人的隐秘心理和行为轨迹,昭然于世。善事不言,感人于心,恶行昭彰,催人避之。所谓"善有善报,恶有恶报"、"天网恢恢,疏而不漏"、"天理昭昭,鬼神不欺",既是千百年来人们对于司法这个"青天"的道德期待,也正是对那些揭破事实真相、还人间以正道的司法在道德上的铭颂。无论事实的本真是美是丑,是善是恶,只要它被司法所揭穿,它就会成就司法本身的善和美。

第二,司法裁判需要以事实作为根据的直接功利目的,成就了司法正义的一般目的。司法正义非常抽象,它只有通过一个个具体案件的公正裁判来昭示,让人具体、真切地感知其存在和意义。个案的公正裁判,不能寄希望于猜谜般的事实叙述,不能寄希望于逻辑荒谬的事实推演,不能寄希望于处处离奇、偶然、巧合的事实安排,更不能寄希望于冥冥之中的鬼神启迪、在裁判者的幽梦中把事实相授,裁判者对案件的直觉把握或顿悟,也必须有现实的、实在的证据和事实支持。裁判者若不希望其裁判遭受众人责难甚而唾骂,必应尽其职业技能、生活经验和法律良知,找到合乎事理和逻辑、通于人情和经验、证据确凿充分的事实,使其裁判认定的事实精准明晰,析证严密无隙,择法持平允准。裁判者必当直面当事人对讼争事实的主张,对定案事实相互矛盾的评价,他需要寻求案件的"本真事实",达成权威裁判,在当事人和公众之中,展现正义的真实性和可感知性,树立司法权威。个案中,事实作为裁判根据这样一个非常实在和功利的需要,促成裁判立于真实的社会生活和情感之上,司法由此而言事、析理,适用法律,分配和维护正义,矫正失衡的道义天平,从而定纷止争。司法正义的一般信念,恰恰就在具体探寻、认定事实真相的过程中得到确立、传播和守护。

第三,当事人通过司法求得对某个事实的认定或者否定,不仅存在直接的功利算计,也很可能存在非功利的追求。"讨个说法"就是"还我公道"的另一种表达,是许多当事人追求非功利的目标的直白语言。尽管"讨个说法"本身包含着利益诉求,但不可把每个人、每个行为都看得那么势利无比。虽然我们未必都无条件赞同"两元钱官司"①遍地开花,但若干年前的"两元钱官司"和今天网络对"躲猫猫"事件的戏

---

① 前些年,一些地方发生了多起原告诉被告要求赔偿或者返还一元、两元钱的官司,媒体称之为"两元钱官司"。"两元钱"官司引起广泛争议,有人认为,虽然"诉讼标的有高低",但"诉讼权利无大小",起诉人的行为能够唤起公众的维权意识;也有人认为,为了这一两元钱,律师、法官和许多相关人员都要忙于官司,这是滥用诉权,浪费审判资源,不是公民权利意识的觉醒,不是在维护社会公平正义。

谑，都是人们追寻超越于个人和时代的价值的表征。社会中还有一些"认死理"的当事人，他们不屑于多少赔偿金，要的就是司法还他事实真相和公道。那些初看起来鸡毛蒜皮、不值一提的事实，以及轰动一时的公众事件，在某个背景下，当事人执着追寻它，希望司法机器关注它，并且期待裁判者揭穿事实，赋予这样的事实一种超越权力、金钱等利益的法治文化意义，这时，事实，无论大小，就脱离了某个利益关系，追求这个事实就不再纯粹是功利的。

　　第四，公众追求案件事实真相往往具有超越功利的动机和目的，它形成政治或者舆论压力，可能干扰司法，影响个案公正，但也可能更好地维护了公正，推动司法和社会正义，再造良性社会秩序，促使建立新的法律和道德规范。这在每个国家的社会转型时期，尤其突出。一些具有时代特征的个案，其事实本身就被社会公众概念化、模式化和定型化。要是哪个同类案件，裁判者对个案事实的认定远离事实模型，不符合模型里面的基本要素，公众多半会认为那个裁判者在为某个强势者"护短和遮掩"，如这些年中国的"钉子户"案件，被警察拘禁者突发死亡的案件，公众不仅极力追问事实，也对"同类事实"有强烈的定势预期——"钉子户"案件背后必定有政府强制拆迁，进而有暴力强迫拆迁，甚而，如果开发商涉黑，还会有黑恶势力实施暴力拆迁；被拘者突然暴死派出所、公安局或者看守所，尽管死因可能确实是死者自身的身体原因，但有几个人能够相信这样的"说法"？谁能够堵住死者亲属和公众关于死者是"被自杀"、"被病死"的猜测和想象？公众关注此类案件，并不仅仅是好奇，也不是为了增加饭后的谈资，他们需要知道真相，他们在自发地寻求真相和正义，督促司法更顺利地接近和揭示真相，伸张正义；当司法一而再地做出背离公众期待的裁判时，他们就不仅批评司法，更批评这个社会的政治、经济和社会结构及其法律规范，由此，社会可能获得另一种发展动力。

第五节 冤案"需要""铁打的事实"

一、冤案与案件事实的基本关系

冤案与事实之间的关系,非常奇特,复杂难解,但大致可以分成三种情况。

一是,无意之中办错了案子,冤枉了无辜,放纵了真凶。这大致包括两种不同情形:其一,办案人员自以为尽职尽责,无私心杂念,无害人整人之意,但急于求成,查案不周,把假象、表象当作真相、本质,不听无辜者的辩解,固执己见,加之可能证据消失、证人误证其事,原本的案件事实被掩埋,错案铸就;其二,各个时代的刑事司法科学技术都是有限的,由于缺乏某些侦破、检验、鉴定技术手段(比如 DNA 技术),或者迷信某些并非科学的技术手段,造成证据误读,事实误解,这些都是司法史上不时发生的事情。[1]

---

[1] 弗兰西斯·威尔曼在其《交叉询问的艺术》,周幸、陈意文译,红旗出版社 1999 年版,第 141—145 页,记载了一个破产工厂主华林涉嫌杀害女仆哈内特·史密斯的案件,但因哈内特的父亲无法确定地证明死者就是其女儿,华林被判无罪。而在当代,这个身份证据通过 DNA 技术,能够轻易取得。西方证据科学把那些并非科学的刑事技术称之为"垃圾科学(Junk Science)",典型的例子,较早的有颅相学(骨相学,Phrenology),晚近的如"复合子弹铅分析(Composite Bullet Lead Analysis,CBLA.)"技术。众所周知,不能通过简单的血型分类(A、B、O 等血型)进行身份同一性认定(但在一定地域和人群范围内,通过精细的血型分类检验,能够进行身份同一性认定)。1991 年,彼得·W. 休伯的《伽利略的复仇:法庭中的垃圾科学》(Peter W. Huber, *Galileo's Revenge*:*Junk Science In The Courtroom*, New York, Basic Books, 1991),可供参考。据北亚利桑那大学罗伯特·舍尔(Robert Schehr)教授向笔者提供的信息,美国媒体 2010 年 1 月披露了亚利桑那州一个可能由于使用垃圾科学而错判杰森·克劳斯(Jason Krause)的案件,见《新证据:为什么亚利桑那一位父亲可能已经被错误定罪》(*New evidence*:*Why an Arizona father may have been wrongfully convicted*), http://www.abc15.com/dpp/news/local_news/investigations/new-evidence%3A-why-an-arizona-father-may-have-been-wrongfully-convicted-. 最后访问日期:2013 年 7 月 13 日。

二是,存心整人,制造冤案。原本就是为了达到不可告人的政治、经济等社会或个人目的,设计栽赃、诬陷无辜或忠良,强加人罪,于是无中生有,捏造证据和"事实",或者故意歪曲相关证据和事实,罗织入罪。

三是,在我国大陆实施"严打"等过程中,有些时候,有的办案指挥、决策机关和领导人,虽是本着"急人民群众之所急",为扭转治安恶化状态,从重从快严惩严重刑事犯罪,对特定案件的侦查、起诉、审判提出了急迫要求,并在把握案件质量方面,没有做深入研究,搞先判后审、判审分离的主观主义,而一线办案人员被逼无奈,可能明知那样办案是错误的,或者说非常可能是错误的,只得听命上级,办出错案;或者已经被有关上级机关指出了证据、事实诸方面的重大疑点,但为了完成某些人或部门的办案命令(在佘祥林等人的冤案中,当地县、市政法委的错误决定起了关键作用),"限时破案",抓到人就好结案交差,甚至可能立功受奖,于是狠下心来,错拘、错捕、错判甚而错杀(甚至,错案显然被揭穿后,司法机关仍然无限期拖延、坚持不改)。这种冤错案件的发生带有制度、体制、机制特征。

二、制造冤案也需要"事实"

在这里,笔者准备就构陷他人、罗织罪行、制造冤案的现象再做些分析。

我想追问和回答:制造冤狱为什么也"需要铁打的事实"。在今天看来完全是颠倒黑白的冤案,为什么当时的办案者却每每声称要把案件搞成"铁案",甚至宣告那就是"铁案"?他们当时为什么也"需要""证据和事实",以便定罪处刑?司法审判、法官裁判需要事实的表象和实质,在制造冤案的场合,如何"体现"着?

(一)李斯亲口招供"谋逆"事实

据《史记·李斯列传》,秦二世之时,赵高指李斯父子谋反,"审讯"

李斯,严刑逼供,打得李斯皮开肉绽。李斯实在不堪折磨,只得招了假供。李斯自狱中上书二世,但申诉书落入赵高手中。赵高轻蔑地将书撕个粉碎:"囚犯还有资格上书!"为堵住李斯的嘴,赵高派亲信扮成御史诸官,轮番提审。若李斯以实情相对,则施行拷打,直到李斯坚持假供不再改口为止。后来二世真的派人来审讯他,李斯以为还是和以前一样,仍以假口供招供。胡亥看到口供,深信李斯真想谋反,反而对赵高感恩戴德。公元前208年7月,李斯终于被赵高罗织成罪,腰斩于咸阳,并被"夷三族"。

(二)维辛斯基"言之凿凿"指控"叛国集团"

李斯冤案离我们年代久远,而前苏联大清洗时期的"布哈林叛国集团案"等案件的指控、审判,则宛若昨天的悲剧。而且,布哈林案件的审判,与赵高构陷李斯案不同,这是一个完整地经历了"现代刑事审判"的案件,公诉人指控的事实,成为公开宣判的"犯罪事实",是当时的指控者、审判者声称"确定无疑"的事实。

当今的许多读者对布哈林案件审判情况是陌生的。我们不妨回溯历史,看看当时由苏联检察官维辛斯基提起指控、苏联最高法院军法会审法庭在首席法官乌黎琪主持、公开审判的布哈林、李可夫等人"受仇视苏联之外国特务机关之命,组织阴谋团体'右派与托派同盟',为外国从事间谍破坏活动,以恐怖行为,摧毁苏联军事力量,分化苏联,推翻社会主义社会与国家秩序,在苏联恢复资本主义一案",[①]就会更加深刻体认到冤案与"事实"的怪异联系。

---

① 详见《托洛茨基叛国集团案、布哈林叛国集团案、贝利亚叛国集团案资料选辑》,中国人民大学出版社1955年,第354—379页。关于这些案件的审判情况,可以参见康春林著:《莫斯科三次公开审判》(中国社会科学出版社1995年版)、[俄]罗伊·梅德韦杰夫著:《让历史来审判》,何红江等译,东方出版社等。

维辛斯基在《苏联大叛国案起诉书》中提出极其严重的指控：

> 内政人民委员会所属机关，经调查后，判定被告等受仇视苏联之外国特务机关之命，组织阴谋团体"右派与托派同盟"，谋推翻苏联现存社会主义社会与国家制度，恢复资本主义与资产阶级政权，分化苏联，使乌克兰、白俄罗斯、中央亚细亚、乔治亚、阿美尼亚、阿治倍疆①及沿海省份与苏联分离。"右派与托派同盟"暗地里与托派、右派、季维诺夫派、孟塞维克派、社会革命党及乌克兰、白俄罗斯、乔治亚、阿美尼亚、阿治倍疆、中央亚细亚等国资产阶级民族主义者勾结，此事已由获得证据各地审讯，尤其在审讯杜卡契夫斯基军事阴谋犯及乔治亚民族主义者渥库兹札瓦等时证明，该同盟无国内赞助，其与显存苏联社会主义社会与国家制度之斗争，乃完全将希望置于得到外国侵略者武力赞助上；后者已允予此项赞助，其条件即为分化苏联、使乌克兰、白俄罗斯、中央亚细亚、乔治亚、阿美尼亚、阿治倍疆及滨海省份与苏联分离。
>
> 此次集议利于进行者，乃因阴谋重要分子久已充任外国间谍，并有多年活动过程，其中阴谋主动者之一——人民公敌托洛茨基为甚。彼与"格斯塔波"②关系，在一九三六年八月审讯托派与季诺维也夫派恐怖机关，及去年一月审理托派反苏联机关时，已完全证实。

---

① 《托洛茨基叛国集团案、布哈林叛国集团案、贝利亚叛国集团案资料选辑》中，关于前苏联的地名、人名、政党、组织、机构名称的翻译，与现行通译名称有较大区别。如作为前苏联的加盟共和国、已经独立的乔治亚，现在中文通译为格鲁吉亚，阿美尼亚现译为亚美尼亚、阿治倍疆现译为阿塞拜疆。审判长乌黎琪现被译为乌尔里希或乌尔里赫；孟塞维克现通译为孟什维克，等等。

② 德国法西斯特务机关——"解放"杂志编者（原书注释，"格斯塔波"现通译为"盖世太保"，Geheime Staatspolizei 缩写为 Gestapo；此处的"解放"杂志指 1938 年延安出版的期刊。——笔者）

起诉书指控的具体事实都是骇人听闻的：

> 被告分任德英日波等国间谍。（叙文略）
> 勾结帝俄警察施行恐怖行为。
> 德国供给金钱日谋占苏土地。
> 波兰在后煽动谋与祖国分离。
> ……
> 同盟当政机会寄于进攻苏联。
> 破坏国防工业伤害红军生命。
> 破坏国外贸易直接帮助德日。
> 潜入农业机关阻碍农产动员。
> 扰乱财政经济鼓动人民不满。
> 煽动土匪富农准备相应起事。

布哈林等阴谋杀害苏联领袖。据侦查证实，一九一八年即十月革命后布勒斯特和约签字时，布哈林及所谓左翼党徒与托洛茨基及其党团，加上左翼社会革命党，联合阴谋杀害苏维埃政府首脑列宁。从侦查材料上看，布哈林及其他叛徒，目的在阻止布勒斯特和约签字，推翻苏维埃政权，谋杀列宁、斯大林、斯维尔德洛夫，组织布哈林派（彼等为掩饰起见，自称为左翼共产党）、托派与左翼社会革命党之新政府。克汝林昔为左翼社会党中央委员之一，彼曾供出："我们在共产党第七次大会之后，对于推翻列宁、斯大林、斯维尔德洛夫为首之苏维埃政府，已与左翼共产党成立最后协定。依据左翼社会革命党中央委员会训令，康可夫、朴罗西恩与我本人向左翼共产党进行磋商，布哈林建议不仅拘捕苏维埃要人，并须杀害之，首先须杀害者为列宁与斯大林。康可夫为左翼社会革命党之一，与我二人亲与布哈林谈话。布哈林所谈大约如下：'我党在布勒斯特和约问题上,反对列宁之斗争正趋尖锐化。此项问题已辩论到组织中,应包含左翼社会革命党与左翼共产党之新政府一点。布哈林提出皮达可夫为新政府领袖之候补人,并谓曾考虑到以拘捕政府要人连列宁在内为改换新政府之手段。以后与布哈林之协商,即由克鲁林与朴罗西恩进行。在三月末,左翼社会革命党与左翼共产党,按下列条件成立最后协定:(一)左翼共产党当在反对布尔什维克与苏维埃政府之斗争上援助左翼社会革命党;(二)左翼社会革命党与左翼共产党当联合一致,推翻列宁政府并组织新政府。'此后,左翼社会革命党进行暗杀梅白赫与七月暴动,左翼共产党完全知道此事。"

匪魁托洛茨基早图杀列宁等。(叙文略)

……

根据侦察结果确定五点事实。此案经侦察当局研讨后,确定以下各点:(一)在1932年至1933年,本案被告奉仇视苏联之外国特务机关命,组织名"右派与托派同盟"之阴谋团体,以破坏、分化与恐怖方法,危害苏联军事力量,挑起前述外国武装进攻苏联,以打击苏联、分化苏联,使乌克兰、白俄罗斯、中央亚细亚共和国、乔治亚、阿尔美尼亚、阿治倍疆、远东沿海省份与苏联分离,而最后推翻现存社会主义社会与国家组织,在苏联恢复资本主义与资产阶级政权为目的;(二)"右派与托派同盟"勾结某某等外国,以获得武力援助,俾实现其犯罪计划;(三)"右派与托派同盟"有系统的为外国军事侦察行为,供给外国特务机关以国家秘密及重要之情报;(四)"右派与托派同盟"在社会主义机关各部门(工业、农业、财政、市政等)实行破坏与分化活动;(五)"右派与托派同盟"曾对苏联共产党与苏维埃政府领袖组织若干恐怖行为,对基洛夫、明任斯基、古比雪夫、高尔基并达到杀害目的。

犯罪证据确实请予依法审判。全体被告犯罪行为,均经各证人及搜获证件证明有罪。各被告已完全承认指控彼等之罪状。基于前列原因,以下诸人——布哈林(生于1888年)、李可夫(生于1881年)、亚郭达(生于1891年)、克利斯丁斯基……系本案被告,为反苏阴谋活动参与者。据上指一至五点犯罪事实,实犯苏联刑法第五十八条第一项第一款……背叛国家罪。……基于以上各点,前指被告应交苏联最高法院军法会审法庭审判。……

苏联检察官维辛斯基就该大叛国案发表论告,其中声称:

检察官请予以枪决。于全部被诉人中,维辛斯基曾指出拉哥夫斯基,别索诺夫二人,虽亦从事反苏联极恶之罪,但与李可夫、布哈林、格林哥及他人犯者不同。因此检察官认为拉哥夫斯基、别索诺夫二人可予以较轻处罚,即二十五年有期徒刑。至其他各被告,检察官请求予以枪决。检察官维辛斯基称:"全苏联人民与全世界忠诚人士,均期待君之判决(对裁判官言)。各位裁判官同志,汝等之判决将如一洪钟,为新胜利而再度响起。现全国均要求一事,即枪决阴谋者,扫荡恶徒。将来一年年过去,奸细坟头上将布满野草,而我太阳之光将照遍祖国如前之明亮。沿此清洁路上,我人将在伟大导师与领袖斯大林导引之下前进,向共产主义之途前进。"①

---

① 在《让历史来审判》中(见前引注,第419页),罗伊·梅德韦杰夫引述1938年3月12日《消息报》上刊载的维辛斯基公诉词,其中文翻译有很大不同:"时光在流逝。令人痛恨的叛徒的坟墓将长满荒草和飞廉,他们将永远遭到正直的人们和全体苏联人民的唾弃……而我们的人民将一如既往地在我们敬爱的领袖和导师——伟大的斯大林的带领下,沿着清除了一切牛鬼蛇神和污泥浊水的道路前进。"所幸的是,历史终究改变了方向,维辛斯基的谎言穿帮了,不仅布哈林获得昭雪,而且历史证明,苏联大清洗是一场全局性的灾难。

苏联最高法院军事审判庭关于"右派与托派同盟"叛国案的判决书,对起诉方指控的"事实"和量刑建议照单全收,判决结果,17人死刑,很快被枪决,3人有期徒刑:

> 苏联最高法院军法会审法庭判决,所有参加"右派与托派同盟"阴谋团体之活动,并受外国特务机关直接训令而活动之被告方等,均负有以下罪名:叛逆,传递情报,破坏,离间,恐怖活动,准备帮助外国武装进攻苏联,图使苏联失败,并企图割裂苏联,分割乌克兰、白俄罗斯、乔治亚、中央亚细亚共和国、阿尔明尼亚、阿捷尔拜疆及滨海省,以利和苏联敌对之国家,而以颠覆苏联现存之社会制度,恢复资本主义和资产阶级之权力为最终目的。军法会审法庭判决:布哈林、李可夫、亚郭达、克利斯丁斯基、罗逊郭尔特斯、伊凡诺夫、赤尔诺夫、格林哥、咸冷斯基、伊克拉莫夫、何德夏夫、萨仑郭维夫、朱巴利夫、布拉诺夫、李文、逖可夫斯基和克鲁基可夫判处极刑,执行枪决;仆利特尼夫有期徒刑二十五年;拉哥夫斯基有期徒刑二十年;别索诺夫有期徒刑十五年,从刑期满之后,并褫夺政治权利五年。

(三)维辛斯基的证据和事实"戏法"

这场指控和审判中,证据、事实以什么样态呈献给当事人和"公众"呢?

首要的一点,就是起诉者进行指控所持证据,维辛斯基声称,"在各凶犯中亦有分工,由彼等自己供认,证人证据,专家检定以及各物质证据,均已证实。全部证件,皆系由庭上指定",不外乎就是要给人以证据齐备、确实、充分的印象。但是,整个论告中,根本没有涉及具体书证、物证,相反,只有所谓证人证言(注意,这些证人在另案中又多是被告人,并且在审判布哈林等人时,他们中已经有一些"关键证人"早被枪决)和被告人的口供。在维辛斯基的起诉书和论告中,完全是直接依据口供展开指控和证明事实。

其次,维辛斯基反复声称,案件中的事实是"经调查后,判定……","已完全证实",是"据侦查证实",有"侦缉当局提供之证据",起诉是"根据侦察结果确定五点事实",他认定,"犯罪证据确实……全体被告犯罪行为,均经各证人及搜获证件证明有罪。各被告已完全承认指控彼等之罪状"。维辛斯基想极力证明"事实"清楚,确定无疑。其实在审判当时,维辛斯基自己也发现了指控和审判的难题:除了其他一些被告问什么就承认什么外,布哈林始终坚持抽象地承认任何指控,具体地否认任何事实,维辛斯基不顾这个明显矛盾和漏洞,根据布哈林等人的抽象供认和一些人的具体编造,还是振振有词,要求法官判处案件大部分被告死刑。

其三,非常显著且很特别的一点,就是维辛斯基的指控和论告,充斥着政治标签、口号,充斥着政治谴责、批判,是先确定了政治界限,划定了政治范围,对被告方进行了政治立场归类的情况下,再进行法律上的指控,而且始终围绕着证明那些首先是政治上、其次才是刑法上的犯罪,搜集口供,制造少量文件证据,大量援用其他案件的口供,并且以煽情方式吁请公众和裁判者"冷对"各被告方。

最后,包括布哈林等人的"右派与托派同盟"案在内的苏联大清洗时期案件的审判,在当时又都是"公开审判"的,并且从侦查到起诉和审判、执行,似乎都是按照诉讼法规定的程序进行的,尽管这些案件采取的是特殊的"军事法庭审判"方式。在公开的审判程序中,人们看到了起诉,看到了检察官的当庭指控、举证、审讯被告方的过程,看到了被告方自己及其律师的辩护,看到了质证、辩论,以及被告方的最后陈述,看到了包括布哈林在内的几乎所有被告人的认罪,也就是说,公众似乎既看到了实质性的证据与事实,也看到了形式上的审判过程,审判中的黑幕自然不会对公众拉开,这对需要这场审判演出的人们来说,已经足够——他们已经成功借用司法及其应有的"正义",借用似是而非的"证据",借用亦真亦幻的"事实","公正地"依法"办理"了对手甚至敌人,而他们自己的政治和法律地位更加巩固甚而更高,权力更加集中,权威更无可挑战,利益更加巨大,即使有旁观的行家看穿了审判奥秘,那也没有大碍。

当然,在制造冤案成为某个或长或短的时期里面司空见惯的"政治—司法"行动时,冤案制造者也会对案件事实问题产生麻木,他们不再在乎案件有没有什么证据或者事实,逐渐地,他们只在乎什么时候有心情、是最佳时机,演出一场"审判之秀",只在乎以什么方式"宣布事实"。以至于,假如那些制造冤案的人对自己也产生病态怀疑,那么,早已驯服的司法机器也会为他找出"证据","证明"各式各样的犯罪事实,就像布哈林在《致未来一代党的领导人》中所言:"这些'创造奇迹的机关'能够把任何一个中央委员、任何一个党员碾为齑粉,把他说成是叛徒、恐怖分子、破坏分子和间谍。假如斯大林对自己产生怀疑的话,证据立刻就有。"①

(四)罗织人罪、陷害无辜的"经典"理论

千百年冤案不绝,但其"理论"却在一千三百多年前就"成熟"了,迄今未有"创新突破"。对如何寻找罪名、捏造"证据"、诬称"事实",来俊臣《罗织经》一书,可谓字字"真经"。《罗织经》在"问罪卷"、"刑罚卷"和"瓜蔓卷"中,教导冤狱制造者:

---

① 布哈林《致未来一代党的领导人》的中译本有好些,各译本文字上出入较大。笔者不懂俄文,只好凭译文的"语感"来选择译本。这里引述的是《让历史来审判》中的译文,见该书第408页。

（问罪卷）刑之本哉，非罚罪也，乃明罪焉。人皆可罪，罪人须定其人。罪不自昭，密而举之则显。人辩乃常，审之勿悯，刑之非轻，无不招也……人无不党，罪一人可举其众；供必无缺，善修之毋违其真。事至此也，罪可成矣。

（刑罚卷）致人于死，莫逾构其反也；诱人以服，非刑之无得焉。刑有术，罚尚变，无所不施，人皆授首矣。智者畏祸，愚者惧刑；言以诛人，刑之极也……死之能受，痛之难忍，刑人取其不堪。士不耐辱，人患株亲，罚人伐其不甘。人不言罪，加其罪逾彼；证不可得，伪其证率真。刑有不及，陷无不至；不患罪无名，患上不疑也。人刑者非人也，罚人者非罚也。非人乃贱，非罚乃贵。贱则鱼肉，贵则生死。人之取舍，无乃得此乎？

（瓜蔓卷）事不至大，无以惊人。案不及众，功之匪显……罪无实者，他罪可代；恶无彰者，人恶以附。心之患者，置敌一党；情之患者，陷其奸邪。①

综观各种冤案，我们能够发现三个非常常见的、共同的、必不可少的东西：（一）任意虚构捏造的罪名，当然是越重越好；（二）栽赃、伪造、逼供出来的各式证据（尤其是"被告人"的有罪供词，所谓犯罪真相，从来都是当事人被刑讯而做的假供，以及旁人主动或无奈的杜撰和指证），及其"证明的有罪事实"；（三）装模作样"认真严肃"或草草收场的秘密或公开的审判。

（五）构陷无辜有时候需要司法"审判"

照理说来，既然是"欲加之罪，何患无辞"，那就只需要栽个罪名，

---

① 来俊臣：《罗织经》，马树全注译，吉林摄影出版社，第 251、277、303 页。学界有人认为，这个《罗织经》版本不是真本，但因笔者学力不逮，无法考究选择，姑且援用，并恳望方家赐教。

打入牢狱,或者直接送上断头台、绞刑架,或者递给一条长长的白练,"赐"一碗毒酒,不就可以了吗?为何还要那般正经八百,搜肠刮肚,安罪名(有时候找不到现成的"好罪名",只好"生造、创新"罪名,当今有人对老上访户就发明了"准备上访罪"),"搜证据","演审判",似乎一切搞得煞有介事?

进而言之,要除掉异己之人,采取罗织入罪的方法未必是"最佳"选择,谋杀不是"更经济"吗?曾经发生的谋杀还少吗?不论是秘密杀害,还是公开制造夺命事故,只要找到可靠心腹,策划策划,相机而行,神不知鬼不觉,哪样不都比制造冤案"好多了"?

不过,从历史来看,直接把人暗杀,或以"莫须有"的罪名进行"审判"后斩绞枪毙等,尽管本质完全一样,并都可能在未来被揭开真相,有的冤案甚至在不久的将来就得到昭雪,密谋杀人者,制造冤案者,终究原形毕露,臭名远扬;然而,秘密谋杀和制造冤案整人、杀人,却有极其明显、深刻的"现实差别",至少对那些准备或正在制造冤案的人来说,在特定时空条件下,他们会认为"审判很有必要"。

暗杀和通过"审判"而谋杀的差别,主要有如下方面。

第一,不是每个人都可以被无声无息秘密谋害,对某些人的打击需要披上一件光鲜外衣才能进行,特别是那些对大庭广众和整个国家来说都举足轻重的人物,整人者也会畏惧几分,既要整倒他甚至从肉体上消灭,又要不落口实,"整得光明正大",最好的方法当然莫过于借司法作为工具。

第二,简单、粗暴、直接地整人,或者精细谋杀,在一些大权在握的人看来,那是低级、庸俗、粗鄙的做派,并非高明之举,"整人要整得人心服口服",于是,先设计陷害,然后罪证历历,再就是堂而皇之,"公开、严正"审判,至少对不知事情本来面目的他人或大众来说,他们毕竟看到了"审判",甚至认为审判结果就是被告"罪有应得的下场",再加上整人者通过操纵舆论,对审判结果进行政治和舆论支持,冤案制造者就能够通过"审判",造成秘密谋杀难以企及的政治效果,深远广大的社会影响,而且至少在阴谋败露前,这些效果都是整人者求之不得、最为需要的。

第三,对一些惯用司法整人的人来说,他们或许还能够获得"特殊体验和快感","我为刀俎,人为鱼肉",且让我慢慢来安加罪名,细细搜证,步步审讯,缓缓定罪,片片割肉,丝丝剜心,摧残身躯,磨垮意志,让你求死不得,求生不能,生不如死,人不如鬼,于昏昏然之中,屈服我的淫威,享受你的宿命。

第四,有些公开审判,其实是为一波接一波制造冤案而精心设计的相互衔接的若干阶段或环节。没有某种大张旗鼓、连绵不断的"公开审判"及定罪处刑结果,就不能形成某种冷峻肃杀、让人惶恐自危的氛围,不煽动某种普遍情绪甚而狂热,就不能使公众产生对包括司法人员在内的当权者的"仰望"、盲从,以至于求得他们"庇护"、恩赐的心理,就不能使众人产生晕晕乎乎的英雄膜拜和个人崇拜,就难以麻痹公众的理性、良知和分辨力,就不容易制造更大、更重要、更广泛的案件,就难以达到某些人整人、整许多异己的人,甚至更大阴谋的目的。比如,牵扯进布哈林的是在"右派与托派同盟"案(1938年3月)之前的"平行中心案(或译为平行总部案)"(1937年1月),即"托洛茨基平行总部",其成员有皮达可夫、拉狄克、索柯里尼科夫等人,罪名是策划恐怖行动(其中包括暗杀基洛夫),从事间谍活动,企图挑起和加速同法西斯德国、日本的战争并力求在这次战争中打败仗;拉狄克在受审时供述他与布哈林、李可夫等有"罪恶的联系";比"托洛茨基平行总部"案更早的"托洛茨基—季诺维也夫联合总部"案(1936年8月),被告人季诺维也夫、加米涅夫、斯米尔诺夫等"补充交代"他们和布哈林、李可夫、拉狄克等人有罪恶勾结。加米涅夫、拉狄克等人涉及布哈林等人的供述,让这位苏联总检察长维辛斯基如获至宝,并由此展开针对布哈林等人的调查和指控。1937年2月底,布哈林、李可夫等在出席中央全会时被捕,1938年3月被审判和枪决。这种用前案为后面更大案件作铺底的事情,在我国"文革"期间也曾经出现过,"叛徒、内奸、工贼刘少奇"案发生之前,已经有其他案件为此做了"证据"和"事实"方面的准备。

(六)构陷无辜的"审判"需要"铁证"和"事实"

在一切需要通过司法审判工具来制造冤案的案件里,把案件"事实"弄得"罪证确凿"是十分必要和非常重要的,这是以"审判"方式制造冤案的共同特点。

为什么制造冤案需要"铁证如山"的"事实"?①

第一,从形式上说,司法审判是一个"演事实"的过程,即审判具有天然的"事实表演性",它可以凭真的纠纷事实进行实实在在的公平或不公平的审判,也可以根据虚构事实进行"真实的模拟审判",事实是审判"戏剧"中剧本的故事内容,是"剧情",审判程序是剧本安排的场次。真真假假的事实是任何形式上的审判的对象和起点。制造冤案的审判也是审判,它也要演出一场有关案件事实的戏剧,即使那些"事实"完全是子虚乌有、无中生有的。

第二,从实质上说,司法审判是"定事实显真相"的过程,不是"演事实",它要从众说纷纭、真假难辨的纷争事实中,公正地认定事实、还原真相,排除其他关于事实的主张、猜测。也就是说,司法有一个特殊功能:权威性地重现和确定事实真相,并且据此合法消弭事实纷争,依法重新分配权益,确定公平正义的归属主体,剥夺违法犯罪者的权益。制造冤案的实质,就是要"依法"、"正当"地剥夺一些人的合法权益,剥

---

① 另外,请读者参看本书第四章第四节有关真相的主要功能的讨论。

夺个人或许多人的财产、自由,直至生命,它更需要有足以使裁判者剥夺这些人权益的虚假"事实",这是司法特质对制造冤案产生的一种"刚性约束",除非那些整人的人连这一点也毫不顾忌——那样的话,他也无须羞羞答答借助司法工具整人,直接暗杀算了。

　　第三,但凡借助司法审判制造冤案的人,往往有一个重大需要,即不愿意公然、直接、武断地违反或抛弃法律,至少要穿上法律外衣,特别是在近代、现代和当代社会。他们擅长"新瓶装旧酒",可以充分利用形式上的现代司法审判,做出具有时代特征但又陈腐不堪的冤案,这时候,"证据和事实"是必不可少的道具,甚至也是威力很大的武器。他们掌握住审判工具,掌握住"证据"的产生和展示,掌握住最终的事实发现和宣告权,加上他们掌握强大的国家宣传机器,他们不会傻乎乎丢弃"依法"确定种种有利于自己、不利于对手的"事实"的机会。如此情况下,"事实"既是他们的基本需要,又是他们可以"自给自足"的产品,所以,制造冤案怎可能与事实分离?而这"事实"既然是司法认定的结果,又怎么能不"铁证"俱在?

　　第四,从司法审判的本义、正当性及其功能来说,"司法——事实真相——公正"三位一体是司法审判经久不衰的生命源泉,制造冤案者既要暗地里做不可见人的事,又要公开利用具有正义品质的司法审判来"立牌坊",他们就不得不表面上遵循司法的基本程序,满足司法审判的起码要求,即把司法需要和应有的一切,都做得看起来完全符合司法要求,当然少不得有"证据和事实"这个脚本,即便是掩耳盗铃,也要有个"铃子"在。

　　由此观之,纵然是制造的冤案,都万万离不得"证据"和"事实",即使"莫须有"。换言之,冤案都离不开"事实"和"证据",一切公正的审判,哪个不需要确凿充分的证据和真真切切的事实?

第六节 "神明"裁判仍然需要"事实"

这里,我没有给读者准备千奇百怪的神明裁判事例,这样的事例多的是,读者诸君随便查找一下,就能够搜罗一堆。我想简单谈一谈我对神明裁判为什么需要"证据和事实"的几点理解。

一、神明裁判是人信仰神明昭示出裁判

司法裁判需要证据和事实,制造冤案也需要"事实",那么,明显不同于世俗司法裁判的神明裁判也需要事实,这又是为什么?

在不涉及宗教信仰问题的前提下,笔者认为,神明裁判,无论是原始的神明裁判,还是后来成为习俗、习惯法的神明裁判,无论是少数群体所信奉和沿袭的神明裁判,还是一些地方、一些民族普遍采取的神明裁判,其实都是特殊的世俗裁判,是种种具有自己独特程序或仪式、仪轨的裁判,是特定或不特定的群体,基于神秘信念而承认"神启事实",或者把某种与咒誓巧合的现象、结果,归于神明的判决。这与其说是神明在裁判,不如说是人对神明裁判的信仰,是人的内心选择、承认这种"神的裁判"。

"神明裁判"不外乎是在案件证据和事实无法通过世俗方式获得的条件下,借助"神明"这个人们信念中的超自然主体及其力量,通过预设某种物质或精神状态出现或不出现,发生或不发生,来"启示"人们,使人得知究竟发生过什么事实,"告诉"人们如何判定纷争者中谁真正违反了法律、道德或习惯,从而"有罪",应遭到"天谴",但天谴多半是假,接受人世间的惩罚一定是真。所谓神明裁判,其实哪有不是人

判的——至少是有些人在内心承认了那样的裁判！如果人们都不信神,一切神明裁判根本无从说起。

二、神明裁判与世俗裁判相似或相同

表面上由神仙上帝做的"神明裁判",之所以仍然需要"证据"和"事实",乃在于这种裁判的法律、习俗或道德基础,以及对裁判正当性和权威性的认知结构,其实和世俗司法裁判一样,即必须立足于可见或可闻的客观物化形象,并且转变为世俗之人能够理解的证据和事实——"神明"的神秘性必须转化为非神秘性,不可见的事实真相必须转化为可见的证据和事实,"神明裁判"是在打破自己的神秘性的过程中获得世俗之人的认识、认同和赞服的。

神明裁判是"法官不能拒绝裁判"的另一种逻辑演绎和普适性制度安排:在任何理性的事实证明能力不足的地方,当必须有一个人出来对人间纷争进行裁判时,除非人们赋予或者承认他具有神奇力量,或者他有能够传达神启的禀赋,否则任何人都将对纷争事实无能为力,任何此类纠纷将无法解决,但这是人类社会的生存和发展、人们维持基本的生活秩序所无法容忍的——第一个声称能够代言神仙上帝的人,或者发现"神灵"能够裁判人间案件的人,是无比伟大的,他直接或间接以神的名义裁判,却使人类自始至终掌握着自己的案件的审判权,并且维护着一定人群社会的生存繁衍和基本秩序。所以,我想,找到"神明"来裁判人间纠纷,是人类自身既有限又狡猾的世俗理性的力量,是真智慧,不论今天看来"神明裁判"有多少不可思议、难以理喻的地方。

简言之,神明裁判实质上是人类的司法理性对某种非理性力量的自觉、系统且相当成功的运用,是表面上借助、使用非理性的"神明",即人对超自然力量的情感、信念、迷信、膜拜等,实现理性或非理性地裁判人间纷争的目的。对神明的信赖是非理性的,或者具有非理性成分,但人们长久、稳定、规范地把神明裁判用于解决人间的实际纠纷,恰好是人的一种理性行为,遵循了许多理性思维和逻辑规则。

三、神明裁判与世俗裁判的分殊

当然,神明裁判作为特殊的人间司法裁判,其异于世俗司法裁判的地方也是明显和众多的。

第一,有一个假借的名义上的神,或者具有类似超自然力量的主体。当然,可以充当这个神明的主体很多,神仙、上帝、鬼怪、死去的祖先,某种灵异的动植物,甚至像石头、水、火等,只要当事人和公众承认、相信即可。

第二,这个主体对人间的纷争事实的认知非常特别——普通法官在事实查清前,对事实一无所知,而神明具有"全知全能"的力量,它不需要查找事实,只需要在人的请求之下,告知人们它早已洞察的事实;甚至,按照某些宗教信念、民间传说和艺术虚构,有些"事实"本来就是上帝或鬼狐神怪按照人的"劫数"事先安排好的"天机",在人的祈求之下,"泄露"给特定的人士(所谓的"有缘之人"或"灵异人士",包括宗教人士、巫师等等)。

第三,它很少主动告知人们纠纷事实的真相,只在有人需要它告诉事实的时候,显示其所知事实,而且有求必应,虽然有点被动性。

第四,它要借助人能够看得见或者听得懂的方式,借助人们所熟悉的物体、迹象、符号、图案或后果,甚至借助人的语言、符号等,以及它在人间的代理者,来传递它所知道的"证据和事实"。

第五,它向人们提出要求:必须完全绝对信奉而不怀疑它昭示的事实;必须按照特定程序、仪式,哪怕是简单的诅咒发誓,向它请求出示它所知的事实,但它很吝啬,保护他人"隐私"的观念无比强大,它只透露所祈求知道的那一点事实。

第六,人们为了获取神明的启示,得到案件事实,需要费尽力气,但神明自己却不费吹灰之力就无所不知,这是世俗法官梦寐以求却数千年一无所得的。人间裁判者的困境,正是神明裁判的自由之所。

当我们换个角度,从"人间"自身看看神明裁判,分析它的运行过程,情况就大不相同了。

四、神明裁判的共同要素

笔者所见的神明裁判事例,都有如下共同要素。

第一,自愿通过神明裁判方式解决纷争。人间发生了实实在在的纠纷,纷争者互不相让,其他人不知实情,除非让纠纷摆着,否则,在别无选择或各方愿意的时候,要化解纷争,就诉诸神明。

第二,对某种神明裁判的共同信念或信仰。要让神明能够参与人间纠纷的裁判,人们就必须共同承认和相信它有能力和资格来裁判案件,否定神明的裁判能力和效力,不按照神明裁判所要遵循的规则行事,"不跟你玩那一套",神明也会爱莫能助,无法裁判。

第三,有个为众人共同信赖的人作为神明启示的解读者、传达者(巫师或担任类似职责的人)。神明看不见摸不着,太过神奇和神秘,这不符合对人间纠纷进行裁判所需要的基本条件,即我们得看见那个裁判者的姿势或者听见他的话,并且以我们能够懂得的方式展示神明的裁判,神明的人间代理者是必不可少的。

第四,某些固定或随机约定的表征神明启示的物体或特殊现象的存在、出现,这些物体或现象既代表了"神启的事实",又是证明神启事实的"客观证据"。神明的人间代理者不能够空口白牙就代表神明宣示裁判,所以,神明为了维护其代理人的权威和威信,必须在其代理人之外,显现某种人神共同约定的客观现象,代理人通过宣告和解释这个现象,来宣告神明的裁判。神明的智慧就在于,它不把一切都托付给一个代理人,以防他独占"神明",消除他作为唯一代言人可能产生的信息衰减、扭曲和添枝加叶,使得"神启事实"失真,诱发代言人腐败,招致人怨,失去权威。

第五,特定的人们(当事人和一定数量与范围的旁人)共同见证某种神启的出现或者没有出现。当事人没有亲眼看见或者亲耳听见某些事先约定的现象,神明是无法给出有效裁判的,世俗的当事人对特定神启现象的亲历性是神明裁判有效性的基础和保证;此外,一定数量和范围的公众的见证,也是神明裁判有效的重要条件。

第六,神明的代理人不能胡乱宣告和裁判,不能任意解释神启的现象,必须依照习俗或者当事人及旁证人面对"神灵"共同做出的约定,解释神启现象(比如,被烙铁烫印的地方完好无伤,表明手抓烙铁、被指控偷盗的人是清白的),这是人们约束神明的人间代理者的根本规则,没有这个规则,或者破坏规则,神明裁判无效。当然,这不意味着神明无效,而是对神明启示的解释无效。

第七,神明裁判的人间代理者(当事人共同约定、认可的人,或者公众推举的人、固定担当裁判者职位的人,如巫师等)当众展示神启、解释神启的涵义,认定事实,给出裁判。神启的公开宣示,既是神明裁判的基本规则之一,也是神明能够给出"公正"裁判的形式和保证。

第八,纷争止息,任何当事人都必须尊崇和遵从"神明"的裁判,禁止反悔。

显然,从人世间来看待神明裁判,它无时无处不是人间的纠纷解决活动,神明的虚拟性无处不在。当然,对神明裁判深信不疑的人们,他们内心倒是有一个真真切切的"神明"存在着,他们以为人们所做的一切,都是遵循了神的启示,他们接受的就是神明作出的裁判——这是另一种信仰和观念的问题,已经超越了我所要讨论的范围。

简言之,神明裁判之所以需要证据和事实,本质在于,它就是一种被人神化的人间司法裁判,是针对人世间的事实纠纷进行的裁判,是人的理性证明能力不足时借"神灵"的名义和力量进行的司法裁判,找出本真的案件事实,给出权威的事实认定,这同样是神明裁判正当性和权威性的基础。当神明不能给出人们需要的事实真相,或者人们不再相信神明、不再相信神明能够给出真相的时候,神明裁判便走到了尽头。

第七节　司法裁判需要事实的刚性与柔性

一、司法裁判对案件事实的刚性需要

我们已经清楚看到,司法裁判对客观案件事实的需要是刚性的。这种刚性体现为如下方面。

第一,无论司法机关遵循不告而理或是不告不理的原则("告而不理"是我国大陆民事、行政诉讼中司空见惯的现象,在刑事诉讼中也存在,但却不是正常的司法现象,姑且不论),没有当事人之间的纷争事实,就没有启动司法裁判机制的可能;没有裁判者对事实真相的认定,就没有正确适用法律、公正裁判的可能。笔者曾说过,当事人其实不需要纷争事实,裁判者也不会喜欢和欣赏那些争论不休的事实主张,他只需要和喜欢那些能够"消灭"纠纷事实的事实,即定案事实或真相,但是换个角度,从司法机制本身赖以存在的前提和价值基础等各方面看,司法裁判的全部过程都需要事实。

第二,前文已经阐明,无论是具有某种非理性色彩的神明裁判,还是有意无意弄成的冤案、错案,都需要或真或假的事实,并且都需要通过一定方式向当事人或其他特定个人和群体"展示事实",也就是说,没有事实,拿不出事实,不能够在这样那样的程度上"证明事实",神仙会闭嘴,神明不再灵,借用司法工具整人的人也难以开口和下手。

第三,司法机关无论通过判决来定纷止争,还是通过调解了结案件,都离不开特定的事实。法官下判,当然需要定案事实;即使调解结

案,法官也需要在某种程度和范围内知道事实真相。司法实践中,调解结案的案件,裁判者对定案事实的把握尺度稍微宽松些,或者法官心中的定案事实并没有反映在当事人认可和接受的调解方案中,但法官在说服相互对立的各方当事人同意调解、接受调解方案的过程中,案件基本事实及应当适用的法律,往往是其依赖的必不可少的"工具"或者"武器"。

二、司法裁判需要事实的柔性特征

司法裁判对事实的需要不只具有刚性,也具有"柔性"。司法裁判需要不需要某些事实,需要怎样的事实,对所需事实应当证明到什么程度(状态),情况很不相同,所以,司法所需事实其实是很有弹性的,司法裁判与案件事实的刚性关系在具体案件中被"柔性化"。

第一,大多数的诉讼法规定,审判程序的启动,或者某种特殊诉讼程序的使用,往往不需要某些特定事实,或不需要达到某种确定程度的事实。比如,民事诉讼中,原告在起诉书中只需有明确的起诉事实,特别是在通常所说的"举证责任倒置"[1]案件中,起诉者只需要在起诉时提出某种表面性的"结果事实",以及他怀疑、猜测的或者初步可见的原因事实,即以足够;在行政诉讼中,行政相对人的起诉也大致遵循这个规则,即原告只要对法定具体行政行为"不服",有具体的诉讼请求和一定的事实根据就行,如事实认定错误、证据不足、违反法律规定、程序不合法等;在刑事诉讼中,起诉指控的犯罪事实和法院判决认定的犯罪事实的确定性要求是不同的,与适用"无罪推定"原则和行使辩护权

---

[1] 如果严格按照德国等大陆法国家和地区的证明责任理论,"谁主张,谁举证"和举证责任倒置说难以成立。参见陈刚:《证明责任法研究》,中国人民大学出版社 2000 年;张卫平:《证明责任倒置辨析》,《人民司法》2001 年第 8 期;本书第四章第五节。

相关的各项事实,如被告人及其辩护人就排除非法口供等证据提出的刑讯逼供等事实,这些事实只须具有"看起来是那样"、"不排除是那样"的性质,就"足够"引起法官采取某种行动(如排除非法证据,认定辩护理由成立,把事实不确定、不能排除合理怀疑的利益归于被告方等)。

第二,由于不同诉讼领域对定案事实的证明要求并不相同,民事、行政诉讼中,对许多事实的证明,只需要满足"盖然性优势"(或"优势证据"、"优势证明")即可,事实主张者无需"确定无疑"地证明其事实主张;在刑事诉讼中,被告方提出的事实,对于其主张无罪、罪轻、应当或可以从轻、减轻、免除刑罚而提出的辩解事实,也只需要证明到"有可能"或"不能排除那种可能"的程度就行,无需证明到"排除合理怀疑"或者"确实无疑"的程度。因此,这些不同的"证明标准"①之下的"事实",本质上是"(很)可能的事实",不完全等于"就是事实",不等于它们都必定是原始的客观案件事实,经这样的证明而获得的事实结论,是"一定程度和范围内真实"的事实,是"柔性、有限"的客观事实(但不是"程序真实"或"法律真实")。

第三,即使在刑事案件和某些民事案件中,检察官对犯罪事实的证明必须达到"排除合理怀疑"或者"确定无疑"的程度,民事诉讼原告或被告必须对主张的某个特殊事实证明到"高度盖然性优势"或者"确定"的程度,这些案件中,被证明的犯罪事实或者民事纠纷事实,也有并不绝对的方面,如,检察官所证明的犯罪事实只是法官足以认定并据其可以定罪量刑的要件事实和法定、酌定情节事实,即通常所说的"基本事实",不是也不必是原原本本、完整无遗的犯罪案件原发事实,司

---

① 笔者认为,"证明标准"是没有的,这个概念也不能成立,但基于尊重表达习惯,我会偶尔使用它。详见本书第八章。

法实践也从来不提出那样的要求;在某些特殊民事案件中,原告或被告需要对法律有特别规定的事实主张证明到高度盖然性或者确实程度(如"明确而令人信服"的程度),①但这之中同样也是指基本案件事实,而不是全部原始案件事实。也就是说,即使对事实最具"刚性"需求的案件中,即使事实证明应当达到"确定无疑"的"刚性标准",这些案件中的事实也有某种"柔性"、"弹性"和"韧性"。

第四,在诉讼外和解、调解结案和通过司法调解结案的民事案件中,和解与调解的结案方式注定了事实需要的消除或者降低,搞清楚事实本身是怎么回事,可能不是结案的必要条件。于是,可能不需要事实真相,可能即使查明真相也派不上用场,或者通过摆出查明真相的样子,促成当事人各方达成和解、接受调解;有时候,裁判者和当事人一同装糊涂,一起和稀泥,反而有利于化解民事纠纷,解开矛盾,了结案件。这种司法场合,事实的需求度比较低,查明事实的必要性不高,"消化案件,排解纠纷"成为核心问题,"事实"可能被置于较轻的地位,它不仅是"柔性的",而且是"柔弱的"。但是,说回来,这些和解、司法调解的民事案件中,各方当事人还是会每每提及"事实"如何如何,以作为自话自说、给自己打圆场的道具,或者增加和解、调解要价的筹码,裁判者则可以利用"事实"作为说服(包括"压服")当事人接受和解、调解的工具。显然,事实需要并没有也不会从这样的案件中销声匿迹。

---

① 一些特殊民事案件,如以民事欺诈、误解、无行为能力为由的案件,婚姻、继承案件,涉及遗嘱效力的案件,有关口头契约特别履行的案件,特殊侵权的侵权人主张免责事由的案件,需要适用更高的盖然性证明标准,因为这些特殊民事案件,会遇到心证难题,或者涉及到人的情感、基本价值理念,应当到达更高证明程度要求。参见约翰·W. 斯特龙主编:《麦考密克论证据》,汤维建等译,中国政法大学出版社,第 657—658 页。

第三章　司法裁判需要什么样的事实

第一节　司法裁判必须面对讼争事实

一、现代司法并不"需要"但须面对讼争事实

现代司法当然"不需要"讼争事实。可是，讼争事实是司法程序运转的主轴，是司法必须直面的对象，要处置的纷争，面对讼争事实，司法无可逃避。

裁判者也不需要讼争事实，但当把讼争事实提交给他，却必须认真面对，严格审视。现代司法基于不告不理的大原则，法院、法官自己没有主动揽案的义务，甚至也没有这项权力，它被动消极等待案件诉至司法裁判主体，这从根本上消除了司法对讼争事实的内在欠缺感和主动欲求。我国大陆司法实践中出现的法院争案、抢案，法官揽案、包案，主动明示或暗示当事人"打官司"的情形，是社会和司法发生种种畸变的产物，不是正常状态。

当案件起诉到法院后，讼争事实就摆在裁判者面前，当事人实实在在地提出了具有争议的事实主张，裁判者只要看看起诉书和答辩状，就能够轻易了解它们，知晓讼争的事实主张，没有"需要"的问题。裁判者真正关注的是，真相是什么、在哪里，他需要的是足以让他确信的事实，或者说，讼争事实是否包含着真相。

司法裁判的基本功能就是消灭讼争事实。经过审理,使当事人对讼争事实息争,不再各自坚持势不两立的诉称事实和辩称事实,共同认可裁判者所查明的事实,即使该事实只不过是得到确认的部分或全部诉称或辩称事实。经查明的事实不是诉称或辩称事实的简单延伸或承认,而是经历一系列诉讼程序后,由多方诉讼主体共同发现、确立的实体事实,是从各种证据中还原的案件事实。当事人即使不服初审裁判的事实认定,但最终不得不服从终审裁判查明的事实。可以说,司法因处理讼争事实而产生,为查证案件事实、消灭讼争事实并强制当事人服从案件真相而存在。

二、诉称事实和辩称事实的基本关系

就民事诉讼和行政诉讼而言,讼争事实通常包括诉称事实和辩称事实两个对立面,二者之间的客观联系方式常常为裁判者查证事实指出方向和路径,是裁判者发现自己所需案件真相的前提和起点,是查明真相的必不可少的根据;在刑事诉讼中,讼争事实有可能只是起诉者单方面的诉称事实,被告可能不提出辩称事实,但无论被告是否提出辩称事实,起诉者指控的事实同样是裁判活动的起点,是查清案件真相的初始依据,即使将来诉称事实被真相部分或全部否定。

逻辑上,诉称事实和辩称事实为两个不同的事实,内涵不同,具有对立属性,相互否定对方所言事实的内容、法律性质和后果;在外延上,二者的相互关系不外乎五种情形:全同关系,交叉关系,诉称事实包含辩称事实或辩称事实包含诉称事实的包含关系,矛盾关系,反对关系;它们的真假状态都有三种可能:真、假或真假不明。不过,真假不明不是一种独立的客观状态,而是人们对那个事实的真假尚未知晓,无力判定,一旦能够判定时,它要么为真,要么为假,最终而言,不存在既真又假,既不真又不假的状况。司法裁判实践也不允许出现"最终,事实真

相不明,不能裁判"的结论,即使裁判者在审判程序终结时,无法形成任何明确的事实心证,他也要根据证明责任规范来认定某个事实并进行裁判。

三、裁判者应当确定事实审查重点

具体案件中,面对诉称事实和辩称事实,裁判者要审查判断它们在外延上的逻辑关系,掂量其真假,再进一步审查其法律性质、效果。

在全同关系下,由于诉称和辩称的事实外延一致,起诉者和被告都承认某个外在事实现象,争论焦点一般在事实的性质和法律效果,所以,只要有相关证据支撑,这个事实一般是真,足可认定,除非有证据完全推翻这个事实,起诉者和被告共同误认了事实现象,或者一起作假。但如果起诉者和被告共同作假以图不法利益的话,被告就只需完全承认起诉者的诉称事实,不必提出辩称事实,以免裁判者对两个外延相同、性质对立的事实主张,进行深度调查,捅破天机。起诉者和被告都误认了某个事实现象,都承认那个表面事实,但对原因、性质或后果的责任归属,看法对立,这种情形也存在于司法实践中。因此,在诉称事实和辩称事实的外延一致时,裁判者的任务主要是两项:当诉称事实和辩称事实在表面上同一并且能够确认真伪时,那么,裁判者必须查明该事实现象的内在属性和法律效果;当起诉者和被告有可能都误认了某个事实现象时,裁判者就得查明案件真相是什么。

若裁判者初步发现诉称事实和辩称事实是交叉关系,既有交集,存在共同认可的部分事实,但又有不同的事实范围,那么,如果它们之中有一个是真,另一个必然不会完全是假,其中一个是假,另一个必然不会完全是真,若一个是真假不明,另一个也必定至少有一部分真假不明。裁判者的事实调查任务也就集中于:对"交集"这部分诉争事实的真假进行审查判断,对能够确认的、起诉者和被告共同认可的部分事实予以认定；明确他们互不认同的事实部分，查明它们的真伪；注意是否存在他们都未曾提到的事实；对各部分事实或者整个事实的原因、性质、后果予以分析判定。

如果诉称事实和辩称事实在外延上是包含关系，即虽然各方当事人主张的事实范围大小不同，但其中一方当事人诉称或辩称的事实包含了或包含于另一方当事人辩称或诉称的事实，就会出现辩称事实范围小于诉称事实范围，形成不能完全抗辩、"抗辩不足"，或者辩称事实超越诉称事实范围，形成完全抗辩甚至"抗辩有余"的情形。在包含关系下，裁判者需要首先调查当事人共同提及的较小范围的事实，即被包含的诉称或辩称事实的真假——实际上，由于那个较小范围的事实现象，是起诉者和被告共同提及的，那个事实一般是无争议的、真实存在的，问题可能只在于对这个事实的原因、性质、后果、责任有争议，这才是裁判者的难题；当"抗辩不足"时，裁判者应当允许被告补充事实和理由，并进行查实；当"抗辩有余"时，除非抗辩方基于抗辩事实提出了新的请求，否则，裁判者只需要查证诉称事实的真伪；当"抗辩有余"且被告反诉时，裁判者应当允许原起诉者补充事实和理由，且予以查明。

诉称事实和辩称事实如果构成矛盾关系，二者中必有一真，必有一假，不可能同为真或同为假，此时，本案事实的真相就在其中。所以，裁判者如若发现诉称事实和辩称事实具有逻辑上的矛盾关系，那么，他只需要查证其中任一事实的真或假，另一事实的假或真就自然确定。他可以根据已有的两种事实陈述的经验可靠性、证据充足性、逻辑严密性，确定诉称事实还是辩称事实何者易于查证，并调查核实。不过，裁判者需要警惕，防止把反对关系误以为矛盾关系，漏掉部分或全部事实真相。

诉称事实和辩称事实如果是反对关系，它们就不可能同真，但可以同假，也就是说，真相可能就在诉称或辩称事实之中，也可能在诉称或辩称事实之外。诉称事实和辩称事实之间这种逻辑关系,要求裁判者既要审查诉称事实和辩称事实的真假,也要随时根据审判进展,关注起诉者或被告遗漏、隐藏、忽视的事实,甚至完全不为起诉者和被告所知的真相。

简单说来,司法人员必须正视包括诉称事实和辩称事实在内的讼争事实,并且要根据具体的诉称或辩称内容,厘清争辩事实的逻辑关系和实际关系,确定事实审查的方向、内容和焦点,揭示疑点,揭穿真相。

第二节 司法裁判需要"查证事实"

一、"查证事实"是通过证据查实的待证事实

前已阐明,在诉讼过程中,经查证属实的诉称事实或辩称事实的全部或部分,或者察知属实的新事实,就是"查证事实"。

司法裁判者面对讼争事实,他需要判断在讼争事实里面究竟有没有事实。裁判者虽然可以直觉到诉称或辩称的真或假,但不足为凭;他也不能凭抓阄或者掷骰子来碰运气,把事实真相当赌博那样押注;神明裁判在现代国家司法体制中早已销声匿迹;为化解诉讼纷争,裁判者必须获得确凿无疑的查证事实,经得住起诉者和被告的质疑,社会公众的审视。这个事实不论与讼争事实在形式和内容有多少相同与不同,它都是独自的事实。

查证事实首先以调查讼争事实的真假为基础。起诉者提出诉称事实,随后被告提出辩称事实(刑事诉讼中,被告方受无罪推定保护,可以不提出辩称事实),但在审判前,他们都无权把己方主张的事实强加于对方,也都不会轻易认可对方的事实主张,当然,这不等于他们各自主张的事实没有任何交集或者结合点,也不等于他们各自内心完全拒

绝对方声称的事实。审判开始,裁判者可能对诉称事实和辩称事实毫无真假判断,也可能有了预断,但他的基本任务就是客观、冷静地察知争议所在,权衡各方举证的分量和质量,洞察诉称事实和辩称事实与生活经验、事理逻辑的自然关联程度。随着法庭审理展开,诉称事实和辩称事实各自的真、假或真伪不明状态,逐步呈现,为起诉者或被告所忽视、遗漏或隐瞒的事实,可能慢慢被察知,甚至完全不为起诉者和被告所知的案件事实,也在庭审中由裁判者、各方当事人和其他诉讼参与人深挖出来。

查证事实是通过证据事实与讼争事实相联结,或与讼争事实相隔断。证据事实是证据本身披露出的事实,是证据包含的案件事实信息在诉讼程序中得到揭示、查实而重现的关于案件起因、发生、演变、结果和后果等的客观真实情况,是能够证明或证伪讼争事实或其他相关案件事实的事实。证据就是载有案件原生或者派生(移转)的事实信息的人和物(材料)。口头和书面的言词,只是"人证"的两种基本表现形式;其他一切有形物和无形物,只要原发性或转移性地载有与案件相关的事实信息,都是物证。讼争事实往往是待证事实,即诉称事实和辩称事实都有待证明,特别是在当事人之间存在实质争议的事实主张,更是待证事实。待证事实须根据证据事实去判明是否存在以及真伪。当法庭进入举证、质证、辩论程序,由证据来证明或推翻诉称事实、辩称事实的活动就紧张地铺展开来。每一个证据,经举证者出示,说明其包含的事实信息,以及所能证明的事实,再经质证、相互辩论,裁判者决定采信或不采信证据,肯定或否定举证者、质证者对证据的事实解说和论争,认定该证据对案情事实的印证或否定,这样,相应的证据事实得以确立,相应的讼争事实得到裁判者确认或否定。被确立的证据事实,以及由证据事实印证的讼争事实,就是查证属实的事实,这些事实,具有了与原来所诉称或辩称的事实完全不同的涵义,既是权威的经由法定程序确认的结果,又是裁判者确定讼争者实体权利义务的事实根据。那些被证据事实否定的讼争事实,不可能成为查证事实。

二、"查证事实"与讼争事实、待证事实的关系

理论上,查证事实与讼争事实的关系,主要有这几种情形:第一,它是得到证据事实印证的全部或者部分诉称事实;第二,它是被证据事实印证的全部或者部分辩称事实;第三,它是由证据事实印证的诉称和辩称事实的全部(这种情况只有在诉称事实和辩称事实的客观内容完全重叠时才会出现)或各自的一部分;第四,它是被证据事实印证的诉称或者辩称事实的全部或者部分,以及由证据事实揭示的新的案件事实共同形成的案件整体事实;第五,证据事实推翻了所有讼争事实,并揭示了完全不同于讼争事实的新的案情与事实,查证事实是全新的事实。实践中,前四种情况都广泛存在,第五种情形则不常见。如果裁判者严格遵循不告不理、诉审对象同一、诉判对象同一以及诉审、诉判职能分离诸原则,即使在职权主义诉讼模式下,由裁判者探知出全新案情事实,推翻全部讼争事实的可能性也很小,当事人主义诉讼模式下,则几乎不可想象。中国刑事司法实践中,法院在判决中可以改变起诉罪名,但这主要是法院和公诉人对已经查证的事实的定性产生了不同认识,严格说来,法院并没有发现全新的事实。

查证事实与待证事实或证明对象的关系,大体上可以归纳为几种情况。第一,查证事实一定是基于对待证事实或证明对象的查证、证明而形成的,无论待证事实或证明对象是狭义、严格的,还是广义、宽泛的。广义的待证事实或证明对象,就是全部讼争事实,对它的证明,也是广义的,包括实际地举证质证,使用司法认知、推定、自认等全部证明方式;狭义的待证事实和证明对象,则指除司法认知、推定和当事人自认之外的,需要当事人实质性地履行举证、质证、辩论责任才能证明的

诉称或辩称事实,尤其指在证据交换、争点整理后,当事人仍然各自主张、不为对方承认的要件事实和情节事实。对待证事实举证证明的过程,同时就是证据事实得以展露、待证事实得到印证或被推翻的过程,在此过程中,裁判者得到他自己需要的事实,即查证事实。第二,待证事实或证明对象制约着查证事实的方向和范围,但不能最终决定查证事实的方向、范围和内容。因为,查证事实是以对待证事实或证明对象的查实、证明为出发点,开始探索的,裁判者不可能一开始就偏离待证事实而去查找、核实、认定尚不知晓且与待证事实不相干的所谓事实,如何查明待证事实规定了事实证明的方向和范围;但另一方面,随着待证事实证明活动的推进,证据事实越来越多地展现出来,裁判者可能发现其他需要查证的事实,待证事实或证明对象的方向和范围就被突破,进而,可能发现证据事实确证了与案件相关、但不同于早先确定的待证事实的新事实,并且是本案的要件事实或情节事实。查证事实就从待证事实或证明对象出发,而达到新的事实领域。

三、"查证事实"的属性和功能

查证事实的主要属性,第一,它是动态、累积的事实,也就是说,查证事实是一个随着证据事实的逐步展示、讼争事实逐步被证明或证伪,在诉讼中出现、认知、不断累积的事实,案件的审判没有终结,事实调查还可能继续,或者还可能推倒重来,这些都意味着查证事实还不稳定,有可能被后续的证明行为、证明结果所推翻、改变,由此,查证事实的确定性具有相对性。第二,查证事实是中介、过渡事实,即它是从当事人的讼争事实到裁判者的定案事实的中间状态,是裁判者根据庭审证据,亲身感受、体察、认知讼争事实,逐步形成对案件事实的体认,勾勒出案件的发生、演变、结局、起因、后果、责任等基本案件要素,随着整个审判的终结,裁判者获得法定要件事实和各种情节事实,但此时,他尚未系统地整理其心证，他对已经查明的各种事实的最后认定还没有完全定型，特别是，将要把哪些事实纳入裁判认定的内容，如何结构合理、逻辑清晰、语言规范地表达事实认定，还有模糊地带，他往往还要考虑定案事实的描述与整个判决结论的关系，甚至不免为适应他心中的"公正判决"的需要，而重新定位各种查证事实的相互关系。所以，查证事实的中介性、过渡性，与其动态性一致，特征显著。第三，查证事实是定案事实的主体性和决定性内容。一言以蔽之，不管定案事实是如何从查证事实中取舍而成，不管裁判者有时候为了其心中可能已经形成的判决意向而调整对查证事实的认知，但定案事实的范围和内容必定只能等于或者小于查证事实的范围和内容，裁判者不得在查证事实的范围和内容之外，于裁判文书中确认和宣告定案事实；查证事实是审理活动每个阶段的结果，定案事实只是裁判者以法定方式宣告的查证事实，即使宣告的事实被裁判者选择，但选择对象也只是查证事实。

查证事实的基本功能就是，将外化的证据事实累积起来，逐步形成案情事实的部分或整体图式；它印证或者推翻讼争事实，使裁判者对案情真相逐步建立起心证，获得独立、超然于讼争事实的事实认知；它使裁判者在诉讼程序内亲历证据事实的发现过程，使裁判者与当事人共同再现出原来案情事实，由此，对立的当事人和裁判者有可能就再现的事实达成共识，或者至少，它为裁判者理性地说服当事人、社会公众认可其事实发现，提供了实体和程序正当性基础；它为裁判者最终宣告本案事实真相确定了内容和范围。

第三节　司法裁判需要证据事实

法官确实需要查证事实，但查证事实不是凭空产生的，它源于证据所显现的证据事实。只有证据事实能够在裁判者面前披露案情真相，或者真相的某些环节、片段,能够证明或者证伪诉称事实、辩称事实或其某些方面,让裁判者在亲历的事实调查中获取对案件原生事实的认知。显而易见,证据事实何其重要,它在任何司法裁判的事实调查和证明中,都居于中心地位。

一、证据事实的来源和形成方式

(一)证据事实源于证据所载客观事实信息

证据事实是审判程序中经由举证、质证以及辩论,对证据所含的案件原生或派生的事实信息进行揭示,而由当事人和裁判者当庭发现的纷争事实原貌的全部或者一部分。

当社会纠纷发生,不管是民事纠纷、行政争议,还是犯罪,某个特定的事实就发生了。这个原发(原生)事实必定以种种方式形成证据,原生事实的信息被证据记录、储存、传递,人们通过证据分析而发掘和重新显现的原生事实,即是证据事实。

第一,案件原生事实为特定的人感知、记忆和传播。最直接的当然是当事人,他们无论如何也是事实真相的最早、最初的感知、记忆者。纷争事实往往就是发生在他们身上,或者就是他们发动、推进的,有的还有预谋等预备行为,以及事后的串通、处置等行为。除非有关当事人自始就没有认识、控制行为的能力,没有或者丧失记忆和表达能力,或者死亡等,否则,当事人是案件原初事实的知情者,原发的纷争事实信息烙在他们的身上和记忆中,他们是最初始的证据,通过他们陈述出来的案情事实,经过质证、认定,就是最重要的证据事实,一般能够直接还原纷争事实的全貌或重要部分。当然在刑事案件中,错抓了嫌疑人、被告人,他本来就不是当事人,误作当事人,逼取供述,这种供述所显现的不是事实,当然也不是证据事实。

第二,案件原生事实为不特定的知情者即证人所感知、记忆和传播,并且在需要时,向当事人、司法裁判者传递和显现。偶然在场的人,远处的旁观者,匆匆经过的路人,碰巧撞见的人,他们有的可能看到了整个事情发生、演变的过程,观察到了结果,感知了事实全貌,有的可能只看到了一些局部情况,片段情形,甚至某个小小的单独举动,知晓部分事实。当事人也可能对他信赖的亲属、同事、同学、情侣、同案犯、室友、老乡、帮内伙计等等,吐露事实真相,这些人虽然只是"听说"了事实,尽管"传闻"具有相当的不可靠性,但是,这些直接源于当事人"私下吐露"的事实,一般情况下可靠性较高,它们不同于道听途说的社会传言,不同于街头巷尾、茶余饭后的神侃,闲聊之中也会夹杂不少事实。这些人不仅接受、记忆了原生案情事实信息,也能够成为事实信息的传递者,他们可以是证人,向裁判者陈述出相关事实,只要经过质证,确定其真实性,裁判者就能够获得证据事实,了解、认知案情的原生情况。

第三,当事人和证人,包括可靠性高的依传闻获知事实的证人,他们亲自记录案情的日记、笔记、札记、信件,以及电子、音像、网络记录文件,这部分证据,由于其有文字表述、有声语言或可视图像,可听可视,能够直接显示相关案情,若被质证后认定,裁判者能够由其获知全部或部分事实真相,此类证据能够显现大量事实。

第四,有形或者无形的物证,它们以其自然属性的特殊变化,当场或在其他现场,客观地记录了案件的部分原始事实信息。这种证据所含案情事实信息,一般都具有某种隐秘性,需要用专门知识来提取、解读,向当事人、裁判者解释;具有间接性,不能直接还原案情,只能提示可能存在某种案情,即专业人员只能通过认定该证据显现的物理、化学、生物等方面的特定变化现象,来推论案件中发生了某种事实;具有不连续性、片面性、非整体性特征,即每一个物证都是单独的,它所包含的事实信息,仅可以从其所发生的物理、化学等变化中推知,它不能连续、全面、完整地显现案情,并且要求证据没有遭到人为或者自然的破坏，如某钝器一端粘着人的头发和血迹，只能表明钝器与某人的头部很可能有过击打式接触；单个物证都不具有充分性，即许多案件，仅有一个或几个这类物证，很难构成闭锁的证据链，还原整个案件真相，我们不得不需要更多证据显现事实原貌。不过，物证所包含的事实信息一旦被解读出来，就成为客观真实性、可靠性很强的证据事实，通过它指向的案情，除非有很明显的证据与之对抗，否则，那个案情就是实情，能够有力反驳其他与之不协调的讼争事实或证据事实，充分印证与之一致的事实主张或证据事实。

第五，专家证人或者鉴定人针对特定物证或者证人、当事人的特定状况是否存在、原因是什么、性质、结果或效果如何，提供科学意见或咨询，他们主要是使用了特殊知识，发掘证据中的特殊信息，对案件事实进行独特感知和表达，因此他们属于人证。但鉴定人或专家证人的特殊性在于：他们并不能替代被他们鉴定的人证或物证，而且别的专家还可以替代他们，再行鉴定、咨询；他们主要不是基于直接感知案情，而是基于掌握特殊知识而对已有证据中的专门问题进行解答；他们的鉴定和咨询意见如果就是对证据所含原生案件事实信息的科学、准确揭示，那些意见应该是对原生事实的揭示，如若不然，那些意见就只有参考意义，甚至一文不值，当事人和裁判者还得回到存在疑问的人证和物证上去。

简单说来，证据不是证据事实，证据事实也不是证据。证据是案件事实信息的载体，是"材料"，证据所含事实信息被揭示，为人所识别、解读，还原出相关案情，就形成证据事实。原生事实的发生、演变等信息，为人感知、储存，人即为证据（人证），为物质材料的某种性质变化所反应，转换为特定物质的出现或遗留，生成特殊痕迹，发生物理（包括电磁光等）、化学或生物诸方面的性质、结构、功能的特殊变化等，这些有形或无形物即为证据（物证）。对人证、物证进行调查分析，发现案件原生事实信息，即可确定相应证据事实和案件事实。

（二）证据的形成是一个自然历史过程

证据事实来源于对证据留存的案件信息的发掘。当事人陈述、证人证言和书证等证据常常可以直接告诉裁判者所发生的事情，以及前因后果，裁判者还可以对证据所含信息进行深入解释、推论，可以结合其他证据事实，获得多种证据事实。通过物证留存的案件事实信息，往往直接表现为现场中的一枚指纹，若干鞋印，带毛囊的毛发，或者有喷溅状血迹的衣物，被翻得凌乱不堪的衣柜，等等，这些物证并不能够直接告诉我们案件事实，只能根据这些痕迹、物品等进行推论，得出证据事实概貌：某人在现场出现过；现场可能有过流血事件；可能有人在现场急于找寻什么东西；如果结合进一步的证据信息或者已经查明的事实，甚而可以推论：某甲于案发时在现场，他在入室盗窃时被发觉，在慌乱中刺伤室内主人某乙，逃出现场。

证据事实直接来源于证据所含有关案件的事实信息，而证据的形成是一个"自然历史过程"，其所含事实信息是案件本身在"自然"运动过程中必然或偶然地留存在人或者物之上的信息，因此，它具有明显和突出的原生性、原初性和客观真实性；纵然是伪造的证据，其上所含的"捏造的事实"及"捏造事实"这一行为的信息，在随后也会脱离并独立于它的伪造者，对收集、举示和质证证据的人来说，它也是自然、原生的；而对那些直接或间接派生于原始证据的传来证据而言，一经查实，只要它们的确是源于原始证据，它们所载的事实信息，所能够揭示出的事实；与原始证据并无两样。

原始证据的形成是自然历史过程，不是举证者、质证者和事实裁判者主宰支配的主观过程。因为，原生案件事实，哪怕是有人周密谋划而为的事实，都有其客观性，都会外显于人，留痕于世，绝对不留蛛丝马迹的事实，是不存在的。案件事实的信息，不以此种方式留存在人的记忆中或物之上，必然以彼种方式留存下来，即所谓"雁过留影，人过留痕","要使人不知,除非己莫为"。伪造现场,伪造、隐匿、毁灭证据,串证串供,杀人灭口,转移视线,现场不留痕迹地作案,等等行为,似乎使证据的形成过程充满主观色彩、遍布人为因素,证据的形成并非自然而然,事实显得也不客观。可是,一个案件,证据常常多种多样,尤其是刑事案件,可能毁掉、隐匿这样或那样证据,然而不可能毁掉一切证据;伪造现场必定有个伪造的现场在那里,有伪造现场的痕迹等证据,这是自然形成的;可能伪造证据,串通证供,但它们多半不通于事理,不合于逻辑,破绽连连,而且伪造证据本身就留下了证据,串证串供本身就隐含了双重证据;杀人灭口历来都不是证据上的难题,因为这反倒留下更多证据,反倒可能有助于查明真相;调虎离山,转移视线,最多是一时之计,并且也会留下人证或物证。总之,证据的形成过程,即使充满作案者的狡黠,处处隐藏着人为的诡诈算计,但在侦查、起诉、审判过程中,在举证、质证和辩论的过程中,那些已经遗留和发现的证据,本质上只能是一个自然过程的产物,一个客观历史的痕迹。

单就人证而言,似乎情况要特殊一些,证据形成过程的自然性往往容易受到质疑。一来,不同的当事人、证人本来就可能对事实有不同的观察、感知、记忆的角度,存在选择性,形成不同的事实记忆;二来,当事人、证人对事实的记忆,客观上可能出现模糊、遗忘、混淆诸情形;其三,当事人、证人可能由于自己跟案件具有这样那样的利害关系,他们会从不同立场来陈述所记忆的事实,甚至,证人可能不到庭陈述事实,庭外陈述的可靠性更受质疑,在英美法国家,此等陈述可能直接根据传闻排除规则予以排除,除非符合传闻排除例外规则。不过,这只是人证的一面,这一面不外乎表明,证人对案件事实信息的摄取、储存、显现,具有某种主观性和不确定性,当然需要事实裁判者重视;但另一方面,人证作为证据,其形成过程并非完全不同于物证,因为,事实自身发生和演变的过程,给人留下印象、使人产生记忆的过程,是证人不能自由选择的,事实内容也是不能选择的,感知事实的时间地点是不能选择的,尤其是,除非当事人和证人故意撒谎、隐瞒、歪曲所记忆的事实,否则,就他们的事实记忆本身来说,即使是选择性的记忆,发生衰减的记忆,也是一个自然而然地发生了、保存着的记忆,这不是一个主观操控、刻意而为的过程。人证的记忆缺陷和物证的诸多缺陷一样,只表明任何单个证据都存在缺陷,但当案件中的各个证据综合起来,各种证据事实整合起来,原初的事实真相就能够重现于世。

(三)证据得以证明案件事实的简单奥秘

正因为证据的形成本质上具有自然历史性,人证和物证,不管是人的记忆、遗留物还是物质痕迹,包括物的形状、结构、功能的变化等等,都直接间接地保留了事实发生的原初情形或其片段。这就是为什么案件本身虽然不会再发生一次,但案件事实却可以被人们认识的简单而深刻的原因——事实过去了,但关于事实的记忆、痕迹还在,证据尚存,证据留存了具有自然历史属性的案件事实信息,通过证据事实还原案件事实的基础还在;虽然我们可能难以一丝一毫地重现本来的事实,但我们能够大体根据裁判案件的需要来重现基本事实。这正是千百年来司法证明实践的历史写照。

不过,"后现代"等证明玄学非要用"记忆断裂"、"事实断裂"等来掩盖、颠覆这个朴实的经验和实践。那些理论强调:证据事实被人为扭曲,因认识的主观性和能力局限性而不可靠,证据事实与原初案件存在时空距离,与案件真相有内容差距,因此,证据究其实质,是不能证明案件客观事实的。这样的理论以近乎恐吓的方式,暗中把不可知论和怀疑主义塞入证据事实与原初案件真相之间,既不符合案件自身的自然和社会运动方式,也不符合司法裁判的历史实际。事实上,以最高超、隐秘的"不留痕迹"的智力犯罪而言,它也会留下表面"无痕"的特殊痕迹(如计算机犯罪留下的电磁记录等数据),那些与罪犯在知识、智力和情商诸方面旗鼓相当或略胜一筹的侦查人员,就能够"于无声处听惊雷",发现证据,解出谜团,揭开真相,这不是什么神奇的事情,也不是可遇不可求的事情。

二、证据事实与讼争事实、查证事实的关系

证据事实不是讼争事实,也不直接等于查证事实,它是证据自身所含事实信息得以解开而显现的事实,是关于原生事实的全部或部分信息,具有"原生性"。当证据事实在查证确实、排除矛盾和疑点后,它印证或证伪了特定的讼争事实,该证据事实及其所印证或证伪的讼争事实,由裁判者认定、当事人认可,这就是查证事实,具有"法定性"。

证据事实不同于查证事实,因为,每一个证据可以显现一个或多个证据事实,而不同的证据所显示的证据事实之间可能发生矛盾,证据本身既有真伪问题,又有确实程度差异,证据事实也要经受质疑、辩论,只有当各种相关证据及其蕴涵的事实信息得到展露,排除矛盾和疑点,获得确定无疑的事实信息,印证和证伪一定的讼争事实后,才会勾出可以为裁判者确认、为当事人认可的事实,即查证事实。查证事实具有两层含义,其一,查证事实是证据事实的转换,并且排出了证据之间和证据事实之间的矛盾,其二,查证事实是特定讼争事实的印证或证伪,是对部分或全部事实纠纷的化解。

三、证据事实的价值

证据事实的价值在于,它使裁判者获得案件最初的事实状况,使裁判者能够直接取得案件事实的认知根据,让裁判者在相互对立的诉讼结构里面独立发现事实原貌(这个意义上,也可以使用心证概念),聚合成查证事实;它使当事人那些无证据事实支撑的讼争事实归于消灭,使得到证据事实印证的讼争事实为裁判者认同,从而使当事人的胜诉

或败诉均立基于共同查证的证据事实之上,建立在共同的程序化的理性认识之上,昭示出司法证明以及整个司法的本质特征。

第四节　司法裁判需要定案事实

从司法的事实认知职责和功能来说,它需要证据事实、查证事实,从司法的终结性、定纷止争的职责和功能来说,它最终需要的是发现和确认定案事实。

一、定案事实由案件原生事实演变而来

从案件原生事实发生时起,到事实纷争被提交司法,直至裁判者使之尘埃落定,案件事实的完整运动过程一般会经过如下主要环节:

1. 纷争事实发生及演变[原生态客观生活事实]——→
2. 同步形成和遗留下各种关于事实的证据[原生态证据]——→
3. 纷争司法裁决①[到这个阶段及其以后,原生态客观事实依然存在,并已经转化为当事人认识的事实]——→
4. 提出讼争事实(诉称事实、辩称事实)、证据,裁判者受理纷争[到这个阶段及其以后,原生态客观事实依然存在,并逐步进入司法证明活动范围,转化为当事人和裁判者在程序机制下共同认识到的本来的纷争事实]——→
5. 庭前交换或展示证据,确定共同认知的事实,确认争点事实——→
6. 法庭举证、质证、辩论(揭示证据中的事实信息,揭示证据事实)——→
7. 获取查证事实(案件原生事实经过证据事实而发现和确定,讼

---

① 本书不讨论纠纷的和解、调解、报复、隐忍等自行解决方式,也不讨论行政裁决或其他官方、半官方裁决方式。

争事实得以印证或证伪,它是裁判者与讼争者在程序中共同获得的事实)——→

8.定案事实(裁判者依法最终认定并且按照法定方式宣告的案件事实**原貌**,裁判者绝不会傻乎乎宣告他发现的只是可能的事实,是法律真实,虽然当事人可能不会认为那就是案件的原本事实)。

在所有司法裁决纠纷的场合,都需要并且将会经历这个基本过程:取得证据——→揭示案件事实信息——→形成证据事实——→认定查证事实——→确定和宣告定案事实,做出司法裁判。显而易见,定案事实的地位和作用无可替代。

当然,合乎理性和道德的、良法意义下的定案事实,既不可能离开整个诉讼程序,也不可能离开证据事实和查证事实,它是这些事实在程序中的综合呈现、重现。定案事实有其自身的特征和范围。

二、定案事实的特征

定案事实的特征很复杂,并且可能相互矛盾。

(一)定案事实的认识论与本体论特征

定案事实的本体论和认识论特征同时并存,但本体论特征(应当)是决定性的方面。

定案事实载于裁判文书,由裁判者判断、陈述,从而为当事人和公众所知晓,它是历经一系列诉讼程序后的最终事实结论,是特殊的司法认识活动的产物,它具有认识论上的特征:定案事实常常不是案件原生事实的毫无遗漏的再现和表达;它不是案件原生事实本身,而是对原生事实的认识,是内化为裁判者心证对象、心证内容和心证结果的事实;它应当总是真实的,社会和法律都要求它一定要真实,但它很可能只是基本真实,部分真实,总体上真实,它可能不真实,出差错,或者部分差错。定案事实相对于案件原生事实,是相对的、具有主观性的事实,它受到司法证明制度和条件制约,受裁判者的认识能力、手段、方法、条件和意愿等限制。

但是，裁判者对定案事实的认识以及形成的结论，不是来源于纯粹的主观臆想，不是"主观认识的自我返照与向外的投射"。一般情况下，除非某方当事人和裁判者合谋，无中生有，捏造事实，栽赃诬陷，否则，定案事实总会有客观社会事实作为依据，它不是法官脑子自生的，不是天上掉下来的，不是上帝、鬼神或者什么灵异的东西启迪和带来的。诉讼法和证据法学界，多数"法律真实论"主张者也不敢贸然、绝对地宣称，属于"法律真实"的定案事实完全没有客观的讼争事实基础，完全不需要客观案件事实这个基础，完全不是对客观事实的认识结果。当然在"客观真实论"者看来，定案事实具有本体论基础，是不言自明的事情，虽然他们在法律真实论者的四面出击之下，不得不认为法官认识的事实，不是"绝对意义上的"客观纠纷事实本身。

定案事实辩证唯物的本体论特征，通俗而言，说到底就在于三方面：其一，无风不起浪，讼争的风波，官司的推进，全在于客观发生的事实争端，定案事实只是通过诉讼程序重现的客观事实，是所有诉讼参与者共同完成的对客观案件事实的认识，其基础和内容都是发生于诉讼之前、处于诉讼程序之外的案件原生事实；其二，审判中的种种证据更非裁判者主观之物，证据及其所含案件事实信息，都是案件事实发生过程中并先于诉讼活动的客观产物和存在；其三，但凡有真切司法裁判经验的人，只要凭着专业知识、本着道德良知和求真务实态度，只要根据确实、充分的证据，他们认定的事实总会在很大程度上反映当事人之间的真切事实，并且，裁判者会直觉、本能地把定案事实理所当然地看成"那就是（客观、真实的）案件事实"，"案件事实就是那样的"，他们会告诉当事人和公众，"那就是事实！"。虽然，法官们也可能会说，不敢肯定每个案子都把事实搞得一清二楚了，搞清楚的事情不一定绝对是原汁原味的案件事实，也可能有弄错的情形，的确还有法官写文章认为，裁判事实是"法律真实"而非客观真实，但是，这些看法丝毫不能动摇定案事实与案件原生事实的内在联系,不能动摇其客观真实属性和本体论特征。

　　如果法官对当事人和公众这样说:"喔,对不起!在我判决的案件中,我认定的事实只是'法律真实',我既不敢保证认定的案件事实是真实的事实,也不可能、不需要保证我认定的事实是客观事实。我只需要走过全部诉讼程序,作出我认为是真实的事实结论,符合法定(正当)程序要求,就完成了审判任务。至于案件真相,那是难以得到、不能得到、不需要得到、最多只是偶尔能够得到的东西!"——这接下来会是什么局面?有这样的法官和审判吗?法官和他的审判应当是这样的吗?哪部实体法和程序法允许这种证明方式和事实认定?

　　这些年,中国大陆各级法院均强调"案结事了,确保纠纷解决在事实上的终局性",必须使"纠纷获得实质性解决",不能留隐患。这个基本立场只有在明确承认并且奉行如下的事实观念的基础上,才能坚守:第一,纠纷事实是既成、既定的,是已经客观发生和存在的,即使当事人对事实(的认识)有争议,但客观事实本身并不因为诉讼纷争而分裂,事实只是那一个,真相只有那一个,它独立、先于和外在于裁判者,严格说来,也独立和外在于讼争各方;第二,纠纷能否权威性和终局性地解决,取决于裁判者能否查明纠纷事实的原本状况,并且正确地反映在法官的认识和裁判中,形成与客观事实相一致的定案事实;第三,判断事实真相是否查明,不能仅以诉讼程序本身是否完整、是否正义、是否得到完整实施为标准,案件事实的查证、证明是实体问题,必须使用实体标准来衡量,不能以"程序正义"标准来取代、消灭实体标准。虽然诉讼程序,包括证明规范,是否完善、正义,是否能完全实施,很可能影响事实真相的发现,但很显然,再怎么正义的程序毕竟是程序,不能替代实体真实和实体正义,矫正"轻程序"观念,不应该采取抛弃实体真实和实体正义、单纯追求"程序真实和程序正义"的方式,这是极其简单的道理。裁判者,特别是那些确信"法律真实"的裁判者和证据法学者,务必铭记一个简单朴素的道理和"事实":各当事人心中都有"一个事实"在那里,虽然他们所说的"一个事实"因为利益纷争而分裂为"两个(或者多个)"不同的事实主张,但他们都相信,他们是"在争一个事实","一个"已经发生和存在的"事实",他们都认为"那个事实"应当对自己有利,他们会用那个事实来审视裁判是否公正,倘若通过审判程序,裁判者发现的定案事实确实是他们不得不承认的"那个"被他们分裂、但由裁判者"统一、整合"起来的"事实",一般说来,他们不会不服从裁判,否则后事难料。

总之,法律程序不是也不可能是案件事实的制造者、加工厂,它只是探查器,"法律真实"理论把诉讼程序和证明规范变相塑造成案件真实情况的制造者或者加工者,用程序合法、正义的外衣包装起来,强调裁判者对案情事实的认识的主观性、非本源性,即抹煞其本体论属性,其实践结果,就是为不顾真相、不负责任的裁判,提供理论根据。

(二)定案事实的原生态与程序化特征

定案事实的本体论特征和认识论特征,在诉讼中具体转化、体现为定案事实的原生态特征和程序格式化特征并存,但原生态特征是主要的。

定案事实有明显的被诉讼程序和证明规范"格式化"的痕迹和特征。

第一,定案事实有独特的书面或口头表达结构,即裁判者从陈述诉称事实、辩称事实,辨析争点,到陈述当事人各自举证、质证、辩论意见,分析各方当事人的证据、事实和理由,确定可采证据和证据事实,确定不予认定的证据和事实主张,逻辑地推论和证明定案事实,叙明查实的事实和法律理由,这就是裁判者对案情事实的认知图式和心证结构,并在最终的裁判文书中系统化,这一系列的认识、推理、证明和书面表达过程,都不是原初事实的发生、演变过程,而是被诉讼程序和证明规范控制的事实发现、认定和叙说过程。

第二,定案事实是在特定的司法任务和目的导向指引下发现的事实,即裁判者为完成查明事实真相的任务,达成具有权威性、说服力的终结性司法裁判而查明案情,确定真相,认定和宣告定案事实,据此裁判纠纷。原生的纷争事实压根没有"服务于什么"这个问题,而定案事实却承载了具体的定纷止争的功能,因此,功能的需要决定了定案事实的要素和内容,不同于原生案件事实——

设原生案件事实是 Fo,那么:

Fo = {时间 T0,T1,T2……Tn,地点 P0,P1,P2……Pn,人物 W0,W1,W2……Wn,事件和行为 M0,M1,M2……Mn,原因 R0,R1,R2……Rn,怎样发生 H0,H1,H2……Hn,涉及何物 O0,O1,O2……On,结果或后果 C0,C1,C2……Cn,其他涉案因素 E0,E1,E2……En,与案件裁判无关的因素 N0,N1,N2……Nn}(如图):

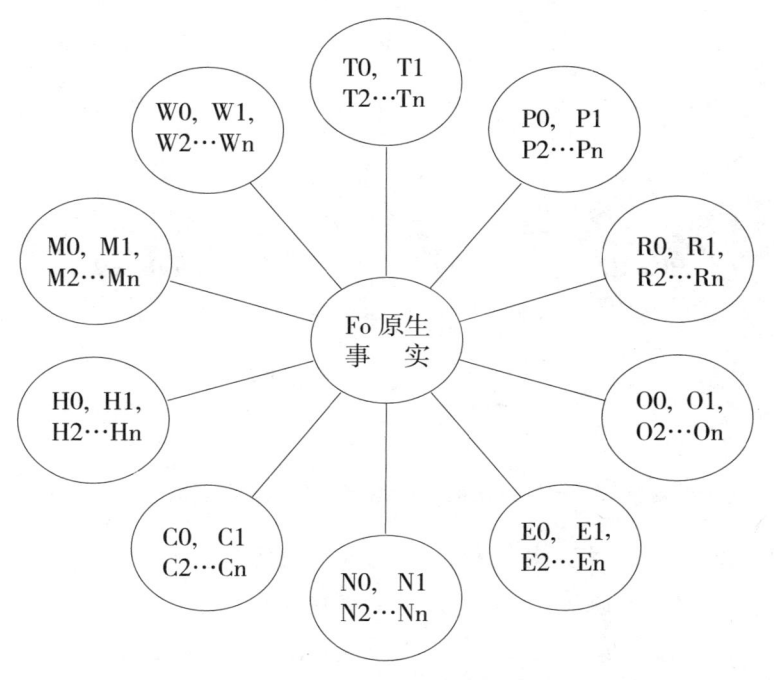

图 3-1　案件原生事实的要素和结构

由此,应然的或理论上的定案事实 Fd 就应当是:

Fd = {时间 T0, T2,……Tm, 地点 P0, P2,……Pm, 人物 W0, W2,……Wm, 事件和行为 M0, M2,……Mm, 原因 R0, R2,……Rm, 怎样发生 H0, H2,……Hm, 涉及何物 O0, O2,……Om, 结果或后果 C0, C2,……Cm, 其他涉案因素 E0, E2……Em}(如图):

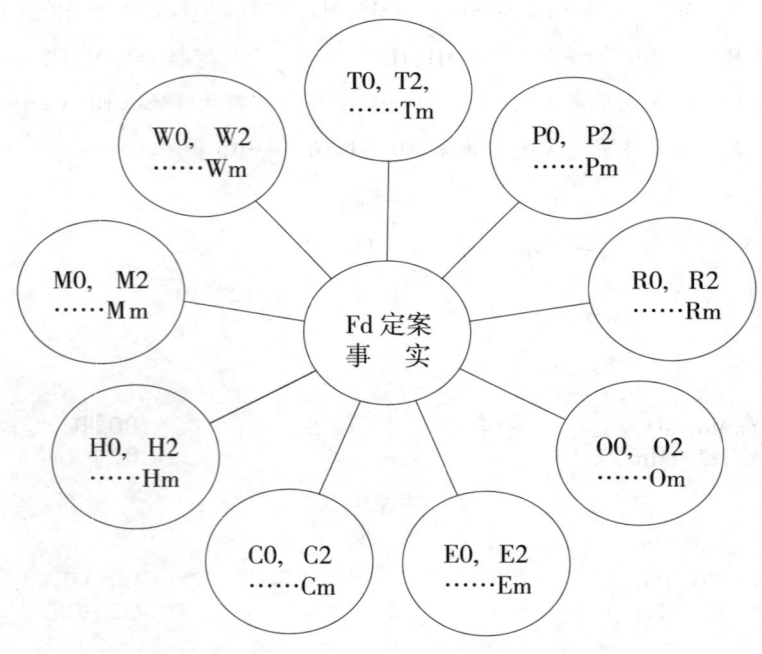

图 3-2　(应然的)定案事实的要素和结构

理论上的定案事实和案件原生事实应当是这样的相互关系:

Fd = (或者通常 ≈ [≤]) Fo(与案件裁判无关的因素被去除)。

与理论上的定案事实相应的是实践中法官在个案中认定的定案事实 Fdp, 其表达结构图示为:

第三章　司法需要什么样的事实　153

Fdp = {时间 T0,T3,……Tk,地点 P0,P3,……Pk,人物 W0,W3,……Wk,事件和行为 M0,M3,……Mk,原因 R0,R3,……Rk,怎样发生 H0,H3,……Hk,涉及何物 O0,O3,……Ok,结果或后果 C0,C3,……Ck,其他涉案因素 E0,E3……Ek}(如图):

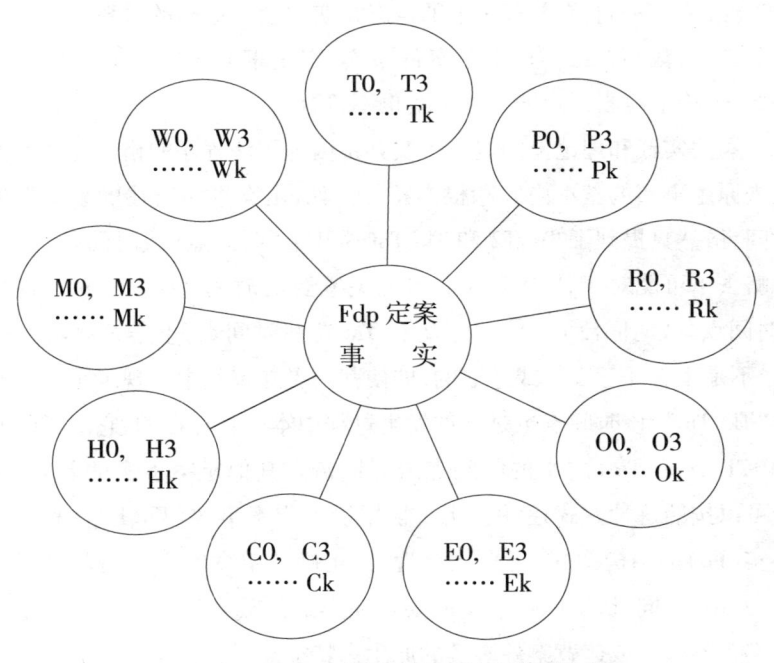

图 3-3　实践中的定案事实的要素和结构

显然,应然的定案事实是原生事实的选择性截取,并且各个要素被整理、提炼和条理化,它们之间的结构和内容既有相同、相似之处,又有区别和差异,原生事实遵循着自然事理自身的逻辑,而定案事实既须遵循自然事理逻辑,又须遵循思维逻辑。而实践中的定案事实与应然的定案事实虽然也有这样那样的不同,但从司法史来看,审判实践中的定案事实与理论上的定案事实和案件原生事实,存在如下几种关系:

一是,裁判者实际上认定的事实,跟案件原生事实基本一致,大致上符合理论上的定案事实特征,即

Fdp =(但通常≈≤)Fd =(但通常≈[≤])Fo;

二是,裁判者在案件中认定的事实,跟案件原生事实部分相同,部分近似,部分不同,它与理论上的定案事实也会是这样的关系;

三是,裁判者错误认定了案件事实,定案事实与案件原生事实无关,与理论上应当认定的案件事实也不符合。

司法实践和理论上的定案事实并不因为司法程序的格式化功能而失去原生事实的基本内容和根本特征。如,定案事实所述的事实发生时间,虽然只提到了 T0、T2 和 Tk、Tm 这几个"时间点(或时间段)",有意略去了可能对于认识基本事实无关紧要的时间 T1……Tn 等许多"时间点(或时间流)",但 T0、T2 和 Tm 这些时间点,不是裁判者发明的,不是主观任意设定或选取的,即使裁判者在审判中发现了重要时间点"Tk、Tm",该时间点也是案件发生过程中本来就存在的,它属于时间{T0,T2,……Tn}之中的时间点或时间流。其他定案事实的要素,完全可以按照这种方式逐一分析。根据以上定案事实(Fd、Fdp)和原生事实(Fo)的结构图式,完全能够肯定,正确的定案事实就是裁判者察知、发现、认同、认定原生事实的要素而形成的裁判事实之结论。定案事实并不远离或违背案件事实的原生态特征。

因此,除了少数情况下裁判者认定的案件事实与理论上应当认定的案件事实和案件原生事实出入太大甚至完全不沾边之外,实践中的定案事实一般会在不同程度上近似于案件原生事实,接近于理论上应当认定的案件事实,正如上述图 3-1、图 3-2、图 3-3 所形象地显示的那样,实践中的定案事实虽然与理论上的定案事实有差距,与案件原生事实也有出入,但是,个案中的定案事实终究还是原生案件基本事实的反映,定案事实的基本要素不是主观任意想象出来的,

不是法官可以"发明"和能够"建构"的,所以,作为司法证明实践的产物,定案事实总体说来具有原初的案件事实的内容,具有"原生态"的事实特征。

(三)定案事实的丰富与简约、不可选择与可选择特征

由于定案事实的前述特征,使得它还具有丰富和简约、不可选择与选择性(封闭性和开放性)等特征。

定案事实的丰富性在于,它须完整反映纷争事实的各个主要方面,囊括案情事实的所有重要内容,不仅法定要件事实应清楚显现,法定情节不得遗漏,与裁判相关的酌定事实情节也要充分关注。但定案事实不会事无巨细、毫无省略和遗漏地复原原生事实,裁判者和当事人都不会理睬那些无关紧要和不相干的事实因素,如债务人借钱之后,把钱用于买酒喝还是买衣服穿,是每次用了相同数额的钱还是不同,欠债不还与借钱那天的天气情况有无关联,除非这些细节是借款合同中约定的事项,或构成了案件中的一个争点。因此,定案事实相对于原生案件事实,它只是简约的事实,是要件事实和法定与酌定情节事实的集合体。定案事实的不可选择性就是,其主要事实内容、法定要件和情节,酌定情节的认定,都必须有客观事实根据,即由证据事实充分印证,裁判者只能对已经发生的既定事实作出陈述,而不能捏造事实、隐瞒事实、添加事实,所以定案事实不可选择,具有封闭性。但裁判者可以在原生事实内,去芜存菁,根据裁判需要,裁量选择所需认定的事实,具有一定的选择性和开放性。

(四)定案事实应当无错但确有差错

定案事实应当无错的逻辑和法理要求与确有出错的实然状态存在差距和冲突。

定案事实应当无错,因为它是公正司法的基本前提,是正确适用法律的基础。基于错误或者不确切的案件事实,是不能真正准确适用法

律的。定案事实应当明确、准确、正确,这是司法裁判的权威性和终结性的物质和法理基础。

但事实上,历史经验告诉我们,定案事实确有错误认定的情况。首先,从司法裁判的整体上看,个别案件,或许要在几年、十几年乃至几十年后,才能发现真的搞错了,有的是当事人或者其亲属多年申诉、上访的结果,有的是后来因为他案或某个偶然因素,终究发现当年的案子办错了——初看起来,当年的案件真的好像是"铁证如山"。日本著名的松尾政夫被判强奸罪一案,当年判决时似乎罪证天衣无缝,尔后历时三十多年,才洗雪冤情。[①] 其次,不同审级的裁判者对同一案件的事实认定,既有一致的时候,也有上诉审裁判者推翻原审裁判者的事实认定,或者通过审判监督程序改变此前生效裁判的事实认定的时候。虽然理论上可以认为,经过上诉审或者审判监督程序改变原审的事实认定,应当具有更高的正确性和准确性,也许实际上也大都是这样,但是,没有谁能够担保上诉审和审判监督程序的裁判者必然能够获得完全正确的事实认定,毫无差错,也没有谁能够保证被纠正的初审裁判对事实的认定,都是百分之百错误的。这些程序,在司法公正和权威有基本保证的条件下,足以防止错误认定案件事实,尽可能纠正已经出现的差错,但是不能够保证所有经过上诉审、再审等程序的案件,事实认定必然丝毫无差。也就是说,人类迄今还没有发明能够绝对避免错误的事实证明和发现程序。

导致定案事实可能与案件原生事实不一致的因素很多,也很复杂。历史上,最难办理、真相最难查明的案子,其实就两类:一是,某种表面的事实已经发生,大家都看得见,已经看见,但背后的真相不明,难以查明,有的是事过境迁,物是人非,证据完全或大多隐灭、藏匿,有的是孤

---

① 参见[日]堀田宗路著:《还你清白》,张爱平、冯峰译,法律出版社1997年。

证一个,死无对证,有的是证据针锋相对,不相上下,于是有世间的各种悬案和谜案;二是,种种巧合,使得当时的裁判者只得相信由巧合与"证据"共同印证的"事实",当事人百口莫辩,尤其对刑事案件来说,只有当"真凶"露面,或者真相被偶然揭破,否则裁判者认定的那个本不是事实的"事实",就会成为最终的定案事实,无辜的被告人往往只得自认倒霉了。

实践中,不良裁判者与某方当事人勾结串通,或各审判程序的裁判者沆瀣一气,或官官相护,或裁判者立足于人情世故,为维护颜面,"捍卫司法权威"和"法官威信",患得患失,将错就错,一起掩盖真相,歪曲事实,诬指其事,这些也都会使定案事实远离真相。

定案事实曾经出现错误,将来仍然有出错的可能,这些情况是不是就否定了定案事实无错的应然要求和一般状态,使这个要求成为没有坚实根据的虚假理论和道德要求?

我认为,应当这样看待:定案事实在实际认定过程中出现过并仍可能出现差错,不是因为要求准确、正确认定案件事实真相这个准则有问题,而是行为与准则有差距,诚如有人道德败坏,不能就说道德没有实践基础、不需要道德,道德就完全没有人谨守,有人违法乱纪,不能说法纪就没有人遵行、不应当遵循,也不应当存在;定案事实出错,在整个司法裁判的实践中,在历史长河中,虽非罕见,但恐怕也不是主要方面,至少不足以由此认为定案事实大都是错误的,更不足以断言案件客观事实不可求得。

(五)**定案事实的非解释性与解释性特征**

定案事实的非解释性与解释性特征并存,这与前述四个特征相互关联。

由于定案事实是对案件原生事实的认定,原生事实自身就是一个"本体",它使定案事实具有本体论、原生态、丰富而不可选择的特性,这些决定了裁判者只能发现、承认并在内心把握案件的原本事实状态，他不能对事实附加自己的主观东西，不能用已有的经验、知识、情感、兴趣和偏好来裁剪事实，变动事实，"构建"事实，解释事实。他的所谓情感、知识和经验的"前见"，只能帮助或阻止他发现、承认原生事实，不应当导致他通过自己的理解和解释，来重构事实。这就是定案事实的非解释性。

可是，定案事实的认识论、程序化和可选择性特征，则注定其具有一定的解释性特征。我们应当承认，在客观事物、实践和认识这几者的辩证关系中，纯粹客观地发现、认识事实的方式并不存在。裁判者对案件原生事实的发现和认定过程，总伴随着某种经验、知识和思维活动，总存在法官对证据、对当事人各方的陈述和辩论的理解和解释，解释是法官发现和认定原生事实的一种主观要素和能力，也是必不可少的认识方式和手段。没有理解和解释，他就无法读出证据里面的案件事实信息，就不能将零碎的事实信息综合为事实原图，就不能根据法律要求完成对要件事实和情节事实的提炼，就不能最终还原出事实的自然演化过程，不能对事实进行清晰的逻辑表述。裁判者在裁判文书中描述的事实，必定是已经被他合理解释、严谨表达的事实，呈现的是相关的概念、判断和推理、论证的体系，证据、案件原生事实信息、语言和逻辑，是他表达事实和使当事人、公众信服事实的工具和基础；他要分析、解释本案的事实是什么，为什么是这个事实，他内心判断、认定事实的根据和准则，他要解释其事实认定的形成过程和结果。

定案事实的解释性和非解释性特征也具有相对独立性。裁判者、当事人和公众可以把定案事实和整个卷宗联系起来，作为一个独自存在体，而不必考虑此前的事实查证程序，来审视定案事实与案件原生事实的关系。当公众和当事人都认为定案事实客观、正确地还原了案件真相的时候，他们会在书面、口头或内心承认，"这就是事实"，法官"说的就是那回事儿",他"没有打胡乱说",这时,定案事实的非解释性充分体现出来。但在学理上,定案事实的解释性特征也很明显——定案事实似乎只与那些厚薄不等的一个个卷宗有关,与被载入卷内的讼争事实、证据和辩论内容有关,裁判者在相互对立的诉称事实和辩称事实之间,在真真假假的证据之间,在针锋相对的辩论理由之间,做出了自己的选择,进行了自己的理解和解释,形成事实认定和逻辑表达,并把这种理解、解释传达给当事人和公众。

如果考虑到我们的上诉审和审判监督程序中裁判者的事实认知地位和方式,那么,初审案件认定的事实就是上诉审的事实认知对象,被提起再审的生效裁判认定的事实,则是审判监督程序的事实认知对象,"原判决认定事实是否清楚、正确"成为一项独立审查内容。上诉审和审判监督程序中的裁判者,必定会首先审查:原来案件的裁判者如何认定事实的,根据和理由何在,能否成立,他们对证据和事实的理解和解释是否有充分证据支持,是否违反证据事实从而很可能背离客观案件事实,逻辑推理是否严谨缜密;上诉或申诉的理由与证据支持程度如何,被上诉、申诉的人的答辩能否成立;被上诉或再审的案件卷宗里面有些什么东西,这些东西显示了什么样的原审情况,透露了哪些证据、事实(和法律适用)问题。当原来的裁判者认定的事实,被上诉法院或再审法院裁定"维持"时,显然,后来的裁判者认同了先前裁判者对事实的理解和解释,否则,原案卷宗所附证据、讼争事实、辩论理由,连同上诉或申诉的事实、证据及理由,将被上诉审和审判监督程序的裁判者重新理解和解释,形成新的事实认定,原判会被认为"事实不清",裁定"撤销原判",依法查清事实改判或发回重审。在这个过程中,事实认定的非解释性和解释性同样特别明显。其非解释性特征突出表现为,后来的裁判者认为先前的裁判者认定的事实清楚、正确也好,不清楚、不正确也好,他的内在和基本的判断依据仍然是，原裁判认定的事实是否符合"案件客观事实"，案件真相是否揭示出来，他没有别的理由，也不能依据别的理由。其解释性特征突出表现为，上诉审或审判监督程序的裁判者，他们肯定都依据了原来的案件卷宗，有时候可能要面对新的证据和事实，有时候甚至根本就没有新证据等新理由，但是，当他们"维持"原判的事实认定时，必定不能简单重复原裁判者的理由和解释，他们需要有针对性地重新叙述理由，加强对证据之间、证据和事实之间逻辑关系的解释，论证原判采纳证据、认定事实和适用法律的正确性，使上诉人或申诉者"理解和相信"新的裁判者的裁判是正确的，原判是无错的；如果他们推翻原判决认定的事实，那他们就必须重新解释证据、当事人各方的理由，分析新的证据，重新叙明案件真相，甚至对同一个证据和理由，做出完全不同于原裁判者的解释和认定——那把刀不是杀人凶器，只是沾上了猪血而已，那个行为不是行凶伤人，完全是正当防卫等，或者情况刚好相反。

三、定案事实的界限与范围

定案事实是直接受制于证据事实的事实，归根到底，是受制于客观案件事实的事实。符合真相的定案事实作为裁判根据，就使裁判具有正当基础，使当事人（和裁判者）对事实达成"共识"，从而服从事实和裁判，司法便完成定纷止争的使命。因此，定案事实必然有其界限和范围。

第一，定案事实范围具有客观约束性和规范制约性。简言之，裁判文书依法宣告的事实，应当是正确反映案件原生事实的事实，应当是被证据事实印证的查证属实的事实。裁判者不能凭臆想中的"常识"或滥用"推定"、"司法认知"胡乱认定案事实。定案事实必须满足裁判对事实要件的法定要求，对酌定情节事实的认定，要以合理行使裁量权为准则。

在刑事诉讼中,与案件客观事实相符的定案事实,若与诉称或辩称的事实不一致,无论是"名不同而实无异",还是"名虽同而实相异",定案事实的法律效果则因不同的诉讼理念和制度安排而不同。严格坚持形式意义上的"不告不理"、"诉判同一",当定案事实的"名与实"任何一方面不同于指控的犯罪事实、不符合案件"同一性"的时候,法官不得确定该定案事实,即使确定了,也不得据此作出不利于被告人的裁判。在并不严格奉行"不告不理"、"诉判同一"原则的情况下,只要裁判者查清了案件客观事实,诉判的事实在名义上和实质上是否一致并不重要,法院可以把直接查明的事实作为定案事实,并且产生法律效力,允许法官在判决中改变指控罪名等情况。

第二,定案事实必须与讼争对象和司法裁判对象具有相关性。无关联的事实,不需要认定,也不应当认定,也不能把事实内容的某一方面,超越法律规定,对其效力、后果做出特殊认定,或者不予认定。根据某种非法或者不正当的裁判目的,为了增加或减轻某方当事人的民事、行政或刑事责任,对事实闪烁其词,对法律规定曲意展缩,如陕西丹凤县高中生徐梗荣案的裁判文书中的如下说辞,"鉴于三被告方是在执行领导指令过程中的行为,参与审讯民警较多,责任分散,加之犯罪嫌疑人患有原发性心肌病等原因,各被告方尚能认罪",很难说没有曲意护短、违法扩大认定从轻处罚事实的嫌疑。

第五节 查证事实和定案事实的特殊性

司法裁判所需事实,不等于司法主体面对的所有事实。讼争事实、查证事实和定案事实是司法场域事实的三种基本形态,而这三种"事实"最终都要以客观案件(基本)事实为归依。但查证事实和定案事实不同于讼争事实,各有其特殊性。

一、裁判者获知查证事实和定案事实的方式

在提起诉讼的时候,一般来说,裁判者虽然对讼争事实处于不知情状态,他无法判断讼争事实的真伪,但毕竟通过审阅起诉状和答辩状,通过初步查看证据情况,审查其他相关材料,他可以有一个关于所争之事的初步印象,并且能够整理出起诉者和被告双方事实争论的焦点,即对讼争事实,他可以很直接很便捷地知晓,并且有可能形成"初步的心证"。然而,这时,查证事实和最终定案的事实还完全不存在。只有随着审判程序的展开,查证事实才一步步展示,只有随着审判逐步抵达终结,定案事实才完全浮出水面。当审判结束,裁判者完成事实认定,定案事实从裁判者的心证外化为语言表达和逻辑论证,它终结了当事人之间的事实争讼。

二、裁判者预断对查证事实和定案事实的影响

裁判者对讼争事实的预断或偏见,可能影响审判活动,制约对事实进行查证的方向和方式,从而导致查证事实和定案事实因裁判者的预断和偏见而背离事实真相。这是学者批评法官预断和偏见的基本理由。但是,所有具有一定司法实务经验的人都知道,裁判者应当排除偏见,但要严格排除预断几乎是不可能的事情,而且很多时候也不合理。在受案之后,未审之前,裁判者面对讼争事实,他不可能只像一个镜面那样映照讼争事实,他阅读诉状和答辩状,初步审查证据或者证据目录,必定自然而然地调动其生活阅历、司法经验和专业知识,自觉不自觉地感知讼争事实中所含的真假黑白、是非曲直,形成某种关于事实真相的推测和把握(并且,依此确定庭审要着重查明的案件疑点和重点,拟定待证事实要点和庭审大纲),除非严格实行起诉状一本主义,完全拒绝任何详细的讼争事实信息和所有证据在审理前抵达裁判者手中。

可在实践中,起诉状一本主义并没有在多数国家推行,更没有在民事、行政诉讼领域广泛实行。阻止预断产生的最佳方式恐怕是陪审团审判——陪审团成员在审判前不接触任何案情。就算这样,陪审团成员可以避免对讼争事实产生预断,然而,陪审团的偏见仍然无法绝对避免。所以,查证事实和定案事实在大多数情况下,尤其是在职权主义审判模式下,在民事、行政和刑事诉讼中,要受到裁判者预断乃至偏见的影响。

三、偏见和预断对事实查证和认定的影响不同

在不同的诉讼模式和不同的诉讼种类下,查证事实和定案事实几乎都是真相与偏见和预断相互冲突、较量的结果,并且常常是真相超越和克服偏见,印证或否定预断,讼争事实被查明或者证伪。偏见多半导致不能公正和客观地查明事实真相,而预断不一定影响事实真相的查证,甚至可能引导、促使庭审顺利查明真相。当然,理论上说,偏见和预断可能交织,难分彼此。不过,偏见和预断对查证事实和定案事实的影响角度、内容和范围、效果,还是很不一样。

首先,对当事人不能用"偏见"和"预断"这样的词语来描述他们对讼争事实的认知,对查证事实和定案事实的期待——他们本身就是带着自己的事实认知和利益期望而来的。其次,没有预断但可能存在偏见的陪审员,特别是在美国那样的社会,种族偏见和歧视问题比较突出,当被告和陪审员的种族结构对立时,陪审员的偏见和歧视很可能影响事实判断;但这种影响力无须夸大,因为对抗式刑事诉讼模式和陪审团12位成员的一致裁决的裁判方式,很大程度上制约了陪审员的个人偏见。这就是为什么美国公众一般认为,陪审团审判是公正的。即使像辛普森那样的案件,刑事审判陪审团裁决辛普森无罪,民事审判陪审团裁决辛普森有罪,看似同一案件两个裁判结果,但美国公众仍然认

同,其中刑事审判无罪的根本原因,不在于陪审团种族结构和辩护团的强大,关键是对抗制审判、非法证据排除等证据规则和排除合理怀疑的证明要求,让陪审团看到了控方关键证据的疑点和矛盾,并"公正"认定辛普森无罪。

偏见往往与事实认定和法律适用不公正、不客观、不正确联系起来。尽管理论上法官不应当心存偏见,但偏见仍然存在于一些法官的头脑中——印度著名电影《流浪者》里面,那位印度上流社会中很有名望的大法官拉贡纳特就信奉"好人的儿子一定是好人,贼的儿子一定是贼"的人生哲学,他以血缘关系来判断一个人德行,后来他被自己的哲学教训。不过,对于法官的偏见,我们无须过度焦虑,除非审判机制实在残缺不全,否则,起诉者和被告会制约法官,证据裁判法则,心证公开,上诉审,都是控制、纠正偏见的有效机制。

至于说预断,在没有偏见的条件下,不是任何时候都有问题。预断不是裁判者对事实的最终认定,它受到诉讼进程的控制和调整,而且凭已知的讼争事实、证据、经验和直觉所产生的预断,不等于无凭无据的臆测,也不同于因偏见而形成的固定已见,它是可以改变的;虽然预断有时候使法官不容易接受后来查明的事实真相,但不等于裁判者会完全拒绝接受随后查明的真相。实际上,预断不少时候能够引导事实查证,并与后来查明的事实一致。正确的预断既是裁判者准确把握讼争事实和初步证据、严密推理的结果,又是便捷揭示事实真相、提高诉讼效率的因素。因此,关键不在于有没有预断,而在于对预断事实,裁判者是否有一个开放的认知态度,能否接受不断变更的事实状态,直至重新确认查证事实,根据审判进程的最终状态,公正、客观地裁决定案事实。同时,预断和偏见一样,都受到讼争事实、证据规则、证明要求、心证公开和上诉审查等诉讼机制的制约。所以,实践中,既不能说偏见或预断对查清事实绝对没有负面影响,也不能把偏见或预断当作阻碍发现事实真相的最重要、最广泛的因素。尤其要注意,预断和偏见并不完全是一个东西,而准确预断案情和事实(所谓"洞若观火","明察秋毫"),是裁判者的一种能力和水平,是保证裁判者获取符合案件真相的定案事实的一个有利因素。

四、查证事实和定案事实具有明确指向性

查证事实和定案事实一开始就具有明确的指向,即:其一,直接针对讼争事实的真伪。查证事实的每一个展开,都是对诉称事实或者辩称事实的肯定或否定,它是裁判者逐步认定的讼争事实的一部分或者全部,或者是新的事实;定案事实最终指向全部讼争事实,它印证或推翻讼争事实的一部分或全部;其二,指向要件事实和情节事实。虽然实践中有所出入,但一般来说,裁判者需要的查证事实和定案事实,都是直接为满足其做出司法裁判服务的,因此,调查、认定事实就是要查明法定要件事实和法定、酌定的情节事实,除此以外的事实一般不需调查;其三,指向讼争事实范围以外可能存在的新事实。这包括揭穿当事人一方或双方共同隐瞒的事实,以及裁判者认定的与案件直接相关的其他事实,还可能出现裁判者为达到某种合法或非法、合理或不合理的结果和效果,而延伸枝蔓,去查证和认定的不相关事实,牵强附会的事实,等等。

五、定案事实与事实真相在案件终点(基本)重合

定案事实的认定,与案件真相的重现,在案件事实的时空演变上呈现出背向而行、又抵达共同的终点、在终点重合,呈现环形闭合的自然和思维景观(参看第一章图 1-1、1-2)。

一方面,从诉讼程序上看,法庭查明讼争事实背后的真相的过程,

是一个随时间而"向前推进"的过程,是一个从法庭外、审判前的生活中发生纠纷,到在法庭中进行诉争,再到由法庭作出事实裁判的时空演进流程,这里,案件事实的自然流动和思维顺序是"原生事实—→讼争事实—→查证事实—→定案事实(—→≤原生事实)";另一方面,从裁判者对案件事实真相的逐步发现和认知过程看,这是一个从法庭内到法庭外再回到法庭内的事实发现过程,是一个"时空回溯"的过程,即"讼争事实—→证据事实—→查证事实—→原生事实(—→≥定案事实)"的过程。

在这两个不同的事实演进和思维进程中,虽然起点明显不同,而终点却"同而不同,不同而同"。所谓"同而不同",即庭审终结时,裁判者必须认定案件事实,确定"定案事实",理论上,这个定案事实必须与案件的原生事实(基本)一致,不管哪个过程,其终点都是定案事实,是定案事实与原生事实(基本)符合,此即"同";但诉讼程序的终点是定案事实,而法官对事实认识的终点却是案件原生事实,此即"不同";不过,此"不同"又是"(基本)相同"的,即裁判者在诉讼终点认定的定案事实应当是其发现的原生事实,应当将其发现的原生事实作为定案事实,而不能拿别的事实作为定案事实,定案事实不能脱离、隐瞒、歪曲原生事实,这就是"不同而同"了。定案事实与案件真相的这种自然演进和思维重现,虽然不是奇观,但却是司法证明和事实认定中极其重要的景观。

总之,在许多案件的审判过程中,特别是在经过预审、争点整理或证据交换的案件中,待查证的事实被简化为当事人之间确实无法达成共识的争点事实,无争议的事实在审判之初就被认定为事实,查证事实其实就是解决争议事实的结果。定案事实虽然是审理过程的最终结果,但它一开始就被裁判者设定为"满足裁判全案所需"的事实,因此,从讼争事实到查证事实的程序推进,不是一个四面出击、漫无目的的过程,而是针对案件事实争议和法律争议终将如何裁判,去审视讼争事实、探究证据事实、认定查证事实的过程,裁判文书不外乎是使用法言法语表述定案事实的文书罢。

第四章 讼争事实为什么需要证明

第一节 客观事实本身无需"证明"

一、世界是"事实的世界"

只要有自然世界存在,就有自然世界的无穷无尽的事实。自然世界的事实就是自然世界一切运动、联系的过程和相对静止的状态。只要有社会存在,就有千变万化的社会事实,社会事实是社会生活中种种事物的运动和联系状态。所有的事实,都是自然或社会中各种事物的运动、变化、相互联系的过程、形态,无论是处于相对静止的结果状态,还是处于变动不居的运动过程状态。自然与社会中的所有事物和关于所有事物的全部事实是不可分离的,物必有其事,事必属其物。

因此,世界不仅是物质的世界,而且是事实的世界,因为自然和社会所构成的物质世界,是以运动和联系的方式存在的,而运动和联系的过程、状态与结果,都是事实。世界和世界之事实,是一体两面,永不分离。具体事物和关于它的事实,也是同样的关系:一定的事物总是和这个事物的所有事实相联系,一定的事实也总是和相关的事物相联系。

客观事实自身就是真实、可靠的存在,根本无须人们去证明。打雷了,下雨了,地震了,干旱了,庄稼颗粒无收或者大获丰收了;吵架了,杀人放火了,结婚生子了,这些事实发生之后,有的随即消失,有的继续存在,原因在其中,结果明摆着,无论人们知道不知道,理解不理解,丝毫不影响也不改变事实状态。自然事实大多自生自灭,甚至人们根本一无所知,但这并不妨碍自然事实继续以其自身的方式发生、存在和消失;社会事实大多只为事实的制造者、亲历者或其他知情者所知,但只要有人以其行为使事实发生、存在和消失,人为的种种事实就成为任何人不可"消灭"的客观存在,不论当事人是否记住了它们,局外人是否知悉了它们。这就是全部事实都具有的自然历史属性。

这个意义下,世界是客观事物及其客观事实的集合体,甚至可以认为,世界就是客观事实的集合体。① 因为客观事物总是运动和联系的,事物运动和联系的全部内容和形式就是客观事实。因此,认识事实是认识相应事物的基本方式,没有认识到某种事实,就不能说认识了与那种事实对应的事物。如"那是一个石头",石头,是一个独立的物,我们认识到了。可是,我们怎么认识到的? 因为我们已知了与那个石头有关的诸多事实——比如,从小大人们就告诉我们那是石头,我们把具有那种质地、形态、颜色、成分和性能的东西就叫石头,等等。如果我们突然发现一种从未见过的物,像石头,但拿不准,我们不敢肯定它是石头,顶多只能说它像石头,因为我们发现了不认识的物,除了它摆在眼前,或者我们把它拿在手里,感觉到它的色彩、重量、质地之外,与它有关的事实我们所知很少;如果我们能够用已有知识去分析它,找出与它相关的一些事实,我们就开始认识那物了——假如经过分析,发现那东西可

---

① 当我指出"世界就是事物及其事实的集合体"或"世界就是事实的集合体"的时候,可能有熟悉维特根斯坦《逻辑哲学论》(贺绍甲译,商务印书馆 1999 年)的读者以为我承认并改装了其中这样的论断:"世界是一切发生的事情","世界是事实的总体,而不是事物的总体","世界为诸事实所规定,为它们即是全部事实所规定","世界分解为诸事实","发生的事情,即事实,就是诸事态的存在","事态是对象(事物)的结合"(该书第 25 页),等等。但是,这里的论述,结合本书第一章、第七章和第九章第二节的阐释,能够表明我对维特根斯坦观点的初步批评。

不是普通的石头,珍贵得很呢,它是多少亿年前生成而漫游坠地的陨石碎片。但显然,无论我们是否认识那物及其事实,它们都是先在地存在于我们的认识之外、证明之前的。

二、全部事实都无须证明

总体世界和具体事物的全部事实,既不需要人们对其发生和存在作出证明,也不依赖于或为了人的证明活动而发生和存在,更不是因为有了人的证明才发生和存在。

在认识论范围内,人对已经认识的事实,表达为以语言和逻辑等手段建立起来的关于事实的概念(语词)、判断(陈述、陈词)、推理和论证体系,客观事实以关于事实的概念、判断等语言和逻辑形式表现出来。认识范畴中的事实世界,不是客观的事实世界自身,而是人的认识活动、精神世界对客观事实的各式各样的反映。以这些方式存在于认识中的事实,以及我们有关客观事实的认识本身,与事实证明活动并没有什么必然关系,更不要说事实必定需要证明了。

那么,在什么条件下,人对事实的证明成为不可避免的事情?

三、"证明"的含义、发生条件和方式

如果证明意指人们对未知事物及其相关事实的探索,那么,人们认识事物及其事实的任何活动和过程,都是证明的过程,证明时时刻刻都存在,但这不是我们通常所说的"证明";如果证明指已经知晓一定事物、事实、懂得有关事理并拥有相应知识、观念的人("已知者"),凭证据、经验和逻辑,向尚未知晓这些事物、事实、不明相关事理和没有相应知识、观念的人("未知者")进行认知传递,使未知者知道并相信有关事物、事实是客观、真实、确凿的,相应的事理或知识、观念是正确的,即证明指的是用可靠材料(即证据)来表明事物、事实或理论等的真伪、

对错的思维形式和活动过程("据实以明真伪、道理"),那么,证明并不总是必需的——仅就事实的证明来说,已知者可以不去传递相关事实,未知者也可以不寻求相关事实,或者他们之间只凭某种共同信念或信仰就可以传递事实认知和观念,特别是,如果他们之间共同拥有某种"神灵"信仰,那么,相互传递事实、知识和观念就更是无需证明("出家人不打诳语");当未知者以理性去衡量、评判他人传递的事实认知,只对有充足根据、符合经验与逻辑的事实才予以认知,事实的已知者要成功传递事实认知,就必须以客观根据、直观经验和理性逻辑去证明事实存在,而不能只是向未知者简单宣告、告知某个事实,此时此景之下,需要以确凿证据和理性思维方式传递事实认知,这才涉及并且需要证明客观事实的真实存在。

一般意义上,证明就是用客观证据或者理论、逻辑等根据和理由,揭示、支持、确认有关特定事物、事实、原理或理论观点的存在或不存在,正确或错误。就被证明的对象是否确已为人所知而言,大致存在两种截然不同的证明:一是(对整个人类来说)探索未知之物(探索性证明),这往往是科学研究意义上的证明,包括对各种假说的证明,对某种具有规律性的现象的探究,揭示某种原理等;本质上说,这不是证明,而是"探明"。二是已知者就其所知事物、事实、知识、观念向未知者进行传授、证明(传播性证明),这包括社会生活中的各种"证明",如以传播文化知识为主要功能的证明,为证明或反驳某种事物、现象、理论而对其真实性、真理性而进行的说明、举证、推理等"证明"活动,以及在诉讼领域,事实的主张者向不知真相的人进行证明等。①

---

① 对超自然力量及其信仰(包括各种宗教信仰)的证明,或者通过这样的信仰去证明某种特定事物或事实的存在及其作用,不属于本书探讨范围。

四、自然科学与社会科学中的证明

自然科学与社会科学领域的探索性证明差异巨大。自然科学中,证明对象具有严格的客观性,不存在客观和主观相统一的特征,证明对象的存在直观具体,特定角度下的科学证明结论具有唯一性、可检验或验证性和严密的自洽性,并且与意识形态无涉。社会科学和其他社会活动中,证明对象可能是很客观的,如特定事件、行为等,也可能是主客观统一的,如关于某种社会事物的思想和认识等,还可能是些很主观的对象,如潜意识、自觉、灵感、顿悟、情感和意志等;作为证明对象的社会物质和精神现象,往往具有高度的历史性特征,严格同一的事物、事实和精神状态等现象,绝不会重复发生,虽然可以被直接感知的人记忆和再现于言辞中,并且可以通过证明再现于他人的认识之中。理论上说,社会领域的证明结论分为事实性和思想性证明结论,事实性证明结论应当是一元、客观和可检验的,思想性证明结论常常具有多元性,难以完全通过物质手段检验,主观性或主客观统一性强。特别是思想性证明结论,它的科学、真理性和非科学、反真理性,经常一起产生和存在,同时流播,有时候人们难以一时分辨出对错、是非和善恶,或者它是真与假、是与非、对与错和善与恶的混杂物,需要根据不同方面、角度、层次和阶段等,具体分析把握。再者,社会科学中的证明不仅往往与意识形态相关,许多时候,它本身就是一种意识形态,虽然意识形态本身有真理与谬误之分,但意识形态之争常常使事实和思想的证明脱离科学的要求和规范,使社会领域的真相和真理探索分外艰难。

五、传播性证明的特征

所有关于事物、事实、知识、观念的传播性证明都具有这样一些突出特征:第一,证明者已经知晓或应当知晓某个事物、事实、思想观点等等;第二,证明者拥有或应该拥有向他人传递、证明该事物、事实或思想观点的证明根据和理论逻辑手段,无论这些根据、手段本身的客观性、正确性、可靠性、适当性是否受到严格检验;①第三,未知该事物、事实和观点的人,知道不同事物、事实和思想的人,甚至持有、坚持相反的事物、事实认识或思想主张的人,往往是证明活动所针对的主体对象,无论这些人主动还是被动地接受证明或拒绝听取、接受证明;第四,证明过程中,证明者证明和传播的既可能是早已存在的事物、事实和思想观点,也可能有新事物、新事实和新思想。进行证明的人尽力让受众接受那些事物、事实和观点,但也可能遭到持有、坚持不同认识和观念的人反对;第五,证明的成功或失败,表面上取决于所要证明的事物、事实和思想观点是否为听取证明的人所接受和认同;证明不被接受、认可,甚至遭到反驳,是证明失败的表征。但是,对客观事物、事实和正确思想理论的证明,其成功或失败的标准不在这里,而在于证据是否客观真实、具有可靠性,是否与待证对象有真实、正确的逻辑关联性,证明是否符合事物自身的规律,是否符合逻辑规则,诉讼证明还需考究其是否符合诉讼法和证据法的种种规范、规则。如果证明者的证据和所依赖的逻辑并没有被反驳,或没有被驳倒,反驳不具有有效性,这时,证明可能是真正成功的,也可能是表面成功,甚至表面成功都没有。因为,反驳无效可能是基于证明者所证明的事物、事实和思想的真实性、正确性,也可能因反驳者没有正确表达出反驳的根据和理由,或没有正确揭穿证明根据的不实,证明逻辑的错误,或反驳者虽然有反驳的真实根据和正确理由,却未能当即发现和提出,也不排除有人认为不值得、

---

① 在诉讼证明中,可能因特定证明规则的存在,事实的主张者无需严格证明其事实主张,而是由对方证明存在不同或相反事实,并且构成法律上的抗辩事由。

懒得反驳;①第六,证明成功与否和证明者传递给听者的事物真伪、事实真假和思想观点是真理或谬误,不是简单直线式的联系。在自然科学、特别是社会科学和社会活动的范围内,虚假的事物,不存在的"事实",歪理邪说,也常常会有人极力"证明",有人盲目接受和深信"证明",而真实事物、客观事实和具有真理性的思想观点,也可能被人"证伪"、遭人拒绝。因此,"证明"一词,在广泛的社会领域里面,具有涵义与价值取向的多样性。

六、事实需要证明的一般条件

根据事物、事实、知识和观念的传播性证明的特征,我们可以归纳出事实需要证明的一般原因和条件:特定客观事实的未知者,并不盲目接受任何事实宣告,而是要求该特定事实的已知者须按照理性认识规律和规则,向其传递客观事实。由于客观事实的已知者通过语言和逻辑传递的事实属于认识中的客观事实,表现为特定事实主张、判断和陈述,构成有关具体事实的知识,它与客观事实是对立统一关系,这就出现两个基本问题:某人关于某个客观事实的判断、陈述或认识、主张是真是假,正确还是错误?如果事实的已知者准备把自己获得的事实认知,传递给那些不知情者,对不知情者而言,他们如何能够确定被告知的"事实"符合客观事实,如何能够判定传递事实认知的人正确判断、陈述了客观事实?这时,事实认知传递过程中的证明需要就发生了:事实的知情者必须证明其所述事实符合客观实际。

七、事实证明的基本流程和核心要素

客观事实有三种存在形态:历史形态的事实,它们不再重新、重复

---

① 司法证明中,有时(如在并非严格证明等场合)遵循的是"只要反驳无效,证明即成立"的规则。

发生,要证明它们曾经客观发生和存在过,只能依靠证据;正在发生的事实,它们是现实形态的事实,一些人正在耳闻目睹,这些事实不是无需证明,就是非常容易证明,因此并不属于我们探讨的需要证明的事实范畴;未来形态的事实,人们凭着理性认识知道它们有的很可能出现,有的必然发生,但具体内容尚待确定,这不属于我们要讨论的事实证明的对象。

事实证明,尤其是讼争事实的证明,其重要特征是,人们并不直接"摆明"客观事实,不是通常所谓的"把事实直接摆出来"(除非是人们面前正发生着的一切事实),已成历史的事实本身是无法直接摆出来的,它只能以证据、逻辑等证明事实的方式,"间接摆出事实"。而证明既是客观物质性活动,又是主观见之于客观的认识活动,是证据、证明活动和事实发现的统一,证明的基本流程包括:第一,有人(知情者、已知者)提出事实主张,声称有某个特定客观事实;第二,对事实主张的真实性进行证明,这属于主观认识活动,但离不开客观根据和客观对象,而且认识活动本身也不是纯粹主观的,具有客观物质性;第三,证明事实主张真实性的方式,恰好就是收集、利用客观证据,运用认识规律和规则,以及经验和逻辑法则,"查证"所主张的事实在客观社会生活中是否真实发生过,是否像事实主张者声称的那样,有那些事实内容,即查证主张的事实在客观上是否属实;第四,一旦通过证据查证某个客观事实,某个事实主张就得到印证,这时候,不仅客观事实被"查明",事实主张也被"证明",即我们常说的"事实得到证明",所以,通常所说的"事实证明"是通过查明客观事实去印证事实主张真实的过程及结果;①第五,若经过查证,客观上确实不存在所主张的事实,或事实主张

---

① 我在本书中借用了龙宗智先生的"印证"一词,但与龙老师视"印证证明"为我国刑事诉讼的一种独特证明模式不同。本书中的"印证"指的是由已经查明的客观事实去印证或证伪事实主张,不是指直接使用证据"印证"刑事案件中指控的犯罪事实。关于印证证明模式,详见龙宗智先生的《印证与自由心证——我国刑事诉讼证明模式》,载于《法学研究》2004 年第 2 期。

没有得到证据事实的印证(习惯上称为"事实没有得到证明",或"事实没有证据证明"),这其实指的是这样两个方面:一是以子虚乌有的"事实"作为其事实主张,事实本来就不存在,或者主张的事实与客观事实不对应,当然不能得到客观事实印证,不能证明;二是尽管可能客观上确有其事,但没有证据或证据不足,不能够确实充分地证明其事,人们只得把有关事实主张当作不实主张,(在法律上)视为不存在相应的客观事实。因此严格说来,在理论上,客观上没有的事实是不应当被证明的,被证明的事实不应当客观上不存在,而实践中,确有其事但在司法中不能得到证明,或者根本没有其事而得到证明的情况,倒是确实发生和存在着。由此可以进一步知道,诉讼中的事实证明活动的结果,应该只有三种情况,即客观事实得到证明,客观事实没有得到证明,得到证明的事实是客观事实,不应该存在所谓"证明的是虚假事实"或"虚假事实得到证明"。事实证明是实体性诉讼活动,事实无论是否被证明,都是或主要是实体性结果,而不是或主要不是程序性结果,对实体事实来说,程序本身不能产生"真实",不应产生"虚假"。

显然,事实证明的核心要素是:事实的知情者(证明者),所述事实(事实主张),证明根据,证明活动,以及(所述事实和)原生事实(的一致性)。在讼争事实的司法证明领域,程序的功能和价值都不能也不应喧宾夺主。

第二节 司法裁判中的"事实证明"

一、讼争事实"需要证明"的原因

(一)纷争事实并不都需要证明

前文已经阐明,若非存在有争议的事实主张(通俗地说,就是发生事实争议),一切客观事实均无任何证明的必要和需求。客观的自然和社会事实,一旦成为事实,其存在、持续和演变状态就是"自然而然的",原本与司法证明毫无关系(司法证明活动事实本身除外)。我们还可以说,那些不停地发生、存在和消失于侦查、起诉和审判中的证明活动等程序事实,绝大多数也无需证明,除非有人依法提出了这样的要求;人的生活和认识范围内的事实,天天在发生、延续或消失,它们并不自然、当然或必然地与人的证明活动,特别是与司法证明活动相联系,更不以人的证明为其发生和存在的条件与方式。即使是社会中的纷争事实,只要限于纷争的当事人之间,他们往往心底都清楚事实是怎么回事,无需证明。假如纠纷的裁判者本来就对纷争直接知情,纷争事实也无须证明。这些在理论上是清楚的。① 比如,甲乙丙三人一起喝茶叙旧,甲乙二人旧有小隙,话不投机,顿起争执,但丙极力劝解,甲乙息争言和,这哪里需要什么证明!即使纠纷裁判者对事实不知情,但若他拥有独自、充分的事实调查权力,就完全可以不管当事人的事实主张,不理睬"谁主张谁举证"的规则,照样能把客观事实查个水落石出,而与以当事人举证和质证、法官审查认定证据为核心内容和基本特征的司法证明可以不发生关联——尽管说,法官查明案件事实过程中,很可能找当事人收集证据,并且,当事人在提供证据的时候,可能极力提供对自己有利的证据,而隐瞒不利事实和证据。

---

① 外国历史上,有过知情者作为纷争的裁判者的实践。现在,知情者直接作为裁判者的情形比较少见,他很可能被要求作为证人而非裁判者而参与审判;如果知情者刚好成为甲乙双方讼争案件的法官,并且没有回避事由,他也不能径直对甲乙的纷争作出裁判,法律要求他仍然要查明事实,甲乙双方仍然要就事实主张进行证明,并根据证明的事实予以认定和裁判;但这种情况下,法官由于确实知晓事实,他可以主动要求不参与审判,而作为证人陈述事实,更便于当事人进行诉讼和法院审判案件。

那么,基于什么原因、条件或在什么范围内,纠纷事实需要司法证明呢?

(二) 讼争事实"需要证明"的根本原因

我认为,在司法证明场域,需要证明的"事实"恰好不是客观案件事实,而是当事人陈述且有争议的事实即事实主张,以检验事实的主张者(他们当然地被认为是事实的已知者)是否正确感知、判断和表达了客观事实。案件原生事实的客观存在和真实性既无需证明,更不是通过"证明"来确立的——证明只是人们在认识上确定客观事实真实存在的方式和手段。

司法证明中,对案件原生事实不知情的裁判者,不承认有关事实主张的当事人,以及可能对原生事实不知情的某方当事人,都会要求提出事实主张的人"证明事实"(准确地说,是"证明其事实主张符合案件客观事实"),其根本原因在于:第一,某方当事人诉称或辩称的"事实",它首先是事实判断和陈述,是主观认识中的事实,不是活生生的原生事实,因此不一定和客观事实相符合;为了确定事实主张与客观事实一致,司法证明就成为必需。第二,司法证明的目的就是要"证明"主张的事实"符合"案件客观事实,证明的任务就是通过举证、质证和认定、采信证据,查明和重现原生事实(的基本内容),从而使事实主张得到印证或否定,即"证明"和证伪,司法证明的功能就是还原事实、化解事实争议,在当事人之间确立不争的事实。换言之,"证明"乃是通过证据查明、重现事实,使事实主张得到印证或证伪而实现的。在理论上,只有正确、真实的事实主张才能得到证明,因为,原生案件事实是什么就是什么,证据重现和能够重现的案件原生事实(基本内容)不应当因人而异;没有的事实,歪曲、捏造的事实,不能够、不应当被证明;只有与庭审中通过证据重现的案件原生事实相符合的事实主张,才能得到印证,否则被证伪(包括没有查到相应事实或与查明的事实相矛盾);事实主张获得印证便得到了"证明",被证伪便没有得到"证明"。

二、司法活动中事实证明的主要特征

由此,笔者认为,应当高度关注司法证明的几个特征。

第一,司法证明本质上并不是"事实证明"或"证明事实",而是证明有争议的事实主张。要充分认识到,司法证明本来就是要对有争议的事实主张(或待证事实)进行证明,[1]而不是对客观案件事实进行证明,不能有意无意混淆作为被证明对象的"事实主张"和用以印证事实主张真伪的客观案件事实,而客观案件事实又正是以证据事实为物化的存在和表现形式,证据事实则经由对证据所载的案件事实信息的识别、解释而呈现出来。

第二,日常所说的诉讼中的司法证明,其实核心是"查明客观事实"而非"证明待证事实"。司法证明是个很奇怪的东西,需要证明的对象(待证事实)几乎可以说"静静地等待、旁观着自己能否和是否得到证明",待证事实一声不吭,而并非证明对象的案件原生事实,却被人们一个劲地发掘,"查明"(而非"证明")客观事实的活动和过程,以及为查明案件事实而举示的证据,人们对证据的质疑、辩论,反而成为司法证明活动的重心和主体内容。当事人的事实主张能否得到印证或被证伪,关键看事实主张是否与查明的客观事实(基本)一致。"查明"与"证明"不同,"查明"强调的是事实探知主体对主体之外的客观事实的探查,其对象、手段、方式都是客观的,或者说,客观性是主要属性;"证明"强调的是存在争议的事实主张(待证事实)通过"查明"活动、逻辑思维和经验等手段和方式,是否得到客观事实的印证,人们从而能够判断待证事实的真假,强调的是事实主张与客观案件事实的符合性,

---

[1] 狭义的待证事实就是有争议的事实主张,广义的待证事实还包括无需证明也不可争议的客观案件事实——因为在传统上,人们认为客观案件事实也是可以争议、需要证明的。本书在狭义上使用待证事实概念。

是事实主张者对案件事实认识的正确性。

第三,如果不严格区分"查明"客观事实和"证明"待证事实,就会出现人们通常所误会的"'证明'待证事实就是要'证明'客观事实"的局面,于是,就出现一些理论所批评的几个荒唐的"悖论":既然客观案件事实是以"证明"方法获得的,它就是以主观性为主要特征,其客观性和真实性有何保障?既然客观事实本身都是需要"证明"的对象,是"证明"的产物,此等客观案件事实如何能够"证明"待证事实,确保待证事实得到客观、可靠的证明?这些同样是经"证明"才得到确认的案件事实,即使是客观事实,它如何能够成为判定待证事实真伪的标准?

三、司法证明中"证明"的本义与双层结构

在此,我们需要认识到一个极为重要和特殊的问题,那就是:

> 司法证明中之"证明",不是对客观案件事实的证明,而是通过证据,依照法定程序和规则,查明当事人所主张的事实在客观上是否真实存在,更准确地说,是通过查明有无相应的客观案件事实,以证明当事人事实主张的真伪,使事实主张或待证事实与事实真相之间的关系得以判明、确定。"查明客观事实"进而"证明事实主张"是司法之"证明"的确切涵义。①

简言之,司法证明是诉讼中的事实主张者(知晓者)向未知者(主要是法官)或其他提出证明要求的人(包括对方当事人等),并且和这些人一起,通过举示证据,使用专门知识、一般生活经验及司法经验,运用逻辑思维等,查明客观事实真相,印证、确立或证伪、否定相关事实主

---

① 本书后文正是在这种意义上,使用作为约定俗成的"证明"、"事实证明"、"诉讼证明"或"司法证明"等概念的。

张,实现证明目的案件认识过程,它包含着"查明事实"和"证明事实主张"的双重结构(图4-1)。① 广义上,司法证明包括使用证据法通常允许的各种证明方式进行的证明,如举证证明、司法认知、推定、自认等,以及证明涉及的各个方面,如证明主体、证明对象、证明标准、证明责任、证明程序等;狭义上,也是本书关注的重心,指事实主张者(一切案件中的当事人、公诉人)或反驳者(往往是另外的事实的主张者)在诉讼(特别是庭审)中通过举示人证和物证的方式,对待证事实(诉争事实,特别是争点事实)进行证明。

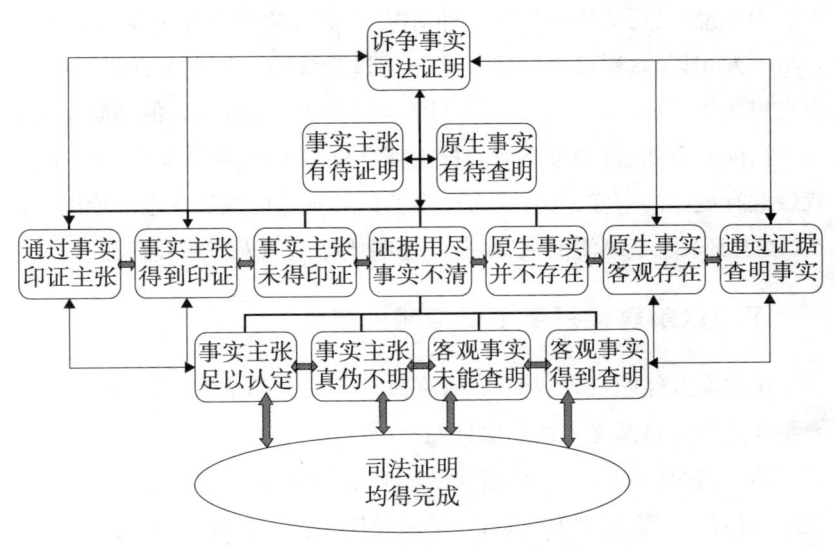

图4-1 诉争事实司法证明的双重结构

说明:诉争事实的司法证明是一个以证据为基础和中心、通过证据

---

① 为遵循学术和生活语言习惯,只要不妨害我表达自己的思考和观点,本书在许多地方仍然按照传统语义和方法使用司法"证明"、"事实证明"等概念,把查明客观案件事实、进而印证(证明)事实主张的司法证明双重问题和双层结构看成是统一的"事实证明"问题,而不处处严加区分。

揭示客观事实并印证或证伪各种事实主张的双重、双向结构。讼争事实的证明,一方面是待证的事实主张的证明问题,另一方面是原生事实真相的查明问题,二者是大致并行、统一的过程,其内容是通过证据查明事实、通过事实印证或证伪事实主张。无论事实存在还是不存在,事实主张被印证还是被证伪,都表明事实证明得以完成。如果出现证据用尽但真相不明的情况,裁判者会根据证明责任规则裁判案件,司法证明仍然得以完成。

严格说来,司法证明只有一种情况:事实知晓者为说服裁判者和对方当事人相信、认定己方的事实主张而进行证明。特别是在审判中心主义视角下,证明者进行事实证明活动的暗含前提就是,他知晓事实,有证据证明事实,否则他不应当提出那个事实主张;如果某个表面事实背后藏有更深的事实,并且是表面事实的客观原因或法律上的原因,那么,知晓那个隐藏事实的人,有义务证明或帮助他人证明其存在。

四、讼争事实需要予以证明的条件

司法实践经验告诉我们,只有在具备下列全部条件时,讼争事实才需要并进行严格意义上的司法证明。

第一,它是纠纷事实,即事实的内容就是纠纷,不管是争财夺利,还是抢名劫位,不管是杀人越货,还是偷鸡摸狗,不管是赖账不还,还是勒索要挟,不管是家庭不和、邻里纠纷,还是群体性事件、社会纷争,等等,总之,在有关当事人之间存在以权利或利益纷争为内容的事实。

第二,当事人不能自行解决纷争,一方或双方将其提交司法裁判。纠纷事实因诉至司法裁判机关就成为讼争事实,并且常常是当事人各执一词的事实,即被分裂的诉称事实和辩称事实。

第三,裁判者对纷争不知情,又不能在当事人之外独自调查探明事实真相,并且没有哪一方对对方的事实主张予以承认,裁判者也没有根据直接进行司法认知或推定。如果法官能够独立探知、发现事实真相,无需当事人证明事实主张;当事人承认对方的事实主张,且法律允许法官直接认定得到对方当事人承认的事实主张,实质性的司法证明也避免了;倘若事实主张全在司法认知之列,或者全部可以通过推定予以认定,虽然在形式上,案件使用了司法证明工具,但严格意义上的司法证明(特别是举证、质证、采证过程)并没有发生。

第四,裁判者没有独立、充分的事实调查权,或者事实调查权受到较大限制和制约。

第五,当事人承担事实证明的责任。如果法律只规定由裁判者查明事实,没有对当事人提出事实证明要求,便没有事实(需要)证明的问题。

尤须说明,即使是需要进行司法证明的纠纷事实,不管其本身是否确实存在,是否确如所诉称或辩称的那样,它们同样是"原本无需证明"的。因为,一般说来,除非纠纷本身就是由诉讼导致的,否则,纠纷事实的发生、存在及其原因都与诉讼无关,纠纷发生过程一般都在诉讼发生之前和之外,纠纷事实作为已然的存在或者尚不存在,与是否兴起相关诉讼没有必然联系,即是说,所有纠纷事实都不依赖司法证明而存在或不存在;①诉讼活动乃是纠纷事实在诉讼中继续存在的形式。

五、司法证明与社会领域其他"证明"的区别

司法证明和其他社会生活或社会科学领域的证明有重大区别。

---

① 不过,我国司法实践中存在"案结事难了"等现象,一些案件的司法过程,不是定纷止争的过程,而是扩大原有纠纷、制造新纠纷的过程,司法不公、司法腐败,徇私枉法裁判成为产生新的纠纷和涉法信访的一个源头。

（一）司法证明是典型的知识传递性证明

司法证明是典型的案件事实的已知者向未知者进行的知识传递性证明，它不具有严格的探索未知事物、事实的涵义，这种证明的起点绝不是任何人都对需要证明的事实主张和有待查明的客观事实一无所知，而是，总有人已经知道了案件所涉事物、事实，并且正是这些已知者作为控告者、被告方和证人等，他们向未曾知晓涉案事物、事实的裁判者、某些当事人进行证明；这是一种十分有限的、形而下的、有人已知全部或部分事实真相、并有各种各样证据和其他证明手段的"事实证明"，是具体个案中的"相对证明"，不是哲学意义上的求绝对未知、求终极真理、求无限事实的哲学思辨和绝对证明——即使我们应当承认一定的哲学立场和思辨会影响诉讼中的事实证明，即形而上的理念可能在价值、伦理和认识论、方法论层面影响司法证明，但它们不会在个案中直接决定具体事实的证明根据、证明逻辑，它们更不应当、也不能够改变特定案件的具体纷争事实及其证明过程和结果。

这一点极其重要，它能够澄清一些理论对司法证明的理论和实践难度的极度夸张。那些理论把司法证明描述为如此令人绝望的场景——案件事实绝对"不为人知"（特别是法官对案件客观事实"绝对无知"），当事人承担着"绝对证明"任务，司法证明的"无限性"要求与司法证明的时空有限性、人的证明能力和手段、方式的"有限性"之间有无法克服的"矛盾"，案件客观事实是不可追寻的，司法证明的结果多半不可能重现真相，能够追寻的最好证明结局，充其量就是"法律真实"之类，客观事实可遇而不可求，它应当被排除在司法证明的一般目的和任务之外。现在我们看得很明白、很清楚，这些危言耸听的理论不过是一些学者的臆想，用于吓人吓己（本书第七、八、九章还会不断论证这一点）。

（二）司法证明是科学要求与价值导向的统一

司法证明是科学要求和价值导向相互统一的证明，它不仅需要科学的诉讼程序，包括专门的证明程序，而且需要科学技术帮助完成司法证明，证明过程是综合应用自然科学技术和社会科学理论的过程，对案件所涉事物的分析，对证据、事实的认定和阐述，不能违反科学技术知识；现代科技与司法证明的关系更加紧密，证据的提取、检验、鉴定，离不开科学，证据的提出、质证，也往往成为相关科学知识的辩驳；司法证明又总是在各种诉讼原则、证据规则约束之下的证明，其间，程序正义、利益平衡和诉讼平等理念，诉讼各方的"正义"诉求，常常可能抑制证明活动，把某些具有真实性、符合科学标准但不符合特定司法价值的证据和事实排斥在外；司法的及时性和效率原则，也不允许无限制地收集、调查证据，无限期地举证和质证。简言之，司法证明在揭示事实真相的意义上，它必须符合客观事物和事实的科学性要求，在保证证明符合司法正义等价值目标上，它必须接受价值引导和约束。

（三）司法证明是他向证明和自向证明的结合

借用何家弘先生的术语，证明包括自向证明和他向证明。[①] 自向证明就是向自己证明，即未知之事物、事实、思想理论的探索者，为使自己明白和确信某个事物、事实的状况，创新或接受、信服或者辩驳某种思想理论，而为自己进行的证明；他向证明是事物、事实、思想观点等的已知者、信奉者，以证据、理论和逻辑为基础，向未知者传输该事物、事实、思想观点等知识或主张，不仅使未知者知晓它们，而且更要说服未

[①] 参见何家弘：《论司法证明的目的和标准——兼论司法证明的基本概念和范畴》，《法学研究》2001年第6期。不过，我认为，自向证明的实质是自己为自己而"查明"以前所不知道的事物、事实，与事物、事实的已知者向未知者"证明"事物、事实的客观存在和真实状态，有巨大差别。

知者接受、相信和确认它们为真的过程。无论自向证明还是他向证明，都离不开证据的支撑。

现代的刑事案件里面，侦查人员、公诉人在收集证据、查清事实的侦查、审查起诉阶段，具有自向证明的特征。在所有诉讼中，法官查明事实的过程也被认为具有自向证明的某些特征。古代和近代的许多时候，当刑事诉讼是侦、控、审合一的结构，民事诉讼也是法官主动查案、依职权探知案件事实的条件下，裁判者就是一个案件事实的自向证明者，当事人、证人和证物，都是其证明事实的根据和工具。一般认为，在现代职权主义诉讼结构下，虽然诉、辩、审分离，但裁判者听取证明、进行审判的过程，也是一个掺杂自向证明活动的过程，因为这个过程中，不仅事实主张者或辩驳者竭力向裁判者证明其事实主张，而且裁判者并不只是被动地接受证明活动和证明结果，他会在特殊情况下，主动调查、核实证据，调动自己的内在认知模式，审视证据，思考质证和辩论内容，自主采信证据、认定事实。裁判者对查证事实和定案事实的心证过程，是典型的调动其自向证明机制，吸纳起诉者、被告方的他向证明活动成果，完成自向证明活动的过程。实际上，在当事人主义诉讼模式里面，陪审团成员、法官对证据的审查认定、对事实的确认，也有一定主动性，在他们面前，事实不完全是"被证明的"，他们也在进行某些"查明"事实的活动。

但是，现代司法中确实充满"他向证明"。刑事诉讼普遍推行控辩审分离、审判独立和中立，司法证明的中心环节就是起诉者（特殊情况下，还有被告）在法庭上向裁判者依法履行证明义务，进行事实证明；庭审前侦查人员和公诉人进行的事实调查的结果只有被裁判者认同，即他们指控的事实在庭审中得到证明，才有意义。民事案件中各方当事人只有向法官证明了事实主张，其讼争才有价值，才能胜诉。现代诉讼证明集中体现为案件事实的知晓者向裁判者进行证明，这是典型的他向证明。

尤其是,案件裁判者在一定意义上也是他向证明者,而且逻辑上总是最后一个他向证明者。裁判者的他向证明职责存在于三个方面。

首先,当他获取了案件的证据事实,依法确认定案事实之后,他不再是案件原生事实的未知者,而是已知者,即他是司法制度认可的事实发现者,其发现的事实被认为是(基本)符合案件原生事实状态的事实,这不同于讼争事实,而是具有化解事实争讼功能的事实。但裁判者不能武断宣告他发现的事实,他必须反过来向讼争者表明,他发现和确认的事实是有根有据的,而且这些根据就是检察官、当事人、证人依法提供的;他必须利用证据和逻辑推理说服讼争者,他采纳或排除证据的行为都有在案证据、事物逻辑和证据规则的支持,他发现的事实具有客观性、真实性,他发现事实的方式具有公正性,因此,他在诉讼各方参与下认定的事实具有不可争议性。总之,他得运用他人提供的"证据"反过来向讼争者"证明"他发现的定案事实,尤其当裁判者认定了不同于某方当事人甚至全部当事人所争讼的事实,他就要像某种当事人一样,向原告(包括刑事诉讼的公诉人和自诉人)、被告方等,"证明定案事实",而不能简单宣告定案事实。

其次,在不同审级、不同审判程序的裁判者之间,初审案件的事实认定者为保证其事实认定不被上诉审推翻,或者上诉审和审判监督程序中的裁判者为了有根有据地表明原审裁判者认定事实有误,他们都会利用裁判文书、各种附卷证据等向其他裁判者"证明"他所认定的事实"才是正确的事实",从而确保不同审级和不同审判程序的裁判者的事实认定具有检验方式和检验标准的统一性、同质性,建立起司法裁判权威的统一基础,即大家只能相信和服从证据证明的"客观案件事实(真相)"。

再者,审判公开原则要求裁判事实应当对大庭广众公开,不仅查明事实的过程,而且查明的事实结果要予以公开,除非法律有例外规定。这就从制度上要求裁判者公开其认定事实的外在根据和内心过程,接受社会评判和监督。这个公开不单纯是一个形式,它的实质功能是,案件裁判者须就其认定的事实,提供裁判文书和证据,向公众令人信服地"证明"其审判在程序和实体上的合法、客观、公正,他的事实认定在证据上、逻辑上、法律上以及经验和常识上,难以进行合理挑剔,裁判结果的合法性、公正性、权威性和强制性不可动摇,从而昭信于当事人和社会公众,完成"他向证明"。①

(四)自向证明和他向证明的特殊情形

第一,在刑事诉讼中,司法证明存在一些特殊情形。在法官控制侦查权的国家,一些侦查行为和强制措施的决定和实施,特别是限制或剥夺人身自由的强制措施,需要由警察或者检察官向法官申请,法官裁决准予后,方由检察官或警察执行。法官裁决需要一定事实根据,需要初步的证据支持。即便在警察或检察官自行决定采取侦查行为和强制措施的国家,警察和检察官也需要有相应的证据和事实支持。这些过程中,存在司法证明或准司法证明,存在自向证明和他向证明。这些证明的特殊之处在于:证明形式不严格,证明过程不完整,证明根据具有某

---

① 很长时期里,各级人民法院不仅不公开全部诉讼文书,甚至连裁判文书都不公开,更不用说公开证据。现在,法院即使公开部分裁判文书,但不公开案卷、证据,并不能使法官完成向社会公众"证明"其事实裁判正确性和判决结果公正性的过程。略知司法实务的人都明白,不公布案卷和证据,一些裁判文书背后的猫腻,就算被看出来,也只能猜测,公众并不掌握深藏猫腻的真凭实据。无法使人释疑的裁判,很难说是公正、权威的裁判,司法自身的价值基础也会动摇。把依法公开审判的案件的证据、裁判文书等案卷材料当作国家秘密尘封起来,不让公众知晓和查阅,是对公开审判的直接嘲讽。刑事案件侦查内卷不予公开符合惯例,情有可原;法律规定合议庭评议不公开,现在不公开评议笔录的做法也于法有据,但这个规定需要彻底重新审视;有些案件材料应否归入内卷,也值得再议。总之,公开审判案件的诉讼案卷应当全部公开,供当事人、利害关系人和法科学生、法学研究者乃至公众顺利查阅,打破司法神秘主义。

种初步性、表面性,证明要求比较低,事实结论不具有终结性;它的功能主要是,一方面实现法官对侦控权力的制约,另一方面满足警察、检察官完成侦查和指控任务的需要,从而既授予警察、检察官某些特定权力,又在一定程度上保护嫌疑人、被告人的权利;它不以形成最终事实结论为任务和目的。

第二,在适用诉讼调解的场合,司法证明也有特殊性。在我国,诉讼调解依法应当在查清事实的基础上进行。但是,实践中,调解有时候不需以查明事实为前提,甚至查明事实可能不利于达成有效调解,尤其在那些适宜于边审边调的亲属、邻里纠纷案件里,只要法官对基本事实轮廓有了一定把握,对所争焦点有了实质理解,他不仅无需继续追查真相,而且为避免或减缓揭示全部真相可能进一步造成当事人的痛苦和争端,他会在掌握一定事实的基础上,凭着经验、直觉,以及法律和道德判断,策略性地处置事实调查活动——只要能够真正化解纷争,他就可能放弃查明某些真相,司法证明也退居次要地位。就算法庭调查已经结束,法官对案件客观事实完全有了内心认知,但通常情况下,在法官主持调解之际,他不仅不会宣告他认知的案件事实,而且可能有意淡化处理争议事实,或根据具体案情,把"事实"解释为对各方都存在某些不利或有利之处。因此,诉讼调解书所载明的事实,至少在表述策略上,不同于通过判决宣告的事实——前者可能主要载明当事人对事实的共识和相互谅解,后者通过载明法官最终认定的事实,鲜明地支持或否定某个讼争事实,或宣告新的事实发现,就当事人的权利义务进行裁断。

第三,案件裁判者的他向证明的特殊性。裁判者向当事人、公众、检察官和其他法官就其认定的案件事实进行的"他向证明",是以"展示"全案中当事人提供的证据、"解释"其证据采信与排除、外化其内心对事实的客观、正确、公正认定为主旨,本质上不同于检察官、当事人举证证明事实。这个视角下,与其说法官在进行他向证明,不如说是对事实发现和认定的阐释,对其心证过程、结构和内容的揭示和解释。它不能够算是严格的事实证明,也非真正的"他向证明"。其一,传统的司法证明,主要是讼争者对其主张或辩驳的事实,依照证明责任规则进行证明,法官主要是负责裁断事实(和法律)争议而非证明事实。其二,裁判者查明的事实,本质上是当事人已知并在诉讼中证明的事实,裁判者向当事人"证明"的其实是事实认定行为、过程和结果的合法性、客观性、正确性和公正性,而不是案件事实本身;逻辑上,裁判者认定的事实本来就是当事人自己证明的事实,不需要裁判者反过来向当事人"证明"。其三,裁判者需要通过裁判文书和证据,向公众"证明"其事实发现过程是正当的,其发现的事实是客观和真实的案件事实,这个"证明"是裁判者就其事实认定(和法律适用)寻求社会认同、谋求司法公信力的基本手段和方式。

严格说来,法官没有他向证明的责任和义务。在审判中,法官需要发现、查明事实真相以裁断案件,但不需要向案件当事人、其他诉讼参与人证明事实。相反,刑事案件中,公诉人、自诉人必须向法官按"证据确实充分、事实清楚"的要求证明犯罪事实的存在,否则被告人无罪,被告人需要就某些辩护事实进行一定程度的证明,否则相应的辩护理由不能成立;民事、行政案件的原告和被告,必须就主张的事实,按照相应证明责任和证明要求予以证明,否则,法官会裁判承担举证责任的一方在某个事实上或全案败诉。法官也不存在要向公众"证明"事实的问题,一则,按照法律规定,法官并不承担向公众举证证明、阐明案件事实的责任,他只对当事人和其他诉讼参与人负责;二则,公众与具体案件事实和相关法律利益无涉,没有权利要求法官就个案事实的认定予以举证证明、阐明。即是说,如果严格贯彻法治理念,法官独立、公正审判,"在法官面前,法律才是上帝",除了事实和法律,法官并不对其他什么负责,因此,若非考虑到限制法官的心证自由度和裁量权,法官无需向当事人和公众"证明"他是如何查明案件事实的。

所以,裁判者的"他向证明",只在非常有限的意义上成立和存在,它不是司法证明的主要方面。

总之,司法证明就是在诉讼程序中,在法官、当事人、公诉人和其他诉讼参与人的共同参加下,按照证明规则,由特定当事人、公诉人以自己掌握和举出的证据为根据,有效重现案件原生事实,使法官、其他当事人、诉讼参与人知晓、明了案件真相,确定各种事实主张和理由的是非曲直,使不知者知、不明者明、不信者信,以及疑者不疑,使法官认定的事实与法律适用立足于事无可争、理自然明的基础上,达到一断于法、纠纷落定和息讼止争的目的。

第三节 需要予以证明的争点事实

根据前面所述,从当事人的角度看,需要进行司法证明的事实是部分纠纷事实,即讼争事实;从裁判者对事实真相的需要看,应查明的事实就是他所不知的客观案件事实。法官对案件客观事实的查明离不开当事人对讼争事实的证明。

问题是,全部讼争事实都需要司法证明吗?

一、讼争事实并非都需要证明

如果司法证明不仅包括当事人实实在在的举证、质证和辩论,而且包括诉讼中的事实自认,裁判者的司法认知、推定等,那么,可以说,全部讼争事实都需要证明,都会有证明,不论证明是否成功,是否会出现

"事实真伪不明"①的结果。

若司法证明主要是指以人证、物证为根据,并且经过证据交换或当庭举证、质证,以及法官的采证等,来查明事实真相,那么有的讼争事实可能无需证明,也没有经过证明,它们是通过自认、司法认知和推定来确定的。虽然自认、司法认知和推定等事实查明和认定方式,被证据法所认可和规范,属于广义的证明范畴,但这些既不是司法证明的焦点,也不是司法证明的难题所在。

自认的事实和可以司法认知、推定的事实,是法律明确规定不需要证明的事实,也没有"为什么需要证明"的问题。

自认、司法认知和推定不是严格意义的司法证明行为,相反,它们具有减轻、免除或直接消灭某些证明义务的意义和作用。一般说来,某方当事人主张的事实直截了当被对方承认,这不仅使该事实主张得到了"证明",更使该事实主张无需任何进一步的证明;②而司法认知使得法定认知事项可以直接由裁判者认定,当然无需当事人证明;审判活动中的事实推定是裁判者基于已知事实推论出未知事实,对推定事实"无需举证证明",虽然讼争者有反驳推定的权利。

---

① 按照本书的观点,所谓"事实真伪不明",其实应当包括三个层面的意思:一是,案件客观事实本身是否存在没有查明,人们对客观案件事实是有是无、是真是假,在认识上不明;二是,有关的事实主张既可以说得到了印证但不能贸然确定,又可以说没有得到印证但不能断然否定,事实主张的真假不能判定;三是,事实真伪不明只能是人们对特定事实主张以及相应的客观事实的认识状态,不是客观事实本身的存在状态,因为,客观案件事实有就是有,无就是无,真就是真,假就是假,没有"似有似无、亦真亦假"和"有无不定、真假不明"的问题。据此,通常所谓"事实真伪不明",应当是指裁判者面前"事实主张真伪不明",其原因在于客观事实没有查明。

② 民事诉讼中广泛采纳"自认"规则。行政诉讼中对原告方的"自认"需要审慎对待。刑事诉讼中,只有被告人认罪的口供,没有其它证据的,不能认定有罪,这是"自认"规则的一个例外。

二、"争点事实"真正需要证明

在审判实践中,司法证明的真正焦点和难题是,面对讼争者互不认同的事实主张,诉称事实和辩称事实中各自包含着具有实质争议的事实内容,存在诸多"争点事实",如何证明,什么证据是适格的,证据证明力如何判断,当事人的证明行为、裁判者采证、认定事实的行为如何规范,如何确保裁判者最终认定的案件事实符合客观事实真相,具有真实性、权威性、终结性。

即是说,在司法证明中,真正需要证明的事实是争点事实,[①]而非全部讼争事实,更非全部纠纷事实。只有那些不被另一方讼争者承认,裁判者也不能进行司法认知、推定的事实主张,才是真正的证明对象,才是真正需要证明的事实。

第四节 争点事实为什么需要证明

一、事实主张者并不希望证明事实

"事实为什么需要(我来)证明?"这一质问往往发端于事实主张者的内心。这种情况的形成和普遍存在,可能与事实主张者经常面临的证明难题有关。

事实主张者当然希望在他提出事实主张之后,对方当事人直接承

[①] 其实,"争点事实"有两层涵义,一是引发事实争论、需要查明的客观事实,二是存在争议、需要由查明的客观事实予以印证的事实主张,两者相互联系又相互区别。为尊重人们的表达习惯,我在本书不区分争点事实的这两方面涵义,因此,争点事实究竟所指的是客观事实还是关于事实主张的争议,需要根据文义去确定。本书后面的行文中,往往根据方便表达的需要,交替使用"事实证明"或"争点事实的证明"等词语。

认而不反对,法官深信不疑而不把证明责任加之于他,甚至,他还希望对方当事人周围的那些人,乃至"群众",都站在他那边,帮他"肯定事实"。但是,情况常常相反,除了事实主张者自己和他的支持者,对方当事人常常不会承认他所提出的事实陈述,而法官和对方当事人都要求他证明那些"事实"。事实主张者面对对方当事人、裁判者乃至公众要求其证明所称事实的外在压力,很容易产生的内心反应和认识活动是:"(这个)事实哪用得着证明?怎么会让我来证明?你(对方当事人)凭什么不讲良心、不承认这个事实?你(法官)为什么不相信我说的是真话?这个不能要求我来证明啊!我怎么证明啊?"

对许多事实主张者来说,他们的确不时会遭遇这样的困境:明摆着的事实,对方心知肚明的事实,他就是不承认、耍无赖,非得要主张事实的人去证明;事实就是那样,证据就是难找,甚而证据就在对方手头捏着、藏着,却要主张者来证明;许多时候,诉称或辩称存在某个事实的当事人,他的确知道那个事实,那个事实的确存在,甚至深受那个(侵权、犯罪等)事实的危害,但当他向裁判者提出时,法官既不知真相,也不能凭空推论、直接认定那个事实,他确实需要主张者提出证据证明其事实主张,一切指天发誓都没有用处。于是,事实的主张者真切感到证明义务的存在和压力,并且会深深疑问,"为什么要我来证明事实"?我们常常可以听到:"那本来就是事实嘛!"一些事实主张者可能真的事实在握却无力证明,因此对司法证明制度深感疑惑、无奈、无助,甚至产生反感、恐惧和绝望的情感和认识。

二、对事实主张的质疑产生事实证明的要求

与此相对应,对方当事人的疑问是:你所说的事实是真的吗?我怎么不知道?我知道的为什么不是那个事实,而是另外的事实?你为什么要捏造事实,制造假象,掩盖真相?为什么恶人先告状?既然你说事

实是那样的,那就请你证明,并且必须证明——那是事实,而不是你的不法利益驱使、诱惑你宣称一个所谓的事实。这一点上,案件裁判者和要求对方证明事实主张的当事人,有着某些一致的需要和立场。

"事实为什么需要证明",对诉讼当事人各方来说,这其实是一个均衡、公平的问题,谁都可能主张事实,起诉诉称的事实,答辩辩称的事实,都是事实主张,都有需要证明的问题,除非对方自认、法官进行推定,或适用司法认知。

三、事实"争点"决定了争点事实必须证明

争点事实之所以需要证明,当然与它的基本特征直接相关,即它是案件事实的"争点所在"。

(一)客观事实不可争,事实主张多争议

事实(主张)一旦成为争点,被主张的事实在客观上是否存在,客观事实是否如所主张的那样,就受到挑战和质疑。事实之争包括两个不同层面、不同性质的争论,一是事实主张之争,二是客观案件事实之争。客观事实和事实主张既相互区别又内在联系,一方面,它们互不等同,另一方面,客观事实能够被人认识和主张,人认识和主张的事实也能够反映客观事实,问题主要在于,关于事实的认识和主张是否正确、全面反映了客观事实。不过,日常司法证明实践中,人们(包括当事人、裁判者等)习惯地、直观地认为,诉讼中的事实之争,就是"争客观事实",并不对事实主张和客观事实进行严格区分,只把它们当作一回事,进行"证明"。

但是在理论上,区分两个不同的事实之争,这对司法证明非常重要。

实质上,引起争论的只能是当事人互不认可的事实主张,因为,只有认识中的事实,人们的事实主张,才存在是否完整、正确地表达、主张了客观事实、与客观事实是否相符合的问题,才具有可争性,才能被争论;当事人相互间担心、怀疑、争执的就是,对方主张的事实不符合客观

事实,或客观案件事实没有被对方如实、完整提出。这个层面上,只要事实主张符合客观事实(不存在"客观事实与事实主张相符合"的问题),就应当是无可争论的,即便争论,从理论上说,符合客观案件事实的主张就应当被认定。

至于客观案件事实本身,正如金岳霖先生所说的,"事实是我们拿了没有办法的。事实是没有法子更改的。……事实总是既成或正在的,正在或既成的事实……对于事实之'然',我们只有承认与接受,除此之外,毫无别的办法。"①因此,案件的客观事实具有不可争性,不容人们争论,它既是原初、唯一的事实,又是最终的事实,它存在就存在,没有就没有,这个事实所承载的道理,不论是法律原理还是道德情理,任何人不能动摇它、改变它,只能认识它、主张它、承认它和服从它。裁判者最终确定的案件事实,应当是、只能是重现或最接近客观真相的事实,人们才会服从基于这个事实的法律裁判。与案件客观事实相符的事实认识和主张,之所以能够并且应当成为法官认定的事实,"定案"的事实,道理就在这里。

(二)争点事实面前裁判者的认知困境和证明需求

不过,司法证明实践中,除了确实知情的当事人、证人,任何不知情的人(理论上包括声称"不知情"的人),尤其是案件裁判者,面对具有争议的事实主张,都存在着三个认知困境,并可能导致有关各方出现某种行为障碍,除非事实争点得以证明和澄清。

第一,也是主要的困境,在于裁判者对所争事实真伪莫辨,是非不明。裁判者本来就对所争事实处于未知、无知状态,他需要的是对事实的一致、肯定、清晰、有根有据的陈述,以便作出裁判。但事实争议使他面对着不同的事实陈述,相互对立的证据体系,公说公有理的情景和逻

---

① 金岳霖:《知识论》(下),商务印书馆2004年,第784页。

辑,虽然裁判者自己的经验、知识会帮助他初步判断事实真假,但若没有当事人各自对所争事实的证明,他不能有把握地、确定无疑地判断事实真伪,裁判也无从着手。

第二,讼争的某方当事人可能对诉称或辩称的事实不知情,既然该事实主张牵涉到他的法律权益,他有权知晓事实真相,需要事实主张者向他证明事实。裁判者无法事先或凭空判断该当事人对所争事实究竟知情或不知情,无法确定各当事人是基于相同或不同的事实而发生争执,还是仅仅基于相互对立的利益而诉争,无法知晓当事人是否掩盖真相、制造假象,裁判者只得依法要求某方当事人向法庭和对方证明其事实主张,而不是简单声称某个事实,否则就在相关事实上判他败诉。

第三,与前两个困境都相关,即裁判者裁判的虽然是个案,但每个个案的裁判都可能具有一定的社会意义,某些特殊、重大、疑难案件的裁判,甚至会产生重大社会影响,关乎公众对司法个案和司法整体的评价,法官认定了什么事实,如何认定该事实,怎样评价该事实,公众都会给予注意,甚至很在意。但公众并不能够亲身感知事实,对事实真相不知情,他们寄望于通过严格而公正的司法证明而知晓和相信事实,化解对所关注的案件事实的疑虑,通过法官对所认定的事实的法律评价(往往包含了道德评价和指向),确定自己在类似案件可能发生的场合所采取的行动。就如南京彭宇案后,所有"懂得社会常理"的人不再"轻易地"见义勇为、助人为乐,以免自己反而被判"做贼心虚",承担法律责任,产生了社会道德的负面导向。① 所以,公众需要的主要不是当

---

① 2012年1月16日,网上出现《"彭宇案"真相再调查》一文,称:"舆论和公众认知的'彭宇案',并非事实真相。由于多重因素被误读和放大的这起普通民事案件,不应成为社会'道德滑坡'的'标志性事件'。"该文的主旨在于说明司法裁判并没有"冤枉"彭宇。但是,彭宇是否被冤枉,已经不是"彭宇案"的实质,人们关心的是"好人好事"、"助人为乐"等行为方式和道德观念在司法面前所遭遇的"证明和裁判"逻辑。何况,《"彭宇案"真相再调查》并没有回答人们关注的一些"真相"。所以,网上留言也没有"力挺"这篇文章。参见 http://focus.news.163.com/12/0116/11/7NSSBBEV00011SM9.html#. 访问日期:2013年7月18日。

事人的事实主张和法官的事实宣告,而是被证明的、能够消除众人疑惑的事实。

裁判者面对争点事实,为完成裁判使命,必须求真破疑。争点事实需要证明的简单朴实的理论密码也在于:为求客观事实真相,破解事实主张之争议,正确适用法律,实现司法正义,争点事实必须予以证明。

在裁判者眼里,争点事实被证明之前可能根本不是一个确定的事实,而是一个有关事实的争论。即使裁判者依靠其生活经验和专业直觉,根据讼争双方的不同事实陈述和初步证据,能够形成关于争点事实的某种初步判断(预断),但没有哪个严谨的裁判者会把这个初步的事实判断当作能够最终认定的事实。裁判者不能以疑惑化解疑惑,以不确定化解不确定,以争论结束争论,不能成为掺和进讼争案件某方当事人的事实争论者,更不能制造新的、更多的事实(和法律)争论,只能以确定无疑的客观事实来结束关于事实的争论。他必须在讼争事实内外,找出唯一、客观和无可争议的事实真相,破除讼争者对事实的争执,求得当事人(和公众等)的公认和尊重。顺理成章的是,争点事实的主张者或辩驳者,就有义务有凭有据地、符合理性逻辑地证明:其所述事实不仅为真,就是案件本来的事实状态,而且不容争执怀疑;相反,如果某争点事实没有证据支持,或支持它的证据不能采纳,或证明达不到法律要求的程度,它会被认定为没有客观事实基础,或与客观案件事实不符合,不能成立。裁判者通过讼争者相互对立的事实陈述、所举证据、所做质证、辩论,一般能够查明所争事实在客观上存在与否,事实的原委和过程,事实的基本内容、性质和后果等。

(三)司法证明能够重现真相、消除事实和权益之争

争点事实所依据的客观案件事实不仅是发生在法庭之外、诉诸于司法之前、避开了裁判者的视野,而且其自身永远沉默,不可能在法庭上自行陈述给各方当事人和裁判者。即使客观事实通过证据上留下了

多方面的事实信息,如物证上的痕迹等信息,书证中的事实描述,当事人和证人脑子里的事实记忆,但客观事实要重现于人世,事实争论要得到澄清,并不能够简单依靠物证、书证和人证,还得依赖检验、鉴定人员正确检验、鉴定物证,依赖当事人、证人客观、正确陈述事实,以及法官客观、公正认定证据和事实,这涉及当事人、证人、检验、鉴定人和法官的良心,还涉及他们的知识和能力。即是说,客观而本无所争的事实,一旦成为各方当事人的争点,就不仅是事实主张有争议,而且对事实的证明也可能有争议,证明对象、证明主体、证明手段、证明方式、证明结果等都要在"争论"中接受检验。

　　生活中的事实之争和利益之争相互交织,并演变为法庭上的事实之争,再演变为事实证明的较量。事实争点几乎总是包含着权利义务、职权职责等争执焦点,事实之争多半只是前奏、表面的,由"争事实"而达到"争权利和利益"的目的,这才是、也正是司法裁判中事实之争的内核。争取正当权益可能不会妨碍司法机关查明真相,但谋求不当利益往往可能驱使当事人不顾真相,放弃"求真",甚至造假、使假,以达藏真、乱真之目的,这时,客观事实恰好有可能成为一方或双方当事人极力毁掉的对象。即便是与案件利益无涉的证人在作证的时候,除了记忆差错、偏见影响作证外,要他们丝毫不考虑自己因作证而产生的有利或不利情形,"只说出真相,全部的真相",并不容易办到,也不是总能办到。司法证明史表明,"真实的谎言","信誓旦旦的伪证",甚至真正的罪犯把自己的犯罪事实栽赃、嫁祸给无辜者,自己却在法庭上振振有词地作证,并非绝无仅有。"凭良心"和诅咒发誓说真话,都不是可靠的事实发现机制。而促使人们说谎的主要且直接的原因之一,便是种种正当或不正当的利益驱使。在相互冲突的利益和事实主张面前,唯有求得真相,司法才能公平裁断案件,履行司法天职;真相只得依靠当事人来证明和呈现,而非法官强加,这样,他们就不得不服从他们自己给出的事实结论。

显然,事实之"相争"和事实之"求证(证明)"具有内在联系,无争的事实自然无证明之需,确实相争的事实,必须得到证明,且必须由各方争执者面对面地证明。

概括地说,争点事实之所以需要证明,这是由争点事实自身存在"争议"、"疑点"的特征决定的,是由裁判者和某些当事人对争点事实存在认知困难决定的,也是由司法证明应当发挥其发现真相、消弭事实争论和权益纷争的功能所决定的。

四、司法证明是真相与正义的联结纽带

(一)司法证明以揭穿真相而化解事实和权益纷争

争点事实直接表明当事人对事实各有主张,化解事实争议的唯一有效途径是查清真相,查清哪一个事实主张符合真相,让真相评判事实主张的真伪,消弭争议,化解争端,使一切事实争议止于真相。裁判需要的也是案件真相,而不是相互争议的事实主张。当事人要把各自有争议的事实主张变为定案事实,只能通过证据查明客观事实、证明其主张符合客观事实,司法证明成为从有争议的事实主张出发,抵达客观案件事实的纽带和桥梁。司法程序中的事实证明以证据和具有"当下、在场"特征的证明活动,作为发现、还原案件原生事实的"看得见"的手段和方式,使裁判者和各方当事人逐步回溯、重现客观事实或其基本方面,从而使当事人相互间对既成且既往的事实的争执,同归于唯一的事实真相本身。在此基础上,裁判者一般能够破除心中对争点事实的疑惑,对争执各方谁的主张有理有据,应当支持,谁的主张无根无据,或根据不足、胡搅蛮缠,应当明确否定,就会有客观、全面和公正的评判。什么是"看得见的正义",如何实现?司法证明活动过程及其揭示的真相,就是大部分答案。

（二）事实真相的独特功能和特性

司法证明之所以能够化解事实争执,打破虚假的事实主张,就因为它能够科学、权威地确立真相;而真相是使各方当事人服从的最客观、最有力的手段,是一切法律强制的物质基础,是一切合法裁判具有强制效力和权威的最根本、"最自然"的道义和法理基础。

事实真相有两个特性,它们使得真相成为司法正义的基石。

第一,真相不是别人的真相,恰好是当事者自己的真相。真相虽然不容易揭穿,更容易被隐藏,但是,一旦揭穿真相,真相本身所包含的行为或事件的全部内容,即事件的客观发生、演变过程,其背后有无某些人的种种算计、重重黑幕,人的行为方式、过程、手段和后果怎样,基于何种动机与目的,等等,会在很大程度上一丝不挂、无遮无拦地暴露于裁判者、对方当事人乃至公众面前。真相在司法证明中的显现过程,不只是当事人举出证据、质证和辩论的过程,还是一步步揭穿各方当事人、其他诉讼参与人过去的客观行为、主观动机和目的,并检验人格、审查道德的过程,这是一个正式的明法习礼、扶正祛邪、鞭挞为非、匡扶正义的权益调整和人文教化过程。真相蕴涵着"纸包不住火"、"事实胜于雄辩"、"公道(天理)自在人心"、"邪不压正"、"人总得讲事实、讲道理"等自然法则,包含着一些为普罗大众固守不移的基本事理,承载着一些基本的是非曲直、善恶美丑的标准和观念,这些会紧随道德法则、法律规范一起,支持和保护客观事实的主张者,对否定、掩藏、歪曲真相或制造假象的诉讼行为进行揭露,真相将使不同的当事人获得或失去道义上和法律上的立足之地。裁判者只不过根据事实真相和法律,宣告他们各自在法律(和道义)上本应得到的报偿。进一步说,真相的这些品性和价值也约束法官本身的事实认定和法律裁判行为,使他们不敢贸然、无忌地为非作歹。

第二,真相不仅破除裁判者对富有争议的事实主张的疑惑,更破除了当事人利用虚假事实蒙蔽裁判者的投机心理和违背道德与法律的利益赌博,当事人和裁判者共同揭示出真相的过程,就是当事人直接、具体看到公平、公正一步步走向或远离自己的过程,这是一个当事人亲身耳闻目睹的真相发现和正义实现过程。这对于有起码的理性认知能力和基本良知的当事人来说,他们即使嘴里不服,往往也会心有所服,甚至说不定暗中心悦诚服;对于那些毫无理性和良知的当事人来说,这就是法律强制力量的威严,是事实真相和司法正义一起对他的当头棒喝。真相会消除公众对事实真伪的疑惑,特别是,当公众看清裁判者通过当事人自己的诉讼行为,逐步把真相展示在当事人和公众面前,并给予准确的法律(也包含了道德)评价和裁判的时候,其内心对司法的敬畏与诚服就会油然而生,裁判者和司法体系便由此拥有了至高、至深和恒久的法律和道义权威。这就是真相和司法权威之间的内在逻辑。

作为司法正义基石的真相具有三个居功至伟的功能。

第一,真相使人无以为争,即使有人不服从"真理"(真理背后隐含的逻辑就是争与辩),但绝少有人能够不服从真相。真相是唯一的、最初和最终的客观事实,它是"自然而然形成的事实"——不管其间有人多么周到地算计着、推动着事实的发生和演变。当真相成为司法审判对象时,真相仍然是一个自然的、自在的存在,它并不理睬人们的争执,更不为迎合诉讼中的任何需要而改变,不会失去其本真状态;一旦真相在法庭中得到揭示,它就打破人们各执一词的事实主张,确定无疑地排除争议。我们都知道,一个争议不能当然地排除其他争议,但是,如果某个争议就是符合真相的事实主张,这种事实主张终归要挑穿谎言,揭开虚假,排除争议,唯有真相和符合真相的主张能够存在,并且不再有争议。真相面前,人们难以相争,即使相争,必定贫乏无力。

第二,在司法证明中查明的真相,就是诉讼各方的事实共识,它终结性地克服了事实主张的分歧。在司法证明机制中,真相是在裁判者主持之下,"在当事人的面前"重新发现或者查明的,是各方当事人自己在法庭上重新发现、发掘出来的,裁判者只是真相的需求者,是促使真相大白于法庭乃至天下的诉讼和证明程序主持者,各方诉讼参与人的共同参与机制,使真相发现、争点事实证明与当事人参与程序、法官裁判案件之间建立起制度化、正当化的联系,真相发现和事实证明过程成为当事人自己履行证明义务、共同揭穿真相、各自证明所主张的事实的过程,事实主张被证明或证伪,最终的真相是什么,都不是别人强加于他们的结果,而是他们证明出来的结果,他们对事实的一切异议,也都在诉讼程序中表达和查清,得到承认或否定。因此,真相是裁判者、讼争者达成的事实共识,是裁判者公正适用法律的基础,是使讼争者服判的自然和社会力量。

第三,正是真相彰显出司法的正义和权威。并不天然、当然地具有权威与善德的法律和司法,当它们把事实真相作为实现法律和司法正义的根基时,真相所内含的深厚、朴实而本真的或善或恶的行为、情感、道义与事理,便通过司法方式、以法律名义得到伸张或抑制,司法机制便得以植根于真实的社会生活事实,尤其是纷争事实本身,从而与纷争各方的事理、情感紧密联系又超然其上,使人敬畏和服从。真相与司法的联系,从个案延伸至社会纠纷解决制度,它使公众看到并相信,真相是司法的使命和生命,司法是真相的探查器,真相的发现是司法权威建立的基点。没有真相就没有正当的司法,没有完全的真相,就没有完全的司法正义。真相成为裁判者个人和司法制度在社会中树立权威的基础,成为裁判者矫正社会不公、还当事人和社会公平正义的衡器。历史和现实中某些对司法或相关制度、活动的嘲讽,几乎都源于司法活动主体对事实真相讳莫如深,或半遮半掩,或故意扭曲、掩藏和矫饰真相成为司法权威和公信力自我戕害的利刃。

（三）事实真相不可否定、忽视和嘲弄

由此，我们更加能够理解，为什么当事人会千方百计证明他们各自主张的事实就是客观事实，就是真相，因为他们在真相这一点上输不起；我们也能够更好地理解，为什么人们尊崇那些发现了真相、给各方当事人应得之裁判的法官，为什么鄙夷甚至诅咒那些掩饰真相、文过饰非、欺瞒当事人和戏弄公众的法官。

并且，我们由此还能够进一步明白：为什么那些制造冤案、办了错案的侦查人员、检察官和法官或者别的什么人，会极力辩解，声称他们在侦查、起诉和裁判中发现的是真相，是千真万确的事实；为什么要对本是子虚乌有的"事实"千方百计篡改、湮灭、伪造、变造证据，进行掩人耳目的"证明"；为什么那些嫁祸于人、栽赃陷害别人的人，要极力使他们所办案件看起来"铁证如山"，声称所办的是"铁案"，"经得起历史经验"——这一切都是因为，真相具有不可摧毁的力量，真相决定了司法是否真的正义，那些罗织罪名、构陷于人的人，那些徇私枉法的人，也不得不对真相畏惧三分，不得不披上"真相之皮"。

法官要么遵循了真相与司法权威的内在逻辑，要么玩弄了这个逻辑——玩弄这个逻辑的裁判者，自己也在被某种利益或者力量玩弄，甚至甘愿被玩弄。

五、司法正义之根本在于真相所蕴涵的自然正义

从司法证明、事实真相与司法正义和权威之间的这种基本关系中，我们能够做出四个推论。

第一，司法正义本质上不只是法律和司法活动自身的正义（尤其不只是纯粹的程序正义），更饱含着事实真相所蕴涵的自然事理、基本人心和社会道义。立法、法律规范和司法的正义都是上层建筑的内容，而事实真相是社会公平正义的基础之一，它既是客观的物质性基础，又

能够催生最广泛、最深厚的人心基础。通过司法证明找到真相,排除争议和疑点,既是司法裁判正当性和正义性得以建立的根基,又是其直接的实现和体现方式。简言之,争点事实的证明,真相的确立,是司法正义的前提、基石、内容和基本要求,也是正义的司法的应有结果。

第二,广义上,一切讼争事实的证明,狭义上,争点事实的严格证明,是裁判者发现真相的制度化、正当化途径,也是各当事人在多方参与者面前赢得真相、输掉假象的平等、公开的公共物质和技术手段。现代司法制度下,裁判者主动探知和发现真相受到一定限制,法律要求他相对被动和中立地"听审",他既不能频频走出法庭,深入案发现场、街头巷尾、田间地头,不能逐一背地里查问当事人、证人,查找和分析物证,也不能凭鬼神"显灵"、占卜问卦,更不能凭当事人诅咒发誓或武力决斗来查明真相,他只能依靠和要求包括当事人在内的知情者,来面对面陈述各自的事实主张,进行举证、质证和辩论,析真假,明是非,司法证明成为一切司法活动参与者共同查明真相的公共理性手段。这种公平手段要求手段的所有使用者共同尊重、服从它带来的结果,即事实真相和基于真相的裁判。

第三,司法证明、案件真相和司法正义之间的这种基本联系,既是实践中的一般情形,又是理论上的应然要求,但这不是实践中的全部情形。作为知情者的当事人,他们即便知晓确有某个争执的客观事实,但是不一定总有(充分)证据来证明;如果某方当事人捏造了讼争事实及其所需的"充足证据","虚假事实"也有被"证明"的实际风险——尤其存在司法腐败的情况下,个别法官和一些当事人串通"作假案"的事情,恐怕并不极为罕见。司法经验告诉我们,不能证明的事实,没有证明的事实,不一定就是客观上完全不存在的事实,不一定不是真相;"证明了"的某些事实,也不一定就真有那个事实,就是真相。因此,不能把证明作为事实有无的绝对根据,作为事实存在的基本方式,也不能把事实看作是证明的产物,以为事实因证明活动和程序而产生和存在的观点是错误的。证明,如前所述,只是发现事实真相的手段,通过它可以(能够)发现事实,已经发现了许多事实,但通过它也有许多争论事实的背后真相未能查清,有些经过证明的"事实"在后来发现不是事实,真相是另外一回事或没有找到,故而冤假错案不绝于史。这就是司法证明手段的缺陷,是通过证明获取真相的局限,以及司法正义的不足。

第四,正是在这些意义上,一切现代程序正义理念,一切为实现实体正义和程序正义的正当程序,都是(才是)值得我们崇奉的;也只有在这些意义上,程序正义和正当程序才具有相对独立的价值;一切以实体正义为基础、倡扬程序正义、承认客观真相应当并且能够反映在裁判结果中的"法律真实论",才有其存在和发挥积极司法功能的"正向价值";贬低或排斥实体正义,否定实体真实,否定诉讼程序(司法证明机制)具有发现事实真相的基本功能,把"真实"只理解为"正当程序"的结果,把一切所谓"正当程序"的结果都视为绝对的、具有正当性及合法性的"真实",以"真实"范畴完全替代"真相",公开否定"真实"的客观性,把"正当程序"和"程序真实"绝对化,把司法正义植根于这样的"真实"基础上,割裂"真实"与真相的关系,割裂司法正义与真相的关系,在司法审判实践中,这样的"法律真实"理论纵容或助长了部分司法机关和法官借"程序正义"和"程序真实"之名,漠视实体真实和实体正义,罔顾事实真相,堂而皇之大搞司法不公,一定程度上加剧了司法腐败。

总之,真相是一切法律规则、事理逻辑和司法正义的起点。立法活动、法律规范和司法制度,并不天然具有定纷止争的功能,国家暴力并不总是能够让司法裁判奏效的力量,只有依赖客观案件事实,只有真相,司法部门和裁判者才能比较完善地结合法律、道德和情理,止息当事人在事实主张和法律适用上的纷争。如果司法裁判在解决社会纠纷方面,远离、回避或掩藏真相,罔顾事实,甚至捏造事实、裁剪真相,化有为无,无中生有,不管裁判者如何声称"事实清楚,证据确实充分",裁判文书上的言辞如何"雄辩",仅凭"正当程序"和国家暴力作支撑,那么,它会很快发现自身已经陷入岌岌可危的境地。

第五节 争点事实由主张者证明

一、争点事实的主张者承担证明义务

证明争点事实的义务由该事实的主张者承担。为什么?

答案在于:不同主体对讼争事实有不同的认知状态;争议事实的主张者应当知道事实,争议事实由知情且主张的人证明,不知情且未主张的人不证明,这是事实证明义务的合理、简明的分配方式。

裁判者不能承担证明义务,没有证明责任,因为他是全部讼争事实的不知情者,既没有对相关事实的认知,也没有证据,更没有主张什么事实强加给诉讼参与人。

起诉者对诉称事实应当知情,被告对辩称事实应当知情,并且一般来说,他们确实对各自所称事实知情。当他们经过一定诉讼程序,对不需要证明的事实主张达成共识后,他们就需要证明各自提出的存在争点的事实(主张)。

争点事实证明义务分配的直接根据和标准,就是谁主张了该争点事实。如果当事人各自都主张了具有争议的事实,那么,他们应当各自承担相应证明义务。这种证明义务分配根据和标准,是基于该事实的主张者不仅对所主张的事实应当知情,而且当他试图利用所知事实获取司法上的支持和利益时,他应当对事实予以证明,这是常理。换言之,对不知情的事实,当事人不应当、不能够提出主张,既然主张了,就

对主张范围内的事实知情、应当知情,至少可以推定他知情。对具有争议的事实不知情却提出主张,是难以想象的事情,虽然可以要求他们证明该争议事实,但实际上难以操作;知情且提出事实主张的一方不证明事实,却由完全可能毫不知情且没有提出事实主张的另一方来证明事实,这也违背常理;即使知晓某事实,且握有证据,如果他没有提出有关事实主张,没有引起事实争议,没有试图通过主张该事实而获取司法支持和利益,通常无从要求他证明什么,一般也不承担证明义务。

当然,某些情况下,法律可以强制那些知晓事实、握有证据又不主张相关事实的当事人披露有关证据,陈述事实,但这是另一个义务,即协助他方证明事实主张的义务,或者法律对事实证明义务作了特殊分配。在刑事诉讼中,犯罪嫌疑人、被告人受"不被强迫自证其罪"原则保护,他们没有协助控方证明犯罪事实的一般义务,法定例外情况下配合调查、如实陈述的义务,也是十分有限的。民事诉讼中,民事实体法和程序法都可能对某些事实的证明,按照谁更知情、完全知情,或者谁知道原因事实、隐蔽事实而非表面事实,或者谁可能真正掌握了有关证据,来分配证明责任,而不一定是按照"谁主张,谁证明"的规则安排证明义务,法官也时常采用"谁知情,谁证明"的原则。

所以在诉讼中,"谁主张,谁证明"的原则并不简单,这个原则的要义在于"知情且主张者证明事实",即:如果某方当事人既是事实知情者,又是主张者,当然由他证明事实;如果某方当事人、第三人或案件其他参与人是知情者但没有主张事实,法律和法官一般不会要求他们承担证明义务,但并不当然地、完全地免除其证明事实或作证的义务;知晓表面、个别事实的主张者对所知表面、个别事实负责证明;根据法律规定或者在案件裁判需要时,应当或可能更加知晓幕后、全面的事实和证据的一方,即使该方没有主张事实,法官可以要求该知情者承担证明责任或某些证明义务;如果某方当事人、第三人只是表面上否定对方事实主张,似乎没有自己的事实主张,但实质上主张了不同的具有抗辩意义的事实,并且根据特殊的案件环境,当事人或第三人掌握的行业、职业或技术知识、规则和习惯,可以推知其知晓特定事实和证据,当然就可以要求其证明事实。所以,提出事实主张并不是决定其承担证明责任或义务的唯一根据,对所主张的事实知情是要求其承担证明义务的深层根据。

与提出诉称事实相对的一方当事人是否需要提出辩称事实并进行证明?从理论上看,在诉称事实的主张者对其进行证明前,或证明达到法定要求前,可以在所不问,因为法律没有"不答辩即败诉"的普遍、基本规则,"知情者主张事实,主张者证明事实,事实证明应当到达法定要求",这是常识。在这个条件下,"谁主张,谁证明"才能够成立。这正是"谁主张,谁证明"传统观念的真义,因为,如果事实主张者根本不知情,不知情者主张事实,即使法律千百遍要求"谁主张,谁证明",也是白搭。

二、被告方有对争点事实进行答辩的权利

诉讼实践中出现一个问题:为什么法律规定了被告方对起诉的答辩(包括刑事辩护)程序,被告方往往很重视开庭前和法庭上的答辩,并在答辩中常常提出反驳事实和证据?

这是基于四个因素。一是,司法裁判的公正性的要求。仅凭起诉者的诉讼活动,只有单方面的事实主张、证据和证明行为,不符合司法兼听则明的伦理和技术要求,可能阻碍及时有效地发现真相,裁判案件。二是,被告方的主动诉求。被告方也很有可能确知相关事实,握有有利于对方或者他自己的证据,为了及时、全面实现司法正义,法律和裁判者可以要求他答辩和提出证据,当证据对他有利时也希望主动答辩,或者就算没有对自己有利的事实和证据,但仍然希望有反驳对方事

实主张和证据的机会,希望法官听取他知道的实情或他握有的道理。三是,被告方为了更有效地防御。传统上"谁主张,谁证明"的规则,表面上似乎是不利于事实主张者的规则,其实不完全是这样,因为法律只要求他在主张的事实范围内进行证明,即在知情的范围内举证,法律还对有举证困难的特殊情况,降低了举证要求,只需要表面证据即可,一般说来,起诉方和被告方都不会面临完全不堪承受的举证压力,对主张的事实进行证明,一般是"可以承受之重"。因此,被告方不会消极等待原告人事实证明失败那一时刻的到来,而会在一定程度上主动防御甚至进攻。四是,被告方需要通过答辩来平衡法官对事实进行心证时的心理状态。从裁判者对定案事实的心证形成过程看,被告方完全、彻底的消极举动,对原告人诉称的事实不理不睬,可能导致原告人仅凭有限甚至表面的证据,就使裁判者产生明确、较强的心证倾向,使法官对讼争事实形成有利于原告的预断,这是被告方要极力避免的。特别是,在民事诉讼和某些行政诉讼案件中,由于适用盖然性优势的证明要求,被告方的消极应诉行为,可能直接导致其败诉。被告方的合法手段就是主动答辩,消除或降低法官形成有利于对方的心证的可能性,并且争取法官形成有利于自己的心证。

三、争点事实的知情者主张并证明事实

因此,在一般意义上,任何知晓事实的人,如果希望别人知晓且信服他传递的事实,他就负有一个义务:有根有据地传达事实——在别人有所怀疑、不信或争议的情况下,须得证明其所知的事实不仅存在、已经为他自己所知,而且其他人也能够基于证据、经验和逻辑而认知那些事实,认同他的事实主张。这是理性传递已知事实的一般方式。在司法审判中,当某一当事人向裁判者和对方当事人提出具有争议的事实的时候,裁判者不仅会认为他是那个事实的知情者,而且会强制他履行

证明义务:利用已知事实谋求自己的司法利益,就必须按照证据法和诉讼法的规定,在法庭向对方和裁判者证明事实。

诉称事实,即起诉者或反诉者所称事实,一般不会是否定性事实,而是一个直接的肯定的事实,因此,如果诉称事实或其中一部分构成争点事实,该事实的主张者就要明确承担证明义务,直接证明该事实,直到裁判者认为其显然存在、达到特定证明规则所要求的证明程度——排除(超越)合理怀疑,或者盖然性优势、"事实清楚,证据确实、充分",等等。

起诉者和被告都可能在诉讼中提出辩称事实,以否定对方的诉称事实或辩称事实,或对对方的诉称或辩称事实的发生原因、性质和后果,提出相反主张或解释,即使表面上没有提出任何相反或者不同的事实主张,但实际上(暗中)主张了一个具有对抗性的辩称事实。在侵权案件中,尤其是特殊侵权案件中,被告方往往通过直接提出对抗性新事实来否定侵权行为,也常常通过重新解释"侵权行为"的原因、性质和后果的方法来否定"侵权事实"的侵权性质,这些都是被告方可以提出的辩称事实。现代证据法一般都要求被告担负这些辩称事实的证明责任,证明原告所诉侵权不存在或不成立的事实。如果一方当事人纯粹否定对方的事实主张,而没有任何属于他的表面或暗中的事实主张时,这时候,也就没有辩称事实,当然不存在事实证明的问题。

如何判断某当事人否认对方事实主张的行为背后是否藏匿着一个辩称事实,并且需要该当事人证明,裁判者可以根据不同案件类型来分别确定。一些特殊案件,如特殊侵权案件,被告方仅仅否定原告的事实主张是不够的,他需要从另一个方向去主张并证明某个事实,而且通过这个事实来表明,原告诉称的侵权事实与己无关,或者即使有关,也不负法律责任。

刑事诉讼中,由于理论上和制度上要求控方证明犯罪,被告方受到无罪推定原则保护,所以,一切犯罪事实的证明都是控方责任。被告方无需提出抗辩事实(辩称事实),但若提出抗辩事实,则有义务提供可以查找的证据或者证据线索,可以要求控方或裁判者收集该类证据,不过这不是严格的证明义务;若被告提出某些特定事实,并且法律规定应当由被告证明,那么,他就负有依法证明的义务,如控方指控巨额非法财产来源不明,他就要证明财产有合法来源。所以,刑事诉讼中,辩称事实往往由被告方提出,但是否完全由他证明,还是只需要提供初步的证据或证据线索,取决于刑法和刑事诉讼法等的具体规定。

民事诉讼中,若某当事人对诉称事实或辩称事实进行了否定,但没有直接提出另一个明确、肯定的辩称事实,这时,这个否定是否包含了需要否定者证明的辩称事实,取决于被否定的诉称或辩称事实是不是某个特殊侵权行为导致的表面性结果事实,以及否定者对这个表面性侵权结果事实是否具有相关专门知识,是否知道侵权结果背后的原因事实,乃至更隐蔽的结果事实。当裁判者依据已有证据、司法经验等初步判断出否定表面侵权结果事实的当事人,可能知道被否定事实的幕后原因甚至其他尚未显现的后果,那么,该否定者实际上是在主张另一个具有抗辩性的事实,该抗辩事实将使否定者不会对对方诉称或辩称的事实承担法律责任,即使诉称或辩称事实得到充分印证或证明,这时,对表面侵权事实进行否定的当事人,就要承担证明抗辩事实的义务。譬如,普通感冒患者突然死于医院诊疗过程中,表面上看不出特殊的致命并发症,死者亲属主张医院治疗错误,医院否定,那么,医院必须证明其有关医疗行为与患者死亡没有任何关系,而且,他还要进一步证明死者究竟死于何故,如何死去。

行政诉讼中的情形,与民事诉讼相似,但特别需要注意:行政相对人控告行政行为违法,他只需要初步证明违法事实表面存在,当原告否定被告行为合法时,他不需要证明更多的东西,即使在庭审中,原告对被告的辩称事实进行反驳，也只需要反驳初步或表面成立即可；而关键是，行政被告必须充分证明被诉行政行为合法——当被告否定原告诉称的违法或不合理具体行政行为时，这应当视为被告主张了一个辩称事实，即被诉的是一个合法或合理的具体行政行为，拥有特定行政权和专门的行政管理知识的部门或人员，完全知晓他们所辩称的这个事实，拥有证明这个具体行政行为合法或合理的证据，原告和普通大众则并不知情。

无论如何，在存在事实争议的条件下，让事实的知情者证明其主张的事实，让不知情者等待知情者证明其主张的事实，在这个基准上，根据各方当事人对争点事实知情或不知情的程度差异，适当调整具体证明义务，是证明义务分配的基本标准和原则，也是最容易操作的技术规范。在司法证明活动中，事实主张者一般被认为是事实的知情者，否则，他不能够也不应当提出事实主张，特别是有争议的事实主张。既然一方当事人提出了事实主张并且存在争议，由他这个知情且主张争议事实的人承担证明义务，这在情理上天经地义，理论上简明有力，实践上最行得通。不知情者主张事实，以及进而要求不知情的事实主张者证明事实，都有违起码的事理和逻辑。如果事实主张者声称对事实不知情，法官而应当区别两种基本情况，分别处理，一是，如果该事实可以或者应当由主张者之外的当事人或其他人予以证明，法官即可要求这些人证明该事实；二是，没有其他人应当或可以证明该事实的情况下，直接裁定不予受理案件，或驳回起诉。

四、证明责任理论及规则的简化

证据法学者把需要证明的事实分成许多类别，如要件事实、情节事实等，然后把不同事实分配给不同的当事人去证明。为什么要这样分配事实证明义务？学者回答：证明者与证明对象、证据的关系（持有证据的状态等），证明者的证明能力，证明的难易程度，证明对象与当事人在实体法和程序法上的利益关系，诉讼法和证据法的立法目的、价值取向，事实存在的盖然性程度，等等，决定了证明义务的分配。迄今的证明责任理论，对需要证明的事实划分了太多类型，又把不同类型的事实，根据太多的原则和因素，分配给不同的当事人去证明，把证明义务的分配根据和标准搞得极为复杂。①

我希望努力化繁为简：真正需要证明的事实就是争点事实，谁主张争点事实，谁就（应当）是该事实的知情者，就要承担事实证明义务；而某些情况下（如特殊侵权案件里面），貌似简单否定对方的事实，实则明里暗里主张了另外的事实的当事人，他要证明那些事实，证明义务要向他转移，这不委屈他，因为他必定知情。而且，法官对否定了对方事实主张的当事人、第三人等是否直接间接、或明或暗地知晓、主张了特定事实，可以根据生活经验、司法经验和特殊案情、特点人员与事实和证据之间的关系，案件里面涉及的特殊习惯、知识等进行判断。

"知情者证明事实"，"在知情的范围内主张、证明事实"，这是争点

---

① 我国学者关于"证明责任"及其分配的文章很多，而且师法着不同的理论传统，有着不完全相同的概念系统。如以英美证据法规范和理论为支撑点的学者，使用的是英美证据法的证明责任、证明负担、举证责任、说服责任等概念；以大陆法系证据法理论为蓝本的学者，使用的是客观证明责任、主观证明责任、证明责任分配的规范说、要件事实说等概念。这方面最重要的译著，有德国学者莱奥·罗森贝克的《证明责任论》第四版，(庄敬华译，中国法制出版社2002年1月)、汉斯·普维庭的《现代证明责任问题》(吴越译，法律出版社2000年9月)，英美证据法方面的翻译著作和教材多种，如美国学者埃德蒙·摩根的《证据法之基本问题》(李学灯译，台湾地区"教育部"出版，世界书局印刷，1982年)，约翰·W.斯特龙主编的《麦考密克论证据》(汤维建等译，中国政法大学出版社2004年)，罗纳德·J.艾伦等著的《证据法：文本、问题和案例》(张保生等译，高等教育出版社2006年)等，以及陈刚的《证明责任法研究》(中国人民大学出版社2000年)，等等。这些文献足以让读者既眼界大开，又难以适从。特别是罗森贝克和普维庭的著作，把证明责任分配的理论和规则搞得太复杂了。

事实证明义务的分配法则,是"谁主张,谁举证(证明)"的真实涵义——只有知晓事实者才会、才应当主张事实,才可能有证据支持事实、证明事实,才负有并能够承担证明事实的义务;一般情况下,对事实不知情者应该不会提出事实主张,更不应当要求他证明所不知也未主张的事实。对没有事实根据而主张事实的人,案情允许时,法官可以或应当将事实证明义务转移给可能或应当知晓事实、握有证据的人,或者通过不受理案件、驳回起诉以及进行诉前调解等方式终结诉讼,否则,只能判其部分或全案败诉。

第六节 事实证明中的裁判者

一、裁判者在事实证明中负有指挥和裁断责任

司法审判中,案件裁判者需要当事人证明具有争议的事实主张,这要求知情且主张事实的人证明所主张的事实,裁判者具体分配、调整证明义务,指挥、控制事实证明活动,决定特定待证事实证明义务的转移,确定事实证明是否"达标",等等。在这个过程中,有关证明要求的确定、证明责任的承担和履行、证明结果的认定等事项,裁判者与当事人常常出现认识冲突,有的法官可能不按照法律要求或具体案情,合法、合理地分配证明义务,而是胡乱、错误分配证明义务,致使某方当事人难以证明事实,或不当逃脱证明义务,最终导致裁判者事实认定偏差、错误,裁判不公。但是,当案件裁判者与诉讼当事人之间就证明义务的分配和履行产生对立时,不可能在他们之间新设一个裁判者,这就要求案件裁判者在诉讼证明过程中认真面对一些特殊难题,避免一些特别风险,严格遵循诉讼和司法证明规则。

二、裁判者须面对指挥和裁断证明活动的难题

裁判者必须面对事实证明的诸多法内和法外难题。裁判者没有证明事实存在或不存在的义务,因此,可以说没有证明难题。但实际上,裁判者指挥证明活动、判定证明是否符合法律要求,仍然要面对不少难题,这些难题虽然具体内容、性质和表现方式不一,但最终都可能集中在"牺牲真相"这个焦点上。

难题之一,裁判者是争点事实或全部讼争事实的不知情者:事实主张的真伪如何;当事人是否真的知情或不知情;当事人主张该事实的动机目的为何;当事人在某个待证事实上的对立是真是假,是否可能"合谋"欺骗法官;审判中会有什么证据出示,证据的质、量如何,会突然出现新证据吗;案件会不会有深厚隐情,还会牵扯到谁,是不是有其他人会要求参加诉讼、主张权利;有被忽略了的紧要证据或线索吗,等等。

难题之二,当事人有大致平等的诉讼手段和能力吗?如果没有,那么,裁判者如何对待诉讼能力明显不平等、不均衡的双方?在当事人诉讼能力悬殊的情况下,"知情者证明事实"的原则,需要改变为"诉讼(证据收集)能力强者证明事实"吗?"弱者"就一定不掌握事实和证据、不能提出证据吗?裁判者可以使用"技巧性"的证据、事实和法律提示,采取(适度)偏向于弱者一方的证据、事实和法律解释吗?法官是否愿意依法实施职权调查,帮助弱者查明事实,主动实现实体公正,这种职权行为的程序限度在哪里?裁判者主动调查取证的风险是什么?诉讼中的强势当事人会轻易认可法官这种行为,不挑战、不施压于裁判者吗?现实中,裁判者能够自觉并成功地抗拒来自诉讼强势者的"联手"邀请,包括腐败攻势(至于裁判者本来就希望"被腐败",那完全另当别论了)?

难题之三,在中国大陆内地,裁判者的"公婆"不少,都能"管住"裁

判者个人和他所属法院,帽子和饭碗都不是铁打的,而是"如流水一般"。"公婆"喜欢或不喜欢真相的时候都是有的,希望或不希望真相被发现、被泄露的情况也都不是个别的;"政治效果"、"社会效果"和"法律效果"三者统一的要求,可能有利于裁判者追寻事实真相,也可能促使裁判者为平衡三种效果,而舍弃真相,"灵活处置"案件;案件的某些强势"利益攸关者",特别是某些大要案所触及的"特殊利益集团",虽然表面看不出与案件有任何关联,但幕后运作力量巨大无边,深不可测,裁判者徒奈真相若何,而争点事实的证明可能被这些力量操于掌股;现代媒体发达无比,有时候,媒体的力量出乎所料,超乎寻常,一些政治和社会力量利用媒体介入司法,希望并支持裁判者解开真相者有之,威吓裁判者、压制真相者亦有之,一些裁判者、法院很难完全置之不顾,只专注于寻求真相。

三、裁判者控制事实证明的风险与防范

司法证明的历史表明,由裁判者控制事实证明存在一定风险。总的风险就是,法官对证据没有拿准,对事实没有查清,断错案件。具体看,有四种风险需要法官和法院尽力避免。

一是,可能出现裁判者徇私枉法的道德和法律风险。某些裁判者、少数法院的道德和法律公信力不足,以种种方式在案件中谋求自己的利益,甚至腐败,裁判者作为事实真相的需求者和争点事实是否得到证明的裁断者,随意取舍证据、剪裁事实,刻画、构织他自己偏好的或他偏向的当事人所需要的"真相",查明案件原生事实的司法功能和目的被异化,"真相"的查明、发现过程,成为裁判者要弄一方或多方当事人、使自己或受其偏袒的当事人、案外人(包括与法官勾结的不良律师)的利益最大化的过程。于是,裁判者在当事人之间摆弄着法律规则之外的灰色或黑色"游戏","潜规则"(其实说穿了,主要是"权力、钱财、美

色、人情"四规则)甚而"无规则"(实为"无底线、无套路",比潜规则可怕多了)行为充斥于法庭内外。裁判者私下接触一方当事人,暗示或明示他自己在案件中的利益,另一方当事人可能为"争取"裁判者成为自己的利益保护和代言者,他也将尽其所能、倾其所有,贿赂裁判者,"吃了原告吃被告"就是这种情形的真实写照。实践中,那些不良"法官"完全违法乱纪,帮助一方当事人打官司,造假案,整另一方当事人,或者和律师串通,共同"设计当事人",使一个案件变成一连串的案件,腐败、丑恶无以复加,事实真相更是无从谈起。这种司法风气之下,一些当事人被迫向法官搞腐化,他们不再期待裁判者公正,而是不择手段促使裁判者维护、扩大或至少不损害本方利益,拿回已经支付的正当和不正当的司法成本,甚至幻想获取司法"利润",事实真相根本不再为当事人关注,因为他们已经明白:法官的权力给他利益,真相可以抛弃。何况,某些当事人本来就不希望真相再现,真相可能阻碍他们获得利益;穷追案件事实真相,难免会把裁判者和司法体制的某些黑幕也一同暴露,他们的利益终将难保。司法正义和事实真相之间的联系,被不当利益和权钱交易之间的联系取代,事实证明名存实亡,司法证明制度形同崩溃。

二是,裁判者可能受到强势诉讼者或案外力量的引导、操控。法律只有具体运用于个案才有活力,而法律运用于案件的过程,是多方主体一起查事实、析法律、定案件的过程。按照诉讼结构(构造)理论,最理想的诉讼结构应当是"等腰三角形"结构:裁判者在当事人之间,居于其中,又踞于其上,公正、独立、中立、权威崇高;而当事人平等,共同接受裁判者的审判。当事人平等,意味着他们的主观诉讼能力和客观诉讼条件、手段的对等且均衡,他们都不使用案外力量影响案件审判,或者都有均衡的案外力量影响裁判者。裁判者除了在各方当事人面前接受证据、听取事实陈述和辩论之外,没有任何单方面接触,也不受各当事人利益的影响,更没有裁判者自己的利益考虑。但是,理想化的诉讼结构在实践中很难找到,当事人完全势均力敌参加诉讼的情况并不是常态,相反,当事人不平等则是基本状态。所有刑事公诉案件,自从国家行使侦查、控告权的那一天起,嫌疑人、被告人就不可能与国家指控机器平等,更不用说我国大陆这样的侦控审"一条龙"或"三合一"式的诉讼结构了;即使在当事人主义的刑事诉讼制度里面,检察官和被告人也不是真正平等的当事人,尤其,当90%以上的案件是通过辩诉交易来解决的时候,被告人已经失去部分正当程序的保护,诉讼"手段平等"更不可多加指望。在民事诉讼里面,由于当事人实际力量的不平等,导致他们举证、质证和辩论的能力不均衡,有时很悬殊;倘若裁判者视诉讼证明活动为一场纯粹竞技,那么,当弱者确知真相但没有证据证明的时候,假象将可能战胜真相而成为"事实";我国行政诉讼中,被告方是强势者,原告处于弱势("民告官"的浅显含义就是"胳膊被迫去扭大腿"),被告方高比例胜诉,原告大量主动撤诉,已经是多年的情形,裁判者偏向强者是公开的秘密。

案外力量影响事实查证,是各国司法实践的常态,至于裁判者是否能够抵御,各国情况并不相同。特别是,案外力量通常是诉讼中的强势者的盟军,他们联合起来,阻止某些诉讼,或者把诉讼导往符合其利益的方向。弱势者有时也能获得案外力量的支持,如某些公害事件的受害者,他们的诉讼可能得到一些组织和公众的帮助,以及舆论的声援,等等。在强势力量面前,裁判者不可能完全置之不理,他们的事实主张,尤其有一定根据的事实主张,相较于同样有根有据的弱势诉讼者的事实主张,不难得到裁判者的更多眷顾,诉讼中的强势者常常赢得"真相"和胜诉也就不值得惊讶。

法官的遴选、任免机制,也可能深深地把法官与案外力量捆绑起来,除非法官终身制,否则,那些职业命运掌握在选举人手中、通过选民选举产生并具有一定任期的法官,或者主要是通过任命方式取得法官职位、任期不确定、岗位可能随时变动的法官,他们都天然地与决定他们职业岗位、待遇和前途命运的单位、人群,保持紧密关系,偏向维护他们的利益,并可能在具体案件中,操纵事实证明,避开(某些)事实真相。

三是,一些裁判者主持、驾驭事实证明的知识技术和能力不足,当事人举证、质证能力不足、水平不高,这是比较普遍的客观现象。有的裁判者,他们的道德良知、敬业精神乃至"政策水平"都不差,但法律专业知识和技能跟不上,证据和事实真相从指缝中溜走,抓不住。在刑事诉讼中,一些侦查人员不善于依法收集、保存证据,致使显著甚至关键的证据流失,或造成"证据污染",真相被埋。不少民事诉讼当事人平常不重视收集和保存证据,证据意识不强,临到诉讼时,举证能力不足,他们的事实只能记在心里,说在嘴里,却无法证明给裁判者和对方当事人看。让不称职的裁判者掌握事实证明的方向、内容、形式和节奏,判定真相是否发现,既不能使当事人放心,也会招致公众质疑。

四是,疑难复杂案件不绝于史,无论是证据难觅,还是有关当事者无踪,或者是有人故布疑阵,等等,裁判者纵然神机妙算,明察秋毫,但也难免失手。这虽然不是裁判者的问题,但在此类案件中,我们能把查明真相的希望和信任全部寄托在裁判者身上?可是,不寄托于裁判者,我们还能寄望于谁?所以,我们面临两难:一般来说,司法裁判者已经历史地、制度性地取得了我们的信任,而且迄今为止,人类还没有发明比通过司法裁判查明事实真相更好的事实证明制度,没有找到比法官、陪审团更好的事实查明和判断者;但另一方面,每个裁判者自己的司法实践历程和知识、经验、技能都是后天累积的、有限的,并不天然拥有在任何案件中都能找到真相的力量,他有让我们失望的时候。我们得忍受裁判者在查明事实真相方面存在的合理差错,毕竟他们也都是凡人,而且世界上没有神仙。

在司法证明场域,人们期待裁判者是真相的化身,他公道地主持事实证明的全部活动并求得真相;人们认为,裁判者故意背离真相的时候,便是他丧失裁判者的灵魂的时候;在那个时候,真相进入幽暗深渊,这对于希望通过还原真相获得公正的当事人来说,要么祈祷另一个在世"青天",要么把绝望带入未知世界。而这,绝不是我们对司法证明制度和裁判者的期待。

第五章 事实证明之可能与本质

第一节 事实能否证明仍然是个问题

一、争点事实证明的真实难题

经过数千年积累,司法证明的实践经验已经极为丰富,司法证明的物质技术手段和理论,已经蔚为大观。近现代科技更是司法证明不可或缺的力量,证据和证据法律文化在近现代法律文化中熠熠生光。搞事实调查的专家学者,特别是从事侦查实务的人,从事刑事指控、辩护和审判实践的人,越来越有信心揭穿真相,证明事实,甚至一些陈年谜案,有的也得到破解。但是,实践中仍然存在种种疑难困惑,理论上仍然有种种挑战和追问,它们都指向一个基本问题:事实能否证明?

司法实践中,争点事实证明所面临的真实难题,在于以下诸方面。

第一,民事诉讼中,不分大案小案,都有可能出现事实真相疑难不解的情况。

将"盖然性优势"作为民事案件证明的一般要求,立法和司法裁判者固然可能有多种基于便利事实证明的考虑,但这本身就是一个明确的信号,即民事案件中的事实证明未必比刑事案件中的事实证明来得轻松容易,为了使民事案件的事实证明能够相对容易完成,必须适当降低民事案件证明要求。而且民事案件中,没有公权力组织来调查事实真相,收集和出示证据;当事人可能平时就没有证据意识,或不懂得如何在事实发生之初,就形成、固定证据,收集、保存好证据。加之,中国过去熟人社会的传统习俗、观念本来就与商业、法治社会的证据意识相抵触,如"熟人熟事的,谁跟谁呢",立个字据,留下白纸黑字的凭据,面子上过不去,难为情;更何况有"仁义忠信"、"一诺千金"、"君子一言,驷马难追"、"抬头不见低头见"等"熟人"文化、面子文化或"君子"文化,鄙视"小里小气,谁都信不过"的"小人"文化,视立下字据为"不齿",除非"王法"要求对某些重大民事行为要立据为凭。于是,民事案件中,好些讼争事实,当事人都各话各说,证据都半斤八两,要么都拿不出来,要么拿出来的都疑问重重,经不住推敲,裁判者也莫辨真伪,只好在"真伪不明"的情况下,按照证明责任规则分配败诉风险,确定某方败诉。特别是民间小量的钱物借拨,不发生争议则已,一旦出现争议,常常死无对证;即使有时候一方能够提出字据证明,但字据内容完全可以左右解读("还欠款"究竟指"还 huán 欠款"或是"还 hái 欠款";"甲借乙5万元",是甲借给乙5万,还是甲向乙借到5万),字据本身的真假有时也成为争议焦点。家庭内部、亲属之间、邻里之间的民事纠纷,更有许多说不清道不明的地方,虽然熟悉当地民风、民俗和民情的土生土长的旁观者,可能"猜得到"究竟发生了什么——李家的那小子从来不地道,偷鸡摸狗成性,张家的羊肯定就是他"牵走"的,这话可能说对了,也可能完全搞错了,但司法需要的事实还不确定,怎么证明呢? 好像在这些场合,"证明"一词压根儿就不适合,派不上用场。

有理论以为,民事诉讼证明标准较低,是因为民事案件重要性(严重性)不能与刑事案件比拟,前者不涉及国家刑罚权的使用,不涉及"罪与非罪"的刑法评价,不会导致国家以法律的名义剥夺公民的财产、人身自由乃至生命。其实,这只是部分理由和原因。疑难的民事案件一点也不比疑难刑事案件更轻松、更容易证明。

"和稀泥"之所以在民事诉讼中屡见不鲜,而且成功率不低,除了它有避免进一步"揭伤疤"、造成"第二次伤害"和有利于调解或和解的功能外,就因为裁判者,特别是熟悉地方风土人情的裁判者,有时候在明知查清事实很困难或不必要的情况下,往往根据经验和直觉,话中带话地对不同当事人说些似明非明的"事实"和"道理",这种裁判策略的存在根据及其合理性,就在于有些事实无需查明,有的确查不清,但地方性经验又能够帮他比较准确地"感觉"到"事实"和当事人的心态,于是案件的事实纷争就可能被裁判者"和"散了。不过,这背后的事实证明难题,不是真的解决了,而是策略性地"化解"了。

第二,刑事诉讼中,事实证明难题的形式更加多样,类型更加丰富,事实难以证明的原因也更加复杂。

从案件发生的隐秘性看,民事案件有不少是隐秘的,尤其家庭内的纠纷,加之我国民间"家丑不可外扬"的习俗,使事实真相难为局外人所知。但相对而言,民事案件的事实隐秘性多半是自然或天然形成的,不一定是有人故意造成的——合同签订时,合同顺利履行时,一般不会有人刻意隐瞒什么;借钱借米,不需要刻意避人耳目(最多,借人的一方会小心低调,以免有失面子)。但刑事案件,除了恐怖犯罪等少数公开犯罪,就故意犯罪来说,光天化日下公然作案的总是少数,故意隐蔽作案目的和动机,秘密确定作案对象和时空,寻找隐蔽的作案地点,掩藏作案手段和过程,掩盖或消除作案结果或后果,则是故意犯罪的常态。"盗窃"天然就是"秘密"的;故意杀人没有几个会在众目睽睽之下进行;抢劫往往在人迹稀少的巷道角落、山路小径发生;诈骗不用说,即使是明骗,那骗人的真相他是不会告诉受骗者的;强奸几乎总是发生在隐蔽之处,等等。

所有被指控和有待证明的犯罪事实,都是过去的事实,过去了的存在,没有眼前事实——眼前只有诉讼正在进行的事实。犯罪事实不会在审判时重复,即使一些事实情节可以通过技术手段"重现",如侦查实验,但那也是在严格控制实验条件的情况下,即实验条件与犯罪现场条件具有极高相似性时,模拟犯罪的某些行为,观察其效果,那不是在犯罪。"事情都已经过去了",这句话用在劝人的场合,是一种积极向前看的姿态;用在查明犯罪事实的场合,则表达了事实证明的困难和可能无法证明的无奈。事过境迁,嫌疑人可能死的死,伤的伤,逃的逃,藏的藏,被活活逮着的,也不一定会痛痛快快、透彻完整如实坦白,对犯罪事实可能有掩饰、有隐瞒、有谎言,可能推卸责任、抵赖罪责,也可能揽罪、顶罪,还可能因为某些特殊原因,罪轻者认重罪,无罪者认有罪或"顶包";①受害人可能不愿意再次直面过去的事实,不愿意指控和作证,也可能伤亡、躲藏;可能有人包庇嫌疑人、被告,隐匿、销毁、伪造、篡改证据,证人可能不愿意出庭;侦控者也不是神仙,不能魔术般变出证据,不能通过时空隧道返回犯罪事实发生的全过程。过去的事实无法自动在裁判者眼前重新显现。因此,对于犯罪事实,总有未发现的,总有不能发现的,总有发现了也没有查明究竟的,总有不可能查清楚的,甚至对已经发现的犯罪案件干脆不查的(这些就是罪犯侥幸心理的根源)。这些情况里面,都隐含着事实能不能证明的问题。没有发现、不

---

① 电影《朗读者》(*The Reader*,又译名生死朗读、为爱朗读、读爱等)中,36岁的女列车售票员汉娜作为纳粹战犯接受审判时,一直刻意隐藏她是个文盲的秘密,当法庭要她亲笔书写笔迹,以核对她是否签署过一份文件,她宁愿直接承认那份文件是她签署、承受莫须有的罪名,锒铛入狱,也不愿意坦承自己是文盲。汉娜最终被判无期徒刑,她为守住这一秘密付出了沉重的人身自由代价。司法实践中,冒名顶罪的案件也偶有发生。2010年10月17日,河南省平顶山市人民检察院指控时建锋在2008年5月4日至2009年1月1日间,为牟取非法利益,非法购买伪造的武警部队士兵证、驾驶证、行驶证等证件,并购买两副假军用车牌照,悬挂到自己购买的两辆自卸货车上,雇佣他人驾驶车辆,通行郑石高速公路运送沙石,累计骗免通行费368万多元。2010年12月21日,河南省平顶山市中级人民法院以诈骗罪判处时建锋无期徒刑,剥夺政治权利终身,并处罚金200万元。后时建锋在接受媒体采访时爆出大新闻:他是替弟弟时军锋顶罪的。

能发现的犯罪事实,当然说不上能够证明了;发现了的,查不清,不能查清,甚至根本不查,当然都与事实证明的可能性疑问直接相关。

第三,无论何种诉讼,都存在证明手段、证据规则、特定利益和某些司法价值阻碍事实证明的问题。

证据规则、特定利益和某些司法价值对客观案件事实的证明有一定阻碍,尤其像传闻排除、非法证据排除等证据规则,它们的基准价值是确保真相得以发现,避免案件事实认定出差错,但它们同样可能直接把一个可以证明的事实打入冷宫(如通过严重违法方式获得的关键且真实的证据被排除);疑罪从无的刑事裁判规则,很明显包含着可能把一些本来有罪、极可能有罪的存疑事实,判断为没有犯罪;"盖然性"证明标准,也很可能把本无的"事实"认定为有,本有的事实认定为无。这些都挑战着"事实可以(能够)证明"的理念。

在技术手段层面,当今的司法证明技术远非昔日可比。仅物证检验技术一项,就解决了多少以往无法解决的司法证明难题。对物质材料或痕迹,哪怕极微小的物体和极细微的痕迹,如种子、毛发、体液、花粉、泥土、羽毛、鳞片、油漆、油脂、炸药、纤维、玻璃、橡胶、墨水、水泥、木屑、纸屑、化妆品、药物、毒品、细菌、病毒、弹痕、车辙痕迹、书写痕迹、指纹、足印、齿痕、唇纹,等等,借助各种试剂、科学检测仪器和电脑分析软件等,进行物理或化学分析检验,确定材料的分子特性、化学成分或者外观形态,确定其来源,显现作案过程及罪犯特征,从而为侦查、指控和裁判提供证据,揭示事实。刑事影像技术、DNA 技术,弹痕检验、弹道分析,爆炸物、毒物、微生物分析,秘密跟踪、监控技术,等等,在刑事案件的事实查证中,举足轻重。"滴血验亲"的时代早已远去,将人的某种天生容貌与一定犯罪相联系的理论,也早已成为陈迹。百余年来的刑事科学技术,根据刑事案件的特点,借用了一切可以"拿来"的人类科技知识和手段,为侦查、指控和在法庭证明犯罪,立下了汗马功劳,一桩桩看似神秘的案件,被剥茧抽丝,真相曝光于世人面前。①

但是,刑事技术本身也给查明真相带来过不少麻烦,一是,技术本身的精确度标准,低标准往往带来更多误差概率,事实的可能性程度就难有保障;二是,检验鉴定者的知识、责任心、公正立场,需要有完全保障,但实践中,检验程序差错、检验申请人对鉴定者的影响,鉴定人本身先入为主、主观臆断、失去公正性的鉴定,多头重复、结论冲突的鉴定,常常把有可能查清的事实,搅得天昏地暗,甚至有鉴定人员故意隐瞒证据,放纵罪犯或陷害无辜;三是,一些技术天然就有误差,虽然其总体误差率可能只有百分之十几、百分之几,甚至更少,可是,对于任何个案来说,一旦出差错,就是百分之百的错,没有"概率"问题,如测谎、催眠、侦查实验等。还有,一些看起来可靠,技术含量低或不需要技术的事实证明方法,如当事人、证人辨认、指证等,都有出错的情况。② 所以,悬案、疑案,不只是古代、近代才有,现当代也不少,中外皆不例外。

---

① [美]科林·埃文斯所著《证据:历史上最具争议的法医学案例》(毕小青译,三联书店出版 2007 年)中说:"法医科学的发展历史是一个漫长、复杂而又令人神往的历史。总的来说,它是一个成功的故事,是人类在弥补法网中的漏洞、防止犯罪分子逃脱惩罚这一永无止境的斗争中所取得的一个又一个胜利……";"走进犯罪实验室去看看吧……电子显微镜、光谱、气体彩色成像、DNA 鉴定以及上百种其他法医学分支学科已成为刑事侦查人员不可缺少的帮手"(第 7、8 页)。

② 科林·埃文斯提醒我们:科学进步尽管令人欣慰,但是与之俱来的是一种危险——陪审团不加质疑地接受专家证人所告诉他们的一切;技术会有错误,专家证人可能不诚实,往往受到他人操纵。在专家证人这一非常有利可图并且充满激烈竞争的行业内,专家的证言往往取决于谁给他们开支票,而不是不偏不倚的分析。腐败并不是一件新鲜事物……当科学开始在法庭上占据一席之地的时候,就有大量的唯利是图的人随时准备利用人们对法医的轻信大捞一把(参见上书,第 10—12 页)。福斯特和休伯则指出:科学有两个问题,即不确定性和不当使用。科学常常不能对法庭或政府部门有重大意义的问题提供明确答案;存在"垃圾科学",即某个证人试图提供完全荒谬的科学数据解释或者不为科学证据支持的观点,这不是科学问题,是法律问题(参见[美]肯尼斯·R.福斯特、彼得·W.休伯:《对科学证据的认定——科学知识与联邦法院》,王增森译,法律出版社 2001 年,第 20—21 页)。美国学者对刑事错判案件进行系统研究后,一致认为,受害人和目击证人的错误指证,是所有导致案件错判的因素中的第一因素,在约 50% 的错案中存在这个致错因素。

第四,司法潜规则或"无规则",法定程序遭践踏,司法证明机制异化,导致事实认定扭曲,这在各种诉讼程序里面都不同程度地存在。出现这种情况,对民事和行政诉讼而言,会造成错案;对刑事诉讼而言,会造成冤案。我并不是说,所有潜规则都是"恶的",所有使用潜规则的裁判者或其他事实真相的调查者,其出发点和动机一开始就是"恶的",他们可能有很好的愿望和动机,希望尽早找出真相,或可能迫于种种压力和无奈采取一些措施,当然也可能出于卑劣的目的和动机,糊弄法律和当事人,执法犯法。这些案件,往往事实真相被歪曲,或者隐瞒,除非后来真相大白,否则永远是谜。在这个角度,不是事实能否证明的问题,而是事实根本不可能查清、证明,除非基于偶然,如(刑事案件中)"真凶"现身(云南杜培武杀妻案),"亡者"复活(湖北佘祥林杀妻案),[①]"情妇举报","共犯内讧"等。错案、冤案的屡屡发生和客观存在,成为一些人质疑事实证明可能性、司法证明机制可靠性的一个重要依据。

参见,罗纳德·哈夫等:《判决有罪但却无辜:错判与公共政策》(Ronald Huff, etc, *Convicted but Innocent: Wrongful Conviction and Public Policy*, Sage Publications, Inc., 1996);斯科特·克里斯蒂森:《无辜:错案内情》(Scott Christianson, *Innocent: Inside Wrongful Conviction Cases*, New York University Press, 2004);斯坦利·科恩:《被错判的人:美国死刑错案的流行病》(Stanley Cohen, *The Wrong Men: America's Epidemic of Wrongful Death Row Convictions*, Carroll & Graf, 2003);杰伊·罗伯特·纳什:《我清白无辜》(Jay Robert Nash, "*I Am Innocent!*": *A Comprehensive Encyclopedic History of the World's Wrongly Convicted Persons*, Da Capo Press, 2008)。

① 龙宗智等先生追问和慨叹:案件昭雪,缘于发现真凶;发现真凶,多半事属偶然;如果没有发现真凶,该怎么办?毕竟不能总是依靠真凶落网、"亡者"复活来拯救无辜者,不能把洗脱罪名的希望寄托在发现真凶这种十分偶然的机会、十分渺茫的希望之上。然而,在许多国家和许多案件里面,无辜者的冤情真是在真凶落网、"死者"复活之后才真相大白的,这不是中国大陆独有的令人痛心的现象。1812年,美国佛蒙特州发生的杰西·布恩和斯蒂芬·布恩(Jesse and Stephen Born)兄弟谋杀冤案,就是在有人发现"被害人"依然活着的情况下,洗清谋杀罪的。据说,这是美国有记录的第一冤案。在可预见的未来,真凶出现、"亡者"归来仍然是一些人洗雪冤情的途径和方式,在杀人、强奸、抢劫等类型的案件中,这甚至是洗雪冤案的重要途径。

不过,从"纯理论"来说,因执法者无知无能、枉法腐败和怠于职守等导致的事实证明难题,与我们讨论的事实能否证明的问题根本不搭界,因为,探讨事实证明的可能性,必须基于起码的正常的认识事实和证明事实的方式、手段和程序,如果有人胡乱确定证明对象,胡乱分配证明义务,胡乱处理证据,胡乱认定事实,胡乱打发诉讼参与人,甚至根本就是要破坏对事实的正确认识,对真相的有效揭示,那就完全无法讨论、也不必讨论事实能否证明了。

至此,看看司法证明实践中的种种难堪情形,我们还能说"事实可以(能够)证明"吗？或者说,我们至少需要问一问,有些事实是不是真的不能证明？

二、司法证明长期遭到怀疑主义哲学挑战

在司法证明理论中,怀疑主义一直在挑战"事实可以(能够)证明"的学说。它对事实证明可能性的前提、方法、过程和结果,都深表怀疑,认为证明事实不可能或可能性很小。

怀疑主义的基本观点是:人是认识的主体,认识具有主体性、主观性和相对性;真理不是认识与客观事物相符合,而是认识内部的和谐一致,相互"融贯";认识相对性的根源在于认识主体都受时代条件限制,基于不同的认识立场和角度,拥有不同的个体知识结构、经验和情感、意志,这些因素导致人们无法认识客观事物、达到真理,最多只能很有限地接近事物和真理。由此出现绝对怀疑主义和相对怀疑主义,前者与不可知论同流,主张事物不可认识,因而也没有客观事物存在,任何认识本身也要怀疑;后者是形形色色的、具有不同程度合理性的怀疑主义,有的接近不可知论(质疑客观事物的存在,否定认识可能性),有的接近可知论(承认有客观事物及人的有限认识),但都认为事物能否认识值得怀疑,认识的真理性是相对,每个人只能最大限度的接近真实而

永远无法达到真实。不可知论的怀疑主义,以皮浪、休谟等为代表,他们怀疑一切事物的存在和认识;可知论的怀疑主义以笛卡儿等为代表,笛卡尔从普遍怀疑开始到重新建立认识论,确立"我思故我在",建立起"我思"和"我在"的确定性联系。可知论怀疑主义的怀疑是认识手段,不是目的,并确立了西方理性主义原则,开创了主体形而上学。怀疑主义的核心是"认识的相对性",向前推及"客观事物存在的相对性",向后推出"真理的相对性"。但大多数怀疑主义者并不愿意把自己推向不可知论,所以,他们往往暗中以"有(客观)事物需要认识"和"能够在一定条件下认识事物"为前提,他们强调的重心在于,认识对象、认识条件和认识主体的多重限制,决定了认识的相对性。

哲学上的怀疑和怀疑主义哲学都有着一定的积极意义。它们针对自然和社会中的实际问题,以求真为宗旨,以科学理性为特征,倡扬独立思考和批判精神,质疑理性的过度自信,促进人们探求真知、真理和真相,达到重现真相、发现真理和获得真知的目的。但是,怀疑主义"怀疑一切"的思想方法,却对司法证明理论产生了不小冲击。

怀疑主义根据其基本观点,沿着它的分析方法和思路,对司法证明可能性、可行性提出如下种种疑问,以证明认识客观案件事实要么是不可能的,要么是十分有限的。

第一,理性在司法审判和事实证明中是无能的,或者至少有许多无能为力的地方。怀疑主义认为,传统乐观的理想主义和理性主义确信人的理性认识能力是司法审判和事实证明得以进行的基础,理性力量能够使裁判者和当事人共同推进证明活动,查明事实真相,达成司法裁判,但这是没有充足根据的。怀疑主义质疑理性在司法审判中的能力,认为司法理性只是一种遁词和错觉,理性无力带给人们案件原生事实,因此,追求真相应当为其他诉讼目的所取代,比如实现程序正义。

第二,司法活动中,讼争事实的调查和证明,是在封闭的司法场域进行的,因此,事实调查和证明只能是相对的调查和证明。怀疑主义(相对主义)者认为,时间上,诉讼程序都有法定期限,从起诉到各种裁判的做出,必须在法律事先规定的时限内完成,不允许为了真相而任由当事人和裁判者无限期进行查证;案件事实本身早已发生,甚至完全过去,它无法在当下的时间段里再原原本本重演一遍,所以,司法证明的时间维度具有"滞后性、不可回溯性、终结期限的明确性和固定性";空间上,讼争事实的司法调查和证明,不是在事实发生之际的空间位置,而是在固定的或临时确定的法庭之中,即便是"送法下乡(到街)",到农家小院、街道社区去"开庭",并不因为法官"现场办案"或"开门办案",老老少少的人们可以自由旁观,就在实质上改变了争讼事实司法证明的空间封闭性特征——参与诉讼的人不会改变,裁判者的职位和身份不会改变,大致依照法定程序进行审理不会改变,裁判者和当事人仍然只会关注争点事实的证明,关注如何陈述案情、举出证据、展开辩论,关注将来的裁判结果,这些和在专门的法庭内进行的诉讼,没有质的区别。司法证明活动的空间封闭性,表明诉讼中需要证明的事实和被证明的事实,不完全同于案件原生事实,原生事实是否得到证明就可以质疑。

第三,证据与事实的关联在人的认识中具有不确定性。从客观上说,证据与案件的客观事实具有确定不移的联系;如果案件中的讼争事实与案件客观事实的关系也是确定无疑的,那么,证据当然与讼争事实具有关联性,这是案件客观事实能够通过证据重现、讼争事实能够通过证据证明的一个纽带。然而,从人们对证据、案件客观事实和讼争事实的相互关系的认识来看,当案件中的证据相互矛盾,各个证据指向不同且相互冲突的事实结论时,证据与事实之间的真实关系就难以把握;单个证据也可能包含多种事实信息,人们对证据事实信息的解读可能出错;在程序异化的时候,可能所有指向某个事实的证据,全是人造的假象,而指向真相的证据可能被隐埋,或不为人重视,遭到遗弃;而且,证据与事实的相关性,主要是凭经验判断,在法律上没有严格、清晰的涵义;证据提供的事实信息可能是不完全的,人对证据事实信息的解读是主观、有限的,不一定可靠,法律和社会因素对当事人、证人和裁判者都有影响,裁判者最终发现和认定的事实不一定是基于对真相的描述,而是基于法律的规定或某种特殊裁判意图的需要。事实证明的需要,可能为着多种目的,而不只是发现真相。当证据与事实的天然关联性遭质疑或被打破,那么,"事实确实能够得到证明"的看法就没有充分根据。

第四,常识、经验和逻辑推理都不绝对可靠,事实证明与否的检验标准有缺陷。怀疑主义者宣告:辩证唯物主义认识论对司法裁判中的事实证明活动失灵或者无效,因为辩证唯物主义认识论指导的是绝对性和相对性统一的(人类)认识活动,而司法证明是完全具体的相对的认识活动,甚至根本不是认识活动,而是正当程序的自我展开和价值实现过程;实践这个真理检验标准也不适用于司法证明,因为马克思主义哲学的"实践"是个"大概念",是宏观的绝对化的人类实践,而司法证明活动是有限实践活动;案件客观事实只是一个假设,在人没有认识之前,并不存在或无法确定它真的存在,而为人认识之后,又只是认识的主观结果;以常识来建立证据和案件真相之间的联系靠不住,因为常识不确定,充满错误,具有地方性;经验是个体的、自己的,共同的经验很有限,而案件是他人的,我们即使有常识和经验,也无法再次经历他人经历了的事实;没有属于人的普遍认识能力,如果说有这种能力,那也没有多少实质性的共同内容,认知能力都是个体知觉、记忆、注意、思维和想象的能力,"案件事实是什么、为什么、怎么办",每个人的回答能力和具体回答都各不相同;至于逻辑推理,如果是归纳推理,则永远具有归纳对象的不可穷尽性,结论始终具有或然性,如果是演绎推理,即使推理结构正确,但大前提和小前提是否可靠,仍然没有谁能够绝对保证;从证据到事实无论是通过归纳证明还是演绎证明,都有缺陷。

第五,将寻求事实真相置于审判的优先地位,把真相和司法正义联系起来,是不能成立的。"真相(或者真实、真理)"的诉求,是无意义的,既没有纯粹的客观真相,也不能证明有客观真相,正义是公正程序的结果,因此,待查的事实和查证的事实,都与诉讼程序和司法价值不可分割;案件真实情况与案件中当事人之间的纠纷解决没有不可分割的关系,许多案件真相没有查明,或者不一定查明,但案件仍然获得最终解决,裁判的终结性和权威仍然建立;尤其在对抗制诉讼中,寻求真实并不处于优先地位,程序正当、平等诉讼、对抗竞争,就能够达到司法正义目标。而且,司法的伦理准则和价值都是多元的,不只是真相和正义两者,人权保障、司法效率等都应当得到关注。而这些都有可能把真相置于并非首要的地位。

怀疑主义对案件事实客观存在、真相需要查明、事实能够证明的理论直接提出质疑。它否定通过证据以及论证能够获得过去发生的案件真实情况,宣告事实不可获取,认识真相的努力会遭到主观和客观可能性限制,当事人和裁判者的先入为主和偏见,证人的认知误差和不诚实,事实审判者的信息接受错误,等等,使人们不可能得到关于过去事件的客观知识,审判查明的事实的确定性光环消失,寻求真实的目的不可能达到;它宣告,以理性方式寻求的司法正义只是一种不公平社会秩序的压迫机器,以审判来执行法律和实现权利,只是反对当事人自己和平地结束争议、使用易受到国家控制的官僚程序解决争议的方式,因此,真相并不是司法裁判的必需品。[①] 怀疑主义与极端的程序正义理

---

① 参见埃德蒙·卡恩:《杰罗姆弗兰克的事实怀疑论和我们的未来》,《耶鲁法学杂志》1957 年第 66 卷, Edmond Cahn, Jerome Frank's Fact-Skepticism and Our Future, *The Yale Law Journal*, 1957(66)。转引自,邹利琴:《理性主义、证据规则与证明理性》,《法制与社会发展(双月刊)》2009 年第 5 期。

论结合,共同勾勒出这样的司法证明和审判理念:审判的封闭性决定了审判只以法庭、参与人和司法程序为"场景",远离特定案件发生、存在和演变的具体生活环境,个案纠纷中的社会性因素被排斥,即使个案表面真实展示出来,案件背后的深层社会真相仍然掩藏;因此本质上,司法证明和裁判中,无所谓"证据"、"证明"、"相关性"、"可靠性(确定性)"、"事实"和"误判"诸概念,除了"程序正义"及与之联系的"结果公正",并没有什么不可割舍的"实体真实"、"公正(判决)"、"实体正义"、"实质正义"。

总之,没有真相,不需要真相,也不可能证明出真相,这就是怀疑主义的诉讼证明主要理论。

三、后现代证明哲学对司法证明的"解构"

除了怀疑主义,"后现代证据哲学"也挑战事实能够证明的理论。

后现代主义证明哲学质疑理性主义的理论基点:客观真相能够获得?司法证明的本质乃是一种"叙事"或"讲故事"的方式。后现代主义强调认识中的非理性因素,强调寻求真相受主客观条件制约,强调"证明的事实"与客观案件事实之间的"断裂",断定不可能准确发现事实真相。

然而,后现代主义不愿意与怀疑主义和不可知论搭界,他们承认"事实"及其可知性,但认为司法证明中的事实认定是裁判者在司法场域中对纷争事实的主观判定、解释和陈述,是法官对"事实"的"建构"、"重构",事实不是"客观性"存在,具有不确定性。总之,它"消解"了客观案件事实及其认识的必要性和可能性问题,获得了"事实在裁判者的主观解释或建构中存在"的理论解说。在理性主义证明理论看来,这存在两方面的问题:没有客观案件事实基础的主观事实建构,根据何在？按照后现代主义自身的方法，主观建构的事实及建构方法本身，也应当是"解构"或"消解"的对象，最后，人的认识所得是什么？

四、事实能够证明是理性主义的基本观念

理性主义的司法证明理论坚守一个基点：案件事实是客观存在的，是需要证明、能够证明的，案件事实的证明和认定是司法证明的核心，准确认定事实是公正裁判的基础。理性主义认为：

> 事件和事态发生并存在于人们的观察之外；真实的陈述是同事实相符的陈述，也就是同外在世界中的真实事件或事态相符的陈述。对过去事件的当下认识原则上是有可能的；在此背景下，"认识"意味着有保障的确信，它满足了与真实世界的事实陈述真实性相联系的特定的证明标准。……特定的过去事实主张真实性，也即案件中系争事实的真实性，必须根据提交给决定者的相关证据获得证明，这是实施实体法的必要条件。基于证据，通过对事实主张真实性的决定实施实体法，乃是实现补救的正义也即法律正义的必要条件。既然对于事实主张的决定一般只能发生在不确定的条件下，那么，法律正义便只能满足于缺乏绝对确定性的证明标准。决定的正确性，也即，将有效的实体法正确地适用于被证明为真实的事实，乃是一个重要的社会价值……[1]

证据法理论中的理性主义将神明裁判逐出，强调理性认知能力及其可靠性、事实可知性和证明的事实的客观性。

---

[1] 汤维建：《英美证据法学的理性主义传统》代译序，见约翰·W. 斯特龙主编：《麦考密克论证据》，汤维建等译，中国政法大学出版社2004年，第5—6页。

第二节 "事实能否证明"的实质和回答

一、"事实能否证明"的涵义和实质

(一) 事实需要证明和能否证明互为表里

的确,(诉争、争点)事实需要证明是一回事,能否证明是另一回事。但是,这两个问题在一定角度上看又互为存在条件。

如果事实本身不需要证明,或者,司法裁判根本不需要证明事实,事实能否证明的问题便无从产生。

如果司法实践从来没有探求过事实能不能证明,事实能否证明的问题从来就没有在实践中得到过任何肯定或否定的回答;如果大多数司法审判案件中的讼争事实确实没有得到过证明,即"事实能否证明"的问题早已由司法实践给出了否定回答,或者说被司法证明实践从根本上"消灭"了,那么,理论上就无须提出事实为什么需要证明、能否证明的问题,因为在根本上不可能的东西,谁能够提出"需要"呢?

但很显然,(诉争、争点)事实需要证明并不是伪命题。每个案件,只要有争点事实存在,就有证明的实际需要;只要裁判者面对讼争事实,他一无所知或所知事实不足以下判,他就有事实证明的需求,直至查明事实真伪,或最终认定"真伪不明"。即使裁判者所得到的只是"真伪不明"的结果,那也是证明之后的结果,而不是没有经过证明,更不是不需要证明。每一个坐在书斋、闭目冥思司法证明理论的人,都应当承认,自从人类有司法裁判以来,几乎年年月月都在发生的普遍性事实,那就是法官们坐立不安地渴求着真相,他们自己或者通过他人极力寻求真相,证明事实是他们的一种基本需要。

事实需要证明不是一个单纯理论问题,更不是一个简单的逻辑命

题,它首先是一个实践问题,是实际存在的问题。除非起诉者撤回起诉,或者某方当事人对诉称、辩称的事实全部承认,①即案件里面没有争点事实,裁判者落得轻松,不需要对事实进行证明,而在此外的种种讼案里面,都有这样那样的争议事实需要证明,事实能否证明成为重要问题。

事实能否证明即事实证明的可能性问题,既以"事实需要证明"为前提,又以司法证明实践是否曾经、正在满足"事实证明需要"为答案。倘若司法证明实践从来都完全满足了事实证明的司法需要,或者相反,从来根本没有满足过事实证明的司法需要,那么,"事实需要证明"和"事实能否证明"这两个互相依存的问题,就不会在实践和理论中产生。

(二)事实需要证明和能否证明的实践意涵

对"事实需要证明"的问题,司法实践从来没有停止做出回答,并且,司法历史表明,事实证明的实践在总体上做出了肯定回答:事实需要证明不仅是长期、普遍和客观的状态,而且司法证明的技术和手段,一直在尽力满足、基本能够满足、并越来越好地满足争点事实证明的需要,尽管确实存在没有得到证明的事实(主张),存在事实真假不清的疑难案件,以及事后发现证明出错的情形。至于裁判者或者当事人故意不让事实得到证明,那与事实能否证明的问题无关。

因此,与"事实需要证明"相关的"事实能否证明"的问题,严格说来,是这样一个问题:为什么有些争议事实难以证明,有的根本不能得到证明(暂不考虑有人不想让事实得到证明的问题)?换言之,案件客观事实在多大范围和程度上能够或者不能查明,事实(主张)在多大范

---

① 但刑事诉讼法要求,只有被告方的供述,没有其他证据证明犯罪事实的不得追究被告方的刑事责任,因此,被告方承认的事实必须有根有据。民事诉讼中,当事人自认事实的证据条件不严格。

围和程度上能够或者不能证明？这才是问题的核心。

(三)"事实能否证明"问题的整体性和具体性

"事实能否证明"既是整体性问题,更是个别、具体问题。所谓整体性问题,意指,就"全部司法裁判案件"来说,案件事实能不能证明,这是普遍、宏观的问题,但这种整体性问题是以司法个案中事实能否证明来构成和回答的,抽象而独立的"事实能否证明"这个整体性问题并不存在。因此,事实能否证明的整体问题,转化为个案中争点事实能否证明的具体问题,包括"可证明或不可证明的范围和程度",以及人是否有足够认知能力和手段来证明事实的问题,而不能笼统追问"事实能否证明"。

(四)"事实能否证明"问题的准确内涵和实质

可知论、不可知论对"事实能否证明"的回答既有差别,又有相通之处。

按照可知论观点,事实能否证明的问题,有两个不同层面的答案:在"只有未知之物,没有不可知之物"的层面上,需要证明的事实显然并非不可知的事实,只是尚未知晓的事实,而未知的事实也不存在绝对不能证明的问题,只是尚未证明和尚待证明而已;至于尚未证明且尚待证明的事实有没有证明的现实可能性,这属于待证事实的具体证明(认识)条件问题,对此,我们可以这么说:其一,司法证明实践中,许多过去和现在的待证事实得到了证明、已经证明,它们当然是能够证明的;其二,有的待证事实正在证明过程中,还需要继续证明,能否最终证明,尚需时日来回答;其三,有的待证事实的确没有得到证明,它们也许在将来被证明,但当前不具备证明的条件,因此"直至目前还没有、还不能证明"。因此,可以证明、能够证明的事实范围是广泛的,但受人的主观证明能力和客观证明条件的限制,又不是无限的。

按照不可知论或怀疑主义的观点,事物不能认识,或不能真正认识。如果彻底贯彻不可知论立场,显然,"事实不能证明"就是"事实能否证明"的答案,但这个答案从何而来,本身就成问题——事实(绝对)不可知的话,"事实能否证明"这个问题的答案就同样不可知,就得不出"事实不能证明"的肯定性结论。哲学界和逻辑学界大多承认,绝对的不可知论将导致不可知论自身的破产,因为不可知论的种种主张本身就是"知",就意味着许多事物、事实是"可知"且"已知"的。温和的怀疑主义只怀疑事实证明的可能性,更准确地说,是怀疑事实证明的可靠性,因此,"事实能否证明"的答案就有两个,有些事实可能会得到(可靠)证明,有些事实可能无法证明,因此既不排除有的事实已经被证明,也不排除有的事实可能永远不能证明。温和的怀疑主义不绝对排除事实证明的可能性,而只会不停地叨问:你们说的这样那样的事实,是事实吗,被证明了吗,能够得到证明吗?可能证明不了呢!最多只能很有限地证明呢!证明的事实也许不可靠呢!

可知论与不可知论(和怀疑主义)在事实能否证明的问题上,显然分歧繁多而且巨大,但有一点是统一的,即可知论和不可知论都会提出:

面对尚未证明、等待证明的事实,我们能够在多大范围和程度上予以证明?

这就是"事实能否证明"的准确内涵和实质所在。

二、司法历史和实践对"事实能否证明"的回答

中西方司法传统对"事实能否证明"的实践和理论回答,具体方式和内容有不小差异,但无论事实证明方式如何悬殊,个案的事实证明结局有何差异,基本经验是相近或相同的;学者们所探讨的理论问题,以及形成的基本学说,在根本上也是相通的。

(一)事实应当证明

前文已经阐明,司法裁判使命的完成、诸多司法价值的实现,都基

于发现案件事实真相。查明真相,确定讼争事实的真实性或虚假性,永远是司法的第一使命和目的,其他一切司法使命、目的和价值,都根植于其中。寻求实体真实,最准确地确立纷争事实的真相,是司法的首要价值,是公平正义的基石。纷争何以止息,公正判决何以达成,正义何以实现,全赖于真相的查明。真相不仅与实体真实、实体正义即实质正义内在统一,而且是"程序真实"和程序正义的内在使命和目标——这是程序工具价值的第一要义,而失却实体真实、实质正义的程序真实、程序正义即纯粹的形式正义,根本上就是残缺的,如果司法总是以形式正义为首要目标,实体上不正确的结果充斥裁判之中,司法,从个案到制度,必定走向非正义,走向自灭。

(二) 事实可以证明

司法证明实践的漫长历史让我们清楚看到,特定案件的原生事实是可以查明的,而且过去大多数案件的事实真相是查明或基本查明了的;完全没有证明任何事实的案件是很少的。一些曾经证明的案件事实后来发现是假象,这个被揭穿的假象的后面就是原案真相,或者给人们寻求真相指引了方向。即使裁判者徇私枉法,某方当事人弄虚作假,以假象掩盖真相,致使真相不彰,这也不是事实不能证明的根据。如若特定案件事实最终真伪不明,只表明裁判者和当事人暂时没有手段和能力在此案中达到真相。尤须指出,在事实真相最终无法解开的案件中,其实必定至少有一方当事人是明知(对其不利的)真相的,很可能正是他极力阻碍他人发现真相,严格说来,这不是"事实不能证明",而是有人不让事实得到证明。真正属于"事实不能证明"的案件,理论上只能是这样的案件:所有关键证据都不在了,所有重要案件知情人都没有了;可是,普遍都是这样的无头案件吗?

司法裁判的实践者们一般不会从根本上否定"事实能够证明",因为那无疑意味着,裁判者发现的事实全部是胡言乱语,谎言充斥,他们自己也无法肯定什么是事实,如此一来,司法裁判制度和裁判者就从根基上丧失了存在的理由。所以,获取案件事实真相,形成相关的认知和知识,不仅是可能的,而且是得到实践支持的——的确证明过无可计数的案件事实。没有查明真相的案件也是客观存在的,但不足以在总体上否定事实可以证明、能够证明。证明哲学和证据学、证据法学理论对事实能否证明的各种肯定回答,完全是基于司法证明的实践,而且实践是最终和最有力的回答——从古至今无数的案件在裁判者手里被公正裁判,有时候就连最刁钻的当事人都服气,都知道裁判者查出了真相。

(三)事实主要以理性方式证明

案件事实的查明、证明是一个理性过程,这毋须赘言。"非理性的证明"只是某些证明形式的外部特征,其背后隐藏的是某种"原始的聪明的理性"。中国古代较少有神明裁判,较早地确立了以供证定案的事实裁判方式;西方国家曾经长期保留着神明裁判,但不依赖于神明的司法裁判,也有很长历史。纵观所有证明方式,其核心只有一个:找证据证明事实。证据、证明和事实,是全部司法证明活动和制度的共同内核,而这是理性思维的成就,不是非理性的胜利。

第一,神明裁判的非理性特征只是表面的,"发明"神明裁判,本身就是人的一种裁判智慧,是经验积累和理性选择的结果。神明裁判是一种平和、权威、共同服从的纷争解决方式,古人在没有其他技术手段证明事实的时候,选择各种各样的"神明",向人间的裁判者显示证据或者事实,表面上是人把查明事实和解决纠纷的任务交给了神明,实际上裁判的权力更加牢固地掌握在人的手里,掌握在那些能够"通灵达神"的人手中。

第二,"神灵"显示证据或事实,离不开特殊的程序(仪式),离不开人们对神灵之"灵验"与公正的敬畏和信仰,离不开可以直接感知的

"超验"迹象,①特定的通灵者,以及事实争执者等五种要素,它们结合为一体,依靠某种物质形式作为人与神灵相互通达的媒体(如水火刀犁,棍棒石头,鸡猪牛羊等等),按照严格的程序和固定的咒誓内容,根据出现或没有出现的超验而客观的迹象,在争执者和裁判者的共同参与下,通过"超自然力量"实现公正裁判。这诸多因素和方面井井有条、根深蒂固地集合在一起,本身就是理性思维的成果,而且,当神明裁判成为一种悠久传统时,后来选择或强加这种裁判方式的人,就远远不是非理性的了,而是经过了"理性的计算"(详见第二章第六节)。

第三,包括神明裁判在内的司法证明方法,都是理性方法,揭示这一点非常重要:理性,而不是非理性,主导了司法证明的历史,即使有非理性的痕迹遗留在司法证明史上,那也是人的理性选择的结果,或者说是司法证明理性的精妙之处;司法证明的历史过程,是理性逐步消除非理性痕迹的过程;司法证明的理性虽然遇到过难题,但绝非无能,即使将来仍然会遇到障碍,也不能说明它会走向穷途末路——相反,将来司法证明的非理性痕迹会被涤荡得更加干净,理性证明方式和司法证明的理性会为自己开辟更为宽阔的路径。

(四)事实证明是经验、常识和理论逻辑的综合运用

千百年来,中西方的司法裁判实践者们,一代一代,不仅借鉴和利用了前人的经验,积累了越来越多的经验,而且,不断地把个别经验转化为职业常识、行业知识,提升为专业理论体系,在证据、证明和事实之间,在经验与理性、常识与专业知识之间,建立起越来越深刻、细致的逻

---

① 所谓"超验"迹象,其实是人期许的可能出现的相互对立的客观现象,对这些现象所喻示的事实的解释则遵循古老习俗,其表达方式始终是"如果出现 A,则 B;如果非 A,则非 B"。这里的 A、B 之间不存在形式逻辑上的充分条件、必要条件或充分必要条件关系,而是人们约定的对"超验"迹象的解释规则,如:灼伤之处溃烂,则有罪;灼伤之处完好,则无罪,等等。

辑体系。正是经验、常识和专业理论、逻辑等认识工具和方式,使得裁判者和当事人在共同的程序机制里面,理性探索真相,逐步还原出案件本来的(基本)事实面貌。

西方各具特色的证据法规范体系,丰富多彩而又精细入微的证据法理论,是西方漫长而多样化的纠纷解决实践和制度的产物。无论是证据关联性规则、最佳证据规则、证据可采性规则,还是传闻规则、非法证据排除规则,无一不渗透了西方司法在证明纠纷事实方面的实践经验和智慧,无时不在引导陪审团或法官对事实争议做出判断。尽管在英美陪审团审判中,某些案件里的陪审团可能被控方或辩方的"最后结辩"打动,被某个执拗的陪审员的立场影响,改变陪审团多数成员最初形成的事实认定,判定被告人有罪或无罪,最终受到或逃脱惩罚,陪审团的某种"集体情感"可能压倒了客观、理性的案件事实认知立场,但陪审团却可能在拒绝某个表面的事实真相的时候,以其朴素、自然的情感,还原了某个深层次的真相,以陪审团审判的法律形式,实现了更深层的自然正义,其代价可能是牺牲法律规范上的正义。①

如果说在陪审团审判的场合,陪审团成员认定事实主要基于经验和常识,理论逻辑的运用并不显著,那么,无论东方西方,在职业法官作为事实裁判者的案件中,有一条清晰的事实证明主线:法官和当事人等诉讼参与者把事实证明的经验、常识和理论逻辑,充分地运用到事实调查和证明程序中。法官主动查案,无疑会调动自己的全部常识、经验和理论思维,根据查到的证据,把讼争事实的相互对立的各个方面进行综合判定,找到真相;在主要依靠当事人举证证明事实的场合,裁判者不

---

① 如面对警察、检察官在追究犯罪、保护受害者权益上的不作为,甚至与犯罪者沆瀣一气时,被害人或其他人不惜以触犯刑法的方式"自救",向罪犯复仇,这种畸形的、为现代法治秩序所不容的"正义执行者",在陪审团审判中,有可能被陪审员宽恕,判其无罪。当然我们也明白,陪审团的"集体情感"有时候可能将自然正义和法律正义一同牺牲。

仅要审查当事人的事实陈述、证据和辩论理由,而且要观察他们各自的外在表现和内心活动,他们的常识和经验,他们的诉讼能力和客观条件,裁判者会把这些因素和自己的生活经验、专业知识微妙细腻地结合起来,促使真相显现。

(五)事实证明的制度约束和价值导向并不根本改变事实

事实证明与司法证明制度和司法价值取向相关联,但事实及其法律性质并不因为这种关联而改变。

司法领域的事实证明,不是个人兴趣和爱好支配的认识活动,而是以争点事实的证明为内容,以诉讼制度和证据规则设定的证明机制为证明方式,以符合法律要求的证据为根据,以查明案件真相、确立定案事实,从而定纷止争为目的的证明活动。整个司法证明被纳入相关的实体法、程序法以及证据制度中,证明行为经得起合法性检验,查明的事实经得起当事人、其他知情者、证据和时间的共同检验。司法裁判中的事实证明一开始就受到司法目的和价值的引导,它们把当事人和裁判者的证明活动导向及时查明真相、有效解决纠纷、实现和维护公平正义,以及巩固司法权威的轨道。事实证明过程从一开始就是不断"过滤"证明对象的过程,把与争点无关的事件、行为等排除在调查、证明的范围外,这既是证明的效率和有效性的要求,也是证明的目的使然;实践中,法官还可能基于一些正当或不正当的裁判策略考虑,把某些争点事实排除在查证活动之外,或者扩大事实调查范围,以达到特定司法目的。

以实体真实和正义为根本价值取向的司法证明,可能会容忍甚至放纵一些不正当的证据收集和使用方式,证明程序的法律约束要以保障合理、正当地发现案件客观事实为准则;在强调程序正义的证明体系下,事实证明要符合程序正当性要求,收集、举示证据,进行质证,需要按照法定条件和方式进行,有损真相发现的不法证明行为,如伪造证据、串供串证等,当然在禁止之列,而虽然有助于发现真相,但伤害司法正义的证明行为,同样为法所不容,非法收集的证据可能被排除。实践中,绝对的实体真实和绝对的程序真实都难以立足。为求查明真相、实现实体正义,遵循和维护程序正义,寻求它们之间的价值平衡,现代司法证明规则体系往往充满相互对立的各种规范,一般证据规则和越来越多的例外充斥于立法和司法之中,证明行为穿行在由证明规则构造的丛林里,或者夹缝中。这样,何种事实需要证明、可能证明,裁判者是否愿意让它得到证明,某些事实真相被揭穿是否有利于实现司法正义等目标,可以拒斥的真相的范围和标准如何,都受裁判者价值观念的引导——特别是在中国的行政诉讼中,"多一事不如少一事"的明哲保身观念,对行政权力中心地位的维护,"官本位"和"官官相护"的文化理念,深深影响了行政庭法官对查明违法行政行为的态度,极力回避对一些争议事实的查证和认定,尽力压缩调查事实的范围、内容和深度,全力以赴阻止原告牵扯"与本案无关的事实"。

  司法证明受到法律约束和价值指引的程度,在各个历史阶段和各民族很不相同。司法裁判初生之际,以及后来漫长的发展过程中,程序法是粗糙的,证据规则稀少,受文化水平和文化传播能力限制,司法证明的经验、常识的积累和传播,证明理论的探索和传承,都被限制在极其狭隘的范围内,司法证明的经验、知识,和整个法律知识一样,具有高度的"地方性"、垄断性和封闭性。在中国,正当程序的观念一直没有在本土法律文化中生长出来,查明事实的行为很少受到制度化的程序制约,保护被追究者权利的意识很难生根,相反,像"包公"、海瑞这样的"青天",在打击犯罪的时候,多以"酷吏"面貌呈现;另一方面,中国的诉讼文化里面,充满了对纷争事实之真相能够查清和证明的审慎、执著和乐观,比如,皋陶圣兽的灵验,狄仁杰、包公的神明,宋慈的精细明察,受到人们长久的赞颂,《疑狱集》、《折狱龟鉴》、《洗冤集录》和《折狱龟鉴补》等著述,都在传扬"疑可断,难可决","实情终有露,沉冤犹可雪"的观念。① 西方一些民族,在摸索司法证明制度过程中,逐步确立了重视程序的理念,并在近代以降,正当程序逐步成为具有普遍约束力的大原则,司法证明也日益受制于这个原则,被证明的事实,打上了深厚程序价值的烙印。

现代证明理论中,有学者把程序价值推向极端,认为法律制度和价值原则不仅决定了事实的证明行为和过程,而且普遍决定了证明结果,他们将依法证明的事实看做:其一,主要或纯粹是程序制度和价值的"产物",没有或者很难说有客观的案件事实"原型";其二,主要是实现司法目标的人造工具,因此,"事实"究竟是不是事实,主要看它能否并在多大程度上满足司法目标的需要,满足司法需要的"事实",如"法律真实",就是事实;其三,本质上,事实是人的"判断"、"陈述"或"陈词",是建构、重构的"故事";再者,事实本无法律上的性质,只是在证明事实、裁判者对事实进行评价和认定的过程中,赋予其法律性质。

在这样的理论中,事实证明不仅与司法证明制度和司法价值取向相关联,而且事实内容及其法律性质也因为这种关联而完全改变:客观

---

① 和(崿)在《疑狱集·序》中说:"狱者天下之大命,死者不可复生,断者不可复续……大抵鞫狱之吏,不患其处事不当,每患其用心之不公;不患其用心之不公,每患其立见之不明。苟其仁足以守,明足以烛,刚足以断狱,无余憾矣。"赵时棪在《折狱龟鉴·跋》里写道:"盖狱者民之命,折狱者贵乎明,而尤不敢轻用其明。龟鉴有书,所以推广其明,而示人以谨重之意也。宜春郡斋旧有折狱龟鉴……公暇出箧中所藏一编参订,遴匠重刊,俾览者充拓闻见,如龟决疑,如鉴烛物,是亦惟良折狱之一助。"宋慈在《洗冤集录·序》里说:"每念狱情之失,多起于发端之差;定验之误,皆原于历试之浅。遂博采近世所传诸书……会而粹之,厘而正之,增以己见,总为一编,名曰《洗冤集录》……示我同寅,使得参验互考,如医师讨论古法,脉络表里先已洞澈,一旦按此以施针砭,发无不中。则其洗冤泽物,当与起死回生同一功用矣。"胡文炳《折狱龟鉴补·自叙》则说:"盖牙角之争、刀锥之细,不难应机而立断。其有事涉疑难、踪迹诡秘者,则必多方以取之,或钩距以探其隐,或权谲以发其奸,或旁敲侧击以求其曲折,必期于得情而后已。情果得矣,而后刑罚加焉,则哀矜之心于是乎在。死者不可复生,断者不可复属,能勿惧乎?能勿谨乎?"

案件事实不仅没有证明出来,反而由"程序"产生出可以没有客观内容和基础的"程序真实",其性质在于程序合法、正当,"法律上真实",不在于案件事实本身的客观、真实。

这些理论为了"克服"它们违背事实真相的客观性、真相与司法正义之间存在内在联系的难题,引入、"转向"到语言哲学或者"语用学"领域,将司法案件中具有本体论性质的客观事实,用关于事实的"判断"、"陈述"或"陈词"(即关于事实的认识)取代,用"后现代"工具解构和埋葬客观事实,并把"法律真实"等各种"真实(事实)",用程序正当性、价值合理性等层层粉饰,显摆在司法证明理论的大雅之堂,割裂客观案件事实和人们关于案件事实的认识之间的联系和统一性,并诱惑、迷惑一些学者和司法裁判者。

(六)被证明为真的事实是"实体性"客观事实

我的观点是:待证事实的证明当然与司法证明制度和司法价值紧密联系,但司法证明过程是裁判者和当事人一起查明案件客观事实、使当事人的事实主张得到印证或证伪的过程,而绝不是以诉讼或证明程序的演进为自足,更不可能在"程序的自足、自洽"中产生出所谓"程序真实";人们在诉讼和证明程序中证明出来、"生产"出来的"真实",一定是关于案件本身事实的真实,因为说到底,证明程序"生产"出的"真实",就是依靠证据证明的事实,而证据不是别的证据,是关于案件客观事实有无的证据;谁都知道,证据的最基本属性是关联性,这不是指证据与证明程序、司法价值的关联性,而是与待证的客观案件事实的关联性;诉讼程序中最基本的程序就是事实证明程序,它就是人们用来查清客观案件事实之有无、真伪的,这是由漫长司法证明实践构筑的常识;诉讼或证明程序这架机器生产不出与客观案件事实完全无干的"法律(程序)真实",如果程序竟然能够产生与客观事实完全无关的"真实",那么,这样的程序一定在干欺世盗名的勾当,不管这个程序自谓有多么"正当"和"正义"。总之,通过司法证明程序所获得的真实,是以客观案件本身的事实内容为内容的真实,是(基本的)客观真相和客观真实。

进而言之,即便是在司法证明过程中,涉及对程序事实的证明,那么,"程序事实"也是一个"实体性"的事实,而不是纯粹的"程序",它也要由证据证明,它的真实与否,仍然是一个实体上的问题,程序事实一旦查明为真,那也是客观事实,是"实体真实",不是"程序真实"。因为,一个拘留通知是否送达被拘留者的家属,与一个嫌疑人是否打伤过某人,具有同样的实体性内容,涉及的都是某种行为是否发生。简言之,一旦程序问题成为一个"事实问题",它和案件实体方面的事实问题一样,都存在"客观事实"的有无、其内容、性质、后果如何的问题。我们之所以把司法证明中的事实分为实体事实和程序事实,不是因为程序事实不是"事实",不具有"实体性",而是要适当区分当事人之间早已存在的诉讼前的案件事实和诉讼中发生的与程序权利有关的事实,因为它们涉及的责任主体和责任内容有别。

(七)事实的内容和法律性质是既定、客观的

不管某个司法证明制度和司法价值是有助于还是有碍于查明案件客观真相,也不管人们是否即刻认识到被查明的真相的法律涵义,但只要真相被查明,它的内容就是相对稳定的案件原生事实的基本内容,其法律性质也是既定的,即被调整此类事实的法律规范所事先确定了的。案件事实及其性质一旦被裁判者正确认识,法官就会确定对该事实应当适用的法律,案件事实就被特定化。案件事实的性质不是法官赋予的,而是被法律规定并由法官认识到的。对其内容确定无疑的案件事实而言,它的性质早已由两个方面赋予或决定了:其一,实体性法律规范规定了它的法律性质,其二,社会习俗、习惯或道德准则规定了它的社会性质和道德属性。法官只有正确认识案件事实及性质,才能将该

事实的内容及前因后果,同特定法律、习俗和道德规范联系起来,从而使案件事实的法律、道德涵义清晰显现,正确适用法律(很多时候意味着给社会指明适当的道德方向)便有了基础。如果认为案件事实的法律性质是裁判者认定或赋予的,那么,案件事实即使内容非常客观、真实,但也会成为任人装扮的花瓶。如甲用随身小刀刺中了乙的手臂,这个行为是清楚的,没有争议,但乙说是甲故意刺伤他,甲说是对乙进行防卫,裁判者就需要进一步查明整个事实,进而认准事实性质,作出法律上的认定:甲乙双方先是相互辱骂,继而互相斗殴,甲的小刀刺中乙的手臂,只是他们斗殴中的一个情节,这既不是甲单方面伤害乙的事实,也不是甲对乙正当防卫的事实。所以,从逻辑上说,经司法查明、证明的事实及其性质,总是启动诉讼和证明程序之前的事实及其性质,并不是诉讼和证明程序所添加或改变的,也不是法官赋予的,但的确是由法官查明、认定的。

也就是说,只要调整相应案件事实的法律规范是先行存在的,那么,被司法证明的事实的法律性质,在其发生和演变过程中就已经具备。因为,除非事实发生之际没有相应法律规范去调整,否则,既然立法早已将该类事实定性,纳入法律调整范围,那么,只要发生该事实,其法律性质就已经被决定。虽然在理论上,某事实是否属于某法律规范所调整的事实,需要法官解释、归类,似乎一个案件事实被归入哪一类事实,是由法官决定的,但法官对事实进行法律上的归类和所谓"定性",并不是法官主观妄断的,而是根据事实内容、前因后果、演变过程,结合最为相关的各项规范所调整的事实的根本特征,进行识别、判断和归类、认定的。裁判者和当事人一样,可能容易看到事实的表面状况和内容,而事实性质需要辨别,就像在一些疑难案件里面,表面事实状况也需要艰难的查明和辨别。其实,生活中的许多案件,由于事实简单或者常见,性质明确,所以,在根本没有开启诉讼程序前,当事人、公众就已认识了相应事实及其性质:看！那小偷偷东西了！喔,那家伙杀人了！一个头脑清醒的杀人者,完全清楚他的行为是杀人,他不需要等到诉讼开始,更无须事实被控方当庭证明、法官对其行为做出故意杀人的评判,他才开始明白其行为的性质和后果,这就是重大案件不一定复杂的道理所在——虽然在程序法上,从控制国家刑罚权的使用、贯彻无罪推定原则来说,把他杀人的事实确定为有罪,是在审判程序终结、有罪裁判生效之后。所以,许多情况下,案件事实在社会生活中的性质,在实体法上的性质,往往十分简单明了,人们根据社会和法律常识就能够准确判断,但在程序法上,简单的事实及其性质,变得复杂起来,不过,这不妨碍我们在理论上重新把它简明化。当然,当事人和公众对常见事实的性质的认识,可能出错;即使认识正确,也不能替代司法裁判在诉讼程序中对事实性质依法进行辨识和确认——有时候一望便知,有时候需要艰难的审查和判断。

总之,经过司法证明的案件事实的内容及其法律性质都是客观的,不是当事人、证人和司法裁判者主观评价赋予的,也不是诉讼程序、证明程序所赋予或"产生"的。正如事实不能是主观的,事实的法律性质也不能是主观的——否则,我们没有任何理由说法官对事实性质的认定是对是错。即是说,案件事实的内容和性质是客观、稳定的,尽管人们对事实内容和性质的认识可能不客观、不稳定,可能不正确、不统一。一旦在理论上把事实内容作为程序本身的产物,把事实的法律性质视为法官评价的产物,那么,案件事实的法律适用和后果就会摇摆不定,要使不同法官对同一事实适用相同的法律,作出基本一致的裁判,就没有统一、稳定的客观基础,"事实清楚、定性正确(准确)"将无从说起,合议制度、上诉制度等,都失去了重要根据。既然这样,我们提出"法制统一",法律适用统一、均衡,就没有任何意义。

第三节 "有限真相"与"有限证明"

需要证明的事实是诉讼中的争点事实,事实能否证明的问题,实际上是争点事实在什么范围和程度上能够证明。争点事实的证明都是具体、有限的证明,是对具体、有限的事实争执的化解和排除。因此,在每个具体案件中,裁判者只需要有限的事实真相,足以化解事实争执即可;当事人也只需承担有限证明义务,只需要有限证据、进行有限证明;个案中的真相虽然有限,但能够凭借它实现有限但足够的个案正义。"有限真相"、"有限证明"和"有限但足够的正义"决定了司法证明不仅可能,而且可行,具有理论上的合理性和法律上的正当性。①

一、案件裁判的个别化与"有限证明"、"有限真相"

案件审判从来是个别化的,所有个别的案件构成了"司法案件",所有个别的审判构成了"司法审判",所有个别案件的正义构成了"司法正义"。没有脱离个别案件、个别审判和个别正义的抽象的"司法案件"、"司法审判"和"司法正义"。所以,在个案中发现真相、伸张正义,具有决定性、根本性意义,离开这些,空洞谈论案件、审判和正义,小则耽误个案,大则"误国乱邦"。

"有限证明"是在司法裁判需要的范围内,对特定争点事实的证明,以还原出裁判纠纷所需要的案件真相,在这个范围内所查明的事实是客观的、确定的,不是主观的、可以任意改变的,是主观"拿了它没有

---

① 笔者当然没有忘记哲学上"有限性"和"无限性"、"绝对"和"相对"的对立统一关系。笔者强调"有限"之时,不会把"绝对"和"无限"给忘却和抛弃了。我始终认为,在讨论司法证明问题时,在分析具体的争点事实的证明可能性及其限度时,我们用不着去玩弄"绝对"、"无限"的"大字眼",拿它们来吓唬、糊弄人。

办法的",因而是绝对的;但这个证明是在有限条件下、有限范围内进行的,通过这个证明所确认的客观事实只是能够满足司法裁判的需要、不得不查清的要件事实和情节事实,除此之外的案件其他事实,不必查明,往往也没有查明,当然也就不确定,因而这个证明只能是相对的明确和确定,超越这些范围和条件,它就具有不确定性。由于司法证明是有限证明,通过这种证明获取的真相当然是"有限真相"。"有限真相"不失为真相,在既定的范围和条件之内,这个真相是明确的、确定的,因此是绝对的;也正因为这个真相是在特定条件和范围内确定的,因而是相对的。有限真相是相对性和绝对性相统一的真相,是具有相对确定性的真相。

二、法律真实论虚构出"无限、绝对"证明要求

但是,"法律真实论"和其他形形色色怀疑、否定诉讼中事实能够证明的理论,它们的共同点是:诉讼证明达不到无限性、绝对性,无法取得绝对确定的证明结论,被证明的事实具有相对性,或者说不确定性,因此,这种不确定的事实结论,不是也不能是直接关于"客观案件事实"的结论,它是诉讼程序和证明规则的产物,只要达到"法律认为是真的程度",就是真实的,即"法律真实"。法律真实论以司法证明的事实结论的相对性或不确定性,否定客观案件事实的可认识、可证明性,否定司法证明的事实结论与客观案件事实的内在联系,否定所证明的事实的相对确定性。法律真实论不承认(客观真实论所主张的)"客观真实"是有限真实,有限真实也是客观真实,不承认诉讼中的事实证明是有限证明,有限证明也能够查明客观真相。法律真实论紧紧抓住司法证明的有限性和相对不确定性,抓住司法证明所获得的真实的有限性,抛开事实的相对确定性,否定"客观真实"的实体可靠性和程序正当性,紧紧依赖诉讼程序和证明规范的合法、正义性,只承认"程序真

实"的正当、可靠性,并以"正当程序"为名,把司法证明"游戏"化,把证明结论"故事化",把案件事实虚无化。

三、司法证明理论中的怀疑主义"不确定性"观念

法律真实论与怀疑主义对事物和认识的"确定性(确实性)"的理解相关,①怀疑主义的"确定性"观念或明或暗地深深影响了法律真实论者。

怀疑主义认为,理性无法真正反驳怀疑主义:"哲学和普遍人类理性的丑闻仍然存在,即不得不仅仅在信仰上假定在我们之外的物的存有,并且,如果有人忽然想到要怀疑这种存有,我们没有任何足够的证据能够反驳他。"②它还认为,司法证明实践和证明理论在证明哲学范围内对怀疑主义的回答,同样"力道不够",并没有驳倒怀疑主义对事实证明的诘难。

怀疑主义怀疑客观物质世界的存在,怀疑人能否认识客观物质世界,也怀疑人(的语言)能否(正确)表达人对物质世界的认识。怀疑主义在本体论上徘徊于唯物主义和唯心主义之间,基本取向是唯心主义,认识论上徘徊于可知论和不可知论之间,有的倾向于不可知论,有的倾向于唯心主义可知论。辩证唯物主义可知论者不可能是怀疑主义者。

对怀疑主义的反驳,包括唯物主义可知论的反驳(辩证唯物主义认识论是其中的代表)和唯心主义可知论的反驳(黑格尔、笛卡尔和维特根斯坦等的可知论),但是,唯心主义可知论,特别是主观唯心主义可知论本身面临理论上不可克服的困难——人所认识的、能够认识的乃是客观或者主观精神世界,它对认识与客观物质世界的关系的回答

---

① 当然不止与怀疑主义的"确定性"观念相关,详见本书第七、八、九章的相关内容。
② [德]康德:《纯粹理性批评》第二版序,邓晓芒译,杨祖陶校,人民出版社 2004 年,第 27 页注释。

本身不正确,或者予以回避,所以,对那些怀疑客观物质世界、怀疑主观能够认识客观的怀疑主义而言,都不能正确反驳,而且像笛卡尔、维特根斯坦,他们自己也陷入怀疑主义之中。

怀疑主义预设的理论前提是:被认识的东西,认识到的东西,表达出来的东西,以及表达本身,不能、不应当有任何意义上的不确定性、相对性,但事实上,物质和思维都有相对性和不确定性的一面。据此,怀疑主义得出结论:客观物质世界的存在本身不可靠,人的认识也没有确定无疑的内容,没有真理,而表达思维活动和认识内容的语言只是"游戏"。怀疑主义一看到语言表达的相对性,就感到语言、认识的不可靠;一看到认识的相对性,就怀疑正确认识事物的可能性;进而怀疑认识的对象,否认其客观存在的可能性。它追求事物和认识的绝对确定性,以相对性否定事物存在的客观性和认识可能性,否定人的认识成就,否定认识的客观内容,否定人们可以通过相对性而把握到的事物和认识的确定性那一面。因此,怀疑主义既不尊重合理的相对性,也不尊重相对的确定性。怀疑主义的前提和结论构成自我循环的封闭体系,跳出这个体系,回到真实的客观世界和实际生活,怀疑主义可能连需要认真对待的价值都寥寥无几——怀疑主义是对语言游戏的怀疑,其本身就是一种思维和语言游戏。

怀疑主义的共同起点在于对"不确定性"的焦虑,物质世界的存在不确定,人的认识能力、认识结果不确定,人对自己即使能够获得的那点认识能否表达,都无法确定。面对不确定性,怀疑主义忧虑不堪,并且(至少在理论上、书斋里)看不见、忽视、忘却、怀疑和否认最简单、最真实、最深刻也最粗陋的日常事物、生活实践,否定日常事物和生活在客观存在与直观感知上无可置疑的"确定性"(他可以怀疑自己是否正在用右手拿笔写字),否定这些事物和实践在认识和语言表达上的确定性。它们在物质和思维的对立与统一、绝对与相对的关系中,抓住了物质存在的具体性、相对性,抓住了思维和认识的相对性,把物质存在的相对性和认识的主观性、相对性,一起绝对化。极端怀疑主义最终与极端相对主义、诡辩论、不可知论同流。

表面上,怀疑主义是对理性主义认识及其所包含的客观物质内容和真理的质疑,它关心人自身的认识主体地位和能力,希望克服人的认识和表达的不确定性困境,理解物质世界不确定性给人的认识造成的困境,打破理性认识的盲目和自负,唤醒理性认识的自我批判——这可能是怀疑主义的唯一"功勋"。然而,怀疑主义并没有真正挑战理性主义及其认识论。一则,理性主义迄今都在无时无刻地指导着人们的建设性认识和实践活动,使人们获得相对确定的真理性认识,这就是最好的根据,是对怀疑主义的看似高深莫测、甚至无可反驳的怀疑的最佳反驳;二则,哲学和科学中的理性主义是在怀疑主义的推动下形成、发展的,理性主义愈是遭到怀疑主义质疑,就愈是在被质疑的境地之中发展前行。古希腊罗马时期,怀疑主义对西方理性哲学的形成就有巨大贡献,"因为只有提出了怀疑,认识的可能性问题才会理所当然地被提出来;一旦提出疑问,就必须回答;而如何回答,又取决于这种疑问的性质和不同的哲学家受此疑问影响的不同程度,从而造就了不同的甚至相互对立的认识理论……完全可以说,西方理性主义传统滋生于怀疑精神的沃土;理性主义的辉煌成就获益于怀疑精神的触发;甚至对理性主义局限性和片面性的发现和揭露,也得自于怀疑精神的穷根究底。怀疑主义与怀疑精神往往从根本上动摇了既定理论的基础,然而拆构正是为了更好地重构,使新理论的根基更为坚固可靠。所以,怀疑主义与怀疑精神尽管常常令人沮丧不快,但它推动西方理性哲学和理性传统发展的历史功绩却是难以磨灭的";①三则,尽管历史上存在非理性怀

---

① 陶渝苏:《证据与理由的索取——论怀疑主义与西方理性主义传统的源流关系》,《贵州社会科学》1996年第6期。

疑主义,但真正具有可持续性和影响力的怀疑主义,是理性主义的怀疑主义。怀疑主义以理性思维和批判精神,怀疑和反对理性认识的(绝对)确定性、真理性,这在总体上属于理性主义,而不是非理性主义。近代以来,正是理性的复苏,开启了对非理性的怀疑和反叛,理性主义才畅行无阻,怀疑主义从形式到内容,都显现出严肃的理性精神。苏格拉底、康德、笛卡尔都是深沉的怀疑论者,他们都是用理性的方法对客观世界和人的知识加以怀疑和批判,为哲学和科学的可靠性寻求"可靠、确定"的逻辑基础。从这个角度看,怀疑主义要么不能够批判理性主义,要么它只是理性主义自我批判的代表者。

理性主义存在局限性,这是真实的,但并不是破败残缺、不堪一击的东西。理性主义在三个方面占据了决定性地位:理性使得一切事物、事实和人对它们的认识成为可以"理喻"、有规律可循和可以表达、理解的东西,它是芸芸众生的自觉或不自觉的选择,它是常人通用的思维方式、共有的思想内容、共通的认识交往平台,怀疑主义经常使事物、事实和认识显得不可理喻,难以捉摸,不可能成为人们公共交往的思维和认识平台;怀疑主义除了鞭策理性主义、制造更加复杂、精致的怀疑主义的功能外,没有更多建设性贡献;能够对人们的认识和实践活动有建设性贡献的怀疑主义,必定是深得理性主义精神实质的怀疑主义。在理性主义基础上的认识活动,每日每时都在产生新的科学认识;理性主义本身就具有极为强大的自我批判精神和力量,没有怀疑主义,理性主义照样会看到自己的问题,理性本来就具有批判的本质。

怀疑主义和理性主义的这种关系,并不意味着怀疑主义本身没有其相对独立的存在和特征,更不意味着它对(积极的)理性主义认识论没有破坏。尤其是非理性的怀疑主义,它与理性主义相去甚远,更是把理性主义的认识论弄得支离破碎。非理性的怀疑主义与不可知论同调,完全怀疑或否定人类运用理性获得客观知识和真理的可能性。怀疑主义的观念是：很难说有客观世界；即使有，也不能认识；即使能够认识，也没有确定的、正确的认识；人们认识世界的活动不过是语言或逻辑游戏，游戏规则先验地决定游戏结果，因此，人的认识及所认识的世界，乃是语言游戏规则和游戏活动的结果，是"游戏（出来）的世界"。

怀疑主义提出一些故作高深的假难题"逗你玩"，以至于像"我有一双手"这样的命题它都不承认，并且认为这个命题既不深刻，没有真正针对怀疑主义的问题的实质，也不能证明，如果要证明那个命题，则需要另外的逻辑前提——这算哪门子的理论？每个人，除非天生残疾或后天致残，都有一双手，怀疑主义者自己也不例外，可他却偏偏不这样看，"他有一双手"的事实及其证明，还需要别的逻辑前提。我想，这样的逻辑前提一定存在，不在别处，就在他的娘胎里；用理论语言来说就是，许多客观事物、事实或者认识论范围里的命题的"前提"，不是、不能是、不应当是抽象的语言和理论命题，也不应当把这个前提限定在感性或理性的思维、认识之中，限定在语言及语言游戏中，而是物质世界、社会生活和实践自身，它们才是我们语言和理论命题真实、客观的前提、基础。思辨回答不了的（语言游戏、诡辩）问题，常常由物质的运动、联系和人们的实践、生活，每日每时、轻轻松松地回答着。"我们都有一双手"，这个命题的前提不是某个神秘的语言和理论前提，而是由母亲正常孕育、生育我们每一个人而来。

怀疑主义怀疑、否定人能够认识事物，是基于其不合理的确定性要求和标准——它把一切不确定性或相对性都视为不合理，并且把事物和认识的相对性夸大到客观事物不存在、正确认识客观事物不可能的地步。在它们的理论中，事物只能是"绝对的事物"，认识只能是"绝对的认识"，否则即谈不上事物和认识。说到底，怀疑主义者在主观上不允许客观事物具有自身的具体性、相对性和条件性，不允许人对事物的认识具有有限性、具体性和相对性，以为一旦承认客观事物及人们对它的认识是有限、具体和相对的,即是"不确定"的,而非"绝对确定"的,那么,就不能肯定事物的存在和认识的正确。客观事物、人的认识的确定性和不确定性的辩证关系被僵化、极端的"确定性"要求消灭了,同时被消灭的,还有既相对确定又相对不确定的客观事物和认识本身。

然而,任何事物和认识都必定是确定性与不确定性的统一,绝对性和相对性的统一,相对性本身就是客观事物和人的认识的一种属性,特定角度上的确定性和不确定性都存在于事物和认识中。绝对和相对,确定和不确定,都有具体标准和条件,离开特定的视角、标准和条件,事物真的无法认识,认识真的成为问题,这时,作为思维和认识领域的怀疑主义的命运也好不到哪里。

四、"法律真实"证明理论的怀疑主义特征

怀疑主义与诉讼证明理论结合起来,并成为一些人的证据理论基础和指南时,一些似是而非的司法证明怪论就"顺产"了。"法律真实论"就是其中的一个理论,其要点是:司法证明不具有客观性和确实性;客观真实论"要求"司法证明达到"绝对真实"程度(不过,客观真实论并没有这个一般性观点),这是不合理的;事实证明没有确定性、客观性,被证明的事实不是案件的客观事实,而是"程序性结果",是"诉讼游戏的结果",只要"游戏"具有"程序正当性",结果就真实、正当;被证明的事实是相对的,它不是客观事实,甚至根本没有客观事实;证明是在司法场域里面进行的,受诉讼程序和证明规则支配,是由存在种种主观局限的侦查人员、检察官和法官、当事人证明的,事实裁判者并没有看见原来的事实真相,司法过程里面展示的证据只是各种证明"道具",并且谁也不能肯定地说他正确认识了证据;事实是裁判者通过"道具"和"程序"在其内心的"建构";以"客观真实"为证明标准,导致办案人员违反程序收集证据,制造刑讯逼供,造成"司法不公",招致

"人民群众批评"！

"法律真实"论既批评客观真实论之"绝对客观、真实"的主张,认为这种真实根本无法达到,又批评客观真实论的相对真实观,认为相对真实会导致事实证明"不客观"、"不确定"即"不真实";既把事实证明的相对性作为论证"法律真实"的基础,把司法证明只能够达到的相对真实合法化、合理化,并名之为"法律真实",又不承认客观真实是相对、有限的真实,不承认客观真实论者对"客观真实"的相对性的阐述。这是"法律真实"论的霸道。①

其实,借口通过司法程序所证明的事实具有相对性而批评客观真实,否定客观案件事实及其认识的可能性,完全是假议题、假命题。因为,相对性,或者说有限性,正是司法证明中需要证明的事实、能够证明的事实、需要并能够收集、提出的证据的基本特性,这根本与诉讼采取的证明标准无关。

实际上,司法程序中,事实证明本来就是绝对性和相对性的统一,事实证明作为一种认识活动,当然是对客观案件事实的回溯性认识,是在有限时空里面的认识,是相对和绝对相统一的认识。就司法裁判"整体"而言,既有许多正确裁判的案件,也有错案,事实认定大多数基本符合真相,少部分背离事实;对具体个案而言,在当事人和公众眼里,有的案件,裁判者就是发现了真相,他们心服(即使可能口不服),有的案件,裁判者可能把握了最基本的核心的事实,有了它,裁判者已经能够做出裁判,当事人也能够基本接受,有的案件,当事人打心眼不服气,裁判者把事实整个黑白颠倒了,或隐瞒了基本的真相,公众也满怀狐疑,深感其中"猫猫"藏得太多太深,或者裁判者和当事人竭尽全力,还是揭不穿真相。客观案件事实总是被有限地发现,这是千百年来的司法裁

---

① 对客观真实论和法律真实论的讨论,详见本书第八章。

判和事实证明的实情,不是当今独有的现象,这没有什么好奇怪的。

简言之,事实的司法证明,总体上看,天然就是对有限的待证事实的证明,是只需满足有限或相对确定性要求的证明,尽管个案中事实证明的情况千差万别。司法证明的实践表明,发现和认定基本事实真相,是裁判者不变的使命,他们大体上完成了自己的使命。司法证明仍将沿着这条历史和现实轨迹,继续前行。

因此,必须明确,"有限真相"即裁判争点事实所需要的"事实真相",以及"有限证明",即为查明争点事实的真伪而进行的证明,是司法证明的基本要求和实践状态。

五、"客观真实"的绝对性和相对性及其意义

不错,的确有人说过,客观真实一定要达到。这有什么问题吗?

重实体、轻程序,造成冤案错案,这该由"客观真实"理论及其所主张的证明标准来受过?

长期在司法证明实践和理论中存在的"客观真实"、"客观事实"甚至"绝对事实",它们的涵义不是显而易见么?

但凡略知辩证唯物主义认识论的学者都明白,物质的存在方式即运动、联系具有绝对性和相对性,人的认识(真理和谬误)也具有绝对性和相对性。绝对性就是无条件性的那一面,相对性就是条件性。

在司法实践中,需要证明的事实自有其客观范围和内容,无论人们怎样争来夺去,最终证明的事实,如果不考虑裁判者有意无意弄虚作假的情况和最终真伪不明的情况,总是在不同程度上重现了案件原生事实。通常来说,那个原生事实就是"客观真实",被重现出来的那部分原生事实,就是法律上认可、司法裁判所需的"定案事实",这当然也是"客观真实"或者它的一部分,这是很明白的事情。

案件原生事实无疑具有绝对性,它不依赖于人的主观而自在、独

立、客观地存在,案件就那样发生了、出现了,事实就那样存在着,无论我们认识与否;案件原生事实当然也具有相对性,它发生、演变和存在于特定时空内,与其他特定事物或事件等相联系,它包含的时间、地点、人物、原因、过程和结果等要素都是具体的,而且充满许多不为人知、也无须知晓的琐碎细节。如:35岁的男性嫌疑人王五,某年某月某日下午,在某市某区某镇某村其住房内,以看电视和给糖果为名,引诱放学回家的邻居幼女某某,初对其猥亵,继而强奸,既遂后,恐吓幼女,致使幼女后来多次被奸,不敢告诉家长、同学、老师和其他亲友,也没有报案,直至某年月日其母亲发觉异常情况,问明缘由,向当地派出所报案;王五被刑事拘留,并在接受讯问时,对犯罪事实供认不讳。这一段简要文字,勾勒出的是犯罪嫌疑事实的基本情况,众多细节被筛漏出去。这里,嫌疑事实的绝对性就是它的客观存在性,它的确定无疑,相对性就是,嫌疑人、犯罪地点、时间、受害人等等,都是具体、有限的。这里没有高深的理论问题。

诉讼法或者证据(法)学者所说的必须达到客观真实,特别是使用了"绝对真实"的字眼后,是不是就意味着他们在理论上和实际上要求侦查人员、起诉者和裁判者,要追逐一个没有任何相对性的"绝对真实"呢?谁说过、见过那样的绝对真实吗?尤其对于个案而言,"绝对真实"的相对性难道不是很显然的?何况,在证明对象的理论分析中,诉讼法和证据法学者都主张,需要证明的是要件事实和法定情节与酌定情节事实,这些都"很相对",哪是什么与原生事实没有丝毫差异的"绝对真实"?

迄今,在主张客观真实说的学者里面,有谁说过需要证明那种只有绝对确定性、没有丝毫相对性的"绝对真相",有谁有那样的事实证明需要和要求?

客观真实论主张的客观真相,或者说"客观真实"、"绝对真实"等,究竟是什么呢？简言之，就是具有相对确定性的客观案件事实。而定案事实应当基本重现、反映这个客观案件事实的原貌，以满足做出公正裁判的需要，这是司法证明"必须"达到的目标，必须完成的任务。

因此，就裁判者和当事人最终共同发现的案件真相而言，它当然具有绝对性和相对性。其绝对性在于：第一，它是客观案件事实的（基本内容的）再现，不是主观臆造；第二，案件真相有客观证据支持，不容置疑；第三，任何公正的裁判者都可能并且应当发现同样的案件事实。其相对性在于：第一，客观案件事实是具体的、有条件的事实，通过有限证据查清、证明的客观事实，更为具体、有限；第二，在已经具有相对性的客观案件事实中，裁判者和当事人还要进一步根据法律要求进行筛选，过滤不需要的事实情节，抓住具有法律意义的内容，使裁判者和当事人把目光聚焦于对案件裁判有意义的事实要素上；第三，一些虽然对裁判有价值、可能客观存在，但苦于无证据证明的案件事实，自然无法成为裁判者认定的案件事实真相的一部分，甚至有时候整个案件事实都可能无法确定。

至此，可以得出两个基本结论：客观真实论要求"必须达到"的"客观真实（客观事实、绝对真实等等）"，自始至终都不是只有确定性、绝对性，没有相对性、具体性的事实真相，无论作为案件原生事实的客观真实，还是作为重现案件真相基本内容的客观真实，天然地既具有确定性和绝对性，又具有相对性和具体性；在诉讼程序中，达到客观真实的事实，就是案件真相，其在程序中体现为"查证事实"和"定案事实"，这是司法裁判所需要并且通过司法证明达到了的"基本事实"，即"有限真相"。这个意义上，无论怎样地"重实体"都不为过。至于"轻程序"，当然应纠正。

六、"有限真相"的合理性和正当性

"有限真相"是案件原生事实基本内容在诉讼程序中的发现和再

现,是足以适应裁判需要的案件事实,是通过证据和证明活动而再现的原生事实的基本部分,是通过诉讼程序、特别是证明程序获得的一种"认识性"结果,是确定的事实结论,而不是证明程序和主观认识活动自身的创造物、建构物。

"有限真相"的要求是合情合理的。"有限真相"或"基本事实"是许许多多案件已经达到过、正在达到和将会达到的证明目标。客观真实论主张的必须达到真相、发现客观真实,无外乎就是这样的要求和目标。平心而论,只要冷静、公允地察看一下那些主张"实事求是"地办案的观点,主张以"客观真实"为证明标准的观点,它们无一不在叙说这个"有限真相"。

"有限真相"能够破解对"客观真实"的污名化,阐明"(达到)客观真实"的真意,回答对"实事求是"、"客观真相"或"绝对真实"太抽象、绝对和不可操作的指责。其他不论,仅就"操作性"来说,在我看来,"实事求是"本身既是司法证明的指导思想,又是操作性要求。毛泽东说过:"'实事'就是客观存在着的一切事物,'是'就是客观事物的内部联系,即规律性,'求'就是我们去研究。"[1]在司法证明中,裁判者和所有诉讼参与人员,都必须面对和尊重客观存在的证据,研究证据之间、证据与案件之间的全部客观联系,找出各证据所载有的事实信息,细致入微地探求案件客观真相,排除各种疑点,清楚地确定案件事实,达到"证据确实充分,案件事实清楚"的目的,完成司法证明任务。正确确定证明对象和目标,使用恰当有效的证明方法,适用相应诉讼和证明规则,合理设定具体证明要求,无一不需要实事求是。"有限真相"的司法证明观念、要求和目标,恰好有利于裁判者和诉讼参与人实事求是地

---

[1] 毛泽东:《改造我们的学习》,《毛泽东选集》第三卷,人民出版社 1991 年 6 月,第 801 页。

确定待证事实、分配举证义务、把握证明节奏、推动诉讼进程，有利于裁判者和当事人等具体确定证明对象和证明手段，将司法证明各个环节和方面具体化、明晰化即有限化，确定司法证明活动的中心、主题和边界。司法证明的每个环节和步骤，都需要实事求是的精神和方法。如果抛弃实事求是的精神和方法，难道应当以"不实事求是"或某种莫名的"半实事求是"作为司法证明的指导思想和方法？

反对客观真实论的理论指责客观真实论设立了一个模糊、抽象、大而无当、高不可攀，并且实际上不存在的"客观真实"证明目标和标准，认为客观真实论陷入了"误区"，指责客观真实的证明目标不具有可操作性，要用"法律真实"或"相对真实"取而代之。这不需要我过多分析——大多数案件最后都大致查明了案件真相，查清了基本事实，客观真实的证明目标几乎每日每时都在达到。只有对司法实践毫无所知的人，对司法证明活动熟视无睹的人，或者故意扭曲、曲解司法证明实际情况的人，才会认为"客观真实"的证明目标无法达到，不具有可操作性。很简单，只要依法收集确实、充分的证据，这些证据和案件具有关联性，查明基本事实真相，获得"客观真实"，并不困难，更非不可能。据我所知，非常有意思的是，至少在我国大陆的法庭审判里面，"查清事实"是法官、检察官、当事人、律师等各方主体共同使用得最多、最频繁的词语。在法庭审判中，没有哪位法官、检察官、当事人或律师会说，无须查明事实真相，只要满足"法律真实"就行，相反，检察官、律师会要求法官允许其发问、提出或补充证据，要求查明案件事实，法官也会为查清事实而主动询问（或讯问），甚至要求当事人、律师补充证据，而一些当事人会因为法官没有查清事实、故意回避调查一些事实，而对法庭和法官不满。

"有限真相"具有合理性，其根据在于客观事物自身都具有相对性，具体的司法证明对象更是具有相对性，它不要求人们追寻只有绝对性的"绝对真相";具体案件中,人们的事实认识和证明能力达不到"绝对真相"的要求,法律也不强求司法证明必须达到"绝对真相",法官和当事人相互间从未苛求对方给出"绝对真相",司法裁判根本就不需要那种"绝对真相"。

七、"有限真相"是司法证明的真实历史和现实

到此,(争点)事实为什么能够证明,客观真实为什么必须达到、可以达到,查明的客观事实为什么是有限真相?我们的回答是:

司法证明的长久实践不停地揭示出,个案中的争点事实大多被证明了,因而总体来说事实是能够证明的,尽管不是每个个案中的每个争点事实都被证明。另一方面,有限的证明能力和证据条件,某些人的善良或不善的动机与手段,以及证明制度的某些不足,又的确限制了我们,使得一些案件的争点事实没有证明,或者有意无意地弄错了。这是"事实为什么能够证明"的历史和实践答案,尽管不完美。

不同时代的司法证明能力不同,但人们都找到了适合于那个时代的证明方式,这就是理性认识所具有的能力和力量。神明裁判也是一种貌似非理性的理性证明方式。近代以来,理性证明逐步成为唯一的司法证明形式。这不是偶然的。它表明,理性认识在司法证明领域,和在其他认识领域一样,它胜任所处时代赋予的使命和责任。

更重要的,为什么每个时代都是依靠"小写"的证明能力和证明行为,相对、具体即有限的司法证明实践,即"有限证明",而不是哲学层面的宏观、绝对即"大写"的证明能力和行为,来完成司法证明任务?因为很显然,每个时代的司法活动都只赋予当时的人们有限的事实证明任务和使命,他们只须证明有限对象,不存在苛求、强加于人的无法胜任的"绝对证明"任务;司法证明能力和证明条件的相对性,是和证明对象本身的相对性、司法裁判对事实证明需要的相对性相互适应和

统一的,司法既不会提出不需要的证明对象,也不会提出无法达到的证明要求,人们从不曾为"绝对证明"而发愁。

再回过来看看"客观真实"这个"大字眼"。有人宣称它的"内涵和外延是何等的复杂,在诉讼实务中的可操作性是何等的困难",它是"一个深不可测的抽象口号"(樊崇义语)。但是,这是压根儿就没有具体分析案件事实的内容结构、当事人和裁判者等对案件事实的认知状态的武断判定,是在唬人。

在我看来,"客观真实"在理论中,它的确具有"大字眼"的特点,有些复杂和高深,但基本事实是,这个大字眼不是架在空中楼阁里面的,它存在于具体案件中,每个案件里面的"客观真实"是触手可及的、是相对和绝对的统一,是真真切切的案件原生事实。每一个案件中的客观真实,都是有限的、具体的,是有限的理性认识或者证明能力能够把握的。司法裁判所需要的客观真实,即司法证明所应当揭示的客观案件事实,都是实在、具体和有限的,是那些要件事实和相关情节事实,绝非漫无边际。尤其,无论我们是否把案件客观事实称为"客观真实",通常情况下,对案件当事人和其他知情人而言,那些被法律真实论者宣称得玄而又玄、神秘莫测的"客观真实",早就平淡无奇地掌握在他们手中,并直接或间接地告知给裁判者。

有人叨唠,"有限的认识(证明)能力不足以对付无限、绝对的客观真实这一证明要求"。这是一句存在三重错误的谎言:第一,每个具体案件中参与诉讼的人所认识或证明的对象,都不是哲学意义上的绝对、无限的"客观真实",司法证明实践中更没有那样的"客观真实";第二,每个具体案件中参与诉讼的人都只须面对有限的认识或司法证明任务,没有无限、绝对的证明任务;第三,有限的认识或证明对象、任务,不须用无限的认识或证明能力,在每个案件中,甚至在每个时代的司法证明实践中,都不需要所谓无限、绝对的事实认识和证明能力,也没有那样的能力。借口每个时代或者每个案件中的司法裁判者和当事人,都只具有有限认识或证明能力,宣称人们无法面对也不能证明"无限、绝对的客观真实",从而否定"客观真实",不知道这是哪个星球来的诡辩?

再简单些说,司法裁判中的(争点)事实的证明之所以可能,并且实际上就是可能的,原因在于:其一,作为证明要求和证明目标的"客观真实"即案件原生事实,是非常具体、有限和相对的;其二,具体的裁判者和当事人的认识和证明能力虽然非常有限、极为"相对",但它产生于它所在的时代,适应时代或者个案向它提出的要求,它因而能够完成其任务和使命。对绝对、无限的事物的认识或证明,那是"无穷代人"的"集体共业",不是每个时代的人,更不是每个案件中的人的任务和使命;"有限真相"之查明才是特定案件中的人们的事业和使命,也是人们的主观能力和客观条件所能达到的要求和目标,而人们也总是以"有限证明"的手段和方式,大致达到了"有限真相"的目标;其三,在一切存在人证的司法证明场合,当事人、第三人、证人等,本身就是案件事实的知情者,他们对案件所及的事实,都或多或少知情,他们本来就带着事实进入法庭,客观事实怎么会查不清?在没有人证的一切案件中,只要其他证据都与案件具有关联性,载有案件事实信息,各项证据能够形成证据链,能够证明具有唯一性、排他性、确定性的事实,也不存在客观事实不能证明的问题。

八、真实的司法正义是个案的"有限正义"

既然"有限真相"是司法证明的使命和事业,那么,司法的公平正义就注定不是绝对的,而是有限的。在司法裁判中,暂且撇开种种可能导致司法不公的因素,单从理论上说,每个案件的原生事实本身是有限的,案件留下的证据是有限的,当事人进行的证明是有限的,裁判者通过证据和法庭证明获得的真相是有限的,因此,通过司法裁判实现的公平正义只能够是有限的,是针对特定事实和个案的正义。没有哪个案件的审判需要无限的客观事实,没有哪个案件的事实证明曾经达到过无限程度,没有哪个案件需要通过审判实现无限正义。个案中的"客观真实"是个案公平正义的基石,个案中的司法正义,只要真正实现了,虽然有限,但却是现实和真实的,对当事人和社会来说,都是足够的。

司法正义的有限性主要指:其一,它是个案中的具体正义,而不具有普适性,与案外之人和事没有直接关系;其二,它是基于有限的法律诉求、有限的证明和有限的事实根据来判定的正义;其三,它是根据实体法和程序法规范事先确定的裁判规则而在当事人之间重新分配或确认的正义,是"矫正正义";其四,它的具体权益内容要以诉讼请求为据,裁判者不得超越当事人的诉求范围而或夺或与,尤其不应当出现实践中存在的荒唐现象,即法官把案件当事人争执的利益,判给根本与案件无关的人。所以,有限的司法正义是个案的正义,是某种事实认定下的正义,是对某方当事人的正义报偿和对另一方当事人的制裁或报应。

司法正义虽然有限,但具有正当性、确定性、充足性。其正当性不仅在于合法性,还在于合理性,即司法正义是以司法程序中合情合理的事实证明过程和结论为基础的;其确定性,或者说绝对性,在于事实结论的正确和肯定性,法律适用的明晰和准确性,裁判结果的权威和终结性;其充足性在于,基于有限的客观事实能够顺利裁判案件,满足当事人的司法诉求,能够从实体和程序上都定纷止争,满足社会对个案裁判的一般期待,符合公众基于一般道德和法律而产生的司法"观感",引导、维护和巩固公序良俗、法治善政。正是每个案件的真实、有限的正义,构成了整个司法正义,并守护着社会正义的底线。

第四节　事实证明的本质是重现真相

（争点）事实需要证明，这应该是没有疑义的；事实能够证明，这也没有不可克服的理论和实践障碍；"事实能够证明"的真意其实就是争点事实能够在案件裁判需要的范围和程度上予以证明，而非"绝对"、"无限"证明。可是，经司法过程所最终证明的争点事实，以及无需证明而被裁判者认定的事实，即全部定案事实，究竟是查明、发现、重现的客观真相，还是重建、重构或者建构、构建的"虚拟故事"？这个问题涉及到事实证明的本质，不可回避。

一、客观真实论的真相"重现"观念

在"客观真实论"那里，司法证明过程是查明案件本来的事实真相、证明事实主张是否存在和真实的双重过程，是当事人和其他诉讼参与人在法庭让真相重现、裁判者发现真相的过程，虽然当事人、裁判者在诉讼中发挥了作为认识活动主体的能动性作用，但这个能动性只是使裁判者认识客观案件事实，从事实的未知者、无知者转变为已知者。裁判者当然会根据自己的经验、认识水平和方式，把当事人通过证据证明的案件事实进行"整理"，使零碎的事实片段连贯成为事实整体，使事实按照其自身的自然演进过程呈现在自己的意识中，整合为系统化的事实认知。但事实认知的内容源于并且符合于案件原生事实（的基本部分）。案件事实的司法证明过程，本质上是当事人、其他诉讼参与人帮助案件裁判者发现、重现客观案件事实的过程。自然，这个过程也是一个由此及彼、由表及里、去粗取精、去伪存真、聚零为整、化繁为简的过程，它使案件真相抽丝剥茧地、系统地展示出来。

客观真实论者不认为查明的案件事实是"重构"的,[①]而认为特定案件事实是客观存在的,只有认识到和没有认识到的区别,不存在裁判者"重构"、"构造"案件事实的问题,尤其不认为,对同一案件,不同法官可以"重构"或"构造"出不同的(基本)事实,比如,张三杀人的事实,不能在李四法官那里查明为"张三杀人",在王五法官那里被"重构"、"构造"为"人杀张三"、"张三伤人"或"马六抢劫张三"等。当事人证明事实的活动,裁判者在认识案件事实上的主观能动性,都不可脱离、违背客观案件事实本身而"重建(重构、构建)"事实;如果事实能够重建、构建,那就不是真正的案件事实;如果事实能够建构,也就不需要证明案件事实;如果事实真是经证明而确定的,那它就是在证明中发现、重现的,而不是在证明中构建的,证明本意就是使有争议的事实主张所依据的那个客观事实得以查明,而不是"建构(构造)"事实。证明事实的本质究竟是查明事实、印证事实主张,还是"建构"事实,这是客观真实和法律真实的分水岭。

客观真实论认为,裁判者调动理性思维,把零碎、个别、互不连贯的案件事实片段,整理为系统、连贯、简明、符合事实自然演进历程和人的思维逻辑、表达习惯的事实认知,这不是"构建事实",而是按照语言和逻辑要求,把在思维中重现的客观事实通过语言叙述(重述)出来,再现真实的案件事实和场景。在客观真实论看来,这一切都是浅显易懂的常识,是唯物、辩证的认识论的朴实结论。

二、法律真实论的事实(真相)"重构"论

但是,法律真实论、以语言哲学、诠释学、后现代主义等为圭臬的司

[①] 有些客观真实论者也使用"重构"之类字眼,但他们所说的"重构"主要是指"在思维中有规则地完整、准确重现客观情况",与脱离、拒绝客观事实、任由主观设想的"重构"根本不同。

法证明理论,都否定"事实重现(发现、再现)论",主张"事实重构(重建、建构、构建)论"。

重现论的核心在于,当事人和裁判者对案件事实认定虽然都发挥了主观能动性,但定案事实本身不是任何人的主观构造物,而是主观对既成、既往的客观案件事实的认识,是主观对客观事实的再现;尊重(基本的)客观事实本身,按照事实的自然状态表达出来,对事实内容、性质和后果等,不修饰,不添加,不隐讳、歪曲,不夸大缩小,不颠倒事实的前因后果、左右联系。

重构论也承认客观案件事实的某些方面,如证据、某些事实片段等,有的重构论者还小心翼翼把重构与虚构、歪曲事实区分开。但重构论的核心在于:司法证明的事实,终归是裁判者经过"诠释"、"解读"证据等各种"文本"后,编写或者编辑的"故事",它主要是裁判者主观认识活动的"产物",是裁判者的主观"构造物",它虽然也有可能(基本)符合案件的客观事实,但这不是司法证明的本质内容和根本要求;"再现客观事实"不仅不是"重构论"的使命和目标,而且是它所反对的,至少是它认为不可企及、不应追求的目标。这样,即使"重构"不直接等于虚构和歪曲,但重构的事实如何避免成为虚构、歪曲的案件事实,重构论者并没有提供有效的理论和实践担保品。更有甚者,直接把"重构"推向极端,视案件客观事实为虚无或不可认识,只要遵循"正当程序",什么样的事实认定结果,即无论怎样的"重构"、"建构"之"编辑作品",无论怎样的"心证(创造)产物",都"真实",至少是"法律认可"的"真实",是"法律真实",那就是案件的"事实"。正因为如此,在重构论者那里,案件事实是"多解"、"模糊"的,甚至可以是法官虚构的故事,并且有学者直接把"案件事实"认为是"法官真实",客观真实不见踪迹,法律真实也被抛开(详见第八、九章)。

把司法证明看作是裁判者重构案件事实的各种理论,虽然各自的根据有所不同,但有不少重要的共同主张。

(一) 将诉讼程序价值绝对化

在我国,这些年正当程序理论大兴,它在批评"重实体、轻程序"的传统观念时,走向另一个极端,贬低实体真实的重要性,否定诉讼程序中的认识因素,强调"形式理性"和"程序正义"的首要价值和基础地位,以至于有的学者在此基础上,演绎出只要程序正义,任何证明结果都是"事实",都"真实",都正当,都能够让裁判者安心做出裁判的理论主张。当然,证据还是必须的,但证据只是使裁判者的心证结果显得"有根据"的"道具"。

现在,很少有人会否定正当程序、程序正义的重要性。但是,强调正当程序而轻视实体问题,忽视案件客观事实,走向"重程序,轻实体"甚至"唯程序论",淡化、否定实体事实,以为正当程序的结果就是公平公正的结果,程序公正、正义就是司法的公平、公正、正义,检验裁判结果是否公正的标准只看程序是否公正,至于案件事实真相如何,当事人的实体权利是否得到法律保护,似乎无关紧要。唯程序论者不顾案件实体事实争议这个引起诉讼、真正需要司法裁判、作为司法制度赖以产生、存在的最根本、最基础的东西,把程序与实体割裂开,把程序公正作为判断司法是否公正的主要乃至唯一标准,用程序公正取代、否定实体公正,以程序正当为不公不义、违反实体法(甚至基本社会道德感受)的实体裁判曲意辩解。①

程序正义不容否定,但有限度,同样,实体正义虽有限度,但不容否定。徐昕先生曾说:"程序正义如果缺乏实体正义的限制和引导,完全有可能走向不公正。通过正当程序上台的纳粹政权利用法律的正当程

---

① 参见李浩:《实体公正与程序公正:偏差与回归——以民事诉讼为视角的思考》,《人民法院报》2008年7月15日第5版。

序大肆侵犯民众的基本权利可谓人类的深远教训。程序正义的实现有时甚至时常以牺牲实体正义为代价,例如,坚持程序正义有可能放弃对事实真相的追求,可能损害诉讼效率,增加诉讼成本,并导致法律思维日益脱离民众常识和社会现实,普通民众对程序结果的接受度降低。这些程序正义的反正义倾向表明,程序正义是有限度的,必须在程序与实体之间保持平衡,程序正义与实体正义应当并重。"①

(二) 认为事实再现是神话

有位学者写道:

"'事实的真实再现:一个神话',其理由很多:

案件的原本事实是不可能被完全地真实地再现的。这是因为:(1)事实是通过当事人或第三者陈述出来的,而不是'镜现'出来的;(2)事实的发生与事实的确认有一个时间差,即事实的确认本身在发生学上具有迟滞性;(3)事实是通过文本等载体来记载和描述的,而不是对当下的现场观测;(4)特定事实发生的因果关系,在科学上,其因果链是可以无限追溯下去的,但这样做并无助于案件的及时处理。同时,无限延伸因果链还会导致对案件产生的直接原因的淡忘。由此可以说'原因的原因的原因就不是原因',更可能是其他事件发生的直接原因。这是因为此事件的因果链与彼事件的因果链必定具有相互渗透和交叉的关系,特定事件的发生同时会伴随着其他事件的连带发生,没有任何一个特定事件是孤立发生的。不同的解释者会在不同的链段上将因果链剪断。(5)案件的事实通常是在不同主体之间(当事人、第三人、律师、检察官及法官等)进行转述的,而对同一事件的转述必定会造成信息'丢帧'和信息失真,从而导致转述的不可靠性。故,事实

---

① 徐昕:《程序、实体及程序正义的限度》,《人民法院报》2008年7月15日第5版。

乃是在事后建构出来的。案件事实是一种法律真实,而非客观真实。运用于司法中的案件事实注定是要被剪裁的,当然这样的剪裁是符合司法格式化的剪裁。"①

当然,把案件客观事实的重现视为神话的人还不少,理由也不止这些。法律真实论者几乎都是视重现案件客观事实为(基本上)不可能的人。

对王勇先生的上述论点,我这里简要指明四个方面。

第一,"案件原本事实不可能被完全地真实地再现"和"事实的真实再现是个神话",其实并不是等值的命题,证明"案件原本事实不可能完全真实再现"的理由,也并不直接构成"事实真实再现是神话"的论据,因此,"事实真实再现是神话"的论断并没有得到有效论证。再说,"案件原本事实不可能被完全地真实地再现"这个判定及其论证理由,也不能推出"事实乃是在事后建构出来的"这个结论,它们之间没有必然的逻辑关系,因为,即使"案件原本事实不可能被完全地真实地再现",也可能被部分真实再现,事实很可能并非完全是"事后建构"的;进一步说,即使"案件原本事实完全不可能被真实再现"这个命题得到正确论证,那么,证明这个命题的论据也不能够直接用来论证"事实乃是在事后建构出来的",作者必须有充分论据证明"事实是事后建构的",而不是任何"案件原本事实"在这样那样程度上的再现或不能再现。

第二,"案件原本事实不可能被完全地真实地再现",这个看似正确的说法中藏有陷阱。一方面,在不少案件中,案件原生事实的确不能够完全真实地再现于法庭,查明的事实只是基本的客观事实,但另一方

---

① 王勇:《事实重构与英美法中的陪审团制度》,《人大研究》2001年第8期。

面,按照笔者已经阐明的看法,司法裁判本来就不需要"案件原本事实"被"完全地"真实再现,而只在司法裁判所需、当事人存在争议的事实上,查明和再现事实真相,只需要"有限真相"、基本真相;当然,对这个有限真相,当事人必须在诉讼中"完全"真实再现。

第三,再现有限真相,其所需条件和手段当然是有限的,甚至每个的条件和手段都有缺陷,但只要总体上这些条件和手段足以再现案件裁判所需的事实真相即可。因此,证明"案件原本事实不可能被完全地真实地再现"的五条理由,在我看来,应当如是理解:那五个有缺陷的条件、手段确实无法使"案件原本事实""完全地真实地再现",但它们很可能使"案件原本事实部分地真实再现",使基本事实再现;它们当中的每一个再现案件原本事实的条件和手段都有明显问题,但它们作为证明事实的条件和手段的集合,如果彼此内在联系,并且都指向整个原本事实或其基本方面,裁判者所需的"有限真相"并非绝对不可能得到。

第四,我并不认为王勇先生指出的那五个存在缺陷的条件、手段,会阻绝原本案件事实的再现,相反,正是这些有这样那样缺陷的条件(有些是证据),经过调查后,一起构成事实证明体系,就可以使案件原本事实得以重现、证明。

"事实是通过当事人或第三者陈述出来的,而不是'镜现'出来的",这是什么大不了的问题呢?当事人陈述、证人证言从来都是最重要的证据,历史悠久,它们在证明案件事实方面,功劳不菲啊!事实从来没有以"镜现"方式呈现在法庭上啊!只要证据确实充分,哪管事实是否以"镜现"方式呈现?!作者杜撰了客观事实的"镜现"方式,又以事实不是按"镜现"的方式在法庭得到证明,就否定事实可以通过证据证明,这是否定客观案件事实能够证明的虚假论证。

"事实的发生与事实的确认有一个时间差(迟滞性)",这很可能给发现案件原本事实带来困难,但在哪个司法裁判案件中,案件原本事实的证明、重现不是"迟滞"的？因为"迟滞性",我们的司法证明就无能为力了？司法实践反复表明,情况不是这样嘛！虽然案件事实早已发生和逝去,但留下了能够呈现于法庭审判"当下"的证据,而证据能够再现、重现彼时的事实面貌啊！"时间差"问题,在时空隧道没有发明前,人们仍然有解决办法啊。

"事实是通过文本等载体来记载和描述的,而不是对当下的现场观测",此话大可商榷。其一,事实,如果所指为案件原始事实,那它就不是通过文本(所有证据？)等载体记载和描述的,而是引发、作出那些事实的人曾经的"当下"行为或客观事件,是直接亲历的活动或事件,远不止是"当下的现场观测";如果所指为法庭查明的事实,那么,当事人往往曾经"当下"亲历而非只是"现场观测"了事实,一些知情者则至少"现场观测"了事实,只有事实裁判者一般是通过物证、人证等证据的记载和描述,来查明事实、认识真相的,只有他没有"当下观测现场"。其二,要是当事人都当着裁判者的面"演出"了整个案件原本事实,哪还需要司法证明的机制和制度？但是,在裁判者不能"当下现场观测"案件原生事实的情况下,文本等载体记载和描述的事实就非常重要——正因为案件原本事实本身不能在审判场合"当场重演",让人现场观测,书证、物证等证据就是揭示、重现全部或部分案件事实的根据,不能轻描淡写地否定那些文本及其记载的内容,这也是司法证明实践的基本经验。

"特定事实发生的因果关系,在科学上,其因果链是可以无限追溯下去的,但这样做并无助于案件的及时处理","原因的原因的原因就不是原因",这些话也多有不周。首先,暂且不论是不是"在科学上",只问在实际生活中,谁曾听说和知道,在什么时候,诉讼案件的审判需要追溯"原因的原因的原因的……原因"？谁说"原因的原因的原因"就一定不是"原因"？不要拿无限的因果关系来吓晕当事人和裁判者,以及王勇先生这篇文章的读者。其次,真实的诉讼中,虽然每个案件里面存在的因果关系不同,包括多层次的因果递进、多因一果、一因多果、多因多果或一因一果等关系,但任何具体案件中事实之间的因果关系,必定是时空有限、环节有限、内容有限的"有限"因果关系,不可能说某个姓孔的人杀了人,却把原因追到孔圣人、孔圣人的先祖、先祖的先祖头上去!无限的因果链只能在无限的世界、"无限的事实"和"无限的思维"里存在,具体案件事实的因果关系,无论直接或间接的,都是有限的,是能够在法庭上进行调查、弄清楚的。因此,"特定事实发生的因果关系"在"科学上"一定是"特定"的,不是无穷无尽的,特别是在具体案件事实的审判中;在"非科学上","特定事实发生的因果关系"真有可能是无穷无尽的。

"案件事实转述"造成"信息失真"和不可靠,的确有此可能,但不绝对。即使出现"信息失真",包括案件事实转述造成信息失真,鉴定人的鉴定意见使信息失真,都不必定导致案件事实无法发现。因为,司法证明制度为此设置了多种补救机制,即证据链的闭合性,单个证据证明力的补强,证据之间的印证规则,等等,都实际上大致解决了信息失真造成的证明困难和危险。

案件客观事实的再现,从来都不是神话,而是平凡无奇、不可胜数的事实。尽管并非所有案件的原生事实都成功再现,但是,自从司法裁判、司法证明开始蹒跚迈步,它就大体上成功地践履了自己的使命,案件事实一再地从诉讼证明中再现出来,这既是铁的历史,更是活生生的现实。

(三) 认为证据只是被解读的"文本"

在后现代证明理论看来,证据,无论是物证、书证、证人证言等,都是法官解读案件事实的文本,这种文本的意义是文本自身,它是被动、静态、无言的素材,是自成一体的东西,其与案件的原本事实可能相关,可能无关，可能是弱关联。"文本"的涵义、意义都是读出的，否则它既不是文本，也没有意义，因此，文本的内容和意义具有"开放性"。

这些看似简单却颇为玄奥的概念中，隐含了三个东西：证据不是通常的证据，它是特殊的"文本"；作为文本的证据，与案件事实是什么关系，具有不确定性，更不用说"证据就是证明事实的根据或材料"了；证据的内容、意义、功能，都是接触证据、使用证据的人赋予的、"读出来的"，因而是多元、开放的，实质是，人们通过证据究竟能够获得什么，这完全"因人而异"。很显然，"文本"概念全方位借用并颠覆了"证据"概念。

将证据"文本化"，将文本"主观化"，将文本涵义多元化、开放化，截断文本与证据、证据与案件事实即文本与案件事实的客观联系，使得证据或者说文本变成司法证明"游戏"工具，这是证据"文本说"的要义。

可是，把证据作为"文本"的种种理论，既不能改变证据本身，也不能改变有关证据的基本常识。证据与案件原生事实存在固有的内在联系；证据所载的事实信息不是人们后来添加上去的，是事实自然发生、演变过程中留下的；证据的确需要有人去收集、分析、认定，需要识别、理解其中的信息和意义，但正常情况下，搜证、举证、质证和采信、认定证据诸行为，并不改变证据的物质形态，也不改变证据所载事实信息的客观内容和涵义，更不赋予证据以主观内容——即使有人误读了证据的客观内容和涵义，产生主观认识错误，或者不同的人对同一证据有不同解读，这也不是人们把自己（正确或错误）的主观内容投射到证据上、再反射回主观认识的结果，而是证据的客观内容没有在主观上得到正确的反映、认识。

（四）采用"诠释"或"解读"的方法

把裁判事实看作是法官重构的事实，这是一些学者研究事实证明的最基本、最关键的方法。简言之,裁判事实是法官诠释、解读证据的产物,是"重构事实"。

诠释是诠释学的中枢,对后现代哲学影响巨大。历史为什么见仁见智,就因为不同的人做出了不同诠释、解读;为什么同样证据在不同裁判者那里,呈现出不同的"事实样态",因为诠释者不同,诠释出的内容、意义不同。当然,明眼人能够看出:诠释不仅是主观的,没有真与假、对与错的客观标准,而且所有诠释者的种种诠释都是"正确"和"正当"的,或者应当被视为"正确"和"正当"。不同的诠释之间没有价值优劣之分。所以,历史"都是后人写的","都是书写者的历史","都是当代史",历史无所谓"真假"、"对错"。在司法证明领域,一些学者根据诠释理论认为,当事人是证据的诠释者,按照自己的利益诠释证据的内容和意义;裁判者是证据的诠释者,按照裁判的需要诠释证据文本,读出案件事实,甚至"编出案件故事"。因此,案件事实不是裁判者和当事人等在共同参与的诉讼程序中发现、再现或重现的原生事实,不是证据本身予以揭示的客观真相,而是人们在诉讼中反复诠释、解读证据的结果。

那么,这个如此重要的诠释、解读究竟是什么?说到底,乃是当事人和裁判者以自己既有的"主观图式"("前见")为工具、准则,来"安排"文本(即证据)的顺序、结构,释读文本信息,使文本和自己的先验主观认识相互映射,从而在内心确定并由语言表达出文本的涵义和意义(即重构的事实)。

不能说司法证明过程中丝毫没有"诠释"的成分和影子,因为当事人和裁判者在认识客观证据和事实的过程中,毕竟同时也发挥着主观能动性。但是,把当事人和裁判者收集证据、举证、质证和审查判断、采信、认定证据的过程,归结为"诠释"过程,夸大事实发现过程的主观性,否定证据、证据认识活动的客观性,从而否定事实的客观性、确定性,这既非司法证明实践的实际经验,也不是能够正确指导事实证明活动的主流理论。其错误在于,诠释论使诠释者主宰文本(证据)及意涵,以诠释者的主观构想替代客观事实,在司法裁判中,法官成为案件事实的主宰。

(五)认为裁判者编写"故事",从事"自我叙事"

事实重构论者认为,案件事实不是通过证据揭示的,而是裁判者解读证据(文本)后,编写出的"故事",司法证明、裁判活动是法官从事并完成自我"叙事"的活动。这是诠释论把诠释(裁判)者确定为文本(证据)释读者、主宰者的必然结局。

后现代证明哲学认为,叙事(讲故事)"医治了证据学者对于科学的痴迷症",案件事实的证明可以从"修辞学的角度来探讨","严肃刻板的事实追寻变成了一场灵活多元的拼图游戏",就算裁判者没有忘记其司法使命,就算案件事实的查明仍然是其目标,就算拼凑案件事实的游戏中利用和保留了客观事实因素,但是,只要满足"一致性、完整性、全面性、闭合性等形式上的需求,构造出一个完好的故事:合理的中心主题、适当的开头、详尽充分的过程、确定无疑的结尾、连贯一致、合情合理等",事实就出来了。[①] 不论真假,"案件事实"就在叙事即"合理的故事"中再现了。

如果法官的叙事,所叙的就是案件的客观事实,基本事实,那我不反对法官在审判结束之际,把他认定的"事实—故事"讲出来,尽管那个故事讲得可能不完整,"叙事"不那么流畅,这都没关系。如果以为通过"诠释"证据、打掉证据学者的"科学痴迷症"、利用修辞手段,通过

[①] 参见栗峥:《超越事实——多重视角的后现代证据哲学》,法律出版社2007年,第91、94、103页。

裁判者讲出一个"合理故事",就能够完成案件客观事实重现的重任,我不只是怀疑,而是认为它与司法证明的任务南辕北辙。尤其是,以为"修辞学"的"一场灵活多元的拼图游戏"居然能够改变"严肃刻板的事实追寻",重现过去的案件事实,它比可能使人患上痴迷症的"科学"还要管用,这是把修辞学和"拼图游戏"当作什么灵丹妙药啊?辞书和网络上的百科词条都说:修辞学是研究提高语言表达效果的科学,即研究如何运用各种语文材料、各种表现手法,来恰当地表达思想和感情。一个研究如何更好表达事实、情感的工具,怎么就成了使人能够发现、重现案件事实的工具呢?要是一场文字和拼图游戏就能取代"严肃刻板的真相追寻",还要什么证据学、证据法学等科学,还要什么证据学者、刑侦和刑事技术等专家?司法证明制度岂不早已扫入尘埃?对科学也要有科学态度,不要迷信,这是应该的,但对科学(包括刑事证据科学等)"痴迷",只要在科学精神允许和需要的范围内,就不应当指责,痴迷于科学而非伪科学或者迷信,这是好事而不是坏事,除非被科学搞"痴呆"。批评证据学者"痴迷于科学",以为修辞学和拼图游戏就能够帮助完成案件"叙事",叙事就能够替代事实证明,真是信口开河,莫此为甚。

　　法律真实论、后现代证明哲学的观点很明确:"事实乃是在事后建构出来的。案件事实是一种法律真实,而非客观真实。运用于司法中的案件事实注定是要被剪裁的,当然这样的剪裁是符合司法格式化的剪裁";案件原生事实不可能被重构出来的事实再现,但案件事实的建构或重构却是完全可能的。不过,这些证明理论可能发现自己对客观案件事实的否定太露骨,便似是而非地自我修正:"然而,重构并不等于虚构,建构并不等于歪曲。由谁来重构事实,或者说谁能更好地重构事实就显得十分重要并具有现实性。可以这样认为,如要对案件事实进行更好地重构,应符合这样的一个前提条件:重构者的生活社区与生活的常规经验逻辑与案件当事人有相同和相似之处。"①

三、事实"重构"论的缺陷和偏差

说起来和听起来都很奇怪:法律真实论者、后现代主义者都不承认案件事实是案件诉至法院之前的客观存在,而是"事后"由法庭(法官)构建;这种"事前"不存在、事后建构的"非客观真实"的"法律真实",却被它们认为当然是"真实"的;虽然这种法律上"真实"的、"重构"出来的"事实",并不是案件原本事实的再现,但"事实"的重构、建构却是完全可能的,而且不等于"虚构"、"歪曲",即是说,重构的事实显然不是虚构的,而是有根有据的事实,是曾经有过或现在还有的真实事实;建构的事实也没有歪曲原来的案件事实,而是如实反映(再现)了案件事实的事实。要重构、建构这样的事实,不是一般人能够办到的,他必须和当事人生活在共同的社区,有跟当事人相同的"常规经验逻辑"。

这些前后抵牾的观点,只有具备超凡思维能力的人才能明白,笔者是越来越糊涂了。

重构的事实如果不是虚构的,就应当承认其源于案件的原本事实;重构的事实如果不歪曲,就必定符合所承认的原本事实;在司法证明的范围内,所谓"重构"且不是虚构、不被歪曲的事实,只可能是案件原本事实,这个事实必定或应当是当事人诉至法院前就客观存在、并被当事人正确或错误地主张、陈述了的案件事实。在根本否定案件事实客观、先在地存在于诉讼发生之前、只承认"事后"重构的"事实"的情况下,"重构的事实"(对于原本案件事实而言)既非虚构

---

① 王勇:《事实重构与英美法中的陪审团制度》,《人大研究》2001年第8期。

又不歪曲,这在理论和实践上怎么做到的?面对如此妙论,我就像《罗生门》中的那个樵夫,只好在大雨滂沱的罗生门下愤懑叹息,"不懂……真的不懂!"

至于肩负重构、建构事实重任的裁判者应当具备特殊条件,和当事人生活在相同、相似的社区,具有相同、相似的生活经验,虽然不难理解,但却既苛刻又不必要。所谓苛刻,在于现代社会,早就不是"鸡犬相闻"的"小国寡民"社会,法官可能来自于和当事人相同、相近的社区,有相同、相似的生活经验,但"异地为官"恐怕更是常态;何况,"社区"必定是指相对"狭隘"的地域范围,各法院的法官可能很少是他从小在那里土生土长的社区的"社区法官";所谓不必要,因为,司法实践证明,多少"异地"产生的法官,经年累月,在井井有条地发现案件事实、裁断社会纷争,并没有普遍遭遇不可克服的阻碍。

有一点,笔者可能是"懂了",即重构论者对"重构"做了三个修正:重构(建构)的事实不应当天马行空,不能够与虚构、歪曲事实为伍,还是要对事实的真实性有所保证,这和把法官认定事实完全等同于编"故事"、"叙事"、毫不顾忌案件真相的极端观点,保持一定距离;既希望重构的事实摆脱客观案件事实的"约束",但又不能彻底摆脱,于是重构论者把从前门扔出去的东西(原本的客观的案件事实),又从后门悄悄捡回来,塞进"重构的事实"中;能够重构、建构与案件原生事实有着藕断丝连般关系的"事实"的法官,只能是特殊的和当事人有共同生活区域、生活经验的法官。

不过,笔者要问:重构论者这样的自我修正和宽慰,成功了么?

与其如此羞羞答答,左右为难,何不在当初就抛开那个错漏百出的重构论?

我想,无需多说了,事情很清楚:司法证明的事实,是当事人和裁判者共同发现、重现、再现的案件(原本)事实,它不是由裁判者"重构"或

"建构"的。裁判者没有那样神奇的本事,法律也不应当赋予法官"构造事实"的权力,否则,法官比恐龙更使人恐惧。

第五节　刑事司法中的"超限证明"

一、刑事证明实务中的"超限证明"现象

在司法审判实务中,不少法院和法官对一些案件所掌握、适用的证据和证明要求,存在过宽、过高的情况,超越了足以认定案件事实的程度,致使检察机关在明显可以或者应当起诉的情况下,由于担心被法院"无罪判决",吃不消"无罪判决"在检察机关"考核指标体系"下会带来的后果,只好对此类案件做不起诉处理,这非常不利于追究犯罪,不利于检察机关正常发挥正确追究犯罪、保护被害人和社会公众不受犯罪侵害的权利。

长期以来,法院和法官对一些类型的案件的事实证明要求过宽、过高,这对公安机关和检察机关一开始就按照高标准、严要求办案,提高案件办理水平和质量,无疑有非常积极的作用,但同时也可能不必要地加大了侦控机关办案的负担和难度。

照理说,侦控机关在查明案件的要件事实、法定和酌定情节事实,收集到足以证明这些事实的证据的时候,特别是在要件事实和法定情节事实清楚、证据充分的情况下,就能够提起诉讼,即使按照"客观真实"的证明要求,也不应当有起诉犹豫,更不应当决定不起诉。不过,起诉和审判实践的情况远不是这样简单明快,侦控方往往需要查清许多"附随事实",也可以说是一些重要的酌定情节事实,"进一步"印证、锁定要件事实和法定情节事实后,即后来发生、存在的附随于"案件本身"的事实得到证据证明后,才反过去"确定无疑"地认定"案件本身"

的事实，才在这个基础上去认定整个案件事实，法院和法官大多是按照这样的思路裁判案件，侦控方则按照法院和法官的这个思路去侦查案件和决定是否起诉。比如，盗窃罪案件，一般要求侦控方不仅要查清"盗窃"的事实，而且要查清"赃款赃物去向"的事实；贪污、贿赂案件中，不仅要查清贪污的行为，"行贿、受贿"这样两个相互印证和锁定的行为，还要求查清贪污、受贿的"赃款去向"。实务中，检察机关如果没有搞清楚赃款赃物去向，即使盗窃事实一清二楚，也往往不敢轻易提起公诉；在贪污贿赂犯罪案件中，如果嫌疑人出现"零口供"，检察机关没有查清赃款去向，即使贪污、行贿受贿行为的证据确实充分，检察机关也会要么继续深挖赃款去向的证据和事实，要么案件就此打住，一般不敢起诉，因为，法院要的就是赃款去向，好用它反过来锁定和认定贪污、行贿受贿的事实。

这样的办案思路和证明要求，对确保案件不出错，尤其是不错判，不冤枉无辜，肯定是非常有力和有利的。但其在实践中的负面效果也必须关注，它毕竟很可能使侦控机关放弃对一些明显涉嫌犯罪的人的追究，使他们得以逃脱法网，这显然不符合我国刑事法律制度和刑事司法体制的宗旨、使命，也不符合均衡打击犯罪和保障人权的要求，不符合宽严相济等刑事政策；在当前渎职、腐败犯罪局面严峻，犯罪者反追究手段愈益多样化和更具隐蔽性，反腐败案件办理愈发艰难的形势下，这种办案理念、思路和方法，其弊端十分明显。

笔者曾经遇到的一个案件，能够十分典型地说明审判机关这种"超限证明"要求产生的实际效果。

因为教学需要，我得到某检察长的支持，获得一个贿赂案件的事实和证据材料。经过再三研读，我"确信"，案件中的刘某"肯定无疑"地收受了贿赂。因为，虽然刘某自始至终矢口否认受贿，但是，不仅行贿人、转送贿赂的人清楚一致地证明刘某受贿，而且行贿人还单独从受贿人那里知道了贿赂款在受贿人和转送人之间分配的情况,并且也得到转送人的证言印证。案件就缺刘某收受赃款去向的证据。检察院对此案的认识分歧很大,部分人认为不足以认定受贿,部分人主张应当认定受贿事实成立,可以提起公诉。检察委员会则决定,继续侦查。我没有看到补充侦查的材料,但确信赃款去向不影响行贿受贿事实的认定。后来,我请这位检察长告诉我,我的判断是否准确。他说,还好,案件最后的办理情况是,补充侦查查到了赃款去向,案件最终得以起诉和判决有罪。我问他,如果最终仍然没有赃款去向的证据,检察院是不是也会起诉?他说,那肯定不会起诉,因为法院对赃款赃物去向不明的贿赂案件,多半会以事实不清、证据不足来判决"无罪",即使法院给面子,那也会建议撤回案件,检察院在这样的案件里面"输不起"。

为什么检察院十分清楚刘某明显存在犯罪嫌疑,能够证明其受贿的证据已经确实充分,就因为受贿赃款去向不清楚,就不能够起诉?"贿赂犯罪"的构成要件和法定情节里面包含了"赃款去向"吗?赃款去向是酌定情节,并且必须查明吗?为什么要通过落实赃款去向反过来确认受贿事实,而不是按照行贿受贿案件案情本身的自然演变逻辑,查到哪个环节、查清哪个环节,就起诉、审判和认定哪些事实?

我认为,这些问题必须在理论上清楚说明。

二、把握刑事证明范围和要求的七项"规则"

第一,法院和法官如何采纳证据、认定事实,如何适用法律,最终裁判刑事案件,指引着侦控方如何侦查、起诉案件,对刑事案件办理的质量和水平提升,影响极大,因此,法院和法官在作出有罪判决的案件里面,不能"低标准"认定证据和事实,必须按照证据确实充分、事实清楚的证据标准和证明要求办案,要追求案件客观真相,不能降低证据标准和证明要求,不能搞"法律真实"那一套。

第二,法院和法官审判刑事案件,要求侦控方证明的事实,当然应当包括构成犯罪的要件事实;如果发生过和存在着法定情节事实,并且被控辩双方各自主张,那么,被主张的法定情节事实,也应当由控方或辩方证明;如果存在且需要或可以证明的酌定情节事实,由主张该事实的一方予以证明,也是合情合理的。

第三,法院和法官不应当在犯罪构成要件事实和法定的情节事实之外,要求控方"额外"证明与案件相关的其他事实,除非法律有明确、特别的例外规定。控方的证据能够证明要件事实的,法院和法官就应当以查证属实的证明犯罪要件事实的证据,以及对应的基本犯罪事实,进行认定,适用法律,作出有罪裁判。

第四,法定情节事实不清楚,不影响犯罪要件事实认定的,不能以法定情节证据不足、事实不清为由,对全案犯罪事实不予认定,不能对此类案件做无罪判决;证明法定情节事实的证据没有或不足,并影响要件事实的认定,不能按照要件事实成立时的方式适用法律的,应当对要件事实不予认定,不能作出有罪裁判。不过,一般来说,法定情节事实毕竟只是影响量刑的情节事实,不属于犯罪构成要件范围内的事实,并且,许多时候,控方或当事人也可以不主张相应法定情节事实,因此,实际上,法定情节事实的证据之有无,事实之清楚与否,并不应成为法院和法官判决被告人无罪的重要事由,更不应当成为实践中阻止检察院提起公诉的"潜规则"。

第五,像盗窃案件中的赃款赃物去向,受贿案件中的赃款去向,最多只能算是"酌定情节"事实,连法定情节事实都算不上,但如果法院却把这类事实看得实际上比"盗窃"、"行贿"、"受贿"这些要件事实、基本事实本身还要紧,把它们当作是能够反过来用于认定盗窃事实、行贿受贿事实的关键因素或基础,使得犯罪要件事实或基本事实的证明依赖于附随情节事实的证明,并以此种裁判思路和裁判方法来引导、控制控方的刑事追诉活动,使得控方只好根据案件相关附随事实是否查清,能否查找到证明附随事实的证据,来决定是否最终将这类案件起诉到法院,这实在既不利于正常的刑事追诉活动,也不利于保护受害人、公众和社会的起码利益和福祉。法院这样的审判思路应当改变,应当严格根据事实本身的逻辑,根据证据所能够证明的事实的环节、阶段和内容,去分别和综合地认定。检察院应当尽早摆脱法院和法官现在这种审判思路和办案方法,从显然存在犯罪嫌疑却不敢提起公诉的悖谬中解放出来。

第六,案件中的酌定情节事实、附随于案件事实的其他事实,能够查清楚的,可以查清楚的,查清楚之后,显然非常有利于要件事实或法定情节事实的认定的,侦控方当然应当积极查证,而且,我认为,根据千百年来的刑事司法传统,侦控方一般也会主动、尽力、全面查清酌定情节事实或其他附随事实,找到相关证据,因为,这对案件的侦控有利而无害,能够强化裁判者内心对有罪事实的认定,为什么不去做呢?所以,我们反对的不是可以要求侦控方查清楚像受贿案中赃款去向这样的酌定情节事实或附随事实,而是反对以这些酌定事实或附随事实为关键因素,以对这些事实是否查清为判决被告人是否构罪的前提,尤其是,反对由此形成的对检察机关决定是否起诉相关案件的不当引导,担忧这样的导向可能使一些明显涉嫌犯罪的案件不能正常起诉,特别是一些明显涉嫌职务犯罪的案件,检察机关可能会因为这样的法院办案导向而放弃追诉,导致非常不好的法律效果和社会效果。

第七,对于案件中的证据和事实争议,包括被告人当庭翻供,证人当庭翻证,或者出现相互矛盾的证据,证据比较单薄,法官和法院,以及检察官,对此都要有科学分析和判断,不能不具体分析、区别情况,只要证据有变化,证据之间有矛盾,就简单地"统统排除,不予采信"来对待和了结。要注意了解和理解真实生活中形形色色的案件的活生生的形态,不同案件中证据的产生、形成、留存和被人提取、保管、提交、使用的自然规律、社会情理和法理逻辑,把证据的内容和涵义还原到生活中,还原到案件的真实案情中(而不只是还原到"案卷中"),分析证据矛盾的成因,分析各证据的真假,确定相互矛盾的证据中那些属实、可以采信的证据,分析和认定各个真实证据的证明力,从而证明事实,揭开真相。翻供也好,翻证也罢,遇到这样的情况不必惊慌失措,检察院不能简单地就这么撤回起诉,法院不能简单地排除所有相关证据,作出无罪判决。特别是,科学、冷静分析证据矛盾,往往是突破案件真相的有利时机,公诉人更要在辩方的证据攻势面前,除了对辩方确实有理有据的证据辩护予以尊重和服从外,应当掌握严密的分析、解释证据、排除疑难和矛盾的能力和技巧,审判人员也要全面综合审查判断证据,要根据复杂的社会生活经验和司法经验,分析矛盾证据中的真实证据,分析相互抵触的事实中的真实情况,不能图省事,偷懒耍滑,以表面确实存在的证据问题为由,把案件简单地"无罪打发"或建议撤回起诉了事。

当然,为此,我们也呼吁检察机关应当自我解套,废除"无罪判决"扣分等完全不符合司法活动规律和常识的考核指标,在检察官和检察院方方面面根据法律,尽到勤勉、专业、敬业的责任之后,在没有出现明显的违法违纪办案情况时,纯粹因为法院与公诉机关对相同证据和事实的认识存在差别,而作出与检察院相反的证据采信、事实认定和法律适用决定,作出无罪判决,是极其正常的情况。不能仅仅因为法院作出"无罪判决",办案检察机关就要被"扣分",上级检察机关就对下级检察机关"打板子",就不能评优之类。只有这样,各级承担具体办案业务的检察机关,才会只严格根据证据和事实去办案,才会在判断应否起诉的问题上,独立自主根据客观、合法的证据,可以公平公正地确信的事实,依据应当适用的法律,大胆地起诉犯罪嫌疑人,才能既不枉又不纵,在控制犯罪和保障被害人、社会公众和嫌疑人的人权等诸方面保持平衡。

第六章 事实证明的有效性

第一节 证据是有效证明事实的基础

在争点事实司法证明的范围内来说,事实需要证明,应当证明,也能够证明,同时作为常识,都知道这些证明是根据证据来完成的。

为什么是证据,且只有证据、只能是证据,才使我们在相应的范围内和程度上证明待证事实或争点事实? 人们如何使用证据证明事实? 根据证据证明事实的有效性、可靠性如何?

在司法证明制度下,事实证明的手段和工具,证明事实的方法和途径,多种多样。但唯有证据是发现、重现案件原生事实的最基本、最可靠的客观物质手段。

一、证据的内容是特定、客观的原生事实信息

千百年来,证据之所以成为证明事实的最基本的依据,乃是因为证据的内容就是案件原生事实信息,具有客观性。

证据由证据的物质表现形式(证据材料)和所载的案件事实信息(事实内容)一起构成,证据的形式和内容是不可分割的两个方面。任何证据,都有外在表现形式,如物体本身、物质痕迹、记录有案件事实的纸张、磁盘、当事人及证人的陈述,等等。我国的诉讼法都按照证据材料的物质形式对证据分类。根据2012年3月全国人大通过的《中华人

民共和国刑事诉讼法修正案》,证据包括:物证,书证,证人证言,被害人陈述,犯罪嫌疑人、被告人供述和辩解,鉴定意见,勘验、检查、辨认、侦查实验等笔录,视听资料、电子数据。如果简单地对证据形式分类,就是物证和人证。

  对证据从形式上科学分类,在诉讼证明实践中有重要作用,它帮助司法人员掌握有哪些形式的材料可以作为证据予以收集、使用,避免遗漏证据材料,排除不合法定形式的证据材料。但对证明事实来说,最重要的当然还是证据所载的事实信息,这是证据的实质内容。既然是证据,除非经举证、质证,审查认定其与案件没有关联性,不包含能够证明待证事实的信息,或者说不包含案件原生事实信息,否则,证据都与待证事实具有关联性,是案件原生事实发生、演变过程中产生、形成的,或多或少都载有案件原生事实的信息。在司法证明过程中,除证据外的其他物质手段,可能对证明事实有帮助,但不可能像证据那样,在案件事实发生、演变过程中自然形成,与案件事实直接相关,包含了事实本身遗留在物质上、人脑中的信息。证据,从其内容方面说,就是事实在各种物质材料上留下了相关的客观信息,人证即是人对事实有感知、认识和记忆,"人"成为证据的形式,感知、认识和记忆了事实的人成为证人,证言是证人把他记忆的事实表达出来的物质形式。

  证据的事实内容一般包括人们熟知的几个方面:所涉的人物、时间、地点、行为、原因、过程(经过)、后果(结果)、环境、所涉事物、情节、手段、人的精神(主观)状态等。这些内容都是客观的,包括"主观状态"——相对于证据调查、收集和使用者来说,都是"他人的主观状态",是客观对象。

  证据内容的客观性还在于,它不因为证据形式方面发生问题,证据所含的事实信息就变成"错误的信息"。这主要是指,如果证人、当事人对事实的认识、记忆和陈述出错,也只是有关的人对客观事实的反映和表达出错，而不是客观事实本身有错，客观案件事实仍然是那个样子。不能正确感知事实的人会形成错误的事实认知、记忆和表达，能够正确感知事实的人，正常情况下会按照事实本来的样子感知、记忆和陈述事实，"事实本身不会错"。例如色盲者没有分辨出交通指示灯的颜色，但这并不意味着指示灯的颜色出错，除非，没有色盲的其他人都证明，当时交通指示灯颜色出错了——但严格说来，这也不是红黄绿这几种颜色出了差错，红黄绿就是红黄绿，青蓝紫就是青蓝紫，只不过是人们习惯地说"颜色错了"，其实对视觉正常的人来说，无论颜色怎么变化，他都能够正确识别，颜色不会出错，出错的可能是颜色控制程序，或者指示灯的色彩不符合交通指示灯色彩规定。

物质材料所载留的案件事实信息，更是客观的。有人作假时，伪造物证、书证等，甚至伪造整个现场，专业人员也能够识破，就因为那些物质材料会老老实实、一板一眼留下作假的人希望和不希望留下的物质、痕迹等，并且会有明显违背证据形成规律的反常现象。物证、书证等物质形式证据的形成，遵循的是物理、化学、生物等自然科学上的规律，是物质交换、信息生成和交换诸原理。物与物的接触、碰撞，必定形成痕迹，产生物质交换，生成有关信息，证据就这么样产生、存留下来了，有关的"事实"在自然而然中被"保留"。在现代技术条件下，刑侦专家通过科技证据能够发现大量的隐秘事实，因为，刑事证据技术不仅使人们能够发现越来越多、极其隐蔽的传统或新型证据，而且能够让人们从那些证据中读取更多事实信息，深挖证据含有的案件事实。比如利用物证技术，"微接触"、"微碰撞"所留下的极细微的痕迹，也能够发现、取证，微触微碰的信息就能够获取，发生的微触微碰事实就能够揭示。刑事科学技术在帮助人们获得更多、更细密、更隐蔽的证据和事实真相方面，屡建奇功。

"证据无言"，但它有事实。物证、书证都不会自言自语，告诉人们案件事实。证人虽然需要开口,应当开口,说出事实,但也不会时时处处都很主动。当事人愿意说出事实,可是所说的不尽是事实,事实未必说尽了。要使证据"无不言,言必尽",裁判者和当事人都需要懂得"证据的语言",即懂得如何让证据"开口说话",懂得如何通过证据来说出事实。让物证"开口",得依靠科学技术,但不能迷信科学技术,更不能把"垃圾科学"当作宝贝,要以科学的态度对待刑事科学技术,让真正的科学技术来揭开证据储存的事实信息和案件事实。让证人开口,在我国大陆,得真正找准证人不出庭的原因,否则永远不会有多少证人在法庭上开口。①从证人不出庭的角度看,我们浪费了很多证据资源,证人本可能帮助司法体系揭开更多案件事实,可能改变许多案件的事实认定,但被阻挡了。

现代证据理论还强调证据合法性。其实,证据合法性不是证据本有的属性,是在现代司法程序正义观念下,要求司法人员必须依法而不能违法收集、使用证据,由此赋予证据的一项属性。理论上说,合法证据只能是客观真实的证据,不客观、不真实的证据在收集、审查程序中就应当被审查、排除掉。② 这样,证据合法性与证据证明事实的有效

---

① 我以为,"证人出庭难"是个错误命题、伪命题。为什么千百年来,唯独当代中国大陆出现了所谓的"证人出庭难"? 说什么证人保护有问题,证人出庭的费用、补助方面有问题,这都不是真正的问题。根本问题在哪里? 就在于:诉讼体制和主导这个体制运行的法、检、公各方,很多时候和场合都不希望、不愿意、不欢迎证人出庭,甚至制度化地阻碍证人出庭,这才是症结和病根。何以见得? 别的不说,就一个"书面审",庭外证言笔录成为最主要的可采证据,就几乎使整个证人出庭的规定化为乌有。而大量"证据不扎实"甚至充满非法证据的案件中,公诉人、法官,谁希望提供了书面证言的控方证人出庭接受被告人和律师的诘问? 那些遭受暴力取证,因如实作证而被侦查部门和侦察人员打击迫害的证人,谁会出庭作证? 由国家司法机关和其他相关部门一手造成的长期、普遍的证人不出庭、不愿出庭、拒绝出庭的情况,却被描绘成"证人的问题",并且,立法机关跟着装糊涂,煞有介事地在刑事诉讼法中搞出所谓"强制证人出庭"的新规定,真是本末颠倒、忽悠公众到家了。

② 严格说来,"合法证据"或"证据合法性"的概念都不准确,证据本身压根儿不存在合法不合法的问题,只存在收集、使用证据的行为合法与否的问题。为遵从习惯性表达,本书还是使用这些术语。

性,就存在两重关系:一是,证据合法性与事实证明有效性本来无关。因为证据能不能证明事实,不在于证据合法不合法,而在于证据是不是随案件事实发生、演变而形成,是否载有案件的原生事实信息,如果证据载有这样的信息,"非法收集、使用的"证据也能够证明事实,证据不载有这样的信息,合法收集、使用的证据也不能证明事实;二是,证据合法性既可能加强证据证明事实的有效性,也可能削弱其有效性。证据合法性要求人们对证据的收集、使用是否合法进行审查,这个过程往往也会再度审查证据的客观真实性,确保证据的内容与待证事实相关联,促使客观证据尽可能收集起来,充分使用,排除不实证据,因此能够加强证据证明事实的有效性。但证据合法性要求,也会阻止裁判者使用以非法方法收集的某些客观真实的证据,特别当该证据是证明某事实的关键证据时,排除此证据就意味着相关事实无法得到证明。这样,证据合法性要求就会降低证据证明事实的有效性,与实体真实和正义相互冲突。

简言之,证据合法性总是针对证据收集、认定和采信而言的,它不会也不可能针对证据的自然形成过程和载有的客观事实信息。证据证明事实的有效性问题,主要与证据的自然形成过程和所含事实信息相关,与证据收集的物质技术手段、技术操作程序有关,与法律程序没有直接关系——无论哪种方式,经过什么过程,只要有利于保证收集到足够的客观、真实的证据,就能够有效证明事实。只不过,现代司法不允许"为达目的,不择手段",所以,对那些即使在技术上有效但手段非法而收集的证据,也要从法律上进行规制。所以,证据合法性是为保证现代司法形式正义、可能牺牲事实真相的证据外在属性。

证据不能证明事实,即丧失有效性,主要有两种情形。一是,无关联证据。"虚假证据"也是无关联证据。与案件原生事实没有相关性的证据,不可能证明案件事实,对于本案争点事实的证明无所帮助,没有有效性。二是,被排除的客观、相关但"非法"的证据,人为地使其丧失证明有效性(非法证据中的"虚假证据"属于原本无效)。不过,需要明确的是,被依法排除的证据,其证明事实的有效性的丧失,不是证据证明力的自然丧失,而是证据丧失其作为证据的社会属性、法律资格。证据社会属性和法律资格的丧失是人为剥夺证据资格、能力和证明力的过程。那些能够证明原始事实并自然、客观地产生和存在的证据,被人依法故意排除,此后便视而不见,这样,相关证据和它能证明的事实被诉讼程序和证据规则消灭了。这不是证据之无能。

二、证据在司法证明中担当多重"角色"

唯有证据,它能够客观、可靠地联结审判时空和案发时空,联结诉争事实的司法证明活动和案件事实的自然和社会演变轨迹。证据担当了"案件事实在场者"、"案件事实争执者"和"案件事实传递者"等多种角色。

在刑事侦查和刑事技术的理论和实践中,证据收集、检验鉴定和案件现场重建,最能够说明证据作为联结点,往前与案发情况、案件事实的客观而紧密的联系,往后与侦查、起诉和审判各个阶段、环节的证据审查、事实认定的直接联系。知识经验丰富、技术高明的刑侦专家、公诉人和法官,在他们面前,只要有证据,有时候就是那么一丝一毫、微不足道的关键证据,被深深掩藏的案件事实就此揭穿,无所遁藏,多年的疑案很可能就这样真相大白。古往今来,"神探"、"神判"再神,都离不开证据。证据所载的关于过往案件的原生事实信息,在多方面的审视之下,被一一发现或解开,使"当下"的事实探查者、裁判者能够发现、重见已经逝去的事实,使在"时空上相互断开"的案件原生事实和法庭查明的事实,被证据"联结(链接)"上,使案件原生事实、控辩事实和裁判事实之间的"时空距离"被证据事实"填充"。证据既把原来的案件带进了司法证明的时空中,又把参与司法证明的各方人员带回到原来案件发生、演变的时空序列中,证据使原生事实再现为定案事实,使定案事实回溯和重现原生事实,从而使司法裁判认定的事实与案件原本事实在逻辑和现实上具有同一性,没有理论和实践的缝隙与矛盾。没有证据或证据不足,对犯罪嫌疑事实和嫌疑人的认定就无法完成,就破不了案,不能移送审查起诉,就要继续侦查,或者撤案、"挂案";公诉机关面对没有证据或证据不足的案件,要么要求侦查部门补充侦查,要么决定不起诉,或建议侦查机关撤案;审判阶段,裁判者是否认定指控事实,判定被告人有罪或无罪,其直接根据就是证据是否确实、充分,事实是否清楚。

我们借用"角色"分析方法,将证据划分成作为"案件事实在场者"的证据、作为"案件事实争执者"的证据,以及作为"案件事实传递者"的证据,根据证据的"角色"差异,揭示不同角色的证据在证明事实的司法过程中各不相同的有效性。

首先,证据作为"案件事实在场者"。此时,证据既是某案件事实最初发生及后来演变的产物,又是该案件事实全部过程和方面的亲历者、见证者和记录者。

就当事人而言,作为活的人证,他们无疑是原生事实的制造者、经历者,他们亲历了事实的全部或者部分,他们不仅对事实知情,而且是直接的"实践者"。如果不考虑他们的利益可能影响他们对事实的陈述(至于对事实的记忆,虽然可能受利益影响,但也可能根本不会受影响,事实的记忆和陈述可以分裂),假定都如实陈述,那么他们(的陈述)作为"证据",具有第一位的和本真的意义;即使某方当事人在事发之初和后来的演变过程中,为掩盖真相而制造假象、伪造证据,但由于案发过程中伪造的证据和它所掩盖的真相、显现的假象一起,成为案件原生事实及其证据的一部分,所以,在特定案件中,针对不同的证明对象,它们可以都是真实的证据。如果当事人都记忆准确,陈述真实,他们有关案件的言词就是他们对案发"那时那地那些人和事"的亲为、亲历之情况的陈述,对后来于法庭上证明相关事实具有最为直接可靠的有效性。然而他们的问题是,讼争的冲突和利益诉求的对立,可能使他们蒙蔽真相,各自陈述对己有利的部分事实,甚至歪曲事实、掩盖真相和捏造事实。

就证人而言,他们亲见、亲闻全部或部分事实,是典型的旁观者,与案件利益无关,如果他们记忆准确,陈述确实,他们的言词对证明事实同样具有最直接可靠的有效性。但他们有可能事不关己,无心认真观察事件,对事实记忆不准确、不详细,遗漏、偏差、误认等情况可能在所难免。

作为"案件事实在场者"的物证,它们不能像人一样观察、记忆和陈述,但它们可以当场实时客观记录任何物质在物理、化学、生物等方面发生的变化,遭受的作用力和产生的反作用力,即物证以其自身的存在方式或物理、化学结构、功能的变化等,反应事件发生的物质过程,并且间接表明某种特定行为或事件曾经发生或出现(如有人刻画了特殊痕迹、遗留下特殊物品等),它们除了可能受到物理、化学和生物等自然因素影响而发生变化外,对案件原始事实发生、演变的物理、化学和生物过程的"记忆"不会改变。所以,物证对证明事实具有极高的有效性。

其次,证据作为"案件事实争执者"。此时,当事人之间的事实纷争已经出现,证据是他们各自主张的事实的支持根据,证据被动参与到事实纷争中,为各自的"主人"撑腰。这种情境下,各方的证据——严格说是证据的收集和使用——对争议(诉争)事实证明的可靠性、有效性,随同相互讼争的"主人"一道,因角色分化而可能清晰或模糊。

起诉者和被告的个人品性,即他们各自的诚实度,对待证据和讼争事实的动机和目的,他们的诉讼手段和策略,对法律的遵守程度,等等,都会影响他们收证、举证、质证的范围和方式，影响他们对证据内容的陈述和认可。理论上，作为"事实在场者"的证据，本身不应当有真伪和"立场偏向"问题，因为证据就是证据，载有有关事实信息，能够证明相应事实；即便当事人伪造证据，伪造的证据也不能证明其所希望证明的事实，相反，只能证明伪造证据、捏造事实这个事实；这时，也不存在各方人士对证据事实信息做出不同解读和陈述的问题。可是，当证据成为各方当事人的事实争端的支持依据，作为争讼有关事实主张的工具和手段，"参与"到事实争执中，就成为案件事实"争执者"。诉讼中"打官司就是打证据"，现在就变成"让证据互打"。在讼争当中，当事人不仅可能对不同证据，甚至同一证据，都各话各说，对本无所争的证据和事实，都要争一番，对本来就有意无意埋下争执"祸种"的证据，当然更要拼力地争，就像那位吝啬富翁和私塾先生的无标点"合同"（无鱼肉也可无鸡鸭也可青菜萝卜万不可少不得工钱），被各自标点，意思大相径庭。显然，当证据作为事端争执者的工具时，证据随其"主人"一起参与到争执之中，其形式和内容的真伪往往争执不休。此时，证据与事实证明的有效性的关系不是自然联系，而是通过诉争来确定的，虽然证据和案件事实的自然联系仍然是证据有效证明事实的基础，但裁判者和当事人关于证据及所能证明的事实的争辩和认定，对证据能否有效证明事实有重大影响，因此，证据和事实间客观、稳定的联系有被削弱、割断或搞错位的风险，客观真实的证据也可能证明不了客观事实。

不过，这种风险是可控的，并不可怕。一则，只有那些作为事件"在场者"或事实"见证者"的证据，才经得起诉讼程序和证明规则检验，才是真正有利于讼争者的证据；二则，在司法证明程序中，证据不只是讼争者的证据，不只传达讼争者的诉求和他对案情的陈述，它更担当着把案件原生事实信息传递给裁判者和各方当事人的角色，这是裁判者需要并要求证据担当的角色。

最后,证据作为"案件事实传递者"。证据应当是"案件事实传递者",并且实际上这也是证据的中心角色。即是说,只有确实能够传递真实案情的证据,而非虚假证据,才能为各方当事人所接受和使用,为裁判者所认同和采信;即便是事实信息模棱两可的证据,当事人的主观之争所带来的风险,也是可控的,因为裁判者的理性、经验和常识,在证据体系和证明规则的指导和约束下,一般足以应对当事人的争执。证据上的花言巧语、死磨难缠和弄虚作假、无理取闹等"烂招",多半不会奏效,除非裁判者心存私念或水平太次、太"烂"。

证据作为"事实传递者",其有效性恰是基于"案件事实在场者"的角色,而不是基于其"案件争执者"的角色。司法证明过程中,证据走进法庭,从原先的事件在场者、事实见证者转变为案件原生事实的当庭揭示者、传递者。当事人能够直接揭示事实,虽然不同当事人可能揭示出相互矛盾的事实画面,但证人、书证和物证等,会修正他们各自不符合事实原型的陈述;证人能够直接揭示全部或部分事实,虽然证人可能误记、误述、遗漏、掩饰某些事实,但同样,他的陈述也会被其他证据印证或校正,他当然能够促使裁判者发现真相;单个的书证或物证都有这样那样的证明局限,但当一系列书证、物证以及其他证据呈于法庭,并且相互印证或校正之后,它们当然也能够直接或间接促使裁判者发现和认清案件原始事实。

对裁判者而言,证据的核心"角色"和真正功能,在于"传递案件原始事实信息",这是案件原生事实与法庭审理的诉争事实和裁判者最终认定的案件事实三者之间相互联系的物质和技术通道,因为证据的"事实传递者"角色和功能,案件原生事实与庭审发现的事实真相之间得以形成无缝"联结"。以为案件原生事实与法庭发现的案件事实之间存在普遍、必然的"断裂",只是一个虚妄的断语,它无限夸大了法庭认定的事实与案件原生事实之间的差异,否定法庭查清的案件事实与案件客观事实之间的内在一致性、统一性。如果真有"断裂",只在两个意义上勉强说得上,一是,裁判者通过诉讼程序和证明规则认定的案件事实与案件原生事实之间确有一定差异,但不能夸大;二是,在数量有限的悬案、错案中,因为证据的缺乏,证据链的断裂,导致无法认定或错误确定案件事实,这个事实认定与案件原生事实之间的确是"断裂"的,但相对来说,这不是普遍现象。

三、经查实的证据具有不可争、不能争的终结性

客观的、查证属实的证据,是最终不可争执、不能争执的对象。正是证据的这一特点,它赋予真相以力量、权威和终局性。

证据天然成为司法证明的最基本、最核心的工具和物质手段,就像"货币天然是金银"一样。证据之所以具备这个属性和特征,乃因为,虽然说事实真相是司法公正的基石,真相使人信服,但是,事实真相相比于证据,却是"软的、柔性的",原原本本的真相不会自动在法庭上"当下展现",除当事人可能曾经亲历事实发生、演变的过程和结果,证人可能耳闻目睹了部分或全部事实,裁判者和社会公众都没有亲自见闻那些事实,事实似乎并不"硬邦邦",而是"软绵绵"。能够使人信服的事实,使对方当事人、裁判者和公众不能不信、不得不服的事实,必须具备"硬度",必须"刚性化",套用一句话来说,"事实不仅应当证明,而且要以看得见的东西来证明",或者说"事实不仅应当是存在的,而且应当以看得见的东西来展示其存在,并且作为其真实存在的客观载体",要使事实真相"不软",得以"硬化、刚化",事实就必须能够使人亲自感知、触及,但是,待查证的事实,或者已经查证的事实,毕竟是过去的事实,不可能让法庭中的人们以"回到过去"的方式感知事实,能够间接满足事实的可视、可闻、可触性要求的,就只有证据,那些查证属

实、固定了案件事实信息的证据,别无他法,即使单个证据不能完全满足这项要求,证据体系和证据链应能担当此任。这样,全部案件证据,以及由裁判者和各方当事人参与的事实证明过程,使法庭查明的事实被"物化"、"硬化"和外化、固化。即使客观案件事实不被认为是"硬邦邦"的存在,但由证据承载和再现的事实,经司法证明的事实,无疑是"硬邦邦的",纵使有人对事实抵赖和狡辩到底,最后也不能够对证据进行抵赖和狡辩。通俗地说,如果事实真相都不能使人服软,那么,铁证面前不得不服软。① 故此,在现代司法制度中,人们不仅期待司法裁判公正、渴望事实真相,而且更加注重客观、确凿的证据和全面、客观、公正的司法证明过程。

裁判能够使人服从,但裁判不是服从的根源。公正的裁判能够服人,但裁判是否公正,却可以根据案件事实而论争。

事实能够使人服从,但事实不能自动地呈现。法官判定的"事实"是否就是事实真相,可以根据相关证据而论争。

唯独,证据能够使人最终服从,因为证据是证明案件事实、确保司法公正的最后物质手段。对查证属实的证据(及其证明的事实),当事人无法再争,不能再争;通常,人们也不会承认对这样的证据进行论争具有合理性、正当性和有效性,即"争无所争"。事实,特别是能够充

---

① 电视剧《青盲》第47集里面,国民党秘密组织灰衣社人员"成功"审讯中共地下党员、代号"小猫"的毒气专家刘明义,并没有使用此前国民党其他人员多次利用的刑讯逼供等无效审讯方法,而是充分利用了假毒气"心理实验"而获得的证据,辅之以其他证据,揭开了刘明义是曾经到过苏联学习军事化学知识的共产党专家的真实身份。刘明义顽强坚守了秘密,但面对灰衣社审讯人员展示的证据,他的两眼静静地淌出两行泪水。他的身份彻底暴露,他只得在心底默默认账。我想,一个人的嘴和骨头再硬,信念再坚定,能够坚决彻底保守秘密,面对死亡威胁也不畏惧、动摇,一句话不说,但最终硬不过证据,得在证据面前低头。共产党人在面对国民党的审讯时如此,其他任何人面对审讯,只要铁证俱在,统统都会如此,即使他始终保持沉默也无关紧要。这就是证据的力量。

分证明事实的证据,是自然正义和法律正义的物质性终点。所以,在生活中,虽然有"铁的事实"一说,但更为人知、所愿接受的却是"铁证如山"。

为什么现代司法裁判都叫做"证据裁判",奉行"证据裁判原则"?为什么其实古往今来的裁判本质上都是证据裁判?这就是简单答案:事实真相是司法公正的基础,而事实真相却以查证属实的证据为最终的客观物质基础。

这是人们根深蒂固的司法公正信念的内核,民间所谓"打官司就是打证据"就是对这个内核的活灵活现、通俗生动的表达。

四、"审判有问题"多是"证据有问题"

当然,司法审判实践中,对证据进行争论的情况不仅存在,而且不少,似乎证据并非论争的终点,亦非不可争论。但据笔者的亲身经历和理论思考,之所以我们的司法裁判中,一些当事人争论、怀疑裁判的公正性,争论或者否认法官查明了事实真相,因为他们深知,在他们自己的案件中,证据不仅被对方当事人玩弄,更糟的是被裁判者玩弄了——其实,不少案件中,任何有点相关知识的明眼人都看得出某方当事人的证据有巨大问题,哪用说职业法官啊?只要裁判者稍微有点公正性,公平心,有点职业敬畏和专业良知,都不至于出现不可言喻的荒诞情况。通俗地说,只要有点良心,这些"问题证据"本应受到严格质证,严重违法的证据理当排除,但裁判者不仅不让这些证据"查证",而且明目张胆地偏袒一方当事人,打压他方,把当庭已经质问得漏洞百出、破败不堪的"证据",依然在裁判文书中"照单全收",将本不属于某当事人的利益或责任,硬生生地判给他,使得某方当事人深感伤心、无助和失望——这样的司法哪里是在化解纠纷?在这样的案件中,证据当然仍然可争,因为证据并没有"查实",不具备最终终结案件的性质和功能,不属于"不能合理争执"的对象。①

简而言之:争讼之事实,当事人往往各执一端,互相否认;裁判之事实,裁判者多非亲睹亲闻,真伪善恶难明。当事人可能信口雌黄,不足为信;为使人确信所言之事,就须以证据证明其事,据证为凭;证据可能不容易收集和举示,但一般来说,"雁过留声,人过留名;物皆有痕,事皆有影",证据会在事实发生、演变过程中留下,所以,事实证明并非都不容易,更非毫无可能,也无须捕风捉影。

五、证据及其功能的价值中立性

人们建立诉讼制度和司法证明制度,这些制度都有其指导思想和价值目标。证据的收集、使用也是在这些思想和价值指引下进行的。但是,证据产生、形成于事实发生、演变过程中,不因人的思想和价值观念而存在和改变,证据的内容就是事实本身在物质上留下的痕迹,在人脑中留下的记忆,其作用就是当人接触、解读证据的时候,把痕迹显现出来,把记忆表达出来,即把原来的事实点点滴滴地重现出来。证据自身没有价值立场,没有偏向,无论在何人面前,都是中性的、客观的和被动的,它所载事实信息,只等有识之人发掘,一双慧眼识破和使用。案

---

① 2011年6月,笔者亲历一桩湖北某中级人民法院审理的民事上诉案件。案件中,对方当事人提出了涉及金额233余万元的航空运单、"电子邮件"等证据。那些证据,无论从哪个角度说,都一塌糊涂,不符合法律要求。特别是以A4纸打印的二十几份"电子邮件",完全不符合电子证据的任何法律要求,没有一份原件,每份"电子邮件"全部经过编辑,荒唐无比的是,其中至少有"两对"(四份)邮件,每两份的内容完全相同,但却同一时间(分秒不差)发自不同国家的不同客户;有的邮件发信人、收件人这些"信头",被置于邮件末尾,等等。更重要的是,我们从对方芜杂的证据中,发现有一份证据,恰好推翻了对方主张我方当事人应当"赔偿"巨额款项的其它一切证据。但是,对于我们根据对方自身证据,有理有据指出的问题,那位女审判长充耳不闻,生硬打断、阻拦我们当庭质证、辩论,任由对方代理律师谎话、胡话和歪理连篇,审判结果一望便知。一些法官自毁形象,司法遭到激烈批评。通过此案,我更有切肤体会。

件事实的证明正需要这种没有价值因素的证据,通过这样的证据所证明的事实,才能确保是客观、真实的事实。

由于证据在司法审判中极为重要,证据又具有价值中立性,由其证明的事实一般被认为就是真实、客观的事实,所以追求和捍卫司法正义的人们都视发现和使用客观可靠的证据为公正裁判、司法正义的基石,而在故意制造的错案、冤案中,错误或虚假"证据"就成为掩盖他们非正义举动的挡箭牌。证据的价值中立恰恰被不同的人在很不相同的立场上使用,它既服务于公平和正义,也被用于徇私枉法、伤天害理。

因此,我们不难理解,或者说更加理解:为什么无论真正"铁案"还是凿凿"冤狱",都需要证据,办案人员都极力搜求或恣意捏造证据;为什么无论原告(控方)和被告都对其诉称或辩称的事实,宣称"铁证如山";为什么无论神明裁判还是世俗审判,审判者都声称事实清楚,证据确凿;为什么无论古今与中外,桩桩案件都有"证据","莫须有"的案件也证据"充足"。归根到底,不论是公正廉明的法官,还是糊涂昏官、精明贪官,不论是以司法实现正义还是借司法打击报复、整人害人,他们在"事实"和"证据"方面都输不起(除非压根儿不借用司法机器)。所以,在有的案件中,"铁证"其实也是"画皮",或"皇帝的新衣"。

第二节　神示"证据"与事实有效证明

一、神明裁判中的证据信念和证据形式

在采用神示证据或者神明裁判的场合,证据的物化形式、证据所含的"事实信息"是怎样的,有什么特殊性,证明规则的内容是什么,其特别之处在哪里？为什么它们看起来都很有效？为什么后来的理性证明方式将它们逐步排除司法证明的领域,但又陈迹未绝？

无论现代的司法证明,还是古老的神明裁判,人们都"相信证据",或者有"证据信念(证据信仰)",这是共同的关键因素。相信或者信仰证据,可以是非理性的,也可以是理性的。非理性地信仰证据,只需要诉讼中各方主体,都凭着直觉、对超自然力量的信赖和自己内心的祈愿,凭借某个能通达神灵的可直观感知的媒介,以神意、灵启的名义,在案件相关者乃至众人面前,显现或不显现人们所期许的"神迹、灵异"现象(此即"证据"),就能够宣示案件的事实真相,完成事实证明,并且无人质疑。理性地信仰证据,便是诉讼当事人和裁判者,或者其他诉讼参与者,通过出示、辨识证据,提出异议、相互辩驳,从多方面审查证据后,确定证据的客观性、关联性(和合法性),揭示出证据所含案件原生事实信息,确定证据与案件事实具有不容置疑的客观联系,并在思维中建立起证据和案件真相之间的直接联系。

两种证据信念差异明显,但也有共同之处:在各自的证据制度和证明体制下,它们都具有终极意义,即裁判者和当事人都要服从各自的证据所证明的事实,证据都是裁判事实的最终来源和根据。虽然"事实胜于雄辩",但背后需要"铁证如山";同时,非理性的证据信念,藏着的是理性证明的实质,即裁判者和当事人虽然对寻找客观物证、人证无能为力,但他们发明、承袭了一种有序的和平的证据制度和证明法则,只不过借用了神灵或其他超自然力量的外衣,以化解纷争。

在采取神示证据或神明裁判的案件里面,"物化证据"并不来自于案件现场,不是人们常说的"物证",人本身不能成为证据,没有人证。如果有物证,尤其有人证出现,神明裁判也就不需要了。"神"所示的"证据",首先是在某个物质范围内选取一种(个)物体,如一锅水,一锅油,一块石头,一根木棒,或者某条河(的某地方)、某个水塘,一只鸡,一只鳄鱼,一个咒符,不少时候,也包括案件中某位当事人或者其他人(如在他身上是否出现特殊迹象,他的生命、健康是否出现誓言或诅咒的结局,如诸般"不得好死"的情形),等等;然后,必须严格按照神秘的仪式,赋予所选取的物一种"灵异"的力量,使那个物能够承载和显现即将降临的神异迹象;最后,在确定的时间、场合,共同见证该灵异物是否显示了人们许愿或诅咒的"神迹"。

在神明裁判中,神迹总是要发生和出现的,因为,人们一开始便设定了相互矛盾的两面神迹:不是这样,就是矛盾着的另一样,如接受神明裁判的被告方被灼伤的部位,要么溃烂,要么没有溃烂,被诅咒的人要么应验了咒语,要么安然无恙,等等。在神示证据体系里,不显现任何一种"神迹"是不可能的,因为"没有出现神迹"本身就是预设的"神迹"之一;何况,即使"神迹"不清晰、不显著,也有掌握、主持神明裁判的人,把它解释得明晰、显著。比如,接受神明裁判的人的伤口,似乎溃烂了一点,又似乎完好,那么,主持裁判的人就会凭着他的想法,宣称某种神迹已经出现,并且认定某种讼争事实的真相为何。将"神迹"做对立的两分,能够简单、有效地通过神迹解决纠纷,否则,如果神示证据不能显示非此即彼的事实真相,让人猜想无穷,那神示证据就会失灵,神明会无从裁判,但这是"神明"和人都不允许、不能承受和无法想象的。即是说,神示证据因其超验的神性,能够充分保障事实证明,证明总是有效。

二、神明裁判中证据和事实证明的特殊性

神明裁判中的证据和事实证明有五个方面的特殊性。

第一,"证据"材料特殊。它们不是案件发生时遗留的物或痕迹,不是知情的人及其证言,而是由神明裁判的主持者或者当事人根据习俗、特殊仪式等方式选出的物或人,这个物或人与案件事实的发生和演变不一定有什么关系;之所以被选出来,完全是因为它(他)被认为是合适的"灵媒",即神启、神意和神迹的载体及宣示媒介。案件真相在

神灵昭示之前,人无法知道,也找不到能够使人获知真相的物证和人证,而神示证据就是"神意"借用的、向裁判者、当事人宣告真相的物化形式。

第二,案件事实信息的感知和显现方式很特殊。"神示证据"所含的事实信息及其发现方式、过程,与案件是否遗留下物证和人证无关,与裁判者和当事人的经验和知识无关,但与神灵知晓事实真相有关,神示证据就是知晓事实真相的神意向人们告知真相的物质载体和显现形式。这个"证据"解决了一个天大的司法证明难题(人的理性至今仍然不能很好解决的难题):人们根本无须在意事实真相是否留下客观印记,以便于事后查明;"万能的神灵(上帝)"本来就知道一切,当然包括那个案件的真相;现在,神灵只须通过选出一个物或人,在特殊的仪式之后,就把所知的真相通过那个物或人显现出来。迄今为止,"神示证据",如果真有那样神奇的证据,可能是世界上唯一无懈可击、超越有限达到无限的证据,它会使一切司法裁判人员从沉重不堪的司法证明中完全解放出来。

第三,证明规则和程序特殊。神示证据之下,证明规则就是,其一,启动神明裁判的人,既可以是自认为遭到侵害,指控他人触犯法律或违反风俗、禁忌的人,也可以是认为自己遭人诬陷、被指控触犯法律、违反风俗和禁忌,但自认为清白的人;其二,有第三人作为见证人见证神明裁判,或者神明裁判的主持人自己作为见证人;其三,遵循人人信奉的寻找"证据"或神迹的严格仪式,祈愿出现特定的迹象;其四,必定会出现一种宣示神意的迹象,必须找到并向各方当事人乃至公众公布代表神意和事实真相的迹象,没有任何神迹出现的神明裁判是不可能的,因为人们已经把"不出现某种现象"设定为一种神迹;而任何迹象一经出现和确定,事实就被神灵宣告,任何人不得异议,只能接受;其五,当事人自愿接受或者被强制接受神迹宣示的事实真相,接受相应的法律或习惯上的结果，不能有任何反悔；最后，拥有特殊社会地位或宗教地位的个人主持神明裁判，他是神明裁判的人间代理者，是宣示神的意旨的人间裁判者。

第四，神示证据的具体内容和解释规则，是高度地方化、族群化的。一个地方一种风俗，一个族群一种信仰，原始的或者具有原始特征的神灵崇拜因地域、族群而存在极大差异，所拜偶像、所信奉的图腾，千差万别，由此，在那些保留了神明裁判习俗的不同地方，"神明"以极不相同的方式"展示证据"和做出裁判，常见的有水审、火审、神咒、动物（包括传说中的动物如独角兽等、真实的动物如鳄鱼等）审判、器物（如剑之类）审判。即使不同地方有相似的神明裁判，但解释规则可能不同甚而相反，如水审，有的地方以受审的人沉没于水中而为无辜、清白，有的地方却认定那是受审者有罪。

第五，神示证据或神明裁判的效力特殊。案外的物质媒介成为代表"神灵"宣布案件"事实"的形式依据；超越人力的全知力量克服了人的理性局限，而人借助这个力量直接达到"事实真相"。神示证据或神明裁判总是有效的，因为，人们对神示证据或神的裁判，有宗教或类似的信仰与虔诚；从深层来说，神明裁判、神示证据的有效性，来自于承认和维护神明裁判的古老文化和习俗。但在根本不信任神明裁判的人那里，它又自始至终都是无效的。

当然，神明裁判在理性思维面前，显得荒诞不经，无以立足。尽管在不同时代、不同地方和不同民族，神明裁判或神示证据退出历史的具体原因和方式很不同，比如，在西方中世纪，教会禁止教士参与神明裁判，很可能就是神明裁判终结的直接而重要的原因，在其他地方，神明裁判的地位和作用与人们的理性证明观念和能力成反比，理性证明取代神明裁判是一个逐步展开的、长期的过程，至近现代，神示证据或神明裁判，不再是国家司法证明制度的一个因素。

不过,神明裁判作为一些民族的民间纠纷解决机制和习俗,仍然存在于一些地方。甚至在现代司法证明制度占主导地位的地方和民族,也保留着一些神明裁判或者神示证据的痕迹,其"效力"对于愿意采用它的人而言,可能比司法裁判更能接受。在司法实践中,偶尔会有当事人之间,当着裁判者的面,诅咒发誓,除去那些纯属法庭程序要求和争讼技巧的诅咒发誓之外,还真有一些"严肃认真"的咒誓。

神明裁判至今仍然存在,其原因十分复杂。简单说来,很多人还信奉超自然力量,迷信观念强大和深入,在一些民族那里,宗教信仰普遍,或者古风浓厚,这些都为神明裁判的遗存提供了精神文化土壤;司法证明中,事实真伪不明的状态并不经常出现,但却难以完全避免,这是理性证明无法克服的,尽管裁判者并不惧怕真伪不明,他可以按照证明责任进行裁判,但对当事人或者至少其中一方而言,却难以接受,他希望揭穿真相,还自己公道,于是他可能在司法裁判之外求助神明裁判;有时候,他们可能感到,世俗的裁判者不仅不及超越凡尘的神灵那样"灵验",而且没有神灵那样公正,等等。[1]

第三节 现代证明规则与事实有效证明

一般认为,现代司法中的证明规则对诉争事实的证明有积极效果。神明裁判下,证据和证明规则的有效性主要是一种"心理(信念或信仰)上的有效性"。理性的司法证明的有效性,是通过长期、反复和成功的事实证明活动来昭示的,并有当事人感受司法证明有效性的经验

---

[1] 值得注意的是,现实社会中,当一些诉讼当事人最终对司法裁判失望后,转而求助地方党政主要领导直至最高领导人,进行上访等,一定程度上说,也是对人间"神明"裁判的求助——"青天"就是人间的神明,尽管说,上访人员十分复杂,上访原因和动机也不都很单纯。

基础,有公众的普遍认知,能够在现实和将来持续经受验证。

如前所述,现代司法证明中,证据能够有效保障案件事实的证明。但现代司法证明中除了证据,还有非常多的规范证据资格和证明活动的规则,它们对司法证明有非常广泛和巨大的影响。这里要探讨的是:一些主要证据和证明规则如何促进或妨碍事实证明的,如何保证、加强或削弱司法证明有效性的?

一、证明规则的系统性和多样性

证明规则,狭义上主要指有关证明对象、证明责任、证明标准、证明程序的规则,广义上还包括证据裁判、直接言词、公开、辩论和自由心证诸原则,以及关于证据资格、证明力、证据收集、举证、认定、采信等规则。国外证据法所规定的关于证据和证明活动的规则,除前述司法证明的主要原则,还有一系列具体规则,如证据相关性(关联性)、可采性规则,举证时限(证据失权)、证据交换(展示)、证据保全规则,最佳证据、证据补强、排除传闻、非法证据及例外规则,意见证据、品格证据规则,证明对象、证明责任、证明标准规则,司法认知、推定、自认规则,法庭举证、质证、辩论,包括主询问和交叉询问规则,证据特权(作证豁免)、禁反言规则,等等。

裁判者发现案件事实真相,必须遵守法定诉讼程序以及证明规则,遵守实体法对特定法律事实之构成的规定。现代司法证明以理性主义为前提和方法,证据与经验、常识、证明规则相贯通,共同构成事实发现的物质手段和技术准则,事实发现和证明的过程是一种理性探知、说服的过程。所有关于证据、证明的规则,是司法证明的理性活动准则,但各种准则的价值目标并不单一,而是包括发现真相(真实)、保障人权、提高效率、实现司法正义等多项目标,因此证明规则与司法裁判中证明活动的有效性的相互关系,就显得复杂多变。

二、司法证明原则对证明事实具有不同功效

司法证明的各种基本原则,其理论和制度内容及作用并不一致,在事实证明中的效用很不相同,但是,它们是以发现客观真实为核心的多种规则、价值和目标的综合体系,追求、发现案件真相是这些原则最基本的共同目标和价值,当它们被其他司法目标和价值限制、折衷或平衡时,也不丧失这一特点。

证据裁判、直接言词、公开、辩论、自由心证诸原则,直接制约司法证明的方方面面,而且,这些原则又极不相同,每一个原则都有很大的解释空间。

证据裁判原则可以认为是"客观性"、刚性很强的原则,它要求裁判者的事实认定必须有符合诉讼法和证明规则要求的证据作支撑,它的通俗表达,即"打官司就是打证据",而不是打关系或者别的什么;但这个原则也可能被解释得富有弹性,如证据的确实、充分程度,至少在不同类型的案件中,可以很不相同。理论上,证据裁判原则不会妨碍发现真相,而是积极推进发现真相,因为它要求并促使与案件原生事实相关的证据都呈于法庭,展示给当事人乃至公众,当事人心中是"透明透亮"的,群众的眼睛一般来说也是"雪亮"的。裁判者敢于完全公开事实认定及证据,一般意味着真相已经揭晓。

直接言词、公开、辩论原则被认为是揭示真相的最厉害的手段,尤其在当事人主义诉讼模式下,这些原则贯彻到交叉询问等规则之中,它使得当事人、证人(包括专家证人)的陈述接受最严格的盘问、检验,谎言、误认、误记、模棱两可、偏见等不实或不确切的陈述,无所遁形,事实真相从层层迷雾中撩拨出来;但这些原则在那些当事人辩论能力失衡的案件中,也可能成为雄辩一方的屠刀,被宰杀的有可能正是案件真相和弱势方的正当权益。

自由心证原则显示出事实发现的"主观性",它使裁判者可以充分发挥发现真相的主动积极性,裁判者将所有呈堂证据、诉讼参与人的论辩等全部活动、精神状态等,与其专业知识、法律良知、司法经验和常识,融汇于察知真相的审判行为和内心权衡中,不囿于机械地拼凑证据和事实画面,从而自主、及时和有效确认事实真相,终结法律程序;其弊端是,这可能导致裁判者随意认定事实,在极端情形下,甚至可能恣意妄为,胡乱认定事实,牺牲真相。因此,单就自由心证原则来说,它对于事实证明的有效性是不确定的,但自由心证从来都是与证据裁判、直接言词等结合起来的,它们共同保证裁判者对事实真相的心证既自由又合理,从而最大限度地有利于事实证明。

　　总的来说,没有任何一项证明原则能够单独有效地保障事实证明顺利展开,但这些原则相互衔接,构成一体,通过理论、立法和司法实践,实现对案件原始事实的追求。

　　这些司法证明的大原则,已成为各国司法的共同原则。因为,发现事实真相是不同法系、不同国家诉讼制度共同追求的目标,是实现司法公正的前提和基石。没有哪个诉讼制度、证明制度明确地"降格以求",把"法律真实"作为证明的目标,更不要说会公然否定客观事实、从头至尾可以放弃真相;也没有哪个严肃的证据学说会忽视甚至否定真相的客观存在及其价值。司法证明主要原则的凝练、成型和制度化,都是各国诉讼证明立法和司法实践的产物,是以发现真相为诉讼主导精神的产物。它们作为一个体系,一般能够保障当事人的争点事实得到及时有效的证明。

三、事实证明的基础性、价值中立性规则

　　证明对象、证明责任和证明标准(实质是证明要求)等,对于司法证明有效性影响巨大,特别是证明责任和证明标准规则,可以直接决定

程序意义上的证明的成败。

如何确定证明对象,确定什么作为证明对象,不仅事关证明的效率,更关乎证明的成败。司法证明对象要按照两个方面来确定的:一是当事人所争的事实,二是裁判者所需的事实,即裁判某类纷争应当查清的要件事实、情节事实,以及为准确理解这些事实的背景事实(案件环境)。在个案中,裁判者根据这两个方面,与当事人各方一道,具体确定所需证明的事实,即确定争点事实,或称待证事实。证明对象对证据和事实证明的影响主要在于:待证事实的个数,以及每个待证事实的复杂性,决定着证据量的大小,证据收集的难易程度,并可能影响收集的证据的质量。案情越复杂,证明对象越多,往往需要更多的证据,更难收集,更难达到"证据确实充分,事实清楚"的目标;反之,证明对象越少,案情越简单,需要的证据可能少些,收集更容易,"证据确实充分,事实清楚"的证明要求可能不难达到。简言之,证明对象越集中、越单一,所需证据的量可能越少,有关人员和单位就越容易集中精力有效收集相应证据,证明事实的可能性越大。生活中,某些纷争事实相对容易证明,如在公共场所发生的打架斗殴,众目睽睽之下的伤害、侮辱等等;某些纷争相对难以证明,比如,不为外人所知的家庭纷争,高智商、反侦查能力强的罪犯通过高科技手段实施的犯罪,等等。从取证手段和机遇看,有视频监控的地方,有人耳闻目睹的事情,取证越容易,待证事实容易证明;反之,隐秘之所,死无对证的事情,取证很难,争点事实不易查清。

证明责任分为客观证明责任(事实真相最终真伪不明时的败诉风险分配)和主观证明责任(在诉讼中具体承担和履行举证、质证、辩论义务)。客观证明责任与司法证明活动,与证据证明事实的有效性没有直接关系,这里不讨论。主观证明责任是当事人举证、质证和辩论,说服裁判者确认其事实主张的责任,各方当事人进行证据竞争,相互排除证据疑点、冲突,促使当事人发掘所有证据,让争点事实的矛盾对立、模糊不清归于消失,案件原本事实逐渐重现和清晰。主观证明责任促使当事人在裁判者面前出示、澄清和固定证据,固定查明的事实,固定裁判者和当事人对案件事实的共同认知,固定相关证据和事实的法律效果。主观证明责任是当事人在诉讼中承担和履行举证责任的直接动力来源,是一切司法证明活动的推动器,而举证、质证、认定证据和事实,是司法证明活动得以展开和事实证明得以实现的基本途径。所以,主观证明责任规则是通过证据证明案件事实的制度化的发动机。

不过,虽然主观证明责任规则能够推动当事人承担和履行举证、质证等义务,促使他们尽力收集、核实、提出证据,有助于证据的全面展示,提高证据的质量,从而保障证据有效证明相关事实,但这个规则主要还是针对当事人的规则,只是间接地有助于增加证据数量,提高证据品质,使证据更加有效地证明事实,即它是直接"对人"、间接"对事"的规则。再者,证明责任规则不能改变证据数量和品质的既成状态,也不能改变当事人自身的举证、质证和论辩能力状态,因此这个规则主要影响当事人的举证、质证动机和愿望,使他们竭尽全力有效地证明各自主张的事实,对证据的确实性和充足性的影响则是间接的,也就是说,对证据证明事实的有效性的影响是间接的,尽管力度不一定小。

证明标准与司法证明有效性的关系极其复杂和微妙。表面上,证明标准高低直接决定事实证明的难易程度,决定事实真相是"顺产"、"难产"或"流产";人们对证明标准的理解,包括一些理论观点,似乎也印证了这一点,以为证明标准越低,"事实"就越容易"证明",即使是虚假之事,也可能轻易"证明",反之,证明标准越高,事实越难证明,即使是真实事实,也可能无法证明。

但是,如果这真是证明标准的实质涵义和基本功能,那么,证明标准就缺少科学性(明确性、稳定性、客观性及合理性),证明标准就沦为

"方便"或"为难"争点事实"证明"、操弄司法裁判的工具,证据法规定(不同的)证明标准,就是以法律之名对司法证明的主观性和伪科学性进行装饰。这样,证明标准就是一种恶,法律和道德上的恶。显然,证明标准和按照某种证明标准证明的事实,不应当是这副模样。

也就是说,只要是证明标准,不管是什么证明标准,就应当满足下述起码的约束性要求:它是常人能够理解并接受的客观标准,具有科学性、稳定性、明确性、规范性和统一性,符合司法证明规律的要求,便于诉讼中各方主体具体操作,而非证明者和裁判者任意操弄事实证明的司法工具;按照那个标准,通过证据证明的事实,确实是客观存在的事实,即使偶有差错发生和存在,但从根本上说不是证明标准存在问题所致,而是证据或者证明行为的有问题;不同证明标准下所证明的事实,都应当是"清楚、确实"的事实,不应当因为证明标准不同,"被证明的事实"有真假之别,或者有真假程度的悬殊。我们不能承认和接受这样的理论:按照甲证明标准,所认定的事实可能有50%以上的真实性,即可能有接近50%的虚假性,甚至就可以是假的;按照乙证明标准,认定的事实应当有90%以上的真实性,即事实的虚假性不允许接近或超过10%。须知,对个案来说,裁判认定的事实是否符合(基本)事实真相,只有100%和0%,事实认定对了就对了,错了就错了,没有介于0%与100%之间的对错概率。

于是,可能有人质问笔者:既然承认不同证明标准,怎么可能在不同证明标准下,被证明的事实都(应当、只能)是"清楚、确实"的?"盖然性(优势)"、"超越(排除)合理怀疑"等不同证明标准,难道不是摆明了承认认定的事实与真相相符合只是某种几率有别的概率事件?

我的回答是:提出这些问题,乃是因为人们长期以来对"证明标准"有重大误解。

如果设置不同证明标准,其本意和本质是允许作为证明结果的案件事实可以有真假、确实程度的不同,不同证明标准即意味着事实认定与真相相符合的概率大小、几率高低,那么,这些不同证明标准的合理性就大有问题。因为,事实就是事实,确有那个事实,证明标准再高,虽然证明难度可能大些,但一般还是可以证明的;而没有的事实,无论怎样低的证明标准,都不应当"证明出事实"来(虽然司法证明实践中把没有的"事实"也给"证明出来"过,但问题并不出在证明标准上,而是有别的问题,主要是证据认定错误)。否则,证明标准就成了糊弄公众的起码常识和基本理性思维的魔棒。不论按照哪种证明标准所证明的案件事实,在真假问题上,应当是同质的,都是客观、真实、清楚、确实的事实。对"所有司法案件"而言,争点事实能否成功证明,这可以进行统计分析,在理论上可以用"概率"来解释,但在具体、实际个案中,案件事实的有无、真假是不存在概率的,也没有确实程度问题,要么有(真),要么无(假)。没有得到证明的"事实",在法律上只能是"无",虽然实际上可能是"无"或者"有";得到证明的事实,在法律上当然是"有",在客观上只能是"有",不能是"无",不论人们采取什么证明标准。尤须明白,"证据不足,事实不清"只是程序法意义上的事实认识状态,是一种事实认定结论,不是案件事实的自然状态,这是诉讼法规定在"证据不足,事实不清"情况下二审法院可以发回重审或"查清事实后改判"的基础和前提;即是说,案件事实本身没有"证据不足,事实不清"的问题,没有这样的客观状态,它只有"有(存在)"或"无(不存在)"的问题。如下观点在逻辑上是不通的:不管基于什么证明标准,得到证明的事实都是事实,但因依据的证明标准不同,被证明的事实的真假情况、确实性程度(可以)不同。即使有人把这种被证明的"事实"称为"法律真实",也不能化解其中的矛盾:事实还有真假两重可能性,还有从大于50%到小于或等于100%的程度不同的确实性?!

我认为,我国现行的刑事诉讼法、民事诉讼法和行政诉讼法,对证明标准的大体一致、单一化规定,是科学的、合理的。事实清楚,证据(确实)充分,是贯穿三个诉讼法的证明标准,这里没有不同标准,也没有"被证明的事实"的真实、确定性程度不同的问题,更不会造成当事人和公众对不同诉讼、不同证明标准可以允许事实真假程度不同的困惑。

笔者认为,证明标准不是、不应当是关于被证明的事实在法律上可以或者应当更真、更确切一些,或者在某种程度、范围内容许虚假、不确定性的许可性标准,而是对裁判者认定事实的心证程度的要求,是法官衡量、判定案件事实是否确实存在、能否认定和下判的裁判要求、心证规范,也是法律针对不同诉讼领域,对司法证明中不可能完全避免的事实认定错误,为当事人和公众设定了不同的容错度,即要求当事人和公众在法官遵守一切法律和道德规范的条件下,有限地承认、宽容他们出现的事实认定和裁判错误。"证明标准"本质上是便宜法官、方便司法的事实裁判技术规范,是引导当事人和公众认识、承认并宽容合理的司法裁判错误的倡导性规范。[①]

首先,现在各种"证明标准"不是以事实本身的证明难易来建立的,而是以被证明的事实对有关当事人和司法制度的利益影响大小来建立的,换言之,事实证明的难易程度与证明标准高低根本没有本质联系。大家公认,民行案件中有非常难于证明的事实,刑事诉讼中也有可以轻易证明的事实,但民行案件证明标准往往低于刑事证明标准,其根源众所周知——一般来说,刑事责任是比民事责任严重得多的法律责任,并且牵涉到国家刑罚权的行使与约束,加之,现代刑事程序特别注重人权保障,对有罪事实的认定设置很高要求,不论表述为"排除合理怀疑"还是"确信无疑"、"事实清楚,证据确实充分",以保护嫌疑人、被告人,特别是保护无辜者不被错误追究,对错误认定有罪事实采取"零

---

① 本书第八章对"证明标准"问题有更详细的讨论。

容忍",不允许无罪事实被"证明为有罪事实",伤及无辜。民事证明采取盖然性标准,不外乎表明,民事司法制度允许在当事人和裁判者用尽证明手段、各方尽其知识、经验之所能,并且裁判者无违法律规范和司法良知的情况下,可以按照"(很)可能"的标准认定事实;但对裁判者而言,那个被他认定的事实不是"(很)可能是事实",而是在现有证据条件下,"那就是案件事实。非要说'那只是可能的事实',也行"。这意味着,法律和社会允许裁判者在有限案件中,"合理"地出现事实认定差错,并且要求人们容忍,因为它危害性不大。

其次,中国式的统一的证明标准("事实清楚"),可以说是真正适用于每种诉讼类型和每个案件的证明标准,因为,人对客观事实认识的对与错,不是主观标准决定的(法定标准是主观标准),不能用盖然性或排除合理怀疑等标准来衡量,而只能依靠证据及其所含的原生事实信息来衡量。证据及其所载事实信息没有盖然性或"合理怀疑"问题,只有信息的多少、清晰度问题,只能够向当事人或裁判者提供清楚或不清楚的事实。而西方的盖然性或排除合理怀疑证明标准,是针对司法证明的认识缺陷、使人摆脱证明困境而人为设置的事实认定手段——本质上,它们与司法认知、推定相同,是降低事实认定难度的,[1]它们不是证明标准,不是事实真伪标准,而是在事实认定发生困难,或者需要特别防止、阻止某种不可靠的事实认定的情况下,法律授予裁判者确认或否定事实存在的心理技术手段(事实心证程度的要求)。即是说,盖然性证明标准和排除合理怀疑标准,并不是时时刻刻需要使用的标准,裁判者在如下案件中用不上它们:如果一方当事人的证据确实充分,对

---

[1] 排除合理怀疑标准也是"降低"证明难度的标准,因为它把有罪证明的要求设定在理性证明能力所能够承受的合理范围内,直接排除了对有罪事实证明可能提出的不合理要求。

方没有足以对抗的证据,案件事实自然就是清楚确实的,没有盖然性问题;如果任何当事人都没有证据足以证明任何事实,所谓事实并不存在,裁判者也可以直接认定,证明标准便无用武之地。只有出现下面的情况,盖然性或排除合理怀疑的标准,才可能管用:不同当事人向事实裁判者提供了相互对抗但证明力不对称的证据。如果相互对抗的证据的证明力恰好对称,那么,在民事案件中,盖然性标准无法适用,裁判者只能按照客观证明责任规则裁判案件,在刑事案件中,则有两个对被告有利的规则可以直接适用:控方承担排除合理怀疑的有罪证明责任,罪疑从无,而不论按照哪个规则,结果都是犯罪事实不能成立,法官应当宣告被告人无罪。

再者,如果证明标准是判定案件事实有无、真伪的标准,是判定证据是否已经证明出事实真相的标准,那么,证明标准只能是单一的,不能是多样的,因为虽然具体事实的内容多种多样(与之对应的是证据的多样化),但所有事实的本质是一样的,即事实都是真实存在的客观事物、事情及其状态,所以,证明事实有无、真假的标准也应当是一样的。可是,我们现在却要面对很不相同的多种证明标准。民事诉讼适用盖然性标准,刑事诉讼有罪认定适用排除合理怀疑标准;并且,似乎法律后果和责任相对轻的案件,适用低证明标准,事实真实性程度可以较低,法律后果和责任相对重的案件,适用高证明标准,事实真实性程度要求很高,这根本不符合司法裁判对(基本)事实真相有相同要求的实际情况,也无益于待证事实的有效证明。

综上分析,我认为,我国的"证据确实、充分,事实清楚"证明标准,是司法实践总结出来的较为科学合理的事实裁判标准,证据及事实信息是客观的、物化的,事实是否清楚,也是客观的,并且可以感知,也不存在证明标准高低问题,不存在因证明标准不同而产生事实真实性、确定性程度不同的悖谬。西方那些确实性程度不同的证明标准,不是直接判定事实真伪的标准,它们不能直接简明回答所证明的事实究竟是真还是假,它们是指引裁判者对有疑问的事实进行心证的裁决规则。

中国式证明标准对司法证明有效性的影响,可以归结为:其出发点和目的都是客观事实真相,证明工具和检验手段(或标准)都是确实充分的证据;这个标准统一、清晰,并且能够直接促使当事人、裁判者或其他诉讼参与者,极尽全力收集、提供确实可靠、充足有力的证据以证明争点事实。但另一方面,如果没有现代程序正义的观念和制度制约,"证据确实充分,事实清楚"的标准的确可以导向重实体轻程序的事实证明轨道,可能损害现代司法所尊崇的一些价值,尤其在种种社会压力或不当目的驱使下,"证据确实充分,事实清楚"可能演变为一些当事人或其他诉讼参与人恶意制造证据,通过"充足的"非法或虚假证据"清楚地证明"所谓事实。不过,这不算是证明标准本身的问题。总的看来,"证据确实充分,事实清楚"的标准,有利于落实证据裁判原则,使证据在质与量两方面满足证明争点事实的需要,故而能够保证和增强通过证据证明事实的有效性。

西方的证明标准,本身就是指导裁判者在某种疑惑状况下认定案件事实的技术规则,它们的直接效果就是:低证明标准(盖然性优势)直接意味着裁判者能够相对容易地认定某种事实,提高证据证明事实的形式有效性,被证明的事实的可靠性有基本保证但明显有限,即实质有效性不足;高证明标准(排除合理怀疑)意味着裁判者认定某种事实的阻碍和难度增加,可能降低裁判者依据证据认定事实的形式有效性,但能够提高事实认定的正确性,增加实质有效性。这些标准隐含着共同点:都允许在某种不确定性之下确定事实,这比"证据确实充分,事实清楚"的标准要低,因此有利于形式上、程序上证明争点事实和裁判者据证定案。

四、事实证明的支持、保障、促进性规则

证据相关性、证据交换或展示、证据保全、最佳证据和证据补强诸规则,总体上有利于事实证明,是以证据证明事实的支持性规则,可以保障和增强证据证明事实的有效性。

证据相关性(关联性)规则是保证证据有效证明事实的基础规则,旨在排除不相关证据进入审判和证明程序,确保在案件事实发生和发展过程中形成的证据被纳入诉讼过程,确保证据载有案件原生事实的相关信息,从而能够通过证据揭示原生事实,印证或者否定当事人的事实主张。不过,相关性规则是一项证据准入规则,本身并不增强或削弱证据证明事实的有效性。尽管相关性的涵义并不容易从理论上严格清晰界定,但它可以通过裁判者的司法经验予以弥补,对证据与案件争点事实的相关性的把握,主要基于常识和经验法则。一旦符合相关性要求的证据进入诉讼过程,这些证据就会直接促使相关争点事实得到证明,这个意义上,相关性规则有利于加强事实证明有效性。

当事人之间交换、展示证据,无论是在审前还是审判中进行,都有利于相互了解和掌握彼此的证据情况,能够就全案事实或部分事实尽早形成共识,或者,至少能够顺利整理出争点事实,使庭审集中于争点事实的查明。证据交换特别能够防止庭审中的证据突袭,以及证据和程序的拖延,便于各方充分准备质证和辩论,这对于排除虚假证据、澄清证据的事实信息,还原案件原初状况,提高诉讼效率,均有裨益。但证据交换不能完全解决某方当事人隐匿一些证据的问题,如一方当事人掌握的不利于自己而有利于对方的证据,只要他不准备在法庭上出示,而且对方当事人、检察官、法官等都不知道该证据,也没有相关线索,那他就往往不会受到强制展示证据的规则的影响,这些证据及相关

事实就能够掩盖下来。所以,在证据展示制度下,各方当事人自行充分收集证据、有效提出证据展示要求和提供证据线索,预防和击破对方的证据埋伏,尤为重要。在证据交换方面,如果当事人都有诚信,应该不会出现证据埋伏和偷袭问题。

证据保全是防范证据灭失的重要措施,无论哪个诉讼阶段的证据保全,其目的和任务都是确保已存在的证据被相关当事人顺利获取、妥为保管,以便向法庭提交,揭示相关案件真相。证据保全是预防、阻止毁灭、隐匿、篡改、伪造证据,或者防止因自然条件而损坏证据的有效路径。保全证据就是保全事实真相,让真相能够通过证据昭示于人。所以,证据保全规则对司法证明而言完全是"正向"规则,它能够直接保护证据,以便证明事实。司法人员对证据保全申请,应当特别迅速地采取保全措施。

最佳证据规则要求当事人提供最能直接反应案件事实原貌的证据,它意味着向法庭举出的证据,应当是原始证据,尽量避免传来证据,即使无法提交原始证据,也应当提交完全可以核实的、事实信息没有损耗、丧失和变异的传来证据。最佳证据规则指向的是证据所含事实信息应当完整、全面和保真,减少证据传递环节,避免所载事实信息的衰减、损耗、灭失和变异,从而确保证据能够揭示案件的原初事实。但这个规则并不拒斥非最佳证据进入司法裁判中,它能够容纳一些虽非最佳但却能够核实、并有助于揭示真相的证据。因此,这个规则也是一个保护证据以有效证明事实的正向规则。

证据补强,顾名思义,当然是为了增强证据的证明力,提高证据证明事实的有效性。证据补强规则是对证明力弱的证据进行证明力补强的规则,表面上是证据补充规则,即在现有的证明力较弱的证据之外,补充另外的相关证据,但实际上,它是强化证据的证明力的规则——被补充的和补充进来的证据各自的证明力都得到补强,否则,补强和被补强证据单独的证明力都弱。补强规则是增强证据证明有效性的规则，它有利于减少或消除事实证明的不确定性。

五、可能限制、削弱或阻碍事实证明的规则

举证时限（证据失权）规则，排除传闻、非法证据排除及例外规则，意见证据、品格证据规则，这些规则都含有限制或阻止将证据提交法庭，或裁判者对当事人所举证据不予认定、采信的要求，并且，有些规则刚性很强，没有或少有变通余地，如排除非法取得的言词证据。它们对司法证明的有效性的作用，各不相同。

举证时限或证据失权规则，即当事人必须按照法定期限举证，除有法律规定的例外情形，超越期限的举证，裁判者将不予接受，证据不能进入审判程序，或者不被裁判者认定和采信，自然不能作为证明事实的根据。该规则的实质意义在于它会阻止真实证据对相关真相的证明，它对虚假证据没有影响。所以，这个规则是直接而确定地可能损害证据证明事实的有效性的规则，它以提高诉讼效率为主要目标，以明白无误牺牲真相为代价，该规则运行的后果有可能是案结事难了——因牺牲真相而失去正当权益的一方，往往会寻求法外救济，增加纠纷解决的社会成本。各国为缓和举证时限规则的弊端，从立法和司法上采取了诸多救济措施，包括有条件地允许一些迟延提交的证据进入审判，法官裁量决定是否允许迟延提交和采信相关证据。这限制了证据失权规则对证明有效性的负面影响。我国大陆在 2002 年中期以后的五六年时间里，民事诉讼引入、采用了证据失权规则，但该规则完全背离我国的民事诉讼制度环境、社会环境和文化土壤，法律和社会效果很差，后来逐步被淘汰。

排除传闻和非法证据，都是为了保证证据的可靠性，保证证据所含事实信息的真实性、确实性。传闻不可靠，这是排除的基本理由；非法

证据因为其收集等行为非法,证据的客观真实性可能受损,即使证据确实无疑,采信该证据可能伤害更大的正当利益或价值,故而排除。若被排除的本来就是很有疑问的证据,或者虚假证据,那么,排除规则对事实证明没有影响可言;若被排除的是确实可靠的客观证据,比如物证、书证、视听资料等,那么,排除规则无疑是阻止发现真相的规则,它可能直接导致事实无法证明。这与证据失权规则对事实证明的有效性的影响完全相同,即裁判者通过诉讼程序和证明规则,消灭了证据和事实真相。

传闻和非法证据排除的例外规则,是对排除规则可能伤害实体真实的限制和补救,它们的目标就是要"挽救(挽回)"一些虽属传闻但显然确实可靠的证据,虽属非法取得但其所能证明的事实对实现司法正义具有显著价值的证据。排除之例外规则,直接效果是在诉讼程序中保留了一些证据,实质作用是让这些证据能够证明的事实最终为裁判者认定。所以这些例外规则总是促使裁判者保留和采信更多证据,增加争点事实证明的可能性、有效性。

意见证据规则规范证人的作证范围和内容,证人只能就其亲身感知的事实作证,不能对这些事实进行推论,提出个人主观意见。适格专家可以在他专业知识范围内陈述推论性意见,普通证人以自己的亲身感知和体验为基础,对理解证言或确定争议事实有帮助的合理推断意见,如感官获得的感觉,对外物性状的感知判断,对人或物(声音、形象、痕迹等)的辨认,描述自己的内心想法和意图,推测另一个人的某种情感或状态,此等意见具有可采性。意见证据规则阻止了证人的不可靠意见或与案件无关联的意见进入庭审证据范围,既提高了证明效率,又保证了证据的确实性和事实证明的可靠性。意见证据规则的例外规定,表明对经验和理性基础上的合理意见和推测的重视,自然有利于认定相关事实,维护和提高了司法证明的有效性。

品格证据是用以证明犯罪嫌疑人、被告人、被害人及证人品格(品德、名声、处事个性、个人的特定事件等)的证据。一般情况下,犯罪嫌疑人、被告人、被害人、证人的品格证据不具有可采性,因为品格证据是关于某人"先前个别行为"或"惯行"的证据,不是"本案证据";某人惯行是否与本案有关,品格证据是否有助于"解释"或"确认"某人在本案中的行为,不是一个容易确定的问题;即使表面上某人在某个案件中的行为,与其先前个别行为或惯常行为相近或相同,也只能间接地加强裁判者的某种认知倾向,不能直接证明"本案事实",还可能诱发偏见而误认事实,导致裁判错误。品格证据规则能阻止无关联性证据进入案件,阻止将偏见带入事实裁判,提高司法证明的可靠性和有效性。

但是,品格证据规则也有例外。比如,可以用来驳斥犯罪嫌疑人、被告人或被害人主张自己品格良好的证据;质疑证人证言可信性的证据;证人的可信性受到质疑后关于他是可信之人的证据(宗教信仰除外);关于其他犯罪、错误或行为的证据,虽然不能用来证明某人的品格,说明其行为的一致性,但为证明某种动机、机会、意图、预备、计划等,可以采信。在一方当事人使用品格证据的条件下,或者所证明的对象与品格直接相关的时候,另一方当然有平等的权利使用品格证据,进行辩护或反驳。这样,各方的品格证据不管是否能证明什么,都会有助于裁判者弄清楚本案事实背景,帮助裁判者对争点事实予以确认或否认。

六、排除证明障碍、便宜事实证明的规则

司法认知、推定、自认规则,这是三个"便宜"司法证明的规则。司法认知允许裁判者直接认定有关事实,免除当事人不必要的证明负担;推定允许裁判者根据已有事实合乎情理和逻辑地推论出与案件相关的其他事实,而无须另外举证,克服了某些事实显然存在但又不易证明的难题;自认是一方当事人直接承认对方主张的事实,一般来说,坦率承认对方主张的事实,是社会道德所激励的,如果不与有关法律规定冲

突,裁判者应当尊重和认定自认的事实。这些规则不仅能够极大提高司法证明效率,而且能够化解证明的困境,提高事实证明的有效性。当然,司法认知存在三方面风险:不同裁判者的知识、经验、司法技能和良知,并不相同,司法认知的水平和质量参差不齐;司法是一种既统一又具有地方特征的活动,司法认知对象的统一性只能是高度抽象的,而具体的认知对象则不可避免地是个案的和地方的,于是,究竟对哪些对象能够予以司法认知,没有真正统一的标准,司法认知差错可能在所难免;在司法制度不健全、司法腐败比较严重的社会条件下,司法认知的公信力和权威性往往遭到质疑。推定的风险在于,前提事实可能有误或不存在,或本来存在的反驳推定的证据灭失,等等。自认也面临法律和道德风险,可能出现各方当事人、当事人与案外人等合谋,串通案情,共同制造假象、掩盖真相等情形,损害国家、社会利益或他人权益。这些情形下,证明的有效性就会打折扣,被证明的"事实"多可置疑。所以,司法认知、推定和自认与事实证明有效性之间的关系并不简单,它们是否有利于事实证明,要进行个案分析。

七、保障证明权利和证明秩序的规则

法庭举证、质证、辩论规则,包括交叉询问规则,这些证明行为规则的主旨在于维护证明秩序,落实举证责任,审查、认定证据的可采性和证明力,发现案件真相,维护和提高证明效率。通过举证、质证和辩论,裁判者能够获取充分证据,揭开证据真伪,确定证据与案件原生事实是否关联、是否应当排除,通过证据所含的事实信息重现案件原生事实,证明诉称和辩称事实之真伪。这些规则虽然不能保证庭审之后裁判者必定能够最终确定案件真相,但它们能够促使司法证明活动有序进行,直至合法、公正地终结审判;能保证裁判者认定或不予认定的事实,都历经了诉讼程序的审查,有证据和质证、辩论意见方面的充分根据。正

常情况下,法庭举证、质证、辩论诸规则与审判公开、公平、公正等原则相结合,能够促使裁判者无徇私、无枉法、无妄断,当事人也将无不法之利、无冤屈、无妄议,裁判者慎判,当事人服判。因此,这些规则总体上有助于顺利查明事实真相,即使真相不明,也有助于裁判者按照证明责任,合法、合情、合理地裁判案件,达到实质性地息讼止争的目的。

八、保护特定人权利的证据特权规则

证据特权(又称作证豁免、保密特权、拒证特权等)规则,它独立于其他证明规则。根据证据特权规则,在一般情况下有作证义务的当事人、证人、其他诉讼参与人等,可以在法律特别规定的条件下,免于作证,不受强制作证规则约束,是作证义务的例外。作证豁免权主要有:公职人员有权对事关公务秘密的问题拒绝回答,他不能被迫作证,但在经过有权部门许可后,可以就其职务上的秘密作证,这是各国的通行做法;提供证言有可能使自己或亲属受牵连乃至受刑事追究时,证人享有拒绝作证的特权,该特权适用于刑事、民事、行政诉讼和立法听证、调查程序;许多国家和地区的法律规定了亲亲相隐的特权,即夫妻或者特定亲等以内的亲属之间,不得就所知道的亲属的有关事实作不利于对方的陈述,这是维持社会和家庭伦理的需要,但诉讼中,如果这些亲属是相互对立的诉讼当事人的情况下,不受这一作证规则约束;基于特定职务或业务,为保护特定社会关系,需要对某些人际交往和信息交流进行保密,从而享有作证豁免权,其范围在各国并不相同,但常常包括律师(对其当事人信息)、医生(对病人情况)、神职人员(对忏悔者的告解)、新闻记者(对信息提供者情况),乃至情报人员(含警方眼线)等。

证人作证义务是基于追求真相、实现实体正义的法律强制,而作证豁免是基于某些特殊人身关系、利益关系、司法和社会伦理价值等关系,为保护特定社会伦理、证人权益、公共利益,解决特殊的伦理价值与事实真相所支持的正义价值的冲突,而在长期传统中探索和积淀起来的证明规则。当然,有些情况下,特权享有者可以自动放弃权利,履行作证义务。

很明显,证明特权规则不是致力于发现事实真相的规则,相反,为保护社会和家庭伦理等非司法性价值和目标,它直接排除特定人员作证的可能性,因此,与案件相关的某些事实,甚至关键事实,不允许发现和查清。它的效果就是:从法律上排除一些人证(以及可能由此发现的其他证据),在裁判中排除一些事实认定,不追究一些人或事的责任。此项规则对司法证明有效性的影响就是:就某个特定事实的证明而言,使其成为不可能;就整个案件事实证明而言,它会影响部分事实的认定,乃至可能使全部事实证明的努力归于失败。证明特权规则和证据排除规则是最强有力的直截了当降低或阻止事实证明可能性、有效性的规则,在它们的影响力所及的范围内,堵住了通过证据证明事实的基本路径。所以它们是消灭司法证明有效性的规则。幸好,这些规则影响到的多是部分人证、物证,不是时时处处都影响到全案的事实证明。

九、保障言行诚信的禁反言规则

禁反言(estoppel),通俗地说,就是禁止出现与自己先前的言行相反的言行,特别是当你违反先前的允诺和言行会给对方造成损害的时候,法律禁止你反悔,禁止不守约、不讲信用。它是源自于英国衡平法的一个概念和原则,现在普遍运用于商法和诉讼之中。商法中的禁反言规则是为了维护公平、诚信、安全和稳定的商业交易。诉讼法中的禁反言,要求当事人对自己以前的言词和行为负责,不得随意否定先前的言词或行为,即禁止否定承诺、自食其言。从证据上说,当事人、证人不得提出任何与他先前的声明有实质性不同的陈述,也不得证明这一不同陈述。该原则禁止当事人、证人提供自相矛盾的证据,维护诚信原则,有利于裁判中进行事实认定,促使发现事实真相,避免当事人甚至个别裁判者因各种不善的动机和目的,拖延或阻止查明真相,增加另一方当事人的讼累。但社会生活中,案情往往复杂多变,为避免因机械、僵化适用禁反言原则造成事实认定错误和司法不公,该原则允许当事人、证人在出现自相矛盾的言行之后,给出有根有据、合情合理和令人信服的解释、说明,允许他们当庭澄清实情,裁判者应当根据庭审的全部情况,综合全案案情,对当事人、证人前后矛盾的言行进行判断,做出认定。

社会和人生的经验告诉我们,在没有发生利害关系、利益纷争之前,人的所言所为,往往真实、真诚、可靠;①一旦发生利益之争,有人就不一定守得住自己的承诺,不一定对先前的言行认账,就会在诉讼中轻易提供廉价的"反证",即翻供、翻证(食言、反供)等。对诉讼中的"老赖",禁反言规则允许裁判者直接根据反供者先前的言行认定相关事实,这是应对诉讼参与者无理抵赖和狡辩的一种有效工具。

第四节 事实证明有效性"正解"

一、事实证明总体有效和部分无效

很明显,从任何单个证据或证明规则来看,它对诉讼中的争点事实的证明,都会有这样那样的具体目标与价值指向,有倾向性,都难以推动整个案件事实的证明。某个证据可能指向、印证一个特定事实,另外

---

① 当然,花言巧语、哄人骗人的,老谋深算、故设陷阱,放长线钓大鱼的,也许偶有所见,但那样深藏不露的心机,毕竟不是常人都有、时常都有的。至于因为心理畸变、精神病变等出现的谎言、欺骗、不守信,不予讨论。

的证据可能反对认定那个事实。禁反言和司法认知、推定、自认诸规则，对当事人和裁判者发现和确定事实提供了"便捷通道"，使事实证明有效性趋于最大化；拒证特权和证据排除规则，则能够强行阻止哪怕是客观真实的证据进入司法证明领域，阻断了对相关证据和事实的调查和揭示，使事实证明有效性降低。

可是，司法实践的历史表明，当事人对讼争事实的证明，裁判者对案件事实的认定，既不像适用司法认知、推定那般轻松和简单，也不像遭遇证据排除和证人拒证时那般艰难。真实的状况是：提交给司法裁判的许多案件，其事实被查清，真相被发现，当事人也心知肚明，不得不服；另一些案件，定案事实虽然被裁判者认定和宣告，但一方或双方当事人不服气，这里面的情况复杂，有的可能是裁判者真的没有发现真相，错判了事实，有的可能是裁判者明事析理不充分，当事人不服，也可能有一些缠讼的情形；还有一些案件，裁判者只找到部分真相，或者找不到真相，部分或全部事实成为悬疑，这种情况下，部分或全部当事人当然也会不满。

从司法制度的整体存在及其合理性来判断，从社会公众依然离不开司法裁判和诉讼证明制度的状况看，司法制度中的事实证明机制虽然绝非完美，但显然基本能够胜任发现事实真相、化解事实纠纷和法律争讼的任务。① 各种各样的证据，相互牵制的证明规则，最终共同指向两个虽有矛盾但高度统一的根本目标和价值：事实真相与司法正义。理性主义的证据和证明观念，经受住了历史和现实检验，现代司法证明的物质手段、技术规则以及观念体系，是基本成功和有效的。

---

① 不要说法治健全的国家和地区，就在中国大陆，尽管有太多的人怀疑、质疑我们的司法裁判，现存的政治—司法体制、信访制度对司法裁判造成了极大冲击和伤害，然而，"司法基本胜任发现真相、化解纠纷"的判断也应该是成立的。一句话：司法有病、危重，但未入膏肓，尚有救治，尽管不知距病入膏肓的时日所剩有几。

二、理性证明的有限性与总体有效性

在诉讼活动中,根据证据、证明规则、逻辑推理和生活与司法经验进行事实证明,是典型的理性证明。证据和证明规则等证明工具和手段有限,这不是理性证明之无能和无效的根据和理由。

如本书第五章所述,司法证明的使命是证明有限的事实,实际的司法活动都是对讼争个案的裁判,既然没有绝对和无限的证明任务,也就无须绝对和无限的证明工具,无须从哲学"至上性"角度去讨论司法证明工具有限性这一"缺陷",更不能够从证明工具有限这个前提出发,得出"在绝对意义上",在整体性上,司法证明制度、理性证明工具和证明行为根本无效,以及案件事实不能证明或者证明的不是客观事实,如此这般的结论。

个案中的事实,就那么一个或一些事实,它在发生和演变之中就留下那么些证据,这些证据与个案事实相对应,证据或多或少,证明力或强或弱,但常常是,所留存的证据能够证明那个事实的发生和演变,直接证据不足,有间接证据,证据排除规则拒斥了一些客观、关联证据,但其他证据可能已经构成了闭合的证据链,或者裁判者适用司法认知、推定,当事人对事实自认,也可填补被排除的证据所留下的空隙。

如果案件原生事实因为警察的畏难情绪和怠惰,检察官不尽其职,法官暗忖事不关己、"玩起"消极、被动和中立,当事人能力有限或无能为力,致使证据没有(尽速、全面)收集或毁损、灭失,事实无据可证,真相无法查明,这些情况不应当归责于司法证明工具和证明理性,它们与司法证明制度和工具的有效性问题无关。

理性证明方法是迄今人类共同、长久和普遍适用的事实证明的有效方法,并且能够使人们发现外在、客观的案件原生事实(客观真实),

而非通过诉讼和证明程序只能"产生"出所谓"法律真实"。

怀疑主义和后现代的司法证明理论只在批评理性主义证明方式方面有诸多"解构"观点，少有对司法证明理论的建设性贡献，而理性主义的司法证明理论、制度结构和实务运行，早都自成体系，历经久远，已臻成熟和完备。在理性主义事实证明理论看来：用什么证明事实？用证据，包括物证和人证两大类；具体的证据，则随着案件和历史条件的不同，多种多样，千变万化，但不离其宗。如何证明事实？根据诉讼法和证明规则，将理性思维、专业知识、相关自然和社会知识、经验和技能、道德良知和逻辑工具结合融汇，通过当事人举证、质证、辩论，裁判者采证等程序方式进行证明，舍此无他。何以检验司法证明的正确性？一则，通过审查证据的客观真实、关联性和确实充分性，以及事实的清楚程度、无矛盾性等来检验；二则，通过其他裁判者、其他司法程序检验；三则，通过亲历其事的当事人、其他知情者及社会公众的监督检验。无论怀疑主义和后现代证明理论有多华丽和玄妙，无论它们对这些朴实浅白的理性司法证明理论和实践提出了多少批评，但这些观点、方法和实践，是不会倒掉的，未来仍然是这个基本格局。

三、有限证明任务只需有限的理性证明能力

事实证明能力的有限性、相对性具有合理性和正当性，有限的证明能力适应有限的证明任务，不同时代的人们总体上都能够完成那个时代的讼争事实证明任务，即每个时代的人们的证明能力整体上是有效的。

在诉讼活动中，每一个当事人或其他诉讼参与人，他（她）的证明能力都既是绝对的，又是相对的，但总的来说是相对的；每个时代中，那些参与事实证明的人构成的集体，他们的证明能力同样是绝对和相对

的统一,并且整体上仍然是相对的。所谓证明能力的绝对性,就是个人或者集体,的确具备证明许多争议事实的能力,这是司法证明实践给出的答案,是客观的、不可否认的;世世代代的人们,能够完成各自时代提出的司法证明任务,并在历史进步中发展他们的证明能力,从而能够越来越有信心、能力、技术手段解决更加艰难、复杂的证明难题。证明能力的相对性,就是每个人、每个有限的群体,他们只有有限的事实发现能力,只能使用有限的证明工具和方式、方法,证明具体个案中有限的争点事实,只能在法定的时空和程序框架下行使证明的权利,履行证明的义务,只能证明出一个满足裁判需要即可的定案事实,它很可能只是案件原生事实的基本或部分情况的还原、再现,还有一些案件,原生事实没有查明,或者将事实进行了错误认定。

要求个人和一定时代的人的集体具有绝对、至上、毫无相对性的事实证明能力,那就是要求人都成为神——不过,神仙上帝不需要绝对的证明能力,因为它们本身就"全知全能",根本不用"证明"事实!承认和肯定特定个人和集体的证明能力的有限性、相对性,是对人作为人的承认和尊重,是对人的证明能力的自然历史属性的科学把握。

司法裁判的历史就是人的事实证明能力发展、证明工具变迁、证明制度建设和完善的历史,每个时代的人们都发明了与那个时代总的认识能力相对应、相适应的证明工具和证明制度。当人的理性无力胜任讼争事实的证明时,人们便选择了自己的形形色色的神仙上帝或其他灵异的力量来裁判人间的纷争,神示证据或神明裁判虽然给人们制造过不少麻烦,留下一些恶名,招致一些骂声,但它"证明"过不少事实,化解了许多纷争;当人类的理性能力即使勉为其难地能够担当事实证明的重任时,人们便用哪怕质朴粗糙的证明方式,来揭开案件真相("两造具备,师听五辞");当人们懂得并且能够利用哪怕很原始的"科技"手段时，司法证明便迈上"科学"之路；①以至于走到今天，现代科技成为事实证明几乎须臾不可离开的工具，在一些过去看来疑难不决的案件里面，它是揭开事实真相的杀手锏。

四、错案现象不能根本否定事实证明有效性

千百年司法审判的历史表明，冤假错案不绝如缕，这是否足以说明事实不能证明，真相不可复求？

首先，有人故意制造的冤假错案肯定不能说明事实真相不可求，"恶意"能够毁掉任何真相，制造它需要的一切假象，这与人类的司法证明的能力和水平没有关系，这不须多辩。其次，"善意"或"无意"中造成的冤假错案，其中有些案件的确可能涉及司法证明的能力和水平问题，它们的出现和存在，确定表明我们的司法证明能力和水平是有限的，不是无限的，司法证明在探求案件真相方面是有局限性的，这种情况和历史"悬案"一样，都说明有些案件我们确实没有证明，也可以说，就这些案件而言，我们尚不能证明相应事实，但这些特定案件事实未能证明的事实，不是"事实不能证明"的根据，就像"许多案件事实得到了证明"不是"一切事实都能够证明"的根据一样。也就是说，"事实能够证明"指的是，"一般说来，案件事实是能够证明的"，它既不是狂妄的"一切事实皆能证明"，也不是悲观的"任何事实都不能证明"或"一般来说，事实是不能证明的"。"案件事实能够证明"是司法证明理性的一种有限、不断发展的自信和能力，它明确知道自己的力量及其限度。

---

① 闫晓君的《出土文献与古代司法检验史研究》（文物出版社2005年12月版）一书，对秦汉至清代的司法检验技术作了深度研究，其中，法医检验技术占有尤为重要的地位。该书系统深入揭示了刑事科学技术的进步历程。

今天，司法证明已然是一个独立的科学门类，它有自己系统、深刻、广博的思想理论、操作工具、制度规则和长久、复杂、统一而多样的实践方式。在未来的司法证明中，虽然悬案可能不会绝迹，错案仍然可能发生，但人的事实证明能力、手段都将更加强大，司法证明制度还会继续完善，事实的证明将更加有效，或许，历史上的许多谜案也可能被破解。

人们无论将事实证明的使命托付给理性还是非理性的力量，其实都是"人在证明事实"，都是人在有限的证明能力之下，不断克服事实证明难题，尽管这其间存在许多不足，留给批评者各种口实，但司法证明却在实践中一往无前，事实真相被一个个查清、证明出来。

下　卷

第七章 事实"命题"说述评

事实"命题"说是哲学上的一种事实观。它是在罗素、维特根斯坦等人有关"事实"理论的基础上,经金岳霖、彭漪涟等人继受、评论、演绎,而在我国学者中传播的一种有关"事实"的哲学观点。彭漪涟先生的《事实论》提炼、综合和系统化了罗素、维特根斯坦和金岳霖等人的"事实—命题"理论,给出了符合某些当代中国学者口味的事实概念和事实分析框架。《事实论》及其阐发的事实观,一定程度上影响了我国的哲学、逻辑学、美学等学术领域,并在近年波及到证据法学理论和司法证明实务。因此,对事实"命题"说的反思、评论,主要根据《事实论》而展开。

第一节 事实"命题"说的影响和主要观点

一、事实"命题"说对诉讼法与证据法学界的影响

在诉讼法学和证据法学中,近二十年,特别是最近十来年,伴随程序正义理论对实体真实理论的挑战,"法律真实"论对"客观真实"说的发难,司法证明的一系列基本概念和问题,如证据、证据本质、"事实"、"真相"、"客观真实"和"法律真实"、程序正义和实体正义等,被日益深入地反思和重新定位。在此过程中,学者深感"事实"无疑是最基本的范畴,事实理论无疑是最基础的理论,众学者急于搜寻现成、定型的"事实"概念与事实分析方法和理论框架,尤其有哲学意味的"事实"概

念及理论、方法,以便快捷地展开各自的证据法或司法证明新理论。《事实论》满足了这个急迫的需要和要求,一些诉讼法或证据法学者如获至宝,囫囵吞枣地直接"拿来",并在学界迅速、广泛传播。这几年与诉讼证明相关的多篇博士学位论文对《事实论》有大量引述(不含仅把《事实论》作为参考文献的情况),由此可见一斑。在中国政法大学,2003年,范培根的《刑事再审程序之改进与完善》以罗素和彭漪涟的事实概念为部分论据,论证他关于事实标准的不确定性观点;2005年,刘田玉的《诉讼真实观的演变及其程序意义》一文,把彭漪涟的"事实"概念作为重要理论参考;2006年,毛立华的《论证据与事实》不仅采用了彭漪涟的事实概念,而且采用了熊志海在《刑事证据研究》中对彭漪涟事实概念进行的某些发挥,虽然毛立华先生正确指出,彭漪涟的事实观是主观的,但并没有进行认真检讨;2007年刘召的《刑事裁判的可接受性研究》、吕卫华的《诉讼认识、证明与真实》,2008年郑好的《我国刑事证人出庭作证问题研究》,都引述了《事实论》,作为支持性论据。郑好明确"赞成彭漪涟教授的观点",认为"事实可以大体的概括为:主体对已经发生的事情或事物之间存在的联系的断定或陈述。这种断定和陈述具有的主体参与性,使得事实可能会呈现为不同维度,这也可以被认为是事实的核心含义"。在西南政法大学,2003年唐力的《民事诉讼构造研究》,2004年熊志海的《刑事证据研究》,都引述了《事实论》。特别是熊志海的《刑事证据研究》,深受彭漪涟"事实"概念影响,并且进行了一些演绎。2007年,吉林大学杨波的《法律事实建构论》,也注意到了彭漪涟的"事实"说。①

---

① 所有这些博士学位论文的信息均来自中国知网(CNKI)。除这些论文外,以下诉讼法、证据法博士论文也援引了《事实论》的一些观点作为论据:2005年中国政法大学李玉华的《刑事证明标准研究》、四川大学秦宗文的《自由心证研究》,2009年中国政法大学崔洁的《刑事证据法目的论》、陈惊天的《法官证据评判研究》。

第七章 事实"命题"说述评

从笔者所知的文献看,好些学者借用了彭先生的"事实"概念和理论,只有少数学者对它持程度不同的批评态度。张继成先生的《事实、命题与证据》,熊志海先生的《刑事证据研究》等众多著述,都以《事实论》所阐释的事实概念及理论为出发点。① 而裴苍龄先生、龙宗智先生等则以批评立场碰触了彭先生的"事实"。裴先生认为,彭先生那"事实乃是对呈现于感官之前的事物或现象的某种实际情况(某物具有的某种性质或某些事物具有某种关系)的一种断定或陈述"的观点,完全否定了事实的客观性,"把人的感觉、知觉、断定、陈述和理论原理、知识看作事实,就把事实主观化、抽象化了,因而是不符合实际的";② 龙先生则婉转指出彭先生的事实概念"似有削足适履之嫌"。③

这些年来,《事实论》以逻辑"命题"分析所阐释的"事实"观,同诉讼法和证据法领域部分学者的怀疑主义、相对主义证明标准观念和裁判事实属于"法律真实"的观点,发生了紧密联系,在以"程序正当性"、"司法证明相对性"等对"客观真实"一再质疑的过程中,被广为援用。《事实论》在诉讼法和证据法领域的影响,远远超过其他学术领域,想必这不曾为彭先生所预料。

笔者不得不专立此章,对事实"命题"说详究所以。为避免断章取义,误解或错解彭先生的学说,我将尽量翔实地摘引彭先生的重要论述,然后再对那些我以为谬误或似是而非的主要观点和论证方式,进行评析。

---

① 参见,张继成:《事实、命题与证据》,《中国社会科学》2001年第5期;熊志海:《刑事证据研究》第一章"一",法律出版社2004年10月版,第1—9页。笔者也曾支持熊志海先生借用彭漪涟的"事实"概念,赞成他的"事实信息说"。现在看来,用"事实信息"解释证据,把证据分类简化为物证、人证,仍然成立,但彭先生的"事实"概念则很有问题,不该借用。

② 裴苍龄:《也论事实、命题与证据》,《中国刑事法杂志》2003年第3期,第63、64页。

③ 龙宗智:《证据法的理念、制度与方法》,法律出版社2008年,第4页。

二、事实"命题"说的主要观点

事实"命题"说持有如下主要观点。

(一)事实是主观认识中的经验事实

《事实论》对"事实"的解释,最基本的立场就是,事实是直观感觉或知性范围内的经验事实,是关于事物的感知形式和感知的成果。

"事实"首先是作为人对客观事物的一种认识形式,并且只能是人对客观事物的状况、性质和相互关系的直观、直接、感性或知性的认识。在《事实论》中,彭先生多次对否认经验事实的客观性、否定事实以"自在事物"为来源的"唯心主义"观点进行批评,他不认为自己的事实概念和相关理论是唯心主义的,或者会陷入唯心主义。但彭漪涟自始至终认为,事实不是认识之外的客观事物本身及其状况,认识之外无事实,也就很难说存在客观事物。这种观点很难与唯心主义区分开。

在《事实论》里面,类似下述说法颇多:"事实之所以是事实,就在于它是在人们(现在的或过去的)直接感知基础上,对事物存在的实际情况所作的一种陈述,因而,事实必须是能直接或间接观察到的,必须是为主体的概念所接受,并由主体对之作出断定的,否则,就谈不上知觉到什么事实。"[1]"直接感知"对人们"知觉"到"事实"具有决定性意义,所以事实只能是"经验事实"。换言之,事实是人们对已经感知到的事物的"知觉",是事物在认识中的直观、经验的呈现,是人对事物的"认识形式",是经验性认识成果,在人的感知之外,没有"事实"。

> "只有当事物存在某种性质或某些事物存在某种关系这一点,过去或现在,作为呈现于人们感官之前的现象,为人们所知觉,

---

[1] 彭漪涟:《事实论》,上海社会科学院出版社1996年,第3页。

并为人们的概念所接受,从而作出判断'某事物具有某种性质'或'某些事物具有某种关系'时,我们才能说是知觉到了一个事实。如果视而不见、听而不闻、嗅而不觉,那就表明,虽有呈现于感官之前的现象,但未为概念所接受,未被主体所觉察、所知觉,这就不能说是有了该事物的经验事实。可见,所谓事实实际上就是知觉事实,也就是人们关于事物的一种直接经验的知识。事实并不就是'自在之物',甚至也不就是感性前的呈现,事实是被知觉到了的'自在之物',是知识经验中的'自在之物',可见,事实和'自在之物'之间是既有区别而又无原则区别的。①

"事实是为主体用概念所接受了(或安排了)的感性呈现。呈现于人们感官之前的现象,只有当其为概念所接受(或者说:为概念所摹写、所规范……),由主体作出了判断,这才是知觉到了一个事实,如果视而不见、听而不闻、嗅而不觉,那就表明,虽有呈现于感官之前的现象,但未为概念所接受,未被主体所觉察,这就不能说是有了知觉,更不能说是有了事实。"②

这里有两组关键词:第一组,"现象—感官—知觉—(为概念所)接受—判断(断定)—(知觉到了)事实";第二组,"(感官之前的客观)现象—视而不见、听而不闻、嗅而不觉—未被知觉、接受、断定—(仅为)自在之物—(没有)事实"。这分明是说:感官之外的客观事物、现象,包括其性质、状态和相互关系等等,即使"呈现于"人的"面前",如果没有"进入"人的感性直观中,没有被人所"感知到",它们都只是"自在之物",不是"事实",没有"事实"可言。

---

① 彭漪涟:《事实论》,上海社会科学院出版社1996年,第106、107页。
② 同上书,第123页。

所谓"事实和'自在之物'之间是既有区别而又无原则区别的",乃是指:一切"纯粹的""自在之物"(及其性质、状况和相互关系等)根本就不是"事实","事实"和这样的"自在之物"毫无关系;"呈现"于感官前并被感知和断定的"自在之物",便具有双重属性,一是,它本来是客观的、独自、独立、"外在于"人的感官和断定的"东西(即物自身,以概念表示)"或"事体(即事物的性质、状态、关系,以判断或命题表示)",它是"事实"的客观来源,而不是"事实";二是,当自在之物为人所感知、断定之后,其状态、性质和相互关系,就通过概念、判断,为人所把握,并且通过命题得以陈述,对于人而言,这就有了(并且由此才有)关于那个自在之物的"事实"。正因如此,彭先生说:

> 虽然"事实"是用来指谓某事物具有某种性质或某些事物具有某种关系的,但是,"事实"并不就是"某事物具有某种性质或某些事物具有某种关系",并不能把它们简单地等同起来,这就如同我们是用某个概念来反映某个对象,但并不意味着某个概念就是某个对象一样。事实是对某事物存在某种性质或某些事物存在某种关系的一种基于感性经验的断定和把握,也就是对它们的一种直接的经验的认识。[①]

但是,对任何正常人来说,"有呈现于感官之前的现象",但又"未被主体所觉察、所知觉",人们对它"视而不见、听而不闻、嗅而不觉,"这不可能。一般来说,对呈现于眼前的现象视而不见的人,只有盲人,对传进耳朵的声音听而不闻的人,只有耳聋的人。但即使盲人、聋人,也未必会执拗地否定外在的现象及相关事实——"盲人摸象",虽然没

---

① 彭漪涟:《事实论》,上海社会科学院出版社1996年,第106页。

有正确认识大象,但也不否定大象本身的客观存在以及大象确实存在这一客观事实。"(虽)有呈现于感官之前的现象"的断言本身就意味着:主体察觉、感知了现象,不是"视而不见、听而不闻、嗅而不觉"了;所见所闻的现象是感官之外、之前的客观现象,不是"知觉之内"的被知觉到的现象。这样,彭先生一方面承认"'事实'是用来指谓某事物具有某种性质或某些事物具有某种关系的",另一方面又否定"事实"就是"某事物具有某种性质或某些事物具有某种关系"。

(二)命题的内容是事实,被命题表达的事实才是事实

事实与概念、判断和命题相统一,事实是命题的内容,命题是事实的表达形式。

《事实论》的半明半暗的立论基础和前提,是把"事实"限定在"认识论"范围内,但又无法绝对避开"事实"的本体论问题,所以,彭先生有两个鲜明的论点:一是,事实只存在于人的感官和认识之内,属于人对事物的感性直观认识形式;二是,人的感官和认识之外,即使存在所谓"自在之物"及其性质、状态和关系,也没有"事实"。姑且用"两个凡是"来概括:凡是"事实",都是已经为人所感知、直觉到的,并且纳入人们已有概念和判断系统的直接经验事实,事实在感知和经验直观之内;凡是没有感性地呈现于人的感官前,或者即使呈现于感官前,而没有被人感知、知觉,没有被纳入概念、判断等认识和逻辑体系的一切(自在)事物,对于人来说,都没有关于它们的事实,不存在那些事实,毫无事实可言。

彭先生反复强调,事物不仅要呈现于感官之前,而且必须为概念接受,由主体作出判断,人才"知觉到"一个"事实"。《事实论》中如下极其紧要的说法,不仅进一步表明了他关于事实与概念、判断、命题的关系的看法,而且使读者能够更清晰地理解彭先生的"事实"的理论意蕴:

事实乃是呈现于感官之前的事物(及其情况)为概念所接受,并由主体作出判断而被知觉到的。事实乃是关于感性经验的一种知识形式。一般地说,所谓事实就是经验事实。①

事实是人对呈现于感官之前的事物或情况的一种判断,是关于事物(及其情况)的一种经验知识,亦即是关于客观事物的某种判断的内容,而不是客观事物本身。②

事实乃是对呈现于感官之前的事物或现象的某种实际情况(某物具有某种性质或某些事物具有某种关系)的一种断定或陈述。……事实是呈现于感官之前的现象,它为概念所接受(即为概念所摹写),并由主体做出判断而被发现和确定。③

所谓事实乃是对呈现于感官之前的实际情况的一种陈述。④

事实总表现为一个判断,一种陈述。事实是在经验上被证明为真的命题所肯定的内容。⑤ 事实只能是真的特殊命题之所肯定的内容,而不可能是真的普遍命题之所肯定的内容。⑥

命题是发现与确认事实的内在因素和必要环节。客观存在的事物、现象并不就是事实。只有当呈现在我们感官之前的现象为概念所接受,并由主体作出判断的时候,我们才可以说是知觉到了一个事实。⑦ 没有命题的陈述就不可能确认相应的被陈述的事实。⑧

---

① 彭漪涟:《事实论》,上海社会科学院出版社 1996 年,第 6 页。
② 同上书,第 4 页。
③ 同上书,第 70 页。
④ 同上书,第 71 页。
⑤ 同上书,第 62 页。
⑥ 同上书,第 63 页。
⑦ 同上书,第 130 页。
⑧ 同上书,第 131 页。

事实是真的特殊命题之所肯定的内容。事实离不开命题的陈述。事实不同于事物,事实也不是"东西",事实是基于事物感性呈现的关于事物情况的一种断定,离开了命题,这种关于事物情况的断定就无法陈述和表达出来。就此而言,事实是为命题所陈述和肯定的内容,而命题则是事实的表达形式。①

显然,彭先生是把"(现象—)感官—知觉—事实"和"(现象—)感知(到有某种)现象—纳入概念系统—作出认知事物的逻辑判断—知觉到事实"两个动静结合的认知系列作为人"发现"事实、承认事实、认知事实的基本途径和方式,其起点不是"客观现象"或"自在之物",而是人的感官对自在之物有感知,并且能够纳入既有的概念、判断等逻辑体系进行认知,能够用已有概念来接纳、规范、调整所感知的现象,能够在既有的知识背景和理论框架下,形成对有关现象的分析判断,能够通过命题陈述出来。至于客观存在的事物和现象,都不是事实,也不必理睬。

(三)事实是"真的特殊命题"所肯定的内容

"事实"有其客观来源,但"事实"不等于那些客观来源,"事实"的客观来源本身根本就不是"事实";"事实"只能是"真的特殊命题之所肯定的内容",是主观与客观的统一。

《事实论》所述"事实",并非与客观事物毫无关联。彭先生一再声明,"事实之所以是事实,就在于它是在人们(现在的或过去的)直接感知基础上,对事物存在的实际情况所作的一种陈述"。② 他特地强调,"一般地说,由于事实指的是事物的实际情况,而事物的实际情况如

---

① 彭漪涟:《事实论》,上海社会科学院出版社1996年,第131页。
② 同上书,第3页。

何,就是如何,事实就是事实,它确是不依人的意愿为转移的,也不依人对它的思想、意见为转移的。就此而言,事实确实是客观的。"①

不过,彭先生为防范读者误解其意,阻止人们按照通常的理解方式,把"事实指的是事物的实际情况,而事物的实际情况如何,就是如何,事实就是事实"这个论断,解释为彭先生承认客观事物及其实际情况本身就是(他所言的)"事实",他在解释所谓"事实"的客观性或客观来源后,总是特别强调:"能否因此而就断定事实就如康德所说的'自在之物'那样的东西,完全是'离经验而独立的'呢?我看是不能。"②"'事实'所指称的究竟是客观事物自身,还是关于客观事物的知识?显然是指后者。"③

对那些"被人类的实践活动影响过的客观事物的现象和过程"等"客观事实",彭先生认为:它们实质上只是所谓"自在事实",只不过"被人类的实践活动影响过",因而显得不那么"自在"罢了,但这种"客观事实"仍然是没有进入人的认识领域、孤立于认识之外的"客观事物的现象和过程",仍然谈不上是什么事实。"那么,究竟应当如何理解我们所常说的'客观事实'呢"?"我们所说的事实是人对于呈现于感官之前的事物的某种实际情况(亦即事物的感性呈现)的一种判断,一种经验知识。就其形式而言,是一种命题(特殊命题),一种阐述(单称陈述),就其内容而言,是对某特殊事物实际情况(某事物具有某种性质或某些事物具有某种关系)的一种认识、一种断定。"所以,"事实乃是真的特殊命题之所肯定的内容"。④

彭先生为了"堵死"人们可能把通常所说的客观事物、客观事实引

---

① 彭漪涟:《事实论》,上海社会科学院出版社1996年,第106页。
② 同上书,第106页。
③ 同上书,第4页。
④ 同上书,第66页。

入他的"事实"范畴的任何通道,如此告诉读者:"事物具有某种性质或某种关系,那是客观如此,本来如此,而不依赖人对其存在是否意识、是否意愿、是否感觉到的。因此,虽然我们承认事实的客观性来源于、依赖于事物及其属性(性质或关系)的客观性,但是,我们却不能因此而把事物及其属性(性质与关系)的存在的客观性、独立自在性简单地等同于事实的客观性。"①

由此,他认为事实具有特殊的"主观与客观的统一性":

"事实作为感性经验的知识形式,作为真的特殊命题的内容,本身并非是纯感性、纯直观的,它也包含有理性的因素。一切事实都是感性与理性、直接性与间接性的统一。把知识的事实性仅仅归结为知识的感性,是不正确的。②

"事实本身就是直接性与间接性、主观性与客观性的统一。因为,所谓事实乃是人们在感觉中被感知的关于事物情况的一种判断,而就事物的情况(某事物具有某性质或某事物与另事物之间具有某种关系)即使不为人所知、不为主体概念所接受并从而由主体作出判断,它也客观存在着这一点而言,事实具有客观的性质;而就事物的情况只有为主体的概念所接受并由其作出断定才算是陈述和确立了一个事实而言,事实又有主观的性质(概念、判断都是一种主观思维的形式和活动)。而这种客观性与主观性的统一则集中地体现为事实与命题的统一。"③

由于事实是用概念去接受和整理、并以时空范畴去安排了

---

① 彭漪涟:《事实论》,上海社会科学院出版社 1996 年,第 106 页。
② 同上书,第 6—7 页。
③ 同上书,第 135 页。

的客观事物的感性呈现,因此,事实就总是体现着由一定概念结构所整理和安排了的秩序,从而事实也就总是包含着由一定概念结构所体现的相应理论,也正是因此,我们才一再强调,事实不仅有感性的因素,也有理性是因素;不仅有客观的内容方面,也有主观的形式方面。总之,事实乃是感性与理性、主观与客观的统一。①

彭先生持有看起来符合常识的看法:

> 事实是人们在感觉中被感知的关于事物情况的一种判断,事物的情况即使不为人所知、不为主体概念所接受并从而由主体作出判断,它也客观存在,所以事实具有客观性;事物的情况只有为主体的概念所接受并由其作出断定才算是陈述和确立了一个事实,事实又有主观性;事实客观性与主观性的统一集中地体现为事实与命题的统一;总之,事实乃是主观与客观的统一。

可是,我们不能望文生义,以为彭先生是在表达我们熟悉的客观事实和事实认识之间、事实认识的客观内容和主观形式之间,存在主观与客观的辩证统一关系。

彭先生只是说,认识中的事实是有关被感知的事物情况的判定,事物情况即使没有被断定,也是客观存在的,因此,作为人对事物情况的断定的事实就具有客观性,这里没有承认独立于感觉、感知、判断之外的事物情况本身就是客观事实;随后,彭先生说得就很明白了,即事物情况只有被主体作出断定,"才算是陈述和确立了一个事实",否则根

---

① 彭漪涟:《事实论》,上海社会科学院出版社1996年,第209页。

本没有"事实"可言。所以,如果我们认为彭先生的上述看法有合理性,那也只在于,他承认作为认识范畴内的事实,其内容是客观的,形式是主观的。然而,由于他根本否定认识之外有不需陈述、断定也客观存在的事实,所以,他关于"事实内容客观、形式主观"的看法,并不能够贯彻到底,他只在主观范围内承认被陈述和断定的事实是"主观与客观的统一",是"被断定的事实"与表达被断定的事实的"命题"的统一。

(四)事实和理论相互渗透、相互作用和相互转化

事实是理论的最终基础和来源,理论与客观事物的符合要以事实为媒介;事实和理论相互渗透、相互作用和相互转化,事实蕴涵着理论,理论可以创造事实,即"事中有理"、"理中有事"、"事中求理"和"理中求事"。

第一,事实是理论的基础和来源,理论是以事实为媒介而反映事物的本质和规律的。

彭先生认为:"理论是概括地反映现实对象的本质和规律性的概念和命题(原理)的体系",[1]并且事实和理论都是知识形式,它们"在实质方面的主要区别",在于是两种不同的知识形式,一则,"事实是基于对某个事物感性呈现的直接感知而对其实际情况所作的一种断定、一种陈述。而理论则是人们在实践中借助于一系列概念、判断、推理表达出来的关于事物本质及其规律性的知识体系,它不是事物个别的、表面现象的反映,而是事物的内在本质和规律性的反映,是一类事物的诸个别对象的共同点的抽象和概括";[2]二来,"事实都是特殊的,所以,表述和肯定事实的命题只能是特殊命题,即事实只能是真的特殊命题之

---

[1] 彭漪涟:《事实论》,上海社会科学院出版社1996年,第184页。
[2] 同上书,第193页。

所肯定的内容;而由于理论都是普遍的,因而表述和肯定理论的命题只能是普遍命题,即科学理论乃是真的普遍命题之所肯定的内容";①其三,事实为科学理论、科学认识的形成和发展以及为科学理论的证实与否证提供事实根据,理论在科学研究和科学认识活动中的主要功能是它的解释功能和预见功能。②

由于理论是以概念、命题等形式对客观事物本质和规律性作出的概括性反映,这种反映以一系列事实为中介,即通过对客观事物具有的性质和关系的考察和把握,抽象出客观事物的共同的一般性质,然后再经过思维的能动作用而概括出事物的本质和规律性。真正科学的理论,需要正确反映客观事物的本质和规律性,就总是直接或间接地有其事实根据,总是这样或那样地把一定的相应事实作为其内在因素而包含于自身之中。③

彭先生认为:理论离不开事实,最根本的原因在于,理论作为客观事物本质和规律性的反映,它同对象之间的联系只能是间接的,只能以事实为媒介。没有事实的媒介作用,人们就无法对事物进行正确的抽象与概括,也就不可能形成任何真正的科学理论。④ 事实是理论的基础和出发点,一切真正的科学理论归根到底总有其事实根据。⑤

读者诸君需始终记住,在彭先生的这些论述中,一是,作为理论的基础和来源的事实,并非客观事实和事物,而是主观认识意义上的事实(关于事实的概念、断定、命题、判断等),所以,与我们通常理解的"事实(客观事物的运动、联系状况和人们的全部实践)是理论的基础和来

---

① 彭漪涟:《事实论》,上海社会科学院出版社1996年,第193页。
② 同上书,第194页。
③ 同上书,第210页。
④ 同上书,第206页。
⑤ 同上书,第206页。

源",完全不同;二是,事实始终只是"媒介",是理论和客观事物(的本质和规律)的媒介,理论直接立足于(主观性的)事实之上,不是直接根据客观事物来认识事物的本质和规律,这样,除非能够担保"事实""绝对"正确,否则,理论可能尚未正确认识事物之前,已经被不正确的主观事实观念给误导了;三是,彭先生的理论离不开事实的观点,更不等于理论离不开客观事物和实践的观点。在彭先生那里,主观的、作为理性认识高级形式的理论,来源于主观的以经验感知为认识形式的事实,而非来源于客观事物和本质上属于客观物质活动的实践。

第二,事实和理论相互渗透、作用和转化。事实需要理论的解释,理论渗透于事实之中,并且可以通过理论创造"事实"。

彭先生认为,总体上,事实与理论,无论是在科学认识活动的过程中,还是在系统的理论结构中,它们都是紧密结合,难分难解,你中有我、我中有你;①它们互为前提、相互依赖,都是科学认识活动中不可或缺的基本要素,相互都以对方的存在作为自己存在的条件,谁也离不开谁。② 具体而言,《事实论》阐明:

事实离不开理论,渗透了理论。一是,事实的发现和确立离不开理论。事实是人对事物感性呈现的一种断定,作出断定,离不开概念对事物感性呈现的摹写,离不开主体对其进行判断,而"人们所已掌握的概念和使用概念于对事物的感性呈现即感觉图像的摹写和规范而作出的判断,都是受一定理论的指导和支配的。因为,一定的概念和判断(以及相应的命题)总是处于一定理论系统中的概念和判断。"③所以,一定

---

① 彭漪涟:《事实论》,上海社会科学院出版社1996年,第208页。
② 同上书,第205页。
③ 同上书,第205页。

理论体系下的概念、判断和命题是发现和确立事实的某种"先在"要素;二是,发现和确认事实以后,对事实的理解和说明也离不开理论。"任何事实,特别是科学事实(指进入人们科学研究活动之中并成为科学研究的一个基本因素的事实)都是在一定理论的指导下,即在一个特定的理论体系中被发现和确认的,没有一种同任何理论体系都毫不相干的'纯粹事实'。既然如此,那就意味着一切事实、特别是科学事实都只有在一定理论体系之中才能被有效地理解和解释的。"①事实必须经过理论的说明和解释,才能揭示其自身固有的本质和规律性,事实离不开理论,但事实并不依赖于对其解释和说明的任何理论或理论体系;②三是,事实渗透了理论,即"事中有理"。彭先生认为:事实本身就包含有理论的因素,甚至在一定意义上可以说,理论乃是事实不可或缺的内在组成部分。因为单是事物自身或其感性呈现都不成其为事实,只有当事物的感性呈现为概念所接受并由主体作出判断时,这才是知觉到了一个事实。而用来接受或整理感性呈现的概念和由主体作出的判断,都只能是特定理论体系中的概念和判断,都必然受一定理论体系的指导和统帅,因此,知觉到一个事实的过程或者说一个事实的形成过程,自身就包含着理论的参与。③

理论能够引导人们发现新事实,并可以转化为事实。一是,事实可以由理论导出,理论使人"料事如神",即先由理论判明事实,然后再在实际上去发现该事实;④二是,由于事实是人们对呈现于其感官前的事物的一种意识和断定,而事物总是可以按其规律被创造出来,即存在"人化的自然",这表明事实是可以被创造的。将来我们可以创造一种

---

① 彭漪涟:《事实论》,上海社会科学院出版社1996年,第206页。
② 同上书,第7页。
③ 同上书,第208页。
④ 同上书,第7页。

新的事实,发现一种新的事实,当然这并不意味着改变了既有事实,事实总是现成的或正在表现出来的;①三是,不仅"理中有事",而且能够"理中求事"。在任一理论系统中,总是这样或那样地包含着事实的因素,事实总是构成该理论系统的不可或缺的重要因素;②理论是发现事实的工具,利用理论的说明、解释功能,特别是理论预见功能,就能够从已知事实出发,根据概念系统的结构和推演关系,合乎逻辑地推论出某一事实的必然存在或可能发生。③

彭先生对通过理论发现新事实,给予了极大重视:

> 任何真正的科学理论,都能够提供有关对象的完整知识,能够揭示出对象的本质和规律性,能够对构成该事物的一系列事实作出科学的解释,能够对尚未发现的事实作出合符该事物本质和规律性的推论,包括推论出该事物的某些尚未被发现的新事实的可能存在。④ 一个科学理论越是能更加深入的,即在更深层次上揭示对象的本质和规律性,它就越能准确判明和把握对象的各种事实之间的内在联系和关系,从而就越能成为发现新事实的有力工具。⑤

如果我们以为,彭先生所言的"事实"、"理论"和"事实与理论的关系",与我们通常的相关说法是一个意思,"事实"、"理论"不是他的"专用概念","事实与理论的关系"没有"特殊含义",那么,这样一些观点,都有一定正确性、合理性:事实的发现和确立离不开理论;事实的理解

---

① 彭漪涟:《事实论》,上海社会科学院出版社1996年,第7页。
② 同上书,第209页。
③ 同上书,第212页。
④ 同上书,第213页。
⑤ 同上书,第214页。

和说明也离不开理论;事实渗透了理论,即"事中有理";理论能够引导人们发现新事实,并可以转化为事实,事实可以由理论导出,事实可以被创造;不仅"理中有事",而且能够"理中求事"。

问题是:"事实的发现和确立离不开理论,事实的理解和说明也离不开理论",究竟是什么意思?在彭漪涟的观点中,"事实"仅指事实的主观认识、主观关于事实的断定等,不是指客观外界的真实事物和事实,因此,彭先生并没有完全正确地认识到客观事物、事实与理论的关系,最多是相对客观地表达了同属认识论范围内的"事实"和"理论"之间的关系,没有涉及本体论范围内的客观事物和事实与认识论范围内的事实和理论之间的关系;"事实渗透了理论,即'事中有理';理论能够引导人们发现新事实,可以转化为事实,事实可以由理论导出,事实可以被创造",这些似乎就是辩证唯物主义和唯物辩证法的观点,因为,辩证唯物主义和唯物辩证法也承认"事中有理,理论来自于客观事物和事实内部的性质和规律,人的社会实践是联系客观事物和理论的桥梁;理论指导实践,正确的理论能够使实践按照事物产生和发展规律,把主观的设想和理论的描绘,转变为客观事物和事实",但是,彭先生所说的不是这回事,而是指理论可以指导人们发现作为概念的事实,作为"命题"的事实,理论能够转化为各种有关事实的命题、判断,所以,事实可以被理论创造,这与我们常说的"正确理论指导下的实践,能够创造出客观的新事物"并不直接相干。由此,彭先生的"理中有事"、"理中求事",所言的"理"都不是直接与客观事物和事实相联系的理,更不是客观"事"、"物"自身的属性、本质和规律,不是它们自身蕴涵的"自然事理","事"也不是客观事物和事实,而是主观认识范围内的关于感知对象的命题,"理"就是此等命题的体系。显然,这些观点与唯物主义和辩证法关于客观事物、实践和认识的相互关系的观点明显不同。

第三,事实不能迁就理论,理论必须符合事实;不能以个人好恶对待事实;不能胡乱地抽引事实;事实和理论虽然统一但不能混同。

彭先生指出,不能让事实去迁就理论,而必须把理论建立在可靠的事实基础之上。事实作为一种感性的经验知识形式,是一切认识的出发点。理论原理作为对对象、现象本质联系和规律的反映形式,其可靠性和真理性正是由于它建立在经验事实基础上的结果。脱离了事实,不是植根于、验证于事实的一切学说、理论,其正确性、真理性必然是没有保证的。①

不能以个人好恶对待事实,尽管人有好恶,难免会按照个人好恶评价事实,但事实就是事实,不因任何人的好恶不同而改变。任何人都不应因个人好恶而夸大事实或抹杀事实,否则,必然导致理论上和实际工作上的失误。②

彭先生根据列宁的观点说,"在社会现象方面,没有比胡乱抽出一些个别事实和玩弄实例更普遍更站不住脚的方法了……如果不是从全部总和、不是从联系中去掌握事实,而是片断的和随便挑出来的,那么事实就只能是一种儿戏,或者甚至连儿戏也不如",反对"胡乱地抽引事实",认为任何特殊时空中的事物,都是许多事实的统一体,对任何事物的考察研究,都必须全面把握和分析事实,注意事实之间的联系,这样才能客观、科学地把握事实。③

彭先生特别地强调:事实与理论既一致又对立。抹杀两者对立的一面,把理论原理也当作事实,那就会自觉不自觉地走向唯意志论、唯心论。④

---

① 彭漪涟:《事实论》,上海社会科学院出版社1996年,第7页。
② 同上书,第8页。
③ 同上书,第8页。
④ 同上书,第7页。

笔者要说，彭先生《事实论》中的这一小部分内容，就其字面主张来说，具有"科学性"，如果彭先生真的彻底坚持列宁的事实观，坚持事实的客观性，坚持客观、科学地把握事实，彻底拒绝唯心论的事实观，那么，《事实论》的这部分内容就很有意义。

可惜，彭先生所引的列宁的事实观，与《事实论》全书的总体思路、基本逻辑方法和主要观点是格格不入的。我之所以要在本书中如实地引出《事实论》的这一点，一来是实事求是地对待《事实论》中的各种观点，二来是要告诉读者，如果彭先生把从马克思到列宁关于"事实"的论述，等同于《事实论》中的事实观念，或者试图表明《事实论》是以马克思、列宁的事实观作为其思想理论来源和指导，或者可以用《事实论》的"事实"理论去"诠释"马克思、列宁的事实学说，都是徒劳的。因为，彭漪涟先生不可能既以马克思、列宁的事实观，又以罗素、维特根斯坦的事实观，作为立论基础，事实上，正如下文所表明，彭先生是以罗素和维特根斯坦的事实观作为《事实论》的逻辑起点和理论终点的。

第二节　事实"命题"说的理论来源及简评

一、事实"命题"说的主要理论来源

笔者不厌其详地归纳、梳理和转述、评论了《事实论》关于"事实"的主要论点，而这些论点，根据《事实论》本身提供的明确线索，它们主要来自于罗素、维特根斯坦和金岳霖的相关学说。应当特别说明的是，虽然彭漪涟在《事实论》中也注意到并且评析了马克思主义经典作家关于"事实"的若干论述，但任何一个悉心通读《事实论》并且抓住了彭先生"事实"概念及相关理论的核心内容的学者，都会公正地认为，彭先生的"事实"概念和事实"命题"说，与马克思、列宁、毛泽东、邓小平

的著作所说的"事实"几乎无关。相反,彭先生不仅使用他自己的"事实","诠释"("解构")这些人的事实概念,而且打破了人们对"事实"的最为朴实和普遍的感受和理解,远离有关事实的"常识"和"常情"(详见后文)。①

为了便于读者把握,笔者将彭先生自己所肯定的罗素、维特根斯坦和金岳霖等学者的基本观点,或者在评析罗素等人的观点时,阐发的相关观点,归纳、提示和评论如下。

(一)对罗素"原子事实"观念的批评与肯定

彭先生同意金岳霖对罗素的批评:罗素(还有维特根斯坦)的"原子事实"说是从命题出发,从命题分析中得来的。彭先生进而认为,"可见,罗素关于原子事实的提出与分析,确实并不是从客观实际出发,从对客观实际的分析中提出来的,而只是从命题的分析中,从适应其逻辑原子主义对命题的分析、说明而提出来的。"②笔者特地在此引出这一点,希望读者能够自行判断:彭先生的事实"命题"说在方法论上,和罗素是不是如出一辙?尽管彭先生批评了罗素(在《事实论》全书,类似情况很多:彭先生批评的观点和方法,常常又是他仿效的观点和方法)。

(二)对维特根斯坦事实和命题理论的批评和吸收

第一,在彭先生看来,维特根斯坦的基本观点是:全部哲学就是语言批评,哲学的目的是使思想在逻辑上明晰,使命题明晰;认定只有那

---

① 笔者曾试着把《事实论》中引述、阐释马克思主义事实观的全部内容"抛开"不读,反而感觉《事实论》逻辑更加畅通,更能够自圆其说(如果完全不从马克思主义的物质和思维观、实践观、认识论去深究"事实"的属性和本质的话)。如果读者有兴趣,也可以以不同方式去试读看看。彭先生在《事实论》中"插入"有关马克思主义事实观的内容,是否有特殊考虑,不得而知。

② 彭漪涟:《事实论》,上海社会科学院出版社1996年,第104页。

种描绘每个人感觉经验中最简单的、断言原子事实的存在的"基本命题"才是最有意义的命题;①彭先生同意德国哲学家施太格缪勒对维特根斯坦"世界是事实的总和,而不是物的总和"的解释:这是把事物看作是具有多种属性(性质和关系)的结构复杂的统一体,而由于事实乃是对个别事物具有某种属性的一种断定,一种陈述,因此,任一事物都是许多事实的统一体。就此而言,离开了一个一个的事实对事物所作出的一个个规定,我们是不可能理解任何一个事物的。② 这里提请读者注意两点:一是,把事实和命题联结起来,并且使事实成为"命题中"的内容,当然是罗素和维特根斯坦等人;二是,事实不仅是对事物属性的断定和陈述,而且它反过去"规定"了事物(的属性),至少规定了我们对事物的理解。这两方面,正是彭漪涟先生的事实理论的核心。

第二,《事实论》中,彭先生对维特根斯坦的事实观有直接、精要的评价,笔者将其详录如下。这些评价的复杂深意,值得我们认真求索:

> 维特根斯坦的事实观是建筑在其逻辑原子主义的哲学世界观和认识论基础之上的,是以把哲学的任务归结为语言分析,归结为使命题明晰,并从而以命题为其出发点来分析和评价事实的。这显然是不正确的,非科学的。但是,我们也不能因此而否定在其事实观中确也包含着某些合理可供借鉴吸收的因素。
>
> 维特根斯坦的事实观是以区分事实与事物、事实范畴与非事实范畴为其前提和基础的,这种区分的结果,虽然在维特根斯坦那里导致了只承认世界是事实的世界,而非事物的世界的错误结论,但这种区分对于我们准确揭示和阐明事实概念的涵义来说,也是

---

① 彭漪涟:《事实论》,上海社会科学院出版社 1996 年,第 108 页。
② 同上书,第 108 页。

必须的。事实作为对事物某种实际情况的断定和知觉经验,当然与事物没有根本的原则的区别。但事实毕竟不是"自在之物"的事物本身,它是知识经验中的"自在之物"。因此,不弄清这种区别,我们是不可能真正把握事实这一概念的。

维特根斯坦从命题分析出发考察事实,出发点当然是不正确的。但他提出了命题是事实的逻辑图像,而事实的逻辑图像就是思想的观点,这就不仅肯定了命题作为一种图像是一种思想,是一种表达事实的思想,而且,也在实际上肯定了事实是命题(单称命题)的内容。而这对于我们从命题与事实的相互关系上来准确把握事实的涵义,也是有其一定参考价值的。

维特根斯坦认为,世界是由原子事实构成的。一切事实都来源于对原子事实的认识。而他所谓的原子事实并不是指的客观存在的物质事实,而只是一种被描绘为处于原子状态的(最简单的、彼此独立的、不可能再分解的)经验,因而,他不过是用原始的感觉经验来构造世界、来构造一切科学概念和理论,这当然是重复了历史上经验主义的错误,是不正确的。但是,在客观上他强调了一切知识都直接或间接地来源于经验事实,强调了尊重事实、尊重经验的思想,这对于我们正确估价事实在认识中的作用来说,应当承认也是有其一定的借鉴作用的。①

眼明的读者一定已经发现,上面四个段落里,彭漪涟采用了几乎相同的表达结构:"A(B/C/D)(虽然)是不正确的,非科学的,(导致)错误的,但是 A(B/C/D)是不能否定的,某些方面是合理的,必须的,有参

---

① 彭漪涟:《事实论》,上海社会科学院出版社 1996 年,第 116—117 页。着重号为笔者所加。

考价值的,可以借鉴的"。根据《事实论》全书的基本观点和论证逻辑,彭先生在上面四个段落里面的"但书"、为维特根斯坦辩护的内容和理由,正是《事实论》的核心观点和主体内容:

> 以命题为出发点,分析和评价事实;把事实与事物相区分,只承认事实是认识中的事实,而非更是客观事物自身的事实;事实以命题表达,事实在命题中,是命题的内容,没有命题、断定即没有事实;一切知识和理论都来源于经验事实,而非客观物质世界和实践。

请本书读者充分注意,在以上引文中:

首先,彭先生批评维特根斯坦以命题出发来分析、评价事实,认为那不正确,但又认为维特根斯坦的事实观包含某些合理的、可借鉴的因素。统观《事实论》全书,不难发现,彭先生自己恰好是把事实限定为人们已经感知、作出了判断,并且由命题表达的事物的感性呈现,没有命题(虽然命题只是事实的表达形式、知识形式)就没有事实,彭先生完全是和维特根斯坦"同舟共济"的,他对维特根斯坦的那些批评,正好是他自己应得的批评,而紧跟批评话语后那些为维特根斯坦理论作辩护的"但书",恰是彭漪涟的真意、深意所在,"但书"之后的观点正是彭漪涟的事实观的基础和内核。

其次,维特根斯坦强调"事实"和事物严格区别开(应该说是"隔离开"、"隔绝开"),强调"事实并不是指的客观存在的物质事实",而只是一种经验,尽管这些都受到彭先生批评,但《事实论》显然接受了这些核心观点和方法,认为"事实不是客观、自在的物质事实",事实就是经验知识。彭先生至少认为,这个区分本身,不仅是维特根斯坦事实观的合理、可借鉴的因素之一,而且是正确把握"事实"概念的基础,是彭先生所谓的"科学"的事实概念的前提。

再者,彭先生显然深入吸收了维特根斯坦关于事实与命题的相互关系的基本观点,绝非只有"参考价值":命题是表达事实的形式,事实是命题的内容。把这一点同前面的"事实"与事物严格区分的观点结合起来,我们不难看清楚,命题虽然是事实的形式,但这个"形式"非同一般,它直接框定了"事实"存在的领域、方式、实质含义。简言之,只有当取得和拥有"命题"的形式,即被人们作出思维上的判断、断定和语言上的陈述,"事实"才能够成立和存在。一切没有以"命题"为其形式的"事实",都不是事实,不成其为事实,没有那样的事实,不能承认(有)那样的事实。

最后,很能够迷惑人的是,彭先生认为:维特根斯坦客观上强调了一切知识都直接或间接地来源于经验事实,强调了尊重事实、尊重经验的思想,这对我们正确估价事实在认识中的作用有一定的借鉴意义。

尊重事实是我们完全认同的。但是,彭先生这里出错了:我们须始终记住,《事实论》的"事实"概念,本身就是指经验知识,是通过命题表达的知识,一个真的单称肯定命题就代表一个事实;当彭先生认同维特根斯坦"一切知识都来源于经验事实"的观点的时候,就认同了这样的观点:一切知识都来源于经验知识;但"一切知识"包括了理论知识和经验知识等,如果说"理论知识来源于经验知识"有部分正确性(因为经验可以上升为理论,但经验不是理论的最终来源和基础),那"经验知识来源于经验知识",这个说法就没有意义。实际上,我们都知道马克思主义哲学的一个 ABC:实践是认识(知识)的来源,是检验认识真理性的标准;人通过感官感知客观事物获得的经验知识是人对客观事物认识的一种初步成果,是认识进一步发展的一个基础和条件,它本身就是人的实践和认识活动的产物,它绝不是认识的最初来源,更不是一切知识的(最初)来源。

(三) 对金岳霖"事实"理论的继受和阐发

金岳霖先生关于"事实"的主要看法,彭先生都接受过来,并予以阐发。

第一,金岳霖对事实的定义是:"事实是接受了的或安排了的所与。"①彭漪涟先生分析认为,这个定义是基本正确的,并对形成和提出科学的事实概念,有直接的启发意义。② 彭先生对这个事实定义做了通俗化和细致的解释:

> 事实是为主体用概念所接受了(或安排了)的感性呈现。稍具体一点说,呈现于人们感官之前的现象,只有当其为概念所接受(或者说:为概念所摹写,所规范……),由主体作出了判断,这才是知觉到了一个事实,如果视而不见、听而不闻、嗅而不觉,那就表明,虽有呈现于感官之前的现象,但未为概念所接受,未为主体所觉察,这就不能说是有了知觉,更不能说是有了事实。③

毫无疑问,我们看到,彭先生从对金岳霖的事实定义的解释中,获得了"严格定义"事实概念的要素和他自己的"事实"定义:感官之前的现象→概念接受→主体判断→知觉到事实(→以命题陈述)。不过,彭先生根据金岳霖的事实概念的核心内容,来定义他自己的"事实",正确、科学吗?我的看法是,这很不正确。因为,彭先生直接套用了金岳霖的事实定义,可是他们二人探讨"事实"的前置语境和范围根本不同。

---

① 彭漪涟:《事实论》,上海社会科学院出版社1996年,第118页;金岳霖:《知识论》(下),商务印书馆2004年,第738页。
② 彭漪涟:《事实论》,上海社会科学院出版社1996年,第123页。
③ 同上书,第4、123页。

金岳霖是在他的"知识论"的范围内来研究作为一种知识的"事实",即是说,金岳霖在"纯知识"范围内界定"事实",不管事实所涉对象(但金岳霖在《知识论》中详尽讨论了作为经验知识的事实与外在对象的关系),其不言自明的大前提就是"客观事物及客观事实是可知的",并直接拒绝了"知识是否可能"的命题,根本不讨论关于人能否从对象获取知识这个问题,把不可知论和怀疑论排除于《知识论》之外,他认为,知识的存在就是一个普通的事实,是日常生活中的现象。金岳霖开宗明义地指出,他的《知识论》是"以知识为对象而作理论的陈述",求的是知识中的"理",并且"不指导我们怎样去求知识",①其直接出发点不是客观事物和事实,而是人的"官觉"。② 金岳霖先生的事实理论,是严谨的、自成体系、自圆其说的,当然,也受到维特根斯坦等人的事实观的理论影响。

而彭先生自认为是以"马克思主义事实观"为出发点和研究起点,并且将揭示"事实的科学涵义"作为其重要理论任务。③ 照此逻辑,彭先生需要并且应当研究的"事实"的范围、内容远远广于、深于金岳霖先生的"事实"范畴,可是,彭先生并没有直接为自己设定"事实"研究的范围,而是暗中设定了"事实"研究的前提和范围,即以认识(或者"知识")为界限,以语言哲学或者逻辑哲学为理论指南,以认识论中的"事实"概念和判断(命题)为对象,以整合、吸取、发挥罗素、维特根斯坦和金岳霖的"事实"理论为主要理论内容、任务和方法,对客观事物及其事实则"视而不见、听而不闻、嗅而不觉"。

如果我们可以把《事实论》"序论"中所标明的"马克思主义事

---

① 参见金岳霖:《知识论》(上),商务印书馆2004年,第1—6页。
② 同上书,第121—124页。
③ 参见彭漪涟:《事实论》中的序论和第一、二、三章,上海社会科学院出版社1996年。

观"看作是彭先生设论的前置范围,并且要探讨的恰好就是"(马克思主义)事实观"(这又正是彭先生的"序论"所声明的)范围内的"事实"理论,那么,彭先生套用金岳霖的"事实"概念,有三个问题必须面对:

一是,只有金岳霖的事实概念和整个事实观就是(或者符合)马克思主义的全部事实观,彭先生才可以把金岳霖的事实概念拿来作为他自己的并冠以"科学"和"马克思主义"头衔的"事实"概念,否则,不是歪曲了金岳霖的事实理论,就是歪曲了马克思主义事实理论,但《事实论》并没有对此作出论证;

二是,金岳霖并没有专门讨论客观事物(对象)自身的种种事实,即彭先生所说的"自在事实",那么,彭先生凭什么能够完全回避、拒绝承认"自在事实",把一个完全属于"知识论"范畴的事实概念,用于知识论之外的认识论和本体论领域?金岳霖先生对于"有没有我们所不知道的事实"的回答是一分为二的:"从知识类"讨论,"无不知道的事实",因为事实既是一类知识,"当然没有一类知识所不知道而又同时承认其为事实的事实";从"任何一知识者"说,则有他所不知的事实,有彼此不知道的事实,"有一类所知道而单个的知识者所不知道的事实"。① 当然,金岳霖没有触及对于整个人类而言"尚不知道的事实",不过按照他的推理逻辑,金岳霖先生未必承认这样的事实。

三是,倘若彭先生的事实观符合马克思主义事实观,并且可以用金岳霖先生的事实概念界定整个的"事实",那么,《事实论》就不能局限于谈论"事实范畴"、"事实与命题"和"事实与理论",还必须深入研究"客观事实与客观事物"、"事实与实践(和认识)"的相互关系诸问题,但并不是这样。马克思主义事实观从不拒绝承认"自在事实",不把"事实"作茧自缚地规定为人的主观"概念接受、主体作出判断、以命题

---

① 参见金岳霖:《知识论》(上),商务印书馆2004年,第771—775页。

陈述",没有"事实本质上是经验事实(知识)"这样狭隘的观点。

第二,对金岳霖先生的"事实在经验中"①的观点,彭先生解释道:

> 应当承认,所谓事实就是经验事实。事实总是由主体对呈现于感官之前的现象有所觉察,而用一定的概念对其加以摹写或规范而作出相应断定的结果,离开了主体对现象感性呈现的觉察,离开了主体的知识经验,当然也就无所谓发现事实。就此而言,事实总是经验事实……
>
> 事实虽然都是经验事实,但并不意味着事实是主观的,相反,事实总是客观的。这不仅是因为,呈现于感官面前的现象是客观的,即事实的基本材料是客观的,而且还因为,主体的概念(概念本身当然不能说是客观的,虽然一个正确的概念总有其客观内容)只有符合于其所规范、摹写的呈现于感官之前的现象,从而作出了一个正确判断时才是发现了一个事实;反之,如果主体的概念,不符合于其所摹写、规范的现象,即主体作出了错误的断定,那当然就谈不上发现了什么事实。而且,事实就是事实,它是任何人无论怎样想抹杀都是抹杀不了的,无论怎样想否定也都否定不了的。这就是金岳霖所说的事实所具有的"硬性",也就是事实的客观性的突出表现。②

由于金岳霖所说的事实,指的是客观事物的"所与"(客观事物自身的感性呈现)为主体"所受"(为人感知、进入感性经验和知识中),并由主体的概念所规范、调整,进而作出了判断,形成了关于对象的知识,

---

① 彭漪涟:《事实论》,上海社会科学院出版社 1996 年,第 121 页。
② 同上书,第 123—124 页。

根本不涉及"所与"本身作为独立的"事实"的问题,更不涉及未在感官面前直观呈现的事物的事实问题,当然"事实在经验中"。但是,正因为这样的"事实"只是被"发现了"或"知觉到"的"事实",不包括未发现、没有知觉到的事实,若以此推广金岳霖的"事实在经验中"的使用范围,变成任何语境、时空条件下都适用的论断,那就意味着这样的观点完全能够成立:一切事实都在经验中,一切经验中的事实才是事实;经验之外没有任何为人知觉了的事实,也就没有任何事实可言,即根本没有那样的事实;也不能说"有未曾发现、未被知觉的事实",因为这个说法在"逻辑上"不成立;结论只能是"经验之外无事实",离开概念、判断和命题,也没有事实。由此,金岳霖所谓的"事实的硬性",最多能够指经验事实就其内容而言具有一定客观性,"硬度"就很有限了。

彭漪涟的阐发性解释充分表明,他不仅接受了金岳霖的"事实在经验中",而且无条件地推而广之,似乎堵住了任何在"经验事实"之外寻找事实、承认事实的可能性,连"有没有未曾发现、未被知觉的事实"这样的提问似乎都被成功排除,因为这个问题自身存在逻辑矛盾,即使回答,也只能是:没有那样的事实;即使有,也未曾发现和知晓,因而也是"未知数";所以对人的认识来说,还是"没有"。

可是,经验之外有无事实,有没有未被人发现、知觉到的事实,不只是一个"逻辑上的问题",更是一个关于"客观物质世界(包括人化的自然)—人的实践活动—人的认识世界"的"物质—思维"、"本体—认识"、"实践—知识(真理)"的关系问题,对其回答,不只是逻辑上形成概念、判断和进行推理的思维活动,更是通过实践发展认识、获取更多关于未知的客观世界的知识(包括客观事实或所谓"自在事实")、改造主观,并反过去更好地适应、利用和改造客观世界的过程。实际上,我们知道世界上有太多我们不知道的东西,有太多我们尚不知道的自然和社会中的人、事和物,这看似一个悖论,但恰好是普遍的生活常识和经验,是朴实的辩证法。

二、事实"命题"说与马克思主义"事实"观存在差别

《事实论》援引了马克思主义经典著作的不少论断,但这些论断并没有成为彭先生的"事实"概念的构成要素,反而,彭先生按照他的事实观对这些论断做了不准确的解释。

例如,很值得一提的是,彭先生援引马克思的名言:"具体之所以具体,因为它是许多规定的综合,因而是多样性的统一。"彭先生对这里的"规定"做了如是解释:

"就是对该事物的一种断定,即确认该事物具有某种性质或与另一事物具有某种关系这一事实,而由于任一事物所具有的性质是多种多样的,它与其他事物之间存在的关系,也是多种多样的,因而,对一个事物具有某种性质或与他事物具有某种关系的断定即规定,也必然是多种多样的。因此,所谓具体事物乃是'许多规定的综合',是'多样性的统一',无非就是说任何一个事物乃是该事物所具有的多种多样属性(性质和关系)的统一,也就是许多事实的统一。"①

读者可能已经注意到,彭先生把马克思"具体之所以具体,因为它是许多规定的综合,因而是多样性的统一"这话中的"规定"做了一个解说——"断定即规定",这个解说正确吗?

---

① 彭漪涟:《事实论》,上海社会科学院出版社 1996 年,第 110 页。重点号为笔者所加。

简单地说，马克思对思维中的"抽象—具体"之间的关系，是这样阐述的，"具体之所以具体，因为它是许多规定的综合，因而是多样性的统一。因此它在思维中表现为综合的过程，表现为结果，而不是表现为起点，虽然它是现实的起点，因而也是直观和表象的起点"，马克思批评"黑格尔陷入幻觉，把实在理解为自我综合、自我深化和自我运动的思维的结果"，认为"其实，从抽象上升到具体的方法，只是思维用来掌握具体、把它当作一个精神上的具体再现出来的方式。但决不是具体本身的产生过程……具体总体作为思想总体、作为思想具体，事实上是思维的、理解的产物；但是，决不是处于直观和表象之外或驾于其上而思维着的、自我产生着的概念的产物，而是把直观和表象加工成概念这一过程的产物。……实在主体仍然是在头脑之外保持着它的独立性；只要这个头脑还仅仅是思辨地、理论地活动着。因此，就是在理论方法上，主体，即社会，也必须始终作为前提浮现在表象面前。"①

马克思的阐述包含两个思想。一是，作为思维方式的(抽象和)具体，思维中的具体，是思维把握事物自身多种客观属性的(两种)方式(之一)，具体就是在思维中总体地、综合地把握事物，是思维的结果而非起点，是思维对事物自身多种属性(事物自身的多种客观"规定性")的理解和理论提升，通俗而言，就是人的认识对事物有了深刻、全面、细致的把握；二是，思维中的具体并不产生"具体本身"，不产生"(客观)实在"，即是说，客观事物及其自身多种多样的属性(自身的规定性)，不是思维的产物，而是事物自身所具有的，是一个事物成其为自身的现实起点，也是思维把握现实事物的起点("直观和表象的起点")，客观物质世界和社会(即"实在")是头脑之外的客观、独立的存在，是思维和理论的前提。通俗地讲，客观事物都是具体、多样性的统一，是思维

---

① 《马克思恩格斯选集》第 2 卷，人民出版社 1995 年，第 18—19 页。

的起点和思维中的具体的客观物质内容,是思维对客观事物具体性的反映,而不是思维中的具体产生了客观事物及其具体、多样性的属性。故黑格尔"把实在理解为自我综合、自我深化和自我运动的思维的结果",是陷入了幻觉。

由此观之,彭漪涟把"具体是许多规定的综合,是多样性的统一"中的"规定",解释为"对一个事物具有某种性质或与他事物具有某种关系的断定即规定",在"思维"的范围内是成立的,但准确的表达应当是"规定即断定",也就是说,思维中的规定乃是思维把握了事物的许多属性,并且作出了断定。思维之外的事物自身的多种属性("规定")当然可以被思维把握和断定,成为"断定"的对象和内容。但是,显然彭漪涟先生没有触及马克思批评黑格尔的那个方面,在思维中的"具体"与现实物质世界和社会(客观"实在")的关系上,绝不能说"思维的具体"产生出"实在",更不能说事物自身的"规定性"就是思维着的人的"断定",或者是主观"断定"的产物,不能够偷梁换柱,说什么"断定即规定"。由于彭先生认为客观事物及其性质、状态和关系与以命题为表现形式的"事实"无关,进而认为,事实是经验事实,是人对"事物具有某种性质或与他事物具有某种关系的断定",这种断定就是事物性质和事物之间的关系的"规定",并明确断言马克思所说的"规定"就是"断定",这样,一来,彭先生把自己的"(思维中的)断定"与马克思所说的事物自身规定性及其在思维中的反映等同起来,不仅改变了马克思所言"规定"的涵义,而且似乎为自己的论述找到了经典著作上的根据,二来,彭先生给读者这样一种印象,似乎马克思也认为思维内容"规定"了思维对象的属性,主观"断定"产生和决定了客观事物的属性。在彭先生的论述中,马克思跟黑格尔同流了:否认本体论范围的客观事物自身的多种多样的客观规定性,事物的具体规定性是思维赋予、断定、向思维之外投射的。

《事实论》中,彭先生常常用同样或类似的阐释方法"解释"马克思主义经典作家的"事实"观点,仿佛他尊重和遵循了经典作家的理论,至少想表明,他的"事实"理论有这方面的(充分)根据。

第三节　对事实"命题"说的总体性反思

笔者在本章前面两节尽量详细地梳理和引述彭漪涟先生自己的文字,向读者摆明彭先生的观点及其方法和来源,在必要之处,提出了我的评论性意见。为的是,在这里,我可以简明地从总体上批评《事实论》,揭示它的自我矛盾,它的基本观点的重大缺陷。

一、关于《事实论》的研究起点和方法

《事实论》研究事实的逻辑起点、范围和方法存在问题。

无疑,彭漪涟的《事实论》带有太深的罗素—维特根斯坦—金岳霖等人的事实理论传递和变迁的印记,他把这些相互联系又有所区别的事实理论,总结在自己的著述中,阐发出一套有关"经验事实"的理论体系。

根据《事实论》中的多次批评,罗素和维特根斯坦的研究事实的起点和事实概念,都有大问题,即他们是以唯心主义方法展开"事实—命题"研究的,主观构想了"原子命题"和"原子事实"诸范畴,并且强求"事实"分类与语言逻辑的"命题"相对应、相适应;从命题出发来理解和分析事实,以命题决定事实、形式决定内容,否定了事实的客观性,以感觉内容偷换感觉对象;彭先生对马克思、列宁、毛泽东和邓小平等人的事实观念、实践观念和"实事求是"的基本立场和方法,都进行了肯定。但是,《事实论》全书真正肯定的是罗素和维特根斯坦的"合理内容",援用的是他们的概念、观点和方法,实质上接受和阐发的是他们

的理论。① 至于金岳霖的《知识论》所阐述的事实理论,连同金岳霖对罗素等人的批评,都大量为彭先生所接受和吸收。

这就出现了一个根本性问题:事实研究的起点和范围,究竟应该是"逻辑"、"认识"、"命题"或"知识",还是真正的客观事实,即彭先生所谓不是"事实"的"自在事实"?

平心而论,如果限于"逻辑"或"认识(知识)"范围内,且不根本否定逻辑和认识之外的客观事物和客观事实,不否定认识中的事实与客观事物和客观事实的内在、客观的辩证联系,《事实论》的立论和许多观点,不是没有道理的,因为,在人的主观认识范围内,事实当然是人的感官和理性思维所把握的外在对象的"主观内化之物",是外在感性呈现与感官、知觉的一种联系,不仅被人感知到,而且用理性思维把握住,还以概念、判断和命题表达出来,"事实"与概念、判断和命题自然是联成一体的;彭先生虽然一再否定"自在事实"是"事实",但并不完全否定"自在之物",也不完全否定事实有其客观来源,即那些已被感知的"自在之物";事实有其客观内容,即被感知的对象;这些条件下的"事实—命题"说不能一概否定。可能也正因如此,彭先生始终认为,他的事实观是马克思主义的事实观。

但是,实质问题在于,否定客观事实,否定未知事实,否定客观事物本身及其运动和联系就是事实,把"事实"极其严格而狭隘地限定为、界定为"经验事实",不对"感知、已知、被断定、陈述的事实"和"以命题表达的事实"之外的任何客观事实或"自在事实"进行研究,这种"事实"研究的范围是否完整,方法是否正确,起点是否恰当?

---

① 这种情况在《事实论》中有很多。《事实论》正文多处以"批评 + 合理借鉴"的方式,吸收了罗素、维特根斯坦和金岳霖的许多观点,在书中各篇后面的附录里面,就更加明显和突出地采用了这种论证技术。

须知,作为科学而系统的事实理论,不仅应当注视已知事实、已经作为人的经验和认识的事实,而且更需要重视客观事实、未知事实(无论是对整个人类而言的未知事实,还是对某些人而言的未知事实),给认识发展提出目标;不仅应当注视已知事实的逻辑属性,而且需要关注未知事实的可能品性和发现规律,给实际地发现新事物、新事实提供方法和途径。世界上,已知的客观事物和事实很有限,而未知的人、物,未知的事、理,无涯无际,这正是需要认识的真正对象。特别是,达到对未知的认识,正是认识的真本性、首要功能和作用。对事实的认识亦是如此。已知事实固然是学理研究的对象,然而未知事实更是我们"着迷"之处。即使研究者中,如彭先生等人,有专注于已知事实的探究者,但也无须,且不应该因自己的研究偏好,而在理论上"封杀"客观存在的未知之事物和事实的世界,否定未知的事物和事实的存在和它们的属性、作用。在各个科学领域,对未知事物、事实及其可能的发现规律、途径的探索,都是头等的任务,研究事实的各门科学,自不例外。

彭先生说要"深入研究马克思主义事实观",那么,一来,仅在"逻辑"范围内研究"事实命题",否定"自在事实",这能够"深入研究"事实么?二来,马克思主义事实观,作为唯物和辩证的世界观和方法论的事实观,起码应该能够用于实践、正确指导事实认识活动、探索未知事实的事实观,而绝对限于"经验认识"和"命题"范围的"事实"概念和理论,不能够代表马克思主义事实观,也不能够正确指导我们对未知事实的探索和认识。

承认有未知的客观事实,承认我们总体上能够(逐步)发现(包括证明)未知事实,无论那个事实终究是什么,这至少是人们的事实认识(和证明)活动的必要前提和出发点。如果彻底坚持"事实在经验之内",也就是"经验事实之外无事实",进而推论"已知事实之外无事实,已知世界(物质和事实的世界)之外无世界",那么,这样的理论不仅不能全面指导事实认识活动,而且会阻止或消灭任何新的事实认识活动。

特别是,像司法证明中的待证事实,至少对部分人而言,是"未知事实",司法证明是一项探索"未知"的"客观事实"的活动。因此,有未知的客观案件事实待我们去发现、查证、证明,我们一般也能够发现、查证和证明那些事实,这是整个司法证明活动能够展开的实践和理论起点和基本目的,否则,司法证明活动及制度就毫无价值,早就应当销声匿迹。

二、《事实论》的主观主义色彩

《事实论》的基调是主观主义的。彭漪涟先生多次批评事实观中的唯意志论、主观主义和唯心主义等,但我还是很遗憾地看到,他自己跳进了这些"陷阱"。基本表现是:

第一,他以主观范畴解释事实,这本没有问题,因为人对事物的解释总是使用概念、判断、命题等主观工具,但他把事实解释成为极其主观的东西,即只有在感知、知觉、概念、断定(判断)和命题的范围内才有事实,被感官接受、断定和以命题表达出来的感性呈现才是事实,否定主观的事实认知只能是外在客观事实的反映,割裂了本体论意义上的客观、自在的事物和事实与认识论范围内的事物和事实的关系,并把认识论中的事实所具有的主观性和客观性的统一,作为全部事实的属性,实际上是否定了本体论上的事实;

第二,他对事实的客观性的解释是经验内容的客观性,既有外在客观来源,但又不是那个客观来源本身,仍然是在"经验中的客观"。自在之物不是事实,"自在事实"也不是事实,杜绝一切承认外在于人的客观事实的可能性,将"没有知觉到某事实"等同于"没有事实"。

彭漪涟先生不敢绝对否定客观事物和客观事实,不得不写道,就

"事物的情况(某事物具有某性质或某事物与另事物之间具有某种关系)即使不为人所知、不为主体概念所接受并从而由主体作出判断,它也客观存在着这一点而言,事实具有客观的性质",这样的"事实"显然是本体论上的客观事实,不是他一贯主张的被主观感知、以命题表达的事实。但彭先生无论如何都要否定主观之外、经验之外的客观事实,只承认"经验事实"具有"客观性",是主观内的客观性。彭先生一再说明,事实是感性呈现被概念接受,被人断定,被(真的单称)命题表达,简言之,事实就是(人对呈现在自己面前的客观情况的)感性感知和理性把握,特别注意,这里所谓的"客观情况的感性呈现"已经是"主观内化了的客观情况",绝非"纯自在"的客观情况。承认主观认识内的经验事实的内容具有"客观性",只是承认主观思维内容具有客观性的某种哲学的一个说法。承认思维内容具有客观性的哲学,只有当其承认物质第一性,思维内容只是对运动和联系着的物质世界的能动反映、具有第二性时,才是唯物主义;如果认为思维内容的客观性乃在于"思维内容的外化、对象化、物化",或者只承认"被感知"了的客观事物,或以思维为基础、被思维决定的"客观事物",完全否定"思维内容"之外的独立的客观事物和事实,把人的思维(感知、概念、判断及其表达形式语言、命题)绝对化,并且常常也回头说说"思维和客观事物之间的关系",这种哲学叫客观唯心主义;如果以为事实就是关于被感知的对象的命题,就是被感知和断定,这种事实观其实和"存在就是被感知"的著名哲学命题更靠近。

第三,面对客观事物、客观事实无法根本否定的难题,彭先生近乎"硬拗"地声称:事物具有某种性质或某种关系,那是客观如此,本来如此,……但是,我们却不能因此而把事物及其属性(性质与关系)的存在的客观性、独立自在性简单地等同于"事实的客观性"。一句话,作为经验知识、以命题表达的"经验事实",是不容"客观事实"存在的,也不允许把客观事物和客观事实的性质作为他的"经验事实"的内在属性。

第四,把主观与客观的统一作为"事实"的最基本的属性,虽然这对于已经是认识结果的"事实"而言,能够成立,但是,思维、认识之外的客观事实本身是不存在"主观与客观统一"这个性质的,它只具有"纯粹的客观性"。事实首先是客观外在的事实,然后才是认识对象,才说得上人们对它进行认识,获得关于它的认识,作为认识对象的事实,只有客观性,没有主观性和主客观统一性。即使是人为的事实,由人的主观意志支配下的行为作出的事情、形成的相关事实,一旦这些事实出现和存在,成为特定的认识者的认识对象,它们就是认识之外(没有掺杂认识者的主观)的客观对象,那些事实本身就是对象化、"自然化"了的事实,包括行为者自己都不能改变既成的事实。比如故意杀人,这不仅对于杀人者之外的所有人来说是纯粹客观存在的一个事实,就连杀人者本人事后也只得面对这个不可否定、隐瞒、改变的"梆硬的事实"。彭先生只承认作为认识结果的"事实"、经验事实和以命题表现的事实,不承认在主观思维外作为认识对象的客观事实,而且,把"经验事实"所具有的特殊属性,泛化为"事实乃是感性与理性、主观与客观的统一"的一般结论。

第五,《事实论》虽然使用了一定篇幅探讨马克思主义经典作家的事实理论,但通观全书,笔者确信,这些讨论与《事实论》的基本观点和方法无关,是两张没有粘贴起来、也不可能粘结起来的皮,相反,如果书中没有那些讨论马恩、列、毛、邓等人的事实观的内容,没有彭先生对马克思主义事实论断的穿凿附会(还可能言不由衷)的解释,全书不仅毫发无损,而且将更加清楚、集中地展现彭先生的基本观点和方法——从罗素和维特根斯坦的事实概念和分析范围出发,经过吸取金岳霖的观点,达到自己的结论,形成《事实论》的体系。

三、《事实论》存在不少逻辑矛盾

《事实论》的许多论述和观点存在重大和明显的逻辑矛盾,或者曲解经典论断,或者不顾逻辑规则等。以下略举数例,请读者察鉴。

(一)"从事实出发"的"事实"究竟是什么

彭先生显然不能否定一个很宏观而基本的立场和理论:一切从实际出发,实事求是,因此"从事实出发"就是应有之义。当他没有用他自己的"事实"概念来解释这个我们人人熟知的思想和原则,而是援用马恩、列宁和毛泽东、邓小平等人本来的论断的时候,文章情通理顺,可是,一旦用他的"事实"概念来解释,马上就出问题。

《事实论》的"序论"第二部分和第一篇第一章中,主要阐明的就是:"一切从事实出发",科学决策"总是以客观存在的事实"为依据,大跃进、文化大革命的错误,在于"左"的思想背离了"客观存在的事实,从主观愿望出发",改革开放的成功在于坚持了"实事求是,一切从实际出发",思想与客观事实相符合。① 我想,这些话对稍有阅历和理论知识的中国人来说都不陌生。而这里一再提到的"实际"、"客观事实",肯定不是彭先生的"经验事实",不是主观"断定",不是什么"命题"和"陈述",而是实实在在的"客观事实"。

但是,在"序论"的第一部分,分明是这样规定或解释"事实"的:

> 事实乃是呈现于感官之前的事物(及其情况)为概念所接受,并由主体作出判断而被知觉到的。事实乃是关于感性经验的一种知识形式。一般地说,所谓事实就是经验事实。②

---

① 参阅彭漪涟:《事实论》,上海社会科学院出版社 1996 年,第 9—58 页。
② 同上书,第 6 页。

事实是人对呈现于感官之前的事物或情况的一种判断,是关于事物(及其情况)的一种经验知识,亦即是关于客观事物的某种判断的内容,而不是客观事物本身。①

事实作为感性经验的知识形式,作为真的特殊命题的内容,本身并非是纯感性、纯直观的,它也包含有理性的因素。一切事实都是感性与理性、直接性与间接性的统一。把知识的事实性仅仅归结为知识的感性,是不正确的。②

那么,我们究竟该相信什么"事实"呢?是相信我们所熟悉的客观事实的概念及其涵义,还是相信由主观断定、判断且以命题表达的"事实"?

如果彭先生的"事实"概念果真成立,岂不"一切从事实出发"就是"一切从概念、判断、(真的单称)命题出发"?从"一种知识形式"、"一种经验知识"和"感性与理性的统一"出发?这跟"从口号、标语和思想、理论出发"有什么不同?

彭先生如果希望把他的"事实"概念"贯彻到底",这难道不是必然的结论吗?

(二)《事实论》对毛泽东"事实"概念的错解

彭先生十分强调准确理解事实,科学认识和界定事实,并且认为毛泽东等人就是典范。那么,《事实论》怎样"诠释"经典作家们的"事实"的?在此仅举一例,看看彭漪涟先生如何"妙解"毛泽东的"事实":

综观毛泽东的一系列论著,"事实"范畴是一个被广泛运用的

---

① 彭漪涟:《事实论》,上海社会科学院出版社1996年,第4页。
② 同上书,第6—7页。

范畴,而且,大都是用于说明某事物的实际情况,且都是能为人们的感性经验所直接或间接把握的。比如:

"马克思主义者看问题,不但要看到部分,而且要看到全体。一个蛤蟆坐在井里说:'天有一个井大'。这是不对的,因为天不止一个井大。如果它说:'天的某一部分有一个井大'。这是对的,因为合乎事实。"

"我们反对主观地看问题,说的是一个人的思想,不根据和不符合于客观事实,是空想,是假道理……"

显然,这里所说的"事实"指的都是客观存在的(历史的和当前的)经验事实,也就是对一定的感性呈现所作出的某种断定,或按通常的理解,即关于某个特殊对象的实际情况的某种断定,它们都表现为真的特殊判断之所肯定的内容,即表达了"事实"的本义,即严格的科学含义。①

……

首先,"事实"所表示的不是一个个客观存在着的事物,而是对事物的情况的某种断定……其次,客观存在的事物可以是"为我之物",也可以是"自在之物",而"事实"所表示的是对事物实际情况的某种断定,它是事物呈现于人们的感官之前,为主体概念所接受(即用概念去摹写和规范的),并由主体作出断定的,只能是一定意义上的"为我之物",亦即知识经验中的"自在之物"……②

彭先生所引述的毛泽东所讲的"(客观)事实",人们都熟悉,涵义很简明,即指事物的客观情况、实际情况,是客观事实,与主观(思想)、

---

① 彭漪涟:《事实论》,上海社会科学院出版社 1996 年,第 34—35 页。
② 同上书,第 36 页。

空想和假道理相对立。

但彭先生把毛泽东的"事实"概念解说得可不是一般的复杂和奇怪:第一,毛泽东著作里面的"事实""大都是用于说明某事物的实际情况";第二,"事实"所表示的不是一个个客观存在着的事物及其状态,而是对事物情况的某种断定;第三,"事实"指的都是客观存在的(历史的和当前的)经验事实,是对一定的感性呈现所作出的某种断定,或按通常的理解,即关于某个特殊对象的实际情况的某种断定,它们都表现为真的特殊判断之所肯定的内容,即表达了"事实"的本义,即严格的科学含义。我们不得不问:彭先生所引述的毛泽东著作里的"事实",究竟是指什么?彭先生真的不明白毛泽东所说"事实"是什么吗?

"(客观)事实"不就是人的主观思维之外且能够为主观所把握的客观事物自身的情况吗?不就是事物的实际情况吗?

彭先生的解释就显然乱套了,违反起码的逻辑规则了。

彭漪涟说,毛泽东所说的"事实"是"用于说明"某事物的实际情况的。彭先生在这里费尽心机地"缠绕"事实概念,玄机在于,他把毛泽东那个清楚简明的"事实"概念偷换了,塞进了他的私货。"事实"不再是指客观情况、实际情况,不再指客观事实,而是"范畴",是"用于说明某事物实际情况"的范畴,是关于客观存在的"经验事实",是对感性呈现的、某个特殊对象的实际情况的"断定",是"真"的特殊判断所肯定的内容。经过彭先生这么一"绕",毛泽东(还有马克思、列宁、邓小平)的事实概念、事实观念,统统都被"绕进"了"事实是经验事实,是事实命题,是断定,是事物的情况说明,是逻辑范畴"的理论框架中。

彭漪涟先生既用"经验事实"去偷换毛泽东所说的"(客观)事实",又用他的"经验事实"概念去解释毛泽东所言之"(客观)事实"、"实际情况",从而使"(客观)事实"、"实际情况"变为经"断定的实际情况",是"真"的特殊判断、命题所肯定的内容。彭先生在"经验事实"

前面加上"客观存在的"定语,并没有实质意义,虽然可以起到障眼法的作用。因为,彭先生论述的"经验事实"本身就是主观认识范围内的事实,是主观断定;经验事实的客观性仅在于被感知到的客观情况是客观的,既没有感知活动之外的客观情况,也没有被感知对象之外的客观性。至于"真"的特殊命题肯定的内容,可以解读为强调命题内容的客观性,也可以解读为强调事实的"真"值命题形式;真的命题的"内容"也很玄奥,可能"指向"客观事物、客观情况和客观事实,但肯定不是客观事物、客观情况和客观事实本身。彭先生认为,他的"事实"概念表达了事实本义,有"严格的科学涵义",这自吹得太过分了。

倘若彭先生认为他对毛泽东的事实概念的解说是准确的,他自己的事实概念和毛泽东的事实观念是同一的、等值的,那么,彭漪涟能够把他引述的毛泽东的两段文字改写为如下的两段话么?

"马克思主义者看问题,不但要看到部分,而且要看到全体。一个蛤蟆坐在井里说:'天有一个井大'。这是不对的,因为天不止一个井大。如果它说:'天的某一部分有一个井大'。这是对的,因为合乎经验知识、某种断定、某种真的命题。"

"我们反对主观地看问题,说的是一个人的思想,不根据和不符合于经验知识、某种断定、某种真的命题,是空想,是假道理……"

我想,每个头脑清醒的人都不会进行这样的改写。

(三)《事实论》对"太阳胜于雄辩"的奇妙批评

《事实论》开篇有一段批评"太阳胜于雄辩"的论证,被不少人欣赏、追捧和援引,这个看似严密、雄辩的论证,其实经不住任何推敲。

1. 柯普宁的"事实"定义惹出论争

针对苏联哲学家柯普宁给"事实"作出的三重解释,即:现象、事物和事件本身被称为事实;人们对事物及其特性的感觉和知觉也被认为是事实;事实也指我们想用它们来论证或反驳某种东西的不容置辩的理论原理,彭漪涟先生认为,只有第二种"事实"说法才正确,符合科学的"事实"概念,第一和第三种说法都错误。①

彭先生认为,柯普宁对事实的第一种用法"不符合'事实'一词本意",即不能把现象、事物和事件称之为"事实"。对此,彭先生给出了一个令人印象深刻、过目难忘的论证:

> 首先,单单客观事物自身不可能是事实。如我们常说"事实胜于雄辩","从事实出发"。然而如果"太阳"之类的对象也是一种事实,那么,用"太阳"去代换上述命题中的"事实"而形成的命题,也应该是成立的。但事实上"太阳胜于雄辩"、"从太阳出发"之类的论断却是不能成立的。我们只能说对"太阳"的某种正确判断,如"太阳从东方升起"是胜于雄辩的,只能说应当从对太阳的某种正确判断出发(如从"太阳处于太阳系的中心"这一合乎事实的判断出发)。……客观事物是客观存在的事物,而事实是人们通过对事物的某种实际情况所作的判断而被陈述出来的,它是认识的主体——人所获得的一种认识,也就是人所把握的一种知识形式。②

彭先生的这一段文字,实在是逻辑复杂,意涵艰深。

2."事物"本身究竟是不是"事实"

先说"单单客观事物自身不可能是事实"(因而没有任何"自在事

---

① 参见彭漪涟:《事实论》,上海社会科学院出版社1996年,第1页。
② 同上书,第1—2页。

实")的问题。

的确,如果从静态的方面和角度观察一个物或人,并且对应于表示某个"物或人(东西)"的"名词",我们很难说那个事物或人表达一个事实,比如,张三、李四、石头、水等等,这算什么事实?尤其从语言表达角度看,这些无论如何算不上什么事实。可是,稍微一琢磨,张三就是张三,石头就是石头,他(它)们都是他(它)们自己,不是别的,这不正是事实么?对于事件而言,情况就有些不同了。即使观察一个静态事件,固定的、封闭的、单一的、没有展开其性质、状态和与他事物的联系的静止事件,这个事件也是一个事实,如某甲倒在地,死在街道旁,静静躺着,路人某乙一旁静观,这都是事实。

如果一旦用运动和联系的观点即辩证观点看待任何物、人、事件和行为,那么,"单单是客观事物自身",每一个客观事物自身,就都是"一大堆事实"。

彭先生不敢否定"运动和联系"是物质的最根本、最普遍的属性。任何物质,都在运动和联系中获得自身的种种规定性,包括所处状态、性质和与他事物的相互关系,并且这一切都处于相对静止和绝对运动中。如果说孤立、静止的物、人不是事实,那么,运动的物、人和事件、行为,就"绝对是""硬邦邦的事实"。如果"太阳"尚不能成为事实,那么太阳的运动等属性,以及它与宇宙一切其他星体、非星体物质的联系,就一定是万万千千的事实。恰如彭先生自己所言,"太阳从东方升起"就是胜于雄辩的事实!

可是,哪有"静止"的物、人、事件和行为?哪个事物不是运动和联系着的事物?哪个运动和联系着的事物不是种种事实的集合体?例如,世界上某个名人,他就不是一个静止、空洞无物的"人",不只是一个"名字"、"概念"而已,他一生来的林林总总的事实,并不是需要被人"感知、断定"并且作出了命题陈述,"他"才是一个个"事实"。

事实是什么？从静态来说，就是客观事物的暂时状态、性质、关系，而事物必定有它们自己的状态、性质和关系；从动态来说，就是客观事物的运动、变化着的状态、性质和相互关系。客观事物自己就是它自己的丰富多彩的事实，事实本来就是客观事物自身的事实；彭先生所谓"（经验）事实"不过是种种包括人自己造成的客观事物及客观事实的主观反映。难道这不是很清楚明了的"事实"吗？

所谓"单单客观事物自身不可能是事实"，显然是绝对静止、孤立地看待"客观事物"，显然是把"客观事物"看成空洞无物的事物，它们没有自己的绝对运动着的状态、属性和相互关系，它们本身既不是事实，也没有自己的事实，有关它们的一切事实，只能产生于"被感知、断定和陈述"之后。这算什么事实观？

"说'拿破仑'不是事实，说'拿破仑娶了约瑟芬'是事实"，"太阳"不是事实，"太阳从东方升起"是事实，这里涉及形式逻辑上的概念和判断的关系问题，涉及辩证逻辑上的概念与判断的辩证法，以及概念和判断间的辩证关系问题。

3."事物"是不是"事实"，存在对立的答案

形式逻辑里面，概念需要通过定义来揭示内涵，对概念下判断，并且以命题表达，可以定义概念。形式逻辑中的概念、判断、推理、命题、论证等都是纯粹的思维工具，当概念没有展开其具体、多样性时，是抽象的、空洞的，当其通过判断、推理展开相关内容时，它才获得某种具体规定性。辩证逻辑不同，概念本身是有多样具体规定性的，是表达事物自身的种种内容的，判断、推理和论证，都是事物自身具体多样的客观规定性在思维中的矛盾再现和展开。

形式逻辑中的"拿破仑"这个"概念"，没有具体内容，仅一名字而已，不代表、不说明什么事实，这个意义上，"拿破仑"还真不是事实，只有当"拿破仑"被判断、推理和证明等等之后，才知道"拿破仑"为何。

可在辩证逻辑上,情况相反,"拿破仑"是一个具有无限丰富多样性的内容的概念,它指一个已经名垂两百年、并将继续名垂史册的法国伟大政治家、军事家"拿破仑·波拿巴":他于1769年8月15日出生在科西嘉岛,死于1821年5月5日,他是"拿破仑一世",法兰西第一共和国第一执政,他曾经占领过西欧和中欧的广大领土,他使法国资产阶级大革命的思想广为传播,他在"滑铁卢"的失败使他退出了历史舞台,被流放圣赫勒拿岛,1821年5月5日,拿破仑在岛上去世……这时的"拿破仑"概念,的的确确是"一大堆事实"啊!怎么能说"拿破仑"不是"事实"?

说"太阳"不是"事实","太阳从东方升起"才是"(一种)事实",这句话有同样的问题。把"太阳"仅作为形式逻辑的抽象无物的概念,"太阳"可以说不是"事实"。可是,我们都知道,"太阳"哪里可能是抽象无物的概念、"东西"呢?太阳是和它的体积、质量、运动轨迹,和阳光、太阳系、银河系、宇宙联系在一起的,在每一个不同角度,太阳就是一个不同的事实。因此,"太阳"有着自己无穷多的事实,"太阳从东方升起"当然是太阳的一个"事实",谁看见过太阳不从东方升起?能够把"太阳"与"从东方升起"在"事实上"割裂开吗?

这里隐含了两个根本不同又紧密联系的关于"事实"的"表现或表达形式"问题。

4. 事物的客观表现形式和主观表达方式及其关系

客观事物及其自身的一切事实(彭先生称为"自在之物"和"自在事实",但否认"自在事实"是"事实"),无论我们是否认识、断定、陈述了它们,它们都有自己的"客观表现(表达)形式",并且完全不同于人认识事物及其事实所采取的"主观或主客观统一的表达形式"。

客观事物和客观事实的"客观表现形式",就是它们以时空形式展开的运动和联系。有形无形的物质的运动、联系及其时空属性,是我们的任何哲学教材都已讲明的 ABC，毋庸我来添足。客观事实的客观表现形式，则仍然是以运动、联系着的时空形式展开的，因为，客观事实不是独立于客观事物的东西，它本身就是客观事物的运动过程和联系状态，即客观事实就是那展开、展现事物自己的运动过程和联系状态的"东西"，就是事物在它自己的特定时空里的运动和联系的状态与性质。这与人对事物和事实的主观认识和表达形式无关。

事实及其客观表现形式可以为人认识，却不依赖于任何人的认识；人在认识中可以把握事实及其客观表现形式，并以主观的方式把它们表达出来，但是，事实及其客观表现形式不依赖于任何人对它们的主观表达，更不依赖于人们表达它们的主观形式。说得干脆、直白一点：客观事物及其事实根本不需要人去认识和表达它们——只因为，人之为人，人自己"需要"认识和表达客观事物和事实罢了。

迄今，人以主观方式把握和表达事实，除了概念、判断、推理、论证和语词、命题等，别无其他法子。而且，在形式逻辑层面，概念对应的是静止、抽象的"东西"，不能"表达"事实，只有某些"判断"才能"断定"事实，某些"陈述"才能表达事实，因为它们才能展开、揭示某概念（"东西"）的内涵和外延，即概念所指的那个"东西"的属性和状态，它与其他事物的联系，等等。因此，在形式逻辑范围内，我们所见的"太阳"概念不能"表达"关于太阳的"事实"，而只能意指一个叫做"太阳"的东西，而任何有关"太阳"属性、状态及其与他物、他事的关系的"判断（命题）"却能够"表达"有关太阳的"事实"。所以，"太阳"这个概念是万万不可能"胜于雄辩"的，而"太阳从东方升起"这个"事实判断"总是"胜于"一切"并非'太阳从东方升起'"的"雄辩"。

一旦进入辩证思维（辩证逻辑）之中，客观事物及其事实（包括人自己）的情况就即刻不同。客观事物以自己运动和联系的时空形式，一刻不停地存在着和表现着存在，它们的每一过程、状态和性质等等就是事实,相对于人的主观认识(包括判断或命题等认识形式),它们每时每刻地都"胜于雄辩"。

在辩证逻辑领域,概念并非抽象无物,而是具体的多样性的统一,是思维再现事物具体性、多样规定性的结果,判断和命题都是具体展开概念丰富多样的规定性的方式而已,概念不会因为没有以判断、命题的方式展开而失去其具体、多样的内容。即是说,在辩证法看来,"拿破仑"也好,"太阳"也罢,都拥有自己无限丰富的具体性,都是"拿破仑的"、"太阳的"属性、状态、关系的集合体,都是它们自己的万千事实的集合体。只不过,要把这个事实集合体或者其中的某个事实在"逻辑形式和语言"上表达出来,仍然得借助形式逻辑上的判断(概念无此功能),借助逻辑语言中的命题(语词无法承担)和语言之中的陈述、判断语句。

所以,即使没有"太阳从东方升起"的判断和命题,只要有"太阳从东方升起"的客观事实,那么,这个事实始终胜于所有质疑、否定"太阳从东方升起"的"雄辩"。

可见,笼而统之地断言"单单客观事物自身不可能是事实",其中的逻辑问题隐蔽得极深。

5. 彭漪涟对"太阳胜于雄辩"的批评存在逻辑问题

彭先生巧妙地批评把"太阳"看作"事实"的观点。

常言道:"事实胜于雄辩"。彭漪涟认为:"太阳"不是"事实"!要是认为"太阳"也是"事实"的话,那么用"太阳"置换"事实胜于雄辩"中的"事实",岂不成了"太阳胜于雄辩"?怎么能这样说呢?

可是,彭先生的批评并不成立。"事实胜于雄辩"中的"事实"概念,与无论是不是"事实"的"太阳"概念,内涵外延都不同,怎么可能相互替换?

"事实胜于雄辩",这句话有三个概念,即"事实"、"胜于"和"雄辩"。由于彭漪涟先生只用"太阳"替换了"事实",保留了"胜于雄辩",我们也就不去管"胜于"和"雄辩"两个概念了。

在"事实胜于雄辩"的命题中,"事实"是个普遍概念,指任何事实,不是单独概念;如果在某个语境里面,"事实"特指一个具体事实,那它是单独概念;"事实"在不同语境中,可以是一个集合概念,也可以是非集合概念,此处的"事实"是集合概念,因为它表示所有事实的集合体,是总括一切个别的、具体的事实的性质和功能后,凝聚的一个"事实"概念;事实只能是属性概念,不可能是实体概念;"事实"是正概念。

"事实胜于雄辩"作为一个逻辑判断,是全称判断。

那么,"太阳"是个什么概念呢?它是单独概念,是非集合概念,是实体概念,是正概念。"太阳胜于雄辩"(暂时不考虑这个判断能否成立)是个单称判断。

且不说"太阳"究竟是不是彭先生所说的"事实",就凭"太阳"概念与"事实胜于雄辩"中的"事实"概念的天悬地殊,也不应该用"太阳"去替换"事实",去把一个全称肯定的命题替换为单称肯定命题!

再说,"事实胜于雄辩"这句话,可以一般地使用,但它在每个特定场合被用到时,必定总是有所特指,即特定事实对某个具体"雄辩"的毋庸置疑的反驳。因此,一旦把这句名言场景化,把它与对它的每次具体使用联系起来,必定意味着"某某事实胜于(某某)雄辩",诸如:拿破仑娶了约瑟芬的事实是"胜于雄辩"的;太阳总是从东方升起的事实是胜于雄辩的……等等。因此,用某个具体"事实"代换"事实胜于雄辩"中的"事实",只有两种情况:一是根本不可以代换,因为具体"事实"概念是无法代换一般、抽象的"事实"概念的;二是,把"事实胜于雄辩"场景化、具体化为"某某事实是胜于(某某)雄辩的",那么,集合了无数事实的"太阳",其"总是从东方升起"这一客观事实,必定胜于任何反对这一事实的巧辩、诡辩,不管它是不是"雄辩"。总的来说,就是,当我们把"事实胜于雄辩"中包含了无数具体事实的"事实"概念，展开为各种"具体事实"胜于各种相应的"具体雄辩"的时候，并且同样把集合了无数相关事实而非抽象、空洞的"太阳"概念展开为有关"太阳"的各种事实陈述、命题、判断的时候，我们明白，虽然"事实胜于雄辩"不能直接替换为"太阳胜于雄辩"（形式逻辑和汉语语法不允许），可是，却能够清楚看到下面各种替换性说法（从人们长期的习惯表达来说，不考虑地理、天文科学知识）都是晓畅易懂、完全成立的："太阳从西边落下（的事实）胜于（任何否定太阳从西边落下的）雄辩"，"夏天太阳火辣胜于雄辩"，"夏天太阳升起得早，冬天太阳落得早，胜于雄辩"，等等。

所以，当彭先生说，不能用"太阳"替换"事实"，不能把"事实胜于雄辩"说成"太阳胜于雄辩"，他以为这样就可以成功证明"太阳"不是"事实"，即"东西"不是"事实"，各种客观事物都不是"事实"，实际上，彭先生不仅达不到他的证明目的，反而表明他没有注意到他自己的论证存在的逻辑问题。

（四）《事实论》的"事实"将使事实不再"胜于雄辩"

根据《事实论》的一贯看法，"事实"是人们对客观事物情况的正确判断、陈述，是人的认识和知识形式。如果彭先生自己的说法果然正确，那我们真的就可以做个代换练习了，于是"事实胜于雄辩"完全可以改写为：

> "人们对客观事物情况的正确判断、陈述，即人的认识或知识形式胜于雄辩。"

这个判断完全可以简化，并且原意不变：

> "人的正确判断、陈述和知识，胜于雄辩"。

大庭广众所熟悉的"事实胜于雄辩",是这样的意思吗?那个能够胜于雄辩的事实,难道不是客观事实,而是判断、陈述和知识?判断、陈述和知识再怎么"正确",它们凭啥"胜于"雄辩?须知,正确或错误的判断、陈述、知识本身都可能很"雄辩",说它们胜于雄辩没有意义,而"雄辩"本来就是听起来、读起来很有说服力的判断、陈述和知识,暂且不论其正确或错误。

基于前面的整个分析,我认为,《事实论》的"事实"观离客观实际和人们最起码的事实观念太远,其理论上的科学性值得深入推敲。事实"命题"说为那些否定客观事实、主张"形式真实"和任意"玩弄事实"的种种理论和行为提供了根据。在司法实践中,如果法律职业者信奉这样的事实观,将对探求真相无益,甚至可能助长个别裁判者在事实认定中的恣意妄为和专断蛮横。

第四节 事实证明的出发点和归宿

一、事实"命题"说可以成立的条件和范围

应当说,如果仅在主观认识范围内,就任何认识形式都是主观的这一点而言,把作为认识成果的"事实"的内在形成过程描述为"感知—概念—断定(判断)",把其语言表达形式描述为"言词—命题—陈述",并且,如果不否定这样的"事实"有客观事实根据,不否定客观事物和"客观事实"本身独立于认识领域内的"事实",并决定人们对事实的认识,即承认事实具有本体论和认识论两个相互对立又统一的方面,承认事实的客观内容、性质和特征及其在主观世界的能动反映,那么我认为,在这些条件下,把"事实"界定为"感知、断定、命题、经验事实、知识形式"等,没有什么不妥。

但是,拒绝事实的本体论方面,完全在主观认识范围内叙说"事实",甚至只在"语言(逻辑、语言哲学)"的狭小范围内研究"事实",把"事实"绝对地"主观内化"和"内化为主观",拒绝承认"自在事实",割裂客观事实和人的事实认知之间的实在联系,忽视认识事实的实践活动,仅在"事实—概念"、"事实—命题"和"事实—理论"之间转悠,这就不只是理论的"局限性"或"削足适履"了,而是理论错误。

二、事实"命题"说会致使司法证明难以存在

如果"彻底"贯彻《事实论》的事实观,那一切司法证明要么根本无须存在,因为"事实"都已经是在人的感性面前呈现的对象,并且被概念接受,人们已经作出了断定,用命题作出了陈述,是"经验事实"和"知识形式"了,还用得着谁去劳神费力进行证明?要么一切司法证明根本不能存在,因为"事实"都在认识和命题之内,舍此便没有了"事实"可言,尚未感知和被断定的"自在事实"根本就不是事实,而司法证明的对象恰恰是尚未被裁判者感知和断定的"自在事实",这样一来,司法证明能够"证明什么呢"?哪有证明的可能呢?可是,实际上,司法证明哪里不存在?哪能不存在?如果法官们坚持"事实"命题说,坚持事实就是已经作出的断定,是陈述出来的事实认知,是他们关于事实的命题,并且坚持在他们的命题、判断、陈述即"经验事实"之外再没有客观案件事实,那即使"包青天"在世,即使每个法官都有超人的知识、能力和天理良心,也断然不能发现案件客观事实真相——一个个法官都只能够是"葫芦僧",在事实命题说指导下,办出无穷无尽的"葫芦案"。

三、司法证明只能从讼争事实出发

司法实践中,"事实"证明的出发点是种种讼争事实,是活生生的

生活纠纷,虽然对于未亲历案件事实最初发生和演变过程的侦查人员、检察官和法官(还有仲裁人员、纠纷调解者)来说,那些都还是未知、不确定的事实,但它们一定不是以"命题"、"经验事实"和"知识形式"存在的"事实"——即使"命题"和其他"知识形式"被当事人用以表达他们所诉称或者辩称的事实。没有哪个办案人员会迂腐地认为,他们实际面对的、等待他们查明、裁断的事实纠纷,是一些所谓"感知、断定、命题、陈述",而是摆在他们面前的纷杂的证据、零乱的现场、针锋相对的抗争,当然包括互不相让的陈述和辩论。他们得从种种可靠证据中,查明最初的基本真相,还原事实本身的基本情况。查明争财夺利或人命关天等真切纠纷,或者构讼诬陷等隐情,才是司法证明的真实出发点。

四、司法证明必须以事实真相为归宿

司法证明的最终归宿,就是发现最初的事实真相,尽管不是每一个案件都能够达到。这个真相在裁判者那里,虽然要以主观形式再现和表达,要把物质性证据和具有自然属性的事实,转化为裁判者的认知,他得使用概念、判断和推理,得使用语词、命题,把他对案件事实真相的认定再次物化和"外显"出来。但是,这时,已经有"两个"大致重叠和吻合的事实,一个是裁判者认知的具有主观色彩的事实,一个是导致裁判者认知事实的原生事实,一切司法证明活动就是案件原生事实向裁判者认知的事实转化的实践桥梁,司法证明也是一种认识实践,一种特殊的探索未知事实的实践过程,这里面没有任何奇怪和神秘之处。

证据法学、司法证明理论和实践都需要自己的基础理论,包括"事实"理论。但是,《事实论》的事实概念和理论不能够成为司法证明和证据法学的一个理论基础。法律真实论或多或少是建立在这个"事实"概念和理论基础上的,因此,它的基础很脆弱。

第八章 "证明标准"与两种"真实"

第一节 从"证明标准"返回"裁判标准"

一、证明标准之争是一场误入歧途的论战

近二十年,客观真实、法律真实(及其"近亲"相对真实、程序真实、形式真实、主观真实等①)和试图统一这两种"真实"的"诉讼真实",是"证明标准"之争中相对突出的主张。当然,主要还是客观真实和法律真实,以及二者之间"虚虚实实的战斗"。

(一)证明标准之争的肇始和消退

现在回过头去,看看这么多年的证明标准争论历程,却发现"终点又回到起点",理论进步说不上,司法证明实践照旧进行,老问题没有解决,新的理论和实践混乱一大堆。如果有什么可说的,那就是:一场持久的、自始误入歧途、完全没有正确基础和目标的论争,基本落幕了。

在1990年前,学界已有文章讨论客观真实和相对真实(法律真实)。1991年左卫民先生发表《实体真实、价值观和诉讼程序》②一文,

---

① 笔者这样概括,只是大体准确,主要是为表达方便。因为,这些概念与法律真实概念之间,有涵义上的差异,它们各自的学术传递过程也不尽相同。在本章中,主要讨论"客观真实"和"法律真实"就够了。

② 该文见《四川大学学报(哲学社会科学版)》1991年第4期。

后来大约一年多,无人就实体真实和法律真实等问题进行回应。1993年郭玉元发表《论强化当事人举证责任——兼论民事诉讼证据制度的完善》,1994年黄道、陈浩铨发表《刑事证据理论的认识论基础》[1],接续了有关客观真实、法律真实的话题。1995年李浩在《差别证明要求与优势证据证明要求》中率先界定"法律真实"。1996年,樊崇义、龙宗智和韩象乾加入论争,拉开了日后持久的以刑事诉讼证明标准之争为主轴的关于客观真实、法律真实的争辩大幕。虽然1997和1998两年中没有声音,但1999年后,证据法学和诉讼法学界众多人物纷纷著文,到2009年3月,陈光中、李玉华、陈学权发表《诉讼真实与证明标准改革》[2]后,争论开始降温。2009年到2012年上半年,尽管还有不少文章谈及"客观真实"、"法律真实",但少了烽火连天的理论场景,而且基本理路仍然是那么几种:赞成或反对其中一种真实观的,认为两种真实可以统一、互补的,认为两种真实之争没有意义的;认为"客观真实"或"法律真实"构成"证明标准"的,认为它们都不是证明标准的。[3]

(二)证明标准之争早就受到批评

学界早有学者对"客观真实"和"法律真实"都提出了批评。

早在2001年,高一飞就明确指出,"法律真实"和"客观真实"是一场"误解中的对立",法律真实论者误以为客观真实论者不顾程序正

---

[1] 该文见《政法论坛(中国政法大学学报)》1994年第1期。

[2] 该文见《政法论坛》2009年第2期。通过该文,陈光中等人试图用一个"有机结合了"客观真实和法律真实的"诉讼真实"来终结这场论争,而不再坚持陈先生早先系统阐述的"客观真实"。

[3] 最近这三年可以参见的主要文章,如:杨波的《由"真实"到"程序内的共识"——刑事诉讼事实认定标准理论的新展开》(《法制与社会发展》2010年第4期),李勇的《客观真实与法律真实之争殊无必要》(《检察日报》2011年3月16日第3版),张永泉的《客观真实价值观是证据制度的灵魂——对法律真实观的反思》(《法学评论》2012年第1期),孙日华的《裁判客观性研究》(2011年山东大学博士学位论文),等等。

义,不讲正当程序,客观真实论者误以为法律真实论者不顾客观事实,其实两者都重视案件事实和程序,虽然强调时有所侧重。①

2003年,林劲松等著文指出:"客观真实论"和"法律真实论"之争,完全是一场关于诉讼认识的观念之争,而非(刑事)证明标准之争。即是说,客观真实这一观念认为,诉讼证明的任务是查明客观真实,作为裁判结果所确定(裁判者认定)的事实应当是(或符合)案件的客观事实,这是由马克思主义认识论决定、由客观案件事实发生、演变的规律决定的。而法律真实的观念认为,具体诉讼中的认识只能是相对的,不可能"必须"或"一定"达到对客观案件事实的认识,诉讼和证明的条件、法律规范的制约、认识能力的限制,以及现代刑事诉讼多元价值的平衡,共同导致裁判结果所发现、认定的事实的相对性、主观性和可错性。这样的事实最多接近客观事实,但它不是客观事实真相,而是"法律真实"。显然,客观真实和法律真实本身都是裁判结果事实,是某种证明标准运用的结果,不是证明标准;而客观真实和法律真实的主张者,在具体表述证明标准时,统一大于分歧,即他们(在刑事诉讼的有罪证明上)都主张"排他性"证明标准,而我国的刑事证明标准要高于"排他性"标准。真正的证明标准应当是裁判者判断证据确实性和事实可能性的尺度,是对特定事实必须达到的证明程度,证明标准具有主观性。②

王敏远先生对"客观真实"和"法律真实"的批评,让学界有所震撼。他直言,客观真实和法律真实是两个无用并且有害的概念。③

---

① 参见高一飞:《法律真实说与客观真实说:误解中的对立》,《法学》2001年第11期。
② 参见林劲松、朱珏:《标准之争,抑或观念之争?——对"客观真实论"和"法律真实论"之争的冷思考》,《甘肃政法学院学报》2003年第4期。
③ 参见王敏远:《一个谬误、两句废话、三种学说》,王敏远编:《公法》第四卷,法律出版社2003年。

笔者认为,客观真实和法律真实及其作为两种证明标准的论争,不只是观念之争或因误解导致的对立,而是在全方位错位的情况下发生的理论混战,早该收场了。

我认为:客观真实和法律真实是两个应当逐出证据法领域的概念,尤其,"证明标准"自身就是本不存在的"领域",当然也就没有作为证明标准的客观真实和法律真实;两个"真实"有其生存空间,但在别处。

二、"证明标准"是子虚乌有的标准

(一)事实无需证明时,证明标准纵使存在,也形同虚设

笔者在第四章已经说明,事实本来无须证明。只是由于诉讼中的"事实"被利害关系相互对立的当事人陈述为不同版本(事实主张),它们真假莫辨,为查清真相,故须由特定事实的知情者(一般是主张者)证明该事实,裁判者予以判断和认定。

如果裁判者能够依法直接确定全案事实,全案的讼争事实都不需要当事人证明,全案都不存在适用证明标准的问题;如果裁判者能够依法直接认定部分案件事实,这部分事实不需要经过证明,也就说不上适用证明标准;只有在需要经过证明才能认定事实的情况下,才可能发生适用证明标准的问题,而不论是全案事实或部分事实的证明。

在裁判者直接认定事实、不存在严格意义的司法证明时,无论理论上还是实践中,都不会发生判断事实有无、真假的困难,不会发生使用什么心证尺度(盖然性、排除合理怀疑、确定无疑等)以确认待证事实的问题,即无须适用证明标准,即使证明标准已经存在。但我至少能够肯定:证明都不需要,裁判者就可以直接认定事实,那么,顺理成章的是,证明标准不需适用。如果事实根本无须证明,却认为要适用证明标准,没有这样的逻辑。

司法认知的事实无需证明。在一切司法认知的场合,我们见不到

证明标准的踪影。推定实质上是逻辑证明方法和要求在司法证明中的适用,是基于已经得到确认的甲事实,符合逻辑地推论出乙事实,裁判者对乙事实的认定,与证明标准更是风马牛不相及。

在民事、行政诉讼中,各方当事人共同主张的事实、有关当事人相互承认和自认的事实,在没有明显违反法律、司法经验、常情常理和不损害他方及社会利益的情况下,事实裁判者凭借相关当事人的陈述、其他有关联的证据和他自己的经验和逻辑判断,内心产生某个事实属实的判断;或者,裁判者发现这些共认、互认、自认的事实中藏有隐情,要求相关当事人提供证据证明该等事实,或判定它们不属实。在前一种情况下,当事人共认、相互承认、自认的事实一般无须证明,法律允许裁判者直接认定事实,法官得尊重全部当事人承认的事实,这时,适用证明标准纯属画蛇添足。当事人共认、互认或自认某事实,除相互串通以损害第三人或者社会公共利益之外,法律直接规定或法官认为这样的事实无须证明,只须予以确认,这乃是法律对社会常识的承认:在没有明显违反常情、常理,没有牵涉、侵害第三方利益的情况下,诉讼当事人共认、互认、自认的事实,一般不会有假;退一步说,即使是假共认、假互认、假自认,那么,对于作假的一方或多方来说,未必能够非法获得更多权益,反而会面临作假带来的法律风险。在后一种情况下,当然可能涉及进一步证明相关事实的问题,而在事实(主张)需要证明的场合,也不适用证明标准。

在刑事诉讼中,嫌疑人和被告人对有罪事实的承认或自认(自愿陈述、任意自白、自我归罪),如果没有任何其他证据印证,即是"孤证",不能成为法官定罪量刑的事实根据。这是法律直接将孤立的自白、自认的事实规定为"不能认定的事实",如果要确认自白中承认的事实,则需要其他证据。如果裁判者面对被告人孤立的有罪自白,迳行依法不予认定,实际上他确认了"无罪"的事实,这时,裁判者没有适用也不需要适用证明标准,因为,对有罪自白不予认定是法律强制裁判者做出的行为,是适用无罪推定原则和孤立的有罪自白不予认定的必然结果。可能也有人以为,这时裁判者适用了"排除合理怀疑"的有罪证明标准,孤立的有罪自白无法清楚、确实、充分地证明被告方有罪。这个说法有一些道理,但我以为,在孤证刑案中,裁判者压根儿就有充分的理由进行怀疑,完全谈不上要适用"排除合理怀疑"标准的问题,也就是说,还根本轮不上适用那个标准,有罪指控就被法律原则和法律规定直接给"驳掉"了。

总之,在事实只需直接认定而无须证明的情况下,证明标准没有用武之地,即使证明标准存在于法律规定中,也是形式上存在,实质上无用,形同虚设。

(二)事实需要证明时,证明有要求但无"标准"

从裁判者的角度看,有争论的事实主张就必须予以证明,并经确切证明后才能认定为事实。从裁判者、对方当事人和公众的角度看,待证明的事实主张,当然需要得到证据、经验法则和逻辑的支持,证明行为须遵守程序法和证据法的规范,达到裁判者确信事实存在无疑的状态,以便裁判者有根有据、合情合理地化解事实争论,确定事实真相,建立判决基础,实现公正裁判。这就是说,事实证明有多方面的要求。

问题是,在事实确需证明的场合,是否应当先行确定证明标准,能否确定证明标准,是否需要证明标准?证明发生前是否先行存在证明标准?司法证明实践使用过证明标准吗?人们习以为常地称为"证明标准"的东西,是证明标准吗?

1. 司法裁判必然要求具备相应的事实证明和裁判机制

我们知道,"法官不能拒绝裁判",尽管我国大陆的法院和法官经常以拒不受案等方式,拒绝裁判,但对于已经受理且没有撤诉、裁定驳回起诉的案件,对于已经审理且没有理由终止审理的案件,法院、法官总得做出裁判(即使现实中存在拖延裁判的情况,但绝大多数案件总不能都"拖"而不结)。法官对诉争事实做出裁判是有条件的。按照现代诉讼制度,法官裁判事实争议,认定事实真假或真伪不明,受到实体法、程序法和证据法的规制,受到与事实裁判利益攸关的当事人和其他人的制约,有时候还受到来自公众、同行、媒体和政治力量的压力;法律要求法官通过裁判,准确认定事实,正确适用法律,解决民事、行政和刑事纠纷,实现"定纷止争"、维护法律秩序,保护当事人合法权益,彰显公平正义,真正做到"案结事了",更不能在诉讼中旧的纠纷没有真正解决,还扩大纠纷,甚至制造新的纠纷,增添"涉法信访"。

　　也就是说,法官要做出裁判,会受到多种约束,面临多重压力。法官的职业要维系,他的公信力要建立、维持和巩固,整个司法制度要持续、合理合法地存在,司法制度的功能要正常发挥,除法官应当崇尚法律,具备专业知识、技能,秉持职业良知,勤勉敬业外,必须建立起保障法官能够正确裁判事实、适用法律的机制,以及法官在无明显过错而误判事实、不当适用法律时,有恰当的保护裁判者不受社会压力干扰的机制,既能够"抗压",更能够"减压"、"消压",根本性地卸除合理的事实误判可能带给法官的压力,或策略性地转移、削弱、化解压力。理论上,法官作出了"正确的事实裁判"、准确适用了法律,就最没有压力。① 因此,确保诉争事实得到准确裁判和认定,是最好的卸除或对抗裁判压力的机制和方式。案件事实准确认定,这即使不一定让人皆大欢喜,但至少可以保证不会招致万人唾骂,人鬼共愤;害怕暴露真相的一方,也拿被揭穿的真相没有办法。然而,法官是人,单凭自己的力量,在没有"神目如电"、独角兽等灵异器官、物具的佑助时,裁判者只得依赖法定

---

① 实际上不是所有的人都喜欢和希望真相被发掘出来,法官给他"正确裁判",所以,法官可能左右为难,无论怎么裁判都会有压力。

的诉讼程序和证明制度,来尽量做出正确的事实裁判,并在事实误判后,依靠这些制度校正事实认定,抵御、消化来自当事人和社会的压力。

从这个角度说,整个诉讼和证明制度应当具备两大基本功能:一是最大限度地促使裁判者发现真相,消除真伪不明状态,校正错误认定的事实,最大程度地实现(实体)公正;二是在裁判者对事实认定发生错误的时候,如果他已经恪尽职守,无愧良知,这些制度能够提供保护他们免遭不当职业风险侵害的合法、合情、合理的具体理由和机制。显然,一方面,诉讼法和证据规范应当尽量完善发掘事实真相的规定,促进裁判者勤勉审判、准确认定事实、公正执法,另一方面,科学设定证明争点事实的举证、质证和辩论机制,分配好证明责任的风险负担,以及法官误判事实后的救济机制,避免当事人与误判事实的法官之间形成直接对立和冲突、给法官造成不合理的职业风险。

现在,对那些存在争点事实、确实进行证明且证据相互矛盾的案件,我们须要探讨诉讼法、证据法应否、能否在任何审判活动展开之前,一般地先行设定"证明标准",法官的事实裁判是否需要"证明标准",法官在事实认定中实际适用了什么标准?

笔者的回答十分直接简明:法律先行设定"证明标准"不应当,不可能,不需要;没有所谓证明标准;法官裁判案件适用的标准不是证明标准,而是"裁判标准"。

2. 自由心证制度根本否定"证明标准"

任何司法证明制度,只要以自由心证为裁判者认定事实的基本原则,无论自由心证原则受到了"心证客观化"要求的怎样限制,都根本否定了"证明标准"。

第一,法定证据制度不同于自由心证制度,在它之下存在"证明标准"。

从古至今的证明制度,除法定证据制度外,都是自由(或准自由)

心证的证据制度,就连"神明裁判"也不例外。如果说在司法证明历史上,确有一种在案件审判前就由法律设定了的证明标准,那么,法定证据制度下的"完整证明"标准是名副其实、当之无愧的证明标准,是唯一外在、客观、成文的法定"证明标准"。在它面前,当事人知道并懂得如何使用这个标准,法官没有心证的自由,没有认定证据证明力和事实的特权,只能机械加减证据的证明力的量,计算有效证明的"数量",并为达到"半个"、"一个"完整证明,而收集证据。当然,法定证据制度的实践不完全是这般机械,在确定那些受到质疑之证据的证明价值问题上,法官找到了一些发挥其自由裁量权的空间,即酌情考虑和调整受到质疑的证据的"价值量",从而使法定证据制度在有限程度上为自由证明所补充。① 在法定证据制度面前,当事人(特别是有地位、知法律的当事人)也可以按照法定标准去收集、举示证据,计算证据证明力,因此,那个证明标准是真正客观的标准,是裁判者和当事人能够共同使用的标准。不过,我们今天不会有人来试图恢复那样的证明标准。

其余的各种证明制度,都是自由心证或者准自由心证的制度。"自由心证"彻底否定了"证明标准"产生和存在的可能性。

第二,神示证据制度下,"神明"从根本上否定了"证明标准"。

神示证据制度,是人(裁判者)借助"神示"、解释"神启",以神的名义裁断纷争事实的制度。在神示证据制度的实践中,既有人对"神示"的虔诚和敬畏,也有人对"神示"的诠释、欺弄。因为在本质上,神示证据制度就是裁判者面对其自身事实探知、发现能力不足(特定类型案件的证据不足),事实纠纷又不得不裁断的压力之下,既为查明真相,又为减免无法查明事实或误判事实可能遭受的压力,而人为设定的证

---

① 参见何家弘:《对法定证据制度的再认识与证据采信标准的规范化》,《中国法学》2005年第3期。

明制度。其中,裁判者有一定自由操作和发挥的空间,自由心证的痕迹藏而不露。除了进行神明裁判的人的"技能",还有解神明释裁判结果的规则,以及一些人为暗中控制的检验因素和方式(烙铁、沸油的温度、手持烙铁的时间、伸入沸油、沸水的时间、皮肤的敏感性、抗热性、动作的敏捷性、包扎的技巧和完好性、受验伤处的康复程度,等等),都可以使人的"心证因素"参与进去。在神示证据制度中,虽然也有事前规定的查验和解释神启的审判结果的规则和标准,但那是代表神而宣告神明裁判结果的规则,不是神示证据或者神明裁判的证明标准,因为,超自然的神灵力量,是全知、万能的,它不需要也不允许人们为它设定"证明标准",人也无法探知神在查明人间疑难事实的时候,它有没有证明标准,使用还是不使用"证明标准",这些都是与人的理性无关、人无法也不能过问的事情。显然,说神明裁判制度下有"证明标准",这是对"神明"的嘲弄。

第三,自由心证制度下,"内心确信"与"证明标准"根本对立。

除法定证据制度和神示证据制度,其余的都是理性的证明和裁判制度,自由心证是共同的内核。理性证明制度都是把当事人、其他诉讼参与人和裁判者的理性认知力量作为查明、判断诉争事实真伪的力量。从古到今,但凡依赖人的理性认识能力查明事实真相的证明制度,实质上都依赖、信赖人探知、判断事实的内在能力和良知(外在技术手段当然对案件事实裁判有莫大帮助,但与证明标准没有直接关系)。即是说,迄今为止,以人的理性认识为基础的事实证明都采用了具体方式不一、实质内容相同的自由心证制度。

自由心证制度的基本内容是三方面:法官独立裁判案件;法律不对证据的证明力即证据价值制定规则、进行约束,证据能否证明事实,悉听法官内心自由裁量;法官的裁判基于其内心对案件事实的确信。自由心证只能是法官的心证,自由心证制度是法官裁判案件的制度,宗旨是最大程度保障发现案件的实体真实,核心是法官自由判断庭审中举出的证据证明力大小和认定事实。当事人、其他诉讼参与人以及代表国家进行诉讼活动的其他公职人员,都没有资格和机会对案件事实进行自由心证,他们只能等待法官心证的结果。这是判断一个司法证明制度是不是自由心证制度的依据。自由心证的延伸性功能和效果是法官引导或指挥当事人的事实证明活动,间接成为诉讼证明的行为规则。

由是观之,中国古代和古希腊、罗马时代,裁判官都是自由判断证据、认定事实,进行裁判,属于自由心证的裁判制度。中国古代法官听讼,"两造具备,师听五辞。五辞简孚,正于五刑",说的就是法官要亲自坐堂问案,面对面听取双方当事人陈述,观察双方表情神态,判断言词真伪,认定事实,裁判案件。"五听"就是古代中国法官"自由心证"的外在步骤。古罗马帝国时代哈德良皇帝要求:"你们(裁判官,行省总督)最好能够确定证人的诚实信用程度,他们的身份,他们的尊严,他们的名声,谁似乎闪烁其辞,是否自相矛盾或显然的据实回答。"①但这位皇帝并没有给出判定证人的诚实度的证明标准,只是把这个责任委诸于裁判者,让他们去自由心证。

现当代"西方国家"都是采用"自由心证"制度的,这不会有什么争议。②那么,在自由心证制度下谈"证明标准"——不论是指证明责任承担者卸除其证明义务、让裁判者确信其所证事实的证明程度(尺度),还是指裁判者认可举证者提供的证据和证明,认为达到了衡量事

---

① 转引自张芬:《民事证据制度中的"法定"与"裁量"——以举证责任分配为视角》,《现代经济信息》2009年第16期。

② 这一点,可以参看龙宗智先生的《我国刑事诉讼的证明标准》(《法学研究》1996年第6期)。文章认为,欧陆国家从正面、积极地把"自由心证"表述为"内心确信",英美法则从反面、消极地把它表述为"排除合理怀疑"等。不过,龙先生根据长期的传统观点认为,内心确信和排除合理怀疑等是"证明标准"。

实存在或不存在的尺度——都是天大误会,或者说是我们整体性地误解自由心证以及西方的所谓"证明标准"概念,是对西方司法证明文化的"误译"。

我国当今的裁判制度也是自由心证制度(学界多在"证明制度"层面讨论自由心证)。中国司法裁判制度表面上远离自由心证,甚至根本不同,其实这是错解。无论用"实事求是"、"确定无疑"还是客观真实、法律真实或别的名称来称谓中国的裁判制度或证明制度,都改变不了它是自由心证制度的实质——如果不考虑各种干预司法的机制和现象,以及司法腐败问题,在法官能够依法"独立行使审判权"的范围内,"事实清楚,证据确实充分",归根到底,首先指的是裁判者对案件证据和事实的内心认知状态,其次,才是裁判者通过分析说理,在逻辑上展现证据如何确实充分,事实如何清楚。我们随时都强调办案人员要"实事求是",就是指裁判者的主观认识必须符合客观事实,强调裁判者的内心事实判定要与证据和案件真相吻合。我们坚持可知论、唯物辩证的反映论(符合论),把证明要求称为"客观真实",但与西方的自由心证制度却是异曲同工,都要求法官追求事实真相,都以准确查实证据、客观分析案情、公正认定事实为基础,都强调法官内心对案件事实的确信无疑。

自由心证是目前世界上所有法官共同的事实认定和裁判机制,其基础都是客观证据,目标都是客观事实。当然,我国和西方的自由心证制度之间在指导思想、制度设计和运行方式上存在差别。我们的自由心证制度侧重强调裁判者对事实的内心认定应当符合客观事实这一面,西方自由心证制度侧重强调裁判者对案件事实的主观确信。但中国的证明制度总归还是自由心证制度,是有中国历史背景和特殊诉讼观念的自由心证制度。

自由心证的证明制度对证据、证明和心证都有要求,但绝无所谓证明标准的问题。自由心证与"证明标准"的对立集中体现在三方面,并且通过这些方面,否定了流行悠久的"证明标准"理论。

第一方面,自由心证是裁判制度,不是证明制度,但它恰好是所谓"证明标准"的母体,没有近现代自由心证制度,根本说不上"证明标准",而证明标准则是人们误读自由心证的产物,把裁判者通过内心确信而形成事实判定的途径和方式作为当事人事实证明的"标准",颠倒了自由心证和所谓"证明标准"的关系;

第二方面,自由心证的本质,就是证据之证明力的判定"无(法定、外在)规则",有关证据和事实的认定,一切委诸法官,委诸法官的内心,听凭法官的职业能力和良知。证明标准(如果真有的话)却试图在量和质方面为当事人和法官设定证据证明力的判定标准,设定案件事实能否确认的临界点,试图让法官和当事人凭这个标准审查、认定证据的证明力,认定事实。但是,这根本不是、从来不是司法实践的实情,当事人不可能适用"证明标准"判断自己的证据证明力和整个证明活动是否达到"证明标准",法官仍然独揽证据证明力和案件事实的审查判断权力,证明只有达到法官内心的"裁判标准"才算顺利完成;

第三方面,"证明标准"理论自身矛盾重重。多证明标准问题(如民事诉讼里面的"盖然性"、"盖然性优势"、"高度盖然性"标准;刑事诉讼中的立案、侦查终结、起诉、审判等不同阶段的证明标准;下文要讨论的英美刑事诉讼中的七级或九级"证明标准",等等),就让证明标准极不统一,有时候真的无所适从,任何案件面对的都是事实纷争,需要解决的都是事实真相问题,但证明事实的标准却如此多,差别如此大。理论上,证明标准(应当)由多方诉讼主体适用,这既不是事实,也不可能,并且它还导致几个无法自圆其说的情况,如多方主体共同适用的证明标准应当是客观、外在、看得见、摸得着的标准,否则没法共同适用,但证明标准恰好是主观标准;证明标准既然是针对事实认定而制定的标准,司法案件繁多,每个案件事实各不相同,它应当都能够应对,但证明标准无法两全其美,既能够通用于一切案件的事实认定,又能够具体解决个案的事实认定,于是抽象的证明标准如"内心确信"等,担当的不再是证明标准的角色,而是"指导证明和裁判的哲学理念",等等。自由心证开宗明义就是主观的,但不是主观主义的;它是统一的,但不是机械划一的;它统一于法官的内心,但不允许法官恣意。法官的内心世界各不相同,但在司法裁判上,我们却相信法官们能够作出大体一致、统一、均衡的裁判。法官的共同教育体制、内容和方式、共同司法经验、共同的法治基础和司法运作体制、共同的法律精神和伦理,以及须共同遵守的实体法、诉讼法和证据法制度,这些足以保证法官心证的客观性、公正性和均衡性。自由心证之下,没有多样化证明标准带来的难题,没有客观标准和主观标准的论争,没有不同主体无法共同适用"证明标准"的问题,没有事实认定机制和理论的混乱,更不会因证明标准的三六九等而使人误以为事实真相可以有"弹性",真实性程度可以不同,并且法律公然允许甚至要求这样的不同。

总之,由误解自由心证的内容和运行机制而产生的"证明标准",可以休矣。

3. 自由心证与"证明标准"的对立直接体现在法律对自由心证的经典规定中

自由心证的经典规定在法国刑事诉讼法典中,该规定已经清楚、充分说明,自由心证制度下,没有、不可能有、不需要"证明标准"。

法国《刑事诉讼法典》第353条明确规定了自由心证制度:

"法律不责问法官形成自我确信所依据的理由;法律也不规定一种规则并让法官必须依赖这种规则去认定某项证据是否完备,是否充分。法律只要求法官平心静气、集中精神、自行思考、自行决定,本着诚实之良心,按照理智,寻找针对被告方所提出的证据以及被告方的辩护理由所产生的印象。法律只向法官提出一个概括了法官全部职责的问题:'您已有内心确信之决定吗?'"①这个经典规定分明指出:法官的事实确信是他自己的"自我确信"和"内心确信";法律"不规定一种规则",也不让法官"必须依赖这种规则"去认定证据是否完备、充分;法官的责任在于根据证据和被告辩解寻求自己内心产生的事实印象;法律只问法官有无"内心确信之决定",根本不过问"法官形成自我确信所依据的理由"。谁能说,这样的自由心证能够容许哪怕一点点"证明标准"? 这样的"自由心证"规则中还设定了"证明标准"? 这怎么会包含了"内心确信"的证明标准? 理论想象再怎么丰富,也不能从这些法律规定和法官内心确信及其形成过程中解读出"证明标准"啊!

(三) 各种"证明标准"并不成其为事实证明的"标准"

现存的所有"证明标准",都不符合事实证明"标准"应有的基本特征。

外在的、客观的、量化的证明标准肯定不存在,也不允许、不可能,因为,一旦证明标准设定并成立,法官遵照标准判定事实真假或真伪不明,那就不是自由心证制度,而是回到法定证据制度去了。法官内心确信事实有无的尺度,是法官自己的案件裁判尺度,不是证明标准。

按照通行观点,证明标准是诉讼中对待证事实的证明所须达到的要求,是证明责任主体举证证明应达到何种程度,法官才能确认待证事实的真伪,认定案件事实,从而卸除其证明责任。证明标准是法定或俗成的客观尺度,当事人使用它以权衡自己举证的程度,判定自己是否卸除了败诉风险,法官使用它以确定当事人举证是否确实充分,事实是否

---

① 《法国刑事诉讼法典》,罗结珍译,中国法制出版社2006年,第248—249页。余淑通、谢朝华早先翻译的《法国刑事诉讼法典》(中国政法大学出版社1997年出版,第131—132页)中,该条译文有所不同。

清楚。证明标准划定了证据充分与不足的分界线,在既定的证据量和证明力之下,证明标准的法律规定和司法适用尺度决定着案件事实认定的难易,影响实体公正,也影响证明程序。

证明标准作为裁判者和当事人衡量证据是否确实、充分,事实是否清楚的客观尺度(或产生内心确信、排除合理怀疑的尺度),应当具备如下特征:

第一,必须是外在客观标准,是衡量事实是否得到证明的外在尺度,不能是主观、内在的尺度,更不是某诉讼主体个人的内心标准,其他诉讼参与者无法捉摸。证明标准作为一把衡量证据及其证明力是否充分、事实真伪是否确定的标尺,不能是弹性、含糊、模糊、主观任意的,必须是客观、具体、清晰、准确的数量刻度,否则就不是证明标准,也不能作为证明标准使用。

有学者主张证明标准具有主观性,或者兼具客观性和主观性。只要承认所谓"具有主观性"的证明标准,就必定会使证明标准最终完全失去客观性,出现人人心中都有标准,每个案件都有本案的标准的局面。如果每个人、每个案件都有自己的主观性或兼具主观性的证明标准,"标准"必定各不相同、弹性太大,结果就是没有客观标准,那么,在我国大陆,法治尚不健全的社会条件下,当事人地位高低、权力大小和社会资源多少,终将是事实认定和案件裁判的最后真实标准。这个局面下,即便是法律对证明标准做出硬性规定也无济于事,因为,以人的主观尺度为内容的证明标准,终究要化为当事人、裁判者的内心标准,才能在司法证明实践中予以适用,每个人的内心会使法定证明标准销于无形,产生作用的将是有实力的人(裁判者、某方当事人或其他涉案和案外人士)的内心标准。由是观之,主观证明标准说实际上也是一种否定证明标准的主张。

那么,让立法者制定客观的证明标准不就行了?在法律中把证明标准规定为极其量化、刚性、具体、明确的条文,不给个人内心权衡留下空间,这是近现代所有立法活动不曾、不敢企及的目标,通过立法"制定客观的证明标准",是空想(详见后文)。

第二,必须是法定、统一、公开的标准,不能是讼争事实证明者随机提供的标准,也不能是裁判者提出的"每案一标准",证明标准都不是"橡皮筋",必须稳定、客观、可信赖、可操作。因此,证明标准必须是具体量化的标准,至少是相对量化的标准,这个量是质与量统一的量,既是一个量的尺度,又是案件事实能否认定的质的分野,模糊的证明要求不能够构成证明标准,也无法成为证明标准,可以随心变化的弹性的标准,当然不应当成为证明标准。

第三,具有普遍适用性,而不只是案件裁判者独家适用的标准。如果证明标准真的存在,那么,事实裁判者、当事人和其他诉讼参与人能共同、普遍适用它,尤其是当事人应当能够像法官那样,通过适用证明标准,确定地知道他自己和对方的举证和证据证明力是否"达标",自己就能够凭借这个标准判断案件事实是否已经证明,自己是胜诉还是败诉;进一步说,诉讼证明各阶段、各环节都能够具体适用"证明标准",以审查单个证据和证据体系的证明力,审查讼争事实在某个诉讼或证明阶段是否达到证明标准的要求,应当认定或否定某个事实;证明标准还应当在相应的所有案件的事实证明中普遍适用、遵循,是该类案件事实证明的一般标准,这样才能够指导当事人搜证、举证和质证,才能够让法官随时用证明标准衡量案件目前的证据和事实状态,确定证据和证明状态与证明标准的距离。

但是,在诉讼立法和司法实践中,也许只有法定证据制度下存在过大体符合这些条件的证明标准,它以机械计算证据证明力的方式,认定事实是否得到了证明,其他证明制度下,完全找不到符合这些要求的证明标准。

三、长期错把"裁判标准"当作"证明标准"

长期以来,人们把裁判者的事实"裁判标准"错误当作"证明标准"。

(一)"裁判标准"的基本含义

所谓裁判标准,就是法律既允许也要求裁判者自行进行内心权衡,应当且只应对"确定无疑"的案件事实作出认定、裁判。裁判标准虽然为法律明定,但它不是衡量证据是否确实充分、事实是否清楚的先在、外在标准,而是法律提示给裁判者的、对案件证据和事实进行内心衡量、把握的下判规则,还是裁判者独立自主控制案件裁判质量的内心法则。裁判标准是裁判者单方面的、主观的内心标准,是裁判者凭专业知识、经验和技能,本着法律精神、职业或社会良知裁判具体案件的"心秤",自己内心清楚却不便于言传,但在裁判者群体中,对案件事实的裁判却能达成默契,形成共同知识、技能、心理和伦理规范,形成普遍的事实裁判经验和规则。

(二)传统的"证明标准"实为"裁判标准"

"证明标准"(Standard of Proof)是普遍流行的术语,众多法条直接作出了规定和表述,汗牛充栋的教材、著作在使用"证明标准"概念,无可计数的诉讼法、证据法学者和实务人士离不开"证明标准",甚至以它为衣食和名利之托。但人们也应清楚看到,学界和实务界习以为常的"证明标准",却分明是"裁判标准"。

第一,各种"证明标准"都是裁判者单方面内心权衡如何认定事实、裁判案件的标准,不是为诉讼参与各方制定、各方都能共同适用的客观标准。"盖然性"标准是裁判者估量、权衡某方证据证明力优势、某事实有无、真伪之几率的内心尺度,排除合理怀疑就是裁判者排除自我内心的合理怀疑,确定无疑是裁判者内心对案件事实的肯定或澄明无疑,"事实清楚,证据确实充分"也是要求法官心中掂量证据和案件事实的确实、充分程度。虽然这些"标准"都由法条作了总体提示规定,但任何参与过审判活动的人都知道,这些是写给裁判者看的,是法律对法官裁判良知的总要求,是裁判者单方面适用、并对当事人提出证明要求的"规则",是法官内心评判案件可否最终裁判的规则。

第二,除案件事实的裁判者,其他任何参与诉讼的主体都不可能独立自主使用"证明标准",判断证据及其证明力是否足以证明事实,自然也不能自行判断案件的最终胜败。知道审判实践的人都明白,事实是否证明,什么事实得到或没有得到证明,证明到什么程度,这一切都最终由裁判者确定。在法官没有给出裁判结果前,任何当事人都不敢确定自己的官司打得如何,即使他扪心自问后觉得"应当能够胜诉",但也得准备"意外"情况。在刑事诉讼中,即使国家公诉机关也没有最终认定事实的权力,更不要说所有诉讼中的普通当事人了。

第三,无论是"确定无疑"、"内心确信"、"排除合理怀疑"还是"证据确实充分,事实清楚",显然都具有这样一些共同涵义和特征:它们都是法律对法官在裁判案件前提出的事实裁判一般要求,也是在法官作出事实裁判时对他们的警示性要求,还是法官作出事实裁判后,评价法官事实认定合法性、客观性的内在导向;它们是法律对法官裁判事实的道德提示,也许有道德上的强制力(如果法官把这些提示转换为内心信念),但恰好没有法律强制力,不能在没有明显发生不合理、违法的裁判行为的条件下,对法官的错误事实裁判进行制裁,而只能向当事人提供上诉等程序和实体救济;这些要求恰是基于对法官职业知识、能力和道德的信赖,对其公正司法的指望和期待,而不是以怀疑法官的人格、水平和能力为基点,信赖而非怀疑原则是确立"自由心证"的根基,并由此我们放心法官"确定无疑"、"内心确信"、"排除合理怀疑"或"证据确实充分,事实清楚"的心证过程和结果;这些要求可以被当事人和其他诉讼参与者知晓、理解,自主适用,指导自己的收证、举证、质证和辩论等诉讼活动,以便于裁判者对自己主张的事实形成确信等心证,但他们始终不能取代法官最终认定案件事实,绝对不能以他们自己内心产生的"确信"、"排除了合理怀疑"作为其事实主张已经得到证明的"证明标准"。

具备上述特点的"证明标准",分明是判者进行事实认定、判断的标准,而不是当事人证明事实、确定当事人主张的事实是否得到证明的标准。正是法官,他依法要求甚至强制当事人证明事实,包括举证、质证等,满足他心证事实的需要,当事人必须按照这个需要进行证明活动。当裁判者对当事人的证据和事实主张进行综合评判后,确定当事人的证明是否达到他认定案件事实的内心要求,以便给出相应裁判。显然,我们没有看到人们通常所说的"证明标准",而是真真切切看到了"法律对法官认定、裁判事实的要求",以及"法官对当事人的证明活动的要求",是法官为形成关于案件事实的内心确信而向当事人提出的证据和证明活动方面的要求,只不过,法律把法官裁判案件而应有的内心确信明确表述出来了,同时间接地把法官对当事人的证明要求表达出来了。这些要求本质上不是法律设定的证明标准,而是法律为法官裁判案件事实设定的心证要求(也是心证"标准"),或者说是事实"(裁判)标准",它指引法官在其内心作出事实认定,并通过法官引导当事人的事实证明活动。法律对诉讼当事人的证明要求,本质上都是每个案件中的裁判者对当事人的证明活动的要求。

可以说,事实证明的结果,既是当事人努力证明的结果,又是法官心证的结果;从诉讼程序角度看,主要是证明活动和法官心证的结果,从实体事实查明的角度看,主要是确实充分的证据,以及证据所载的案件原生事实信息,均被查证属实的结果;证明过程中,裁判者为形成事实心证而产生的证据和证明需要,直接引导着当事人和其他诉讼参与人的证明活动,并且,事实心证的需要一旦满足,证明即告成功。很明显,传统理论所谓的"证明标准",其实不是"证明标准",而是"裁判标准",是事实裁判的心证标准。

（三）"证明标准"与"裁判标准"有显著区别

传统上所谓的"证明标准"和"裁判标准"有众多明显区别,不能混同。

第一,证明标准似乎是公开、客观、稳定的规则,但实际上不客观、不稳定,也不如人们期待的那样公开,而法官的裁判标准就是法官的内心标准,形式上是主观的,但内容却是客观的,即案件客观事实是法官内心确信的对象和内容,并且,裁判标准是稳定的,只要法官职业群体的司法知识、技能、伦理是统一、稳定的,国家法治是统一、稳定的,裁判标准就是统一、稳定的。

第二,证明标准试图解决裁判者和当事人如何具体面对证据把握、证明程度的难题,但从未实现过,所有判断事实是否得到证明的难题最后都由法官处理;裁判标准则是裁判者的内心标准,又是裁判者引导当事人进行证明的要求,它一开始就不把事实是否证明的难题交给当事人,而是由法官从头到尾进行把握和处理。

第三,证明标准似乎是外在的、法律强制裁判者和各方诉讼参与人都要遵循的标准,似乎是先在于任何案件的存在物,但证明标准因其模糊性、违反司法证明规律而难以成为"证明标准",不能发挥应有作用；而裁判标准虽是法官的内心标准,但它是法官用以具体引导当事人进行司法证明的操作性要求,标准的适用和掌握都是统一、稳定的。法官内心确信的确具有鲜明的单方面属性和主观性,但内心确信以证据所证明的事实真相确定无疑为内容,便于裁判者依其对案件事实形成确定无疑的判定的需要,对当事人明确提出证据、举证、质证和辩论等各项诉讼和证明要求,不存在"证明标准"带来的当事人也有权利适用"证明标准"的幻想。

第四,适用"证明标准"似乎可以或应当产生人们依据该标准而预期的裁判结果,但"证明标准"从来没有这样的功能,也从来没有帮助除法官以外的人们实现这样的目标。相反,裁判标准似乎是很主观的标准,是法官单方面适用的标准,但以自由心证之内心确信为核心的裁判标准,反而是近代以来裁判者真实操作的标准,法官们为世人给出的事实裁判,没有让人们太失望,特别是法治发达的条件下,裁判标准基本让人满意和放心,当然,在法治发展水平不高、司法环境不佳的条件下,"证明标准"也好,"裁判标准"也罢,都没有上佳表现,但怪不得这些"标准"。

以法官为主体、由法官主导的"裁判标准",不会使法官成为"超级恐龙",也不会使法官肆无忌惮,罔顾案件事实真相,以所谓"法官真实"来欺瞒世人(详见第九章"法官真实")。

(四)应当以"裁判标准"取代"证明标准"

在理论上,名副其实的裁判标准应当取代有名无实或本不存在的"证明标准"。

道理很简单:立法上哪怕千百遍规定所谓"事实清楚,证据确实充分"等"证明标准",司法实践中,裁判者都不可能在没有全面收集、审查、认定证据和事实之前,按照这个标准去做什么;可是,当裁判者勤勉地完成审判后,整个审判、司法证明的过程,会使他明白本案的证据是否确实充分,事实是否清楚,全部证明活动会准确告诉法官,证据的数量和质量怎样,是否形成证据链,能否清楚、排他地证明待证事实,事实的前因后果、各个构成要素是否清晰、符合案情和逻辑,法官由此在内心掂量,形成事实确信。这不能归功于成文或不成文的"证明标准",而应归功于当事人和法官的举证、质证、采证和事实诉争、认定过程,以及过程中提出的主张、证据、辩论,正是这些东西使得裁判者产生证据是否确实、充分,事实是否清楚的心证。确信事实的心证,某种程度的盖然性心证,或者排除合理怀疑的心证,绝非是法官适用成文或不成文的"证明标准"产生的结果,而是诉讼过程、司法证明过程即诉讼中的主张、证据和辩论等,让法官逐步产生了那些心证,形成了事实确信等裁判信念。在"证明标准"概念、法律规定和理论出现前的漫长司法证明历史中,事实就是那样得到证明的。

简言之,我认为,即使把法官决定案件事实的内心确信当作"标准",这个标准也绝不是"证明"标准,而只是法官内心"下判"的标准。这个内心确信标准与外界的真实联系是,法官把他形成确信所需要的证据和客观案件事实等,转化为对当事人的事实证明要求,即要求当事人通过证据揭示案件原生事实,但这不是"证明标准",当事人是否达到法官的要求,仍由法官内心决定,而不是由法官和当事人一起根据共同、客观的证明标准来决定。

长期以来,人们把法律提示的、裁判者确认客观事实、裁判案件的"确定无疑"或排除合理怀疑等内心要求,以及由此对当事人提出的证明要求,误认为是法律规定的当事人证明案件事实应当达到的证明标准。这是证据法学中最基本、最普遍的理论错误。

(五)司法证明过程是裁判标准发挥功能的过程

实际司法证明过程不是适用"证明标准"的过程,"证明标准"不符合司法证明的心理机制和制度运作的需要,"裁判标准"是司法证明过程中的内在机制。

在理论上,"证明标准"直接反对裁判者的内心权衡,要求裁判者根据当事人的证明是否"达标"分别下判。可是,实际司法证明中,事实证明到何时、何处"达标"?

如果真有证明标准,那它就应当这样适用:事实裁判者随时都应当注视证明标准,当他感到当事人的事实证明达到某个(法定)证明标准之后，裁判者就产生内心确信，停止要求当事人继续进行证明活动，认定案件事实，解除证明责任承担者的证明责任和败诉风险；与此对应，事实证明者必定随时都会盯住证明标准，以它为目标和底限，当他感到自己对事实的证明达证明标准之后，他有权停止证明他自己早就知晓的案件事实，有权要求裁判者就其证明的事实进行认定，法官应当解除其事实证明责任和败诉风险，判定他胜诉。但是，数千年来，我们看到过这样运行的证明标准吗？

如果把法条所规定的"内心确信"、"排除合理怀疑"或"事实清楚"当作客观、可操作和能够比照适用的证明标准，能够帮助当事人和法官确定在哪个证明点、证明程度上，当事人的证明达标没有，那么，当事人和裁判者必定都一无所获，永远无法确定他们各自或共同的"内心确信"、"排除合理怀疑"或"事实清楚"在"本案"中意味着什么，无法确定证明标准之"标准"何在，无法找到可以让当事人停止证明的那个"点"或那根"线"，甚至哪怕是一个"分界带"、"分水岭"。至于当事人，面对如此证明标准，就更加茫然无措。

司法证明的实践完全没有被困于此。裁判者凭着"裁判标准"，顺利推进了事实证明活动。

司法证明过程中，法官眼中只有当事人、事实纷争、证据，法律已经烂熟于胸，即使不熟悉，翻翻就行。法官随时紧盯的是证据，眼耳专注的是举证、质证和辩论，除了这些还是这些。案件审理中，没有哪个法官去理会、在乎那个玄乎、抽象的证明标准，证据没有审查完，案件没有审理完，他并不知道纷争事实审理的终点在哪里，案件的真相是什么，最终将要认定的事实是什么。法官明白，即使每天把法律规定的"证明标准"在脑子里重复千遍，都没有丝毫用处，"确信无疑"、"排除合理怀疑"和"事实清楚"这些优美词语，丝毫无助于法官认定"本案事实"。法官不会随时盯住证明标准，根据"证明标准"去评估、"感受"某个证明所达到的程度,宣告他对某个事实的内心确信,解除某当事人的证明责任和败诉风险——他只是习以为常地明白讼争的事实已经证明到什么程度了!

理论上,承担证明义务的各方始终处于证明过程中,裁判者即使相信某方当事人已经证明事实,但也不会说"你的证明已经达到证明标准,你可以不再证明了"。如果当事各方都穷尽证明,裁判者才评判所有证据和事实主张,评判法庭辩论情况,最后形成关于某个事实的"确信"。在各方没有亮出最后的证据、质证和辩论前,裁判者无法最终评估当事人的事实证明程度,不能贸然相信某个事实是不可更改的客观案件事实,不能宣告某方当事人的证明活动达到了"证明标准",终结事实证明过程。实践中,法官只会问当事人:"你们还有新的证据吗?还有新的质证意见、辩论意见吗?"我从未听说和见过这样的法官、如此的审判:"你们的举证、质证和辩论应当结束了。你们(或张三、李四)的事实证明已经达到证明标准了!"即便审判实践中,有法官故意阻拦一方当事人的举证、质证和辩论,①也不会在庭审终结、法官评议结束前,宣称根据"证明标准",结果如何如何。审判终结、评议完毕,宣判之时,事实结论通过判决书或法官口头而宣布,但不论在法官口头还是判决书中,各种"证明标准"没有踪迹。即使像我国大陆的判决书经常会有"事实清楚,证据确实充分"之类的判词,但它多半是指法官确认本案"事实清楚"的审判结果,而非宣告证明标准。如果要问裁判

---

① 法官公然阻止举证比较难。如果某当事人确有尚未举出且应当或可以举出的证据,法官公然阻止,审判不公太过明显,法官的职业风险很大。法官打断、阻止某方当事人继续质证和辩论的情况不仅存在,而且并不罕见,因为法官可以找到"没有新的质证和辩论意见"等"合理借口",虽然审判不公仍然明显,但庭后查实比较困难,法官职业风险不大。但无论哪种情况,法官都严重损害了司法正义,损害了法官和司法机关的形象和威信,行为都很恶劣。

者如何在评议证据和事实的过程中，一步步具体适用"证明标准"的，你肯定得不到任何答案，没有哪个陪审员和法官可以给出答案。为什么？因为根本没有能够适用于审判过程中、评议阶段的所谓"证明标准"。裁判者只要对事实有内心确信就作出裁判，适用的正是"裁判标准"。

裁判标准是裁判者个人或者集体认知的、大致统一稳定而又随个案变化、在案件审判进程中具体把握、既清晰又模糊的认定案件事实和适用法律的标准，核心是：凭知识、经验和良心，全部诉讼活动和查实的证据已经使案件事实清楚、确实，必须根据法律作出裁判。

裁判者不是因遵循了"证明标准"而做出裁判，抽象的"证明标准"对他无益。相反，面对当事人诉来的事实纷争，裁判者需要确定无疑的事实，他以自己需要的客观案件事实为目标，主动指挥、引导或者被动组织当事人进行事实证明，当各方当事人穷尽证明之后，他综合权衡全案证据和全部审理情况，如果内心确认证据已经清楚证明某事实，达到他对事实的需要，（某方）当事人的证明就达到了法官设定的证明要求，裁判者就能够判决该当事人胜诉或者败诉。这种裁判结果有深厚的客观根据即查证属实的证据，有严谨的逻辑和经验，有法官"内心确信"的裁判尺度。我们知道，法律对事实裁判有要求，法官的事实裁判也确有标准，这些要求和标准形成于社会生活，由历代的裁判者将它们累积成法律经验，甚至由法律所规定，并在法官的专业教育、职业训练和司法实践中，内化为知识、技能、信念和伦理规则，这基本保障了法官对事实的内心确信一般不会违反生活常识和事物的自然事理。当法官以此等内心确信来要求当事人，引导他们的事实证明行为，就有客观性、合理性和科学性的基本保证。裁判者和当事人都按照这样的"裁判标准"进行司法证明,证明活动有序且有效,这里发生作用的不是所谓法律规定的证明标准或其他"规则",而是法律对法官提出的充满自由和理想的问题:"您已有内心确信之决定吗?"

四、重新理解外国法律中的"证明标准"

(一)三六九等的事实"证明标准"引人质疑

我认为,外国法律中规定的"证明标准",是法律提示给法官的内在裁判标准,不是传统上所理解和称谓的外在"证明标准"。大陆法的"盖然性"、"盖然性优势"、"高度盖然性"等,以及英美法的三六九等不同等级的"(不)确定性",都是裁判者认定事实、裁判案件的内心标准,即裁判者内心如果有了对事实的"盖然确认"或"内心确信"等,就能够依法作出合理裁判。我们从证据和事实不同等级的确定性及其法律意义和功能,就可以看清楚这一点。

按照汤维建、何家弘等人对英美法的证明确定性程度的介绍,英美国家的"证明标准"有九等(也有除去下表中第一、九等之后的"七等说"),每个等级对应相应的执法主体及其法律行动。我在此把它们理解为:

这个表虽然简单,但里面向我们透出了几个重要信息:

第一,确定这些"证明标准"等级,显然不是为了指导当事人怎样有力证明所主张的事实,使证明"达标",而是指明不同执法者采取相应法律行动所需要的证据和事实状况;

第二,这些证据和事实状况在执法者内心所产生的"确信度"最为要紧,不同的确信程度,对应着不同的法律行动;

第三,证明确定性等级是内心判断出来的,没有外在判定标准,是内心确信程度的比较和差异。在人的理智和常情之下,"排除合理怀疑"是人能够达到的最高确信度,但最低也不能低于基于正常理智的"怀疑"。但在自然和社会中，人们能够绝对确定（绝对确信）的事实，以及毫无线索、无从相信的事实（即未知但存在的事实），都是存在的；

英美国家证明标准

证明确定性等级	采取法律行动的主体	法律行动内容	外在判定标准	内心判定标准	自然和社会中有无对应事实
Ⅰ 绝对确定	无	无	无	有，但不要求	有
Ⅱ 排除合理怀疑	法官或陪审团	有罪裁判	无	有，裁判者确信或无合理怀疑	有
Ⅲ 清楚且有说服力的证明	法官	驳回保释请求	无	有，法官相信	有
Ⅳ 优势证明	法官	裁定民事诉讼当事人胜诉或刑事案件辩护人辩护成立	无	有，法官支持	有
Ⅴ 可成立的理由	法官、检察官、警察、公众	签发令状，无证逮捕，搜查扣押，提起大陪审团起诉、检察官起诉，撤销缓刑、假释，公民扭送	无	有，可以准允（注意：检察官是执法者，公众依法扭送嫌疑人也是在执法，他们都凭着自己内心认定而行动）	有
Ⅵ 有理由的相信	警察、检察官	拦截，搜身	无	有，可以行动	有
Ⅶ 有理由的怀疑	法官	宣告被告无罪	无	有，合理怀疑，无法确信有罪，宣告无罪	有
Ⅷ 怀疑	警察、检察官	开始侦查	无	有，认为有犯罪嫌疑	有
Ⅸ 无线索	无	无	无	无	有

第四，这些标准或等级完全不限于在法庭审判和司法证明的过程中适用，而是在各种执法场合分别得到适用，与其说这些标准是"证明

标准",不如说是执法行动标准;这些"标准或等级"都是执法者或某些公众对证据和事实状态的内心判定尺度,是"我(根据现有证据和事实)觉得如何、如何",没有外在尺度能够描述这些"标准",外在证据和事实并不构成"确信",它们虽然可能是确信的对象和内容,会影响执法者的内心确信状态,决定确信的等级。简言之,这些标准是内在标准而非外在尺度,是特定场合下执法者自己的"尺度",与当事人无关,是判断某种事实状态的尺度,而非证明事实应当达到的"标准"。

笔者的这个看法能否得到英美"证明标准"理论本身的印证呢?

(二)重新理解国外"证明标准"的涵义

确实,英美法中有"证明标准"这个概念(Standard of Proof)和理论,它主要指"特定案件所要求的证明程度或水平,如'排除合理怀疑'或'优势证据'",与证明责任(Burden of Proof)中的"说服责任(Burden of Persuasion)"直接关联。说服责任指提出事实主张的一方当事人说服案件的事实调查者(陪审团、法官)按照有利于本方的方式考虑该事实。[1] 如果当事人甲对争点事实乙承担说服责任,这意味着举证完毕后,陪审团不能决定事实乙是否在相应的确定性程度上得到证实,就必须对争点事实乙做出不利于甲的裁决。在整个诉讼过程中,"举示证据(Burden of Producing)"的责任能够并且事实上随时移转,而说服责任自始至终在最初承担该责任的一方。[2]

我们充分注意到,"证明标准"或者"说服责任"概念,常常用来指当事人的三种相互关联的责任:不仅要举证,而且要通过证据说服裁判者确信他所主张的事实;说服者的证明、说服必须达到法律对特定案件

---

[1] 参见布莱恩·A.加纳主编:《布莱克法律词典》第七版,西方出版集团,第1413、190页(Bryan A. Garner, *Black's Law Dictionary*, seventh edition, West Group, ST. Paul, Minn., 1999, pp.1413,190)。

[2] 参见史蒂文·L.伊曼纽尔:《证据法》,阿斯彭出版社2007年,第545—558页(Steven L. Emanuel, *Evidence*, sixth edition, Aspen Publishers 2007, pp.545—558)。

事实证明所要求的程度,只有达到那个程度(优势证明或优势证据、清楚和令人信服的证明或证据、排除合理怀疑),事实裁判者才能裁决事实;始终是证明事实的当事人而不是事实裁判者通过证据和说服活动,使特定诉争事实被裁决者确认或否定。法律、常识和通行的理论都说,说服责任规则把某个争点事实或特定事实要素、要件的说服责任"分配给"特定当事方,要求承担此责任的一方必须把需要证明的事实证明到特定程度,说服裁判者相信和认定他所主张的事实达到了证明标准并且确实存在,否则要承担未能说服的风险。因此,如果仅看英美证据法的文章或者教科书、词典,以及我们的翻译和解读,就像人们迄今认为的那样,说服责任规则就是针对证明责任承担者的,该责任者不仅要证明事实,而且要达到"证明标准",以说服事实裁判者。由此形成的长期、普遍的看法是:

> 证明标准是当事人在举证证明事实、说服裁判者确信事实存在的过程中应当遵循的、外在于当事人和事实裁判者且先在于任何具体事实裁判行为的客观标准,是关于证据证明力的量和质应达到的法定程度(尺度)。

但是,这不是英美证据法中的证明标准概念的实质。英美学者自己说得很清楚:

> "说服责任是指陪审团为了对特定争点作出认定而必须具有的确定性程度",[1]"说服责任是一个裁决规则,即告知裁决者如

---

① [美]约翰·W.斯特龙主编:《麦考密克论证据》(第五版),汤维建等译,中国政法大学出版社2004年,第109页。

何根据因出示证据而不可避免地带来的不确定性来裁决案件的规则"。①

我们务必明白：

第一，所谓"证明标准"，从来都是法官或陪审团掌握的案件事实裁判标准，任何案件中，当事人（即使他是诉讼法或证据法学者、专家）从来不曾有自己独立的证明标准话语、解释和判断，他们并不（确切）知道也无法具体适用所谓证明标准来帮助他们进行诉讼，他们只能围绕法官对庭审的指挥，竭力举证、质证和辩论，穷尽所有证明能力和现实证明手段，然后惴惴不安地等待法官或陪审团的裁决。② 简言之，在案件审理中，每个当事人都无法猜透、描绘出裁判者心中的"排除合理怀疑、清楚且有说服力的证明、优势证明、可成立的理由、有理由的相信、有理由的怀疑"究竟是什么"标准"，因此也无法把这些不明不白的内心状态，作为当事人证明自己的案件事实的标准。就在诉讼中的职责义务而论，"当事人之责任，在证据之提出；而法院之责任，则在证据之调查与判断"。③ 当事人不可能去判断他的证明是否达到法官内心对他提出的要求，也没有这样的义务。法官虽然有自己的判断，也必须

---

① [美]罗纳德·J.艾伦，理查德·B.库恩斯，埃莉诺·斯威夫特著：《证据法——文本、问题和案例》（第三版），张保生、王进喜、赵滢译，高等教育出版社2006年，第806页。
② 我国大陆检察官倒是通常可以蛮有把握地"确知"，法官会按照起诉书的指控判决被告人有罪，很难出现无罪判决。但这不是因为中国大陆的法律和法庭具有什么客观、外在、可供法官、检察官和当事人共同使用的"证明标准"，也不是因为检察官的意识有能力钻进了法官脑子、深知其内心的裁判标准，能够准确预知法官的判决，更不是因为检察官的指控质量普遍极高，法官几乎完全不可能作出无罪判决，而是，刑事诉讼法规定了"分工合作，相互配合"的原则（暂且不论"相互制约"），法、检、公"三家"之间的历史和现实关系，法、检、公各自的案件质量考核指标体系，以及不合理适用的强制措施等复杂因素，一起造成了唯我国大陆才有的种种奇异司法现象。
③ 陈朴生著：《刑事证据法》，台北三民书局1979年第三版，第5页。

做出当事人的事实证明是否使其内心产生确信的判断,但那是法官自己内心的裁判尺度,主要是依据法律知识、经验、司法技能和职业良知进行的综合权衡。倘若我们非要说那是"标准",是衡量的尺度,其实质只能如埃德蒙·M.摩根所言,"其心如秤(Mental Scales)",是法官和陪审团的"心秤"。而这"心秤""秤证据之重量,系指对于判断事实之裁判机关,足以使其信服待证事项为真实之证据的力量而言。证据经权衡后,在裁判机关之心理上,纵或不免仍存其他之疑似,但依证据以足明示其意识,使其信为真实有更大之可能,则该待证之命题,即经证据之优势而得证明。"①

第二,立法者和司法裁判者虽然在理论上都可以站在公正立场,确定证明标准,一些成文证据法也的确直接规定了"证明标准",但是,从立法内容看,非常明显,与其说法律规定的是"证明标准",不如说是"标准的"法官裁判准则。

如《澳大利亚联邦1995年证据法》第4章,就对"证明标准"做出了如下规定:

"民事诉讼中,如果案件的证明达到盖然性权衡要求,法院应当裁决当事人的案件已经证明。法院可以考虑的用以决定证明是否达到要求的因素没有限制,如可以考虑:(a)诉因或抗辩的性质;和(b)诉讼标的物的性质;和(c)诉称事项的严重性。"

"刑事诉讼中,除非对案件(有罪指控——笔者)证明到排除合理怀疑的程度,法院不得裁决控方案件(不得判控方胜诉、判被告有罪——笔者)。刑事诉讼中,如果被告方对案件的证明达到盖然性程度,法院应当裁决被告方的案件已经证明(辩护事实或理由成立,被告

---

① [美]埃德蒙·M.摩根著:《证据法之基本问题》(Edmund M. Morgan, Basic Problems of Evidence),李学灯译,中国台湾"教育部"出版、世界书局发行1982年,第48、49页。

胜诉——笔者)。"①

"除本法另有规定,在任何诉讼中,如果有关事实已经根据盖然性权衡得到证明,法院应当裁决为决定以下事项所必需的事实已经证明:(a)应当采信或不采信证据,是否行使自由裁量权的问题;或(b)根据本法规定产生的任何其他问题。为决定有关证明是否达到相关标准,法院必需考虑的事项包括:(a)诉讼中的证据的重要性;和(b)与该问题相关的诉称事项的严重性。"

在字面上,这些规定直接表明,"证明的盖然性或排除合理怀疑的程度"都是法律已经做出规定的,是客观的、先在的"证明标准",任何人都无法否定。可是,谁都知道,这些规定却使用的是"如果案件的证明达到……要求(证明到……程度),法院应当(或不得)……裁决"的语言表达方式和结构,其核心是,不是别的人员和机构,而正是法官和法院才能确定案件到底被证明到了什么程度,才能考虑各项影响证明是否达到某种程度的因素,正是法官才能形成关于某个事实的证明是否达到某个程度的心证,裁决事实存在与否;"案件的证明达到盖然性权衡要求"、"证明到排除合理怀疑的程度"等,显然不过是法律提示法官应当(或不得)形成心证、做出裁判的证据条件,法官裁判行为能否、应否做出才是关键。再者,"盖然性"和"(排除)合理怀疑"恰恰是法官单方面的内心"标准"和尺度,不是也不可能是客观的证明程度和标准;它们不仅是主观的,而且弹性十足,需要解释并且无法清晰、科学地

---

① "In a criminal proceeding, the court is to find the case of a defendant proved if it is satisfied that the case has been proved on the balance of probabilities." 徐昕把这句话翻译为:"刑事诉讼中,案件证明达到或然性权衡标准的,法院可以裁决对被告的起诉已经得到证明。"译者很可能是在打印翻译内容时,词不达意,或者出现误译,把意思刚好弄反了。见徐昕译《澳大利亚联邦〈1995年证据法〉》,载于何家弘、张卫平主编:《外国证据法选译(上卷)》,人民法院出版社2000年版,第277页。

解释和界定,迄今为止,谁也没有对盖然性和(排除)合理怀疑给出具有"标准"意义的适合作为证明标准的解释;它们是法官自由心证原则的理性和理想表达,其主旨是使自由心证获得客观、科学的形象和社会观感,当然也具有传达立法者及公众试图约束法官自由心证的意义。

第三,在"证明标准"有无的问题上,"常识"掩盖了真相,结果倒为原因。

众多证据法学理论著述,包括论文、专著和教材,它们重视分析事实证明者的证明活动,注意到证明者为"卸除"证明责任而拼力举证、质证,以为法律为诉讼证明设定了客观标准,只要且只有证明义务承担者对所主张的事实证明到"证明标准"要求的基点或尺度,比如"盖然性"或"排除合理怀疑"、"确定无疑"等等,他们就可以欢呼"胜利",法官只是客观公正地注视他们的证明行为是否达标,将像运动场上的裁判,只需把口哨换成法槌,就把胜诉判给事实证明达标的一方。通常认为,诉讼各方为使己方的事实证明达到法定"证明标准",会竭尽全力,甚至耍花招,但诉讼法和证据法的规则是完善和严密的,法官的眼睛是明亮的,依法证明事实并达到"证明标准"的一方会获得胜诉,非法证明活动会受到制裁。这些是每个法科学生都要受其熏染的"常识"。

可是,我们只要简单问一问:这些常识难道不是恰好与"自由心证"背道而驰?

如前所述,自由心证与"证明标准"存在根本冲突。司法证明和裁判实践中,哪个法律会在案子审判前准备好一把"证明标准"的直尺、卷尺,或一个叫"证明标准"的秤杆、天平,等待案件审理开始后,在事实证明的每一步或者终点,当事人和法官随时拿出那把尺子,搬出那杆秤、那个天平,丈量证据的长宽高,称出证据及证明力的重量?哪个法官不是在当事人不断举证、质证和辩论的过程中,一点点地在心中产生出关于证据真伪、事实有无的心证的?哪个法官不是在事实证明过程中凭借他自己的审判经验、法律知识、社会知识、客观事实发生和演变的一般规律、个案中的具体情形,来综合分析、判断证据是否确实充分,事实是否清晰明白的?他何曾使用过什么证明标准,哪有事先摆好了、放在审判台上、随时供他使用的证明标准?如果非得说法官使用了"(证明)标准",那便是:法律提示给他的形成事实心证的证据要求,庭审的全部证据和诉讼活动,以及他自己的知识、经验和良知,这些东西综合起来,法官就能够自我掂量:本案证据已经确实充分或不足,本案事实已经清楚或者不清不楚;本案各当事人的证据和证明力整体上孰优孰劣,应判谁胜诉败诉;刑事案件有罪指控的证据是否确实充分,事实是否清楚,能不能判被告方有罪,等等。法官、立法者和学者等,把这些案件裁判时达到的心证程度,根据不同案件类型,分门别类总结出来,成为共同的裁判知识和经验,以至称其为"标准",并把这些"标准"又普遍地适用到后来的审判中,这就是司法证明中所谓"证明标准"的产生、运行机制及基本内容。很可惜,人们不知从什么时候起,给这个"标准"取错了名字,它本来应该叫做"裁判(心证)标准",是裁判者对案件中的证据和事实产生特定心证,使他有决心和根据做出裁判的内心信念状态(确信程度)。

五、固守"证明标准"忽视"裁判标准"的原因

那么,法律、证据法理论和学者、公众,都希望有证明标准,甚至把法官自由心证的内在尺度当作是公开的证明标准,为的是什么?

其实,谁都不愿意承认那种绝对的、不受约束的自由心证,都需要司法展现理性,展示客观公正,人们当然指望法律事先确定当事人证明事实的行为规则和标准,法官心证应当受到这些客观规则和标准的制约,排除司法浪漫和法官的任性,杜绝法官的恣意妄为。所以,表面上,法律规定了"证明标准",人们大都认为那些是客观的证明标准,法官

当然更愿意说那就是证明标准了——这比直截了当地说那是"裁判心证标准",对法官做出裁判有利得多,也更容易让当事人和公众接受其裁判,更容易使人认为或相信其裁判的客观公正。可是,既然是证明标准,就不能是只有法官才可以适用的标尺,而是当事人也可以用来衡量自己的证据和证明程度的标尺,就好像任何度量衡工具一样,大家都有那把尺子那杆秤,谁都骗不了谁。但"证明标准"恰好就不是这样的尺子这样的秤,它只能由法官适用,只能是法官衡量之后,才能宣布有拘束力的证明结果,而那貌似客观、清晰的"证明标准"尺度,只有法官自己才知道证据和证明行为达标或不达标的刻度在其良知和理智的何处。

其实,人们宁愿把法官内心的案件裁判标准即自由心证称为"证明标准",与我们许多人对"心证",尤其是"自由"心证的误解和担心有关。心证也好,自由心证也好,其实翻译成通俗说法,不外乎是法官通过全部证据和庭审活动而形成的对案件事实的认识,这种认识当然是内心的,是主观的,但绝不是主观主义的。心证就是法官对案件客观事实的认识活动,只不过,心证侧重强调的是事实认识活动的主观心理机制,而我们通常所谓认识,更强调主观客观、内在外在、主体客体在实践中的综合、统一,甚至着重强调认识内容的客观性。

至此,我的看法是,人们习以为常所称的"证明标准",其实只是法官或其他执法者对采取相应法律行动所应当或业已具备的证据和事实条件的内心权衡,是他们决定是否采取特定法律行动(如裁判案件)而评价相关证据和事实的内心要求,尽管这种内心要求和权衡为法律所规定,但它不是证明标准,也不能作为证明标准。换个角度看,它们最多可以算作法律和公众强制要求法官"外化"其内心确信度,从而能够让外界审视那不甚确切但可"理解"的自由心证的真诚和确实程度。它与举证和证据有关,间接地对举证、质证等提出要求,但不是衡量证据、举证、证明活动是否"够格"的标准,而是裁判者对证据、事实的认知、评价状态。"天下本没有'证明标准',说的、信的和传的人多了,便有了证明标准。"情况就是这样。

六、仅有裁判标准的司法证明世界井然有序

第一,迄今为止,人们没有能力和办法制定科学的证明标准。

根据前文的看法,我认为,目前所有的"证明标准",都只是法官裁判案件的内心权衡,是裁判标准,是裁判指导理念,并间接延伸为诉讼证明的指导理念。迄今,人类智力尚无法制定可以普遍适用的可称为"标准"的证明标准,我们没有外在、客观、量化、科学的事实证明标准。于是,诉争事实是否已经得到证明,悉由法官心证判断。人们不得不做这种相对合理的选择:只得寄望于法官,他们通过自己的"内心确信"去判断事实真相。

法定证据制度的历史表明,人们要制造一个外在、客观、普遍适用的证明标准并不是完全不可能,但是它不具有科学性。"据众证定案"和神示证据等制度,显然没有给出量化证据和证明的尺度。自由心证制度更是揭穿了人们在制定证明标准上的无能为力。"实事求是"或"客观真实"证明制度,强调的是裁判者应当且能够通过证据在内心世界把握客观案件事实,事实认识结果同客观真相具有一致性,但这要依靠裁判者的认识能力和良心。我们知道,现存的诉讼法和证据规范,只对如何证明并判断事实已经证明提出了要求,且主要是心证方面的提示性要求,根本没有制定证明标准(前引澳大利亚证据法关于证明标准的规定也是这样)。比如说,现在没有哪个法律规定或者能够规定:某类(个)诉争事实甲应当达到如下"证明标准"——证据 A 若干个,证明力多少;证据 B 几何,证明力几许;证据 C……;证据总量(若干),证明力总量(若干),当事人张三主张的事实属于甲(类)事实,张三提供了符合证明标准要求的证据,张三的事实证明达标;相反,张三的证明

不达标、不予认定。如果与甲(类)事实相反的乙(类)事实同时证明达标,或者甲、乙事实的证明都不达标,裁判者必须根据盖然性要求、确定无疑要求或排除合理怀疑要求,宣告某事实得到证明,或事实真伪不明,依据证明责任制度裁判。①

证明标准无法制定,根本原因在于司法证明活动是多重矛盾相统一的活动:一是,诉争事实的证明是一种客观反映到主观世界的过程,是证明者举证证明、证明结果由裁判者认定的分离过程,是既基于客观证据、事实又须发挥主观认知作用的多重双向互动的认识过程,是既受当事人、裁判者主观认知方式、能力和各种价值伦理制约,又受诉讼程序、证明制度指引、规制的矛盾统一过程;二是,国家和社会公众希望以"客观、外在、明确的标准"缚住裁判者在事实认定中的过度主观甚至妄为,又不得不依赖裁判者个人或集体的内心判断来认定事实;三是,裁判事实理当就是客观事实的全面、正确的反映,但作为证明结果,它必定是裁判者认识的产物,是有客观内容的主观认识,是裁判者(们)的事实认识,肯定与案件原生事实存在差异;四是,面对多种相互矛盾的因素,证明标准应当予以统一、简化、量化,但人们又没有能力把十分不同的矛盾因素统一、简化、量化成为一个"标准"。所以,历史和现实表明,证明有规则和要求,但"证明标准"不存在,裁判有要求和准绳,且以裁判者的内心权衡为标准。我以为,把证明标准(standard of

---

① 刘昊阳在其所著《诉讼证明科学》(中国人民公安大学出版社 2007 年)中说,证明标准是判断者通过证据认定案件事实所必须达到的某种内心确信程度,达到或超过这个度就完成了证明,反之就没有完成证明;还认为,证明的量化是证明的必须选择,并且能够在诉讼中实现,证明标准也不再是乌托邦。但笔者以为,刘先生把某个或者某些证据对某个特定事实的证明能够达到特定量化程度(如 DNA 证据对身份同一性认定的概率),错误地推广为所有证据都具有这样的特性,由此,更以为案件是有证明标准的,证明标准不是乌托邦。如果非得把事实裁判者的内心确信作为证明标准,我无话可说,否则,证明标准连乌托邦都不算。参见该书第五、六、十五、十六章。

proof)还原为裁判标准(standard of judgment [or verdict, court decision, etc.]),才是正理。

总之,我认为,法律和其他诸多方面对司法证明和法官裁判都有多种要求,但没有证明标准。科学的诉讼证明标准人类迄今无法制定,将来也很难制定,也无需制定,因为事实证明一直在沿着法定的轨迹顺畅地前行。①

第二,对没有证明标准的诉讼世界,我们无须自我恐吓,也不要杞人忧天。

"法官只服从法律。"我们对这句话究竟理解多少?

照我看来,对法官来说,这个世界强加给他们的外在约束和准则,就是事实和法律,其余的约束和准则,全部在他们的内心,全部听凭他们的内心。倘若法律制定出了证明标准,法官只能遵循,其他人也要遵循。但显然,诉讼法和证据法没有给出这样的证明标准。

没有证明标准,事实证明会停滞不前,诉讼的世界会天下大乱?

我认为,诉讼一直都没有证明标准(除法定证据制度实施的地方和时代),只有以自由心证为内容的裁判标准,并且诉讼并没有乱作一团,而是基本上有条不紊。

笔者说明过:法律和社会公众对司法证明和裁判都是有要求的,有些是诉讼程序方面的要求和规则,有些是证明活动的专门要求和规则,有些是专门的裁判要求和规则。法律绳索其实已经钩织了严密的网。

---

① 张卫平说证明标准不存在,构建证明标准只能是"乌托邦",刘金友教授主张"实践是检验司法证明真理性的唯一标准"。何家弘批评张卫平否定证明标准的看法,肯定证明标准的存在,但不是"实践标准"。我在本文中似乎赞同张卫平的立场,但实际上,张卫平没有深入说明证明标准为什么不存在,何家弘没有理解张卫平的观点的立足点和问题的实质。参见张卫平:《证明标准建构的乌托邦》,《法学研究》2003年第4期;何家弘:《司法证明标准与乌托邦——答刘金友兼与张卫平、王敏远商榷》,《法学研究》2004年第6期。

只要我们的理论视野没有囿于目前中国大陆司法,就可以说,自由心证的"客观化"程度已经很高,司法制度的权威性和公信力总体上深厚而稳固。当诉讼参加者和裁判者都把证据、事实作为裁判的基础和根据,把法律当作法律予以尊重和恪守时,我们大可放心,事实认定会客观公正,会接近或者完全反映事实真相。对那些法律和社会公平正义的蛀虫来说,再严密的法律也不成为法律,纵然有明确的"证明标准",也没有事实真相可言。

第三,为什么不可能有"证明标准",而可以和应当有法官确认事实的"裁判标准"?

一则,裁判标准的本质是"内心确信",是法律"良知"和法治环境、司法经验、知识、技能相结合的内在标准,是高度个体化又极其"一体化"的主观标准,是法官自己裁判具体案件时对证据和事实的真诚认识。"内心确信"既是裁判者的个体体验和经验,又是集体信念和精神,立法者能够把它提炼成型并外在表达为既确定又灵活的法律规范。

二则,正因为诉讼中的事实裁判标准是主观确信标准,为使其"客观化",以约束或者控制法官滥用主观标准和司法权力,就需要把主观标准"客观地"亮出来,通过法律规定下来,细化为对证据能力(可采性规则)、证明力、举证、质证、采证等方面的规定,使裁判者在认定事实前,有相应的证明操作规范,他要尊重和遵循这些规范,当事人和公众对事实证明和认定才不会完全感到深不可测,毫无客观性和确定性,才会感到法官的事实裁判是规范、可靠的证明过程的结果,增强对法官裁判的信心和信任。所以,我们清楚看到,不论大陆法还是英美法,在自由心证规则确立后,又都在诉讼法或证据法中,通过不同方式,包括要求法官书面表达证据采信、事实推理、裁判结论等,尽力把自由心证"客观化"、"外在化",把它转化为可见、可操作,并且当事人也能够使用的证据和证明规则。

在此说明一点,为尊重学界的约定俗成,如果非要保留和使用"证明标准"概念,那么,当它指的是"证明要求"的时候,勉强可以接受。正如学界不少人至今还认为的那样,证明标准,也叫做证明要求、证明任务。但是,这样使用"证明标准"概念极不准确,完全如徐静村先生所说,证明标准与证明任务、要求根本不同。①

我根据前述各种观点,回首客观真实和法律真实两个"证明标准"的长期争论,深深以为,客观真实论者和法律真实论者都不关心证明标准范畴本身是否科学,没有分析概念真伪,就各自使力,相持不下,煞有介事地各自论证或反驳对手,打了一场乱哄哄的口水仗,走了一台炫目浮华的"文笔秀"。

第二节 "客观真实"和"法律真实"的本义

作为两个舶来的词汇,"客观真实"和"法律真实"都被学界一些人误解误用了。人们对客观真实和法律真实的涵义,还在以讹传讹。

客观真实和法律真实都不是作为"证明标准"而产生的概念,它们都不具有证明标准的理论内涵、品性和操作内容,它们原本是关于司法裁判事实之性质的两种哲学观念。

一、"客观真实"的引入和涵义

我国诉讼法学和证据法学理论界在什么时候开始把"客观真实"、"法律真实"作为"证明标准"来使用,笔者没有细致考证。但是,学界

---

① 徐静村:《我的"证明标准"观》,载于《徐静村法学文集》,中国检察出版社 2010 年,第 197 页。

一般认为,我国诉讼法和证据法理论中的"客观真实",产生于20世纪60年代,它是我国有关学者在批判无罪推定、自由心证和内心确信等证明观念的基础上,逐步形成的,是对前苏联、东欧国家的基本证明观念的概括。"客观真实"还与证据审查判断(标准)、证明的目的、性质、任务、目标要求和实际的证明能力等直接关联,它是对社会主义国家的司法证明制度的整体观念把握,是对诉讼证明所依据的基础理论、指导原则、目标任务、目的要求、证明手段和能力的综合概括。20世纪80年代,我国学者再次发起有关"客观真实"的讨论,但仍然主要集中在证明原则、指导思想、目标任务层面,以及对作为证明结果的裁判事实的性质把握方面,很少把它专门作为"证明标准"问题予以论述。总之,"客观真实"在20世纪60年代到80年代之间,是一种"证据制度"的总概念,核心是关于证据、证明以及证据所证明事实的本质属性之观念,即证据是并且应当是客观的、真实的,证明虽然有主观活动,但依据是客观真实的,在诉讼中被证明的事实是并且应当是、能够是客观、真实的,是案件真实情况的反映。

二、作为"证明要求"的客观真实

1982年初,张子培等人把"忠于事实真相"作为刑事证据的原则之一,把"客观真实"作为证明要求。"实事求是,从实际出发,忠于事实真相,是我国司法工作的科学总结;是辩证唯物主义世界观的体现;也是十年动乱给我们司法工作留下的深刻教训。""忠于事实真相,就是指办案人员,在处理案件中,要尊重证据的客观存在,如实地反映案件的真实情况。……既不扩大,也不缩小;既不隐瞒,也不捏造。不能从'需要'出发,谋求'实用'而歪曲事实。""刑事诉讼中证明的根本要求是达到案件的客观真实,从证据上说,……就是要求在认定犯罪事实和犯罪人时要求有确实的充分的证据。""在具体案件中,由于各个刑事案件都有不同特点和它的复杂情况,很难规定出一套适合一切案件的证明要求的具体标准。"①张子培在这里明确否定了制定证明标准的可能性,并且指明客观真实是诉讼证明的根本要求。

时隔一年后,1983年,巫宇甦主编的《证据学》中有言:刑事诉讼法明确规定,只有经过查证属实的证据,才能作为证明案件真实情况的证据。这里所说的事实、案件真实情况,指的是案件的客观真实,而不是任何其他形式、其他程度的真实。因此,我国诉讼中的证明任务就是确定案件的客观真实。……司法机关所确定的这些事实,必须与客观上实际发生的事实完全符合,确定无疑。②

由上可以看出,直到20世纪80年代,学界把客观真实主要还是当作(刑事诉讼的)证明要求、证明目标来认识和对待,当然,也有不少人并没有严格区分证明要求、任务和标准,即是说,这时已经存在把客观真实作为证明标准的看法。关于客观真实的这种基本认识,持续到20世纪90年代初,并没有改变。陈一云1991年主编的《证据学》仍然沿袭了这些基本观点,就是明证:我国诉讼中的证明任务是查明案件的客观真实或案件的真实情况;查明案件的客观真实,归根结底,就是要求司法人员的主观认识必须符合客观实际。③

由于我国刑事诉讼法对定案证据的总体要求是"证据确实、充分,事实清楚",因此多数学者认为,我国刑事诉讼的证明程度应当是证据确实充分,这也被解释为我国的刑事证明标准。客观真实本身并不是证明标准,而只是支撑证据确实充分、事实清楚的立法规定和司法理念

---

① 张子培、陈光中、张玲元、伍延平、严端著:《刑事证据理论》,群众出版社1982年,第129、136页。
② 巫宇甦主编:《证据学》,群众出版社1983年,第78页。
③ 陈一云主编:《证据学》,中国人民大学出版社1991年,第114页。

的核心观念。① 即是说,这时期,"客观真实"并没有和"事实清楚,证据确实充分"划等号,成为"证明标准",而是支持一定证明要求的理念。而且,20 世纪 90 年代前,学界并没有普遍地把"证明要求"和"证明标准"混同。

为了反对自由心证和内心确信等证明观念的极大主观性,前苏联东欧学者认为,按照马克思主义观念,证据、证据所证明的事实,都是客观的、真实的,不是也不能是主观的、纯粹形式的东西。原苏联学者克列曼教授认为:"证据制度同真实问题有着极其密切的联系。在苏维埃民事诉讼中,法院的任务就是要发现实质真实,即实际的真实,苏维埃刑事诉讼和民事诉讼中的证据学说都服从这个目的";②"客观真实原则就是要求法院采取它所能做到的一切办法来确定在客观现实上曾经发生过的案件实际情况,要求法院的判决确实是以从案件的真实情况中查明的当事人间真正的相互关系为基础的。"③原民主德国教授克利纳等也认为:"举证和必要的证据对审判员的认识过程具有决定性意义。这一点将最终决定能否落实客观真相,而客观真相则是作出符合客观实际和社会主义法权实质的正确判决的起码前提。"④"在最足以说明民事诉讼的社会主义性质的那些基本原则中间,首要的一条应

---

① 参见黄道:《论刑事案件的证明程度》,《政治与法律》1986 年第 2 期;龙宗智:《我国刑事诉讼的证明标准》,《法学研究》1996 年第 6 期;宋英辉、汤维建主编:《证据法学研究述评》,中国人民公安大学出版社 2006 年,第 361 页。

② [苏]克列曼著:《苏维埃民事诉讼中证据理论的基本问题》,西南政法学院诉讼法教研室 1984 年编印,第 8 页。转引自李浩:《论法律中的真实——以民事诉讼为例》,载于《法制与社会发展》2004 年第 3 期。

③ [苏]克列曼著:《苏维埃民事诉讼》,法律出版社 1957 年,第 89 页。转引自李浩:《论法律中的真实——以民事诉讼为例》,载于《法制与社会发展》2004 年第 3 期。

④ [匈]涅瓦伊等著:《经互会成员国民事诉讼的基本原则》,刘家辉译,法律出版社 1980 年,第 37 页。转引自李浩:《论法律中的真实——以民事诉讼为例》,载于《法制与社会发展》2004 年第 3 期。

当是客观真实原则,这条原则的内容在于:法院在审理案件的时候应当正确查明实际案情和由争议的法律关系中产生的当事人的权利和义务。社会主义国家的所有其他民事诉讼原则,目的都在于达到案件的客观真实。"客观真实原则是刑事诉讼和民事诉讼的一项主要原则,它是"统辖其他民事诉讼原则的一条原则。"[1]

说到底,"客观真实"是对裁判者认定的事实与案件原生事实的相互关系的一种哲学概括,一个大原则,指的是裁判者所认定的事实就是案件原生事实的客观反映,裁判者能够通过证据等在主观上认识、发现、查明客观案件事实或基本事实。客观真实由此成为一种证明要求,也是对证明结果与案件原本事实基本关系的界定和把握。这一点,在原苏联东欧和我国学界,都是相同的,没有什么纷争。

三、"客观真实"成为"证明标准"之通说

客观真实原本与"证明标准"无关。由于我国的"证据确实、充分,案件事实清楚"证明理念,被认为对司法证明有基本导向作用,渐渐成为"证明要求"、"证明任务(目标)",并且有人也称之为"证明标准"。而客观真实与"证据确实、充分,案件事实清楚",不断被人联系起来,以至于后来人们认为,客观真实之名,乃以"证据确实、充分,案件事实清楚"为实,客观真实与证明要求、证明任务和证明标准逐步勾联起来。客观而论,客观真实成为"证明标准",是中国学术语言制造、使用随意、任意化的产物,不是严谨论证的学术产物。

20世纪90年代后,情势大变,不仅"客观真实"主要以"证明标准"的

---

[1] [匈]涅瓦伊等著:《经互会成员国民事诉讼的基本原则》,刘家辉译,法律出版社1980年,第37、40页。转引自李浩:《论法律中的真实——以民事诉讼为例》,载于《法制与社会发展》2004年第3期。

面目出现,而且被固化为一个与"法律真实"对立、成为通说的证明标准。

第一,到 20 世纪 90 年代中期,有学者明确把客观真实既作为证明要求和任务,又作为证明标准,像韩象乾在评论陈一云的《证据学》时,就把客观真实解释为兼备证明要求、任务和标准几个涵义。① 此后,把"客观真实"作为(刑事)证明标准完全成为通说。

第二,这时主张以"法律真实"为证明标准的学者,从另外的角度不承认客观真实能够作为证明标准,其理由主要是,"客观真实"只是事实证明的一种理想,作为证明标准就太高,太过绝对,最多只可接近,不可企及,也不可操作。

第三,"法律真实"最初也是一种证据和证明观念,是与客观真实、实质真实等相互竞争的观念,是对某种证据或证明制度的概括和称谓,指的是那种低于客观真实的证明要求、任务,只要符合法定程序,所获得的"裁判事实"皆是法律认可的真实,是法律上(形式上、程序上)的真实。在随后的理论解说中,法律真实被赋予与客观真实对立的证明标准的涵义。但是,"法律真实"本来不是作为与"客观真实"相对抗的"证明标准"而产生和存在的概念。

四、英美法律哲学中的"客观真实"和"法律真实"

(一)证据法范围内没有"客观真实"和"法律真实"范畴

在英美国家,"客观真实"(Objective Truth)和"法律真实"(Legal Truth)的争论完全不是在"证明标准"的语境中展开的,它们都不是证明标准,并且和证明标准话语完全无关,也与证据法学无关:它们都是评判作为裁判结果的事实与案件原本事实的相互关系的一对哲学范畴。

---

① 参见韩象乾:《民、刑事诉讼证明标准比较论》,《政法论坛》1996 年第 2 期。

在笔者所见的资料范围内,英美学者谈论证明标准,只涉及这几个基本范畴:证明责任(Burden of Proof,也有学者翻译为举证责任),由其延伸而来的举证责任(Burden of Producing),与其关系更加紧密的说服责任(Burden of Persuasion),盖然性优势(Preponderance of Probability)、清晰且使人信服的证据(Clear and Convincing Evidence)和排除合理怀疑(Beyond Reasonable Doubt)等,他们并不在证明标准或证明责任的话题中涉及客观真实或法律真实的问题,也不从有关证据、证明和案件真相的抽象观念上,把两种"真实"同证明标准牵涉起来。

那么,英美法学理论中,"客观真实"和"法律真实"两个概念是在什么范围内被关注和探讨的,其核心争点和各自的主要观念如何呢?

就笔者所见文献而言,可以基本肯定的是,客观真实和法律真实是针对裁判者认定的事实的确实程度、与客观案件事实的关系,即裁判事实的客观性或主观性、可靠性或不可靠性等"事实"性质和内容而言的。它们首先是在哲学(包括神学)、法理学领域展开竞争的范畴和观念,问题指向的是裁判者主观认识的事物、案件事实与客观存在的事物、案件事实之间有无关系,或者有何种关系。说到底,客观真实和法律真实的论争,是关于裁判认定的事实在本体论、认识论和价值论上的定位问题,是有关个人和社会的"语言、符号、观念和信念何以能够被恰当地认为是真",即决定"真"的合适基础和方法究竟是什么的哲学问题。只不过,这个哲学问题深刻影响了证据法理论。

(二)"客观真实"和"法律真实"均用以指称事实裁判结果

1. "真实"的基本意涵

"真实(Truth)"与"正确(Rightness)"和"谬误(错误,Wrongness)"相关,并构成判断正确与谬误的基础。

真实是个简单东西:真实就是事物、事件的实际状态(The actual state of things),是客观事物、事件的本真;真实就是对事物、事件的完全准确的叙述,是人们对事物、事件的认识、言说之真。可是,西方哲学中,真实是一个争论极大、众说纷纭的范畴,也是理论解说派别、方法极多的范畴:真实是主观的还是客观的？纳粹的真实观能够为人类一般哲学和伦理观念所接受吗？后现代的真实观是不是太主观？实用主义说,真实主要是事物的有用性,信然？在语言哲学中,真实是被断定为真的价值判断和被判断的对象的(主观)实存状态;在唯物主义哲学里,真实作为本体概念,指客观事物自身的真实存在,作为认识和价值概念,指基于客观事物的实际状态而得出的认识结论,以及做出的相关价值判断。①

2."客观真实"的歧义

"客观真实"是一个歧义丛生、争议很大的概念。

西方有神学理论认为,"耶稣是客观真实和现实的终极例证(Jesus is the ultimate example of objective truth and reality)",反对把耶稣当作主观存在。② 在哲学和法理学层面,与"客观真实"密切相关的范畴是"客观现实(Objective Reality)",而且,既作为本体但主要作为价值的"真实(Truth)"与作为价值但主要作为本体的"现实(或实在,Reality)",并不是直接等同和对应的;"主观真实(Subjective Truth,Truth of Subjective)"是直接对立和对应于"客观真实"的范畴,它们在"现实(实在)"和"真实"究竟是人的主观内在的东西还是客观外且独立于主观的东西这个问题上,根本对立,但它们都具有本体和价值的内涵;客观真实承认"真实"的客观性,真实具有客观的外在的物质内容,主观真实反对真实的客观

---

① 西方哲学中,"真实"概念和理论极为常见、常用和复杂,观点很多,争议很大。在斯坦福大学的哲学百科网站上,关于"真实"(Truth)的条文达1160条(http://plato.stanford.edu/)。主要解释,见http://plato.stanford.edu/archives/win2010/entries/truth/。相对简要的解释,也可以参看维基百科Truth词条:http://en.wikipedia.org/wiki/Truth,2012年2月6日访问。

② 参见加里·C.伯格:《回应:真实是主观的》(Gary C. Burger, *Response to*: "*Truth is Subjective*". http://www.newmediaministries.org/Truth/TruthIsSubjective_S.html)最后访问日期:2013年7月13日。当然,这种意义下的"客观真实"不包含在作为证据法理论的"客观真实"范畴中,笔者不做探究。

性,强调客观的真实具有"不可能性",真实只是主观构造的、相对的;与"主观真实"相近和相关的"相对真实(Relative Truth)"和"主体间的真实(Intersubjective Truth)",它们的共同基础是相对主义,或者主体认识的相对性,在哲学渊源上,它们与从古至今的怀疑主义有千丝万缕的联系。

简单地说,西方学说中,"客观真实"所含理论内容,并不是我们的诉讼法或证据法学者们所想象的那么"单纯",就是指客观事实,它还可以指"耶稣是客观真实"这样的理论。

3. 事实裁判结果不是"客观真实"就是"法律真实"

在英美法里,对按照"盖然性"或"排除合理怀疑"等不同内心确信程度认定的裁判事实,有的学者认为它是"客观真实",有的认为它是"法律真实",即英美证据法、诉讼法和法理学者对司法裁判确定的事实的性质,在认识上是根本对立的。我国不少诉讼法或证据法学者正是在这个意义上使用"客观真实"和"法律真实"概念的。

通过司法证明活动获取案件事实的结果不外乎三种:发现了案件真相,没有发现案件真相,在一定程度上、一些方面查明(证明)了案件真相。对这三种结果状态,客观真实论者可以认为它们是"客观真实",法律真实论者可以认为它们是"法律真实",如斯而已。如果法官当初裁判认定的事实,后来发现完全搞错了,没有反映任何事实真相,那么,不论我们曾经称它为客观真实还是法律真实,后来的情况都一样——发现裁判结果是错误的,什么真实都不是;不能说:因为我们曾经称之为"客观真实",当初认定的这个事实才是"错误的",该受批评和指责,而我们曾经称之为"法律真实",当初认定的那个事实就"正确",就仍然是"事实",应当得到肯定和维护。

如果可以把"客观真实"、法律真实视为证明目标,那么,客观真实的目标达不到,"法律真实"的目标同样无法达到,因为,客观真实和法律真实完全是同一层次的问题,是一个问题的两个方面、两种对立统一的回答,都是对同一个裁判认定的事实结果的哲学思考,对这个结果产生了"客观真实"或"法律真实"两种对立的性质判断。

但我国许多主张"法律真实"的学者,把客观真实和法律真实说成是两种对立且"真实程度完全不同"的证明要求、标准,把"内心确信"、"证据确实充分,事实清楚"裁判理念下产生的"真实"一概视为"客观真实",并与职权主义诉讼模式相联系,把"盖然性权衡"、"排除合理怀疑"裁判准则下产生的"真实"一概视为"法律真实",或者把"法律真实"理解为英美"正当程序"模式的当然产物,法律真实的"证明要求"低于"客观真实",法律真实是任何案件都能达到的证明目标、标准,认为学习英美法的证明制度就要接受"法律真实"的"证明标准",显然是很大的误会。一则,"正当程序"产生的裁判事实究竟是"客观真实"还是"法律真实",全凭学者个人的哲学观念,他认为是什么真实就是什么真实;二则,对适用"盖然性权衡"、"排除合理怀疑"等证明要求和"正当程序"所产生的事实裁判结果的性质认识,英美学者内部分歧、对立严重,有的认为是客观真实,有的认为是法律真实。所以,"当事人主义诉讼模式"或"正当程序模式"并不天然、必然地只与"法律真实"相联系,与"客观真实"无关。显然,我国一些学者对客观真实和法律真实抱有想当然的看法,没有认真留意迄今为止欧美法哲学史上关于客观真实和法律真实的持续和广泛的讨论。①

五、"客观真实"的基本理论

(一) 什么需要用"客观真实"来指向与指代

"什么"需要我们使用"客观真实"概念来指向、描述或者指代? 为什

---

① 早在1917年,波士顿图书公司出版了欧内斯特·布隆肯和莱顿·B. 瑞吉斯特翻译为英文的《法律方法科学》(Ernest Bruncken, Layton B. Register, *Science of Legal Method*, The Boston Book Company)第10章第29节专论"法律真实"(Legal Truth)。见 http://archive.org/details/scienceoflegalme00bruniala。客观真实和法律真实仍然是当代西方法哲学所讨论的问题之一。

么要用并且只能用它来指向、指代或描述？也就是，客观真实范畴是基于什么样的事物及其性质、过程而产生出来，并且广泛和持续地使用的。

1. 客观事物以及一切基于客观事物的"真（实）"

实际上，不仅英美国家，欧陆国家和中印等东方文明国家，乃至全世界"真（实）"都是极其重要的概念，并且有许多共同涵义：真者不能为假（实者当然不虚），真者自然可信可靠（实者当然可以依赖），并且延伸出对应的道德规范和价值原则，即"真（实）"即包含了确实、可靠、忠诚、诚实、真挚，表达了人们之间基于事实或实存之物的相互同意、认可、一致和约定。

那么，是"什么"需要并促使人类用"真（实）"来表达和规定它们？客观事物及其在主观中的正确反映需要用"真（实）"来表达和指代，"（客观）真实"本身的涵义，如果不考虑它在神学、哲学、语义学等学科中歧义纷呈的状态，不考虑人们的认识局限或故意颠倒黑白、弄虚作假等情形，那么，它指的就是"客观事物、事件等自身的真实（或原本）状态"，当然是"真"的，所以通常情况下，"客观真实"指向的是客观事物及其性质、结构、过程和结果等，同时也指向正确反映客观事物的主观认识。客观真实既能指代客观事物、事实本身，又能指代人们对客观事物、事实的正确认识，因为，客观真实首先指事物、事实自身的客观物质内容和客观表现形式及两者的统一，其次它又指客观物质内容和（正确的）主观表现形式及两者的统一。"客观真实"能够用来指代正确的主观认识中的"客观事物"、事实，它是我们传递真实事物、事实和关于它们的正确认识的范畴。显然，客观真实既指代外在的独立于主观的真实事物和事实，也指代内化为主观认识形式的客观事物和事实，这个意义上，事物和事实的客观存在形式和主观表达形式之间的界限和区别，既稳固地存在着，又被人的思维能力所不断地化解开。所以，笔者认为，从这一特定角度看，"客观真实"与"主观真实"的对立既是绝对的,也是相对的,并且这里并不隐含任何程度的主观主义、相对主义和怀疑主义。

应当说,不是其他东西,正是那些客观的实存之物和事,以及由它们决定、反映它们的存在内容及性质的认识,和那些立基于客观事物、事实的思维方式、逻辑和价值观念、原则,共同孕育了"真",需要以"真"而铭(为名)。"真"是人类文化中集本体、认识和价值为一体范畴,并构成一种"精神与文化的公共信用及其符号",那些决定着这一信用的建立和维护的事物及事实、关于这些事物和事实的正确认识、准确陈述、无误传递,连同相应的价值原则,都需要并且促使了"真(实)"范畴的产生、维护、延续和普遍传播。简言之,恰是那些真的事和物,既需要用"真"来表达和规定,又表达和规定了什么是"真"。

2. 作为人类共同文化和精神价值的"真(实)"

正是基于人类共同拥有的"真",客观事物及一切事实才能够不仅为个别人认识,而且成为能够扩展、传承为人类集体的认识和沟通方式,成为集体的认知、文化和价值,成为人类关于自然和社会的秩序、规律(规则)的一种共同把握和表达。因为有"真"的保证,以反映客观事物和事实为内容并借助语言表达的人类思维,才具有确定性、清晰度和可传导性,人类社会的基本信任关系和信赖文化才得以构成,语言才可以作为人区别于其他动物的交流工具和文明符号,个人和集体的思想情感才可以互通,不同文化间的交流、相互促进才得以形成和发展,人类对世间万物才能形成共同的科学认知;显然,在这个过程中,"真(实)"同时要求和培养了个人、集体和人类的另一种美德,即"诚(信)","真(实)"不容有虚假、诈伪、歪曲和掩饰等,即不容许一切不真实、不诚信的东西。但也正是在这个过程中,与"真"、"诚"对立的各种思考、精神、价值和行为才得以出现和发展,进而形成相反的哲学世界观和方法论。人类的思维和认识,就在这样的哲学和逻辑冲突中,得到砥砺,真理与谬误分别显现出来。

3. 真实的首要和基本涵义就是"客观真实"

一般说来,真实首先就是客观真实,就是实际存在的客观事物、发生的客观事实,然后是对客观事物、事实的正确认识,真实就表示认识的事物和事实与实际的事物和事实的一致吻合。这个角度上,本不存在主观真实问题,虽然在理论上,客观真实遭到主观真实的反对。一切需要并且能够为"真实"所指向、描述或指代的事物及其性质、状态、过程、结果、影响和后果等等,都可以由"客观真实"来指向、描述和指代。这可以说是本体意义的真实。但是,人们常说的真实,往往是认识论意义上的真实,甚至只是价值上的"真",即真实显然是对客观实际的认识,是认识与客观实际相一致,是对这种认识做出"真"的价值判断。

4. 一些哲学家对"真(实)"理论提出质疑

有些哲学家对这种关于真实的常识性见解完全不以为然,认为这样的"真实"隐含着三个使人生疑的事先"假定":存在着外在于观察者的真实事物;存在着一些感官,这些感官能够产生与客观实际相一致的感知,并且能够通过话语陈述或者其他方式表达"真实";认识与认识对象"相一致"的确切涵义是清晰、精确、无须解释、人人一致认同和明白的。这里,真正的问题是:真实究竟是客观的,还是主观的,或者既客观又主观?客观真实究竟只是表述外在的客观实际,还是也可以表述外在客观实际的主观内化?进一步的问题是,已经被内化为主观的所谓外在客观实际究竟是"真实"还是"虚假"的?是客观的还是主观的?

到此,原本看似简单明了的客观真实,显得复杂多变,模糊不清了。

当然,在辩证唯物主义认识论看来,这些完全不是什么让人生疑的"假定",被主观内化的客观实际是主观认识形式和客观物质内容的有机统一。不仅客观实际需要并且可以用"真实"来指向、描述和指代,而且,与这些真实相联系的认识活动,人们对这些认识的评断,都可以用并且确实也需要用"真实"来描述、指向和指代。

(二) 主观真实并不与"客观真实"完全、直接对立

主观真实与客观真实并不完全、直接对立(更不用说"法律真实"与客观真实的所谓对立了),因为这里的"客观"和"主观"都是"客观事物"在人的思维中的存在和表达形式,只是各自的着眼点不同。何况,"主观"并不天然、必然地与"错误"、"不切实际"和哲学上的主观主义、相对主义和怀疑主义相关,更不直接等同。"主观"并没有导致主观主义、相对主义和怀疑主义的"原罪"。只要是人,有正常的思维和情感,就有"主观",只有当特定个人的主观对客观事物、事实做了不实的、歪曲的、错误的反映或表达,才会使主观认识中的"客观事物、事实"走样、变形,甚至与客观事物和事实完全不相干,或者完全相反,这样的主观认识中的"客观事物"、"事实",当然既不"客观",更不"真实"。所以,一般情况下,主观认识中的"客观事物和事实"仍然是"客观真实"的。如果说,因为客观事物和事实有了主观认识的参与,主观认识的能动性力量有可能改变客观事物、事实在人的内心世界的呈现方式,能够使客观事物在语言表达中改变模样,甚至出错,就以为一切(或大多数)经由主观而获得的关于客观事物、事实的认识,都不再客观,都不可能正确,甚而连客观事物和事实自身都不复存在,从而完全否定"客观真实",就认为人们在主观中只能获得"主观真实"(法律真实是主观真实的一个亚种),并且消灭"客观真实",那么,这一定是某种"语言魔术"和思维混乱,不是"事实与真理"。

比如,在语言哲学那里,"客观真实"和"客观事物、事实"随时随地都是被审视的"主观"之物,它们都是"语词"而已。在我现在目力所及、手所能触的范围内,手机、电脑、鼠标、电源线、纸张、几本书,还有承载它们的书桌,以及随着我的思维活动而被我的手指敲打出来文字,这些在我看来是无可置疑的"客观真实"的东西,但一些语言哲学家就不

认为是客观真实的。这种哲学观念和怀疑主义、不可知论有许多相通之处,譬如休谟,据说,他坐在书斋里面,在纯粹的思辨中,连自己的存在都被自己怀疑(但同样据说,休谟曾宣告,一走出书斋,他对什么都不怀疑)。那些对眼前事物都视而不见的哲学,确实"超级费解",也不知那种哲学有何用途(也有人很欣赏那种哲学的"独特魅力")。

(三)"客观真实"的裁判目标能否达到

或许,当我以"眼前事物"来说明"主观"、客观事物和"客观真实"之间的关系时,"法律真实"论者或持相似学说的人,可能会窃喜不已,扭住不放。因为,司法证明,特别是法庭诉讼证明,主要是事发时"不在场"的裁判者对"已经逝去的案件事实"的查明,加之认知能力、认识手段的局限,证据的缺陷,诉讼及时性的要求,客观案件事实能否发现、重现,客观真实(准确地说,客观事实)能否达到,恰是根本问题所在。

但是,看到并承认客观案件事实的历史性和非在场特征(金岳霖所说的"存而不在"),承认和重视妨碍裁判者发现案件事实真相的各种因素,承认并尊重裁判者所发现的案件事实与客观案件事实的"本真面目"有差异,这些不能成为根本否定"客观事实"能够被认识、被证明的根据,也不能成为"客观真实"的裁判目标(当然也意味着涵盖"证明目标")必然无法达到的理由。至于说"客观真实"的裁判目标可能无法达到,或者不能完全达到,这更不是反对"客观真实"的合理、现实根据。

如果在整个司法证明制度下,案件客观事实都不能、不曾证明,裁判认定的事实与客观事实无关,客观真实根本无法达到或大多数情况下都达不到,那全部诉讼证明制度就会被釜底抽薪:它既没有存在的必要,也没有存在的基础,它的存在只能是对当事人、裁判者和公众的愚弄——案件没有真相;即使有真相,也不能证明;即使能证明,证明出来的"真相"也不是客观真相——那么,人类为什么还要以理性的方式设计和运行司法证明制度?司法证明的历史难道就是这样一件"皇帝新装"?如果总体情况就是这样,"法律真实"会比"客观真实"更好?就能够拯救这样的司法证明制度?

显然,司法证明的全部历史不是这样的。司法证明的历史并不是一部自我羞辱史——它在很大程度上满足了司法探求真相的需要,所以它历史地延续和发展着。

六、"法律真实"理论产生的特殊基础

(一)"法律真实"观念形成于特殊的法律思维

法律真实范畴的出现,既与前述客观真实和主观真实的争论有关,即经司法证明而被视为"真实"的裁判事实,究竟是主观的、相对的,还是客观的、具有确定性的东西,也与法律思维的特殊之处有关:

> 我们已经到达法律思维尤为特殊之处,在形式上它必定严守逻辑,即使按照事物自身的性质它不可能真的如此。它是由律师特有的持久倾向导致的,即律师高估有关法律规则的内容和事实状态的确实性程度和范围。
>
> ……
>
> 法律真实必须经常满足更大的社会概率,因此,并不失其裁判(司法)真实(Juridical Truth)的形式特征。当然,不得把上述命题当作裁判真实的标准,但在既定案件中,它可以用于有效证明(justify)进一步的结果,即有且仅有一种方法来弥合一些经验真实和任何可能更大的社会概率之间的差距。每当有必要如此操作,就只能按照辩证逻辑方法去做。因此,很明显,在此范围内,修辞和辩证法是法律思维的内在要素。[①]

[①] 欧内斯特·布隆肯和莱顿·B.瑞吉斯特翻译的《法律方法科学》第10章29节,波士顿图书公司1917年,第418—419页(Ernest Bruncken, Layton B. Register, *Science of Legal Method*, Chp. 10, §29, The Boston Book Company 1917, pp. 418—419)。

有人对"法律真实"做了最简明通俗的界定和说明:

> 法律真实(与"实际真实"相对)是诉讼程序终结时书写于判决书中的(事实)内容。
> 有种真实是实际真实(Factual Truth),也有一种真实是法律真实。法律真实并不总是与实际真实一致。法律真实是通过运作某种制度,游玩某种固定的和明确界定的规则而得以证明的真实。①

(二) 国外学者对法律真实与客观真实相互关系的争论

至于法律真实与客观真实的关系,欧美法哲学界也有论争。

裁判事实与客观案件事实之间是一致的?还是可能一致、可能不一致或完全不一致?客观真实论者认为,裁判事实是重现案件真相,至少接近真相,因此,与客观事实是一致的,是能够保持一致的,故裁判揭示的是客观真实;法律真实论者认为,虽然案件的裁判事实有可能与客观事实一致,但很可能不一致或完全不一致,因为证明是"玩"诉讼程序和证明规则的过程,查明真相的过程面对着诸多"真相的敌人"的挑战,故裁判揭示的是法律真实——它是作为裁判结果的真实,是写于判决书中的事实,是适用某种证明规则和"证明标准"(如果存在的话)的结果,是运作制度"得以证明的真实"。显然,与国内许多学者的理解不同,法律真实不是用以判定当事人是否证明了案件事实的证明标准。

法律真实论者动用了相对主义、怀疑主义、实用主义、语言哲学和

---

① 亚伯拉罕·本·以斯拉:《法律真实》(Abraham Ben-Ezra, *The Legal Truth*), http://www.bnebeytcha.co.il/maamar_main.asp? maamar_id = 137. 最后访问日期:2013 年 7 月 13 日。

后现代主义等哲学和逻辑工具,以诉讼证明的制度化、规范化、"剧场化"以及遭受种种社会压力为外在理由,以司法证明的认识能力有限性或相对化、被证明的事实的不可逆性(不可重现或再生)、裁判者对案件事实发生过程和结果的非亲历性、证据的有限性为内在理由,以诉讼的及时性、裁判的终结性和司法的效率性为价值基础,并且把这些因素组合成为"反对真相的敌人",按照特殊的法律思维和逻辑,多方面论证"客观真相"在诉讼中之不可能和不可求,因而"法律真实"乃是司法裁判的事实的本质和内容。

但诚如迈克尔·S.摩尔指出的那样:

> 我得出结论,当有充分理由认为现实主义的解释抓住了事物真相,就没有很好的理由接受关于单称法律命题之真实的怀疑主义或建构主义理论。这些争论中,现实主义者拥有的一个优势是,如果他关于真实的性质的认识是正确的,那么我们就已经发现了一些真相;我们不曾简单地构造并出卖自己的童话,就好像它是真实的。①

罗纳德·J.艾伦对法律领域的怀疑主义,对法律真实与客观真相之间的关系,有这样的评断:"一个事实与真相在其中无所作为的法律世界将是一个令人无法安居其中的地方。安全感丧失了。事先计划也不再可能了。因此,我期望我们这些教育出法律系统的建构者和运作者的人对于真相能有一种强烈的责任感。而对真相的一种强烈责任感就意味着局部层面上的一只高度怀疑的眼睛以及整体层面上对怀疑主

---

① 迈克尔·S.摩尔:《关于法律真实的简单真相》,载《哈佛法律与公共政策杂志》,2003年第26卷第23页(Michael S. Moore, The Plain Truth about Legal Truth, *Harvard Journal of Law & Public Policy*, Winter 2003, Vol. 26 Issue 1, p. 23)。

义的一种禁锢。"艾伦认为,在司法领域,裁判的速度与效率、隐私的保护、促进当事人对事实裁定的满意度和公众对事实裁定的接受度(以及因此所带来的社会和平)、实现情绪宣泄以及推动实质性政治目标等等,都不是"真相的竞争者",人们必须直面真相的真正敌人——怀疑主义哲学。①

以上简略的分析表明,英美诉讼法和证据法学者,完全不在证据法,尤其不在"证明标准"范围内讨论客观真实和法律真实。这可以进一步在一些著名的英美法律辞典中找到表面印证。比如,在我国产生了长久和巨大影响的《布莱克法律辞典》,没有收录"客观真实"和"法律真实"词条,更没有在证明标准词目下解释"客观真实"和"法律真实"。笔者所查阅的多部英美原版证据法教科书、专著、多部法律辞典,以及薛波主编的《元照英美法词典》,等等,都是这样。

七、"客观真实"和"法律真实"证明标准需要澄清

一言蔽之,在英美法中,客观真实和法律真实是学者们在争论作为司法裁判结果的事实的性质、内容的过程中,就"裁判事实"与"案件客观事实"之间的本体论、认识论和价值论关系进行分析的基础概念和工具,它们关涉的是适用某种"证明标准"(如盖然性、合理怀疑等)之后,裁判者认定的事实与案件原本事实的"哲学和逻辑关系"。它们显然与"证明标准"有关,但绝非证明标准,借用国内的通俗说法,"客观真实"和"法律真实"两个范畴比"证明标准"概念"高出几个档次"。客观真实、法律真实与"证明标准"在两个意义上"有关",一是,作为裁判结果的事实无论被认为是客观真实还是法律真实,都是一段证明过程、适用一定证明标准的"产物",但产物不是也不能

---

① [美]罗纳德·J.艾伦著:《真相及其敌人》,吴洪淇译,《研究生法学》2008年第5期。

是该产物的"标准";二是,客观真实、法律真实为司法证明和裁判结果进行了不同定位和预期,坚持客观真实,就要将司法证明的重心指向查明案件客观事实,尽力揭示基本真相,把"法律真实"作为司法证明的任务和目的,就会强调"正当程序"、程序正义对事实裁判合法、正当、真实性的保障,但不完全否定裁判事实与案件客观真相应当或可能一致。只在我国大陆才有极端的法律真实论者,他们甚至认为,裁判事实即使与真相毫不相干乃至黑白"倒置",只要裁判者严守了正当程序,这个"事实"仍然是法律上的"真实"——"法律"很牛很神奇,"真实"披上"法律"的盛装,虚假可以摇身一变成为"真实"!

客观真实和法律真实是证明哲学、法哲学乃至整个哲学层面的范畴,是对证明结果、裁判事实属性的哲学探讨,它可能影响和制约证明规范的设定、法官对事实的心证偏向,影响当事人的证明活动,但它们本不属于证据法的范畴,它们的生存空间在法哲学、哲学之中,至少应在证明哲学中,不在司法证明理论中,更不在作为操作技术规范的"证明标准"之中。我国大陆一些学者把"盖然性权衡"、"排除合理怀疑"等"证明标准"说成是"法律真实"证明标准的具体形式,把"证据确实充分,事实清楚"说成是"客观真实"证明标准的具体体现,我不知道提出这些学术观点时,有什么根据,不然,就是典型的"拉郎配",捆绑"夫妻",应该予以澄清。

第三节 "法律真实"论的"舆论成功"

这些年,"法律真实"论在舆论上非常"成功",在理论论争上似乎也压倒了"客观真实"论。不过,笔者将阐明,在根本上,法律真实论没有被其主张者所"证成",因为,他们几乎不曾严格按照逻辑论证过任何一个重要观点和主张。这里,笔者主要批评"法律真实"的论证逻辑,①以及它的"舆论手法"。②

一、"法律真实"的违规定义

按照形式逻辑,对概念下定义,应当遵循这样的要求:被定义概念＝种差＋邻近属概念,并且,定义必须与概念的内涵相应相称,定义项和被定义项的外延必须相等,不能出现定义过宽和过窄的错误;定义概念不能直接间接包含被定义概念,即不能"同语反复"、"循环定义"等;定义必须用肯定形式(即有所断定)和科学术语,一般不能用否定形式和比喻。

(一)"法律真实"的定义违反逻辑规则和司法实际

根据法律真实论者的说法,法律真实被定义或解释为:

---

① 此前,早已有人从论证逻辑层面批评法律真实论者,如张建伟在《证据法学的理论基础》(《现代法学》2002年第2期)中对陈瑞华先生《从认识论到价值论》一文的论证逻辑就有这样的评论:"这是一段惊人的论述,作者提出了若干逻辑跳跃性很大、因果关系缭乱的断言,如法院承担证明责任(也就是查明案件事实真相的结论)是由于将法庭上进行的证明活动更主要地视为认识活动的必然结果。在其看来,认识活动只是纯粹探求未知事物和知识的活动,因此为公安机关和检察机关已知的命题所进行的证明给裁判者看的活动主要不是认识活动;法院所从事的审判活动,也不是探求案件事实真相的认识活动。"张继成、杨宗辉《对"法律真实"证明标准的质疑》(《法学研究》2002年第4期)一文,更是比较全面和深入地批评了法律真实论者在论证法律真实证明标准和批评客观实理论中的多种逻辑错误。笔者深感遗憾的是,一些重要的客观真实论者似乎没有在意这些重要见解,被貌似雄辩的法律真实论牵着走,而法律真实论者对这些批评则不做回应。

② "一些逻辑上远非严谨的著作,更多地表现为宣传性而不是学术性。真正的学术应避免以激情代替理性,亦不应追逐时尚甚至哗众取宠,追求所谓'片面的深刻'"(张建伟:《证据法学的理论基础》,《现代法学》2002年第2期)。按照我前面的观点,整个"证明标准"范围内的"客观真实"和"法律真实"的讨论都是错的,它们的理论基础和方向都错了。因此,这一节本可以不写。但为详细阐明一些法律真实论者对"法律真实"的虚假论证,我还是决定简单讨论一下。因此,本章仍然按照我国大陆诉讼法、证据法学界当今通行的说法来使用"客观真实"和"法律真实"概念,以免找不到能够对接的词语,难以展开评论。

"法律真实"是指,法院在裁判中对事实的认定应当符合实体法与程序法的有关规定,应当达到从法律的角度可以认为是真实的程度。①(定义一)

所谓法律真实是指公、检、法机关在诉讼证明过程中,对案件事实的认定应当符合实体法和程序法的有关规定,应当达到从法律的角度可以认为是真实的程度。②(定义二)

法律真实是指公、检、法机关在刑事诉讼诉讼证明的过程中,运用证据对案件真实的认定应当符合刑事实体法和程序法的规定,应当达到从法律的角度可以认为是真实的程度。③(定义三)

法律真实是"司法活动中人们对案件事实的认识符合法律所规定或认可的真实,是法律意义上的真实,是在具体案件中达到法律标准的真实。"④(定义四)

这些是有关法律真实概念的最主要的定义。在四个定义中,定义二、三其实是以定义一为基础的实质相同的定义,可以概括为一个基本定义:

法律真实是指(公安、检察)法院(特定主体)在诉讼证明(特定活动和过程)中,对案件事实的认定(特殊任务)**应当**符合相关实体法和程序法的规定(特定要求),**应当**达到从法律的角度可以认为是真实的程度(特定标准)。(基本定义)

---

① 李浩:《差别证明要求与优势证据证明要求》,《法学研究》1995年第5期。
② 韩象乾:《民、刑事诉讼证明标准比较论》,《政法论坛(中国政法大学学报)》1996年第2期。
③ 樊崇义:《客观真实管见——兼论刑事诉讼证明标准》,《中国法学》2000年第1期。
④ 何家弘:《论司法证明的目的和标准——兼论司法证明的基本概念和范畴》,《法学研究》2001年第6期。

为了便于分析,我们只对"法律真实"的"基本定义"和"定义四"展开探讨。

我的问题是,法律真实的基本定义是否符合定义规则？是否是逻辑意义上的定义？也就是说,"法律真实"能否作为"证明标准"（及证据法学）理论论争的准确概念和立足点？

第一,按照形式逻辑,定义包括性质定义、关系定义、功能定义、发生定义（它们都揭示概念的本质属性,是真实定义）和语词定义（规定或说明语词的意义）,表现为肯定的性质判断或者关系判断,它们不会以模态判断表达。因为,定义是对被定义对象自身实然属性的揭示,虽然也是人的认识判断,但不是人对被定义对象的主观评价、愿望表达,不是对被定义概念所指的事物的可能与否、必然与否的断定,不是应当不应当、禁止与允许等道德或价值断定。"'法律真实'是公检法在诉讼中认定事实,应当合法,应当达到从法律角度认为是真实的程度",这显然不是对法律真实本身的实然属性的揭示,它只说明,"法律真实"对公检法在诉讼中认定事实提出了两项法律或道德（价值）要求：应当合法,应当达到"从法律的角度可以认为是真实"的"程度"。显然,这里并没有具体、直接揭示法律真实究竟是什么,不能说是给出了符合逻辑要求的定义。

所以,前面的定义一、二、三和基本定义,要么删除其中的"应当",要么这些定义不是关于"证明标准"的真实定义,而是"证明标准"蕴涵的诉讼证明必须达到的价值要求和道德尺度。

第二,从上述基本定义看,被定义概念"法律真实",定义项"从法律的角度可以认为是真实"的"程度",这两者是什么关系？"从法律的角度可以认为是真实"是否可以成为"法律真实"定义中的种差？"程度"是否可以成为被定义概念"法律真实"的"邻近属概念"？

"从法律的角度可以认为是真实"是什么意思？它是对"法律真

实"不同于其他种种"真实"的特殊属性的揭示？显然,我们看到,"从法律的角度可以认为是真实"恰恰是"法律真实"的语词定义,是解释"法律真实"的语义的,即是说,"法律真实"和"从法律的角度可以认为是真实"具有相同的语义,而它们的涵义,都需要另外进行解释。这就出现两个问题：一是,用作"法律真实"定义中的种差的概念,是和"法律真实"语义相同的概念,这是同语反复,循环定义；二是,被定义项和定义项中的概念都需要另外进行定义,才能解释它们的相同涵义,即"法律真实"和"从法律的角度可以认为是真实"两个概念不能相互用于定义对方。

"程度"一词显然无法成为"法律真实"概念的"邻近属概念"。

首先,真实就其本性,无所谓"程度",真实就是真实,只能是真实,真的假不了,假的真不了,也不会半真半假。每个特定事物或者事实,要么真,要么假,介乎于0—100%之间的"真实"是不存在的。不论"真实"被人们如何修饰,也不论被限定在"法律"还是其他领域,真实和虚假之间没有折衷余地。真实,不管在什么对象、范围上的真实,都是真实,全部真实当然是真实,部分真实还是真实（就真实的那部分而言,不可能不真实）,只有全部虚假,才不是真实,真实没有"程度"之分,只有对象、范围之别。不可能在披上一件"法律"外衣后,假的和半假的东西,都可以成为"真实"了,虚假变成了"可真"的魔方；或者相反,由于附加"法律"一词,真的和半真的也都成为假的或真假不定的东西。

其次,"法律真实"如果成立,那肯定是一种特殊的真实,而不是别的,因此,法律真实的邻近属概念只能是"真实",把"程度"作为"真实"的邻近属概念,奇闻一桩。

再次,口口声声"法律真实"是"证明标准",可是这个标准却是一个"从法律的角度可以认为是真实"的"程度",这里至少有三个方面的问题：第一,既然从法律角度已经认为是真,何须说什么"程度"？第二,说"法律真实是'从法律的角度可以认为是真实'",在语法上还过得去,可是,说"法律真实是'从法律的角度可以认为是真实'的'程度'",这在语法上都不通;第三,事实真假问题不是法律问题,是事实证明问题,不能"从法律的角度认为真"就真,而是必须"从证据、证明活动、案件客观情况的角度认为真"才是真,"从法律的角度"千百遍地"认为是真",都没有意义,把实体法和程序法都扯进来,也无济于事;在诉讼范围内,法律规范只调整两种实体"事实",一是立法上,针对的是抽象的、类型化的需要由法律调整的事实,这与讼争事实的证明无关;二是针对司法中的事实,但此等事实的有无、真假,需要当事人证明,需要法官裁判,当事人和公、检、法机关在诉讼证明过程中证明、认定案件事实(的行为),的确"应当符合实体法和程序法的有关规定",但法律不会、也不可能对需要认定、证明的事实直接作出可以"认为是真"或"认为是假"的规定,更不会取代证据和事实认定活动而成为直接确定事实真伪的工具,法律只把内心确信、盖然性优势、超过合理怀疑等心证法则交给裁判者,并没有把"从法律的角度认为是真"的标尺授予法官。

第三,定义四看起来像是关于"法律真实"的有效定义:

法律真实——是——司法活动中人们对案件事实的认识符合法律所规定或认可的——真实,是——法律意义上的——真实,是——在具体案件中达到法律标准的——真实。

这个定义似乎形式上符合逻辑要求,被定义项、种差和邻近属概念都清楚,"真实"作为"法律真实"的邻近属概念也是显然的。

但是,法律真实不同于一般真实和其他具体真实的特殊内涵(即"种差")是什么?"司法活动中人们对案件事实的认识符合法律所规定或认可的"、"法律意义上的"和"在具体案件中达到法律标准的"这三个修饰语或者复合概念,是否能够作为揭示法律真实特殊内涵的"种差"?

无须赘言,"法律意义上的真实"首当其冲需要从定义四中排除,因为"法律意义上的真实"和"从法律的角度可以认为是真实"一样,都是"法律真实"的同义语,是"法律真实"的语义解释(即语词定义,虽然是一种定义,却只解释语义而已,并没有揭示概念的内涵)。

那么,法律真实是"司法活动中人们对案件事实的认识符合法律所规定或认可的"真实,是"在具体案件中达到法律标准的"真实,这两个看法又是否正确?

把"司法活动中人们对案件事实的认识符合法律所规定或认可的"和"在具体案件中达到法律标准的"作为定义"法律真实"的种差,以区别于其他真实,表面上看,不同于"法律意义上的"和"从法律的角度可以认为是真实的"这两个表述,似乎没有问题。就像有学者所言,法律真实不同于其他真实的特别之处,就在于这种真实具有法律属性,是在适用法律过程中发现的、符合法律要求的真实。

但是,这样的说法如果正确,也只是正确解释了法律真实的语义,同样根本没有解释法律真实的涵义。而且,"司法活动中人们对案件事实的认识符合法律所规定或认可的"真实和"在具体案件中达到法律标准的"真实的说法,仍然经不起逻辑分析。

核心是,"符合法律所规定的(真实)"、"(法律)认可的(真实)"和"达到法律标准的(真实)",这三个概念本身是虚概念,不是实概念。

这需要简单分析"法律真实"和"符合法律所规定的(真实)"、"(法律)认可的(真实)"、"达到法律标准的(真实)"这四个概念的虚实。

我们明白,这四个概念都是在"证明标准"论争的语境中使用的,

"符合法律所规定的"、"法律认可的"、"达到法律标准的"三个概念都用来界定"法律真实"这个"证明标准"。

按照逻辑要求,被定义概念和定义概念应当是实概念,即使被定义概念是虚概念,定义概念也不能是虚概念(如"定海神针"这个虚概念只能用相应的实概念"某某针或棒"来定义)。

"法律真实"以及"符合法律所规定的"、"法律认可的"、"达到法律标准的"概念,它们如果成立,就应当是、只能是实概念,不能是虚概念。如果它们都是实概念,那就应当共同表明三个客观事实:一是,"法律规范"对"真实"已有既普遍又具体的"规定"、"认可"或"已经设立标准",能够直接适用于所有抽象类型的事实认定,以及所有个案具体待证事实的认定;二是,法官在审判中"适用"了该规范,裁判的事实"符合"那些规范,获得了法律认可,达到了"法定"标准;三是,裁判文书所载的事实不仅是法律真实,而且是法律规范已经确定的真实(事实),是符合规范标准的真实。

可是,"符合法律所规定的(真实)"、"(法律)认可的(真实)"和"达到法律标准的(真实)",根本不是实概念,是虚概念(其实,它们也都是"法律真实"的同义反复)。我从三个层面来分析:既定规范层面、适用规范层面和规范适用结果层面。

其一,"自由心证"的原则和制度注定了在既定规范层面,我们谁也找不到哪个法律规范规定了"某某是真实"、认可了"某某是真实"或者规定"某某达到某条标准"即是"真实"。所有证据法中关于"证明标准"的规范及其表述(如前述澳大利亚证据法中直接规定的"证明标准"),最多是说:在某某情况下,法官可以认定某某事实(是真实的)。法官会不会这样认定,以及法官如此这般认定后是不是就真的发现了真实,证明标准规范是无可奈何的。证据法和其他法律规范绝不会规定:"某某是真实的事实"、"某某事实是真实的"或"如有证据 ABC……,那么就有事实甲乙丙……"。简言之,法律规范决没有直接规定什么是"事实"、"真实",什么不是事实、不真实,法律当然也不直接"认可"或者"否定"某个"事实(真实)",也没有规定适合于任何情况、任何案件的"某某事实真实(不真实)"的标准。法律不是立法者亲临审判现场的口谕,不会根据具体案件来宣布事实认定标准;法律是静静躺在纸面上的文字,它最多只对事实裁判者提示一些抽象的事实认定方法,而对个案中的事实如何认定它无能为力,只得免开金口。诉讼程序和证明过程不是案件事实的生产流水线,证明标准不是"事实"产品能否顺利产出、验证合格的标准闸口。法官不能偷懒和懈怠,不能指望用一把既定的尺子,衡量一下证明是不是"达到法定标准",然后就认定事实。所有的证据法规范,都只为法官查明真相提供了程序和方法,提出了"内心确信"或者"排除(合理)怀疑"的心证要求,某某事情是否真的发生,是否真是那样,立法者不会事先神机妙算(传说诸葛亮前知五百年,后算五百年。前知五百年,学学历史就成;后算五百年,没人有那本事),法律不可能事前对某事真实与否做出规定,进行认可,或者确定机械的证明尺度("法定证据制度"可以看作是例外,但它仍然只为法官确定事实提供方法、提出要求,仍然没有直接规定什么真实或不真实)。

  显然,在立法上和法律规范中,并没有什么事实或者真实是由"法律所规定"、"认可"或者立下"标准"的,都是由法官在诉讼中查明的。所以,"符合法律所规定的真实"、"法律认可的真实"、"达到法律标准的真实"都是虚概念,说好听些,是法律真实论者过于随意的生造词汇。不用说,用"符合法律所规定"、"法律认可"、"达到法律标准"来界定"法律真实","法律"有了一堆,"真实"不见其影,完全是缘木求鱼;另一方面,"法律真实"以这些虚概念来定义,其本身要么是虚概念,要么没有得到正确定义。我认为,如果把法律真实看作是与客观真实无关且对立的概念,那一定是虚概念,如果看作是客观真实在证据法或者诉讼法意义下的一种表达形式,那么,它是实概念,但需要正确定义。

其二,在适用规范层面,任何具有侦查、起诉和审判、辩护、诉讼代理实际经验的人,都会承认:我们没有能够直接用来确定某个事情是真是假的法定规范,所有法律规范都没有直接告诉我们某个事情是真是假,都不是确定真假的标准,法律只把确定事情有无、事实真假的责任委诸于(刑侦人员、检察官)法官和当事人(及辩护人、诉讼代理人、证人)等,把最终认定事实的权力和责任赋予法官,法律只是告诉了法官和当事人等如何证明事实,法官应当怎样认定事实。法官在查清案件事实的过程中,恐怕最苦恼的就是,法律恰恰没有直接规定、认可某个讼争事实是真实或虚假。要是法律真的"规定或认可了"某种真实,或者至少清楚规定了可以认定种种具体待证事实的标准,法官只需看看所审案件是否"符合法律所规定的真实",是否属于"法律认可的真实",是否达到法律规定的真实标准,案件事实就轻松自如认定了,完全不须为"案牍"而"劳形"。真要有"法律真实"这个"证明标准",它将比"神明裁判"更加神奇,将会受到多少人(特别是法官)的欢呼拥抱——做法官将赛过做神仙!不过,对当事人来说,要是法律事先就明白规定了某事实是不是"符合法律所规定的真实"、"法律认可的真实"、"达到法律标准的真实",他们还有多少必要去劳烦法官大人,那须提起诉讼、苦苦进行证明?果真如此,这将是对"客观真实"最彻底、有力、有效的否定,不过"法律真实"论肯定也无从产生。

根据证据法的要求,法官认定事实是否存在,除了审查、采认证据外,要害都是一个:眼前的证据是否足以让他内心确信一个事实(不考虑司法偏见和腐败问题);而绝不是:法官眼前的事实是否符合法律规范规定的真实,是否属于法律规范认可的真实。直白地说,法官认定的事实,只要符合客观案件事实,审判行为合法,这个事实当然会是法律认可的事实,法律也应当予以认可,绝不是先由法律认可了某事实为真,或者某事实符合了法律认可的真,法官才将其认定为事实,认定为真！法律上的真实必须以客观真实为基础和内容,而非客观事实只有符合"法律规定的真实"才是事实,才是真实,天下没有这样的法律逻辑。

其三,从规范适用结果层面看,诉讼结果都体现在法官的裁判之中(调解结案的案件因为可以"以情动人",案件事实不一定是重要因素,所以不在考虑之中)。所谓"符合法律所规定的真实"、"法律认可的真实"、"达到法律标准的真实",是否、能否体现在裁判结果之中呢？

"符合法律所规定的真实"、"法律认可的真实"、"达到法律标准的真实"这些"标准"不能指导司法产生"真实"的事实裁判结果,不能自动产生真实的事实裁判,它们也不会直接成为裁判结果中的内容,甚至也不能用于评判裁判事实的真伪。因为,一来法律就没有规定"真实"、"不真实",二来评判裁判事实是真是假的根据和标准无疑只能是证据的确实性和充分度。就事实证明和裁判来说,法官认定的事实是审判的产物,不是也不应当是"符合法律规定"、"法律认可"或"达到法律标准"的"真实"的产物,法官认定的事实为真,它必定包含着案件原生事实,法官认定的事实是假,必定与案件原生事实无关或背离,虽然查明、证明事实历经了诉讼过程,虽然有诉讼行为是否合法的问题,但无论法官认定的事实是真是假,它都不包含所谓"符合法律规定"、"法律认可"或"达到法律标准"的"真实"。客观存在的案件事实,不是以假为真、以无为有,它与法律规定不规定,认可不认可,没有丝毫关系,法律对事实本身的真假是没有办法的;进一步说,"符合法律规定"、"法律认可"或"达到法律标准"的真实,不仅没有任何意义,而且可能非常有害,一些人会借口"符合法律规定"、"法律认可"或"达到法律标准"的"真实",把法官的主观臆断、恣意擅断作为认定事实的准则。

正确的事实裁判不是适用"法律真实"或"客观真实"证明标准的结果,不是适用"符合法律规定"、"法律认可"、"达到法律标准"等的

"真实"标准的产物；正确的事实认定，必定是在遵循程序法和证明规则的条件下，当事人等举证充分、证据确实，法官能够准确认定案件事实的结果，否则，即使在审判台上刻出"法律真实"或"客观真实"几个鎏金大字，对查明案件真相也无济于事。符合案件原生事实的裁判事实，法律应当认可，也必须予以认可，否则法律中的真实观就有问题，必须修改；裁判事实与客观案件事实大相径庭或黑白颠倒，即使符合法律规定、得到法律认可，具有司法裁判上的价值，甚至"终审裁判"也以这样的裁判事实为基础，但该裁判事实仍然不是客观事实，当然不真实，并不因为它披上一件"法律（规定、认可）"的外衣就成为真实了，任何人都不应当借"法律认可"之名，为之"正名"，甚至美化、赞颂。如果指望通过使用法律"规定"、"认可"的真实，把客观案件事实变真为假、变假为真，视任何"正当程序"的结果都正当，都具有"可接受性"，如果这样的"学说"大行其道，那就谬矣。①

（二）"法律认可的真实"的虚幻性

由于"法律认可的真实"是法律真实论中使用频率很高的词汇，有必要简要探讨一下。

"法律认可的真实"在理论上仅可作三种理解，有三种涵义：一是

---

① 虽然裁判者可能没有发觉事实认定错误，很久也没有被纠正，尽管错判的事实可能实际上产生了与客观事实一样的"法律效果"，但这只能说是迄今为止人类法律的缺陷，证明和裁判制度的缺陷，是司法裁判制度中的耻点。以为依法"错误认定的事实"照样是有效的"裁判结果"，能够"了结案件"，获得"既判力"，就把这样的"法律真实"当作是与客观真实同样"正当"、"正义"、"可接受"的"真实（事实）"，甚而以为这是"法律真实"的一项特殊功能和功绩，那就错了。错误的事实裁判，在没有通过司法程序确定其错误，并且消除其效力前，确实个别时候能够表面"结案"（许多时候却是案结事难了），但这不是错误的事实认定的功绩，更不是"法律真实"的伟大，不应当以为"法律真实"能够使"认定错误的事实"在法律上获得强制效力，就把错误的裁判事实和错误认定案件事实的行为正当化、当然化，更不应当加以推崇赞许。这是学者对错误裁判事实应有的认识底线，无论所持观念是"客观真实"还是"法律真实"。

法律已经普遍规定好了各类案件中的事实,法律当然认可这样的事实为真实。但迄今为止的法律从来没有直接规定过案件事实真实或不真实,这种理解没有根据,不能成立;二是作为诉讼结果的裁判事实符合法律已经规定好的"真实",自然会得到法律认可。但由于第一种理解不成立,这第二种理解也无根无据;三是法律对作为诉讼结果的裁判事实,有的予以认可,视为真实,有的不予认可,不认为是真实。这第三种理解是唯一在"逻辑上"说得过去的理解,即法律对依法作出的事实裁判视案件真相是否发现的不同情况,赋予事实裁判不同的效力,若裁判事实正是依证据查明的案件客观事实,法律就要承认和保护其效力,当然属于"法律认可的真实",否则,法律不应当认可其为真实。由此,对"法律认可的真实"的前两种理解可以不讨论。但是,第三种涵义上的"法律认可的真实"(即法律对符合客观事实的裁判事实的认可,是对裁判结果之真实的认定)与作为证明标准之"法律真实"的定义中那个"法律认可的真实"(即法律规定了什么是真实,裁判结果符合规定的真实,才能认可,才能认定事实证明达到"法律真实"之证明标准),却不是一个概念,有不一样的涵义;前一个概念可以正常用于对裁判事实进行法律评价,后一个概念却是虚概念,实际法律中不存在那样的规定,所以不能使用。

(三)与"客观真实"相贯通的"法律真实"才能立足

从对"法律真实"的主要理解或解释(包括前面引述的法律真实定义)可以看出,有的主张,法律真实是法律规定的真实,是程序真实,与实体真实、客观真实对立,有的认为,它是程序正义之下的"客观真实"。所以,"法律真实"本身是分裂的。

除了否定法律真实与客观真实有联系的观点,一些法律真实论者认为:

法律真实是客观事实向法律事实转化的结果;①

法律真实并不属于主观真实的范畴。法律真实是建立在客观真实基础之上的真实,是包含有客观真实内容的真实,但不等于客观真实。客观真实必须是完全正确的,而法律真实的概念本身就隐含着误差的可能性。按照客观真实的要求,司法证明的结果都是符合客观实际情况的,那当然就是完全正确的,就不能有任何误差。而法律真实是法律认可的真实,其中既包含有符合客观实际情况的内容,也可能包含有不符合客观实际情况的内容。法律真实在一定意义上是以概率为基础的真实,概率本身也具有客观的属性。②

既然法律真实是客观事实在程序法中向"法律事实"③转化的结果,那它就不是,也不能是用来审查客观事实是否已经向法律事实转化的标准(证明标准);既然法律真实是客观事实的转化,那就不可能在内容和本质上脱离客观事实,也不可能是"法律规定的真实"(但法律应当认可)。

所谓法律真实建立在客观真实基础之上,包含客观真实内容,但"不等于客观真实",即客观真实必须完全正确,法律真实既包含有符合客观实际情况的内容,也可能包含有不符合客观实际情况的内容,是以具有客观属性的概率为基础的真实,隐含着误差可能性,这样的说

---

① 参见樊崇义:《客观真实管见——兼论刑事诉讼证明标准》,《中国法学》2000年第1期。

② 何家弘:《论司法证明的目的和标准——兼论司法证明的基本概念和范畴》,《法学研究》2001年第6期。

③ 樊崇义先生在其文章中使用的"法律事实",是随意和含糊的,实际上指"裁判事实",是经过诉讼程序而确定的事实。在法学基本理论中,法律事实指法律规定的、能够引起法律关系产生、变更和消灭的行为和事件。

辞,在逻辑上是自相矛盾的。一方面,"法律真实"居然是"可能包含有不符合客观实际情况(即虚假情况)"的"真实";另一方面,对客观真实和"客观真实的要求"予以混淆,把案件原生事实(绝对、完全真实、正确)和根据"客观真实的要求"而查明和裁判的案件事实(可能偏离客观案件事实)混淆,从而既否定"客观真实的要求",又否定"客观真实";其理论目的在于确立既可真也可假的"法律真实",进而把本来是裁判结果的"法律真实"倒过来,树立为"证明标准"。这样一来,本身就可能以假为真的"法律真实",如何竟然能够成为以查明真相为己任的诉讼证明活动的"证明标准",这是法律真实论者避而不谈的问题。

有的法律真实论者认为,(与客观真实论相比较,)"法律真实"要求诉讼证明对象即案件事实和证据是客观存在的,不是凭空捏造的虚假之物,更关注于对案件事实和证据进行认识的现实可行性,还要考虑认识案件事实和证据的手段、方式"好不好"的问题,也就是要考虑诉讼活动和证据制度对社会利益和价值的影响及保护。① 这几个方面正好是客观真实论的基本主张,法律真实论只不过沿袭、承认和尊重了证据和案件事实的客观性,证明手段、方式的正当性。

至此,有两点已经很清楚:其一,法律真实论者在定义"法律真实"(这个证明标准)概念时,设定的前提是,法律"规定"了"真实"或"真实标准",这是先在于裁判事实(真实)的"法定真实(标准)",而在解释"法律真实"的过程中,却又把它理解为是裁判的结果,是结果事实的真实,并且是基于诉讼过程、证明规则、客观证据和案件客观事实四个方面而得出的"正当程序"的结果;其二,用来定义"法律真实"的"符合法律所规定的真实"、"法律认可的真实"、"达到法律标准的真实"等概念,既是"法律真实"的同义语,又是虚假概念,因此"法律真实"作为

---

① 刘田玉:《论"法律真实"的合理性及其意义》,《法学家》2003 年第 5 期。

法律真实论的最基本概念,根本没有得到界定;但一些法律真实论者在解释"法律真实"具体内容、涵义和它的"基础"时,却把法律真实根植于"客观事实"、客观证据或"客观真实"之上,这却是实在的。

所以,法律真实论者对"法律真实"的定义是虚的,而相关解释和理解则有部分合理性。

张志铭教授对法律真实的涵义及其与客观真实关系所做的如下解释,恐怕是法律真实论者不好否定的——我以为,如果真要让"法律真实"在理论上成立,也只能做如下理解:

> 法律真实标准由抽象概括形态的客观真实标准分解转化而来,它是否具有认知上的合理性,是否能够在我国的意识形态和制度上寻得正当性,关键要看它是否能够与作为其"母体"或原型的客观真实标准保持正向联系。在对案件事实认定的真实性的评价标准上,如果我们提出"法律真实"的目的不是要用以实现"客观真实",而是要取代"客观真实",那么"法律真实"就会像是一只迷途或走失的"羔羊"。
>
> "羔羊"必须"回家",这个"家"就是一般形态的客观真实标准所要求的"符合事物的真实情况"。在案件事实的认定上,虽然基于法律真实的标准必然会引入各种法律规范的因素,却不应该放弃或背离对真实的追求、扭曲甚至歪曲"案件真实"。事实上,也不能认为法律真实标准的确立,必然会导致对"案件真实"的扭曲甚至歪曲。
>
> 法律真实是一种实践形态的客观真实标准。受认知当下性和局限性的影响,任何实践形态的客观真实标准包括法律真实标准,都是"追求真实",而不能绝对保证获得真实,甚至也不能保证必定能够作出真实性评断。

法律真实是一种规范形态的客观真实标准。就一般意义上说,这种规范性并不排斥真实性。在司法裁判中,认定案件事实,是为了适用法律、裁决纠纷,是一种合目的的认知活动。这种合目的性,反过来要求认定过程的有序性,并进而在评价事实认定真实性的标准上表现为规范性。法律真实标准的规范性,是它区别于其他实践形态的客观真实标准的关键所在。

法律真实是一种以合法性评价为先决条件的客观真实标准。合法性评价不能取代真实性评价,但它会阻断真实性评价的发生。在"真实"的前面加上"法律"这一限定,意味着法律真实标准是合法性评价和真实性评价的统一。就两者的关系而言,合法性评价在先,真实性评价随后;不能通过合法性评价,则会阻断真实性评价。

法律真实是一种以"追求真实"为主旨、以"不背离真实"为底线的客观真实标准。①

我认为,法律真实论者对"法律真实"的定义是错误的,即是说,"法律真实"从源头上就错了。而一些法律真实论者在理解和解释"法律真实"时,实质上还是承认和维护了"客观真实",只不过他们的视角是"程序法",价值观念上更注重"程序正当",在真实的"程度上"更强调"真实的相对、有限"或"假、错的可能性",在事实认知上持怀疑论甚至不可知论立场。

总的来看,法律真实的核心在于裁判者"从法律角度认为是真",只要裁判出来的事实"从法律角度认为是真",是法律认可的真,就可

---

① 张志铭:《裁判中的事实认知》,载于王敏远编:《公法》第四卷,法律出版社2003年,第6—7页。此外,张建伟先生对客观真实与法律真实之争进行梳理后,总结两种"真实"论并不存在真正分歧的七个方面,以及四个方面的真正分歧,见张建伟:《证明标准研究中的模糊视阈》,《政法论坛》2005年第6期。

以不顾证据、案件事实,不顾当事人、社会公众对裁判者正确揭示、认定客观案件事实的要求,就可以在程序正义的名义下,不顾查明客观案件事实的合理需要,设置种种有碍查明真相的"正当程序",可以完全本末倒置。看看有些极力将客观真实置之死地而后快、对法律真实的极度赞美的文章,它们早已彻底抛开客观真实,连影子都不留下,面对它们,张志铭们对法律真实的理解和期待有点一厢情愿。

二、"法律真实论"自身的分裂和混乱

法律真实论者内部的论题、观念和论证路径很不统一,不同论题的转换没有统一的逻辑论证,因此"法律真实"论是一盘散沙。

(一)"法律真实"的代表性观点及差异

李浩先生在1995年撰文指出,民事诉讼可以实行比刑事诉讼稍低的证明要求,即优势证据证明要求,刑事诉讼要求确实、排他性证明,民事诉讼允许盖然性占优势的证明。盖然性优势证明要求"与'法律真实'的证明任务相契合","与民事实体法大量采用的形式真实的真实标准相一致"。① 这里,"法律真实"是民事诉讼中的证明任务和要求,形式真实是其在民事实体法上的对应物;"盖然性优势"与法律真实相契合;刑事诉讼的确实、排他的证明要求与法律真实是什么关系,这里没有明确的说法,但暗含的意思还是能够理解出来,即刑事诉讼是另外的证明标准,不是法律真实,而是高于法律真实的标准。

1996年,韩象乾则有如是说法:应将法律真实作为民、刑事案件的证明标准;法律真实与法定证据制度中的"形式真实"有本质区别。韩先生的说法与李浩先生的看法显然有别。②

---

① 参见李浩:《差别证明要求与优势证据证明要求》,《法学研究》1995年第5期。
② 参见韩象乾:《民、刑事诉讼证明标准比较论》,《政法论坛》1996年第2期。

从1996年到2000年,从事刑事诉讼法学研究的樊崇义先生,则无条件地把"法律真实"引入了刑事诉讼,并作为刑事诉讼的证明任务和要求,把排他性作为刑事诉讼的证明标准。樊先生很明确、细致地区分了"法律真实"作为证明任务和要求,与"排它性"证明标准之间的不同。① 但后来,他慢慢接受并主张法律真实包含排他性证明标准,法律真实成为与客观真实对立的、以排他性或"排除合理怀疑"为内容的刑事案件证明标准。

2001年,诉讼和证据法学界的几位著名学者分别发表看法,支持法律真实论,但各自的具体观点和论证路径大相径庭。

陈瑞华先生从基本否定诉讼活动的认识属性、批评(辩证唯物主义)认识论对诉讼活动造成一系列实践和理论困境出发,认为"完全站在认识论的立场上看待证据规则,极容易在价值观上掉入程序工具主义的陷阱,使得所谓的'客观真实'或认识论意义上的理想结果受到强调和重视,而诉讼过程则受到不应有的忽视",从而否定(辩证唯物主义)认识论对诉讼活动的理论基础和指导作用;从肯定诉讼的利益争端解决目的、诉讼的程序法规制、诉讼证明不等于认识活动、诉讼包含法律价值选择等角度出发,肯定诉讼活动"属于典型的价值评价和价值选择问题,与认识活动毫无关系";应当以"形式理性观念"和"程序正义理论"作为证据法学的理论基础;诉讼领域的"事实"有双重含义,即社会和经验层面上的事实和法律层面上的事实,但按照形式理性观念,裁判者和控辩双方都不能为寻求社会和经验上的事实而无限制地进行活动,裁判者不可能为探求所谓"实质真实"而任意进行调查活动,裁判者对案件事实的认定带有较强的法律适用色彩,实际属于自己

---

① 参见樊崇义:《我的结论是"法律真实"》,《中国律师》1996年第7期;《客观真实管见》,《中国法学》2000年第1期。

对案件事实所作的主观判断;在严格的法律形式主义限制下,裁判者所认定的事实显然不等于社会或经验层面上的所谓"客观事实",而只能是法律上的事实。进而,陈先生认为,"客观事实"的完全发现既是不可能的,有时也是不必要的;"事实真相"的揭示过程处处受到法律程序的限制,它不再是绝对客观的事实真相,而只能是服务于诉讼或仲裁的解决争端目标的"法律事实"。[①] 陈瑞华否定诉讼活动的认识属性,否定认识论的理论基础和指导作用,夸大形式理性和程序正义在诉讼认识活动中的基础和指导作用,夸大"客观事实"认识的不可能性和"真相"的相对性,过分陶醉于其所说的"法律事实",夸大程序正义对实体不真实、不正义的"正当化"能力和程度,已经受到学界不少批评。笔者要在此指出:陈瑞华先生试图为"法律真实"提出广泛的哲学根据,但他忽视了一个核心问题,即他的论证加剧了"法律真实"理论的内部分裂,为那些同意"法律真实"是"客观真实"在诉讼中向裁判事实的转化的法律真实论者设置了巨大障碍。如果法律真实论者把陈瑞华先生的理论贯彻到底,逻辑结果只能是——诉讼是微弱的认识活动与强大的价值判断活动的结合体,或者诉讼纯粹就是价值活动,价值将主宰案件事实的认定,程序将决定案件事实的内容,形式合法性将驱逐实质正义。虽然也有人追随陈先生,但一些重要的法律真实论者并没有沿着这个理论逻辑去展开自己的理论。

同样是法律真实的主张者,陈卫东等人提出的看法和所持依据又有不同:应当区分客观真实与诉讼真实,裁决案件所依据的证据事实是诉讼内在的事实(真实),法律上的真实,法庭认定的事实,不是客观真实;诉讼真实与客观真实本不等同,尽管诉讼真实已经达到或接近客观

[①] 参见陈瑞华:《从认识论走向价值论——证据法理论基础的反思与重构》,《法学》2001年第1期。

真实;诉讼真实、法律真实和庭审真实具有同一意义;定案事实是诉讼真实,是由案内被采信的证据证明的事实,是一种法律真实、是庭审真实,是法定程序产生的真实;用诉讼真实、法律真实、庭审真实来判决案件才是"不二法门";诉讼真实说丝毫没有否定查证的积极意义,但法官作为裁判者只能以诉讼真实来裁断案件;我国刑事诉讼有罪判决的证明标准,可以采用"案件事实清楚,证据确实充分"的既有表述,也可以采用"排除合理怀疑"的表述,但"事实清楚"之"事实"是诉讼内通过庭审对证据的采信而认定的事实,是诉讼真实。① 陈卫东先生在文章中,既认为法律真实(诉讼真实)是裁判结果,"案件事实清楚,证据确实充分"或"排除合理怀疑"才是证明标准,又说"法官作为裁判者只能以诉讼真实来裁断案件",这本身就有矛盾。

何家弘先生主张的法律真实论,又别具一格,他的许多具体看法是客观真实论者可以接受的。他首先肯定客观真实是司法证明的目的②,在这个基础上,认为法律真实是司法证明的标准;法律真实本身是包含客观真实内容、以具有客观性的概率为基础的真实,既不属于主观真实,也不等于客观真实,是相对真实而非绝对真实;何先生承认,客观真实论和法律真实论的"水火不容"是表面的,法律真实说的学者其实也承认在诉讼活动中追求客观真实的价值,这正是客观真实说的学者极力主张的,而客观真实说的学者也承认每个案件中都或多或少地会有一些客观事实是无法查明的,而这正是法律真实说学者反复强调的;何先生把客观真实说和法律真实说的分歧在一定程度上归结为

---

① 参见陈卫东、刘计划:《关于完善我国刑事证明标准体系的若干思考》,《法律科学》2001 年第 3 期。

② 这与何先生是精湛的证据和证据法学者有关吗?不承认客观真实,没有客观事实需要查明、能够查明,没有客观证据可言,没有地方需要客观证据,整个证据学、证据法和证据法学的大厦将顷刻倒塌。

(归咎于)"概念使用上的不统一",混淆了"事实"与"真实","目的"与"标准",以及作为司法理想的"客观真实"和作为司法现实的"法律真实"之间的冲突;司法证明的目的是明确案件客观事实,以便正确适用法律,司法证明追求的目标应当是客观真实,不能把司法证明活动的目标界定为法律事实,法律事实是司法证明的结果;司法证明的目的是一元的,不能是多元的,都是追求客观真实,虽然一元目的不一定都能够实现;确定司法证明的标准既要考虑证明目的,还要考虑司法公正、诉讼效率、成本等,证明标准不能是难以实现的客观真实,应当是切实可行的法律真实,而且法律真实这个证明标准可以有不同等级和层次,即刑事与民事诉讼的证明标准可以不同,不同诉讼阶段、不同证明对象,证明标准可以不同。①

(二) 无所适从的多元"法律真实"观

笔者在这里比较详细地梳理几位有代表性的法律真实论者的观点和他们的论证,就是要请读者看明白:如果我们来选择法律真实作为我们相信的理论,那究竟该选择谁家的说法?他们各自显然并不统一甚至在根本冲突的"法律真实说"(至少,陈瑞华和何家弘两人的"法律真实"就很不一样,可以说形同水火),一同构筑了一个能够让人适从的"法律真实论"吗?不仅"法律真实"概念不统一,而且法律真实与客观真实的关系更是歧见深沉;虽然都强调程序规范对发现客观真实、达成法律真实的影响,但影响的程度和产生的裁判效果相去甚远,有的说法律真实包含客观真实,有的说法律真实是形式真实;有的从批评认识论对诉讼的指导意义来证明法律真实的"真理性",有的仅认为法律真实和客观真实压根儿只是"概念分歧"。

---

① 参见何家弘:《论司法证明的目的和标准——兼论司法证明的基本概念和范畴》,《法学研究》2001年第6期。

我以为，"法律真实"远不是一个大致统一、相对清晰、稳定的概念，更不是一个可是用来作为"证明标准"的东西，法律真实的定义存在逻辑错误，法律真实论者对它的解释各话各说。因此，除了把"法律真实"规定和解释为"客观真实"的一种表达、一种形式，其他关于法律真实的定义和解释，都是虚的。

三、"法律真实"对"客观真实"之批评的逻辑问题

前文已经提到，有学者多次指出，法律真实论者对"客观真实"的批评，存在众多明显逻辑错误。我将在这里简要梳理、归纳法律真实论者批评"客观真实"的主要逻辑手法，揭示其中并非严谨的学术批评方式。

（一）前提与结论没有关联，"推不出"

"法律真实"论对"客观真实"提出了不少严辞批评，但批评的前提与批评性结论之间没有"推出"关系。

形式逻辑告诉我们，论证必须遵循前提能够推出结论的规则，否则就会"推不出"。

不少法律真实论者说：坚持客观真实，必然导致重实体、轻程序，发生刑讯逼供等"任意司法、藐视法律和法治"的现象；客观真实的要求与建设法治根本不相容；要树立程序正义观念，消除刑讯逼供等，就应当把客观真实的证明标准改变为法律真实标准。① 这样的看法已经受到批评，因为坚持客观真实的证明要求和任意司法、藐视法律、法治，相互之间都不存在必然的因果关系。②

笔者要进一步指出，坚持客观真实的证明目标，当然与重实体是

---

① 参见樊崇义、锁正杰、吴宏耀、陈永生：《刑事证据前沿问题研究》，载于何家弘主编：《证据学论坛》第一卷，中国检察出版社2000年，第202—208页。

② 参见张继成、杨宗辉：《对"法律真实"证明标准的质疑》，《法学研究》2002年第4期。

"一体"的,不是谁导致谁;坚持客观真实、重实体,与轻程序之间的联系是随机的、偶然的,不是必然的,无论过去还是现在,轻蔑法定程序可能与重实体相关,也可能恰恰是为了玩弄"事实"和"实体",即是说,掩盖真相、损毁实体正义的观念和行为,既可能"重程序",重视玩弄程序、重视法外程序(潜规则方面的程序),又可能"轻程序",轻蔑、歪曲、践踏、糊弄法定程序,规避限制权力保护权利的程序等。相应的是,如果为"重程序"而"重程序",有意无意"轻实体",甚至完全无视和否定实体事实,把"法律真实"推到极致,不顾案件基本事实真相而"玩儿"正当程序、程序正义之类,也是背离司法公正的,是另一种邪门歪道,不是值得倡导的好东西。

确立法律真实,能否使人就重视程序规范,不再轻程序?答案恐怕不能简单化。

只要不把法律真实搞成非常主观和任意的"法律事实",坚持法律真实具有客观基础、客观内容和可验证的根据,那么,法律真实也是要重实体、重客观事实真相的,我们不可能承认任意确定"案件事实"、不问基本真假状况、只管是否符合"形式要求"的"法律真实",更不能接受公然宣称只要符合法定程序、"假"也是"法律上的真"的真实观。如果认为法律真实只是客观真实的"诉讼程序法视角下的表达",那么,"法律真实"同样可能导致重实体、轻程序的情况;如果认为法律真实只是"形式真实",是只注重"程序正当"和"裁判可接受性"意义下的主观、相对真实,那么法律真实则有可能导致"重"程序、"无"实体和根本"不正义"的情况。

再说,重实体还是轻实体,重程序还是轻程序,其实与坚持"客观真实"或坚持"法律真实"都不是单一对应关系。这种情况下,一些学者宣称客观真实论者轻程序,藐视法律和法治,导致任意司法,这种推理明显草率。

(二) 以"虚假论证"方式批评客观真实论

混淆或者偷换概念、论题,把虚假论题强加给"客观真实"论。

法律真实论者说,从辩证唯物主义认识论的角度来权衡,"客观真实"的内涵和外延是何等复杂,在诉讼实务中的可操作性是何等困难。客观真实性不仅要受到外在客观条件的制约,更要受到各种抽象的主观因素的影响。这正是在实际办案工作中,就一个案件事实、证据的认识常常产生分歧的根子所在,也是人民群众批评"司法不公"的原因之一。法律真实论者批评客观真实标准在司法实践中太原则、笼统、操作性差,导致公、检、法各机关对客观真实的理解产生歧义,案件事实、证据认定发生分歧,互相扯皮、推诿,拖延诉讼时限,证明标准不统一,导致打击不力或判决不公,形成错案。声称,理论研究和实践证明,再也不能用一个深不可测的所谓"客观真实"的抽象口号,作为衡量刑事诉讼证明的标准,证明标准需要细化,不能仅靠一个笼统的理想化模式"客观真实",而是要寻找一个既符合实际又易于操作的标准来指导证明活动。法律真实是具体的、可操作的司法证明标准。[①]

第一,"客观真实"的内涵和外延的确复杂,但不会比"法律真实"的内涵外延更复杂;对客观真实或法律真实的内涵、外延的复杂性的把握,需要从正确了解和运用辩证唯物主义认识论出发,不能首先曲解辩证唯物主义认识论,用曲解的辩证唯物主义认识论解释客观真实,最后再反过来,对客观真实和被歪曲的辩证唯物主义认识论一起进行批评。当"客观真实"作为一种总体性的诉讼证明观念和要求,作为评价裁判事实性质的哲学范畴,本来就不是具体证明要求,指责它太过原则、笼统、操作性差,这本身就说明论者不完全明白"客观真实"范畴所属的话语领域;当"客观真实"作为具体案件的司法证明和事实裁判要求,

---

① 参见樊崇义:《客观真实管见》,《中国法学》2000 年第 1 期。

批评它不具体、不可操作,说明论者可能不很清楚"客观真实"在个案裁判中所具有的实践内容,即个案中"客观真实"要求的操作内容和运行方式。仅就刑事案件来说,客观真实的具体操作,就是侦查人员细致、客观、全面、及时收集案件证据,就是把能够证明嫌疑人有罪无罪、罪重罪轻的各种证据收集到位;就是检察官认真审查证据和事实,决定是否逮捕嫌疑人、被告人,决定起诉或不起诉;就是检察官、当事人和辩护人在法庭上举证、质证、辩论;就是裁判者审查、认定、排除或采信证据,综合分析全案的审理情况,评价检察官、当事人、证人对案件事实陈述、辩驳的情理与逻辑,对查明的事实予以认定和宣告。"客观真实"哪有什么笼统、操作性差的问题?通过这些程序和事实查明方式,不就能查明客观真实吗?其实,"法律真实"何尝不是通过这些方式"操作出来"的?难道这些方式只能操作出"法律真实"而不能是客观真实?

第二,坚持"客观真实",会出现办案人员的扯皮、推诿、拖延,把打击不力、判决不公、形成错案,等等。客观真实的要求与这些司法问题的因果关系是什么呢?以"正当程序"为旨归的法律真实,不会更有可能导致办案人员扯皮、推诿、程序繁琐、拖延,更打击不力吗?至于判决不公、形成错案,法律真实论者其实明白,当事人主义的刑事诉讼模式也不能完全幸免,看看英美诸国的无辜者网站披露的大量错案数据,以及英美学者研究错案的累累成果,我想,就不会把司法不公、冤假错案归罪于"客观真实"。尤其,不能老是把作为当事人主义诉讼的"正确标本"(如辛普森案件,一些人误以为辛普森案件是适用法律真实证明标准的产物),与作为职权主义诉讼的"错误标本"(如杜培武案件,一些人误以为杜培武案件是适用客观真实证明标准的产物),进行错位比较,否则不具有可比性,比较分析的结论也不具有科学性。① 在造成审判不公、产生错判的问题上,"法律真实"不比"客观真实"好多少。

特别是,人民群众批评司法不公,这账更不能一概算到"客观真实"的证明要求上。倘若认真坚持了客观真实理念,查清楚了客观真相,并严格以事实真相为根据而正确适用法律,老百姓高兴都来不及,哪还会像而今这般,普遍、深刻感到司法不公——倒是"法律真实"已经在司法实践中成为某些司法不公的理论和观念推手,以程序正当和形式真实为托词,掩盖真相,胡乱司法,案结事不了。

第三,我们可以做一个简单游戏,把法律真实论者对"客观真实"的批评文字,替换成对"法律真实"的批评——如果法律真实论者对客观真实的这种批评能够成立,那么,客观真实论者也就顺理成章地可以用同样的方式和语调批评法律真实论:

> 法律真实标准是高度原则、笼统的标准,没有可操作性;公、检、法各机关之间对法律真实的理解存在巨大歧义,因而对案件事实、证据的认定很难统一,以至互相扯皮、推诿,拖延诉讼,大量案件由于证明标准不统一,导致对犯罪打击不力,大量判决存在不公,并且出现不少错案。

实际上,难道法律真实会比客观真实更加具体?更加可操作?被法律真实论者认为是坚持法律真实标准的英美国家,②不是也为"合理

---

① 我对王达、曾粤兴所著《正义的诉求:美国辛普森案与中国杜培武案的比较》(北京大学出版社2003年,2012年)所选取的比较对象、采用的比较方法、得出的比较结论,总体上一直持不认同的看法。

② 本章前面已经阐明,把"法律真实"说成是英美诉讼法中的证明标准,完全是无稽之谈。但此说不仅在法律真实论那里大行其道,而且唬住了一些客观真实论者。

怀疑"绞尽脑汁,迄今也没有给出"合理怀疑"的精准统一定义吗?

在法律真实的论证中,的确看不出"客观真实"标准如何笼统、操作性差,它如何让公检法对"客观真实"的理解产生分歧,又如何使得办案人员的扯皮、推诿,拖延,打击不力、判决不公、形成错案,并且,更没有看出"客观真实标准"笼统、操作性差就是办案人员的扯皮、推诿,拖延,打击不力、判决不公、形成错案等等的唯一或者主要原因。

(三)对"客观真实"的似是而非、强加于人式的批评

法律真实论者对 与"客观真实"相联系的辩证唯物主义认识论、实践论和真理观展开的批评,可谓强加于人、强词夺理的最好例证。

第一,法律真实论者对"客观真实"的认识论基础进行批评。

> "认识的主观性与客观性原理告诉我们,人类对任何客观知识("客观真实"之笔误?——笔者)的认识,永远不可能是客观事物的简单模写,所以刑事诉讼中对案件事实的认识,不可能达到绝对的客观知识"。①

陈光中先生等对此类说法早有细致批评。② 任何一个全面、准确地掌握了辩证唯物主义认识论的人都能够看出,这个论断错在何处。

笔者只须简明指出:认识的主观性和客观性相统一,不是一般的什么"统一",不表明认识中的"客观"和"主观"是"平等而统一"的;认识始终是人的主观对"客观的认识对象"的反映,主观能动性当然重要,但再怎么重要,也抹不掉客观对象的重要性;认识的来源、基础、内容总

---

① 樊崇义、锁正杰、吴宏耀、陈永生:《刑事证据前沿问题研究》,载于何家弘主编:《证据学论坛》第一卷,中国检察出版社2000年,第192页。
② 参见陈光中、陈海光、魏晓娜:《刑事证据制度与认识论——兼与误区论、法律真实论、相对真实论商榷》,《中国法学》2001年第1期。

是客观的,是客观事物。说"人类对任何客观知识(应是客观真实——笔者)的认识,永远不可能是客观事物的简单模写",这只是半句话,而且只是在某种条件下才正确的半句话,它需要和另外半句话结合,才是完整和准确的:"但不论人的认识对事物的模写如何简单或复杂,都是主观对客观事物的模写,都是对客观事物的既相对又绝对的认识"。"刑事诉讼中对案件事实的认识,不可能达到绝对的客观知识",这个结论是不可能从"人类对任何客观知识的认识,永远不可能是客观事物的简单模写"这半个前提推论出来的,而完整的前提应当是:"人类对任何客观知识(事物)的认识,虽然永远不可能是客观事物的简单模写,但都是对客观事物的既相对又绝对的模写,是以主观形式表达客观内容的近似事物本身的模写",结论应当是,"刑事诉讼中对案件事实的认识,是既相对又绝对的客观知识",这才符合起码的逻辑推理、论证要求。

第二,对"客观真实"的真理观和所支持的司法权威的批评。

"客观事实观实际上坚持绝对真理,尤其是一元化真理的存在,而在现实生活中,人们对真理的信念并不是很容易就能达成一致的意见,所以必然会在现实中形成一个宣布真理的权威。这种权威一方面要靠其持有的真理来支持和强化,另一方面又必须靠真理来行使权威,压制对真理的挑战。这种权威的行使模式往往会与法治的要求发生冲突。因为法治崇尚通过法律制度来产生结论,即除了法律之外,没有其他权威。而通过法律制度形成的结论,就很难与预定的真理保持一致。所以,权威为了依靠真理来支持,法律就只能降低为推广真理的工具,而不可能成为限制和约束权威的自治性制度,更不可能超越于权威之上。就刑事诉讼领域来说,如果把客观知识作为事实认定的标准,那么,宣布客观知识的权威只能是司法机关,一旦司法机关宣布其认识的事实就是客观事实,那么,公民就很难通过诉讼程序对这种认识提出挑战,因为诉讼程序在这种情况下不可能有效约束司法人员对客观事实的认定。"①

这是一段晦涩难懂的议论。我得对其中的重要语句逐一分析,读者可能才会稍微明白一些。

1. 上面引文第一句中的问题

其一,以"现实生活中,人们对真理的信念并不是很容易就能达成一致的意见"为由,否定"一元化真理的存在",主张真理多元论。马克思主义哲学坚持一元化真理论,认为真理本身就是"一元"的。每个人对每个事物在每个特定角度获得的认识,可以不同,但对那个特定事物在那个特定角度的认识,只有一个是真理,这个严格意义下,真理不可能是"多元"的;对一个事物在一个特定角度的认识,可以获得多元真理,"公说婆说,都是真理",是不可能的;多元真理观是与辩证唯物主义真理观相对立的主观真理观、唯心主义真理观、实用主义真理观,这是了解马克思主义真理观的人公知的常识。而且,"人们对真理的信念"就是各人所持的真理观,"真理的信念不一致"就是各人的真理观不同,对真理的本质、内容有不同认识、立场,说到底就是有多种多样的真理观,包括一元论、二元论和多元论真理观,包括符合论、融贯论、商谈论真理观,等等,因为真理观的多样性,就认为"真理是多元的","一元化真理"就是错误的,这本身就说明,论者至少不赞成一元真理观,

---

① 樊崇义、锁正杰、吴宏耀、陈永生:《刑事证据前沿问题研究》,载于何家弘主编:《证据学论坛》第一卷,中国检察出版社2000年,第203页。本段中,"客观知识"可能是"客观真实"的笔误。

如果这就是论者的信念和思想,我也不需进行更多讨论,毕竟理论信念不同。

其二,说"客观事实观实际上坚持绝对真理,尤其是一元化真理的存在",这是论者们不了解,"客观事实观"(指"客观真实"吗?)坚持的不仅有绝对真理,还有相对真理,并且坚持二者的辩证统一;至于坚持"一元化真理"更不是问题,我国的客观真实论者基本上都坚持这个真理观,因为它在与众多真理观的比较中,显示出了科学性。

其三,"对真理的信念难以达成一致,便产生宣布真理的权威",这个说法尤其似是而非。"真理"和"真理的信念"是两个既可能相一致也可能相背离的东西。真理就是真理,在真理能够成立的那些条件下,真理是一元的、绝对的,但那些使真理成立的条件本身,又说明并使得真理具有相对性,所以,真理是绝对与相对的统一。真理的信念,即真理观,却是多种多样的,不同的真理信念与不同的真理观是对应的,它们是同义语;不同的真理观对真理的理解不同,但真理却不因为人们对真理的理解不同而成为变色龙或橡皮筋,不会随风倒;谁掌握了真理,不完全在于他的真理观,而在他的某个认识是否正确反映了认识对象——当然,正确的真理观有利于他掌握真理。真理不是人们信念的一致,一致的信念当然可能是真理,也可能完全是谬误。在多元化真理观的条件下,恰好很难产生一个"宣告真理的权威",至少在理论领域是如此。真理的信念不一致就产生出宣告真理的权威,这不知道是什么逻辑?——谁真的发现了真理,阐明了真理,被许许多多的理论家、社会公众接受了,谁就成为那个真理的宣告者、权威,而非因为真理观众多,有人就凭借各种条件和资源,出来抢占、强占、霸占、轮流占据"真理的权威"或"权威真理"的"职位"(不过,这倒真是现实中某些理论权威产生和占位的真实写照)。

其四,说客观真实论坚持了绝对真理和一元化真理,就"必然会在现实中形成一个宣布真理的权威",这又是什么逻辑？再次申辩,客观真实论坚持的是绝对真理和相对真理的辩证统一,而非片面的绝对真理,坚持一元真理观更是没有错误,尽管一切多元真理观都否定一元真理观。至于客观真实论及其坚持的一元化真理怎么就"必然会在现实中形成一个宣布真理的权威",使人费解。真理不是"权威"宣布的结果,真理也不制造权威,持有不同真理观的人也不能"推举"一个权威来"宣布"真理,更没有那个人能够在众多真理观面前自命为权威并宣布真理。真理只能是认识符合客观事物并得到实践反复检验的结果,是和谬误相互比较产生的;谁发现和宣布真理并不重要,关键看宣告的是不是真理;"权威宣布的""真理"确实是真理的话,对这样的真理和权威就不宜非议;如果宣布的不一定是真理,也不可怕,是真理就服从,不是真理,就对它批评、更正。权威与真理,可能相互统一,也可能相互悖逆,问题不在于真理,也不在于真理是否由权威来宣布,而在于信念是不是科学、符合真理,权威是否掌握真理,权威宣布的"真理"是否准确表达了真理。现实中必然会产生"宣布真理的权威"吗？有可能,只要他真正掌握、传播了真理,人们认为他是宣布真理的权威,便没有什么值得挑剔。权威不等于"崇拜和迷信的偶像",不是专制、专横、专断的"威权"人物和机器,真正的权威也是在大浪淘沙中发现和逐步确立的。

如果权威宣布的"真理"都是谬误,是信念持有者、权威人物的偏执观念,甚至是思想和理论的专制、恐怖信条,无疑,这是"宣布真理的权威"假借真理而行荒唐,假借权威而行霸道,掩盖"权威"在理论、制度和实践层面的专制本质。这种局面的出现,与客观真实论、一元化真理观没有任何内在联系,借权威之名行专断之实的"真理"和"权威",可以寄生在多种理论、观念、制度和实践中,只不过其寄生的难易程度不同、寄生和展现的方式变化多端罢,所以,任何以追求真理为真实目标的理论、观念、制度和实践,都要警惕它们,包括客观真实和法律真实的理论与实践。

其五,论者批评"客观真实"是绝对真理、一元化真理,批评它需要权威来宣布,真意是什么? 实际上,论者是要告诉人们:一元真理是片面、绝对和专制的,并需要专制的权威来宣布;诉讼证明领域的"客观真实"就是这样的真理,"宣布"裁判事实就是案件的客观事实的人、组织(不外乎就是客观真实论者、有如此观念的司法机关、法官、检察官)等,就是这样的权威。论者把客观真实论污化为片面、具有专制性质的"真理",矮化为此等"权威"的附庸,把坚持和阐述客观真实理论讽为"宣布""一元化、绝对"真理,把"法治"视为此等"权威"获得、维护和推行其"权威"、推广其"真理"的工具,几行文字就把"客观真实"和那些认为通过审判能够发现客观真实的学者和实务人士,在理论上打入万劫不复的深渊。请问,这是哪家、哪年月的逻辑和文风?

2. 上述引文第二句中的问题

"这种权威一方面要靠其持有的真理来支持和强化,另一方面又必须靠真理来行使权威,压制对真理的挑战。"这又是什么话呢?

"这种权威",指的是什么权威,是转弯抹角批评客观真实论?

"持有真理"是罪过吗?"持有"真理是独占、垄断真理吗? 真理能够被垄断? 权威靠"持有的"即掌握、拥有的真理支持和强化,有错吗? 权威不靠真理支持和强化,难道要寻求谬论、赤裸裸的权力乃至武力来支持和强化?"靠真理行使权威",多好啊! 这和靠荒谬、不正当的权力、武力行使权威相比,那是多好的权威运行方式! 处处追求真理、依靠真理、信守和维护真理的权威,会"压制对真理的挑战"吗?"压制对真理的挑战"的"权威"是真正持有、依靠真理而行使权威的权威吗?

在自然和社会科学的历史上,在布满荆棘和坎坷的求真道路上,是什么在压制对真理的挑战? 虚假的"真理",以及靠虚假真理支撑起来的虚假权威,那些以愚昧、谬误、专横为基础的"权威",必定压制真理,压制对虚假真理的挑战,因为他惧怕真理。坚持客观真实(或法律真实)的司法机器和人员,会是那种压制真理的权威?

3. 前述引文中间三句的问题

"这种权威的行使模式往往会与法治的要求发生冲突。因为法治崇尚通过法律制度来产生结论,即除了法律之外,没有其他权威。而通过法律制度形成的结论,就很难与预定的真理保持一致。所以,权威为了依靠真理来支持,法律就只能降低为推广真理的工具,而不可能成为限制和约束权威的自治性制度,更不可能超越于权威之上。"这些话的逻辑是什么呢,隐喻些啥?

其一,作者说,依靠真理来支持、强化和行使的权威,往往与法治要求冲突。这话很深奥,需要做点通俗解释:客观真实理论是一种片面、专制的"真理",依靠这一"真理"来支持、强化和行使的理论和实践权威,与法治相对立,法治成为这些权威推广其"真理"的附庸和工具。

真理之权威与法治之要求,二者哪些方面冲突,如何冲突? 他们回答道:法治崇尚通过法律制度来产生结论,除了法律,没有其他权威;通过法律制度形成的结论,很难与预定真理保持一致;权威依靠真理支持,法律只能降低为推广真理的工具,不可能成为限制和约束权威的自治性制度,更不可能超越、驾驭权威[读者须时刻明白,这里的"真理(客观真实论)"和"权威(客观真实论者)"是作者批评的对象,可不是什么"好东西"]。

法治崇尚通过法律制度来产生结论,以法律为权威,法律之外的权威对法治来说都不是权威,这大体没有问题。但"通过法律制度形成的结论,很难与预定的真理保持一致",这话就莫名其妙了!

真理有"预定的"和"非预定的"之分? 预定的和非预定的真理有什么区别啊? 预定的真理是指不依赖于人的意志而存在的客观事物及其规律? 那非预定的真理是什么呢,是人的真理性认识吗? 我以为,真理作为人的正确认识,不存在"预定"不"预定"的问题。若非真理,即使十万年前就"预定",或者现在就"预定"到十万年后,都不是真理。就我所知,除了宗教、神学里面有神(上帝等)的"预定真理",世俗哲学里面,是没有"预定(的)真理"的。真理有现成的和未来可能发现的,但没有能够"预定的"。

如果作者想说,"客观真实"作为证明标准,是一种预设的标准,一种"预定的真理",实际事实裁判结论往往达不到客观真实标准,那么,法律真实作为证明标准,也是预设的标准,预定的真理,凭什么裁判结论就一定与法律真实标准一致?

通过法律制度形成的结论(指事实认定——笔者),当然可能与真理("客观真实"、案件事实真相)一致或不一致两种情形,而不只有冲突。一律断定"通过法律制度形成的结论,很难与预定的真理保持一致",不仅是片面的,而且撞击着法律真实——"法律真实"是如何通过法律制度形成结论、并轻易、始终和"预定真理"(法律真实)保持一致的? 在法律真实论那里,作为"制度形成的结论"的"法律真实"(事实裁判结论)与作为预设的证明标准的"法律真实"为什么当然始终一致? 法律真实为什么具有如此"包容性"? 恐怕不能简单回答说,它们都是"法律真实",是一个概念。真正的答案应当是:无论是作为事实裁判结论还是作为证明标准的法律真实,都包罗了一切真实和不真实。

其实,拨开这无比玄奥的话语,作者无非是要说,案件的事实结论应当通过诉讼程序产生,而事实裁判结果很难与客观真实的证明要求、标准一致,很难和案件事实真相一致。这奇怪吗? 事实裁判结论与证明要求不一致的情形是有的,但并非总是不一致,"很难一致"的说法显然存在夸张;就算很难一致吧,这与法治有什么冲突呢?

其二,"权威为了依靠真理来支持,法律就只能降低为推广真理的工具,而不可能成为限制和约束权威的自治性制度,更不可能超越于权威之上。"这话前言不搭后语啊。

权威依靠真理支持,跟法律成为推广真理的工具,不能约束、超越权威,是什么关系?

作者无非是说,客观真实论者依靠客观真实(实体真实)论作为支撑,法律成为客观真实论者坚持、推广客观真实论的工具,没有了自治性,不能限制、约束、超越和驾驭以客观真实论为支撑的权威(包括相关学者、实务人士和司法机器)。

如果作者希望批评法治虚无主义、法律工具主义,批评为了追求真相不顾法律、破坏法制的情况,我是不反对的。但批评客观真实论者把法律作为推广其理论的工具,并把自己凌驾于法律之上,破坏法治,这比批评客观真实证明标准导致了种种司法实践问题更严重,可是,这种批评毫无根据,没有证据证明,也没有令人信服的逻辑论证。

如果作者希望借此主张,在具体案件审判中,"客观真相"应当无条件让位于"法律至上",以法律应当超越和制约法官、法院(但不包括主张客观真实论的学者)为理由,既抹去客观真实,又把法律祭上神坛,束之高阁,完全去除其工具价值,那是不可能的。在具体适用法律时,法律既是操作工具又是价值法则,它具有限制、约束司法机器的"自治性"和力量,能够在某个意义上"超越司法权威"。

4. 前述引文最后一句的问题

上文最后一句是,"把客观知识作为事实认定的标准,那么,宣布客观知识的权威只能是司法机关,一旦司法机关宣布其认识的事实就是客观事实,那么,公民就很难通过诉讼程序对这种认识提出挑战,因为诉讼程序在这种情况下不可能有效约束司法人员对客观事实的认定。"

这话的问题很多,主要是:

其一,作者把当今我国大陆的司法困境,即不仅起诉难,而且成功上诉、申诉更难,不仅诉讼难,而且获得公正的司法裁判更难这样的困局,归因于客观真实的司法证明要求。我国司法体制乃至整个的民主和法治建设严重滞后,产生案件事实真相难明、司法公正和社会正义难以维护的局面,这与坚持客观真实的证明要求没有本质关系,以为"法律真实"能够解决"客观真实造成的问题",是错误的思路。近十年来,我国在民事诉讼领域明显引入了不少以法律真实论为指导的制度规范,不仅没有解决旧的诉讼难题,反而增添新病,如"举证失权"规则的制定和适用,就引起了很多矛盾,不得不半途废弃,即是明证。如果没有体制性的司法困局,如果我们的告状不难,上诉、申诉不难,每级法院的司法公正都有可靠保障,司法真正成为正义的最后、最有效的防线,不论我们坚持客观真实还是法律真实的司法证明要求,都不会出现"一旦司法机关宣布其认识的事实就是客观事实,公民就很难通过诉讼程序对这种认识提出挑战,诉讼程序不可能有效约束司法人员对客观事实的认定"的不正常状况。

其二,批评"把客观知识作为事实认定的标准,那么,宣布客观知识的权威只能是司法机关",作者真的以为,不以客观真实为证明标准,就可以由其他机关替代司法机关来"宣布"事实认定?如果以法律真实为标准,是不是就可以由党政机关、社会团体、企事业单位或者检察院、公安局作为宣布法律真实的权威机关?谁都知道,只要是在法院诉讼,不管你坚持客观真实还是法律真实,宣布事实认定的机关只能是司法机关,这不会变。

其三,"一旦司法机关宣布其认识的事实就是客观事实,那么,公民就很难通过诉讼程序对这种认识提出挑战",这个说法特别需要剖析。

"公民就很难通过诉讼程序对这种认识提出挑战将"指的是啥?指当事人或者法律许可的其他相关人通过上诉、抗诉、申诉、提起审判监督等程序要求纠正错误裁判吗?否则,我国法律根本没有规定"公民"通过诉讼程序对法院的事实裁判"提出挑战"。

按照作者的看法,法官宣布其认定的事实是客观真实,当事人就很难进一步获得诉讼救济,那么,司法机关如果宣布其认定的事实是法律真实,当事人就能够"轻易"通过诉讼程序对法律真实提出挑战?法律真实具有自动纠正司法体制不灵的功能?

我们都知道,至少根据法律的规定,当事人和其他有权的人和机关,只要依法对司法机关认定的事实提起上诉、提出抗诉和申请再审、提起审判监督程序,不管那个事实被称为客观真实还是法律真实,当事人、有关司法和其他有权人员都可以通过相应诉讼程序对原事实裁判结论提出挑战,现在的问题是如何落实、保护当事人的诉讼权利,而不是指责和归责于客观真实;实践中,不论法官在口头上还是判决书上,只会宣布某事实,而绝不会宣称自己发现的事实是客观真实或者法律真实,当事人绝不会因为法官宣布了"客观真实"就不能上诉、不申诉,也不因为宣告了"法律真实"才可以上诉、申诉。这些都是常识。

其四,"诉讼程序在这种情况下(即法官宣布客观真实——笔者)不可能有效约束司法人员对客观事实的认定。"对此,我只提示读者两点,一是,我国司法审判实践中,诉讼程序不能约束裁判者,法定诉讼程序不被法官遵守,这完全不是"客观真实"或"法律真实"引起的问题,而是诉讼制度和司法体制问题——假如法律真实的证明标准真有"刚性约束"裁判者尊重程序、保护人权和当事人基本诉讼权利的功能,不管其他人怎么想,笔者立即皈依"法律真实",建议立法部门立即在诉讼法中写上法律真实的证明标准;二是,按照某些学者的说法,英美国家奉行的是法律真实证明标准,但那些国家的诉讼中,也有警察、检察官乃至法官"超越"法律约束的情况。

我的这些分析表明,法律真实论者的种种晦涩论述经不起分析,而这样的观点在法律真实论里面难以计数。

第三,法律真实论对客观真实论危害后果的批评。

采用客观真实的证明标准观,在实践中不但无法实现,而且会给我们带来一系列的严重后果,如任意司法、蔑视法律和法治等。当前我国出现上访、告状等社会问题,很多就与客观真实无法验证,从而使公民与司法机关产生分歧有关。刑事诉讼法中关于保护公民权利的规定都有可能在发现客观真实的幌子下被击得粉碎。[1]

除上述批评,李奋飞先生归纳了"客观真实说"的四大缺陷:一是违背认识规律,与司法实践状况明显不符,混淆了司法理想和司法操作的关系;二是将刑事审判中的事实认知活动仅看做一种认识活动,过于简化,不符合人类建立审判制度的目的;三是将认识绝对化,忽略了认识主体的主观性因素对作为事实认定手段的证据的影响;四是"客观真实说"指导立法和司法实践,不利于一些体现现代法治精神的诉讼原则和诉讼制度在我国刑事诉讼法中的确立,也容易为执法者提供违反程序的口实,使得诉讼程序在有损实体真实发现时被漠然抛弃。[2]李先生列举的这四条,大体上就是法律真实论者对客观真实论的问题的总结了。

对法律真实论所批评的客观真实论"缺陷",连同整个法律真实

---

[1] 参见樊崇义:《客观真实管见》,《中国法学》2000年第1期;锁正杰、吴宏耀、陈永生:《刑事证据前沿问题研究》,载何家弘主编《证据学论坛》第1卷,中国检察出版社2000年;锁正杰:《刑事程序的法哲学原理》,中国人民公安大学出版社2002年;《刑事证据的客观真实与法律真实的关系》(作者不详),http://www.bjgongsi.com/ShowArticle.shtml?ID=2008971885254484.htm,访问日期:2012年10月30日。

[2] 参见李奋飞:《对"客观真实观"的几点批评》,《政法论丛》2006年第3期。

观,一些客观真实论者进行过有力反驳。在最初批评法律真实论的文章中,陈光中先生等发表的《刑事证据制度与认识论——兼与误区论、法律真实论、相对真实论商榷》(《中国法学》2001年第1期)影响力最大,批评得最为系统和深入。后来,刘金友先生①、裴苍龄先生②、张建伟先生③、张继成先生④等,都有重要文章直接或间接反驳了法律真实论的各基本观点。

面对客观真实论的这些批评,我在这里只简要指出四点。

其一,法律真实论者把司法实践中的诸多重大问题、法治中的困境,乃至上访之类社会重点、难点和热点问题,归结为"客观真实(论)"惹的祸,这不客观、不准确,不能把司法体制和诉讼活动中的许多制度性和非制度性问题归因于客观真实。

其二,公民与司法机关对案件事实的认识有分歧,如果是因为司法机关没有查清事实,那恰好不是客观真实(论)的问题,而是,要么司法人员没有认真贯彻"客观真实"理念,没有查明真相,要么司法人员信奉所谓法律真实,自以为程序到家了,他们认定的任何事实就"真实"了,就判案了;如果法院查清了真相,有当事人不认账(多半是他败诉了),这更不能用来指责客观真实(论)。"客观真实无法验证"的说法经不住推敲,一切客观真实(论)最重视的、也是客观真实赖以成立的

---

① 参见刘金友:《客观真实与内心确信——谈我国诉讼证明的标准》,《政法论坛》2001年第6期;《证明标准之我见》,载陈光中、江伟主编《诉讼法论丛》第7卷,法律出版社2002年。

② 参见裴苍龄:《论实质真实》,载陈光中、江伟主编:《诉讼法论丛》第8卷,法律出版社2003年;《从实质证据观到实质真实标准》,《中国刑事法杂志》2004年第6期。

③ 参见张建伟:《证据法学的理论基础》,《现代法学》2002年第2期;《认识相对主义与诉讼的竞技化》,《法学研究》2004年第4期;《证明标准研究中的模糊视阈》,《政法论坛》2005年第6期。

④ 参见张继成、杨宗辉:《对"法律真实"证明标准的质疑》,《法学研究》2002年第4期。

基础的东西,就是证据,而这是最易于验证的;如果客观真实都无法验证,法律真实更不能验证,因为,实体法、程序法和证据法的法条无法验证事实真假。至于当事人与法官在事实认定上有分歧,多是因为法官在对待证据、查证事实方面,要么主观没有尽力,要么遇到客观上的困难,与"客观真实(论)"以及法律真实论都没有太多关系。不过,法律真实论倒是在理论上更有可能导致法官在查明事实方面的主观惰性,因为"走程序"(有时候就是走过场嘛)比起"查事实",往往轻松多了。

其三,至于客观真实与现代诉讼原则、价值、制度有某些对立,这是客观存在的,就像法律真实也与现代诉讼原则、价值、制度存在对立一样,如果客观真实主张可能会使一些人重实体轻程序,那法律真实主张恰好可能使一些人重程序轻实体,它们都并不完全符合现代诉讼的全部理念和原则。诉讼程序被漠视和案件真相被漠视,没有谁比谁更值得谴责或认可,都是诉讼制度和审判实践的创伤;神化当事人主义和法律真实观,以为它就是实现现代诉讼制度、价值的最佳方式,根本不可取,只要真的了解像美国那样的当事人主义刑事诉讼实践中的错判情形,就会有新的看法。①

法律真实论者批评客观真实(论)导致刑讯逼供等非法取证行为,这一点既得到一些人的赞同,也受到一些人的反驳。其实,"客观真实"和"法律真实"一样,都可能与非法取证发生一定关系,但都没有全面的、必然的关系。如果说一个把真相作为司法正义基础的客观真实成为击毁公民(其他)权利的幌子,那么,竟然能够把"假、半假"当做"真"的法律真实,更可能击毁公民诉讼权利。任意司法、蔑视法律和

---

① 这方面,美国无辜者计划项目可以帮助我们。现已发现,1973年到2008年间错判,或者说从1989年8月到2012年1月间证明无罪的案件共294件,其中有错判死刑甚至被执行的无辜者。参见 http://www.innocenceproject.org/,2012年7月19日访问。

法治,不只是客观真实(论)的专属产品,法律真实观念和制度之下,也不能完全幸免。在我国大陆的司法实践中,严重违法办案,不顾起码证据和事实,侵犯人权,很多时候既不是因为办案人员坚持了客观真实,也不是因为他们信奉了法律真实,而是"有关方面"要求他们把案件办成领导意图的模样,这与追求真相、采用客观真实证明标准,还是尊重程序、采用法律真实标准,有什么关系?

其四,"上访、告状这一社会问题,很多就与客观真实无法验证,从而使公民与司法机关产生分歧有关",这话从何说起? 首先,"告状"不是社会问题!"告状难"才是重大社会问题!诉权是公民基本权利之一。"上访"问题有多少与"客观真实"的诉讼证明要求有关? 有多少上访恰恰与法官没有揭示"客观真实"、维护公平正义,而是以"程序正当"、"法律真实"和所谓"裁判可接受性"来敷衍、搪塞有关? 当事人、公众心目中的"裁判可接受性",与学者在书斋中冥想的"程序正当"、"法律真实"和"裁判可接受性",相去多远?

总的说来,不少法律真实论者持有多元真理、实用真理、主观真理和相对主义真理观,主张用语言哲学、"后现代"等唯心主义哲学作为司法证明的理论基础,在批评客观真实论时,往往以客观真实观不符合这些哲学关于真实或者真理、事实的概念、观念为说辞,以客观真实导致了司法实务乃至社会中的广泛问题为根由,有的甚至根本不顾逻辑,对客观真实(论)随意批评,并且颇为"成功"。"成功"的标志主要有三:查看期刊文章,这些年批评客观真实论的居多,仍然认同和坚持客观真实论的较少,肯定法律真实论的越来越流行,批评法律真实论的文章不被人注意;刑事诉讼法、民事诉讼法、证据法等教材里面,客观真实论几乎被挤进了角落,即使还有坚持的,也对它有一大堆批评,对法律真实有一大堆美言;一些曾经最重要的主张客观真实论的学者,在"法律真实论"的组团式舆论轰炸下,稀里糊涂从承认法律真实的"一定合理性"开始,到最后放弃客观真实,采用"诉讼真实"作为证明标准。①在理论史上,诉讼真实究竟属于客观真实还是法律真实,曾经纷争不已,现在,一般认为,诉讼真实是法律真实的另一种表达而已,并没有大的分歧。②

但在我看来,法律真实论者批评客观真实论的那些观点真正"证成"了的确实不多,大多数法律真实论者对客观真实和法律真实两个范畴几乎没有准确知识,也没有自己的理论判断力,对客观真实的批评话语多是重复意见。

到目前,法律真实论似乎"取胜"了,尽管很大程度上不是理性、科学论证的成功,但它在自我"宣传"中获得了胜利;虽然客观真实论并没有销声匿迹,但客观真实论看起来已经阶段性"落败",尽管"客观真实"并没有丧失其真理性,司法实践也似乎在向客观真实回归。

---

① 参见陈光中、李玉华、陈学权:《诉讼真实与证明标准改革》,《政法论坛》2009年第2期。该文认为,诉讼认识论和价值论相统一,客观真实标准不能放弃,法律真实有"积极意义",但客观真实和法律真实都应当以"结合"了两种真实的"诉讼真实"取而代之。该文除了在"摘要"里面明确主张"法律真实代替客观真实是不正确的,简单地否定法律真实也是不现实的,理性的做法是实现客观真实与法律真实相结合,形成有中国特色的诉讼真实观,并以此改革中国的诉讼证明标准",全文就没有对这个主题进行任何论证,也没有论证何为该文所主张的"诉讼真实",它何以独立于客观真实和法律真实,并且能够"结合"二者。该文一方面附和法律真实论强加给客观真实论的所谓认识论上的片面性、机械性,把倡导程序正义、人权保障、诉讼效率都归功于"法律真实观",无根无据地吹嘘法律真实观有助于解决实践中的问题,另一方面,简单地重复批评"事实清楚,证据确实充分"标准,"引进""排除合理怀疑"刑事证明标准、"高度盖然性"民事证明标准,在行政诉讼上,立了两个证明标准,一是"事实清楚,证据确实充分"的标准,另一个是莫名其妙、别出心裁的"接近事实清楚,证据确实充分"的标准。

② 参见陈卫东、刘计划:《关于完善我国刑事证明标准体系的若干思考》,《法律科学》2001年第3期;刘田玉:《诉讼真实观的演变及其程序意义——关于事实和裁判关系的思考》(中国政法大学2005年博士论文,陈桂明教授指导);史立梅:《论诉讼真实的属性、标准及其认可》,《法学论坛》2006年第6期(该文认为,诉讼真实就其属性而言,属于客观真实,就其标准而言,它属于法律真实),等等。

附："证明标准"争辩二十年的源流与话题

王敏远先生《一个谬误、两句废话、三种学说》的长文对客观真实和法律真实都作了批评。① 而我也认为,客观真实论和法律真实论的论争之中,各有不少谬误(岂止"一个谬误"),废话也多(岂止"两句废话"),虽然我不同意王先生对客观真实和法律真实进行批评的方式、使用的批评工具,以及得出的许多批评结论。"证明标准"争辩了二十多年,这究竟是怎样一个局面呢?

一、证明标准论争的起始和演变

1983年,杨荣新先生发表了一篇文章,谈论民事诉讼法的中国特色,其中说到查明客观真实情况和便利群众诉讼,是诸多特色中的两个重要方面。文中说:

> 以事实为根据,以法律为准绳,是我国民事审判工作一贯的基本方针,而查明事实又是适用法律的前提和基础,只有准确地查明事实,才能正确地适用法律,妥善地解决纠纷。作为程序法的民事诉讼法,它的首要任务就是保证人民法院查明事实,分清是非。为此,民事诉讼法规定:当事人有举证责任,以证明自己提出的主张;人民法院有查证职责,应当按照法定程序,全面地、客观地收集和判断证据,第二审人民法院必须全面审查第一审人民法院认定的事实和适用的法律,不受上诉范围的限制。各级人民法院院长对

---

① 参见王敏远:《一个谬误、两句废话、三种学说》,载王敏远编:《公法》第四卷,法律出版社2003年。王敏远认为:"硬邦邦的事实"是一个谬误,"认识符合事实","事实胜于雄辩"是两句废话。笔者后文有批评。

本院已经发生法律效力的判决、裁定,上级人民法院对下级人民法院已经发生法律效力的判定、裁定,发现确有错误的,必须依照审判监督程序再审,所有这些规定的目的,都是为了求得案件的客观真实。这是我国民事诉讼法突出的特点,与资本主义国家和国民党民事诉讼法只要求"法律真实"、"形式真实",由法官的"良知"和"自由心证"来认定案情,是根本不同的。

……

便利群众诉讼和查明客观真实都是我国民事诉讼法的重要特点,是从不同角度所作的规定,两者是辩证的统一的关系。人民法院应当而且只能在查明客观真实、保证办案质量的前提下,尽量便利群众诉讼。如果不能查明客观真实,影响了办案质量,必然会损害群众的利益,因而也就是对群众最大的不便。①

杨先生这里清楚地指出:第一,审判是要适用法律的,适用法律必须以事实为根据,为基础;第二,认定事实和适用法律是统一的,查明事实就是为了正确适用法律;第三,"求得"客观真实而非"只要求'法律真实'、'形式真实',由法官的'良知'和'自由心证'来认定案情",是我国民事诉讼的特色(当今,我们不再简单否定自由心证——笔者);第四,民事诉讼真正便利群众就要查明客观真实,不能查明客观真实,就会损害群众利益,"是对群众最大的不便"。借用今天"司法为民"的说法,要最大程度便利群众,就要准确查明事实真相,正确适用法律规范,实现司法公正,做到案结事了。

这里还有两个信息值得重视,一是,当时的客观真实和法律真实,都不是"证明标准(证明要达到的足以使裁判者判定事实真、假或真伪

---

① 杨荣新:《试谈民事诉讼法的中国特色》,《中国政法大学学报》1983 年第 4 期。

不明的尺度)"，而是诉讼观、事实观，把它们称为证明标准，是后来的事情；二是，囿于时代条件，这时的客观真实与法律真实都被赋予了强烈的阶级和意识形态色彩，这使得证明要求、目的之争，一开始就与诉讼证明(标准)这个"专业技术"问题保持着一定距离，与相关的哲学"主义"纠结在一起，这在后来证明标准争论中以不同方式反复显现。

1991年，左卫民发表文章认为：刑事诉讼的目的在于发现实体真实，从而惩罚犯罪，保护无辜，这是各国法学家的共识；发现实体真实是刑事诉讼的控诉、辩护和审判三职能的共同任务；大陆法的职权主义和英美法的当事人主义是发现事实真相的不同方式，各有长处和不足；在当事人主义诉讼模式中，"法律上的真实"和"事实上的真实"可能不一致；刑事司法以发现实体真实为目的，但不以此为唯一目的，价值观和实体真实共同构成刑事司法制度的目标体系。文章提出三个结论："实体真实、价值观各自对刑事司法制度具有毋庸置疑的影响力"，"既定诉讼模式都具有发现实体真实的能力"，"实体真实与价值观对刑事司法程序的要求不尽一致"。①

我们应当注意，左卫民先生这里不是在讨论证明标准，而是探讨刑事诉讼的目的、能力、功能、任务，是把实体真实、诉讼价值观和诉讼程序与不同诉讼模式之间的关系作为一个整体在分析。他注意到，实体真实和法律真实、职权主义和当事人主义、犯罪控制和正当程序之间存在多重交织关系，而不是单向度的关联关系。

同年，樊崇义先生主编的《刑事诉讼法学研究综述与评价》出版，影响广泛。该书就"证据制度"和"自由心证证据制度"进行了专题综述和评价。从中我们看到，在那之前的时代，证据概念、证据制度的研

---

① 左卫民：《实体真实、价值观和诉讼程序》，《四川大学学报(哲学社会科学版)》1991年第4期。

究话语,与相对应的政治和意识形态情势紧密联系,阶级分析方法还是研究证据问题的方法之一,把自由心证的证据制度和理论与资产阶级勾连在一起,但开始了把证据和证据学作为科学予以讨论的历程。透过"证据制度"综述部分,我们可以了解到:在那之前,诉讼法学界对我国证据制度的命名,已经提出"实事求是"、"实质真实"、"依法确认"、"循法求实"、"以实求是"、"客观验证"、"客观真实"、"法定确信"、"真凭实据"、"鞫实主义"等近二十种说法,其中,主要是实事求是证据制度、综合证据制度、法定确信证据制度、实质真实证据制度、以证求实证据制度、鞫实主义证据制度、循法求实证据制度和"科学确定"证据制度。与后来客观真实和法律真实之争直接相关的说法有实事求是、实质真实、法定确信和客观真实等。综述对西方国家的自由心证和苏联的"内心确信"制度总体上进行了批评,但肯定自由心证有合理和可取之处。①

1993年,郭玉元先生发表《论强化当事人举证责任——兼论民事诉讼证据制度的完善》,这是一篇观点重要、但遭后来的学者忽视的文章。该文章中,作者追问,强化当事人举证,(法院)还要不要发扬调查研究的优良传统?还要不要坚持实事求是的审判原则?作者回答:

> 首先,实事求是作为一个可操作的诉讼概念,它是说,审理案件必须以事实为根据,而法院所确认的事实,又必须要有证据,而且证据要有充分或相当充分的证明力。任何事实只要缺乏证据或证据力不足,法院在审理中都将不予认定,即使这一事实确实存在。其次,实事求是作为运用证据的一项总的指导原则,它确认了

---

① 参见樊崇义主编:《刑事诉讼法学研究综述与评价》,中国政法大学出版社1991年,第175—203页。

> 法院应尽力寻求案件绝对真实的价值取向。但是由于各种主客观因素的影响,要求司法人员对案情、证据做到绝对准确的认识是相当困难的,大部分案件只能做到接近或逼近客观真实。因此,实事求是在诉讼活动中只能是一种追求客观真实基础上法律真实的原则,不可能有一种绝对真实的标准……
>
> 多少年来,由于我们不能针对诉讼活动的特质和规律来正确认识实事求是原则,对实事求是原则采取一种近乎机械化、绝对化和理想化的理解,一味地追求案情的绝对真实,一味地要求对案情的认识达到逻辑必然性程度,结果却是诉讼进程缓慢,各方当事人都不满意。①

郭玉元先生在这里已经总体提示了后来法律真实论者对实事求是、客观真实诸论的批评思路和核心批评意见,虽然文章讨论的范围和对象是民事诉讼的举证责任问题。

我们清楚看到,郭先生在肯定实事求是、审判必须以事实为依据的基础上,认为法院认定的事实可能与客观事实不一致,把实事求是绝对化、以绝对真实为价值取向在诉讼实践中很难做到,"大部分案件只能做到接近或逼近客观真实",因此诉讼活动只能追求"客观真实基础上(的)法律真实"。他直接批评对实事求是原则的"机械化、绝对化和理想化的理解",对案情绝对真实(绝对的客观真实)的追求。这些论说包含了后来大部分法律真实论者和主张把客观真实、法律真实结合起来的学者的核心思路和观点。

---

① 郭玉元:《论强化当事人举证责任——兼论民事诉讼证据制度的完善》,《法治论丛》1993年第5期。那些批评"实事求是"、"客观真实"不具有可操作性的人该好好读一下这篇文章。

但是,郭先生分明指出:实事求是是一个可操作的诉讼概念,而不是像后来的法律真实论者指控实事求是和客观真实不具有可操作性,而操作方式就是以寻求客观真实为价值导向,以充分的证据和充分的证明力为物质手段,以接近或逼近客观真实为审判目的,取得以客观真实为基础的法律真实的裁判结果,这里实事求是、客观真实和法律真实是完全统一起来的,而不是被割裂的。

1994年,黄道和陈浩铨著文,探讨刑事证据的认识论基础,认为马克思主义的实践观、真理观指导裁判者认识案件真实,通过证据事实认识案件事实是基本路径,证据规则使司法人员对案情的认识与案件客观真实相统一。①

1995年,李浩提出"差别证明"问题,突破证明要求(而非"证明标准")一元化。他指出:

> 刑事诉讼要求确实的、排他性的证明,民事诉讼允许盖然性占优势的证明;优势证据并不排斥对案件事实的确切证明,不允许法院根据证据的微弱优势认定案件事实,不否认证据应当确实、充分,"证据之优势与证人之多寡或证据之数量无关,证据之优势乃在其使人信服的力量";优势证据证明与"法律真实"契合,与民事实体法形式真实的真实标准相一致;过于强调客观真实又可能损害诉讼效率等价值。

李浩在该文中批评客观真实,并且给出了法律真实的定义,他说:

> 长期以来,我国理论界均把"客观真实"作为民事诉讼中的证明任务,认为法院所确定的案件事实必须与客观上实际发生的事实完全符合。笔者认为,用"法律真实"来界定诉讼中的证明任

---

① 参见黄道、陈浩铨:《刑事证据理论的认识论基础》,《政法论坛(中国政法大学学报)》1994年第1期。

务,用"法律真实"来说明法院裁判中认定的事实也许更为贴切。所谓"法律真实"是指,法院在裁判中对事实的认定应当符合实体法与程序法的有关规定,应当达到从法律的角度可以认为是真实的程度。

因此,裁判中认定的事实应属于法律上真实的事实。这种法律上真实的事实,是法官在民事审判中,依据实体法与程序法的有关规定,借助优势证据的证明要求,通过对全部证据的审查判断来认定的。①

李浩先生把客观真实在这样那样的程度上等同于法官的事实认定要与"客观上实际发生的事实完全符合(绝对真实)",并且提出了一个后来被其他法律真实论主张者几乎完全一再重复使用的"法律真实"定义。文章在证明任务、证明要求和证明标准三重意义上使用了客观真实、法律真实、优势证明(证据)概念。并且文章针对的是民事诉讼,似乎刑事诉讼应当持不同于优势证明和法律真实的立场。

到1996年,关于客观真实和法律真实的探讨出现大变化,就是:有关二者的论争已经被明确划归为"证明标准"之争;争论主要集中在刑事诉讼证明领域;一些知名学者直接参与到论争之中;不同于客观真实和法律真实的其他"真实标准",无论是久已有之的还是新提出的,陆续登场;客观真实和法律真实的概念界定和理论内涵基本上被定型。韩象乾《民、刑事诉讼证明标准比较论》的发表是"法律真实"论初步得到系统阐述的标志。文章开篇即指出:"在社会主义市场经济形成和发展过程中,无论是民事审判模式,还是刑事诉讼结构,为适应市场经

---

① 李浩:《差别证明要求与优势证据证明要求》,《法学研究》1995年第5期。此处的着重号为笔者所加。

济的需要,都在发生着深刻的变革。在这种变革中,确立一个科学的、便于操作的证明标准,便是诉讼当事人和司法机关必须解决的问题。"文章中的盖然性、排除合理怀疑、客观真实和法律真实等概念都是限定在"证明标准"的意义上。该文把我国民事诉讼、刑事诉讼法定的证明标准概括为一元化的"客观真实"标准,即证明必须达到客观真实的程度,其法律规范要求是案件事实和情节清楚,证据确实、充分,进而深入阐明:

> 民、刑事诉讼立法的"客观真实"证明标准,在马列主义的世界观、方法论、认识论上,是正确的,是不容置疑的。但是"客观真实"的标准运用于民、刑事案件的证明过程之中,在理论上显得过高、过严,甚至有时会陷入绝对化,在实务上也难以实现,脱离了民、刑事诉讼法定的规格。具体民、刑事案件的证明标准,只能达到近似于客观真实,而且是越接近越有说服力。"必须"达到或"一定要"达到"客观真实"的说法,在理论上不成立,在实务上有害,也无法实现。这不仅是因为,案件是过去发生的事情,根本无法使之再现、重演,而且人们去认识它,调查它还要受到种种条件的限制。"客观真实"只能成为民、刑事案件证明的一个客观要求,它告诫办案人员要刻苦努力地接近它。但是,它决不能成为案件的一个具体的证明标准。
>
> 应将"法律真实"作为民、刑事案件的证明标准。所谓法律真实是指公、检、法机关在诉讼证明过程中,对案件事实的认定应当符合实体法和程序法的有关规定,应当达到从法律的角度可以认为是真实的程度(着重号为笔者所加)。脱离法定的规格和要求,另定一种什么标准,都是不符合实际的。"客观真实"的理论,就是离开了法定的事实,在办案操作过程中,很难掌握,甚至也无

法遵循。

法律真实与法定证据制度中的"形式真实"是有本质区别的。诉讼证据历史上出现的法定证据制度，曾把法律真实，或曰形式真实，确定为证明标准。这种法律真实是封建专制主义者，借用法律手段，规定各种证据的证据力和证明力，限制和剥夺办案人对证据审查判断和运用的权力，服务于专制、集权政治。我们所确立的法律真实标准与法定证据的形式真实，是根本不同的。

法律真实的证明标准，在民、刑事诉讼中的运用是有区别的。其区别点在于民事诉讼适用低于刑事诉讼的盖然性证明，刑事诉讼适用排它性证明。刑事诉讼为了达到刑法所规定的犯罪构成的实体要件，必须采用严格证明方法，要认定被告方有罪或者无罪，必须得出唯一的结论，证据要达到排除（其他——笔者所加）一切可能的标准（这是有罪认定的要求，不适用于无罪认定——笔者）。在民事诉讼中，如果全案证据显示某一民事法律关系之存在的可能性明显大于其不存在的可能性，尽管还没有完全排除其他可能，但在没有其他证据的情况下，法官也可以根据现有证据，认定这一事实。

民、刑事诉讼证明标准的差异，对证据的质与量的要求，集中表现在"量"的差别上。"法律真实"同样要求证据应当确实、充分。"确实"是对证据质的要求，是指一切作为定案根据的证据必须查证属实，必须具备证据的客观性、关联性和合法性。对于证据"确实"这一具体标准，笔者认为民、刑事诉讼是一致的，也不应该有任何差别。其差异主要体现在证据"充分"这一标准上，即证据"量"上。民事诉讼中的"充分"，可稍低于刑事诉讼，并不要求像刑事诉讼那样，其证据"充分"之程度必须排除一切可能、一切矛盾，达到得出的结论是唯一的。民事诉讼证明，并非要排除一切可能,对证据"量"的要求,是低于刑事诉讼的。①

笔者这里详细引述韩先生的论证和观点,是要说明,就我个人的看法,后来的法律真实论者,几乎没有在实质上超越韩象乾的观点、论证方法和论证理由。特别是,第一,韩象乾对李浩"法律真实"的定义进行了"完善",后来樊崇义、何家弘等人对法律真实的定义,只是说法稍有修改而已。樊崇义几乎就是照搬韩象乾的定义:"法律真实是指公、检、法机关在刑事诉讼诉讼证明的过程中,运用证据对案件真实的认定应当符合刑事实体法和程序法的规定,应当达到从法律的角度可以认为是真实的程度"②;何家弘认为,法律真实是"司法活动中人们对案件事实的认识符合法律所规定或认可的真实,是法律意义上的真实,是在具体案件中达到法律标准的真实。"③但人们更多注意到了樊崇义和何家弘的定义和观点,并且多有引述。第二,声称"客观真实"标准在具体诉讼案件中失效、"法律真实"标准有效的主要理由都被韩先生说得一清二楚了,后来论证法律真实的学者,除何家弘等很少的学者有些独到看法外(但笔者不认同何先生的论证逻辑),其余的都没有多少新思路、新论据、新方法和新观点。

1996年,樊崇义和龙宗智先生参与了论争。但那时候,樊崇义只是在学术研讨会上提出"法律真实",并在接受记者采访时说,"我的结论是'法律真实'",④他的影响非常大的《客观真实管见》一文在近四

---

① 韩象乾:《民、刑事诉讼证明标准比较论》,《政法论坛(中国政法大学学报)》1996年第2期。
② 樊崇义:《客观真实管见——兼论刑事诉讼证明标准》,《中国法学》2000年第1期。
③ 何家弘:《论司法证明的目的和标准——兼论司法证明的基本概念和范畴》,《法学研究》2001年第6期。
④ 田冰川:《我的结论是"法律真实":刑事诉讼法学专家樊崇义教授访谈录》,《中国律师》1996年第7期。

年后才发表;龙先生的《我国刑事诉讼的证明标准》①一文,还没有像后来那样,概括出属于他的个性化的证明标准概念,他的"确定无疑"的证明标准在2001年才正式提出。

从1999年开始,诉讼证明标准的论争进入大规模、持久性的阵地战状态。这场论争后来持续了整整十年。其特征可以大致归纳为:证明标准问题涉及三大诉讼;以客观真实、法律真实之争为主线,其他证明标准的主张也不时出现;涉及相关争论的文章、书籍非常多,研讨会、笔谈多次举办;法律真实的主张逐步压倒客观真实标准而进入证据法教材,成为不少对此并未深究的证据法教师的传道授业内容;证据法学界和诉讼法学界的主要人物全部都未能置身事外;除少数有理论价值的文章,大多数属于附和、宣传或者搅和、乱弹(有些文章明显存在学术不端行为),论争十年,理论进步和智慧贡献有限;诉讼实践中,既定的证据收集、审查判断、认定采信的规则,事实清楚,证据确实充分的证明标准还是照旧运用,似乎所受影响很小;但确有一些司法实务人员受到了法律真实论的影响,也不排除一些徇私枉法的裁判者从中找到了理论上的托辞,我国的司法系统曾经一度从客观真实立场摆向法律真实,而后又稍微靠近了客观真实,一定程度上发现和纠正了"法律真实"可能忽视事实真相所带来的"案结事不了"的社会危害。

二、证明标准论争中的主要话题

围绕客观真实和法律真实这两个焦点,证据法学者和诉讼法学者争论了以下主要问题。

第一,证明标准究竟是什么,它与证明要求、目的、任务、证明责任

---

① 见《法学研究》1996年第6期。

的关系如何,确定证明标准的根据(依据)是什么,是一元还是多元,是主观的、客观的还是主客观兼备的。

虽然许多争论的参与者并不关心这个问题,而是直接就他(她)认为应当采用的证明标准进行阐述和论证,但是,仍然有不少人关注这个前提性问题,不过看法大相径庭。

刘金友先生较早提出,证明标准"是指衡量是否符合法律规定的证明要求的具体尺度,或者说是达到法定证明要求的具体条件。简言之,就是证明要求的具体化。"①

毕玉谦指出,证明标准在我国有时被学者称为"证明任务"或"证明要求"。大陆法系实施自由心证证据制度,证据的真伪、证明力的强弱以及认定案件事实方式,全数凭悉法官依据"良心"和"理性"来判断证据,不设定任何限制和框架。在英美法系,证明标准与证明责任密切相关,证明责任是从诉讼主体角度来观察证明标准,实质上是证明标准的主体化,证明标准是从诉讼客体来观察证明责任,实质上是证明责任的客体化。证明标准是证明负担或责任的解除标准,即有证明义务的一方达到证明标准的要求,即卸除其证明责任,包括举证责任和真伪不明情况下的败诉风险。②

王圣扬主张二元证明标准,认为诉讼类别不同,待证事实对象不同,决定了刑事诉讼和民事诉讼的证明标准不同,并且刑事诉讼和民事诉讼内部各待证事项也有不同证明标准。③

张中先生对证明标准的概念和性质做了界定:证明标准是用以衡量对刑事案件事实的证明是否达到法律所要求的程度的具体尺度,是

---

① 刘金友主编:《证据法理论与实务》,法律出版社 1992 年,第 160 页。
② 参见毕玉谦:《证明标准研究》,载于《诉讼法论丛》第三卷,法律出版社 1999 年,第 424—427 页。
③ 参见王圣扬:《论诉讼证明标准的二元制》,《中国法学》1999 年第 3 期。

动态标准,既带有司法人员主观判断因素,又必须防止司法人员的随意性,故必须确立一个主观标准,又确立一个客观标准予以限制,证明标准是主观标准和客观标准的结合。刑事诉讼的主观证明标准是排除一切合理怀疑,形成内心确信,客观证明标准是证据确实、充分、必要,达到案件事实、情节清楚。①

熊志海认为,证明标准有客观标准和主观标准,但外国的主观标准如确信无疑等,不适于我国诉讼证明,我国的"事实清楚,证据确实充分"是普遍适用的证明标准,不论什么诉讼、什么诉讼阶段、什么待证事实,要判断是否确已证明,必须以"事实清楚、证据确实充分"为衡量标准。②

何家弘教授对司法证明目的和标准两个概念的关系进行了解说:司法证明的目的是司法证明主体追求的目标,是司法证明活动的标的。司法证明的标准是司法证明必须达到的程度和水平,是衡量司法证明结果的准则。证明目的是确立证明标准的基础或依据,证明标准是证明目的的具体化;证明目的贯穿整个诉讼过程,为证明主体所始终要追求的目标,证明标准主要是司法人员在做出批捕、起诉、判决等决定时考虑的问题;证明目的贯穿诉讼始终,但在不同诉讼阶段,证明标准可以有所区别;各种案件中,证明目的都应该相同,但在不同种类的案件中,证明标准则可以有所不同;判决结果的内容和性质不同,但证明目的不变,可证明标准则有所不同。在具体案件中,司法证明目的不是必须实现,而司法证明标准则必须满足。③

陈卫东等把证明标准、证明程度和证明责任联系起来,认为(刑事

---

① 参见张中:《论刑事诉讼的证明标准》,《山东法学》1999 年第 6 期。
② 参见熊志海:《诉讼证明的客观标准与主观标准》,《现代法学》2000 年第 5 期。
③ 参见何家弘:《论司法证明的目的和标准》,《法学研究》2001 年第 6 期。

诉讼）证明标准（又称证明要求），是指公安司法人员运用证据证明案件事实应达到的程度，即证据达到什么程度，方可进行某种诉讼活动或者作出某种结论，其证明责任方可解除。①

徐静村先生明确反对把证明标准和证明要求、证明任务等同起来。先生认为：刑事诉讼中的证明标准，指对案件待证事项的证明所须达到的尺度，亦即承担证明责任的诉讼主体，提出证据证明其所主张的事项，应当达到何种程度方能确认其真伪，从而卸除其证明责任的具体规格。有的教科书说"证明标准又称证明要求、证明任务"，把证明标准同证明要求、证明任务等同起来，把三个提法当成同义词是不妥当的。"要求"意指希望达到或者满足某种愿望，而要实现这种愿望，往往也需要树立具体的参照物作为标准；"任务"指某一主体被指定（或法定）担任的工作，或者被指定（或法定）承担的责任。任务是否完成，责任是否圆满履行，当然应当有一个标准去衡量。证明标准作为衡量证据是否确实充分的尺度，虽然是证明任务是否完成、证明要求是否达到的参照物，但任务和要求不等于标准本身。②

至于确定证明标准的根据，有的认为，需要按照诉讼类别、阶段和待证事实性质、内容和证明难易程度、裁判性质和影响力等，综合考虑，选择客观真实或者法律真实、盖然性或排除合理怀疑等。而关于证明标准的客观性和主观性之争，虽然不少人坚持证明标准的客观性，但越来越多的学者认可证明标准兼具主观性和客观性。坚持一元化证明标准的学者渐少，选择多元化证明标准的学者日多。像徐静村先生把"犯罪事实清楚，证据确实充分"也解释成"兼具客观性和主观性的双

---

① 参见陈卫东、刘计划：《关于完善我国刑事证明标准体系的若干思考》，《法律科学》2001 年第 3 期。

② 参见徐静村：《我的"证明标准"观》，载于《徐静村法学文集》，中国检察出版社 2010 年 10 月版，第 197 页。

重要求"的刑事证明标准。①

第二,诉讼中的事实证明应当采用什么标准。

在近十年的争论中,学者们提出的证明标准很多,名称五花八门,证明标准之间,有的相互重叠,有的相互矛盾。比较典型的看法有:

1. "盖然性"标准。包括盖然性优势、高度盖然性、最大限度盖然性,而大陆法的"内心确信"和英美法的"排除(一切)合理怀疑"都属于盖然性标准的范畴;"绝对确定性"标准,即客观真实,为我国独有证明标准;我国应当采用"(刑事诉讼的)排他性证明"标准,这是一种"法律真实"标准,即"刑事诉讼为了达到刑法所规定的犯罪构成的实体要件,必须采用严格证明方法,要认定被告方有罪或者无罪,必须得出唯一的结论,证据要达到排除(其他——笔者所加)一切可能的标准",这个标准高于盖然性但低于绝对确定性标准。② 至于涉及对大陆法的盖然性标准或者"内心确信"标准,以及英美法的盖然性优势、排除合理怀疑标准的解读的文章,数量很多,内容大同小异。比较详细的如毕玉谦的文章《证明标准研究》等。

2. 客观真实标准。一般把这个标准同辩证唯物主义认识论(以实践为基础的可知论)和价值(真理)论、实事求是原则、法院查明事实真相的职责联系起来,其典型表述是"事实清楚,证据确实充分"。所谓客观真实,就是人们对案件事实的认识符合案件的客观真实情况;所谓证据确实、充分,既是对证据质的要求,也是对证据量的要求,包括几个方面:据以定案的证据均已查证属实,即"确实";案件事实和情节均有必要的证据予以证明;据以定案的证据与案件事实之间存在着客观联

---

① 参见徐静村:《我的"证明标准"观》,载于《徐静村法学文集》,中国检察出版社 2010年10月版,第197页。

② 参见张中:《论刑事诉讼的证明标准》,《山东法学》1999年第6期;韩象乾:《民、刑事诉讼证明标准比较论》,《政法论坛(中国政法大学学报)》1996年第2期。

系;证据之间、证据与案件事实之间的矛盾得到合理排除;得出的结论是唯一的,排除了其他可能性。这些同时具备,就能认为证据确实、充分,并且民事诉讼、刑事诉讼、行政诉讼概莫能外。① 其核心功能就是使法院裁判以真实的事实为基础,实现司法公正。

3. 法律真实标准。基于诉讼证据、司法证明活动的相对性、主观性、有限性,案件事实的历史性、不可逆性、非现场(在场)性,因而一定程度的不可避免的司法证明技术手段、能力、结果的不确定性、可置疑性,甚至不可知性,司法证明所确定的事实只能是有限的、法定实体和程序规范下的事实,是裁判者"解读"或者"构建"的事实认识,是法律认可的"相对真实"的事实,它可以是案件的客观事实,也可以是大致接近或接近客观事实的事实,也可以是远离案件真相、与客观案件事实无关或者相反的事实,但它是法官做出的"合法、有效"的"能够羁束当事人"的"事实",它有相应的证据支撑,或者至少有某些明确的证据规则和其他实体法、诉讼法规范为依据。其核心功能是便于做出裁判,利于司法效率,也能实现司法公正,至少能够保证程序公正。

法律真实标准的变种很多,比如"程序真实"、"相对真实"、"诉讼真实"等等。

除了上述这些证明标准,一些学者提出了其他标准。重要的有裴苍龄先生坚持、被张建伟修正的"实质真实"标准,龙宗智先生提出的"确定无疑"标准等。

4."实质真实"。这个证明标准早已得到阐述,遭到许多人批评。裴苍龄先生则坚持认为:实质真实不同于形式真实和西方的实体真实,

---

① 参见毕玉谦:《证明标准研究》,载于陈光中、江伟主编:《诉讼法论丛》第3卷,法律出版社1999年,第424—427页;陈一云主编:《证据学》,中国人民大学出版社1991年,第117—118页。

也不同于难以完全实现的客观真实,它是基于客观真实的可以实现的最高真实,是事实的真实和由事实求得的真实。而形式真实是单纯的反映形式中蕴涵的真实和由单纯反映形式求得的真实,如果某些反映形式所反映的事实不存在,这样的反映形式蕴涵的真实和由这样的反映形式求得的真实就是形式真实。实质真实是诉讼证明中能够达到的最高真实,克服了形式真实的局限,摒除了主观真实的弊端,但又不具有客观真实在诉讼证明中无法全面实现那样的缺憾。①

张建伟提出了"从积极到消极的实质真实发现主义"看法。认为:"实质真实"有其客观事实、认识和价值基础,不应当放弃,但应当从积极的实质真实发现主义转变为消极的实质真实发现主义。探知案件真相过程的侧重点是重在不纵,还是重在无枉,是积极的实质真实发现主义和消极的实质真实发现主义的区分点。积极性实体真实发见主义坚持有罪必罚,即使错罚无辜,只要社会大众认为被处罚者有罪就行。消极的实质真实发现主义重在避免错罚无辜。我国刑事司法有必要将积极的实质真实发现主义转变为消极的实质真实发现主义,并要求法院:在审判过程中应以甄别可能的无辜者为重心;对于有利于被告人的事实和证据应当格外加以注意,并认真展开调查,甚至主动依职权展开调查,务求探知事实真相;对于发现的以暴力、胁迫、欺骗、利诱等方式获得的言辞证据一概加以排除;对于严重侵害被告人等自由权利,非法获得的实物证据亦应予以排除;在事实或者证据存在疑问不足以认定有罪时,有勇气依法作出无罪判决,抵制政治、公众和被害人方压力,落实依法独立行使审判权原则和"疑罪从无"的法律规定。②

---

① 参见裴苍龄:《论实质真实》,载于陈光中、江伟主编:《诉讼法论丛》第8卷,法律出版社2003年,第21—36页;《从实质证据观到实质真实标准》,《中国刑事法杂志》2004年第6期。

② 参见张建伟:《从积极到消极的实质真实发现主义》,《中国法学》2006年第4期。

5."确定无疑"标准。这是龙宗智先生等人阐述和坚持的证明标准。龙先生在批评和部分肯定客观真实、排除合理怀疑,批评绝对真实和相对真实论的基础上,申说了"确定无疑"的刑事诉讼证明标准:

> 证明标准的设置应当符合三项基本的要求:准确性、简明性、可操作性……
>
> "确定无疑"是从实践中总结的适合我国刑事诉讼的证明标准表述。"确定无疑",从主观方面看,表示司法官对案件事实完全肯定的心理状态,同时显示出对该案件事实的确认具有极高的可信度;从客观评价看,它显示出案件事实以具体客观性的充分证据为根据,被确定的案件事实完全符合定案的一般标准,具有不以个别司法官意志为转移的客观特性。因此,"确定无疑"正是对"案件事实清楚,证据确实充分"的准确诠释,从而适合作为其衡量标准。
>
> "确定无疑"的要求简明清楚,却内涵丰富,它兼采英美刑事证明标准的排除法("排除合理怀疑")与法德等国的确证法("建立内心确信")两类证明方法,即综合运用"证实主义"与"证伪主义",双管齐下,可验证性与可操作性较强。
>
> "确定",即确实肯定,不是勉强认定,更不是游移不定,这种确定是建立在确凿证据基础上对事实的充分肯定。它当然要求司法官对案件事实建立"内心确信",但"确定"一词在语义语感上较具客观性而不像"内心确信"那样主观色彩较浓,这有助于防止司法官员的主观随意性。
>
> "无疑",即毋庸置疑,排除怀疑。它即是对"确定"的解释和界定,又是采用排除法来表述证明标准,以便进一步验证事实判定可靠性的一种方式。"无疑",以及"排除其他可能性",都与"排除

合理怀疑"相通……排除怀疑的限度实际上也只能是排除那些"合理的"怀疑,从而使认定的事实具有一种"合理的可接受性",即充分的可信度,对于那些不合理的、随意的、吹毛求疵的质疑,任何国家,任何类型的诉讼都不可能排除。①

"确定无疑"的证明标准,实质内容就是"事实清楚,证据确实充分",只不过是一种新的解释,它承认客观真实的合理内核和价值选择,但不承认客观真实所追求的"绝对性",承认证明标准的主观性、法定性,具体操作的程序性,实质上许多方面接近或者暗含"法律真实"的主张,但不承认"法律真实"包含的过分的事实证明相对性和事实认定主观色彩。

不过,龙先生并没有一直坚持"确定无疑"证明标准,而是转为主张"盖然性"标准。他后来发文主张:证明度问题,即事实证明的可靠性与客观性,是证据学的一个基本问题。以历史事实为认识对象的证据学对事实的认识具有一定主观性和不确定性,只能实现认识上的盖然性,对客观真实的回复有限度。合情理性成为事实判断的标准。所谓"合情理性"指某种证据结论即事实认定具有一种主观特性,即"合理的可接受性"。判断结论的或然性(盖然性)不可避免,最好状态也只能是"最大限度"的盖然性。不同案件事实遵循不同的证明要求,案件主要事实应当严格证明,需要以法定证明方法以高度盖然性标准进行证明,对案件非主要事实和程序事实可以自由证明,达到基本能够认定的较低盖然性标准即可。②

---

① 龙宗智:《"确定无疑"——我国刑事诉讼的证明标准》,《法学》2001 年第 11 期。
② 参见龙宗智:《"大证据学"的构建及其学理》,《法学研究》2006 年第 5 期;也见《证据法的理念、制度与方法》,法律出版社 2008 年,第 13—18 页。

6."诉讼真实"标准(以及几种"结合论"标准)。诉讼真实作为证明标准,本来不是独立的标准,因为,广义上,至少在字面上,它既可以指客观真实,更可以指形形色色的法律真实,一切在诉讼过程中发现、查明、认定的"真实"都是诉讼真实。狭义上,诉讼真实是和法律真实、庭审真实涵义相同的概念。①

刑事诉讼法学史上,诉讼真实概念很早就有,它曾经指诉讼史上的各种真实,包括神示证据、法定证据和自由心证等证据制度下的真实,也指在诉讼中获得的"客观真实"或"法律真实"等等。新中国成立后的诉讼法学界,诉讼真实一直被理解为"客观真实",现在又有学者认为诉讼真实,尽管它可能接近或已经达到客观真实,但它是"法律真实"或"法定真实"。陈卫东等还指出,诉讼真实丝毫不否定查证的积极意义,但即使在证据确实充分的情况下,裁判者认定的也只能是诉讼真实,而非客观真实;"(案件)事实清楚"的之"事实",是诉讼内通过庭审对证据的采信而认定的事实,是诉讼真实。② 显然,从"客观真实"、"实质真实"到"法律真实"和"法定真实",都可以归在诉讼真实的名下。它究竟所指为何,则要看具体的语境和某个论者的明确指代。③

在这场持续十年的证明标准争论中,"诉讼真实"被赋予了不同含义,最后被陈光中先生等"提拔"为统摄客观真实和法律真实两个证明标准的"集大成者",并试图使其成为这场"宏大争论"的"终结

---

① 参见陈卫东、刘计划:《关于完善我国刑事证明标准体系的若干思考》,《法律科学》2001 年第 3 期。
② 同上。
③ 刘田玉博士的《诉讼真实观的演变及其程序意义——关于事实和裁判关系的思考》,对诉讼真实的内涵外延及历史演变,诉讼真实与客观真实、法律真实和其它种种透过诉讼程序和司法证明而获得的真实的关系,有详细的说明。史立梅在其《论诉讼真实的属性、标准及其认可》(《法学论坛》2006 年第 6 期)中,说得也很明白。

者":它是对客观真实和法律真实的结合、统一与超越,是实体公正和程序公正的保证,是认识论和价值论的统一。[①]"诉讼真实"真堪当此重任?

那些主张把主观证明标准和客观证明标准结合、实体证明标准和程序证明标准结合、客观真实和法律真实结合的各种观点,其实都是"诉讼真实"证明标准的"亚种"。

7. "科学的证明理论"。王敏远先生既反对客观真实说,也批评法律真实说,主张建立"科学的证明理论"。这是具有科学意义的关于刑事证明的理论,"其特点是:所探讨的问题是有意义的问题,所选择的研究方法是科学的方法,所欲解决的问题确实是科学能够解决的问题。"[②]

8. "证据确凿"标准。值得提到的是,欧明生的硕士论文认为"证据确凿"是诉讼证明的唯一标准。该文认为:在国外的证明标准的各种说法和定义中,从来没有"法律真实"这一提法;透过证据追求案件事实真相及其确定性是任何诉讼和证据制度的共同目标,所不同的是采用何种"正当程序"、证明责任分配规则;我国"证据确凿"证明标准在制度上的确立经历了清末以来百年的演进;诉讼证明的本质要求是要件事实"证据确凿",这样的事实不是法律真实;诉讼证明标准应当是一元制,不同诉讼类型、诉讼效率、刑民责任差异均不构成证明标准多元制的根据;即使民事诉讼,也不能搞盖然性优势和允许某种"莫须有",事实有就是有,无就是无,真伪不明就是不明;事实真伪不明,在刑事诉讼中按照罪疑从无原则处理,在民事诉讼中按照证明责任分配

[①] 参见陈光中、李玉华、陈学权:《诉讼真实与证明标准改革》,《政法论坛》2009年第2期。

[②] 王敏远:《一个谬误、两句废话、三种学说——对案件事实及证据的哲学、历史学分析》,载《公法》第4卷,法律出版社2003年,第173页。

规则处理。① 我以为,这篇论文虽仅为一篇硕士论文,非名家之作,但强过不少关于证明标准的无病呻吟的文章,特别是与许多强说法律真实的文章比较,此文可算是有血有肉有筋骨。

第三,作为证明标准基础理论的"主义"应当是什么。

上述标准之间,相互批评,各不相让。各种证明标准间的争执,往往不是在"诉讼证明技术"意义下,不是在真实具体的诉讼证明实践的基础上进行的,而是以各自信奉、追捧的"主义"为基础展开的"宏大哲学话语"的互驳。它们涉及到诸多方面,这里仅指出两点。

1. 究竟以哪种哲学为论争的基础

参与论争的学者,不少人认为要以辩证唯物主义认识论为指导,几乎全部客观真实论者和一些法律真实论者,都不否认这一点。但他们对辩证唯物主义认识论的具体理解有分歧。客观真实论者认为,物质世界的可知性、认识能力的无限性和有限性统一、真理的绝对性和相对性的辩证关系、实践(及其作为检验真理的标准)的绝对性和相对性的统一,都决定了案件事实的可知性、事实真相的可得性,事实真相是裁判正当性的基础,是公正的最基本的内容,漫长的诉讼实践证明,大多数案件的事实真相是发现了的,这证明客观真实是可具体操作的;法律真实论者认为,在具体诉讼活动中,诉讼主体对案件事实的认识只能是相对的,达不到绝对性,因为案件事实是历史的而非现存的、在场的、可再次亲历的,证据是不完全的,可能虚假,甚至是不可得的,裁判者、当事人、证人等的具体认知能力不是至上的无限的,是相对的有限的,诉讼是在特定的(封闭的)"司法场域"、有限时间内进行和完成的,一些诉讼程序和证据规则本身就是阻止发现"绝对真实"的,诉讼中的价值

---

① 参见欧明生:《"证据确凿"是诉讼证明的唯一标准》,西南政法大学2007年硕士学位论文,指导教师汪祖兴。

追求是多元平衡的,发现真相只是诸多诉讼价值中的一个,不具有绝对性和至上性,虽然不否认诉讼应当求得案件事实真相,但以不牺牲其他诉讼价值为条件,认识和真理的相对性、正当程序、裁判可接受性、人权保障、诉讼效率都构成"法律真实"标准的理论基础。

显然,大部分论争者不好批评辩证唯物主义认识论本身,而法律真实论者对认识和真理相对性的强调,其实也不是客观真实论者所反对的,问题是,客观真实论者没有看清楚法律真实论者的"花招":把认识和真理的绝对性推向极端,然后强加给客观真实论者;把认识和真理的绝对性的科学内涵架空,使它们远离认识和真理的相对性,从而远离案件具体情况,远离活生生的司法证明实践活动,似乎它们根本无法靠近实际案件,无法在个案中实现"确定性"或"绝对性",声称个案中的事实认知只能是"相对的",将个案事实认识的"相对性"绝对化、无限化。

在这场论争中,也有主张"证明标准理论"应当接受和历经"现代哲学(现代西方语言哲学)"洗礼的,有主张放弃辩证唯物主义认识论的指导、走出认识论"误区",回归诉讼证明的正当程序诸价值要求,构建证明标准理论基础的,还有主张后现代哲学方法指导的。

笔者赞同陈光中、张建伟、张继成、张志铭等先生批评法律真实、为客观真实辩护的许多观点,认同辩证唯物主义认识论是证明标准的哲学基础。

我想顺便指出:在证明标准理论究竟应以什么哲学(认识论、价值论)为基础的论争中,我深深感到,证据法或诉讼法学界整体上的哲学知识储备不足、使用混乱。一些著名的法律真实论者对辩证唯物主义认识论断章取义、误读错解,而对相对主义、怀疑主义、实用主义,以及语言哲学和后现代哲学的一些观点囫囵吞枣、寻章摘句,甚而望文生义、穿凿附会。

2. 哲学本体论、认识论、价值论和事实(命题)、证据、证明、证明标

准的相互关系

  本体论与这场争论的联结点在于"事实"。案件事实究竟是不是"客观、外在、独立、自在"的"实体"？客观真实论者认为，事实存在于两个层面，即首先是客观案件事实，具有本体论意义，其次是为当事人记忆、为公安、检察等机关及其工作人员查明、认知的、已经带有主观性的事实认识，以及法官透过证据、审判获得事实认知，这些是认识论意义下的事实，本体论和认识论两种意义上的事实，是认识对象与认识内容的关系，是客观与主观对其反映的关系。客观真实论者后来也承认，诉讼价值对调节诉讼主体的事实认识有作用，甚至特定诉讼价值会阻止发现某些事实真相，但主要是影响裁判者如何评价事实，如何按照价值要求作出裁判，而不是改变事实认识，更不是改变案件的客观事实。照此逻辑，证明标准只能是"客观真实"。

  法律真实论者多否认本体论意义上的案件事实，只承认认识论范围内的案件事实，他们借用罗素、维特根斯坦以及国内的彭漪涟（某种程度上包括金岳霖）等人的"事实论"，将"事实"从源头上就界定为认识主体的"知觉"，并且以"命题"为载体和表达形式，没有命题、知觉就没有事实，虽然所"知觉"的对象是客观的，但又认为那个"客观的事实"没有被知觉之前是不存在的，或者至少无法断定（这就是问题之关键）。加之，他们认为真理（至少在诉讼获得中）是相对的，证据本身具有不确定性和非充足性，证明的有限性，程序正义、裁判"可接受性"等形式意义的诉讼价值在诉讼活动，特别是事实证明活动中，具有超越实体正当性的优越性，因此，他们进而认为，诉讼价值不仅引导证据采集、运用，引导事实证明，还会推进或阻止某种事实证明、改变事实认定，即"事实"是"建构物"，是"以合法保证正当、真实"的"法律事实"。具有主观性和相对性法律事实，当然是"法律真实"，因此，证明标准就不可能是其他东西。这就是法律真实论者和客观真实论者的真正的区别所在。

第四,证据和证明标准是否具有主观性的争论。

证明作为一种认识事实的主观见之于客观、主动反映客观的过程,即证据的收集、审查、运用、证明标准的适用、案件事实的确认等几个方面,毫无疑义地具有主观能动性,这无须赘述。问题是,作为证明案件事实之根据的证据,作为判断人对案件事实认识结果的"认定的事实"和客观案件事实是否符合的证明标准,是否具有主观性,就很有争议。当然,这两个方面的争议,早在这场证明标准之争以前就存在,只不过在这场争论中继续延伸。

绝大多数证据法和诉讼法学者都承认,证据具有客观性,这是共识。但是,证据是否"还具有"主观性,是否是客观性与主观性的统一,客观性是否应当在"主观性"背景下、并与主观性统一起来,才能得到准确界定和理解,这是存在很长时间的争论了,并且延续到证明标准是否具有主观性的争论之中,形成证据、证明标准和案件事实具有客观性或者主观性,或者兼而有之,或者客观为主、主观为辅的多元观点。

主张证据客观性,反对在"证据"上添加形形色色主观属性,是许多诉讼法和证据法学家,特别是年长学者的基本立场和观点。坚持"实质真实"的裴苍龄先生,在证据性质上,也坚持"实质证据",而其核心就是排除证据任何主观性的客观证据理论。他批评那种证据充满"可变因素、偶然性和主观因素"的形式证据观和形式证明观,执着地认定:"证据不是橡皮,不是可伸可缩、可真可假的东西。证据是铁的东西,它本身就是真、就是实。""证据'自身'既不存在'主观因素',也不存在'可变因素'。'充满了可变因素'和'主观因素'的,那是人的认识,并不是证据'自身'。"[①]

当然个别年长学者和大量中青年学者认为,证据是有主观性的,甚

---

① 裴苍龄:《从实质证据观到实质真实标准》,《中国刑事法杂志》2004年第6期。

至有的完全否定证据客观性。①

吴家麟先生主张,证据是主观和客观的统一,并且总体上属于主观范畴。他认为,证据不是客观案件事实本身,而是客观事实的主观反映,不能与客观实际等同;证据必须进入办案人员头脑和办案过程,否则即使那些那个证明案件事实的"材料"也不能作为证据;证据的收集和运用都离不开主观,等等。②

汤维建先生在主观性背景下理解证据客观性,认为:客观性、关联性、合法性是证据的三属性。证据的客观性最先产生,处在事实领域,它是定性概念;证据的关联性是经人的主观判断后才产生的,处在逻辑领域,它是定量概念;证据的合法性是由法律调整后产生的,处在法律领域,它是在证据的客观性和关联性的基础上,又增添的一个主观属性。证据的主观性具体在于:立法者的意旨为证据的表达形式和运作形式设定了主观性,抽象的证据转变为具体证据材料需要诉讼主体的主观性,最后它落实为诉讼主体内在的证据认知和外在的证据客观性的统一。在证据的客观性、关联性和合法性三性中,证据合法性包容了证据的客观性和关联性,处在了证据的最高层次。证据的客观性是基础和内容,是证据的最本质特征和根本属性。汤维建还进一步区分:诉讼外的证据不具有主观性,为客观证据,诉讼中的证据必具有主观性,

---

① 参见张晋红、易萍明:《证据的客观性特征质疑》,《法律科学》2001年第4期。文章说:如果静态地审视证据,诉讼证据是对案件待证事实的一种符合法律要求的反映。如果动态地审视证据,诉讼证据是法律许可的、确定案件事实的手段。学理倘若能够舍"事实说"来合理地重新定义诉讼证据,就将理性地承认诉讼证据相应的主观因素,从而使"客观性"的特征不复存在。证据的客观性特征既不符合辩证唯物主义的认识论,又有悖于证据形成的法律规范,故应当舍弃。笔者认为,张晋红、易萍明已经完全曲解了证据的内容、性质,而且偷换概念,搞诡辩,毫不足取,如所谓"静态"、"动态""审视证据",完全是人认识证据的活动,证据不能因认识活动差异而改变性质、内容和功能。大多法律真实论者把证据与证据运用混淆起来,曲解证据属性。

② 参见吴家麟:《论证据的主观性和客观性》,《法学研究》1981年第6期。

为诉讼证据。诉讼证据的初级阶段为证据材料,主观性处在矛盾的主导地位;诉讼证据的高级阶段为定案证据,客观性处在矛盾的主导地位。只有主观性和客观性完全统一的证据,才是真正意义上的证据。①

证据具有主观性的观点是很难成立的。"立法者的意旨为证据的表达形式和运作形式设定了主观性",最多表明,立法上的证据概念、司法实践中的证据运用,包含有人的主观性,这是立法者为"证据的表达和运作设定了主观性",没有并且不可能给"证据"设定主观性,证据自身也本无主观性;"抽象的证据转变为具体证据材料需要诉讼主体的主观性",这话说颠倒了,哪有什么"抽象的证据""转变"为"具体证据材料""需要主观性"这个客观情况?有谁理解和见识过"抽象的证据转变为具体证据材料"?通常的经验是,办案人员、当事人先有零星的或大堆的证据材料,或者需要寻找、举示出这样的材料,审查它们是否载有案件事实信息,是否与案件关联,在此过程中,发挥主观作用,对这些证据材料进行"抽象"、整理、归纳,分析得出有关事实结论,即"具体证据材料"要转变为符合法律要求的、逻辑上被"抽象"的证据,倒是的确需要"主观"作用,但证据材料却是客观的;至于"诉讼主体内在的证据认知和外在的证据客观性的统一",这是不错,可不能因此说,外在客观的证据在这种"统一"中增添、获得、具备了主观性,证据具有客观和主观二重性,须知,具有主观性的始终是诉讼主体的证据认知,而非证据。

熊志海先生认为,证据既有不依赖于人的主观意识而独立存在的客观性,又有主观性,证据既有客观实存的证据,还有反映人的主观认识的证据。但是,无论是什么证据,也无论是证据的客观存在或者是主观表现形态,既然是作为用以证明某个证明对象的根据,那么该证据与

---

① 参见汤维建:《关于证据属性的若干思考和讨论——以证据的客观性为中心》,《政法论坛》2000年第6期。

该证明对象的相关性则必须是客观存在的。他认为，只要抛开固有观念就会发现，不仅一般意义上的证据有主观证据，就是法律所明文规定的诉讼证据种类也有多半是基于人的主观认识形成的证据。他的结论是，应当将客观性排除于证据的本质属性，将证据的本质属性表述为关联性和合法性。① 当然，无须赘言，一个拒斥了客观性作为本质属性的证据，只承认证据的关联性、合法性，如何能够依凭这样的证据查明事实真相，是大有疑问的。

陈咏梅提出一种她自称为"修正的证据客观性说"，她承认这仍然是证据主客观统一的说法，但是，证据客观性和主观性的统一始终以客观性为主（基础）。其理由就是：证据作为一种事实或资料，是客观存在的物质实体；证据来源于客观的案件事实，是在案件发生过程中或发生后承载有待证事实信息的各种物质实体，所反映的当然是客观事实，证据的内容是对案件事实的真实反映；法官对证据的认识和取舍是以证据的内容是否真实客观为衡量的尺度之一。在证据的主客观性这两个互相对立的因素中，客观性仍然处于主要矛盾或矛盾的主要方面的地位，因而证据依然还是客观的。②

一般来说，主张客观真实证明标准的学者，往往坚持证据客观性，不承认证据的主观性，至少认为客观性是最基础、最基本、不可动摇的属性，因为，一旦证据本身的客观性被动摇，以证据证明的事实必定是主观的，那么，在证据和证据所证明的事实都具有主观性的情况下，证明标准不可能独善其身地具有客观性，也就是说，不可能以客观真实为证明标准。而但凡认为证据在这样那样的程度上和形式上具有主观性，那么，他们总会最后在某种形式上成为法律真实证明标准的主张者

---

① 参见熊志海：《论证据的本质》，《现代法学》2002 年第 4 期。
② 参见陈咏梅：《关于证据客观属性的再思考》，《政法学刊》2007 年第 3 期。

或支持者。因为,这里的必然逻辑就是:证据既然具有主观性特征或属性,那更不用说证明过程的主观性了,由具有主观性的证据、通过具有高度主观性的证明过程,所得的案件事实只能是主观事实,所查明的真实当然是"主观真实"或"法律真实"。

这些大体上就是近二十年证明标准之争的主要话题。

第九章 四种哲学观点与事实证明

第一节 辩证唯物认识论与司法证明

辩证唯物主义认识论对诉讼证明的指导价值毋庸置疑。客观真实论者坚持辩证唯物主义认识论对诉讼认识活动的指导,坚持客观真实和辩证唯物主义的本体论、认识论(含真理观)和价值论的统一。但是,一些学者直接、间接批评把辩证唯物主义作为司法证明的认识论基础。

一、"客观真实"的实践问题与辩证唯物认识论有关

法律真实论者对辩证唯物主义认识论和司法证明要求的关系,有的在总体上不否定,在具体分析中不认可;有的把客观真实和辩证唯物主义认识论直接联系起来,并且在批评客观真实的同时,否定辩证唯物主义认识论与司法证明的有机联系,主张以某种西方哲学作为司法证明的哲学基础。

樊崇义先生从来没有直接明确否定辩证唯物主义认识论在司法证明中的作用,相反,他肯定法律真实论也要符合唯物和辩证的认识论原理,只不过不能像客观真实论那样,"片面"理解辩证唯物主义认识论,把哲学层面的绝对的"不可操作"的"理想目标"即客观真实,拿来作为

具体司法证明的要求。他说,"把理想上和哲学上的标准套入实际办案之中,难以操作。"①他进而批评,以辩证唯物主义认识论指导的客观真实,在实践中产生大量问题。而在论证法律真实理论时,他和他的合作者至少曾经求助于"后现代主义"。②

二、辩证唯物认识论不能指导诉讼证明活动

陈瑞华先生直接把辩证唯物主义认识论排除在司法证明活动之外:辩证唯物主义认识论的正确性毋庸置疑,但它只适用于认识活动;诉讼活动不是认识活动,或者至少在一定程度上不属于认识活动;将认识论作为证据法的理论基础,就显得不科学。陈先生认为,将辩证唯物主义认识论确立为"证据学"的理论基础固然无可厚非,但将这一认识论原理奉为"证据法学"的理论基础甚至指导思想,显然用错了地方,适用错了对象,因为,作为诉讼程序和仲裁规则重要组成部分的证据法规则,所要解决的不只是认识问题,而更主要的是争端的合法解决和法律的公平适用问题;辩证唯物主义认识论还为程序工具主义甚至程序虚无主义现象的出现提供了合理化解释;取而代之的是程序正义理论,它是一系列证据规则赖以建立的理论基础。③

---

① 田冰川:《我的结论是"法律真实"》,《中国律师》1996年第7期。
② 参见樊崇义、锁正杰、吴宏耀、陈永生:《刑事证据前沿问题研究》,载于何家弘主编:《证据学论坛》第一卷,中国检察出版社2000年,第203页。
③ 参见陈瑞华:《从认识论走向价值论——证据法理论基础的反思与重构》,《法学》2001年第1期。好些学者赞成并基本重复陈先生对辩证唯物主义认识论的批评,如易延友及其《证据法学的理论基础——以裁判事实的可接受性为中心》,《法学研究》2004年第1期,等等。

三、"现代哲学熏陶"与证明理论科学性

王敏远先生对辩证唯物主义认识论的批评是间接否定式的。王先生运用语言哲学、诠释学等现代或后现代哲学理论,从否定"硬邦邦的事实"开始,进而否定"认识符合事实"和"事实胜于雄辩",否定客观真实和法律真实,论证其"科学证明说"。

王敏远对"认识符合事实"的解释是正确的:"关于现实中的事实的认识与现实中的事实符合,或者说,关于现实中的事实的认识是否正确,可以其是否与现实中发生、出现、存在的事实相符合为判断的根据。"但这个解释以否定历史事实为前提,并且认为,人们盲目信从"认识符合事实"会掉入两个陷阱:"认识符合认识"和"认识符合(本不存在的)历史事实"。

王先生谈到过辩证唯物主义认识论,但实际上,他除了紧抓真理的绝对性和相对性中的相对性方面,还把这种真理相对性与语言哲学等主张的认识与事实的关系理论,"有机混合",从而否定了客观真实和法律真实,也否定了辩证唯物主义关于认识与客观事物之间的关系的周详理论。王先生批评,客观真实和法律真实都以辩证唯物主义作为理论基础,直言它们"均未经历现代哲学的熏陶"。王敏远所谓的现代哲学主要指语言哲学。在他看来,认识和理解现代语言哲学,"是为了使诉讼法学关于证据的理论即使还不能以现代哲学为基础,多少可以经受现代哲学的一些熏陶,以增进关于证据理论探讨的科学性,提高讨论相关问题的效率"。[1]

---

[1] 参见王敏远:《一个谬误、两句废话、三种学说》,载王敏远编:《公法》第四卷,法律出版社 2003 年。本章若无特别注明,所引王敏远的看法均出自这篇文章。

四、直接以其他哲学认识论代替辩证唯物认识论

那些主张以实用主义、后现代哲学为证据的基础理论、直接掀翻"传统证明方法与事实认知模式"的论者,有的沿袭陈瑞华先生的思路,误读辩证唯物主义认识论,否定它对司法证明的指导功能,如易延友先生;栗峥先生则并不对辩证唯物主义认识论展开任何正面批评,而是直接根据后现代理论展开其证据哲学,全篇"言说"的都是"后现代"那些语词、论断和观念、方法,他以这样的方式,将"传统"的认识论(不只是辩证唯物认识论,而是一切传统的唯物或唯心的认识论)和司法证明理论、证明方式弃置不顾,"解构"现存证明理论,"建构"证明理论。栗先生彻底地取消了传统认识论和证明理论在证据和司法证明领域的存在权利,紧随后现代证明理论。[1]

当然,上述几种批评辩证唯物主义认识论的方式不是截然分开的,它们相互映衬和"补强"。

不过,我在下文将向读者系统展示,这些年在一些诉讼法和证据法学者中颇为流行的语言哲学、裁判事实可接受性和后现代哲学的理论观点和方法,有根本缺陷,难以替代、排除辩证唯物主义认识论在司法证明中的基础地位和作用。

第二节 语言哲学与案件事实的证明

王敏远先生《一个谬误、两句废话、三种学说》(下文简称《谬误废话》)借罗素、维特根斯坦和彭漪涟等人的"事实"观,来界定事实概念,确定事实的基本含义和特征,以语言哲学观点为指导,否定历史事实,

---

[1] 参见栗峥:《超越事实——多重视角的后现代证据哲学》,法律出版社 2007 年。

认为"硬邦邦的事实"是谬误,"认识符合事实,事实胜于雄辩"是废话,进而否定案件证据的客观性、可靠性,否定案件事实的确定性,这些有很大问题。关于事实概念,我已经在本书第七章详细讨论。这里仅就事实的可知性、可靠性、确实性作简要评析,因为,这关涉司法活动中的事实证明是否可能、证明的事实的性质,以及语言哲学在司法证明理论是否具有基础地位。

一、历史事实不可重复发生但可认识

《谬误废话》着力证明,历史不同于现实,历史不可重现(应当指"不可能再次原汁原味地发生、演示一遍"——笔者),"硬邦邦的事实"在"历史事实"面前首吃败仗。

不错,《谬误废话》使劲证明了历史不可重现——实际上,这一点非常通俗易懂,不用费劲证明。尽管历史往往惊人地相似,但绝没有完全重合、重复的两件事实,过往的事件也不可能原原本本重演一遍。但另一方面,过往的历史(事实)能够在后来人们的认识中重现,人们能够认识历史,历史可以为人认识,这个意义上,"历史不可重现"的观点难以成立。

在王敏远先生看来,历史事实不可重现,人们只能通过证据(证据事实)来认识历史事实,那么,"硬邦邦的事实"在历史中当然就被瓦解了。

我们对这样的观点并不陌生。这其实就是关于历史事实究竟具不具有确定性、可靠性,在某个角度、程度上是否是确定无疑的、"硬邦邦的",人们的历史认识是否如实地反映了客观历史真相的问题。这一点和司法证明中对不可重复的案件事实的认识具有相同的性质。

历史事实不可重复,但历史事实绝不是不可知的,它能够通过证据等媒介在思维中再现。当可知论者从某个角度和尺度上肯定一个认识与认识的客观事物一致时，怀疑论者总是"换一个角度、尺度"来质疑、打破认识中相对稳定、确定的内容，他们非得把"公元前49年恺撒渡过卢比孔河"这样的事实，"解构"为无穷无尽、毫无确定性、充满假设、猜想的种种"事实"（微小细节），然后自以为发现了玄妙高深的理论："这个简单的历史事实终于被证明不像砖头那样是轮廓分明的、可以测出重量的、某种坚硬的、冷冰冰的东西"；而对确实不可否定的事实，又极力贬低事实的存在价值和意义，"例如：'1517年在德国出售赎罪券'这一事实就可以得到彻底证实。任何人也不会怀疑它。但就事实本身来说，它微不足道，没有任何意义"，于是，结论出来了："'轮廓分明、硬邦邦的事实'，在历史的长河中崩溃、瓦解了，所谓'硬邦邦的事实'，不过是个谬说而已。"其实，王先生没有注意到，只要他承认了任何确定的（历史）事实，他的"事实并不硬邦邦"的观点就不攻自破了，不管那个确定的事实在历史上是大是小，不管王先生认为它多么微不足道，这就叫"千里之堤，溃于蚁穴"。

我们明白：人对某个事物的认识都是有条件的，即总是基于某种需要，在某个特定的时间、地点、情景之中，在特定的角度、程度上获取、认识事实的，改变了认识环境和条件，人们关于那个事物、事实的认识当然会随之改变。认识的真理性，以及真理的绝对和相对性关系，都是认识论的常识。我们认为，承认"1517年在德国出售赎罪券"这一事实可以得到证实，任何人也不会怀疑它，那么，第一，"公元前49年恺撒渡过卢比孔河"的事实也一样可以证实，不应当怀疑；第二，能够证实并且无可置疑的"1517年在德国出售赎罪券"事实，就该事实本身来说，可能确实微不足道，但对于历史事实究竟可不可知、具不具有"硬邦邦的事实"的属性这个历史哲学问题而言，却不仅不是微不足道、没有意义的，而且事关重大，意义不凡，仅此一例就说明，总有历史事实是能够认知的、确实的和不可否定的，是轮廓分明、硬邦邦的。

由是,《谬误废话》中的如下文字:

> 历史可以在硬邦邦的龟壳上——如同甲骨文那样——被记载;记载历史的材料可以被仔细地考证,以至于被公认是反映历史的"过硬的史料",但这都不是历史本身。现实中的"历史事实"只是通过证据被记载、被论述、被解释的事实,并不是、也不可能是"硬邦邦的事实"。

笔者稍做改写,变为如下表述,我看不出有什么障碍和为难之处:

> 历史不仅可以在硬邦邦的龟壳上——如同甲骨文那样——被记载;记载历史的材料可以被仔细地考证,以至于被公认是反映历史的"过硬的史料"。虽然史料都不是历史本身,但历史却通过文字、实物等史料(证据),被现实的人们在思想中认识和再现。现实中的"历史事实"既是被记载、被论述、被解释的事实,又是以客观、真实的史料为根据确定的"硬邦邦的事实"。

其实,程燎原先生几乎在《谬误废话》表达其观点的同时,针对"历史事实"及其解释,就曾这样说过:"我常常以怀疑的眼光看待那些用'思想、文化的方式'阐释历史,尤其是以自己的思想、文化观'构建'历史的'宏文伟论'。因为在这些'宏文伟论'里,历史被'思想、文化'所拿捏,甚至蹂躏。一种史学研究,如果缺乏'思想'境界,那是关涉理论高度的问题,但如果缺乏'历史的真实',那就已经不是史学了……"①

历史事实可以认识,那么,具有"历史性"的案件事实也就可以认

---

① 程燎原著:《清末法政人的世界》引论,法律出版社 2003 年,第 5 页。

识,而且人们认识到的案件事实也是具有"硬性"、"硬度"的事实,不是任人拿捏的橡皮泥。

二、语言哲学中的事物"确实性"

《谬误废话》在否定"硬邦邦的东西"这点上,比否定"硬邦邦的事实"走得更远:

> 本文虽然在此之前或之后均主张"历史事实并不像砖头、铁棍等物那样是轮廓分明、硬邦邦的东西",但这绝不意味着笔者认为像砖头、铁棍那样的物绝对都是轮廓分明、硬邦邦的东西,也不意味着硬邦邦的物在任何意义上都是轮廓分明、硬邦邦的东西。

笔者注意到,《谬误废话》有言:"事不同于物,有'硬邦邦的物',却无'硬邦邦的事实'",即是说,物相比于事而言,总说得上是"硬邦邦的",正因如此,事相比于物,则软而模糊,故"'硬邦邦的事实',不过是个谬说而已"。笔者也明白,先生用"砖头"、"铁棍"、"轮廓分明"和"硬邦邦"诸词语,当然是以形象化的方法来说明历史事实"不硬"、"不分明",是"软的"、"模糊的",是人们"论述、解释的"东西。问题是,王先生认为,连砖头、铁棍诸物也非"在任何意义上"都是"轮廓分明、硬邦邦的"东西——即是说,"硬邦邦的物"最多只在"一些意义上"是"轮廓分明、硬邦邦"的东西,在另一些意义上,即便是"硬邦邦的物",也不是"轮廓分明、硬邦邦"的东西。可是,"硬邦邦的物"究竟在哪些意义上硬邦邦、轮廓分明,哪些意义上软绵绵、界限模糊,《谬误废话》未曾说明。这就有点儿"万物皆软、皆模糊"的意味了。

《谬误废话》使用"轮廓分明"、"硬邦邦",应当不仅是指各种物的物理属性,而是借用这两个易于为人理解的词,来表达一种思想观念,即历史事实也好,现实事实也罢,甚至就连砖头、铁棍诸物,以及与这些物关联的事,特别是人们关于这些物和事的认识,都是不确定、不分明、不客观的,都是摇摆不定、模糊不清、随人的主观理解或解释而变幻的"东西"。

王先生之所以这样认为,是因为他确信语言哲学给他提供了现成的、有效的阐释方案,他甚至不需要做多少论证。

在语词、语言的范围内(这是语言哲学的大前提):事不同于物;事实不同于事情,也不同于物。在分析语词的意义、概念的涵义的范围内,语言哲学家们可以暂时把语词同它所指代、指称的事或物分离开,仅从"语词构成"上分析"事"、"物"、"事实"和"事情"诸语词。

在更广泛的哲学视野中,语言哲学被认为是继本体论哲学向认识论哲学转向后,哲学所发生的再次转向,其核心思想和方法,按照王先生所引孙正聿的看法,是:

> 现代西方哲学的"语言转向",它所批评的是,离开对人类"语言"的考察而直接断言"思维和存在的关系";它所要求的是,哲学家在建立关于人类意识和世界及其相互关系的理论之前,必须先有关于语言的理论;这种要求的实质是,哲学家必须把作为"文化的水库"的"语言"作为研究"思维和存在的关系问题"的出发点。
>
> 人类必须而且只能用"语言"去理解"世界"和自己的"意识",并用"语言"去表述对"世界"和自己的"意识"的理解;虽然"世界"在人的"意识"之外,但"世界"却在人的"语言"之中;"语言"既是人类"存在"的消极界限(语言之外的世界对人来说是存在着的无),"语言"又是人类"存在"的积极界限(世界在人的语言中变成属人的世界);"语言"中凝聚着"思维和存在"、"主观和客观"、"主体与客体"的对立统一,因而也是消解主—客二元对立

的文化结晶……

近代哲学的"认识论转向",是要求哲学家在建立关于"世界"的理论之前,必须先有关于"意识"的理论,"没有认识论的本体论为无效";现代哲学的"语言转向",则是要求哲学家在建立关于"意识"和"世界"及其相互关系的理论之前,必须先有关于"语言"的理论,"没有语言学的认识论和本体论为无效"。

人类固然不能完全离开对语言的考察而直接断言思维和存在的关系,但是,思维和存在的关系是可以离开语言的,更可以离开某种具体的(民族的或者地方的)语言,包括语言哲学这样的哲学语言。语言当然是外在地表达思维和存在的关系的工具,但语言不是也不应当是凌驾于思维、存在及其相互关系之上的东西。主张语言理论先于并且主宰哲学理论,成为研究思维和存在关系问题的"出发点",只是语言哲学的自家独断和自我抬举,这不是哲学史,更不是社会史和语言史的真相。

语言在人理解、体验和表达客观与主观世界的过程中,的确扮演了一个关键角色。但是,既承认(客观)世界在意识之外,却又只承认(一切)世界在语言之中,把意识之外的(客观)世界认定为"存在之'无'",把语言中的世界才作为"属人之'有'",这明显是主观唯心主义,不管这种哲学的语言本身是多么华丽和深奥——说到底,把语言作为世界的本质和本体,以为语言、概念、命题、逻辑推论的精确性规制着世界的精确性,规制着人们对"世界、事实"的表达的准确性,以反对和否定认识论和本体论来实现哲学的"语言转向",这只是语言哲学的表象,它不过是巧妙地树起了自己的本体论、本质论和认识论之神——语言、命题至上,在这尊大神面前,客观物质世界和人的思维世界双双要么成为"无",要么是语言的婢女。

就像宣称"没有认识论的本体论无效"并没有使本体论失效一样,

宣称"没有语言学的认识论和本体论为无效",同样不可能使本体论和认识论失效。别的不说,这个世界现在的哲学,除了语言哲学外,还存在关于本体论和认识论的其他种种哲学就是明证。

三、马克思、恩格斯对"把语言变成独立王国"的批判

马克思、恩格斯在语言哲学出现之前,就对过度拔高语言的地位、夸大语言的功能,视语言为世界本质的观点,进行过分析、批判:"对哲学家们说来,从思想世界降到现实世界是最困难的任务之一。语言是思想的直接现实。正像哲学家们把思维变成一种独立的力量那样,他们也一定要把语言变成某种独立的特殊的王国。这就是哲学语言的秘密,在哲学语言里,思想通过词的形式具有自己本身的内容。从思想世界降到现实世界的问题,变成了从语言降到生活中的问题";"我们已经指出,思想和观念成为独立力量是个人之间的私人关系和联系独立化的结果。我们已经指出,思想家和哲学家对这些思想进行专门的系统的研究,也就是使这些思想系统化,乃是分工的结果;具体说来,德国哲学是德国小资产阶级关系的结果。哲学家们只要把自己的语言还原为它从中抽象出来的普通语言,就可以认清他们的语言是被歪曲了的现实世界的语言,就可以懂得,无论思想或语言都不能独自组成特殊的王国,它们只是现实生活的表现。"①

语言哲学把现实世界及对现实世界的思维"上升到了"自己的哲学语言系统中,在"语言世界"摆弄存在和思维,摆弄被(语言哲学之)语言"纯化"甚至"异化"的存在和思维,然后,又把它们投射到现实的客观世界和思维活动上,构成语言哲学之内和之外双重"幻化"的存在

---

① 马克思、恩格斯:《德意志意识形态》,《马克思恩格斯全集》第三卷,人民出版社1960年,第525页。

和思维。这样的哲学对我们不会有什么真理性启迪,更难成为诉讼证明(标准)观的理论根基。司法证明理论,包括客观真实论和法律真实论,不仅不须接受语言哲学的熏陶,反而应当澄清语言哲学对司法证明理论产生的影响。

四、维特根斯坦后期哲学中的"确实性"思想

退而言之,即使被《谬误废话》推崇的维特根斯坦,终究也没有否定客观事物的"轮廓"和"硬度"。作为语言哲学的主要代表,维特根斯坦的后期哲学很重视"确定性",即语句、命题、知识的某些方面具有不能被怀疑或不可否定的性质,没有争议或疑问,与疑惑和怀疑态度相反,与或然性相对。在维特根斯坦看来,一切知识、命题都可以怀疑,但成为知识、命题之根据的确实性不容怀疑(其实,维特根斯坦已经深深触及认识的基础即客观事物的确实性),他对他自己的确信,以及表达事物的经验命题的客观确实性,都不怀疑。当然,维特根斯坦自己前后期哲学有一些重大区别,前期以语言为世界本质、掺杂了怀疑主义的唯心主义哲学,在《论确实性》中被修正不少,维特根斯坦反思了他以前的哲学,自认为存在错误。正如张金言所评介的:①

> 照维特根斯坦看来,凡是知识就必须有理由根据。他说:
> "我知道"经常表示这样的意思:我有正当的理由支持我说的语句。(18)②

---

① 路德维希·维特根斯坦:《论确实性》,张金言译,广西师范大学出版社2001年,"译者序"。
② 括号中的数字表示《论确实性》内容的小节。由于《论确实性》是维特根斯坦在其一生最后18个月中写的哲学思考记录,每一小节就是作者的一则笔记,后人出版的《论确实性》对它们进行了编号。

人们在准备好给出令人信服的理由时才说"我知道"……

但是如果他所相信的事情属于这样一类,即他能够给出的理由并不比他的断言有更多的确实性,那么他就不能说他知道他所相信的事物。(243)

……

摩尔虽然力图用他的常识(他举起自己的双手说"这里有一只手"和"这里还有另一只手",从而得出心灵之外有事物存在的结论)哲学驳倒怀疑论,但是他却未能看清怀疑论者所说的怀疑是没有意义的。怀疑只有在一种语言游戏的背景下才有意义,正如维特根斯坦所说:"怀疑这种游戏本身就预先假定了确实性。"(115)怀疑一切实际上意味着不能有意义地使用字词。"如果你什么事实也不确知,那么你也就不能确知你所用的词的意义。"(114)"一种怀疑一切的怀疑就不成其为怀疑。"(450)"怀疑出现在信念之后。"(160)维特根斯坦所说的这些话都表明怀疑必须预先假定有不受怀疑的东西;所以维特根斯坦又说"这表明不容怀疑属于语言游戏的本质"(370),而语言游戏归根结底乃是一种生活形式,"因为行动才是语言游戏的根基"(204)。

……

维特根斯坦是在通过这些不同的说法反复强调他在《论确实性》中所要阐明的中心思想,即这些命题的确实性是不容怀疑的,是我们一切判断和行动的基础。

然而值得注意的是,维特根斯坦在这里所说的基础完全不同于传统哲学中唯理论者(如笛卡儿)和经验论者(如洛克)所说的知识的基础。……维特根斯坦与他们都不相同,他在说这些不容怀疑的确实性命题(如"我有两只手")是基础时,并不是把它们看做知识的"出发点",用之来构建我们的全部知识,而是把它们当做我们必须接受的某种先于知识的早已给予的事实。因为脱离了这些确实性命题我们就无法思想,无法行动。这些确实性命题不是先于其他知识的知识,而是属于一个相互依赖的体系(105、102)。……在他谈论证据、经验判断、假定、语言游戏以及信念和怀疑时也经常讲到体系。这种对于确实性命题的整体性认识是维特根斯坦与传统的认识论者的根本区别。

维特根斯坦自己还说:

"我对自己的确信有着令人信服的理由。"这些理由使得这种确信客观化。(270)

但是人们什么时候说某件事情是确实的?因为关于某件事情是否确实是可能有争论的。我的意思是指某件事情在客观上是确实的。

有无数个我们认为是确实的普遍性经验命题。(273)

一个这样的命题是,如果某个人的胳臂被割下就永远不会再长出来。另一个命题是,如果某个人的头被割下,他就会死去而永远不会复活。

人们可以说是经验教给了我们这些命题。然而经验并非孤立地教给我们这些命题,而是作为大量相互依赖的命题教给我们这些命题的。如果这些命题是孤立的,我也许可以怀疑它们,因为我没有与之相关的经验。(274)

汽车不是从土地里生长出来的,这是十分确实的。(279)

我(L.W.)相信、确信我的朋友在身体或头脑内没有锯末,尽管我没有感官上的直接证据。我相信这一点是根据别人对我讲过的话、我读过的东西和我的经验。对此抱有怀疑在我看来就像失

去理智一样,当然这也同别人的意见一致,但是我同意他们的意见。(281)①

由此看来,维特根斯坦没有忘记他的哲学观点、命题理论的成立条件和范围:在语言哲学的世界,在知识和命题的世界。他没有将他的基本观念无限制地延伸到客观确实的现实世界,不是针对客观事物、事实的确实性而言的。

当维特根斯坦说"如果经验是让我们确信的理由,那么它当然是过去的经验","我取得知识的来源并不仅仅是我的经验,也包括别人的经验"的时候,当他说"汽车不是从土地里生长出来的,这是十分确实的","确信我的朋友在身体或头脑内没有锯末,尽管我没有感官上的直接证据……对此抱有怀疑在我看来就像失去理智一样"的时候,想必他不可能视一切历史、事物、事实为虚无,他会视他人的、过去的"经验"具有"硬邦邦"的属性,"认识符合事实","事实胜于雄辩"也不可能莫名其妙地被打为"谬误"。事实上,维特根斯坦认为,对那些区别模糊、差别细微,需要细腻感触的事物之间的关系也能够准确把握,这种把握是确实无疑的:"这种神话可能变为原来的流动状态,思想的河床可能移动。但是我却分辨出河床上的河流运动与河床本身的移动,虽然两者之间并没有什么明显的界限。(97)"②

五、语言哲学并不能够作为司法证明基础理论

《谬误废话》一文不仅力主"语言哲学"由西渐东而传播、被信奉,

---

① 路德维希·维特根斯坦:《论确实性》,张金言译,广西师范大学出版社2001年,第43—44页。
② 同上,第18页。

并率先"突破"了语言哲学也不敢指望和想象的东西——把虚无主义塞进了历史以及语言哲学中,把语言哲学中的怀疑主义内容推向极致,也不在乎维特根斯坦"不容怀疑属于语言游戏的本质"的训诫。《谬误废话》用语言哲学解构"硬邦邦的事实",消解历史事实的硬度,否定历史事实的可知性和客观性,进而否定诉讼领域事实证明的常识,除了对"客观真实"和"法律真实"有所震撼外,另建事实"科学证明"学说的目的很难达到。

《谬误废话》发表后,好些学者肯定了文章中的部分观点,以及基本论证方法,也提出了不少批评,而且王先生就"硬邦邦的事实"、"认识符合事实"、"事实胜于雄辩"为什么是"谬误"和"废话",做过后续回应,进一步对客观真实和法律真实均做了有所肯定的批评,①但我认为,《谬误废话》在总体上是需要否定的。

(一) 语言哲学的研究方法不适于司法证明理论研究

《谬误废话》的立论基础和研究方法,都是语言哲学那一套,从事实概念到对历史事实、案件事实的分析,无不贯穿语言哲学的基本思想和方法,与辩证唯物主义及其认识论,特别是与我们的基本生活和司法实践常识相去太远,甚至直接违背。比如,《谬误废话》引用彭漪涟的观点认为,"事实并不是指未被认识的'客观存在'的事实,而是被主体知觉到的经验的事实……可见,事实是人对呈现于感官之前的事物或其情况的一种判断,是关于事物(及其情况)的一种经验知识亦即是关于客观事物的某种判断的内容,而不是客观事物本身",②何家弘对此批评道:"当我们使用'事实'这个概念的时候,其基本含义应该是客观

---

① 参见王敏远:《再论法律中的"真实"》,见《"证据法的基础理论"笔谈》,载《法学研究》2004年第6期。

② 王敏远:《一个谬误、两句废话、三种学说》,载于王敏远编:《公法》第四卷,法律出版社2003年,第175页,脚注1。

存在的事物，而不是人们关于该事物的判断。在这个问题上，我们不能把事实与对事实的认识或知觉混为一谈。如果把'事实'解释为人们关于事物的经验知识或判断，那么'认识符合事实'当然就成为了'毫无意义的废话'。但是，这种解释显然不符合辩证唯物主义的基本原理，也不符合人们使用"事实"的语言习惯。案件事实应该是客观存在的，司法人员对案件事实的认识因此也有一个是否符合事实的问题。当然，如何评断司法人员的认识是否符合案件事实，那是我们在下面还要讨论的问题。"[①]

《谬误废话》否定法律真实、客观真实，意欲以"科学证明说"客服证明标准理论中的困难，为事实的科学证明提出一些思路。它告诉我们，"'科学的刑事证明理论'：这是我们现在所应倡导的具有科学意义的关于刑事证明的理论，其特点是：所探讨的问题是有意义的问题，所选择的方法是科学的方法，所欲解决的问题确实是科学能够解决的问题"。王先生强调，要用语言哲学来探讨事实、证据、证明和证明标准，要研究证据法学理论对设定证明标准的影响，至于证明标准的"可操作性"问题，"难以三言两语说清楚，但因这个问题并非本文主题，我在此也无必要多费笔墨"，"对可操作性的标准而言，法律是无能为力的。因此，法律对于证明标准的规定，所能做到的只能是明确提出裁判者关于信念程度的要求，而不可能是具有绝对确定而普适的、具有可操作性的证明标准"。特别需要指明，如果王先生的建设性看法就是"法律对于证明标准的规定，所能做到的只能是明确提出裁判者关于信念程度的要求"，那么，完全不必借力语言哲学，不必否定历史事实的可知性、确定性，甚至不必批评客观真实和法律真实。

[①] 何家弘：《司法证明标准与乌托邦——答刘金友兼与张卫平、王敏远商榷》，《法学研究》2004 年第 6 期。

简言之，以语言、语言游戏为表征的语言哲学，同以证据和事实查证为根本的司法证明，二者的理论兴趣和研究方法，完全不搭界。如果抽掉语言哲学，《谬误废话》阐发的事实证明的基本概念、基本观点和使用的论证方法，便没有实际的意义。

(二)"语言哲学熏陶"无力澄清证明标准理论纷争

《谬误废话》通过对事实证明和证明标准的研究提出"语言哲学熏陶"的理论要求，让语言哲学一下子似乎站在了其他哲学之上，让人们形成一个观念，似乎没有接受语言哲学熏陶的哲学和其他理论，都不具有科学性。王先生说，"之所以大段引用哲学家关于哲学的认识论转向和语言转向的论述，以有助于我们认识和理解现代哲学语言转向的原由及意义，是为了使诉讼法学关于证据的理论即使还不能以现代哲学为基础，多少可以经受现代哲学的一些熏陶，以增进关于证据理论讨论的科学性，提高讨论相关问题的效率"。按照《谬误废话》的观点，历经现代哲学熏陶是证据理论(乃至其他理论)具有科学性、可靠性、可交流性的前提，否则是不规范、不严密的理论。循着这样的思路，《谬误废话》虽然指出了客观真实说和法律真实说的问题，但却搞错了问题产生的原因：

> 由此可见，"客观真实说"与"法律真实说"在基础理论方面所存在的共同问题，即均未经历现代哲学的熏陶，因此而导致的种种后果中，值得我们重视的内容包括：其一，"客观真实说"与"法律真实说"，从其理论的总体而言，实际上不过是概念混乱的牺牲品；其二，"客观真实说"与"法律真实说"所争论的主要问题，大都是对于我们所面临的困难毫无意义的问题；其三，"客观真实说"与"法律真实说"的许多结论，或是建立在谬误基础之上的错话，或是一些文不对题的废话；其四，这两种学说都可能

对刑事诉讼实践产生危害。

《谬误废话》对客观真实和法律真实论争的批评可谓刀刀见骨。可惜,使用语言哲学来批评客观真实和法律真实,以违反常识的方式阐述事实、证据和事实证明,其结论的科学性并不比客观真实论和法律真实论高。这说明,经历语言哲学熏陶的理论并不比没有经历其熏陶的理论更科学,相反,至少我认为,《谬误废话》在批评"硬邦邦的事实"、"认识符合事实"、"事实胜于雄辩"时提出的观点、使用的方法,并不科学,即语言哲学本身不具有科学性,它也不能解决其他理论的科学性。尤其是,客观真实论和法律真实论的问题,不是因为没有历经语言哲学熏陶所致。

进而言之,法律真实论者所使用的事实概念,恰与罗素、维特根斯坦、金岳霖和彭漪涟先生的事实概念存在深厚历史和理论联系,即源于语言哲学的事实概念,都在语言范围内解析事实,应算是受到了语言哲学熏陶,但法律真实论和《谬误废话》的基本观点都被认为不科学,显然,不能高估语言哲学在医治法律真实论的理论弊病方面的能力和作用,不能说接受了语言哲学熏陶,法律真实论和王先生自己的理论缺乏科学性的问题就解决了。

要求证据法学、司法证明理论经历"现代哲学"熏陶的主张不能成立。即便《谬误废话》提出学者应接受现代哲学("又被称为语言哲学")熏陶的建议,但这个建议也大有问题。我们知道,现代哲学有许多流派,每个哲学流派的理论渊源、思想内容、研究方法乃至世界观、真理观和方法论,即每个流派的思想与方法的科学性、正确性,都有所不同,我们应该接受哪个现代哲学流派的熏陶?陈嘉映先生在其《语言哲学》一书的末尾写道:"'语言哲学'这个名号就不应当笼统地用来概括当今的哲学,而应当应用于与科学哲学、政治哲学等等并列的一个哲学分支,虽然这个分支占有分外重要的地位。"①在学术研究上,现代哲学值得我们了解、认识和把握,对其进行批判性借鉴,但我们应当笼统地、整体性地接受现代哲学的"熏陶",并且用现代哲学替代辩证唯物主义和唯物辩证法而成为我们理论研究的思想指针和理论基础吗? 语言哲学把语言规定为世界的本质,它含有怀疑主义、相对主义,有唯心主义观点或倾向,这些我们都应当接受? 我想,《谬误废话》不可以提出这一普遍要求。

第三节 实用主义的裁判事实"可接受性"评析

"裁判(事实的)可接受性"这个概念并不坏。"裁判可接受性"涉及裁判主体、诉讼当事人和社会公众对司法裁判如何认知、裁判是否具有正当性和权威性、能否为各方主体接受、顺利执行等综合性实践问题,当然需要研究。

一、对"裁判(事实的)可接受性"的关注

其实,我国司法从古到今都重视裁判公正和百姓对判决的接受。就说现在,国家特别强调,法院做出的判决要公正,要使当事人服判,近年更强调"案结事了",都贯穿着"裁判可接受性"的思想。目前,我国的上访压力不减,其中有相当部分"涉法、涉诉"上访,恰恰是"裁判不可接受"、"案结事不了"所致。理论上,我国司法实务者、学者早已注意到裁判可接受性问题,只是没有以这样的语言和学术范畴来准确表达和深究。

对"裁判可接受性"问题,龙宗智、陈卫东等人早已在理论上有

---

① 陈嘉映著:《语言哲学》,北京大学出版社2003年,第412页。

所触及。

龙宗智先生在论述证明标准时,曾经指出,具体案件的证明程度只是一种具有"合理的可接受性"的真实,即相对真实而非绝对真实。人们之所以通常能够确定一个事实,是因为在经验上这一被确定的事实具有了"合理的可接受性"。"排除合理怀疑",其排除的只能是"合理的"怀疑,从而使认定的事实具有一种"合理的可接受性",即充分的可信度。① 虽然龙宗智先生这里没有直接论证"裁判可接受性",但裁判认定的事实的"合理可接受性"却是"裁判可接受性"中的当然因素。

陈卫东先生在2001年就直接涉及了"裁判可接受性"。他强调,"以程序公正为保障实现的实体公正,对于裁判的准确率以及公正性、可接受性才能更有利。实体的真实必须通过正当的诉讼程序来保障"。②

锁正杰先生在论证其法律事实(法律真实)观时,认为:在刑事诉讼中,不存在超越于法律之外的客观事实,所有的事实都是在法律规定的机制和标准上得出关于事实的结论,这也就是法律事实,它应当具有合理的可接受性;使法律事实具有合理的可接受性,最高标准当然是客观真实,但这种标准不但实现不了,而且还会带来消极后果;可能性标准显然又低了,不能说某人可能实施了某一犯罪行为就宣称他是罪犯;案件事实的结论必须具有一定的确定性,即对事实结论如果能够排除合理疑问,结论就具有确定性,这种确定性对于一个具有正常理智的人来说,显然具有合理的可接受性;这种合理的可接受性既要有充足的证据,还要在法律规定的机制和标准上产生;被追诉人通过

---

① 龙宗智:《"确定无疑"——我国刑事诉讼的证明标准》,《法学》2001年第11期。
② 陈卫东、刘计划:《关于完善我国刑事证明标准体系的若干思考》,《法律科学》2001年第3期。

法律程序参与对案件事实的发现和形成,是合理的可接受性得以形成的重要一环。①

应当认为,在最初涉及"裁判事实可接受性"的学者那里,这个概念不甚清晰,有的名之为"裁判的可接受性",有的称为裁判结果或裁判事实的"合理可接受性",有的称之"合理的可接受的真实",不仅名称不一,其内涵外延更不具体,但有几个基本方面或明或暗地包含在"裁判(事实)可接受性"之中:其一,最质朴的涵义是法官的裁判(事实裁判和法律适用是主体内容)应当是人们可以接受的裁判,不应当让人完全无法接受;其二,案件真相是裁判可以接受的基础内容。大家之所以接受事实及法律裁判结果,乃是因为裁判合法合理,法官做到了"以事实为根据,以法律为准绳",并且"证据确实充分,事实清楚"。② 即使按照法律真实论的观点,也是在法定程序中产生了具有正当性的"法律真实(法律事实)";其三,"裁判可接受"理论上应是方方面面的人都(可以)接受裁判,而不是某个人或某一方面的人能够接受裁判,但实际上方方面面都(可)接受、满意的裁判不多,不接受裁判结果的案件不在少数,不过,不接受裁判并不都具有合法性、合理性和正当性;其四,当事人服判,公众对裁判没有不信任、不公正感。

二、大陆学者对"裁判可接受性"研究的展开

2004年,易延友先生发表《证据法学的理论基础——以裁判事实的可接受性为中心》(下面简称《易文》),表明我国大陆学者对裁

---

① 锁正杰:《证明标准理论及其法律规定》,《人民警察》2003年第5期。
② 我国立法中通常的表述是"事实清楚,证据确实、充分"或"事实清楚,证据充分",虽然这是约定俗成的,但这在逻辑上值得推敲。简单地说,只有"证据确实、充分"了,才可以得出"事实清楚"的结论,两者之间的关系不能颠倒。

判(事实)可接受性的研究进入新阶段。随其后,多篇重要论文相继发表。①

(一)《易文》对裁判事实可接受性的阐述

《易文》认为:裁判事实的可接受性是诉讼证明的核心问题;当事人主义模式下,裁判结果的可接受性主要来源于程序的正当性,职权主义模式下,裁判事实的可接受性更多地来源于裁判事实的"客观性";辩证唯物主义认识论无法为证明模式的建构提供指导,也难以为证据规则的设立提供合理的解释;实用主义哲学的合理因素是重构我国证据法学理论基础的可行途径。因此,以实用主义为基础、以正当程序和法律真实为模式的裁判可接受性,成为文章的主题(笔者对《易文》的评论,详见后文)。

(二)张建伟先生对"合理可接受性"的批评

张建伟先生《认识相对主义与诉讼的竞技化》(下称《竞技化》)一文,主要批评了以相对主义和竞技化为理论和工具、把诉讼活动中的事实证明、事实真相虚无化的理论,对一些学者试图引入"合理的可接受性"范畴来分析裁判事实的内容和性质,也直接提出了批评性看法。

---

① 参见易延友:《证据法学的理论基础——以裁判事实的可接受性为中心》,《法学研究》2004年第1期;张建伟:《认识相对主义与诉讼的竞技化》,《法学研究》2004年第4期;陈金木《判决可接受性的实证研究》(博士论文,刘金国指导),2006年;刘召:《刑事裁判的可接受性研究》(博士论文,卞建林指导),2007年;张继成:《可能生活的证成与接受——司法判决可接受性的规范研究》,《法学研究》,2008年第5期;向朝霞:《论司法裁判的社会可接受性》,《太原师范学院学报(社会科学版)》2008年第1期;冯军、秦常胜:《影响刑事裁判可接受性的因素解读》,《中国刑事法杂志》2008年7月;陈增宝:《法官应着力提高判决的可接受性——以法律心理学为视角的探讨》,《法治研究》2009年第7期;刘召:《刑事司法裁量权的理论反思——以刑事裁判的可接受性为视角》,《经济研究导刊》2009年第23期;陈景辉:《裁判可接受性概念的反省》,《法学研究》,2009年第4期;孙光宁:《司法共识如何形成——基于判决的可接受性》,《山东大学学报(哲学社会科学版)》,2010年第1期。本小节引述这里的相关文献,不再重复注明。

《竞技化》中指明:有的学者认为,诉讼活动中的(事实)认识只能达到相对的真理性,要使这种相对的真理被人们心甘情愿地接受,或者在现实中取得其权威性,就要借用"合理的可接受性"概念以进一步思考这一问题;按照一些学者的看法,刑事诉讼中的真实不是绝对真实(绝对真实也不能获得),这种真实("法律真实")因为具有充足的证据、合理的推理所保证的高度真实性,在合法的程序之中得出来(凯尔森:法律程序创造了事实),具有程序正当性和合理性,因而就具备了"合理的可接受性"。《竞技化》认为,我国一些论者所依据的美国学者希拉里·普特南在《理性、真理与历史》中表达的"用以判断什么是事实的唯一标准就是什么能合理地加以接受"的基本观点,及"合理的可接受性"概念,不是针对事实本身,而是针对关于事实的描述,因此,普特南的观点"对于诉讼认识是否有实际帮助、究竟有怎样的实际帮助,令人怀疑和困惑"。

《竞技化》对"诉讼竞技化"和"合理的可接受性"作出了比较详尽的批评,主要方面有:

第一,必须追问"合理的可接受性"是谁的"可接受性"。诉讼认识的相对主义和真实的高度程序化、相对化,致使诉讼沦为输赢之争而不是对错是非之争的游戏,诉讼成为纯竞技性的活动,各种形式上的要素、而不是实质上的要素取得了支配地位,这样的"真实"能够被谁合理地接受呢? 如果败诉的一方得不到预期的司法救济,他是否会认同法院认定的"真实"具有合理性而予以接受呢? 如果当事人举证不利遭受败诉,只好自认晦气;但如果情况并非如此,而是由于证据的确实性被摈除于法院的视野之外,法院不再对自己认定的"真实"是否符合事实真相承担责任,就形成了法院怎么判都"有理"、怎么判都"正当"的状态,败诉者由此失去了寻求司法公正的机会,他是否会忍气吞声、自认倒霉呢?

第二，必须正视并非所有真实都来自于"正当程序"。所谓能够被合理接受的"真实"的正当性在于它"是在合法的程序之中得出来的"，即使某一"真实"在事实上是真实的，只要不是经由合法的程序得来的"真实"，就不具有"正当性"，因而就不能被合理地接受，这样的观点过于绝对化，因为在不少国家的诉讼活动中，不是所有的违反正当程序获得的证据都要无条件地排除，即不是所有的"真实"都要出自合法的程序，一些并非来自合法程序的"真实"，不具有程序上的正当性，不是也被"接受"了吗？

第三，迷失在纯粹竞技化中、不顾实质正义的诉讼，必定得不偿失。《竞技化》批评道：对诉讼认识的相对性持绝对化的观点，致使一些论者的司法正义观发生变化，在他们眼里，所有案件无一例外地无法发现真相，就是发现了真相也无从知道；没有亲历案件事实发生过程的法官只能在提供给他的证据的基础做出判决，至于他对案件事实的认定是否与客观事实相符合，只有上帝才能知道；只要法官根据本案证据、遵守正当程序进行了判决，判决所确认的事实"在法律上"就是"真实"的，即使后来发现这一"真实"实为"虚假"，法官就始终立于不败之地；甚至有学者极力贬低认识论在诉讼和仲裁中的作用，认为认识活动在诉讼和仲裁活动中不具有实质意义，诉讼和仲裁活动主要是价值选择问题；有人进一步引申，认为实体正义看不见、摸不着，人们难以把握，往往不能给出确定的评价，既然凡人无法确实地知道实体公正是否得以实现，既然只有"看得见的"程序正义才是人们能够把握的，那么，也就只有程序正义才是值得在诉讼中努力实现和维护的；只要程序正义得到了实现，无论什么案件结果都应当以其具有程序上的"正当性"而被接受；在实体正义和程序正义产生冲突而必须舍弃一个的时候，实体正义被视为当然应予舍弃，程序正义就此取得至上的地位；于是，人们开始坐拥一种纯竞赛的诉讼观念，忽视实质正义的程序改革不断推进。

但是,"更重要的,是司法的实质正义,如果冷落了诉讼的实质,而在竞技化的诉讼中迷失,这样的革新是得不偿失的"。

(三) 张继成先生的裁判可接受性根据理论

张继成先生在其《可能生活的证成与接受——司法判决可接受性的规范研究》中,细致论述了司法判决可接受性的根据。他认为,司法判决结论宣告了一种对双方当事人的未来将会产生重大影响、甚至可能改变其命运的"可能生活"(即未来的生活命运、生活内容、生活地位、方式和价值等);判决宣告各方当事人"应得"的可能生活,体现和实现了公平、正义(即使形式意义上)等法律价值,这是判决结论具有可接受性的内在理由;具有合理性的法律推理是司法判决具有可接受性的工具性构成要件,包括法律规范正当、合理,证据真实可靠、事实清楚充分,法律论证形式有效,论证活动符合程序法规范和论辩程序规则,这些是法官为当事人建构"应得"的可能生活的法律依据、事实依据、逻辑依据和制度保障;满足当事人的需要是当事人判断司法判决是否具有可接受性的目的性构成要件;当事人需要是否具有正当性是法律职业共同体和社会公众判断司法判决是否具有可接受性的目的性构成要件。"批评性检验"是判断法律论证是否具有合理性和司法判决是否具有可接受性的试金石和操作性标准。"批评性检验"即判决受众,包括当事人、社会公众和法律职业共同体,在对司法判决进行重建分析的基础上,运用各种实体规则、程序规则、逻辑规则和理性论辩规则,判断法律论证是否具有合理性的思维过程,其目的在于帮助判决受众发现接受或拒绝司法判决的决定性理由,帮助人们发现和排除谬误,降低当事人获得正义对运气的依赖,最大限度制约法官的主观恣意和专断,为人民法院强制执行司法判决提供正当理由,最大限度地降低冤假错案发生的几率。

在张继成的文章里面,"裁判可接受性"是在认识和命题的范围内讨论的,但实际上有所突破,他关注了命题与真实生活的衔接;"事实"既是一个命题中的问题,同时,也没有完全脱离案件的客观事实;他对裁判可接受性的研究角度是独特的,即裁判结论与被裁判的当事人的"可能生活"之间的关联性,但现实的法律规范、当事人的历史和当下的生活、既有的道德准则和既定的逻辑推论规则,都制约了"裁判结论的可接受性"。总体上,张继成的观点是很有启发性和见地的。

(四)陈景辉先生对裁判可接受性理论的反思

陈景辉在《裁判可接受性概念的反省》中,以司法民主、公众意见与裁判正当化理由和可接受性的相互关系为轴心,将裁判可接受性界定为:"在个案裁判中,如果公众意见与依据既有法律所得出的裁判结果之间冲突,那么应当依据民众意见修改、甚至推翻裁判结果;或者说,公众意见是个案裁判的鉴别标准。"应当说,这个界定适合于陈先生的论证,但不能说是对"裁判可接受性"内涵的全面、准确揭示。

综观《裁判可接受性概念的反省》,陈先生着重强调了以下几个看法。

第一,裁判可接受性概念以"公众意见能够取代法律标准"为核心,公众意见能够被转化成裁判正当化理由,取代法律标准成为裁判依据,而司法民主化要求司法裁判必须反映公众意见。但是,公众意见难以转化为规范性的正当化理由,裁判可接受性概念中的司法民主化是直接民主化的体现,这与司法裁判本身冲突,因此,裁判可接受性概念缺乏存在的恰当基础。

第二,公众意见并不必然具有道德优点,并不具有稳定性,公众意见转化为正当化理由的规范性无法获得,它只能在司法裁判中充当说明性理由,而不能被看作正当化理由,所以它不具备取代法律标准的能力,因此,基于公众意见的裁判可接受性概念很难成立。

第三,针对个案裁判形成的公众意见,应当指向在个案裁判中被落实的那个法律标准,而不是径直地取代那个标准,自己充当裁判的基础;或者说,公众意见应当指向法律体系,而不应当指向个案,公众意见不应当在实际个案裁判中以某种方式被落实,不能发挥如同法律标准这个裁判正当化理由那样的影响力,但它依然可能以某种方式影响裁判结果,即公众意见在个案裁判中可以充当辅助性理由或者裁判结果导向的理由。

因此,"公众意见的影响力只在法律标准之内发生,而不能无限制地漫延出来,以至于出现取代法律标准的情形;换言之,公众意见的运用必须受到法律标准的约束,所以它不具备摆脱法律标准、独立运用的可能";公众意见和裁判者道德上的考虑、法律传统积累的惯常做法等一样,是裁判的辅助性理由,它没有先天的优越地位;公众意见究竟能否在个案裁判中发挥影响,由裁判者在遵守法律标准的前提下,结合个案的具体情形综合权衡决定,公众意见被动地等待裁判者发现和运用。

第四,一旦公众意见能够取代法律标准成为普遍观念,法律上的考虑就变得不再重要,案件由此也就越来越向"事件"转化。"事件"表明案件的解决主要取决于案件当事人的社会动员力,裁判可接受性的概念就是针对这种事件化的案件提出来的。由此,当事人最为重要的工作不再是如何寻找到法律上更为可靠的依据,而是如何引发社会的关注和同情,法律上的较量对于争议案件而言,不再有决定性意义;具有使案件"事件化"能力的当事人就不再关心法律问题,反而试图通过案件的事件化人为地制造争议案件,并借此实现自己的利益目标。那些不会事件化(缺乏社会动员力)的案件当事人,即使具备法律根据上的优势,依然会成为诉讼中失败的那一方。"然而,这还不是裁判可接受性概念之下的最大牺牲品。更可怕的是,整个法律体系都因此被牺牲掉了。这恐怕是我们更不愿意、更不能、也更不应当付出的代价。"

笔者注意到,陈景辉对"公众意见"与"裁判可接受性"之间的关系持有高度的警觉和怀疑。如果我们能够把"公众意见"在一定条件下、一定范围内扩展至"公众、当事人意见",那么,当陈先生宣告,以"公众意见"作为裁判正当化理由和裁判可接受性的内容、标准,不仅可能牺牲案件的正确裁判,而且会牺牲整个法律体系的时候,我们就可以看清"裁判可接受性"这个诱人概念和理论深深掩藏的(部分)"精神实质"——当事人、公众在"意见上"接受裁判,或者使裁判在当事人和公众的"意见"里面具有"可接受性",即裁判结论成为裁判者的"意见"和当事人、公众的"意见"的契合物时,"裁判可接受性"就在个案中、制度上和理论上铸成了。陈先生至少部分击中了"裁判可接受性"的实质和根本问题:如果不具体分析当事人、公众的意见和裁判可接受性间的复杂关系,不适当地抬高当事人和公众意愿在判断裁判是否"可接受"时的作用,以为我(们)需要、对我(们)有用的裁判就是"可接受"的裁判,这岂不是若隐若现甚或明目张胆的实用主义和机会主义态度?

三、以实用主义为基础的"裁判可接受性"

不过,《易文》则主张"引进"实用主义作为证据理论基础,在此基础上展开"裁判可接受性"分析。我请读者一起分析《易文》中的几个重要观点,以及它们的明显问题和暗藏玄机。

(一)《易文》的出发点和立论基点

我首先注意到的是《易文》的这段议论:

> 笔者并不否认发现真实在诉讼证明中的重要性,但是,笔者认为,裁判事实的可接受性才是诉讼证明的核心问题,也是证据理论和证据规则所要解决的首要问题。就此而言,发现真实这一价值仅仅具有从属性地位。所谓证据法学的理论基础问题,就是如何获得裁判事实的可接受性问题,而不是如何发现真实的问题。

第一，以为"裁判事实的可接受性才是诉讼证明的核心问题，也是证据理论和证据规则所要解决的首要问题"，这个看法不能成立。证据的有无，案件事实的有无，如何证明事实，裁判事实的真假与裁判事实的可接受性，谁是诉讼证明的核心问题？谁是证据理论和证据规则要解决的首要问题？案件真实与裁判可接受性之间，究竟谁是基础，谁具有根本性，谁具有从属性？须知，其一，"诉讼证明的核心问题"当然指向的是讼争事实是否存在、能否证明，如果诉讼证明的核心不是查明事实，而是所谓"裁判事实的可接受性"，真是"皮之不存，毛将焉附"？其二，事实真相应当是裁判可接受性的基础和主要内容，查实、获得事实真相在任何诉讼模式下的任何案件审判中，都是诉讼证明的核心。事实有无、真伪等问题不在诉讼证明中解决，事实裁判可接受性从何说起？其三，《易文》说，"发现真实（这一价值）"在诉讼证明、证据理论和证据规则中仅具有从属地位，证据法学的理论基础是如何获得裁判事实的可接受性，而不是如何发现真实，这明显是颠倒了两者的关系。

第二，"发现真实"就是发现真实，这是具体的司法证明活动，它本身不是什么价值，虽然发现真实的活动受许多价值指引，被发现的真实也包含着许多价值，并能够用以实现许多司法价值！无论"发现真实"是不是价值，它都不应当这样无足轻重。

第三，否定"发现真实"在司法证明和证据法学中的"基础地位"，必定动摇司法证明制度和证据理论的根基。本书已经多次论证：真相是公正裁判的基础，没有真相而奢言裁判可接受性，是本末倒置。我们不要忘记，罗纳德·J.艾伦说过："一个事实与真相在其中无所作为的法律世界将是一个令人无法安居其中的地方。"艾伦认为，当事人对事实裁定的满意度和公众对事实裁定的接受度都不与真相真正冲突，真相的真正敌人是怀疑主义哲学。

第九章 四种哲学观点与事实证明 555

（二）司法裁判权威性的来源及其与裁判可接受性的关系

> 司法裁判必须具有权威性，这种权威性应当来源于其可接受性，而非简单地依靠武力或强制性。……裁判的合法性应当主要来自于裁判的可接受性。因为当事人接受它，所以尊重它；因为社会公众认可它，所以它对社会公众具有普遍的指导意义。……一个司法制度要想正常运转，它就必须强化其裁判的可接受性；或者说，一个正常的司法制度，其裁判的大部分均要依赖其可接受性来执行，而不是依赖武力来执行，虽然这并不排斥武力总是可以并且应当作为最后的手段。可见，裁判事实的可接受性应当是任何一种诉讼程序和证明过程的核心概念，也是司法程序和诉讼证明理当追求的中心目标。

似乎，《易文》这一段话具有较高的"可接受性"，但是，又经不住严格推敲。

第一，司法裁判的权威性应是高于可接受性的范畴，司法权威性的部分根据就在于裁判具有品质正当的可接受性，或者"合理的可接受性"，裁判可接受性绝不是司法权威的全部源泉，也不是任何意义的裁判可接受性都能构成司法权威的基础，那些不具有正当品性的裁判可接受性，就可能伤害司法权威，因为，并非所有正当的裁判在所有当事人、公众那里都具有可接受性，并非所有在某些人那里可接受的裁判都合法、合理、正当，并非每个裁判在各方当事人、法官同行、法律人群体和社会公众面前，都被认为具有可接受性。

第二，"裁判的合法性应当主要来自于裁判的可接受性"，这完全颠倒了裁判的合法性和可接受性之间的基本逻辑关系。如果司法裁判是否合法得看人们接受不接受，法律及其准绳作用何在？"以事实为基础,以法律为准绳"就得修改为"以接受为基础,以接受为准绳"了,可是,谁的"接受"？因为和为了什么而接受？

第三,关于国家的强制力(暴力、武力)与裁判可接受性之间的关系,那就无需多说了：谁都知道裁判要尽量以和平的方式执行,国家暴力只是司法背后的最终的不得已的手段,但这两点不能够从逻辑上证明"裁判事实可接受性"应当成为司法证明的中心目标,因为,合理合法、可接受的裁判,既有使用和平、非暴力方式执行的,也有无可奈何依靠暴力而执行的,还有法律明确规定只能用暴力而执行的；大部分案件,即使有人不接受裁判,还是和平执行了,有些案件,不管当事人接受不接受,都得依靠暴力或暴力威慑去执行,比如徒刑、死刑判决,就只能依法使用暴力而执行。《易文》关于司法权威、裁判可接受性、武力和强制执行裁判的看法,显得过于浪漫。

第四,"裁判可接受性"的实质内容应当是"裁判事实的可接受性",尽管还可能包括"裁判方式"等等的"可接受性"。谁都知道,除非裁判者仅就程序问题进行裁判,否则,只要涉及案件的实体裁判,必定首先是对事实作出裁判。没有"裁判事实"就不会有"裁判事实的可接受性",如果裁判事实根本不是案件的客观事实,尤其,如果裁判事实是虚假的、颠倒黑白的"事实",如果司法裁判认定的事实大量都是违背客观事实的"事实",再怎么吹嘘裁判的程序正当性,裁判结果仍然不具有"可接受性"；如果事实真相不是司法证明的中心目标,而"事实的可接受性"倒成了中心目标,这个观点即使有法律真实论的根据,也没有充分的实践根据；"裁判事实可接受性"应当包含"裁判事实符合事实真相是裁判可接受性的基础"这个应有之义,不然,"裁判事实可接受性"肯定成不了司法证明的中心。

(三)《易文》没有准确、全面阐释尼桑的裁判可接受性理论

《易文》摘取、阐释了美国学者查尔斯·尼桑(Charles Nesson)的裁

判可接受性观点,但有的观点引述不全面,有的阐释得不符合原意,并且把阐释混为尼桑的观点:

> 尼桑指出,裁决的可接受性是法律能够道德化和具有教育功能的关键;审判尽管表面上看起来是一个发现真实的过程,而实际上则是一个剧场,是一场戏剧,公众通过参与而从中吸收应当如何行为的信息;尽管促进裁判事实精确性的措施通常也会促进裁判事实的可接受性,但是事情却并不总是这样;不仅如此,有些证据原则只能这样来理解:它们的目的不是为了获得裁判事实的精确性,而是为了获得裁判事实的可接受性。在尼桑的论述中,裁判仅指定罪裁判;而所谓裁判事实的可接受性,指的就是裁判必须具有的使公众能够对以此裁判为基础而施加之制裁予以正当化的品质;具备这一品质的裁决必须使公众将其视为对过去实际发生之事实的陈述(而不是对证据的陈述),从而法律制度将可以运用这一裁决而决定(对被告人)施加惩罚而不考虑裁决所依赖的证据基础。……本文所说的裁判事实的可接受性,不仅包括定罪事实的可接受性,也包括无罪认定、证据不足的认定的可接受性。

第一,《易文》的核心观点与查尔斯·尼桑的《证据或事实?论司法裁判与有罪裁决的可接受性》[1]有关,尼桑的部分观点被《易文》吸收了。尼桑文章的主题和核心观点在《易文》中被部分提到过:"诉讼除了具有解决纠纷的功能外,它还可以通过解决纠纷的过程展示文化的意味,树立行为的模式,禁止邪恶的事件,成就善良的风俗。任何一

---

[1] 查尔斯·尼桑:《证据或者事件?论司法证明与裁判可接受性》,载《哈佛法律评论》,1998年第1357—1392页(Charles Nesson, The Evidence or the Event? On Judicial Proof and the Acceptability of Verdicts, *98 Harv. L. Rev.*, pp. 1357—1392)。

个社会都会有一些关于正义、善良的观念,有一些关于行为的规则,法律制度的首要目标就是鼓励和促使公民将法律的规则吸收到其行为的模式之中。诉讼可以为这些观念和规则提供一个培育的场所,为人们的行为提供权威的指南。因此,司法审判的功能不仅仅限于对过去发生之历史事实的发现,而是要通过这一过程建立起犯罪与刑罚、过错与责任之间的联系,从而为公民传递一种应当如何行为的信息。"

第二,尼桑的真正主要观点被《易文》忽略。尼桑认为,有罪裁判是肯定地陈述已经发生的(犯罪)事实(事件,event),还是陈述证据可能证明的事实,这两种不同的裁判结论表达方式对当事人和公众如何确立和选择行为标准、行为方式,对法律准则及内化在法律中的道德准则能否被人们内化为行为准则,极其重要,而证据、证据规则与有罪裁决可接受性有关,裁判可接受性与裁判所适用的准则能否内化为当事人和公众的道德和法律认知有关。尼桑认为,如果裁决陈述的是既成的客观犯罪事实,当事人和公众就会从事实的违法性和基于事实的惩罚之中,得出他们内心的法律和道德认知与评判,并且化为他们的内心行为规范;如果裁决陈述的是"根据证明规则,你的犯罪事实若经正当程序证明,你将被定罪处刑",那么,人们就不会根据他们所知的什么是合法而行为(即尽量守法而不犯罪——笔者),而是根据他们认为的怎么样才能不被证明有罪而行为(即犯罪但尽力不留证据,从而避免被证明有罪——笔者),而这可能导致犯罪,不是更好地预防了犯罪。显然,有罪裁决对事实的陈述方式不同,其法律和道德教化作用就南辕北辙,这就是尼桑文章的主旨,而"裁判可接受性"并非文章的主题。

第三,尼桑在文章中的确有某种程度的"轻事实,重可接受性"的倾向,这在《易文》的引文中能够看出端倪。但是,尼桑决没有像《易文》那样否定案件事实的客观存在,以及裁判者认识事实的可能性和案件事实对裁判可接受性的重要性。

尼桑在其文章中既承认案件的客观事实,也承认发现事实真相的重要性,所以,试图从尼桑那里读出案件事实与"裁判可接受性"之间的"断裂"是很难的。尼桑并没有强调审判的戏剧性,对真相的某种不在乎,相反,尼桑强调,"促进裁判事实精确性的措施通常也会促进裁判事实的可接受性","裁决必须使公众将其视为对过去实际发生之事实的陈述",尽管尼桑说的是裁判结论不能以陈述证据而要以陈述事实的方式表达,但这个表达方式的背后,总不能完全没有事实依据。何况,尼桑反复强调,有罪裁判要以陈述既有的犯罪事实的方式来表达,既有的犯罪是客观事实,有罪裁判应当清楚表达这个事实,而不是证明这个事实的证据和证明规则、标准,这个事实是适用刑法惩罚罪犯的基础,也是人们将犯罪事实、刑法及其蕴含的道德规范和刑事制裁联结成为一个规范整体,内化为人们的道德和法律认知,成为人们自觉恪守的行为准则;尼桑明白,要使人们把一个裁判结论看成是对过去事实的表达,就要经得起公众理性的挑战,客观犯罪事实就是必不可少的基础性因素。《易文》引述过达马斯卡的说法,"无论是何种门派的认识论,都不会否定人们的常识性认识,那就是,在我们的主观世界之外,必有一个独立于意识的客观真相(Truth)存在。"这无疑是对尼桑观点的一种注释,也是对《易文》观点的直接自我反驳。

总之,尼桑并没有给案件事实虚无主义和裁判可接受性高于裁判结论真实性提供理论支撑。

(四) 对"裁判事实可接受性"观念普遍化

《易文》以墨菲的观点为据,将裁判事实可接受性观念普遍化:

> 司法审判的目的在于确立裁判事实的可接受性这一观念在英美证据法学理论中其实已经成为共识。墨菲在《论证据》一书中,对司法审判的性质作了界定:"司法审判并不是追求过去发生之

事实的最终真相的探索过程,而是建立一种关于发生过什么事情的版本,这个版本对于过去发生之事实的正确性必须达到可以接受的可能性。"

墨菲的观点是否在英美法国家成为共识,我不敢断言,而且这也并不重要。因为我们知道,这样的观点在英美法学者中也有很多批评声音;把司法审判的目的定位在确立裁判事实的可接受性,而不是追求过去发生之事实的最终真相,司法审判乃是编出一个"事情的版本"(故事),这是诉讼竞技化、戏剧化和游戏化的理论(及某种实践)的产物,也是后现代证据理论的"精华"所在,但它是谬误多于真理(详见下文对后现代证据哲学的评论)。

(五)《易文》对"客观真实"的批评并不客观

《易文》批评我国有些学者在诉讼中追求客观真实的观点(这些也是法律真实论者对客观真实理论的常见批评意见):

在我国,不少学者仍然满足于以发现真实来解释证据立法,认为诉讼证明是一种认识活动,因而也就不可避免地要追求发现真实,传统的客观真实论甚至认为诉讼证明的最高目的甚至惟一目的就是保障发现真实。当前的主流理论虽然承认保障人权、程序正义等价值在证据规则中的意义,但是,仍然强调大部分证据规则是为保障发现真实而设置的。……他们在解释证据规则时,往往习惯于从发现真实这一目的入手,而不是从裁判事实的可接受性入手进行分析……

至少,这里对客观真实、发现真实的批评,对"大部分证据规则是为保障发现真实而设置"进行质疑,都是想当然的。诉讼证明当然主要是一种认识活动,追求、发现真实当然不可避免地成为诉讼证明的基本任务和目标,大部分证据规则当然是、并且应当是为保障发现真实而设置。这是诉讼证明制度、理论和实践的常识。

第一,客观真实论认为,追求客观真实从来是司法的最基本目的,是基础性的目标,一定意义上,它是"最高目的",但从来不是"唯一目的"。还当事人以"公道",以"天理不容"的名义反对隐藏罪恶事实,在司法中让"罪恶昭彰",实现"天公好还"的正义理想,这是中国的传统司法精神、精髓。"包公即便死去,青天永远在上",这恐怕是我国司法精神文化中的一道血脉,不论将来什么样的诉讼模式,都很难弃之不顾。专门为查清、证明事实而制定的证据规则,其大部分确实是、应当是为保障发现真实而设,这天经地义,少量规则(如传闻排除、非法证据排除、意见证据和品格证据之排除等)是为阻止错误认定事实而制定的,尽管它们可能直接阻止人们发现一些真相,但也有间接保障发现真相的功能,这些不应当遭到否定。《易文》批评(客观真实论者)"在解释证据规则时,往往习惯于从发现真实这一目的入手,而不是从裁判事实的可接受性入手进行分析",可我们知道,解释证据规则当然要按照证据法或规则的立法宗旨、有利于查明事实着手。美国联邦证据规则(见规则102)开宗明义就规定,其"宗旨和解释"都要本着"查清真相和公正裁决案件"的目的,即"要从发现真相入手",而不是从裁判事实可接受性入手。日本学者石井一正说:"作为一项存在于各诉讼程序的证据法的基本理念,首先应当明确的是,在诉讼程序中,对于构成审理对象的过去的一定事实的正确认定(发现真实)……人民对于法院寄予的最大希望就是准确地对事实作出认定,这一点是谁也不能否定的。"[1]

---

[1] [日]石井一正:《日本实用刑事证据法》,陈浩然译,五南图书出版公司2000年,第8页。转引自张建伟:《证据法要义》,北京大学出版社2009年,第421页。

第二,在客观真实论者那里,"裁判可接受性"从来都是理论关注的重点问题之一;他们是在追求客观真实的理念和目标下,按照其所理解的"裁判可接受性",对证据、事实证明提出要求,主张建立证据、证明等制度,不仅追求"当下"当事人和公众对裁判的"可接受性",而且要求裁判经得起历史检验,即追求"历史、现实和未来相统一"的更现实也更长久的"裁判可接受性"。《易文》批评客观真实论证者没有从裁判可接受性入手分析证据规则,实际上,他们有自己一整套关于裁判可接受性的方法和理念,尽管不见得都用了"裁判可接受性"这个看上去时髦的概念、分析工具。

第三,《易文》抽象谈论"裁判可接受性",对下述具体问题没有进行深入探讨:谁的"裁判可接受性"?"可接受性"的内容是什么?什么司法环境、社会条件和案件情况下的"可接受性"?什么品性、标准的"可接受性"?什么事实和利益之下的"可接受性"?"可接受性"形成的途径、方法是什么?"裁判可接受性"成立的范围和限度如何?[①]《易文》借用西方学者有关"裁判可接受性"的论断后,断言客观真实论者不知道"裁判可接受性",没有从这个角度分析证据规则等,有失学术平允。

就我国大陆司法实际看,行政诉讼中民告官难,民胜官更难,"裁判可接受性"在原告那里是个复杂样态。民事裁判执行难,这里面的"裁判可接受性"也是重要因素之一。面对刑事冤案,无辜者心中的"裁判可接受性"是什么,在哪里呢,我们要十分清醒。老百姓对法律中取消贪官死刑高度警觉和"敏感",这些年许多大贪没有被判死刑,显然影响着普通百姓对这些案件的裁判的"可接受性"。每年数百万计的诉讼案件,有多少案件的裁判在法律专业精神和良知面前不具有

---

① 对这些问题,本书未予展开讨论,它们超越了本书的范围,需要另外著文研究。

"可接受性",涉法涉诉的信访那么多,这与裁判的"可接受性"有多少些联系,如果对这些问题确实心中有数,再对"裁判可接受性"探讨一番,应该更为适宜。

(六)事实虚化使得"裁判可接受性"没有客观基础

《易文》认为,不同的诉讼证明模式,其裁判事实可接受性有不同基础和来源,主张"裁判事实(法律真实)是否符合客观真实,在所不问"(在法律真实论的语境中,"真实"不一定是真的事实),而客观真实只是"假定的、冥冥之中的存在",把案件事实真相极端相对化、虚无化,"裁判可接受性"成为可以没有真相基础的至上准则和目标:

> 既然诉讼的目的不在于探究过去发生之事实,而在于建立关于过去发生之事实的可接受的版本,那么,对诉讼证明模式的描述就可以不再局限于发现真实的多少,而是着眼于不同证明模式中裁判事实可接受性的不同来源。……究竟哪一种机制更有利于真实之发现,实际上是一个无法证实的命题。因此,问题的关键不在于它们是否以及在多大程度上发现了事实真相,而在于它们在诉讼中获得的"真相"通过何种途径为人们所接受。
>
> (在正当程序模式中),法官自己对事实并没有独立的主张,也不会追求所谓的客观真实,法官对事实的认定最终决定于双方努力的程度:若甲举出的证据更有说服力,则甲获胜,裁判事实(Fp)即为Fa;若乙举出更有说服力的证据,则乙获胜,裁判事实即为Fb。在这一规则之下,只有当有更多证据支持的事实被认定为裁判事实的时候,该裁判事实才具有可接受性;同时,只要法官依据举出了更有说服力的证据的一方主张的事实作出了认定,裁判事实即具有可接受性。至于裁判事实(法律真实)是否符合客观真实,在所不问。

（在法官追求实体真实、客观真实的模式中）……规则允许法官积极地追求第三种事实，即独立于当事人主张的事实，因此，法官最终的认定就有可能既不是甲所主张的事实，也不是乙所主张的事实。假定法官的认定既不同于 Fa，也不同于 Fb，而是一个独立的事实 Fc，那么，Fc 作为裁判事实而要获得可接受性，其惟一可能的途径就是：它符合一个更高的实体——客观真实 Ft；Fa、Fb 之所以不被承认，就是因为它们与 Ft 不相吻合。同样的逻辑，Fc 之所以能够被认定，因为它与冥冥之中独立存在的 Ft 相吻合。

在我国的职权主义诉讼模式下，裁判事实可接受性的主要来源就是实体的正确性。……在职权主义模式下，客观真实更容易使裁判获得可接受性这一点，应当是不容置疑的。……在中国的体制下，裁决并不仅仅是对双方努力的一种判定，事实也不仅仅是双方努力推动的结果，因而法院对事实的认定要获得可接受性，就必须假定在冥冥之中有一个高于所有人的主观意识而存在的客观真实。法院裁判事实的可接受性也就只能来源于它与这一更高实体的符合。显而易见，只要我们承认在人们的主观意识之外存在着独立的客观实在，那么，对过去事实的认定，只有在与这个客观实在相符合的时候才能获得可接受性。这是我国诉讼证明体制将发现真实这一价值强调到无以复加的地步的最根本原因。

我们不妨假定：当无法决定哪一种机制更能发现真实之时，更多地注入程序正义的观念，当更有利于裁判事实可接受性之实现。联系到裁判事实可接受性不容回避而主观是否符合客观这一问题可以回避这一点，我们应当有更多的信心选择以程序的正当性保障裁判事实可接受性的程序，而不是以客观真实来保障裁判事实可接受性的程序。

第一,《易文》声称"诉讼的目的不在于探究过去发生之事实,而在于建立关于过去发生之事实的可接受的版本","诉讼证明不再局限于发现真实的多少,而是着眼于裁判事实可接受性的不同来源",这不只是《易文》的观点,这个观点有一点"市场",比如下文就要评述的后现代主义证明哲学,就有许多类似观点。但不管有多少人买这个观点的账,都不能成为这个观点在科学上和司法实践上成立的理由。

第二,"究竟哪一种机制更有利于真实之发现,实际上是一个无法证实的命题",这个观点看似正确。的确,哪种机制更有利于发现真实,是很难回答的,也没有人已经很好地回答。但是,这是个"无法证实的问题"吗?有人去努力证实过,并且失败?(N+1)个人都去努力证实过,并且都失败?否则,凭啥说"究竟哪一种机制更有利于发现真实,是个无法证实的命题"?学界一般都承认,当事人主义和职权主义诉讼模式,都有自己一套有效发现真相的机制,都有利于发现真相,至于谁更有利于证明事实,可以继续实践、探索,怎么就无法证实呢?即使真的无法证实哪种事实证明机制更有利于事实证明,这也无关紧要,甚至与裁判事实可接受性问题无关,只要各种事实证明机制都能够正常发挥作用,完成其任务,担当起使命,就足够了。

第三,"问题的关键不在于它们是否以及在多大程度上发现了事实真相,而在于它们在诉讼中获得的'真相'通过何种途径为人们所接受",这个观点是因果颠倒、自相矛盾。首先,没有真相,就没有真相的接受和接受途径问题。得先确定真相是否存在、能否查明,是否已经查明,然后才解决"在诉讼中获得的'真相'通过何种途径为人们所接受"的问题,而不是先考虑好所谓"可接受性"及其"接受方式、途径",再去考虑真相有没有的问题。如果"是否发现真相"都还是问题,即意味着可能根本就没有发现真相,也不去关注真相,空论"诉讼中获得的'真相'通过何种途径为人们所接受"就没有意义。

第四,对是否符合客观事实"在所不问"的"法律真实",指望以"程序正当"和所谓"可接受性"来实现正当化,这在司法实践中不是不可能。但是,没有客观根据的"法律真实"不可能指望单纯依靠正当程序和"可接受性"就能够完全正当化。如果整个司法证明和裁判制度都是基于对客观事实"在所不问"的观念和实践,那么,凡夫俗子也预测得到,这个制度行将"崩盘"。幸好,没有那个诉讼制度、司法证明制度会按照此等学说和观念去建立和运行。

把客观真实称为"假定的、冥冥之中"的东西,这是许多学者批评过的极端虚无主义主张,不要说持客观真实论的学者,就连百姓都知道,"事实是很硬的东西"。尤其是那些遭受过侵害的当事人,还有那些作奸犯科但良心尚存的嫌疑人、被告人和罪犯,那些历经了刻骨铭心、撕肝裂肺之事的人,不仅知道"事实很客观、很真实",就在他们身上或身边,而且"永生不忘",根本不需要"假定",更不是在"冥冥之中"。

第五,承认主观之外存在客观案件事实,将"裁判可接受性"立基于比正当程序"更高"的"实体真实"上,这不是客观真实论的耻辱,而是它的优势之一。至于说,承认主观意识之外存在着独立的客观实在,那么,"裁判事实只有在与客观实在相符合的时候才能获得可接受性",这话大致上不错,但不全面,实际上,裁判事实与客观事实相符合是裁判获得可接受性的基础,即反映客观事实的裁判不一定都是可以(被所有的人)接受的,但没有反映客观事实的裁判肯定不具备"可接受性"——法律真实论者常常争辩说,某国人民怎么就接受了辛普森的无罪判决呢?我的反问是:某国人民"接受了"辛普森案件的裁判,就意味着这个裁判具有普遍的"可接受性"吗?你知道迄今为止,还有多少某国人不认为辛普森是清白的?吾国人民有可能接受某国人民接受的东西吗……?

第六,《易文》认为,追求客观真实,"这是我国诉讼证明体制将发现真实这一价值强调到无以复加的地步的最根本原因",这个看法既对也错。发现案件真相是司法证明的核心,是裁判的基础,怎么强调都不为过,所以"无以复加"也属于正当;但我们并没有在强调"发现真相"的时候,忘却现代诉讼的多种原则,多重价值,没有忘却人权保障等多重目标,也没有忘却法定程序,甚至我们还认为,并非所有法定程序都正当——正当程序和不正当程序都充斥于法律规范体系中。

我们承认,在诉讼中更多注入程序正义有助于促进裁判可接受性,但《易文》的这个结论却是不可接受的——"……不是以客观真实来保障裁判事实可接受性"。实际上,不论在哪个时代、哪个国家,不论在民事诉讼还是刑事诉讼中,司法机关揭穿案件真相,对当事人和公众顺利接受裁判结果,都有难以估量的意义,即使一些缠讼、刁钻的当事人,他们往往最后还是拜服于真相的威力,曾经的侥幸荡然无存。

(七)以"足球比赛"解析司法裁判是不当比喻

将司法裁判竞技化,把它比喻为一场"足球比赛",把法官的司法职责和更广泛的法律与政治、社会职责,简单喻示为足球裁判在赛场吹口哨的职责,虽然这种比喻很著名,但至少对职权主义诉讼来说并不恰当。

> ……试以足球比赛为例。假定在足球比赛中存在着两种规则:一种规则假定场上的表现就是各队实力的表现,而且只有在裁判消极无为的情况下各队才能充分发挥其实力;因此,裁判只须就双方的表现进行裁决,不允许替任何一队踢球……,最终的胜负取决于各队的表现(实力的展现)。裁判只要遵循了裁判规则,其裁决就具有当然的可接受性。
>
> 另一种规则假定在场上的表现之外存在着一个独立的代表各队"实力"的实体。各队的实力是一个客观存在的事实,与场上表

现虽然有关,但是场上表现仅仅是实力的一个方面;因此,如果出现实力与表现不一致的情况,就要允许裁判积极地干涉甲队和乙队之间的比赛,甚至在眼看实力较强的球队马上就要败阵时替该队踢进几个球。这一规则以存在独立于表现之外的实力为假设前提,并允许裁判根据实力而不是表现进行裁决;因此,即使裁判遵循了比赛规则(比赛规则本身包含了允许裁判积极干预的内容),其裁决也不具有当然的可接受性。为了使裁决具有可接受性,裁判必须费尽心机地说明:在场上表现欠佳的那一方,平常训练很刻苦,实力也比表现较好的那一方强。只有这样,其裁决才可能勉强具有可接受性。

通过以上比喻,我们可以看到:诉讼中的客观真实其实是人的创造,它是随着制度的产生而产生的。在事实被认为是双方当事人通过各自的努力而达成的结果的时候,法官对事实的认定就不过是对双方努力的一种裁判,它并不解决主观认识是否符合客观真实这一问题,尽管表面上看起来有时候这种裁判也符合了客观真实。而在事实被认为是通过法官和其他官员共同努力发现的结果的时候,它就必须解决法官的主观认识是否符合客观真实这个问题。因此,诉讼中裁判事实是否符合客观真实这一问题本来是可以避免的(如果制度设计得当的话),而裁判事实的可接受性问题却不可避免。

……在当事人主义模式下,裁判结果的正当性主要来源于程序的正当性,而不是实体的正确性。裁判事实被认为是当事人争斗的结果,而不是法官依职权反复查究的结果。既然是当事人自己争斗的结果,当然就无所谓是否符合客观真实。在职权主义模式下,当事人推动诉讼进程的能力十分有限,其影响诉讼结局的能力亦受到严格的限制,从而裁判中认定之事实的可接受性也就主要来源于该认定与客观事实相符合这一属性,而不是来自程序的正当性。

把诉讼喻为体育竞技,本不是《易文》所创。《易文》的特别之处在于,一本正经地拿司法裁判与足球比赛进行比较,并且依此论证裁判事实的可接受性。要细致回应将司法裁判类比为"足球赛"等竞技的观点,得要一篇长文,好在张建伟先生对诉讼竞技化的批评,完全适于回应这种比喻式论证。① 我在此只补充提出如下看法。

第一,比喻不是论证。恰当的比喻有助于人们论证观点,但论证必须有其独立的内容和逻辑体系。即使用比喻使理论论证得到强化和形象化,易于为他人接受,但比喻的东西和被比喻的论证对象之间,要有"可比性"。说一个人不能吃饭太多,否则伤胃,对此我们可以用吹气球比喻,吹过多气体进入气球,球会爆炸。但当事人在诉讼中的"竞赛"是可以用"球赛"等体育比赛来"比喻"的吗? 我们知道,的确早就有人这么比喻过,但这个比喻就正确、值得广为传扬?

第二,英美人士和我国学者将司法比拟为体育竞技,主要不是从体育竞技(不管是足球赛还是其他什么比赛)的具体技术、规则方面与司法竞技相比拟,而是着重于两者的"公平竞赛(Fair Play)"的精神的一致或高度近似。只是为了形象化地说明司法裁判与体育竞技中的"公平竞赛"相同或相似,人们才借用球赛等体育比赛中某些与司法裁判极为相近的规则,去解释、阐发司法活动的规则、行为方式。《易文》则

---

① 参见张建伟:《认识相对主义与诉讼的竞技化》,《法学研究》2004 年第 4 期;《司法竞技主义:英美诉讼传统与中国庭审方式》,北京大学出版社 2005 年,全书对竞技主义司法叙述甚详,对竞技司法的精神、本质、诉讼结构和"十二般"竞技技术都有细致揭示,竞技司法和竞技体育有天壤之别,而第四编第八章对游戏化竞技司法负效应作了简要评析;《证据法要义》,北京大学出版社 2009 年,第 381—421 页。

把比喻的重心放在具体规则上,拿出不少不可比的规则进行比喻。

其实,另一方面,"常识"告诉我们,即使是当事人主义诉讼中的诉讼竞技,也完全不能用"球赛"来比喻和论证,即使英美等国的公众、学者和实务人士早就这么比喻过,我们也不能简单跟着唱和——司法竞技主义、竞技司法的很多东西,根本不是体育竞技能够比喻得了的;即使那些比喻可以适用于英美当事人主义诉讼,也不适于职权主义诉讼。

足球裁判是在"当下"和"场内"看事实、裁纷争和定输赢,法官是要查明过去的"司法场外"的争议事实;

足球裁判裁决的是真正的比赛活动,法官裁判的是讼争事实的有无、是什么等客观真相问题;

足球比赛就是在现场发生、演绎、终结事实,事实是裁判者亲眼所见,不需要"证据",事实直接被裁判者亲历、接受和判定。但诉讼呢,它本身并不"演出"事实,它只能推动当事人和裁判者揭示既成的事实,它需要通过证据显现,没有证据便不能发现事实真相,不能认定有某个事实;

球赛规则就是确保球队"现场比赛"公正、能够产生公正比赛结果的规则。证据、证明规则涉及诉讼场域内外,涉及"现场诉讼",更涉及诉讼现场之外的人、行为、事件和后果,它们要保障的不仅是诉讼证明过程有序、结果符合客观案件事实和裁判公正,而且要保障其他许多诉讼法、实体法的价值和社会价值及伦理目标得到实现;

球赛是参赛双方的队员体力、球技等"实力"比拼,是"现场直播事实",球队"实力"决定胜负。但司法证明本质上根本不是、不应是双方比拼诉讼技巧、诉讼资源,比拼将案件"事件化"和社会动员力等"实力",诉讼中所"比拼"的证据,严格说来也是不可比拼的,因为客观事实发生过程中留下了什么证据,人们保存和收集到什么证据,这些方面很大程度上是"自然形成"的状况,无法"比拼"。特别是,客观案件事实本来就是那样了,早就发生和确定了,人们在诉讼中所能做的,是通过证据让它重现,但能够重现的范围和程度,不是当事人各方比拼的结果;就算诉讼证明中有"拼证据"的情况,但证据不同于足球队员的"体力"和球技,拼证据实质上还是拼收集、举示证据的能力,是拼真相,而不是拼"制造"证据、隐匿、销毁证据或乱解证据的能力。证据收集、举示、质证等"竞技化"的诉讼证明仍然是要"证明"事实,不是纯粹的"诉讼技巧比赛",没有起码证据的高超诉讼技巧,也是不可能赢得真相的。当事人的诉讼和证明技巧不应当决定案件事实;

把司法证明完全当作诉讼竞技比赛,是对诉讼证明本质的误解,这是当事人主义诉讼都在力求避免的,用球赛各方"实力"来比喻诉讼当事人各方"对事实的争夺能力",以球赛胜负比喻事实真相在谁手中,这完全不符合司法证明的逻辑,更非职权主义诉讼应取的真经;

将体育比赛中裁判绝对不能既参加到某方进行比赛又当裁判的规则,当作法官居中裁判所应当遵循的绝对规则,对法官任何主动积极查明真相的行为都予以批评,这基本符合当事人主义诉讼的状况,但不是职权主义诉讼的准确、全面写照。当事人主义诉讼之下,法官不主动查明事实真相,不既当裁判又参与比赛;但在职权主义诉讼下,法官在保持中立、公正的条件下,可以主动查明事实,这时他仍然只是裁判而非身兼运动员。其实,拿裁判不能同时当运动员来比喻法官很不准确:一来,没有哪个球赛的裁判会参加到其中的一个球队去比赛,即使裁判有"黑哨",明显偏私,或者各球队早在赛前串通,幕后交易,"打假球",这都不完全是裁判的问题,更没有"裁判参赛"可言,这个比喻没有现实根据;二来,足球裁判人员如果亲自参与某方比赛,其裁判结果不被接受,是天经地义的常识,这与职权主义诉讼中法官主动发现案件真相是否可接受,完全不相关,根本不能类比。球场上,哪个裁判敢冒天下之大不韪,当场直接加入一方球队参加比赛?但司法历史和现实上,法官的中立和公正,既可以表现在"消极、被动"的居中裁判中,也可以表现在积极主动查明真相、准确适用法律,还各方当事人以公道之中,没有人感到这有什么不公平、不可接受的。历史上,法官(判官)甚至曾经包揽证据调查、事实认定和法律适用,让各方当事人都"被动"等待事实调查结果,并正确裁判了无数案件,社会不仅没有指责法官,相反,成为一种社会期待! 不论是法官主动查明事实,还是帮助当事人证明事实,只要他行为合法,没有违法,没有违背法律伦理,只要裁判者准确把握了案件真相,正确适用了法律,给各方当事人以"应得"的结果,显示出司法的正派和公道,没有人会拒绝这样的"明镜高悬"、"洞若观火",没有人会把法官比作直接参加球赛的裁判而要求予以禁止。当今,当事人主义对职权主义多有借鉴,正是对实质正义给予关注的信号,是对法官主动性过度缺失的矫正;

司法证明活动与球赛更不可比的是,司法证明、事实裁判是司法机关、法官担负起法律、政治、经济、文化和社会功能与责任的重要环节,司法是正义的最后守护者,是实现社会公平正义的重要机制,关乎法律、政治制度和社会秩序与公共利益;而一场球赛,关乎的主要是参赛双方谁输谁赢的问题,再延伸一些,还有球迷的感情,组织、参加球赛各方的利益,足球比赛中的黑哨、赌球、假球,除了那些真真假假的球迷和有关利益方受到影响,此外没有什么大不了。球赛黑了,还有司法救济,要是司法黑了,靠什么来救呢?

第三,《易文》说,"通过以上比喻"看到了"诉讼中的客观真实是人的创造,是随着制度的产生而产生的"。但是,我不仅看到了这个比喻根本不能成立,更看到了诉讼中的客观真实是事实自身的性质和状态。

"诉讼中的客观真实是人的创造,是随着制度的产生而产生的",这话有多方面的歧义和错误。

诉讼中的客观真实是不是人创造的呢? 说是也是,说不是也不是。

"说是"的根据和内容在于:客观真实如果指客观案件事实本身,那么,许多案件事实当然是有人故意制造("创造")的,或不经意造成的,如盗窃、杀人放火、强奸、诈骗、故意不履行合同,以及交通肇事、失火等;客观真实如果是一个证明哲学范畴,指专门研究作为裁判结果之事实的性质的一个范畴,它也是人造的;客观真实如果指的是所谓"证明标准",它肯定是"人创造的",是一些学者臆造的;如果是指裁判结果事实,它也是带有"人创造"的成分,即它是人们在诉讼中经过司法证明而重现的案件客观事实,不是原生事实本身,但其根本内容则是案件诉至法院前就已经存在的生活纠纷事实,这个事实不是司法过程的"创造物"。"说不是",根据在于:客观真实(客观案件事实)中,有些不是"人造的",如不可抗力中的自然灾害事实,有些自然灾害会依法产生相应法律效果,成为一些诉讼中的抗辩事实,但与"人造"无关;当然,有人依法把这个灾害事实变成一个诉讼事由,这显然带有"人创造"的印记。

诉讼中的客观真实是不是随着制度的产生而产生的呢?这要"具体分析"了。

"随着制度产生而产生",是什么制度呢?诉讼制度?诉讼证明制度?"客观真实"或"法律真实"等"证明标准"制度?不可能是很宏观的国家制度吧?

而"诉讼中的客观真实"又有三种不同含义:已经牵涉进诉讼的案件原生事实(或作为证明目标、希望达到的原生事实)、作为证明结果的案件客观事实,以及作为所谓证明标准的客观真实。

显然,如果"诉讼中的客观真实"指已经牵涉进诉讼的案件原生事实,它绝不是"随着制度的产生而产生的",它是在社会生活中产生的,或者是大自然的产物(自然中发生的许多事实,后来具有了法律意义),哪可能是"随着制度而产生"?早在任何诉讼制度、司法证明制度和证明标准制度产生前,人类就有纠纷,就有事实争议,它们就客观、真实地存在着!在每个案件诉至法庭之前,案件事实跟诉讼制度还没有"接上头"的时候,它就产生、存在了,与诉讼制度何干?何来制度产生事实?法律制度调整事实,但不直接产生事实,不是客观事实、客观真实"之母";司法证明制度或许更像是案件事实的"助产士",它使真相或早或迟、或难或易地得以查清,但不能生产事实,因此,即使"诉讼中的客观真实"指的是事实证明的结果,显然也不能简单、笼统、含糊地说成是"随制度而产生的",它是在诉讼证明活动中被查证属实的,是本有的事实在制度化的诉讼证明机制中被发现、重现的。

如果"诉讼中的客观真实"本身就指一种证明标准,它就是证明制度中的一个方面,它的确可能是其他制度的产物,它还可能产生出其他制度,但至少不能说它是自己的产物。

第四,关于"诉讼中裁判事实是否符合客观真实这一问题本来是可以避免的(如果制度设计得当的话),而裁判事实的可接受性问题却不可避免"的问题。裁判可接受性问题当然不可完全避免,许多案件都会遇到这个问题,但当事人和公众并不一定都会在表面上反映出这个问题,更不一定会采取对抗方式("抗法")来表达对裁判的不满。但是,除了神明裁判,不管如何设计诉讼制度,指望避免"裁判事实是否符合客观真实"这一问题根本不可能,更谈不上"本来可以避免",没有哪个案件中,任何当事人都根本不在乎事实真相是否发现。要是裁判事实是否符合真相的问题"本来"可以避免,那诉讼制度及司法证明自始就能够"避免"产生和存在了。

总的说来,当事人主义诉讼模式重视程序正当与裁判可接受性,但从来不否定发现真相对裁判可接受性的价值,一般也会追求以真相为基础的或者真相与正当程序保持平衡的裁判可接受性;职权主义从来都重视事实真相对裁判可接受性的价值,这是天经地义、无可厚非的,但现代的职权主义不但重视客观真实的价值,它也重视正当程序在"裁判可接受性"中的意义。

(八)以实用主义"合理因素"重构证据法学基础理论

《易文》认为,辩证唯物主义认识论不能证据法学的理论基础,应当"借鉴实用主义哲学合理因素"、重构我国证据法学理论基础即裁判事实可接受性理论。

> 辩证唯物主义认识论(以及与之类似的乐观理性主义)并不能作为证据法学的理论基础。本文无意否定辩证唯物主义认识论的正确性,因为本文压根就不是在探讨一个认识论的问题,而是在探讨诉讼证据法学的问题。这里说辩证唯物主义认识论不能作为证据法学的理论基础并不是说这一理论不正确,仅仅是说将它纳入证据法学没有意义。笔者认为,适当借鉴实用主义哲学的合理因素,是重新建构我国证据法学理论基础即裁判事实之可接受性的可行途径。
>
> 将实用主义方法论运用于证据法学领域,就是要适当摒弃传统的认识论理论。就客观真实是否存在这一问题,不需要进行本体上的论证。就人类是否能够认识客观世界这一问题,也不一定要坚持辩证唯物主义——管它是否辩证唯物主义,只要承认客观实在,只要不过分夸大和轻视人的认识能力,都不影响证据规则的建构。相反,若执着于某一种认识论理论,反而可能一叶障目,不见森林。因此,在诉讼中应当尽量避免使用这些形而上的观念,因为它们实在不具有任何证据法上的意义。
>
> 达马斯卡指出:就诉讼而言,司法审判中所宣称的"真相"既可能是辩证唯物主义所说的"客观真实",也可能是其他流派所主张的"融贯论"(Coherence)、"交流论"(Communication)或"同意

论"(Consensus)中的真实。但是,无论是何种门派的认识论,都不会否定人们的常识性认识,那就是,在我们的主观世界之外,必有一个独立于意识的客观真相(Truth)存在。

很简单,就在这些理论异彩纷呈的同时,它们也都异口同声地承认这个客观真相的存在:它们只是否认达致真相的手段;因为真相是不可能被认识的,所以只能寻求一种决定事实的适当途径。

通过实用主义真理观的引进,诉讼中的裁判事实在必要并且合理的场合下,就可以避免"真"与"非真"这样的追问,而只考虑裁判事实是否可以获得可接受性。在这一原则指导下,有些规则即使不能保证最大限度地发现真实,只要有助于促进裁判的可接受性,也应当予以确立。

实用主义者认为,人类认识就像在一片沼泽之中行走,其中的每一点都并非绝对安全可靠;当我们站立的地方开始下沉的时候,我们可以跳到另外一点,因此,可以通过不断转换位置而确保自己不下沉。这样,即使我们发现了辩证唯物主义认识论中的一些缺陷,我们也不至于因此而意志消沉,甚至妄自菲薄,而是可以寻求新的理论。从这个意义上,一些论者在诉讼证明理论中对哈贝马斯认识论的探索和引进,以及运用解释学、语用学理论对证明标准的论述,也许就是这种角度转换的一种尝试。

……我们不考虑一些事件的状态是真还是假,而考虑一个计划或决定是否服务于我们追求的目标并满足我们的需要。

……在实用主义看来,司法过程中依据实践理性所达成的判决不能以科学的根据例如客观性和确定性来衡量,而只能以中立性和善的判决来衡量。实践理性关心的是历史和情境,强调避免在司法决定的制作过程中抽掉人的因素;关心在对话与讨论中的诚实信用,关心对模糊性、迁就性、暂时性等性质的宽容,但是却对僵硬的两分法表示怀疑,而在整体上保持谦卑。从而,它要求在程序规则的设计方面尽量多地发挥当事人的主动性和积极性,并使裁决事实的法官尽可能地保持消极和中立。

……裁判事实的可接受性这一概念,就是一个实用主义的概念,是以形而下的方式考察证据规则以及证据理论的一种尝试。……本文所提倡的实用主义哲学也并非完全没有问题;本文的目的仅仅在于促使我国的证据法学理论能够摆脱一些不相干问题的束缚,并对我们已经惯于使用的理论视角与基本假定重新审视,从而理性地对待西方的制度和理论,科学地分析中国的现实与问题。

第一,有一种写作、说话技巧,叫"抽象肯定,具体否定"。《易文》对辩证唯物主义认识论就采取了这种方法。《易文》称无意否定辩证唯物主义认识论的正确性,但它在诉讼证明和裁判可接受性问题上"没有意义",还不如实用主义有用。对实用主义,虽然只说是"适当借鉴实用主义哲学的合理因素",但认为它的"方法论"、"真理观"和"价值论"都是至宝,是"重新建构我国证据法学理论基础"。《易文》对实用主义热情拥抱,已不再"犹抱琵琶半遮面"。

实用主义已经遭受很多深刻的批评。我要提出的看法是:简单宣称"将实用主义方法论运用于证据法学领域,就是要适当摒弃传统的认识论理论"是不够的,也不要只搬出墨菲、尼桑和詹姆斯等几个人的说法,而应当"证明"实用主义在"方法论"、"真理观"和"价值论"三方面不仅科学,属于真理,而且在司法证明理论和实践领域,能够替代辩证唯物主义认识论。

《易文》断言对客观真实是否存在不需要进行本体上的论证,还说:"若执着于某一种认识论理论,反而可能一叶障目,不见森林。因此,在诉讼中应当尽量避免使用这些形而上的观念,因为它们实在不具有任何证据法上的意义。"我要提醒的是,这个说法针对的是辩证唯物主义认识论,但完全可以反过来用以批评对实用主义的执着。其实,笼统批评"执着于某一种认识论理论,可能一叶障目,不见森林",这话似是而非——对执着于谬误者,当然需要"棒喝",但对"坚持真理者",我们要送出礼赞。把辩证唯物主义认识论称为"某一种认识论",认为执着于"某一种认识论"会使人一叶障目,这话过于吞吞吐吐:倘若辩证唯物主义认识论真的就是那么个不中用的、充满谬误的理论,说它一叶障目,那就太轻了;而如果它的确是正确、科学的认识论,像这种不痛不痒、不着边际的批评,再多也无妨。

第二,就我所知,在西方哲学中,"真理理论"(不是"真理"问题)五花八门,它们各自坚持自己的真理学说和真理观。[①] 远的如古希腊罗马的哲学真理观,中世纪的真理观,稍近的有文艺复兴时期的真理观,思想启蒙时期的真理观,直至现当代的各种真理观,林林总总,并不是一以贯之的真理观。当今,有较大影响的真理理论,包括融贯论(真理是整个信念或命题系统内各部分的一致)、符合论(真信念和真陈述在于与真实事态相符合)、构造论(真理由社会过程所构造,带有历史文化特质,某种程度上体现在社会共同体的权力斗争中)、实用主义真理论("真的"不过是有关我们的思想的一种方便方法,正如"对的"不过

[①] 西方历史上的各种真理观,可参考温纯如的《西方哲学史上的真理观》(黑龙江人民出版社1999年);弓肇祥的《真理理论——对西方真理理论历史地批评地考察》(社会科学文献出版社1999年);对现当代西方真理理论,目前我国大陆似乎没有总结性的著述,但各种现代(当代)西方哲学著作都对当今有影响力的真理理论有所介绍;而涉及真理理论的西方重要哲学著作,已经翻译出版了不少,如A.J.艾耶尔《语言、真理与逻辑》,伽达默尔《诠释学:真理与方法》,罗素《意义与真理的探究》,詹姆斯《真理的意义》,苏珊·哈克《意义、真理与行动》,戴维森《真理、意义与方法——戴维森哲学文选》,普特南《理性、真理与历史》,哈贝马斯《对话伦理学与真理的问题》,海德格尔《论真理的本质》,等等。

是有关我们的行为的一种方便方法一样)、共识论(真理是任何被某特定群体一致同意的东西,或者在其他版本中,是特定群体可能就此达到一致同意的东西)、冗余论(断定一陈述为真完全等价于断定该陈述本身,即真理是个冗余的概念,它只是在某些谈话语境中方便使用的语词,并不指向任何实在)和真理语义学理论(对于给定语言,任何可接受的真理定义应该以下述模式的全部实例作为后承:"P"是真的,当且仅当P;当"P"是语句的指称时,P正是语句本身)等,实用主义真理观顶多只是其中的"一朵小小浪花"。了解诸多真理理论,虽然有助于我们扩展哲学知识,但并不一定都有助于我们更好地掌握真理。许多真理论本身就很难说是"真理",甚至有的可能妨碍我们正确探索和掌握真理。实用主义是否是真理,实用主义真理观是否是正确的真理观,它能否帮助我们探索真理,这些都不无疑问。"真理是人对客观事物的正确认识,是绝对和相对的统一,在特定条件下与谬误相对立,是实践的产物,并且接受实践的检验,在实践中发展",这个马克思主义真理观怎么看都比其他有些真理观更加清晰、明白和正确。

各种真理观都"异口同声地承认客观真相的存在",但都"否认达致真相的手段";"因为真相不可能被认识,所以只能寻求一种决定事实的适当途径",《易文》这些话,有什么凭据,是什么意思?

辩证唯物主义真理观肯定是承认客观真相的,但它也和其他真理观一样,否定"达致真相的手段",认为真相不可能认识吗?

认为真相不可认识,自然否认有达到真相的手段;否认有认识真相的手段,认识真相当然就不可能;真相既不可认识,又无达到真相的手段,"各种真理观"怎么能够异口同声承认客观真相及其客观存在?

在根本没有手段达到客观事实、真相的条件下,人们又凭什么去"决定事实",又能够寻求到什么神灵般的"适当途径"去"决定事实"?

如果人们根本找不到"达致真相的手段",但却可以寻求一种"决定事实"的"适当途径",那么,有什么样的事实不能"被决定"出来?

《易文》这一席话不外乎想说:客观真实达不到,只有通过"正当程序"、实用主义等工具"决定"出"法律真实"。

第三,"通过实用主义真理观的引进,诉讼中的裁判事实在必要并且合理的场合下,就可以避免'真'与'非真'这样的追问"。看来,实用主义不愧为实用主义,引进它的真理观,诉讼中"真"与"非真"的"大哉问"就这么轻轻松松避免了。

至此,《易文》不需要说"适当借鉴实用主义的合理因素"了,径直引进了实用主义真理观,这个真理观能够帮助裁判事实"避免"遭受"真"还是"非真"的追问。实用主义可以是逃避裁判事实是真是假之追问的避难所,难怪实用主义真理观如此受宠。可惜,实用主义的日子并不好过,《易文》说了,它行走在"一片沼泽之中",它没有稳固的站立之地,它的地基在不停地下沉,它要不停地跳跃,在哈贝马斯认识论、解释学和语用学理论之间不断转换位置,才能够确保不下沉。

第四,"我们不考虑一些事件的状态是真还是假,而考虑一个计划或决定是否服务于我们追求的目标并满足我们的需要",这是《易文》的猜想还是某些法官的真话呢? 在诉讼证明和司法裁判领域,哪些"事件的状态"(事实)可以不考虑、不需要考虑真假是非? 需要或者准备考虑的"计划或决定"是什么? 它们要"服务于"裁判者追求的什么目标和需要? 这些在《易文》里面没有直接、晓畅的解说。不过这句话倒是不经意把那些颠倒是非曲直、为达目的不择手段的司法理念、制度和实践,刻画得淋漓尽致。如果裁判者压根儿不考虑事件真假,只考虑他的"计划或决定"是否能服务于他的"目标"、满足他的"需要",难保他们不为自己、他的亲朋好友或其他利益关联者的"目标和需要"而"考虑一个计划或决定"。不过,把实用主义引进司法证明中来,不会是要把司法变成这么个恣意妄为、极端自私自利的东西,很多法官不会也不敢这样张狂蔑视案件事实,而去"计划、决定"他们的司法裁判目标,并且以某种方式"满足他们的需要"。

第五,《易文》说,"在实用主义看来,司法过程中依据实践理性所达成的判决不能以科学的根据例如客观性和确定性来衡量,而只能以中立性和善的判决来衡量。实践理性关心的是历史和情境,强调避免在司法决定的制作过程中抽掉人的因素;关心在对话与讨论中的诚实信用,关心对模糊性、迁就性、暂时性等性质的宽容,但是却对僵硬的两分法表示怀疑,而在整体上保持谦卑"。

其一,实用主义眼中的、司法过程中所依据的"实践理性"是什么,作为衡量司法裁判的依据的"中立性和善"是什么,实践理性所关心的"历史和情景"是什么,在司法决定的制作过程中要避免抽掉的"人的因素"是什么,为什么判决不能以"科学的根据例如客观性和确定性"来衡量?对于这些,《易文》只有简单的断言,没有展开探讨,我们也不明白其具体、准确的涵义和意义。

其二,抽象地说,司法裁判用法律和道德上的善予以衡量,即裁判应当符合良法及其精神,符合道德上的善,并且坚守独立、中立、公正,这是没有疑问的。但对于裁判中的事实认定,则不仅要根据法律和道德上的善来衡量,也不能背离科学的要求,违背科学技术知识和规则,具体来说,就是证据应当按照证据科学来审查认定,保障证据认定的客观性、正确性和确定性,从而准确查实相关事实。试图抛开科学根据而只依据"善"来衡量裁判,必将失去证据和事实这两个最基本的客观物质基础,还可能出现是非不辨、善恶难断的"善将不善"的局面,裁判是善是恶无从说起。

其三,"避免在司法决定的制作过程中抽掉人的因素",这话有些费解。裁判的形成要依赖诉讼中各方主体的参与,裁判的制作主体本来就是法官,裁判针对的就是当事人的案件和权益纷争,谁都没法抽掉司法决定制作过程中的人的因素。但如果从另一方面看,则必须全力以赴,"抽掉"司法决定制作过程中那些干涉办案、影响审判独立、中立和公正的人为因素,要极力避免长官、亲友、利益输送者等人员对裁判的影响,所以,不应当笼统地说"强调避免在司法决定的制作过程中抽掉人的因素"。

其四,"(实践理性)关心在对话与讨论中的诚实信用,关心对模糊性、迁就性、暂时性等性质的宽容",这话照样不好理解。《易文》会不会是说,诉讼证明要讲诚实信用,当事人、公众对法官的事实裁判(注意,这里的事实是"法律真实",是可以对客观案件事实"在所不问"的事实)的模糊性,法官裁判中的各种迁就行为,事实裁判的不可靠性、不稳定性,要给予宽容?社会中,许多东西需要我们宽容,我们应当有足够的宽容心去接受一些事物、事情、事实,只要它们在我们公认的法律和道德底线之上——多年前,笔者就主张对合理但有限的司法错误给予"宽容"。但是,对司法中所有的"模糊"、"迁就"、"暂时性"等,都给予宽容,即使它们打破了人之所以为人、德之所以为德、法之所以是法的底线,还展现无比的大度雍容,而不是"深恶而痛绝之",则真的值得商榷。

第六,"保持法官的消极中立",这话近年来非常流行,但我认为,它从来都不是放之四海而皆准的真理。既然我们不可能照搬当事人主义,在我们这里宣传这个观念,显然犹如踏进了沼泽地,没有根基。须知,中立只是公正的保证条件之一,中立本身并不能带来公正,竞技化的当事人主义诉讼的某些后果,就明证了法官消极中立的弊端;法官积极主动办案并不天然与公正对立,职权主义诉讼实践的历史就是明证。

第七,《易文》本身已经直白地说出来了:裁判事实的可接受性这一概念,就是一个实用主义的概念;本文所提倡的实用主义哲学也并非完全没有问题。《易文》的目的——促使我国的证据法学理论摆脱不相干问题的束缚,重新审视惯于使用的理论视角与基本假定,理性地对待西方的制度和理论,科学地分析中国的现实与问题,可能难以达到。

第八,笔者再补充两点。一是,并不是所有的"裁判可接受性"概念都是实用主义概念。"裁判可接受性"概念应当并可以得到科学、准确的界定,这一概念所包含的理论内容应当也能够得到深入探究,像陈金木的博士论文《判决可接受性的实证研究》、刘召的博士论文《刑事裁判的可接受性研究》、张继成的《可能生活的证成与接受——司法判决可接受性的规范研究》、向朝霞的《论司法裁判的社会可接受性》、冯军和秦常胜的《影响刑事裁判可接受性的因素解读》和陈景辉的《裁判可接受性概念的反省》等等,都在力图推进"裁判可接受性"研究,都具有一定的理论意义(虽然我认为,刘召的《刑事裁判的可接受性研究》也有不少需要批评的地方)。二是,我国司法传统中长期包含着"裁判可接受性"观念,古时判官希望其裁判不仅要获得当事人认可,而且希望得到达官、苍生和天地、鬼神的认可,要经得住未来的考验(所谓"经得起历史检验",其实是要经得起"未来"检验,所有的"今天"都是"明天"的历史),这些观念与我国司法裁判、证据制度和文化的关系,值得专门研究,弄清楚这些,比起用实用主义语言对"裁判可接受性"做一番"妙论"要好。

第四节 后现代的"法官真实"理论评析

随着司法证明标准论争的展开和"深入",理论演变终于历经了一个相对完整的过程:从实事求是和客观真实,到程序正义(诉讼价值)和法律真实,再到后现代哲学的"超越事实"和"法官真实";辩证唯物主义认识论被要求退场,程序正义论登上唯我独尊之"王位",语言哲学、实用主义和后现代都侧身其中,谋到一席之地。但理论演绎还会继续。

现在,让我们来面对栗峥先生的"超越事实"的后现代宏大证据理论。

一、"超越事实"的实质内容就是"法官真实"

"法律真实"总算还是一种"真实",一种在一些人看来与客观真实有关、另一些人认为无关的真实。可是,后现代证据哲学的"超越事实"是一种什么事实?或者,事实被超越之后是什么?什么能够在"司法证明的语境"中超越事实?超越"事实"的方法或者路径倒是简单清楚:拥抱后现代哲学就够了。问题是:后现代哲学本身是不能在诉讼证明的场域去超越案件事实的;各个案件事实自身永远都不会"超越事实";看来,唯有"超事实",如果它像"超人"那样存在的话,可以超越事实。"超事实"存在吗?是什么?

《超越事实》否定了客观真实和法律真实,"原创性地"提出了"法官真实",[1]大概这就是那个"超事实"了。

在《超越事实》中:

> 传统证明手法的失败使我们必然要转向另外一条思路上去(虽然意识到这条道的人不在多数):把事实定义为并不是证据与真相之间的关系,而是一种证据与证据之间的由法官个体心证创造出的包含法官价值取向的关系。……这一理念的核心在于,如果要对事实真相给出一个令人满意的表述,就必须把注意的焦点集中在法官个体的一切,而不仅仅是事实本身,允许不同法官对同一案件事实依据相同的法律形成不同的真实观。

---

[1] 栗峥:《超越事实——多重视角的后现代证据哲学》,法律出版社2007年,第6、165—172页。

> 一个事实并非不管能不能证明,它都是存在着的"客观真实",也不是基于法律形成的普遍意义上的"法律真实"。它毋宁是一种个性思维过程后的结论,笔者称之为"法官真实"。……法官在相信事实之前首先相信他(她)自己,相信自己的知识、经验、判案能力和道德水准等,相信自己的一切,这是事实认定机制的基础。然后运用这一切来决定证据材料真伪,重组成由他(她)本人确立的事实真相。因此事实只不过是一种被法官确立了的证明,是对它的可靠性已经不再有任何有价值的怀疑的证明。
>
> 依"法律真实"的观念,不同的法官基于相同的法律对同一案件事实的认定应该是一样的,因为在他们看来法律是认定的唯一依据,而法律是相同的;"法官真实"则恰恰相反,它承认不同的法官依据相同的法律对同一案件事实做出不同的且都是正确的事实认定,承认裁判主体使事实具有差异性和不确定性。……"法官真实"承认不同的法官之间会有诸多不同的个性差异,并且通过根据事实的"多解"和"模糊"而承认一定的合理范围内可以依法律形成不同的事实观念。①

《超越事实》对后现代证据哲学和"法官真实"满怀欣喜:

> 在中国证据学界'客观真实'与'法律真实'大一统的局面下,后现代主义的声音尽管十分微弱,但仍不失为一种多元化思想得以并存的良好开端;它的言论尽管有些过于大胆,甚至被有的学者理解为'大放厥词',然而毕竟为我们僵硬的传统认识论吹来了徐

---

① 栗峥:《超越事实——多重视角的后现代证据哲学》,法律出版社2007年,第168、169、170页。

徐新鲜之风：它质疑了被我们奉为亘古不变的凭借理性可以得出对真相或过去事件绝对认知的观点。尽管我们否定极端后现代主义者所主张的事实等同于虚构的语言自恋，但它对于传统认识论的质疑还是为我们提供了一种隐喻，预示着我们对事实的重现应采取更为审慎的态度，审视我们是否对现有的理论过度迷恋、是否对人类的认识能力过于自负。①

栗峥先生把自己和极端后现代主义者区别开，不认为事实是"纯属虚构"的"语言自恋"。但"法官真实"与"纯属虚构的事实"之间相差无几，根本没有不可逾越的鸿沟。后现代主义被批评为"大放厥词"，栗峥先生认为后现代主义是"徐徐新鲜之风"，但我认为，栗先生的"法官真实"和后现代证据哲学难以经受细致的辨析。

二、传统证明手法并没有失败

宣称"传统证明手法的失败"是栗峥先生建构其以"法官真实"为内核的"超越事实"理论的经验和逻辑起点，但是，传统证明手法包括技术手段、制度架构、证明实践等一系列要素，我们迄今为止使用的还是"传统证明手法"，它真的失败了么？其"失败"是整体性的还是某个要素"失灵"？

伴随科技进步，新的科技手段往往很快被传统司法证明所吸取，刑事证明和其他诉讼证明手段得以不断革新，司法证明制度也更加完善，但传统证明手法并没有被取代、被抛弃，也没有失败，相反，它不断获得新生。后现代证据哲学没有发明"现代或当代证明手法"，以取代所谓

---

① 栗峥：《超越事实——多重视角的后现代证据哲学》，法律出版社 2007 年，第 234 页。

传统证明手法。

即使传统证明手法真的失败,也不能通过改变证明标准来解决证明手法失败的问题。"证明标准"从客观真实、法律真实转向"法官真实",这无关证明手法,依然解决不了证明的手法、技术问题。一种证明手法失败,只能用新的有效的证明手法取代,而不是确定新的证明标准,这是个浅显道理和逻辑常识。同样,企图通过改变事实定义,来解决"传统证明手法失败"的问题,也是请错了菩萨烧错了香,如果不去寻求新的事实证明手段和方法,却改变事实的理论界定,这无异于"先射箭后画靶"。

栗峥先生似乎给出了"新的证明手法"。他说:"如果要对事实真相给出一个令人满意的表述,就必须把注意的焦点集中在法官个体的一切,而不仅仅是事实本身,允许不同法官对同一案件事实依据相同的法律形成不同的真实观。"以为这样传统证明手法失效问题就得以解决了。可惜,栗先生在这里偷换了两个东西:把对事实的有效证明问题,转换为对"事实真相给出令人满意的表述";把证明手法(如证据、证据制度等)的有效性问题转换为"允许不同法官对同一案件事实依据相同的法律形成不同的真实观"(顺便说一下,"真实观"一词,在这里肯定用错了,应该是"有关真相的判断")。

问题没有减少,反而越来越多。对事实真相的表述满意不满意,与真相查清没查清根本不是一码事,与证明事实手法的有效性更不相关;允许不同法官对同一案件事实、依相同的法律,形成不同的真实观(即不同的事实认定),栗先生还以二审法官改变一审法官的事实认定为根据,对此进行阐述,这是对事实、法律和上诉制度的错解。[①]

---

① 参见栗峥:《超越事实——多重视角的后现代证据哲学》,法律出版社2007年,第170页。

三、对"同一案件事实"不可能得出不同且都正确的认定

《超越事实》批评法律真实论,认为法律真实论主张"不同的法官基于相同的法律对同一案件事实的认定应该是一样的,因为在他们看来法律是认定的唯一依据,而法律是相同的"。栗峥主张,"'法官真实'则恰恰相反,它承认不同的法官依据相同的法律对同一案件事实做出不同的且都是正确的事实认定,承认裁判主体使事实具有差异性和不确定性。……'法官真实'承认不同的法官之间会有诸多不同的个性差异,并且通过根据事实的'多解'和'模糊'而承认一定的合理范围内可以依法律形成不同的事实观念"。①

栗峥先生所说的"同一案件事实"、"事实认定"和"基于相同的法律"各是什么?它们相互间是什么关系?

第一,如果栗峥先生所说的"同一案件事实"是指"同一个案件的不同事实",包括当事人的不同事实主张,或者是指一个案件中的不同客观事实(当然,栗峥是不承认客观事实的),那么,栗先生的表述就很不准确,就不是"不同法官基于相同法律和同一案件事实"可以做出"不同事实认定"(栗先生所说的形成不同事实观),而是不同法官基于同一个案件的不同事实主张或不同的客观事实,根据查证属实的证据所证明的情况,可以依据相同或者不同的"证据和法律"做出不同的事实判断、认定。

第二,如果栗先生所说"同一案件事实"就是指"同一个案件的同一个事实",那么,在特定的"同一个事实"已经清楚证明的情况下,竟

---

① 栗峥:《超越事实——多重视角的后现代证据哲学》,法律出版社 2007 年,第 168、169、170 页。

然在理论上允许不同法官各自为政,根据相同法律做出不同的事实认定,这就在公然怂恿法官恣意妄为了,诉讼程序、证据规则和"以事实为基础"的原则都无需存在。

不同法官对"同一案件的同一事实",当然应作出同样的认定、适用同一法律,而不应当作出不同事实认定、适用不同法律。同一案件的同一事实的认定和法律适用,当然不能因人而异,这是司法证明理论和实践的基本要求,是基本的实践状态,是常识。

不同的法官对"同一案件的不同事实",当然需要作出不同认定、适用不同法律,而不应当作出相同认定、适用相同法律。同一案件的不同事实的认定和法律适用,当然不能千篇一律,这也是司法证明理论和实践的基本要求,是基本的实践状态,是常识。

第三,法律真实论者并没有笼统地说过,"法律是认定(事实)的唯一根据,而法律是相同的"。栗先生的批评缺乏真实对象。法律真实论认为,"法律真实"是事实证明的"标准",这个标准在法律上被规定为"盖然性优势"或"排除合理怀疑"等,当事实被证明到"法律认可、法律认为是真的程度",裁判者就可以认定该事实,这样,它把"法律规定为真"或者"(在)法律(上)视为真"既作为判断真实的标准,又作为认定事实的根据,还作为经过这样的证明程序后的事实认定结果。但仍然有一些法律真实论者认为,认定事实的根据是庭审中查明的证据和事实,法律不是事实认定的根据,更不是"唯一根据"。

栗峥先生批评不同法官根据相同法律对同一案件事实做出相同认定,大概是为了推出其主张:不同法官可以依据相同法律,对同一案件事实做出"不同且都是正确的事实认定"。

第四,栗峥的理论走得很远:不同法官,即使根据相同法律,针对同一案件事实,也可以做出不同认定,并且都是正确的事实认定。

我们明白,司法实践中,的确至少表面上存在不同法官对"同一案件事实"作出了不同认定的现象,但严格来说,不是不同法官对"同一案件事实"作出了不同认定,而是对"同一个案件的事实"作出了不同认定,他们认定的是同一个案件的不同事实,或者说对同一个案件的事实作出了不同认定,并且准确的认定应当不是多样的,而是唯一的,因为案件的客观事实是唯一的。理论上,应当不允许不同法官对分明是"同一案件事实"做出不同认定;不同法官对同一案件事实做出不同认定且都正确,这是根本不可能的事情,除非"正确"、"不正确"的标准是这样的:"凡已做出的,都是正确的";或者正确、不正确是"不确定的"、"多解的"、"模糊的";或者具有独特"个性差异"的都是正确的。

四、一审法官和上诉审法官不同事实认定的实质

栗先生以二审法官改变一审法官的事实认定为根据,以为法律允许不同法官对同一案件事实以相同的法律形成不同的真实观(即不同的事实认定)。

第一,同一审级的法官之间,特别是同一合议庭的法官之间,虽然各自能够做出不同的事实认定,但只有一个事实认定能够公开,"避免了"栗先生想象的事情,不存在不同法官认定了不同且都"正确"的事实。

第二,在上诉审只进行法律审的制度里,上诉审法官不存在推翻初审法官认定的事实的问题,不存在法官之间有不同的事实认定,也就不存在"法律允许不同法官对同一案件事实、以相同的法律,形成不同的真实观"的问题了。

第三,在上诉审既承担事实审又进行法律审的制度里,上诉审法官对初审法官认定的事实,要么维持(认定了相同的事实),要么直接改判(认定了不同的事实),或者像我国大陆诉讼法规定的,"事实不清"时,应当或者可以发回重审(不作认定),同样不存在"法律允许不同法

官对同一案件事实、以相同的法律,形成不同的真实观"。

第四,当不同审级的法官就同一案件作出不同事实认定时,这不是"法律允许"不同法官对"同一案件事实"做出不同认定,而是不同法官根据相同法律、不同或者相同的证据,对同一个案件作出了"不同的事实认定",他们各自认定的是"同一案件"但"不同的事实",如一审认定张三抢劫,二审认定张三只是抢夺——事实的客观行为内容都没有变,只改变了事实的法律性质!他们之所以对同一案件、根据相同法律,做出不同事实认定,不是因为他们是"不同的法官",是"不同审级"的法官,而是因为他们对"证据"的审查和采信部分或全部"不同",或对"同样内容的事实"做出了不同的"法律定性",是具有不同法律性质的"另一个事实"。这些都是法律人共知的常识。

如果"法律允许不同法官对同一案件事实、以相同的法律,形成不同的真实观"且都正确这个观点真的成立,符合逻辑,那么,针对同一案件(的同一事实),不同审级法官作出的不同事实认定都正确(并假定法律适用都正确),各级裁判也都正确,那就应当都有效力,但显然这不符合法律规定和实际情况,实践中只有终审法院的事实认定才有效,这就出现了矛盾——于是,在不同且都正确的事实认定中,必定存在着正确但却没有法律效力的事实认定;在下级法院和上级法院之间,如果不同的法官们都正确认定了事实,且认定的事实不相同,显然上级法院法官认定的事实有效,下级法院法官认定的事实无效,这说明,事实认定的有效性并不取决于事实认定是否正确,只取决于事实认定者所属法院的审级高低,说到底,不是事实,而是司法权力的位阶和大小,决定什么是"事实",什么是最终"正确、有效"的事实。

按这个逻辑,事实不仅是法官个性化的内心决定的结果,还是权力大小的产物!在这样的理论架构中,虽然所有不同的事实认定(包括相互矛盾的事实认定)都正确,但事实裁判者的权位决定事实认定的法律效力;对同一案件事实作出相互反对或矛盾的事实认定,也根本不是问题,矛盾在权力位阶序列中化解。照此说来,上诉审对一审法院事实认定和法律适用错误进行纠正都是假的,上诉审事实认定和法律适用的正确且权威的唯一根据便是"它是上级法院"和"上诉审法官"。

五、事实的"多解"和"模糊"是"法官真实"的特征

通过"多解"和"模糊"的"事实",《超越事实》绘出了"法官真实"的基本特征。

第一,栗峥的几个基本判断和论证,如下:

事实不是证据与真相的关系,而是证据之间的关系,是法官心证创造出来的证据之间的关系,是包含法官价值取向的证据之间的关系;

事实是一种证明,是法官确立的证明,是可靠性不再有怀疑的证明;法官确立这一证明的根据,乃是法官决定其真伪的证据;根据这样的证据,法官重组了由其本人确立的事实真相;

(事实)毋宁是一种个性思维过程后的结论,即"法官真实"。法官在相信事实之前首先相信他(她)自己,相信自己的知识、经验、判案能力和道德水准等,相信自己的一切,这是事实认定机制的基础。然后运用这一切来决定证据材料真伪,重组成由他(她)本人确立的事实真相。因此事实只不过是一种被法官确立了的证明,是对它的可靠性已经不再有任何有价值的怀疑的证明。

第二,关于证据与事实之间的关系。

栗先生把"事实"定义为"并不是证据与真相之间的关系,而是一种证据与证据之间的由法官个体心证创造出的包含法官价值取向的关系",这句话转弯抹角、玄奥难懂,我试着把它解释得通俗一些,但不敢保证完全符合栗峥先生的原意——

事实是包含法官价值取向的、由法官个人内心创造(心证而成)的

证据与证据之间的关系,且证据与真相无关。

我们都知道,事实是或者应该是通过证据揭示的案件真相,否则不可言说"事实"。证据恰恰因为与案件真相存在天然的和逻辑的联系,才成为证据,证据的客观性和关联性(相关性)的本质、核心内容就在于此。至少,在英美证据法中有极其重要地位的相关性就特指证据和客观案件事实的自然联系。

我们都知道,证据与证据、事实与证据之间的联系绝不是法官心证"创造出来"的,法官的心证"武艺"再怎么高强,也打不出一片"证据和事实的天地"来。没有基本的犯罪嫌疑案情,没有起码的人证、物证、书证等证据,压根儿没有嫌疑人、被告人和受害人,无论法官个体怎样用"心证"去"创造",都不存在特定的事实与证据、证据与证据之间的联系。任何理论要面对朴实的事实和道理:法官对证据和事实的心证,是法官内心对客观证据和事实的"认识",是主观对客观的(能动)反应,是第二性的。

我们都知道,法官的价值取向影响事实认定,即法官是否认定、如何认定某个事实,在认定了某个事实后如何处置,等等,确实受到他的价值观念的影响。但是,事实、证据本身都不是价值,证据与事实、证据与证据之间的关系,都不是包含法官价值取向的关系,顶多,法官对这些关系的认识可能带有其个人的价值取向。就特定事实而言,它当然不是"证据之间的关系"。事实决定着证据之间的关系,证据之间的关系反映着一定的事实状况,影响或决定着事实的查证、认定,比如,通过勘验、检查,我们能够重建案件现场,这个现场重建就是基于证据之间的关系进行的,但证据之间的关系却是由案件事实的发生、演变决定的;证据之间可能有矛盾关系,事实本身却没有自相矛盾的问题,不能用相互矛盾的证据认定事实;证据之间可以相互印证,这表明各证据都准确、一致地反映了事实或者事实的某一方面、某一片段、某个环节,由此可以认定某些事实,但事实本身不存在自我印证的关系。证据与案件原生事实(真相)、证据与裁判认定的事实,它们之间当然存在客观联系,即客观事实的发生、演变的过程,就是相关证据形成、留存、损毁、被发现或被隐匿的过程,由此从事实的自然演变角度看,是案件原生事实决定了证据和证据之间的关系,从裁判者查明事实的过程看,证据之间的关系则会影响法官认定事实,如证据之间的一致且构成闭合证据链,足以使法官确认某事实,相反,如证据之间矛盾重重,法官肯定无法确认某个事实。证据之间的联系是案件事实发生和演变过程及其规律的反映;证据之间的相互印证既反映事实自身的事理和逻辑,又使人合乎事理和逻辑地确认事实;证据之间相互矛盾,说明证据与真相必有抵牾,要么是证据有问题,要么是另有真相。

栗峥先生把"事实"定义为"由法官个体心证创造出的包含法官价值取向的证据之间的关系",不过就是要告诉我们,裁判者认定的事实只是受法官价值观支配的、由法官内心创造的证据之间的关系。如果证据与真相存在联系,证据之间的关系恰恰揭示了事实真相,法官所心证的证据之间的关系恰巧就是客观事实,那我不否定这个说法;如果完全抛开证据与真相的关系,大谈特谈事实是法官心证创造的、包含法官价值取向的证据间的不确定关系,那我只能说,这个事实定义真的只是语言游戏。本书在前面指出过,事实就是事物运动、联系的全部性质、过程、状态等,事实包括事物之间相互关系的事实,也包括事物自身的属性、状态等事实,事物及其相互之间的关系绝不是"心证创造出来的",事实也不包含法官的价值取向,尽管法官的价值取向会影响他对事实的认识和利用。

第三,栗先生的事实定义足以使事实成为任由法官"心证"、"创造"的"价值"怪兽,而且其兽性并不为人所知,因为,我们除了知道它是法官"心证创造出"的"证据之间的包含人的价值取向的关系",对它的内在品性和外在标识一无所知。

栗先生说,事实并非都是存在着的"客观真实",也不是普遍意义上的"法律真实","它毋宁是一种个性思维过程后的结论",即"法官真实";法官在"相信自己的一切"的基础上,运用"这一切"来"决定证据材料真伪","重组成由他(她)本人确立的事实真相",因此事实只不过是被法官确立的一种证明,是对它的可靠性已经不再有任何有价值的怀疑的证明。这些观点的要津在于:事实是"一种个性思维过程后的结论";是法官在"相信自己的一切"的基础上决定证据真伪、由他本人确立、重组的事实。

事实是"一种个性思维过程后的结论"吗?"法官真实"就是这么个"事实"?

我们知道,裁判者的个性影响他对事实的认定,但事实认定绝不是单纯的法官个性思维之后的结论,法官个人的心证也不是纯粹的"个性思维过程"。

一方面,所有诉讼都是一种"集体活动",是多方主体参与、共同合力或者相互角力而推进诉讼进程、推动真相发现的过程,即使作为诉讼之最后结果的裁判事实,好像只是裁判者个人心证的结果,但这也只是表象,也就是说,法官个人最后的事实心证也是他对"集体参与"的事实证明过程的心证,他的个人心证反映着各方面举证、质证和辩论的综合情况,客观证据、当事人的意志、诉讼参与人发表的意见,都是促使法官心证形成的要素和力量。所以,这个意义上,法官个人心证也包含和反映了"集体意志"或"共同认知",有其客观根据和限度,这是自由心证"客观化"的基本含义。另一方面,法官的"个性思维"绝不是某一个法官的思维,而是法官们的集体思维方式,是法官们共同的法治文化、法律逻辑思维、司法职业经验与整个社会文化、大众思维等公共理性的结合,是法官们的特殊公共理性思维。每个合格的法官,都应当具有这样的思维方式,即他的个性思维只能是这种"特殊公共理性思维"的内化,或者至少是他的纯粹个性思维与法官集体的公共理性思维的有机结合,并且,他个人的裁判风格和个性,不能背离已经查证属实的案件证据,不能背离诉讼过程所揭示的证据和案件事实,不能背离法律规定、公共理性思维逻辑和生活常理。

在合议庭审判中(假定合议庭成员都发挥实质性作用),不管是客观真实还是法律真实,它们都是法官集体思维的结果,事实认定是"集体议定"的结果,法官"个性思维"只能在集体思维活动中部分展示或实现,即每个法官的评议意见可以相互不同,但最终要形成合议庭的集体意见,对外展示的主要是集体思维,或者可以说是合议庭集体的"个性思维"——实际上是特殊职业思维。在陪审团审判中,事实认识肯定不是哪个人的"个性思维"后的结论。

唯一可能使栗峥的观点成立的情况,就是法官独任审判。

但是,独任法官也不可能离开当事人的举证、质证而进行采证、认证的事实认知活动,不可能离开对当事人的事实陈述或反驳的尊重(即使采用简易程序),不可能离开法官共同的专业经验、法律良知和理性逻辑,他只能在这些条件下,"结合个人的独特认识",做出裁判事实结论。所以,在不考虑法官个人专横的情况下,至少在理论上,司法证明、事实认定并不是单纯的法官个人的事业,而是"集体共业"。

如今中国大陆有一句话,是批评刑事诉讼弊端的,但可以借用来否定所谓事实"毋宁是一种个性思维过程后的结论":公安人员是"煮饭"的,检察人员是"送饭"的,法官是"吃饭"的——法官所吃的"饭",可是人家做好的、送来的,哪是法官一个人在自己脑子里"个性化地思维出来的"?当事人主义诉讼模式下,我们大致公认,"对抗式"是其发现真相的机制,英美人自己以为那是发现真相的最佳装置;我们的诉讼法理论都说,英美诉讼模式下,法官只是消极地"听审",究竟谁主张的事实

第九章 四种哲学观点与事实证明 597

赢得胜利,是当事人自己的事情,显然,事实更不是法官"个性思维过程后的结论"。

第四,栗峥说:"法官在相信事实之前首先相信他(她)自己,相信自己的知识、经验、判案能力和道德水准等,相信自己的一切,这是事实认定机制的基础。"这话即使不算完全错误,也很不准确。事实不是法官信与不信的产物,事实认定的机制关键不在于法官"相信",而在于法官必须且只能根据证据作出对事实的认定,不论肯定或否定,并且不得拒绝作出认定。

每个正常人都会在相信或不相信某个外在事物、事实之前,相信自己,至少不必怀疑自己,最极端的怀疑主义者虽然连自己都怀疑,但最终都无法彻底怀疑自己。不管是"庄周梦蝶",还是"蝶梦庄周",那个梦话连篇的庄周总都还在。至于某个人在相信或不相信某个事实之前,是不是要相信自己的一切,那就更不一定了。人认知外在事物,可能不必以"相信自己的一切"为基础。只要一个人没有发生认知障碍,虽然他可能对自己某一方面或一些方面有怀疑,但可能并不阻碍他相信或不相信某个事实。法官要"认定"案件事实,就不能停滞在其内心"相信"事实的状态,就得"有"相应的知识、经验、判案能力和道德水平,还得有足以支撑他认定事实的证据,而不能只是"相信"他自己的知识、经验、判案能力和道德水平;如果法官只是准备"相信"或"不相信"某个事实,而不最终"认定事实",尤其不需要根据其认定的事实对案件作出法律上的裁判,他大可不必具那些知识、经验、能力和道德,因为这丝毫不妨碍他对事实信与不信。

特别是,法官在相信事实之前,不只是要相信自己(虽然不一定需要"相信自己的一切"),还必须相信他人的某些东西,相信公共常识和理性,相信查实的证据和事实信息,等等。如果法官在最终认定案件事实前,只相信自己(的一切),"不相信"诉讼过程中的"其他一切",尤其,如果对查实的证据、得到合理说明的疑点和显然有理有据的辩论意见一概"不相信"、不理睬,熟视无睹、充耳不闻,就像现在审判实践中存在的法官对待辩护律师的情形——"你辩你的,我判我的",那法官"相信自己的一切"之后,再由他"运用这一切来决定证据材料真伪,重组成由他(她)本人确立的事实真相",岂不危险?何况,证据真伪应当根据质证情况确定,不应当仅由法官凭他相信的"自己的一切"来决定。如果他用自己相信的一切决定证据的真伪,哪用得着当事人质证和辩论呢?如果法官偏听偏信,且由他所信的一切决定证据真伪,哪还有"真伪"可言呢?如果证据真伪是由法官内心决定的,不是根据证据本身的属性和全部案情确定,那还谈论什么事实真相?

第五,不过,特别重要的是,栗先生认为,在法官内心决定证据真伪的时候,还是可言谈真相的,只不过这个真相是"(法官)重组成由他(她)本人确立的事实真相"。这个"真相"是"法官真实"的核心,但不是我们通常所说的"客观案件事实真相"。

栗峥认为,在法官真实理论中,事实是一种证明,是法官确立的证明,是可靠性不再有怀疑的证明;法官确立这一证明的根据,是由法官决定其真伪的证据。

我们知道:证明是通过查明事实真相以确定事实主张真伪的活动,是诉讼活动的一部分。作为诉讼活动一部分的证明,它本身的发生、发展等等,就是事实,是程序法上的事实,但这不是栗先生所指的要由法官认定的实体事实。因此,所谓"事实是一种证明",显然应当意指"事实是证明的结果",不可能是证明活动和过程本身,好比说,有人问什么是"衣服",你不能回答说"衣服就是缝纫"。相关案件的诉争事实经过法庭证明,其结果可能是有的得到证明,有的被证伪,也可能出现真伪不明的结果,这些结果不可能都是案件的实体事实。所以,(法官认定的)事实绝不是一种证明,只能是当事人主张的事实得到证明或被证伪的结果。

我们知道,诉讼中那些被证明的事实,不是法官确立的(虽然是他认定的),而是证据确立的;证据的真伪要经受法官内心评价,但不是法官内心决定的,而是案件发生的客观过程决定、并由庭审审查确定的;庭审审查确定证据是否属实,不是由法官或当事人的单方面或共同的意志决定的,而是案件原生事实与特定的物、人、场所等是否存在客观关联决定的。法官的心证只是对这些方面的内心确认、确信。

栗峥说:不同的裁判主体具有诸多个性差异,法官个性差异使事实(以及对事实的认定)具有差异性和不确定性;事实本身是"多解"和"模糊"的;因此,不同法官,依据相同法律,对同一案件事实,在合理范围内,能够并且应当允许做出不同的事实认定;这些事实认定都是正确的。

裁判主体具有个性,这不错。说法官个性导致事实(认定)差异和不确定性,这在一定程度和范围内也能够成立,但不能夸大这种差异性和不确定性,尤其不能意指基本事实认定可以大相径庭,基本事实内容完全模糊不清,任由不同的人各话各说。如果借法官个性,无限夸大差异性,就会"导致"事实认定五花八门、南辕北辙,"导致"事实内容完全不清晰、不确定,成为任人组装的变形金刚。事实只是那个事实,绝不存在"多解"和"模糊",人们对事实的认识可能存在差异,出现"多解"与"模糊",那就说明人们对事实的认识,还没有达到真相这个终点,还需要去伪存真,最后的事实认定不能远离事实真相及其蕴涵的基本事理、逻辑和常识。同一案件的同一事实,法官之间可以有一定的认识差别,在细节、情节上作出不同认定,但不能在基本事实上相互悬殊,如王五偷牛的基本事实不可能变成李四杀人。但是,如果按照栗峥先生的理论,事实真相是由法官亲手重新组装的,确立真相的证据是法官决定的,事实证明也是法官自己确立的,真会出现同一事实的"多解"和"模糊",不确定性极大,以至于王五偷牛的基本事实可能被认定为李四杀人,或者张三拐卖幼女,等等。

六、虚构的后现代证据哲学的价值与前景

后现代证据哲学的自我狂欢使它可以无视司法裁判的基本实情,包括证据和事实:

> 后现代主义为证据哲学所带来的新鲜之风就在于它提出了事实断裂的观点,所有的案件必然有始有终,法官根据价值和程序的要求所划分的证明阶段并不能表征事实的延续性;相反只是为了叙事的方便,或者说为了给公众一个可以接受的交代。……证据学也在向文学过渡。在后现代证据理论看来,法官可以背弃原先作为事实探究基础的证据,而采纳语言作为事实探究过程的起点;或者说它可以打碎原先的同一性之镜,在碎片中重新拼接一幅事实图景,它是一种语言的游戏,一种元语言之间的原创。……他们强调事实的断裂与分散,崇尚法官利用文字的创造力,甚至是可以概括为他们崇尚一种"话语的狂欢"。这种"狂欢"总是在试图打碎"客观性"所构筑的屏障,力图揭开在这屏障之后隐藏的事实探究的本来面目:法官对事实的探究不过是一种叙事,这其中也夹杂着丰富的虚构成分。①

在后现代证据哲学看来,法官可以背弃证据,以语言作为事实探究

---

① 栗峥:《超越事实——多重视角的后现代证据哲学》,法律出版社2007年,第211—212页。

起点,可以打碎原先的同一性之镜(即案件客观事实),在碎片中重新拼接一幅事实图景,它是一种语言的游戏(也称为"拼图游戏"),一种元语言之间的原创("元语言"是什么神秘语言,无法猜测)。这种"真实"真是"法官真实"!这样的法官,什么"真实"都可能通过他的心证拼凑出来。

如果栗峥的"事实"概念和"法官真实"是正确的,如果立法者和司法人员遵循这个理论,那么,后现代主义证据哲学将前景无限:第一,在各诉讼领域,后现代的自由意志可以有无限广阔的生存和发展空间;第二,具备这个事实观、真实观的法官会得到他们从来不曾指望的"解构证据"和"建构事实"的理论环境、制度平台;第三,所有参与客观真实和法律真实的论争者应当汗颜,他们没有为法官提供"法官真实"的理论和制度设想,还试图用客观真实或法律真实约束法官的行为和意志,没有使法官畅行无阻地决定证据、决定证明、决定事实,自由自在地用"心"创造、重组事实;第四,法官无需考虑"错案追究"了,无论如何都不可能有"错案"了,他们在"法官真实"的理论和制度平台下,一切事实认定都正确,没有误判的任何可能——他们相信自己的一切,一切取决于他们自己,自己就是诉讼证明活动的标准。

不过,这样的"法官真实",哪个社会能够接受得了,承受得起,不无疑问。

七、利用"怀疑"精神怀疑证据

《超越事实》一书,除了作者自认为原创的"法官真实"外,就是对后现代解构和建构证据理论的大量推介了。其主题当然是解构、建构证据和事实,首当其冲的手法就是"怀疑"证据。

要打碎一个旧东西,得从怀疑开始,到后来憎恶它,直到最后捣碎它。

证据本身肯定是难以怀疑、憎恶和捣碎的,它是物证,就摆在那里,不允许毁坏;它是人证,当事人和证人就站着、坐着,开口说话,也活生生就在那里;它是书证,白纸黑字的,就在案卷里……

要怀疑证据,得找到怀疑的切入点、角度,整体性、一次性地怀疑和摧毁证据很难。这得首先"分析"证据,把它弄成互不相关的各个"要素"、片段,各种成分,然后逐步"碾碎"那些证据的成分,消解证据的各个要素,证据"死掉了",证明不了事实了,法官无法使用了! 于是,后现代主义者就从发现、提供、收集、审查、认定证据的各个主体那里,在这些主体的精神之中,在证据的物质形式和信息内容上,点燃怀疑的狼烟,让人们对证据产生捉摸不定的厌恶感,直至人们用怀疑的烽火把证据烧个灰飞烟灭。

后现代证据哲学家们还需要一个精神支点,仅有怀疑主义是不够的,还需要摧毁理性主义,弘扬非理性主义。因为,所有现存的证据哲学、证据法学、司法证明理论和制度,都是数千年人类理性思维和理性实践的抉择,是理性对司法证明文化的总结。所以,后现代必须强调经验、强调想象、强调时空的转换和断裂,强调理性的"局限性",否定理性那"妄自尊大"的认识能力,否定人认识客观世界的可能性。客观、事实、真相就是后现代证据哲学首先要解构的对象。

八、"断裂"是后现代的万能工具

"断裂"是一把万能的手术刀,在后现代的法宝中,这比神仙上帝都更重要。只要一旦宣称断裂,后现代主义者就可以对任何历史地、现实地、内在地、必然地联系着的事物、事物的各个方面、环节和过程,进行游刃有余的解构。这之中,后现代主义者最欣喜的是他们宣告了物质和精神、存在与思维的断裂,精神和思维成为至高无上的独立的自由王国,语言符号成为这个王国里的最高主宰,它可以摧毁一切客观的事实或真相,又可以让一切虚构成为事实和真相。

"在表述过去事实真相的证据和语言文本与客观世界之间产生了断裂,这种断裂赋予了个体得以任意性地解释、创造证据所暗含的过去事件的能力",从而在整个审判的过程中对证据的解释和运用出现了某种程度上的不确定性,不满传统理性主义将客观世界与人类感官到的"真实"二元分离的学术出发点,认为应当鼓励诉讼主体(包括当事人和法官)对证据和文本进行自由思考,并认为除了个体所赋予的证据和文本的意义,并不存在着真正意义上的"客观性知识"。……在我们的言论之外并不存在着任何所谓完全"客观"的外部世界,任何对外部世界的"客观性知识",不过是人类语言对外部世界所进行的任意性解释而已。……既然人类对客观世界的描述性语言中不存在任何限制,那么理性主义所宣扬的真相的获得就是无法实现的超现实目标,这个事实认定的过程也需要进行重构了。

……后现代怀疑证据理论对传统证据理论的质疑首先是对它的根基——探求真相的否定。它认为,证据法是一个统治事实的强制性工具。那些被法官认为是绝对的事实不过是历史沧海中的一粟;无论在什么情况下发现绝对真相都是枉然的,所谓的真相不过是从对过去事件提出的诸多版本主张中选取的那个表面看似合理的说法而已。

在司法证明过程中,真相没有得以反映,反而被消耗殆尽了。证据规则的种种运用恰恰是破坏真相的微妙手段,真相的全部内容只有通过语言与证明符合的复制或连环表述予以展示,这就与编造并没有什么实质性的区别。虽然在常人眼里,编造事实显然与真实事实存在天壤之别,但是对证明过程而言,它们并没有人们想象的那样迥异。在同一领域之中的,编造产生了真相、事实又产生了虚构,他们之间的界限在后现代怀疑论眼里变得模糊了。①

后现代证据理论反复告诉我们的就是,证据与真相无关,事实乃是法官对证据暗含的过去事件的任意解释和创造,除了证据和文本,没有客观的外部世界,也没有"客观性知识",真相无法获得,事实需要重构。重构的事实或者真相,本质上乃是从诸多版本主张中选取的那个表面看似合理的说法而已。司法不是发现真相的机制,而是消耗真相的过程,证据规则乃是破坏真相、编造事实的手段,事实与虚构、真相与编造相互交织。②

有了这些宏观的理论立场,后现代就可以对证据本身进行解构了。

九、后现代"解构"证据和事实的一般理路

(一) 后现代证据哲学解构"人证"

当事人和证人是靠不住的。哪怕是事实亲历者,都是如此。

后现代的眼光和思维登堂入室,它们对当事人和证人紧紧追逼:

当事人、证人说了真话吗?

法官的裁判知识、经验和直觉认同这个当事人或证人,以及他的

---

① 栗峥:《超越事实——多重视角的后现代证据哲学》,法律出版社 2007 年,第 38—39 页。

② 栗峥先生对这种后现代(与怀疑主义)的事实和真相观念有一个重要批评。他说:"事实和真相没有重要地位的法律世界,将是一个不宜生活的地方:安全性丧失了,对未来的规划也不可能。"因此他对流行的怀疑主义持有一种高度怀疑的眼光,即对裹在后现代主义的华美外袍下的怀疑主义的怀疑(见《超越事实》第 57 页)。书中还有一些批评后现代(和怀疑主义)的言论。很可惜,从《超越事实》的整体看,比起栗峥先生对"后现代的徐徐新风"的欣赏来,这星星点点的批评,显然微不足道。

陈述吗?

相互冲突的陈述,谁的能够让裁判者认同?

事实亲历者的陈述能够和裁判者的事实拼图游戏规则一致吗,不一致的话,亲历者的陈述有什么用?

需要证人作证,乃是因为案件事实不可复现,可是证人能够并且恰好正确地感知了那个事实吗?

真实就是当事人、证人做出了符合事实认定者的经验知识的陈述,当事人、证人的陈述符合裁判者的"经验知识"?

当裁判者借后现代的眼光和思维对当事人、证人的陈述做出这番审问之后,对这些陈述进行理解、添加、筛选、解释、重构和修正、删改之后,究竟还剩下什么? 当事人及其陈述、证人及其证言还有什么作用和意义?

于是,后现代对人证的解构完成了,结论出来了:

> 我们只能寄希望于事件的亲历者,希望他能够做出真实的描述;并且我们也不得不假定只要不与"经验知识"相违背,亲历者的陈述即为真实的了。于是所谓的"真相"也就成了为事实认定者所信赖的、符合经验法则的陈述。事实认定者在构建上述真相的过程中掺杂了自己的主观标准,而当事人如果要想获得有利于己方的事实认定就不得不在勾勒对案件事实的整体表述的"故事"版本中参照法官的个人标准进行修改和润色。[1]

人证,包括当事人和证人及其陈述,被后现代的"镜子"反照成为讨好法官的"叙事"!

---

[1] 栗峥:《超越事实——多重视角的后现代证据哲学》,法律出版社2007年,第59页。

(二) 后现代证据哲学解构"物证"

物证的解构不需吹灰之力。

物证本身不说话。法官"赋予"物证以"意义"更加重要,也更加轻而易举。

物证是筛选出来的。因此,法庭里面的物证是有限的。

每个物证的信息是有限的,它需要法官发掘和解释、重组,需要法官对物证信息简化、体系化和故事化。

物证只能由法官在现场之外的法庭空间来接受、改造,来以之构筑案情、构建完整的案件故事。

这些,完全离不开法官的猜测和想象,离不开对证据(人证和物证)的批评。

(三) 后现代证据哲学中的"时间"利器

法官并不是解构证据和事实的唯一重要力量,时间在解构证据的诸多力量中,恐怕居于更加重要的地位,而且,正是"时间"为后现代提供了"断裂"工具。

时间是证据和真相的消磨器,也是证据和事实得以被重新建构的核心理由和推动力。

事实如逝水,随时间而去,不可倒流。

事实唯有通过证据这个唯一的探知过去的工具而得以揭示。

以证据证明事实的逻辑起点,在于证据可以凝固事实、保存恒久不变的证明信息。

但是,证据能够存在多长时间?能够将证明信息储存多久?

证据的证明信息与曾经的案件事实能否保持联系?多大、多深的联系?

人们能否解读出这种联系?人们解读的证据信息与案件的联系,是原始的联系,还是被解释出来的联系?联系本身是恒久的,还是可变的?

时间可能毁灭、扭曲证据,也可能添附一些"新证据",或者使人发现新证据,认识案件事实的现实愿望和过去的事实已经不可通过证据完全重现的鸿沟,在时间的推移中扩张。"过去"被"现在"认识,乃是"现在"凭借一些不充足的证据进行的"想象",是"现在"对"过去"的认识的一种自我满足感。

十、后现代证明哲学中司法证明和裁判的本质

基于上述人证和物证、"断裂"和"时间"观念,后现代的司法证明和裁判的本质也就清晰可见了:

> 无论是原始的证据材料还是法官的认知能力,都无法提供给法官一个完美的判定真相的标准。这是一种证明理念,是一种先验的、必然的产物。……任何判决都是先验想象的自我证明、自我约束与自我创新的过程。
>
> 证据学者孜孜以求的那个反映事件真相的"事实"不过是一种人造的作品,……它需要人类在它存在之前存在,并需要用人造的时间尺度来将它升腾为经验——过去的事实一经验证就成为经验。[①]

"人造的时间尺度"这是"热昏胡话"(恩格斯语)——运动和联系,空间和时间,都是物质的客观存在方式,时间、空间的尺度也是自然形成的,只是计量时空尺度的单位,如光年、年、月等是"人造"的,但也

[①] 栗峥:《超越事实——多重视角的后现代证据哲学》,法律出版社 2007 年,第 66、78 页。

绝不是任意编造的,它以物质运动自身的阶段、过程和周期为根据,一年就是地球围绕太阳公转一圈,一天就是地球自转一圈,一小时就是人们将地球自转的周期划分为二十四个时间单位中的一个单位时间;小的空间尺度单位,如一米,一公里,等等,似乎与时间无关,但大尺度的空间,却需要直接加入时间要素才能刻画它的距离、位置,如银河系的半径是多少光年。

栗先生把一切判决都说成是法官"先验想象的自我证明、自我约束与自我创新"的产物。如果真是这样,那么,司法裁判制度恐怕是世界上最廉价、最无聊的制度,一切司法证明的困境早就因法官的"先验想象"而不复存在,神明裁判也会相形见绌、自惭形秽。

问题是,证据真的就这样被解构了? 司法实践中,证据果真就这样被"去功能化"? 司法证明和裁判就这样一塌糊涂地为后现代所瓦解?

首先,笔者要强调,在我国大陆的司法体制和环境下,司法证明的确存在许多重大弊端,证据常常因一些法官徇私枉法或者其他特殊的需要(如"摆平案件"、"协调案件"、"调解优先"、实行"和解"等),而被弃置一旁,一些未经查实、经查证不实、非法的"证据"则被法官"采信",一些明显不合理的举证要求被强加给某一方当事人,胡乱分配证明责任,证明规则不论在理论上"合理"、不合理,都有被滥用、乱用的情况,等等,但这些与后现代的证据观念和"法官真实"观念本质上无关,不能把司法实践中的证据问题拿来作为后现代主义"解构"证据、司法证明和司法裁判的正当性的"实证"依据。

其次,现实的司法实践很难认真理会"后现代"理论。虽然裁判者会注意证据的各个方面,会注意证据的各种疑点,会重点审查证据之间的矛盾,挑出证据链的中断环节,排除非法或者存疑的证据,但陪审团也好,法官也罢,他们都会尽力在证据之间、证据与事实之间、在通过证据能够得出的事实结论与可能的案件真相之间,建立起理性的、逻辑的、符合事物演变规律的多重联系。当他们的努力取得成功,根据查实的证据确定案件事实客观存在,案件便会依据这个事实和相应法律得到裁断;如果他们不能根据已经查实的证据得出明确的事实结论,案件也会依据"(客观)证明责任"等相关规则得到裁断。在所有"正常的"司法证明和事实裁判实践中,理性依旧不可动摇,证据依然坚若磐石,打官司就是"打事实",打事实主要就是"打证据"(因为有些诉争事实无需证明,当然无需证据),这才是真正的"普适性"真理。

再者,后现代主义证据哲学把证据"解构"之后,用什么来查明事实、作为法官认知已经逝去的历史性的案件事实的根据?"叙事"、"解释"能够成就法官对案件事实的"建构"吗?看看下文,情况并不乐观。

十一、用"解释"("诠释")和"建构"曲解证据和事实

后现代证据哲学不仅使用了多种解构证据和事实的方法,而且提供了"建构"证据和事实的各种"法门":"解释"、"叙事"、"模糊"和"协调"。可是,笔者发现,这些建构证据和事实的门道非但没有能力完成建构的使命,反倒是进一步的解构而已。为了避免过长的分析和批评,以下仅就"解释"和"叙事"稍作剖判。

在《超越事实》中,栗峥先生希望通过解释学来帮助他建构"证据"和"事实"。

栗先生认为,"解释"要求主体根据自己的理解向他人阐释,即要求主体根据证据材料对自己的主张进行证成。他借用诠释学的看法,将"解释"规定为"任何将两个或一组句子以这样的方式联系起来的语言行为,其中一个句子为另一句子提供'基础'、'前提'、'证据'或'支持'",解释是运用语言符号对事件的现象与本质之间的因果关系的揭示;解释不是一种事实的原本复制,而是一种创造性行为,一种个性化的建构事实"血肉"的行为。

栗先生进一步认为:"在证据学角度上使用的解释大多有探索的意味,相当于在未知及不可验证的情况下提出关于因果关系解读的各种答案";由于理解事实是解释事实的前提,被传统证明理论否定的"前见"是理解事实的必备条件,而每个人的前见等等并不相同,对事实的理解也就不完全相同,但因受到证明程序内在要求的限制而不可能是任意曲解。"因此,并不是任何人都可以真正理解到法律认可的事实;我们虽然有可能成为过去事实的参与者或旁观者而产生自认为'真实'的事实理解,但是如果缺少程序上的'洗涤'的话仍然构不成真正的理解事实。"

栗峥先生对解释出来的事实与真相之间的冲突是注意到的,"事实在具体化为个性化解释时如何保证其不走样,如何保障真相的本来面貌得以实现?"但栗先生一方面认为,事实解释受到合法性、逻辑性、连贯性、完整性、真实性等种种限制,另一方面,解释本身就(应当)是建构性、多样性和创造性的,反对"着重客观事实的维护","强化主观能动性的发挥以消解过分客观带来的事实僵化","不必为解释的随意杞人忧天"。"证明过程中的事实在添加解释之后,既不是全然的客观主义,也不是纯粹的主观主义,而是受限的解释性事实。"

事实解释的基础是证据解释,实物证据和言词证据都是经过解释而揭示、证明事实的。"解释不仅可作为证据的形式,甚至可成为实物证据本质的一部分";"不管基于何种证据,解释都是解释者开发证据的证明意义的必行之路,并以此通向事实。"栗先生乐观认为,事实解释的法律限度、价值限度和历史限度"确保了解释符合事实的理性方向"。[①]

[①] 参见栗峥:《超越事实——多重视角的后现代证据哲学》,法律出版社2007年,第79—90页。

笔者充分注意到,栗先生不希望把"解释"的主观、随意推到极端状态,把"事实""解释"限定在理性方向上,也含含糊糊地认为解释应当保障真相得以实现,解释的事实仍然是事实。

但是,笔者必须指出,解释不是证据的形式,证明本质上不是"解释",通过证据证明事实,本质上不是通过解释证据进而解释案件事实,收集证据、举证、质证等活动,无法与"解释"证据简单地相提并论,探知、发现和证明案件真相,绝不等于"解释"事实,更不是什么把"两个或一组句子以某种方式联系起来"的"语言行为",侦查、起诉、辩护和审判,完全不是"其中一个句子为另一句子"提供"基础、前提、证据或支持"的解释活动,不是运用语言符号对事件的现象与本质之间的因果关系的揭示,而是用证据对案件事实本身的揭示。因此,把解释学的那一整套术语、方法用来"解释"证据和事实,总体上是错误和无效的。

把解释行为看作是具有创造性的行为,这在抽象意义上并无不可,但在具体的实践环境和语境中,每个具体的解释的"原本复制性"与"意义或事实的构建性、创造性"是极不相同的。证据解释本质上不是"创造",也不应当、不能够是创造,它必须尽力忠于"原本",在思维和语言上"复制(复现、重现)"证据的内容,"发现"蕴涵的事实。在证据学上,的确存在解释,存在"探索",但这是在尊重科学、尊重证据、尊重客观的情况下,对证据所含事实信息的分析、综合和判断。

至于把证据学上有探索意味的解释理解为"相当于在未知及不可验证的情况下提出关于因果关系解读的各种答案",则是虚语。认为人们能够在"未知"且"不可验证"的情况下做出"探索性解释",本身就是一个悖论。

在证据学上,需要探索的无非是证据和事实,证据规则不属于"探索"之列。

证据学上的解释"相当于在未知及不可验证的情况下"提出的因

果关系解读答案,这是什么意思?

在诉讼活动中,"未知"主要是裁判者对某些事实和证据的一种认识状态,不是所有案件参与者对所有事实和证据的认识状态。证据"未知"吗? 一开始就没有任何证据的案件是没有的——至少有"孤证"一个,否则我们怎么能够知道某个最初、最基本、最简单的"事实";对裁判者来说,已知而尚未收集到的证据是存在的,未知的证据也可能有;但对某些当事人来说,可能存在未知证据,可能任何证据都是他知晓的,就如雇凶杀人、伤人的人对事实和证据都一清二楚一样。

"不可验证"不知所指为何?

证据不可验证吗?未知的、已知但未能收集的证据,是无法验证的。可是,收集起来的证据,法庭上举出的证据,不可验证?证据与证据之间能够印证或者相互冲突,本身就是验证。大多数情况下,只要证据调查者有足够知识、经验、技能,就能对证据做出检验,即使有人伪造了证据,鱼目混珠,也能够"去伪存真";即使隐瞒、毁坏了证据,也能够另辟蹊径,把相关证据发掘出来。

诉争事实有经查证属实的证据印证,那个事实便得到验证;对查实的证据和查明的事实进行认定,并且对认定的事实进行逻辑上和法律上的分析阐释,这使得证据和事实都得到了"验证"并且得到"解释"。需要进行探索性解释的地方,必定是对某种"已知现象"的原因"未知",而不会在"任何方面"都是"未知",并且已知现象很多是"可(反复)验证"的,否则,人们也无法进行任何观察、探索和解释。

至于"前见",则要细致揣摩。在逻辑上,似乎早前对某事物的认识、理解(即"前见")确实是解释(该事物)的前提,理解不仅其自身就是一个"前见",而且"理解"需要更多的前见:知识、经验、履历、身份、处境、文化、感官、情绪、思维、价值观、偏好,都会参与人对事物的理解。

但是,"前见"一定会导致人们对证据和事实的"偏见"、"误解"和

"歧见"？这有可能,但不一定。

"前见"本身很复杂,不同的"前见",对人们认识未知对象的功能和作用并不相同。已有的正确知识和正确的认识方法、态度,对客观、准确认识未知的案件事实,获得真相、真知,是必不可少的,我们不能够否定这样的"前见"。不正确的知识,不正确的认识方法和态度,情绪化、偏见等等,当然可能导致证据和事实的调查者、认定者曲解证据和事实,甚至把证据和事实看成是他自个的"创造性解释的产物"。

是不是"任何人都可以真正理解到法律认可的事实",这并不重要。重要的是,事实可不可以被理解,法官认定的事实能不能够得到当事人的理解。当事人不理解或者并不真正理解事实也不要紧,只要当事人能够陈述他自认为真实的事实,法官能够真正理解和认真对待就行。法官是在诉讼程序中与当事人一起查明和认定事实的,程序确保事实认定的规范性,为发现真相和认定事实提供技术规范,程序影响事实的发现和法官对事实的理解,但并不制造事实,并不决定对事实的理解。所谓程序"洗涤"不知何谓？单纯的程序并不能真正使法官理解事实。

把实物证据和言词证据的客观内容等同于解释出来的内容,把解释不仅当作证据的形式,甚至当作证据本质的一部分,这无疑颠倒了本末。对证据的解释只能根据证据的客观情况,而且往往主要依靠科学技术知识、经验和逻辑,解释出来的内容应当是证据本身的客观内容,即证据承载的案件事实信息。解释是诉讼主体使用证据的一种形式,而不是证据的形式,更不是证据的本质。解释不是在证明过程中"添加"到事实之上的(东西),事实也不因为"添加"了解释,就成为"既不是全然的客观主义,也不是纯粹的主观主义,而是受限的解释性事实",解释只是揭示证据和事实的客观内容和相互关系的方式之一。

至于既非全然客观亦非纯粹主观的受限的解释性事实,到底指什么,只有栗先生自己知道,"可言传却不可意会"。

十二、把"叙事"作为建构案件证据和事实的基本方法

在《超越事实》为我们提供的通过"叙事"而构建案件的证据和事实的理论框架中,如下八个主要观点是值得注意和需要商榷的:①

(一) 后现代"叙事"的本质

叙事的本质是对事件的发生发展予以记录,形成一个有意义的整体。叙事作为一种技术性术语表明的是按照某种逻辑顺序对某种事件进行描述,勾勒出一个有意义的话语场景,就是一种讲故事的过程,为现象的来龙去脉提供一个说法。

后现代哲学自身如何界定"叙事"概念,那是它们哲学内部的事情。如果要把后现代哲学的"叙事"概念套用在证据学领域中来,就得解决一个大前提:司法中的事实证明是一种"叙事",或者与叙事相契合,否则,就没有把"叙事"引入司法证明领域的条件。

显然,既然叙事的本质是对事件的发生发展予以记录,叙事是按照某种逻辑顺序描述某种事件的一种技术,是一种讲故事的过程,为现象的来龙去脉提供一个说法,那么,首先就要确定叙述者,其次要确定叙述方式和规则,再次,要确定叙述的主题和内容,最后,形成统一的"最终叙事文本"。

---

① 笔者归纳了栗峥先生八个方面的观点,包括评论这些观点时引述的看法,除另有注明的外,均参见《超越事实——多重视角的后现代证据哲学》,第91—121页。后面行文时不再一一注明。

不过，被叙述的"事件"有两种完全对立的情形，一是，所叙述的是真实、客观的事件（案件真相），或者以之为内容或基础，二是，所叙述的是主观虚构的事件，没有任何客观、真实的内容。第一种情形的叙事与司法证明有关，司法证明会使用到"叙事"（陈述事实）；第二种情形的叙事，理论上应当严格排除在司法证明活动之外，但实际上仍然存在于司法证明活动中，比如作伪证、虚假供述，以及因观察、记忆错误而陈述的不实之事。不过，后现代的证据哲学并不区分这两种情形，并且注重的是叙事的自由，以及自由的叙事，关注的是"（合情合理但真假虚实不定的）故事"而非"事实真相"，使用的工具是"语言"，所置的环境是"话语"，而与证据、证明活动无关。这是后现代"叙事"的要津。

诉讼程序进行之中，裁判者没有"故事"可讲，他不会"叙事"，他主要是"听事"。

当事人、第三人、证人，刑事案件中还有侦查人员、检察官、辩护律师，都可能有各自独立的、或相互重叠、或相互冲突、或彼此包容、或互不相关的"虚构故事"或"客观事实（真实故事）"要讲出来，他们需要"叙事"。但是，第一，他们的"叙事"只是他们参加诉讼活动的方式和内容之一，绝不是全部——发现证据、收集证据、质证和认定证据的过程，就不完全是"叙事"，甚至主要不是叙事，比如，实施刑事强制措施的行为当然不是"叙事"，审判的准备和推进，直至审判终结的全过程，也不是"叙事"。第二，当事人、第三人、证人，侦查人员、检察官、辩护律师，他们在法庭之上所进行的以言词陈述为表达方式的诉讼活动，并不就是后现代所谓的"叙事"，即诉讼参与者在法庭上的言词陈述活动，与后现代的"叙事"是"貌似神不是"。

诉讼参与人在庭审中要讲许多话，其中一部分就是描述他们各自所知道的"事实（真实或虚假故事）"，他们会按照自己的记忆、理解和诉讼规则、证据规则乃至他们各自可能拥有的利益，来叙述案情、解释行为，甚而编造"故事"或情节。这就是法庭陈述与"叙事"的"貌似之处"。

诉讼参与人的法庭陈述,从证据类别看,总体上属于"言词证据",即证词或"陈述"、"供述、辩解",它们可能都包含对真相的描述,也可能有不实之处。核心是,它们都不是已经确定的"故事",也就是说,当事人陈述(或供述)、证人证言、鉴定人意见,可能都难以独自提供完整的、有效的"故事",而只是帮助法庭来探知、确定"真实故事",它们各自展示出案件事实真相的某些片段,相互戳穿不实的事实或情节,结合案中的物证、人证,法官最终认定事实,但不独立"叙事"。

诉讼终结时,所有诉讼参与人都没有言词了,当然也不再讲什么"故事";法官虽然要给出事实认定,但他只能就已经查证属实的证据所证明的事实予以确认,他没有自己的故事,无需"叙事",他确认的就是诉讼参与人共同"揭穿"的事实真相,而非每个诉讼参与人"叙说的故事"的堆积——本质上,庭审使每个诉讼参与人都不可能独自、有效叙说自己的故事,即使他的部分或全部陈述都被法官最后确认,那也是历经庭审过程和诉讼参与人集体证明行为后的结果,而非"叙事"的结果。虽然,法官对裁判事实的叙明表面上也是"叙事",但是,其一,法官所叙之事不是他自己的"事实",更不是真假虚实可以并存的"故事",而是当事人之间发生的纠纷事实,其二,司法证明的目的不在于完成叙事,而在于揭示案件原本的真相,当事人只有在证明其所称事实是真实的事实后,才能被裁判者纳入裁判事实之中,得到叙述和肯定,其三,写小说、讲评书等等那些"叙事"方法和套路,为后现代证明哲学所容,但不允许在司法证明中使用,纵然"故事"编得再"合情合理",只要是虚假、错误的陈述,都不能接受。这就是诉讼证明和"叙事"的"神不是"之处。

在司法证明中,以语言(特别是修辞)为工具、置身话语环境、不分真假虚实和青红皂白的后现代"叙事",没有存在的理由和空间。

(二)"叙事"是证据学研究工具的重大革命

将叙事引入到证据学可以说是证据学研究工具上的一次重大革命,叙事的新意就在于它医治了证据学者对科学的痴迷症,从修辞学的角度来探讨重现过去事件。

前面已经说过,后现代的"叙事"在司法证明中没有立足余地,栗峥的这个观点进一步印证、强化了"叙事"和司法证明之间的对立。"叙事"不是、也不可能是证据学研究工具的重大革命。

每个学科都有自己特定的研究对象和相应的研究工具。后现代主义者把叙事方法用以研究哲学、历史、语言、艺术、文学,因为它们允许多元解释,允许研究者在研究中构建和叙述自己的观念,虚构自己的故事。它们可以被解构,对真实的社会生活不会产生影响,至少不会产生具体的、对公民而言是立竿见影的权利义务的影响。后现代主义者在思维和语言中可以天马行空,在解构和建构之间游刃有余,在叙述"故事"方面无所忌惮。①

后现代证据哲学急于对证据和证据规则进行解构和叙事,它想收获新的理论话语权。

但是,证据能够使用"叙事"工具进行研究吗?

如果认为证据具有主观性,或者主观性就是证据的本质属性,那证据当然可以通过"叙事"来展示,但证据的基本属性之一恰好是客观

---

① 但很奇怪,后现代主义者并不敢对公认的逻辑和语法规则予以解构,也不会拿逻辑和语法规则来"叙事",为什么? 因为,他们知道,如果他们把逻辑(和语法规则)本身都解构了,他们就没有办法使用人类共同的语言来表达他们的后现代主义了——即使他们重新"建构"了一套逻辑规则和语言规则,为世人不知、不懂,他们也只能在"圈内"进行自娱自乐的"语言游戏",整个的后现代主义可以与外界无关。

性,不是主观性;如果证据不管包含怎样的案件事实信息,都可以被不同人物解读成多个不同"故事",而且每个故事都独自成立和有效,哪怕相互冲突也无妨,那么,证据自然可以是任人"叙事"发挥的"故事底本"。可是,证据虽然可能包含多样的事实信息,但每个事实信息只应当表明一个真实"故事",多个事实信息可能表明一个或多个案件事实,但这些事实在整体上必须一致,共同构成全案事实,或者其中的某些方面、环节,不可表明多个不相同的事实("故事"),证据不可能任人解释和"叙事",叙事和解释方法不可能科学引导证据的收集、使用;即使物证的事实信息解读需要专业人员的知识和技术,他们使用专业知识、技术"读出"某个信息,也是"叙事",那"叙事"也不是研究证据的方法和工具,而最多是表达证据研究结果的方式之一。

如果"叙事"不是研究证据的工具,那么,修辞能够帮助人们研究证据,革新证据研究手段和方法,有助于重现案件事实,修辞学能够用来"探讨"重现过去的事件?

我们知道,"修辞学角度"或者"修辞学",至多跟诉讼参与人如何从语言修辞上更好表达其陈述有关,不属于探知事实真相的证明行为。在诉讼程序中探知案件真相,根本不是修辞问题,再美妙的修辞如果没有揭示案件事实,修辞的价值为零;再笨拙的修辞,倘若陈述了事实真相,它就有完全的意义。

修辞学研究的是修辞。修辞是加强言辞或文句效果的艺术手法,是修饰文章、语言,吸引别人的注意力、加深别人的印象和抒情效果,这与证据的性质和内容,与诉讼中的证据及其使用,完全风马牛不相及。修辞学不研究证据的资格、性质、种类、功能,不研究证据是真是假、与案件待证事实是否相关,不研究证明规则是否科学或者是否符合某种价值,不研究案件事实本身,最多,修辞学可以用来研究表达证据内容和事实的语言方式。

何况,修辞包括信息修辞、语用修辞、心理修辞、社会心理修辞、模糊修辞、接受修辞、对比修辞等等种类,最常见的修辞手法就有比喻、比拟、借代、夸张、对偶、排比、设问、反问、反语等多种,修辞学探讨的修辞方法多达几十种,请问,哪一种、或哪些种、或全部修辞手法可以作为证据学的研究工具?

比喻肯定不行——研究证据和证明规则、证据的法庭使用方式和过程、诉讼证明的特征、规律、目的、要求,都必须以直接、准确的语言表达,不容许"打比方",明喻派不上用场,暗喻更不能揭示证据学研究对象的性质、范围、特征、功能。

排比是证据学研究工具?——把一堆证据"排比"起来?把表述证据性质、特征和内容的语句以排比方式表达出来?

对比呢?也许,我们可以将不同证据进行对比,把不同证据学说进行对比。可是,作为修辞的"对比",不是作为研究方法的"比较研究",把不同证据相互对照,找出它们在所含事实信息方面的相同或不同之处,与"对比"这种修辞手法无关。

夸张手法敢用吗?事实是怎样就怎样,能够夸张吗?证据证明的伤势是轻微伤,你夸张成为重伤;证据表明是杀人三千,你说只是过失致人死亡三个,"在正常情况下"这允许吗?

究竟哪种证据适合用"修辞"手法来研究?哪种修辞适合于研究证据?

其实,证据不是"故事"文本,不是任人发挥出不同故事版本的底本,证据是载有案件事实信息的物或人,而事实信息可以为人解读,但不能够任人解读,不能"编撰",更不能用修辞来修饰一番。证据就是要以其存储的客观案件事实信息向世人昭示案件的唯一真相,不然,事实、真相、证明、诉讼、司法正义、定纷止争,等等,都没有存在的价值,统统应当废除。

证明规则能否用"叙事"手法进行研究？证明规则本来就是要统一证据和证明活动的,倘若以承认多元为基本教义的"叙事"方法研究证明规则,那证明规则只会瞬间香消玉碎。

当然,不能用修辞手段研究证据、证明规则等,不意味着应禁止使用一定的修辞方法来表述证据内容、证明规则,使其在语言表述上更准确、有效,但这不是证据学范围内的问题。

证据学者注重科学,关心科学知识在诉讼证据中的运用,科技的许多重大进步都推动了证据形式和证据理论的革新,这是证据学和证据学者的"荣幸"。栗先生把证据学者对科学技术的重视指为"痴迷症",或许太褒奖了那些恪守证据真谛的学者、诉讼参与者和司法裁判者。不过,栗先生用"叙事"来驱逐和治疗这种"痴迷症",恐怕可能在人类有司法证明制度的时间长河,都不会成功。而把"叙事"当作是证据学重要研究手段的学者,恐怕不会太多。

特别是,如果叙事、修辞能够成为直接重现过去事件的工具,那将是人类最廉价、有效的证明工具,证据没有用场了,讲一阵故事,比喻、排比、夸张一番,事实就出来了,多好！

（三）"叙事"视角下的事实再现

> 以叙事的角度来观看证据学中的事实再现,虽然事实探究者力图使语言不如文学作品那般悲喜分明,然而任何对于过去的描述就其本质来说都是一种叙事文本,不可避免地夹杂了人为的虚构与想象。

证据学中的事实再现,本质上不是语言问题,不是叙述方式问题。栗先生把叙事作为证据学中事实再现的工具,要害是把司法证明中的事实发现简单当作事实在诉讼参与人"口中"的语言表达,而且,把语言表达方式、修辞效果,作为判断和认定事实真相的准则。所以,事实发现被等同于"任何对于过去的描述"、一种叙事文本,并且不可避免地夹杂了人的虚构与想象。

(四)"故事形式一致性"是确定事实、发现真实的逻辑起点

在以杂乱的"记录事实"的形式涌入到诉讼主体面前的诸多证据之中,寻找"确定的故事"或发现"真实的故事"的逻辑起点在哪里?答案是:形式的需求。从外观上看,无论事实内容究竟如何,对事实的最终确定都必须符合一个明显的外化要求——各种实在的证据展现出故事形式上的一致性,其背后体现出一种通过叙事话语完成的心理冲动和欲求。

事实在被提到司法程序审查之前,是以零碎素材的形式散见于日常生活的。(进入司法程序、需要查清案件事实时)情况就人为地发生了扭曲:零散的素材必须以一种让人信服的方式整合起来,而且还要求传达出一定的法律意义——说明一定的人有罪或无罪、罪轻或罪重等。……就整合结果来看,必然会形成一个符合诸规则限度内的"散漫混合体"——查明的事实。该查明的事实为进一步叙事提供了很多自由。因为,证据中蕴涵的信息无非是一种证明代码,这种代码被证明者赋予了自认为合理的证明意义,使证据转变成一种自认为强有力的证明工具。就证明整体来看,单一的代码缺乏排列的语法,更准确地说,人们当然可以使代码排列起来从而让人看得非常合理,但这种排列方式并没有统一的"语法规则"作支撑,语法规则完全是证明者个人的观念逻辑。因此,如果一种排列可以称为"可行",就同样存在其他语法规则排列出的结果亦可行,法庭上所显现出的法官、原告、被告甚至第三方或证人都可能提出基于自己的认识形成的事实判断,就

是最好的例证。

　　过去发生的事实不存在矛盾,只有因果的问题,即只有时间前后。承接的相似与不同并不会形成对立。我们早已前提性地设定过去发生的事实是那么自然地发生,毫无虚假和造作。但是,用证明代码编织的事实模型却可能经常遇到相互矛盾的情况。因为,证据组合并不是唯一的,而且对证据的理解和解释也是多元的。

　　过去事实是真实发生的,不是虚假的,它向一个将来的叙述者呈现自身的形式应是被发现的而不是被建构的;然而就将来的叙述者而言,他所能采取的唯一方法只剩下建构,虽然它的目标始终在于发现真相,但是把零碎的证据组织起来无论如何都需要些想象、逻辑结构、排列组合、对比搭建等构建方法。

　　事实不是一种存在过的绝对真实,不是一种纯客观过程,应当说它是一种叙事性话语。我们很难分清话语本身是客观的还是主观的,话语将主客观统一得那样完善,使我们简直会被它迷惑——轻信事实或辨别不出真伪。话语能够让其听者陷入探求的欲望;它能够引导诉讼参与人在这个范围内,本着法律价值的标准和行为规则来确认实在的事实,以及冒着牺牲自己利益的风险来触犯这种实在的事实。话语的出现使"事实"变成了"叙事"、"过去事实参与人"变成了"人物"或"角色"、"证据"变成了"情节"与"细节"、"亲历者"变成了"阐释者"、"一义"变成了"多义"。

　　叙事话语能够使过去与现在甚至未来一一对应,严肃而刻板的事实追寻也就变成了一场灵活多元的拼图游戏。

　　叙事的完整统一度是超越真伪尺度的衡量依据。作为话语形式的叙事为再现事实所添加的任何东西并非非真即假,因为它们只是对真实事件结构和过程的模拟。

　　叙事中讲述的故事是以毫无竞争者对抗的绝对优势掌握了事

实探究的全局,而成为真实故事的唯一版本。简单地说,在没有原品的情况下,复制品就是原品;在没有复制品的情况下,模仿品就是原品。这和真假无关,虽然有些让人不服气,但无法复原的事实让我们无计可施。

证据学中叙事的时间性使得叙事不再是一套由语言符号按照一定规则堆积而成的话语,而是一种事实认定主体通过"谋篇布局"和"情节设置"等文学性技艺创造来贯彻社会主流价值观和社会规则的过程。

把追求"故事形式上的一致性"这种外在的"形式需求"作为诉讼中确定事实、发现真实的逻辑起点,说明后现代证据哲学没有找准事实及其起点。诉讼的目的之一就是查明案件真相,确定事实、发现真相本身就是诉讼的"实质内容要求",一个案件只有一个真相,一个属实的"故事",它本身不存在"形式上不一致"的问题,不需要追求故事形式的一致性。查明真相的(逻辑和实际)起点,无疑是获得线索、收集证据,就庭审而言,应当是开始法庭调查。我不知道,有哪个法官能够弄明白,诉讼中发现事实真相的逻辑起点是"'追求故事形式上的一致性'的外在'形式需求'",我得承认自己愚鲁,反正我搞不懂这句高深莫测的话的意思——相反,我敢肯定,每个法官都懂得下面这话是什么意思:诉讼中要发现真相,就得实实在在收集、举示、审查认定证据,就得把查明案件真相作为目标和任务,就得追求"确凿、充分的证据,确实、清楚、符合事理逻辑的事实",这是司法证明的实质内容,是司法证明和整个诉讼的"内在要求",实质需求。至于这之中的种种"形式需求",都重要,但不能取代诉讼的根本要求。

经查证属实的各种证据"展示出"的绝不是"故事形式上的一致性",它们能一致证明"事实内容",法官必须认定这个"事实内容";法官不应当"不顾事实内容如何",只因为自己有"心理冲动和欲求",就建构和叙说一个含糊其辞的"形式上一致的故事"。

把"叙事"作为法官完成个人"心理冲动和欲求"的方式?

"心理冲动和欲求"与法官的公正、中立,法律思维和逻辑的严谨、缜密,以及经常被一些学者强调的法官"消极、被动",难道不冲突?何况,"心理冲动和欲求"是什么心理内容?是"为公"还是"谋私",是认真办案的动机、愿望和目标,还是发神经呢?

不管怎么说,如果法官眼中和心中根本没有当事人,不顾天天花费国家财政的钱而运转的司法机关的任务,不去关注案件审判、客观案件事实,而一心想着通过"叙事"来体验、实现自己的心理冲动,满足自己的欲求,这样的法官和司法审判,一定会祸国殃民。

把证据视为日常生活中显示事实的松散而零碎的素材,这好像没有什么大问题。可是,把诉讼程序中被查明的事实,视为"散漫混合体",倒是"新颖而别致"。只是,谁能够理解诉讼中查明的事实是"(证明)符合规则限度"的"散漫混合体"?难道事实,并且是查明的事实,是证据的杂乱无章的堆积?是各种"叙事"文本的胡乱凑合?是明显冲突的"多元故事"共存共荣?难道证据之间的矛盾没有排除,案件疑点依旧存在?那何来查明的事实?

栗先生继续谈论:"该查明的事实为进一步叙事提供了很多自由。"既然事实已经查明,还需要什么"进一步叙事"?还要怎样"自由叙事"?如果事实根本没有查明,以存在种种矛盾的证据、诸多疑点的事实作为"进一步自由叙事"的底本,这样的法官和证据学者是不是过于草率?

把证据蕴涵的事实信息看成一种"证明代码",无可厚非。但证明代码的证明意义是由代码内容来决定的,不是证明者赋予的、自认为合理的意义,好比谍战故事中,一方情报人员破解了对手密码、获得情报一样,密码的含义一定是对手事先确定好的,绝非获取密码的人自己赋予的,截取密码的一方只有正确破译了密码,才知道密电的内容。如果截获密码的一方自己胡乱赋予其意义,肯定不能获取正确信息,得到真实可靠的情报。证据是不是强有力的证明工具,不取决于证明者赋予它什么意义,而是它自身是否是适格证据,它的证明力大小,以及它所含事实信息是否得到准确破解。

栗峥先生认为,证明代码(证据)的使用就是简单的代码排列,并且排列规则"完全是证明者个人的观念逻辑",排列的要求是"让人看得非常合理"、"可行",这样,每个人根据其个人的规则排列出的结果也都"可行","法庭上所显现出的法官、原告、被告甚至第三方或证人都可能提出基于自己的认识形成的事实判断,就是最好的例证"。这里,栗峥的疏忽不小:法官、原告、被告、第三方或证人的事实判断,特别是相互对立的事实主张,一定不会最后并存,它们必定要"统一"到法官的"事实认定"上,所以,不可能每个人都能对证明代码排列出"都可行"的"叙事";法官的事实认定显然不只是一个让人看起来非常合理的证明代码的"排列",法官等人遵循的规则也不只是他们每个人自己的观念逻辑,而且法官的事实认定和法官对证明代码的排列之间,存在"质的差别"。

栗峥先生说,事实不是绝对真实,不是纯客观过程,是一种叙事性话语,我们很难分清话语本身是客观的还是主观的,话语将主客观统一得那样完善,使我们轻信事实或辨别不出真伪。如果这里的事实指的是人们对事实的认识,是认识中的事实,那么这个事实是主观与客观的统一,其基础和内容则是客观事实,但无须用晦涩的"叙事性话语"指称通俗易懂的"事实"。人们对事实的认识的确可能不绝对真实,认识活动也的确不是纯客观的过程。但是,思维和"话语"的内容是客观的,思维和语言的形式是主观的,这个能够分辨,不存在"分不清"的难题,也没有"轻信事实"和难辨真伪的问题。"轻信事实"的说法也不符合语言习惯——事实本该相信,不会有"轻信"的问题。

把"事实"变成"叙事","叙事"则把严肃的事实追寻、证明变成"拼图游戏",这是什么证据学研究工具?

以"叙事的完整统一度"来"超越(事实)真伪",认为存在某些并非"非真即假"的"叙事",这又是什么逻辑?"故事"再怎么"完整、统一",如果是假,就必不能为真,如果是真,即使不怎么完整、统一,也必不是假。"超越真假"、"并非'非真即假'"的,是什么神奇事物?既非真又非假的东西是不存在的,没有任何客观事物能够"超越真假"。"半真半假"的"复合体"当然有,但那只是一个真假参半的混合物(这不会是客观事物、事实,而只能是人们对客观事物、事实的认识,正确与错误并存的认识),真的那一半假不了,假的那一半真不了,根本不可能超越真假。在逻辑学上,就特定对象、特定语境而言,真与假是矛盾关系,而不是反对关系,不真不假、既真且假、超越真假的东西是没有的。"假作真时真亦假,真作假时假亦真",只是百态人世之中,那些翻手为云覆手为雨的人物制造的世事乱象,搞的以假乱真的把戏,但这并不会导致事实、事物本身真假的混乱和颠倒。人们常说,"真相总会大白天下",这倒不一定,但是,事情本身的真假并不因为是否被大白于天下而改变。

栗先生认为,"叙事成为真实故事的唯一版本","在没有原品的情况下,复制品就是原品;在没有复制品的情况下,模仿品就是原品";真相与娱乐故事没有两样,证据学中的叙事是事实认定主体通过文学技艺创造贯彻社会主流价值观和社会规则的过程。笔者以为,如果"叙事"本身再现了案件真相,当然是真实故事的唯一版本;如果没有展示案件真相,千百遍宣称"叙事成为真实故事的唯一版本"也没有用处,"谎言重复一千遍就是真理"绝不应当是我们的座右铭。

至于说,在没有原品(原始证据)的情况下,复制品、仿制品是不是

"就是原品"(即与原始证据具有同等的证明力),这要从两个方面来分析。一是,诉讼中的复制品、仿制品的证据资格和证明力问题。这在证据规则上是有规定的,如2012年12月20日公布的最高人民法院《关于适用〈中华人民共和国刑事诉讼法〉的解释》就规定:据以定案的物证、书证应当是原物、原件;原物不便搬运,不易保存等情况下,可以拍摄、制作足以反映原物外形和特征的照片、录像、复制品,物证的照片、录像、复制品,经与原物核对无误、经鉴定为真实或者以其他方式确认为真实的,可以作为定案的根据,不能反映原物的外形和特征的,不得作为定案的根据;取得原件确有困难的,可以使用副本、复制件,书证副本、复制件经与原件核对无误、经鉴定为真实或者以其他方式确认为真实的,可以作为定案的根据,有更改或者更改迹象不能作出合理解释,或者副本、复制件不能反映原件及其内容的,不得作为定案的根据;物证的照片、录像、复制品或者书证的副本、复制件是否与原物、原件相符,是否由二人以上制作,有无制作人关于制作过程以及原物、原件存放于何处的文字说明和签名,是审查的重点;根据这些规定,符合法理要求的复制品和仿制品具有和原品一样的证据价值和证明力,但永远不是原品。二是,在社会生活中,笼统宣称"在没有原品的情况下,复制品就是原品;在没有复制品的情况下,模仿品就是原品",显然不正确,"没有原品"就是"没有原品",不可能在没有原品的情况下,复制品、仿制品通通都是"原品"了——文物市场里面充斥着"复制品、仿制品、赝品都是原品"的强盗逻辑和欺诈把戏,可这是文物贩子、骗子的坑人逻辑,法庭里面的诉讼和事实证明,必须拒斥这套逻辑。

证据学中的"叙事"是事实认定主体"通过文学技艺创造贯彻社会主流价值观和社会规则的过程",这话似曾相识,而且让我警觉和忧虑。

笔者想起维辛斯基的著名论断:"在关于证据的学说里,基本的东西就是判断证据的原则和方法,是判决证据所依据的一种标准。这种标准归根到底就是阶级利益,法院和诉讼程序就是为了保护这种利益而存在的。"维辛斯基还认为,"不应当忘记,每一诉讼案件一般地都是阶级斗争的案件,在那里起作用的是自己的逻辑,这个逻辑永远不符合而且完全不符合从事抽象因素的书本上的逻辑。"①对于这样的论断,国内早有学者批评指出:"为某种客观事实而存在的证据,虽不能说与阶级斗争完全无关,但要说它本身具有阶级性是很勉强的。证据的两大类中,物证不具有阶级性是显而易见的,人证是人对客观事实内容的陈述,难免有些倾向性,但并非一切倾向性都有阶级性。因为即使讼案本身也并不是都具有阶级性,何况证据呢?与其说证据具有阶级性,毋宁说它有社会性较妥,而这二者是不能划等号的。"②

在社会矛盾比较突出和复杂的今日之中国,如果诉讼证明就是一场"叙事",这个叙事就是法官"通过文学性技艺创造贯彻社会主流价值观和社会规则的过程",那么,其一,诉讼究竟是"文艺性创造"的过程还是对既有纷争在查明事实基础上适用的法律过程?其二,"社会主流价值观和社会规则"究竟何指,是既有的国家意识形态、道德、宪法、法律规范,还是一些媒体渲染的"帝王思想"、"富豪意识"、"特殊利益集团价值观"以及它们所主张的"权贵规则"、"拜物教"、"奢靡风尚",以及"权力金钱美色市场化规则",或者是现在社会大众普遍希望的继续改革、实现社会公平正义、改革政治体制、推进民主法治、扫除特权、腐败与特殊利益集团的联姻?其三,如果叙事和证据就是法官贯彻"社会主流价值观和社会规则"的过程,证据难道不就直接成为贯彻这个价值观和规则的工具,法官难道不会为了贯彻这个价值观和规则而可以抛开诉讼法、证据法而恣意妄为?进而言之,现实中某些法官的恣

---

① 转引自王希仁:《评维辛斯基的证据观》,《法学》1986年第10期。
② 王希仁:《评维辛斯基的证据观》,《法学》1986年第10期。

意行为,岂不就这样"正当化"了? 其四,法官不只是贯彻社会主流价值和社会规则,而且创造它们,问题是,我们要在理论上承认或赋予法官多大的创造权力,允许他们创造哪些社会价值和规则? 在我国大陆,从中央到地方的司法机关,不管有权无权,都对立法规范进行解释、创造成文或不成文的规则,搞得法制不统一,法律无权威,为什么赋予法官"通过文学性技艺创造社会主流价值观和社会规则"的权力? 即便法官有权创造主流价值观和社会规则,也不应该使用"文学性技艺"这个工具和手法,毕竟,这不能够作为立法、制定司法解释的方法,更不能成为社会统治、治理、管理的方法。

(五)法官的使命是创造"合理的故事"

> 合理的故事并无统一的标准,它可能仅指一个体系编排良好的故事,即它的内部结构和连贯性良好;或者是它对听众具有普适性或者它能够使听众产生共鸣进而赢得同情;或者使自我在故事中的角色合理性或是妙趣横生、扣人心弦、不落俗套;或者仅仅因为它可信。于是就可能出现这样的荒唐局面:某个故事版本被否定了仅仅因为它的结局是反叙事常规的、不精彩的或者说不是让人难以忘怀的,但这个故事版本却是真实的。在刑事案件中,叙事带来的常见副作用就是事实的裁判者所信奉的故事版本仅仅因为它暗示了罪行已经判决或者因为事件的另一版本似乎在某种程度上具有危险性,让人感到良心上的不安。

按照这些看法,法官的使命不是查明"真实案情",而是创造"合理的故事",而且是没有统一标准、只是编排良好、妙趣横生、扣人心弦、不落俗套,能让听众共鸣、同情和觉得可信的故事,甚至,叙事者自我在故事里也有合理角色,但栗先生又明显意识到后现代"叙事"可能导致

"荒唐局面"：不符合"叙事"规则、不精彩但"真实的故事版本"被否定。

法官的使命不可能是创造"合理的"、"编排良好的"故事，法官的职责也不是按照后现代的理路去搞"叙事"，法官查明的案件事实主要也不在于它是不是"妙趣横生、扣人心弦、不落俗套"、"产生共鸣进而赢得同情"的"故事"，尽管法官裁判的事实也可能真相不彰，错误认定了事实，但这和"叙事"导致的荒唐局面无关，而与证据的数量、质量，与事实证明过程的品质，以及法官的素质、能力和公正性等有关。迄今为止的传统或现代的诉讼制度、证明制度，不是后现代证据哲学的理论产物，也没有按照那种理论去广泛运作。传统或现代的证明制度并不万能，也产生了一些错误的事实认定，但不会整体性地产生那种"荒唐局面"。有可能导致整体性的荒唐局面的，只能是以追求"文艺创造"、编排故事和建构"叙事"为己任的后现代证据哲学。

栗峥说，刑事案件中"叙事"的副作用是"事实的裁判者所信奉的故事版本仅仅因为它暗示了罪行已经判决或者因为事件的另一版本似乎在某种程度上具有危险性，让人感到良心上的不安"，这话语句不通，怎么都难以理解。

叙事的副作用是，哪个故事版本"暗示了"被告人有罪，法官就选择那个版本，对被告人定罪处罚，是不是这意思？我们知道，在刑事审判实践中，除了枉法裁判等情况，通常、正常的情况下，法官认定事实不是选择故事版本，更不是因为某个故事版本暗示了被告人犯罪，法官就选择它。证据是否确实、充分地证明犯罪事实，犯罪事实是否确实、清楚，这才是法官选择对被告人定罪、量刑的根据，否则，法官应当判决被告人无罪，这里没有什么"副作用"可言。倘若法官真的把无辜者判决有罪，枉法裁判，或者有罪推定，这才是"副作用"，但这其实不是叙事的副作用。

"事实的裁判者所信奉的故事版本……因为事件的另一版本似乎

在某种程度上具有危险性,让人感到良心上的不安"。这话实在难以理解。难道是说,法官选择了某个故事版本,是因为另外的故事版本具有危险性,让人良心不安,即被法官选择的叙事版本不具有危险性,能够让人良心安宁,我们猜都没法猜。也许栗先生想说,叙事的副作用还在于,法官在两个以上的故事版本中,会选择一个没有危险性、让人良心安宁的版本。可是,有危险性的版本和没有危险性的版本各是什么?让人良心安宁或不安的事由各是什么?

照理说,在刑事审判中,有"危险性"的版本、让办案人员良心不安的叙事,就是颠倒黑白、是非不分、故枉故纵、草菅人命的叙事,用现代刑事法律的语言说,就是证据不足、事实不清、践踏人权、违反刑事实体法和程序法的"叙事版本";相反,一切尊重人权、尊重法律、严格依法办案的案件,一切证据确实充分、事实清楚、适用法律正确的案件,一切文明执法、秉公办理的案件,都没有危险性,办案者都可以问心无愧、心安理得。如果法官毫不犹豫地选择了"没有危险性"、"良心安宁"的叙事版本,这哪里是"叙事"的"副作用"呢,这样的叙事哪里会有副作用呢?

(六)"叙事"给发现真相带来困难

> 叙事将给真相的发现带来如下困难:悄然塞入不相关的事实;编造的或无根据的事实;通过影射来暗示事实;将注意力集中于行为人而非行动本身;诉诸于潜在的偏见或成见;用带有感情色彩的语言叙事;讲述可能使叙事人或受害人赢得同情,但与辩论无关的故事;运用尚存怀疑的类比;颠倒了律师对事实、法律和个人性情的分辨甚至事实和价值的区别;精彩的叙事常常战胜平淡无奇的真相。

我们看到,栗峥先生冷静客观地分析了"叙事"工具给证据学带来的威胁和困难。"叙事"作为证据学研究工具有如此众多、巨大甚至致命的威胁和困难——不相干的事实排挤案件事实,以影射暗示事实而非以证据证明事实,偏见、成见战胜事实,感情叙事代替客观事实,以对某方当事人的同情主导或取代事实认定,使人颠倒事实、法律,总之,叙事常常使"精彩叙事战胜平淡真相",它还能够作为证据学的研究工具?"将叙事引入到证据学是证据学研究工具上的一次重大革命",又从何说起?

(七) 试图区别"叙事"与"虚构故事"

在证据学的叙事中,存在多大层面上的虚构不仅仅是一个事关文本流畅与否的问题,而是事关道德的大事。保守的证据观念认为,如果科学证据要转变成为真正的科学就必须杜绝把讲故事作为其研究对象,而致力于开发那些支配事实发现的规律与方法;将故事逐出事实之外是证据学科学化的第一步。叙事观并非把案件事实与虚构的故事混为一谈,它能够清楚地区分实在的与虚假的,只是它认为那并不是核心问题之所在,最重要的关注点应集中于如何找到一条研究路径,使实际审判中的各方均得到关于事实问题的满意答复,甚至使理论界也无可厚非。完成这项任务需要一个对现存疑问问题更为宽容的思考视野,也就是说叙事观并非看不出虚假与错误,而是宽容了虚假与错误;它意识到如果不宽容它们,真实完整的事实就不可能得到真正的建立。

我完全赞同栗峥先生这些看法:司法证明中,虚构"事实"是事关道德(和法律)的大事;证据学要成为真正的科学,"就必须杜绝把'讲故事'作为其研究对象(和方法),致力于开发那些支配事实发现的规律与方法;将'故事'逐出事实之外是证据学科学化的第一步"。遗憾的是,这些观点与《超越事实》的基本观点严重冲突。

虽然栗峥先生认为,"叙事观并非把案件事实与虚构的故事混为一谈,它能够清楚地区分实在的与虚假的",但从《超越事实》全书看,这只是栗先生的星星点点的正确观点,并且后现代证据哲学无法在整体上支持这些看法。相反,"叙事"完全可能把案件事实与虚构故事混为一谈,不能清楚地区分真实与虚假的案情——栗先生阐释的叙事会给发现真相会带来的种种困难,就是明证。何况,后现代根本不认为"区分真实与虚假"是"核心问题之所在",它强调的恰是对现存疑问"更为宽容的思考","宽容虚假与错误",由此才能建立"真实完整的事实"(笔者不明白,"宽容虚假与错误"才能、就能建立"真实完整的事实",这是哪里的经验和逻辑)。这样,后现代证据哲学既不能逐出虚构、故事、叙事、修辞之类,也不能使证据理论科学化。

(八)"叙事"的功能和使命

> 叙事所做的是检验一些证据对真实事实的建构能力,将叙事看成证明领域的救世主并不现实,但它能够完成从质朴的生活真实向深邃的证据法哲学靠近的理想。

栗峥先生把"叙事"功能定位为"检验"证据建构事实的能力,这可是一个新问题。此前,栗先生一直是把叙事、修辞作为研究证据学的"新工具"引入到证据学中的,也一直是把叙事看作是司法证明的活动方式和内容,叙事还是证据事实、案件事实展现的路径,这里又成为检验证据建构事实的能力(证据的证明力)的工具。由于栗先生并未就此深究,我也不多置评。

《超越事实》告诉我们:叙事"能够完成从质朴的生活真实向深邃的证据法哲学靠近的理想",尽管它不可能成为"证明领域的救世主"。

我想，证明领域没有那么深重、奇特的灾难，需要后现代叙事来当救世主，即使有特别重大、怪异的灾难，也不会请"叙事"来做救世主，世界上从来就没有救世主。

后现代证据哲学是不是"深邃"，我不置评。我只在乎每种哲学，包括证据哲学，是不是朴实、通俗、平易地传达了正确的道理，称其为真理也未尝不可。如果名曰"深邃"的证据法哲学，却符合常情常理、符合司法证明实践的东西很少，没有它更好。

后现代"叙事"很难在证据学领域取得一席之地。在司法证明实践中，质朴的生活真实就是我们追寻的目标，它不应当、也无须并且不可能向"深邃的证据法哲学靠近"，情况应当倒过来，即不论"深邃"还是质朴的证据法哲学，需要时时刻刻向朴实的生活真实靠近、学习，真正认识生活，提炼日新月异的生活事理，这才是理论探索和创新的正确道路。

后现代主义欣赏"事实创造了裁判者，裁判者又创造着事实"，把证据在传统证明理论中的统治地位推翻，"使证据走下神坛"，信奉"证据只是一种符号，而事实则是对于这种符号的一种解读，裁判者既是这出戏的编剧和导演又是这出戏的主演，原先立法者所赋予的证据的王位应当让与裁判者，以此来还原证明过程原本具有的灵性"。[①]

这是后现代证据哲学的玫瑰色的大梦——我们看到后现代所拥立的另一个独裁之王，即事实裁判者。这里，裁判者就是事实，事实就是裁判者，裁判者和事实相互创造、互为冠冕，水乳交融！证据不再是认定事实根据之王，其地位让给了裁判者，并沦落为裁判者任意解读的符号和创造"事实"工具，裁判者集事实证明的编剧、导演和主演于一身，这样的

---

① 参见栗峥：《超越事实——多重视角的后现代证据哲学》，法律出版社 2007 年，第 214 页。

诉讼证明过程,裁判者当然有万般"灵性"。只怕是,这灵性可能要用毁灭真相、胡乱剥夺他人名誉、财产和自由,乃至用他人性命去祭祀。

栗先生追问:自启蒙运动以来,人们对理性主义在证据学王座的挑战就从未间断过,但提出挑战的都不是证据学者。栗峥先生对此解释说,"这或许是证据学者担心理性主义王位的崩溃将令自己的职业生涯岌岌可危",他提醒证据学者:你们的"神圣职责应当着眼于探索出事实求证的最佳方案,以保证我们在对人性不信任的前提下,以最低的成本获得令我们满意的事实真相"。①

其实,证据学者一直致力于探索事实证明的最佳方案,他们希望,在他们想方设法以科学、理性和务实、真诚来求索司法证明的最佳方案、追寻令人满意的事实真相的过程中,不要遭到各种似是而非的理论的干扰。至于证据学者为什么没有挑战理性主义在证据学中的"王位",栗峥的解释是"证据学者担心理性主义王位的崩溃将令自己的职业生涯岌岌可危",好像证据学者都目光短浅、心胸狭窄和势利透顶。其实,证据学者从不担心理性主义在诸如后现代证据哲学的挑战面前会"逊位",也不会忧虑自己的职业生涯,因为,悠久历史展示的朴实道理表明:人类的司法证明离不开科学和理性,否则不会发展到当代的模样,神明裁判终究只是诉讼文明不发达的产物,是司法证明的理性手段不足的辅助物,理性、科学的事实证明方法和机制必将长存、更加发达;只要还有诉讼活动,以理性和科学为基础的司法证明就会"灿烂、鲜活地存在着",证据学者的内心世界活跃而光明。

好在,栗峥先生没有忘却:"过去发生的事实是那么自然地发生,毫无虚假和造作","过去事实是真实发生的,不是虚假的,它向一个将

---

① 参见栗峥:《超越事实——多重视角的后现代证据哲学》,法律出版社 2007 年,第233—234 页。

来的叙述者呈现自身的形式应是被发现的而不是被建构的"。栗先生应该是在真诚呼唤吧!"在证据学的叙事中,存在多大层面上的虚构不仅仅是一个事关文本流畅与否的问题,而是事关道德的大事。"只是可惜,这样寥寥无几的文字湮没在后现代证据哲学的"宏大理论叙事"中;而且,过去自然发生、没有虚假和造作的事实,客观存在的案件事实,既不是栗先生后现代证据理论的"前提",也不中枢,更不是一以贯之的理论主线。

最后,回过来再问,"超越事实",究竟有谁或是什么能够或已经超越事实?怎么超越了?超越了事实之后,又是什么呢,怎么样呢?叙事和故事"超越了"事实么?"超越事实"后就成了叙事和故事吗?

仔细瞧瞧,《超越事实》接近末了的地方,留给我们这样的文字:

尽管"无论我们怎样定位后现代证据学,它的价值与意义都是不容低估的",但是,"也许在经历了话语狂欢之后,后现代主义思潮会自我销声匿迹"。①

---

① 参见栗峥:《超越事实——多重视角的后现代证据哲学》,法律出版社2007年,第234页。

结语　事实证明理论需要返璞归真

回顾这二十多来年诉讼证明研究的历史，证据学、证据法学和证明哲学，即整个诉讼证明的技术、程序和基础理念，它们的进步或者混乱，其实始终围绕着三个相互关联的根本问题而展开：

第一，研究的目标和价值是什么？

第二，研究的对象和内容究竟什么？

第三，指导证据学、证据法学和证明哲学研究的哲学理念应当是什么？

对第一个问题，研究目标和价值，我们分明看到，传统的证据学或证据法学，司法证明的基本理念，大体上是根据切实解决诉讼证明的实践需要作为理论研究出发点和目标的，包括如何使诉讼证明法制化（后来的理念是法治化）、证明程序具体化、证明技术与手段科学化，从而实现提高诉讼证明效率和司法正义等目的和价值。这个传统一直延续下来，当今不少学者仍然坚守如故，而且他们的学术从来都在与时俱进之中。

诉讼证明是最为直观和具体的活动，它自身蕴涵的学问需要学者潜心考究，由不得书斋中的学人谱写"事实证明狂想曲"——即使像"法律真实"论那样，能够一时影响（更可能是误导）司法证明实践，但终究实践会逐渐远离它，即如我国最高司法机关，曾经郑重其事地以"法律真实"为"证明标准"，后来也不得不回归尊重客观事实，做到案结事了，使司法审判能够真正起到"定纷止争"的作用。

对第二个问题,证据学、证据法学和司法证明哲学等等,究竟是研究真实的社会纠纷,特别是那些已经形成诉讼争点的案件纠纷,那些具体纠纷的真实内容和有效的司法证明之道,还是研究从"哲学层次的事实概念"到语言中的"事实",然后再到抽象的"案件纠纷",远离真正的案件纷争事实,远离司法证明实践活动,这是两条截然相反的路径。

第三个问题,只要厘清这些年云雾缭绕的证据法学基础理论或证明哲学之争,我们能够发现,其实就是辩证唯物主义认识论究竟能否继续担当证据学、证据法学和司法证明哲学研究的指导思想的角色。

在这一点上,笔者不得不说,近十多二十年来,一些人借程序正义诸"现代刑事诉讼价值"(笔者并不否定这些价值),以证明标准之争为名,以论证"法律真实"为平台,力图以几种现代西方哲学观点取代辩证唯物主义认识论,具体表现在:对"实事求是"的诉讼证明指导思想、立场和态度,对"客观真实"的证明要求,强加种种莫须有的"问题",强词夺理,不顾事实和逻辑;对立足于唯心主义的语言哲学、实用主义和后现代主义,对不同程度怀疑主义、相对主义,以哗众取宠、罔顾逻辑的论证方式,大加赞赏,捧上天际;把建立在罗素—维特根斯坦(后来还有马尔库塞等学者)的语言哲学基础上的"事实论",作为立论基点,奉为圭臬;然后端出以"法律真实"为主要名称的实际上是以怀疑主义、相对主义、实用主义等为哲学基础的诉讼证明理论,这些理论缺乏对司法证明实践的真实关照,甚至撞击着司法证明的基本制度、理论和实践底线,将事实真相攥出司法证明的殿堂,人们在那里将不可能再以真相(之名或实)为基准而诉求司法正义。

司法证明即使打上"哲学"印记,也绝不能够走一条"事实概念的演绎"之路。证据学、证据法学是不能"哲学化"的,不是、也不能是简单地把这种或那种哲学的基本范畴、逻辑体系和方法套进司法证明之中凑合成的学说。笔者在前文已经详尽揭示:在我国的证据法学理论和司法证明哲学研究上,从罗素—维特根斯坦到彭漪涟那一条语言哲学、"事实"理论的道路,以及后现代证据哲学之路,是需要接受更多理论论辩和实践检验的理论路径;简单地把辩证唯物的可知论和实事求是等司法证明指导思想,列入司法证明的实践要求之中,写入证据法学的文章里,作用也不大。只有把辩证唯物的可知论在司法证明实践中的具体实现方式,把实事求是的证明要求在司法证明过程中的具体运作机制揭示出来,特别是它们与诉讼证明的技术、程序和规则的结合方式弄清楚,才能够正确阐明辩证唯物认识论、实事求是、客观真实在证据法学和司法证明哲学中的意义。

证据学和证据法学必须立足于真实的社会纷争,真实的案情内容和结构,立足于真实的诉讼活动,真实的证明过程、技术和规范,不能够天马行空般"构思"事实证明理论体系,提出与司法证明实践相去万里的"创新型理论和学说"。证据学和证据法学必须面向司法证明实践,回应实践需要,解决司法证明中的实际问题,使司法实务人士在诉讼证明活动中,有清晰、理性、统一、科学的司法证明理念、技术,而不是搅乱他们的思绪,摧毁司法理性,把纷纷扰扰的奇谈怪论"奉献给"司法系统,甚而为司法腐败制造说辞,提供陈腐的"新观念"、"新理论"。

司法证明哲学只能对司法证明实践、对证据学和证据法学中的基础理论进行宏观层面的理性反思,它是借哲学的世界观、价值观和方法论,对司法证明实践自身的规律进行的总结,是证据、事实证明、证明规则的共同的基础理论,但它不是"哲学",也不是哲学向司法证明领域的自然延伸,更不是几个哲学家或者证据(法)学家想换一换自己的"研究方向",搞一点"边缘"或"交叉"学科,搞一个"创新理论",就把自己信奉、熟悉的那一套哲学或者证据法学的范畴、语言、逻辑体系带入司法证明或者哲学之中,在那里漫无边际、自以为是地"研究"起司法证明"哲学"或"司法证明"哲学来。

司法证明哲学的真理在哪里？它不一定在大腕新秀的书斋和文章里，也不一定在专家学者的讲堂里，它在司法证明的实践中，它在纷争事实证明的过程里。谁能够尊重这种实践和过程，谁就能够窥见到司法证明哲学的些许真谛。

现在，司法证明基本理论及其研究的问题主要在哪里？

问题当然不在哲学里（不是说哲学领域没有问题），尤其不在辩证唯物主义和唯物辩证法里面。问题在于，半截证据法学者和半截哲学家，他们把证据法领域的事实，拿到哲学的场域显摆，或者把哲学场域的"事实"，机械地拿到司法证明的"剧场"吆喝。何况，并不是任何哲学学说都同样是真理，任何哲学方法都科学，而一些自以为掌握了"哲学语言"的诉讼法、证据法学者太急于拔高自己的观点，增加著述的理论"深度"，糊弄出一些"新概念"，标榜为新理论，远离常识和起码的科学知识，远离诉讼当事人的幸运或不幸的经历，远离人们对司法公正的真切期盼，远离活生生的司法证明实践，缺乏"一枝一叶总关情"的社会责任感和学术道义感，结果正如边沁所说："玄奥有余，教益不足"。①

证据（法）学是经验科学，是需要思辨但不能是纯粹思辨的科学。在证据和证据法、司法证明和裁判领域，事实证明的知识和理论是应用性、实用性知识和理论，哲学方法论、认识论对司法证明有影响，但事实证明的知识和理论本身不是也不应当是哲学学说，更不是深奥的玄学。事实证明理论和司法证明哲学天然地与可知论一致，需要可知论来指导，天然地与不可知论和它的"柔性变种"怀疑主义相互排斥，而语言哲学、后现代哲学等，是经过修饰的不可知论或怀疑论。

在这个十分浮躁和利益驱动强烈的时代，在盛产玄思妙想、华丽辞藻、奇谈怪论以博得功名利禄的时代，理论创新不是"敢想、敢说、敢

---

① 边沁：《道德与立法原理导论》，时殷弘译，商务印书馆2000年，第34页。

写"就实现得了的。以为只要"想得到"、"想得出","敢于写",不论什么观点和理论,不论基于什么理由和根据,都是创新,那就大错特错了。特别是,如果只是简单地借用几张"西学"的皮,抬出几个西方哲学、法理学、证据法学的名流和他们的"理论流派",摘出他们的几句名言,仅为装饰门面而添加上几种洋文注释,就在他们创立的新颖词汇和视角之下,自我发挥、恣意妄言,这绝不是真正的理论创新,更不是理论研究的"国际视野"和理论成就的"国际水准"。笔者希望,事实证明理论,司法证明哲学,都需要回归到各国、各民族的朴实、真切的诉讼证明实践过程之中,尊重起码的案件实际情况,尊重理性与逻辑,打破怀疑主义和不可知论的迷思。

司法证明理论需要回归和关切案件事实证明的问题语境,需要回归和关切司法证明实践的经验和需要,需要回归和关切案件当事人和社会公众对事实真相和司法公正的基本认知和普遍期待,还需回归和传扬真诚、质朴的学风和文风。

诚如是,幸甚至哉!

参考文献

一、中文论文

1. 吴家麟:《论证据的主观性和客观性》,《法学研究》1981年第6期。
2. 杨荣新:《试谈民事诉讼法的中国特色》,《中国政法大学学报》1983年第4期。
3. 黄道:《论刑事案件的证明程度》,《政治与法律》1986年第2期。
4. 王希仁:《评维辛斯基的证据观》,《法学》1986年第10期。
5. 左卫民:《实体真实、价值观和诉讼程序》,《四川大学学报(哲学社会科学版)》1991年第4期。
6. 郭玉元:《论强化当事人举证责任——兼论民事诉讼证据制度的完善》,《法治论丛》1993年第5期。
7. 黄道、陈浩铨:《刑事证据理论的认识论基础》,《政法论坛(中国政法大学学报)》1994年第1期。
8. 李浩:《差别证明要求与优势证据证明要求》,《法学研究》1995年第5期。
9. 韩象乾:《民、刑事诉讼证明标准比较论》,《政法论坛》1996年第2期。
10. 龙宗智:《我国刑事诉讼的证明标准》,《法学研究》1996年第6期。
11. 陶渝苏:《证据与理由的索取——论怀疑主义与西方理性主义传统的源流关系》,《贵州社会科学》1996年第6期。
12. 樊崇义:《我的结论是"法律真实"》,《中国律师》1996年第7期。
13. 王圣扬:《论诉讼证明标准的二元制》,《中国法学》1999年第3期。
14. 张中:《论刑事诉讼的证明标准》,《山东法学》1999年第6期。
15. 毕玉谦:《证明标准研究》,载于《诉讼法论丛》第三卷,法律出版社1999年。
16. 樊崇义:《客观真实管见——兼论刑事诉讼证明标准》,《中国法学》2000年第1期。
17. 樊崇义、锁正杰、吴宏耀、陈永生:《刑事证据前沿问题研究》,载于何家弘主编《证据学论坛》第一卷,中国检察出版社2000年。

18. 熊志海:《诉讼证明的客观标准与主观标准》,《现代法学》2000 年第 5 期。
19. 汤维建:《关于证据属性的若干思考和讨论——以证据的客观性为中心》,《政法论坛》2000 年第 6 期。
20. 陈光中、陈海光、魏晓娜:《刑事证据制度与认识论——兼与误区论、法律真实论、相对真实论商榷》,《中国法学》2001 年第 1 期。
21. 陈瑞华:《从认识论走向价值论——证据法理论基础的反思与重构》,《法学》2001 年第 1 期。
22. 陈卫东、刘计划:《关于完善我国刑事证明标准体系的若干思考》,《法律科学》2001 年第 3 期。
23. 张晋红、易萍明:《证据的客观性特征质疑》,《法律科学》2001 年第 4 期。
24. 张继成:《事实、命题与证据》,《中国社会科学》2001 年第 5 期。
25. 何家弘:《论司法证明的目的和标准——兼论司法证明的基本概念和范畴》,《法学研究》2001 年第 6 期。
26. 刘金友:《客观真实与内心确信——谈我国诉讼证明的标准》,《政法论坛》2001 年第 6 期。
27. 张卫平:《证明责任倒置辨析》,《人民司法》2001 年第 8 期。
28. 王勇:《事实重构与英美法中的陪审团制度》,《人大研究》2001 年第 8 期。
29. 高一飞:《法律真实说与客观真实说:误解中的对立》,《法学》2001 年第 11 期。
30. 龙宗智:《"确定无疑"——我国刑事诉讼的证明标准》,《法学》2001 年第 11 期。
31. 张建伟:《证据法学的理论基础》,《现代法学》2002 年第 2 期。
32. 张继成、杨宗辉:《对"法律真实"证明标准的质疑》,《法学研究》2002 年第 4 期。
33. 刘金友《证明标准之我见》,载陈光中、江伟主编《诉讼法论丛》第 7 卷,法律出版社 2002 年。
34. 熊志海:《论证据的本质》,《现代法学》2002 年第 4 期。
35. 张志铭:《裁判中的事实认知》,载王敏远编《公法》(第四卷),法律出版社 2003 年。
36. 裴苍龄:《也论事实、命题与证据》,《中国刑事法杂志》2003 年第 3 期。
37. 林劲松、朱珏:《标准之争,抑或观念之争?——对"客观真实论"和"法律真实论"之争的冷思考》,《甘肃政法学院学报》2003 年第 4 期。
38. 王敏远:《一个谬误、两句废话、三种学说》,载于王敏远编《公法》第四卷,法律出版社 2003 年。
39. 张卫平:《证明标准建构的乌托邦》,《法学研究》2003 年第 4 期。
40. 刘田玉:《论"法律真实"的合理性及其意义》,《法学家》2003 年第 5 期。
41. 裴苍龄:《论实质真实》,载陈光中、江伟主编《诉讼法论丛》第 8 卷,法律出版社 2003 年。
42. 锁正杰:《证明标准理论及其法律规定》,《人民警察》2003 年第 5 期。
43. 易延友:《证据法学的理论基础——以裁判事实的可接受性为中心》,《法学研究》2004 年第 1 期。
44. 龙宗智:《印证与自由心证——我国刑事诉讼证明模式》,《法学研究》2004 年第 2 期。
45. 李浩:《论法律中的真实——以民事诉讼为例》,《法制与社会发展》2004 年第 3 期。
46. 张建伟:《认识相对主义与诉讼的竞技化》,《法学研究》2004 年第 4 期。
47. 裴苍龄:《从实质证据观到实质真实标准》,《中国刑事法杂志》2004 年第 6 期。
48. 何家弘:《司法证明标准与乌托邦——答刘金友兼与张卫平、王敏远商榷》,《法学研究》2004 年第 6 期。
49. 何家弘:《对法定证据制度的再认识与证据采信标准的规范化》,《中国法学》2005 年第 3 期。
50. 张建伟:《证明标准研究中的模糊视阈》,《政法论坛》2005 年第 6 期。
51. 李奋飞:《对"客观真实观"的几点批评》,《政法论丛》2006 年第 3 期。
52. 张建伟:《从积极到消极的实质真实发现主义》,《中国法学》2006 年第 4 期。
53. 龙宗智:《"大证据学"的构建及其学理》,《法学研究》2006 年第 5 期。
54. 史立梅:《论诉讼真实的属性、标准及其认可》,《法学论坛》2006 年第 6 期。
55. 陈咏梅:《关于证据客观属性的再思考》,《政法学刊》2007 年第 3 期。
56. 李浩:《实体公正与程序公正:偏差与回归——以民事诉讼为视角的思考》,《人民法院报》2008 年 7 月 15 日第 5 版。
57. 徐昕:《程序、实体及程序正义的限度》,《人民法院报》2008 年 7 月 15 日第 5 版。
58. 罗纳德·J.艾伦:《真相及其敌人》,吴洪淇译,《研究生法学》2008 年第 5 期。
59. 张继成:《可能生活的证成与接受——司法判决可接受性的规范研究》,《法学研究》2008 年第 5 期。
60. 向朝霞:《论司法裁判的社会可接受性》,《太原师范学院学报(社会科学版)》2008 年第 1 期。
61. 冯军、秦常胜:《影响刑事裁判可接受性的因素解读》,《中国刑事法杂志》2008 年第 7 期。
62. 陈光中、李玉华、陈学权:《诉讼真实与证明标准改革》,《政法论坛》2009 年第 2 期。
63. 陈景辉:《裁判可接受性概念的反省》,《法学研究》2009 年第 4 期。
64. 陈增宝:《法官应着力提高判决的可接受性——以法律心理学为视角的探讨》,《法治研究》2009 年第 7 期。
65. 张芬:《民事证据制度中的"法定"与"裁量"——以举证责任分配为视角》,《现代经济信息》2009 年第 16 期。
66. 刘召:《刑事司法裁量权的理论反思——以刑事裁判的可接受性为视角》,《经济研究导刊》2009 年第 23 期。
67. 杨波:《由"真实"到"程序内的共识"——刑事诉讼事实认定标准理论的新展开》,《法制与社会发展》2010 年第 4 期。
68. 孙光宁:《司法共识如何形成——基于判决的可接受性》,《山东大学学报(哲学社会科学版)》2010 年第 1 期。
69. 李勇:《客观真实与法律真实之争殊无必要》,《检察日报》2011 年 3 月 16 日第 3 版。
70. 张永泉:《客观真实价值观是证据制度的灵魂——对法律真实观的反思》,《法学评论》2012 年第 1 期。
71. 杨建军,《论法律事实》,山东大学 2006 届博士学位论文。
72. 朴永刚,《案件事实真实性研究》,吉林大学 2006 届博士学位论文。
73. 刘田玉:《诉讼真实观的演变及其程序意义——关于事实和裁判关系的思考》,中国政法大学 2005 年博士论文。
74. 陈金木:《判决可接受性的实证研究》,中国政法大学 2006 年博士论文。
75. 刘召:《刑事裁判的可接受性研究》,中国政法大学 2007 年博士论文。
76. 欧明生:《"证据确凿"是诉讼证明的唯一标准》,西南政法大学 2007 年硕士学位论文。

二、中文专著

1. 孙长永、黄维智、赖早兴:《刑事证明责任制度研究》,中国法制出版社 2009 年。
2. 何家弘:《虚拟的真实:证据学讲堂录》,中国人民公安大学出版社 2009 年。

3. 甄贞:《刑事诉讼法学研究综述》,法律出版社 2002 年。
4. 卞建林:《刑事证明理论》,中国人民公安大学出版社 2004 年。
5. 林辉煌:《论证据排除——美国法之理论与实务》,北京大学出版社 2006 年。
6. 杨宇冠:《非法证据排除规则研究》,中国人民公安大学出版社 2002 年。
7. 何家弘:《证人制度研究》,人民法院出版社 2004 年。
8. 孙长永:《英国 2003 年〈刑事审判法〉及释义》,法律出版社 2005 年。
9. 周湘雄:《英美专家证人制度研究》,中国检察出版社 2006 年。
10. 樊崇义:《刑事诉讼法学研究综述与评价》,中国政法大学出版社 1991 年。
11. 张丽云:《刑事错案与七种证据》,中国法制出版社 2009 年。
12. 赵光武:《后现代主义哲学述评》,西苑出版社 2000 年。
13. 何家弘:《证据法学研究》,中国人民大学出版社 2007 年。
14. 张保生:《〈人民法院统一证据规定〉司法解释建议稿及论证》,中国政法大学出版社 2008 年。
15. 栗峥:《超越事实》,法律出版社 2007 年。
16. 何家弘:《从应然到实然——证据法学探究》,中国法制出版社 2008 年。
17. 林钰雄:《严格证明与刑事证据》,法律出版社 2008 年。
18. 宋英辉、汤维建:《证据法学研究述评》,中国人民公安大学出版社 2006 年。
19. 杨良宜、杨大明:《国际商务游戏规则:英美证据法》,法律出版社 2002 年。
20. 何家弘:《证据调查实用教程》,中国人民大学出版社 2000 年。
21. 龙宗智:《证据法的理念、制度与方法》,法律出版社 2008 年。
22. 刘昊阳:《诉讼证明科学》,中国人民公安大学出版社 2007 年。
23. 孙长永:《刑事诉讼证据与程序》,中国检察出版社 2003 年。
24. 何家弘:《证据的审查认定规则示例与释义》,人民法院出版社 2009 年。
25. 姚大志:《现代之后——20 世纪晚期西方哲学》,东方出版社 2000 年。
26. 刘善春、毕玉谦、郑旭:《诉讼证据规则研究》,中国法制出版社 2000 年。
27. 程春华:《民事证据法专论》,厦门大学出版社 2002 年。
28. 何家弘、南英:《刑事证据制度改革研究》,法律出版社 2003 年。
29. 何家弘等:《三人堂与群言录》,中国政法大学出版社 2006 年。
30. 陈刚:《证明责任法研究》,中国人民大学出版社 2000 年。
31. 刘为军:《刑事证据调查行为研究——以行为科学为视角》,中国政法大学出版社 2007 年。
32. 齐树洁:《英国证据法》,厦门大学出版社 2002 年。

33. 何家弘:《电子证据法研究》,法律出版社 2002 年。
34. 何家弘:《外国证据法》,法律出版社 2003 年。
35. 刘品新:《美国电子证据规则》,中国检察出版社 2004 年。
36. 刘金友:《证明标准研究》,中国政法大学出版社 2009 年。
37. 张建伟:《证据法要义》,北京大学出版社 2009 年。
38. 王敏远:《公法》(第四卷),法律出版社 2003 年。
39. 刘宇平:《品格证据规则研究》,四川人民出版社 2010 年。
40. 熊志海:《刑事证据研究》,法律出版社 2004 年。
41. 李琳:《证据方法的科学维度》,法律出版社 2010 年。
42. 卞建林、杨宇冠:《非法证据排除规则实证研究》,中国政法大学出版社 2012 年。
43. 蒋澧泉:《民刑诉讼准据法论》,中国政法大学出版社 2012 年。
44. 东吴大学法学院编:《证据法学》,中国政法大学出版社 2012 年。
45. 王进喜:《〈美国联邦证据规则〉(2011 年重塑版)条解》,中国法制出版社 2012 年。
46. 杜国栋:《证据的完整性》,中国政法大学出版社 2012 年。
47. 潘金贵:《证据法学》,法律出版社 2013 年。
48. 蒋铁初:《明清民事证据制度研究》,中国人民公安大学出版社 2008 年。
49. 陈重业:《折狱龟鉴补》,北京大学出版社 2006 年。
50. 张建伟:《司法竞技主义——英美诉讼传统与中国庭审方式》,北京大学出版社 2005 年。
51. 程燎原:《清末法政人的世界》,法律出版社 2003 年。
52. 罗鸿瑛:《简牍文书法制研究》,华夏文化艺术出版社 2001 年。
53. 郭成伟等:《清末民初刑诉法典化研究》,中国人民公安大学出版社 2006 年。
54. 张子培、陈光中等:《刑事证据理论》,群众出版社 1982 年。
55. 陈朴生:《刑事证据法》,三民书局 1977 年。
56. 金岳霖:《知识论(上下)》,商务印书馆 2004 年。
57. 曹建波:《知识与语境:当代西方知识论对怀疑主义难题的解答》,上海人民出版社 2009 年。
58. 丛杭清:《陈词证据研究》,人民出版社 2005 年。
59. 弓肇祥:《真理理论——对西方真理理论历史地批评地考察》,社会科学文献出版社 1999 年。

60. 闫晓君:《出土文献与古代司法检验史研究》,文物出版社 2005 年。
61. (宋)宋慈:《〈洗冤集录〉今释》,军事医学科学出版社 2008 年。
62. (宋)桂万荣:《棠阴比事选》,陈顺烈今译,群众出版社 1980 年。
63. (宋)郑克:《折狱龟鉴译注》,刘俊文今译,上海古籍出版社 1988 年。
64. (唐)张鷟:《龙筋凤髓判》,田涛、郭成伟校注,中国政法大学出版社 1996 年。

三、中译文专著

1. [美]齐硕姆:《知识论》,邹惟远、邹晓蕾译,生活·读书·新知三联书店 1988 年。
2. [英]维克托·塔德洛斯:《刑事责任论》,谭淦译,中国人民大学出版社 2009 年。
3. [美]科林·埃文斯:《证据:历史上最具争议的法医学案例》,毕小青译,三联书店 2007 年。
4. [美]米尔吉安·R. 达马斯卡:《比较法视野中的证据制度》,吴宏耀、魏晓娜等译,中国人民公安大学出版社 2006 年。
5. [英]理查德·梅:《刑事证据》,王丽、李贵方等译,法律出版社 2007 年。
6. [美]阿瑟·S. 奥布里、鲁道夫·R. 坎普托:《刑事审讯》,但彦铮、杜军等译,西南师范大学出版社 1998 年版。
7. [德]莱奥·罗森贝克:《证明责任论》,庄敬华译,中国法制出版社 2002 年。
8. [德]汉斯·普维庭:《现代证明责任问题》,吴越译,法律出版社 2000 年。
9. [美]米尔建·R. 达马斯卡:《漂移的证据法》,李学军、刘晓丹等译,中国政法大学出版社 2003 年。
10. [美]肯尼斯·R. 福斯特、彼得·W. 休伯:《对科学证据的认定——科学知识与联邦法院》,王增森译,法律出版社 2001 年。
11. [日]松冈正义:《民事证据论》,张知本译,中国政法大学出版社 2004 年。
12. [美]肯尼斯·S. 布荣、乔治·E. 狄克斯等:《麦考密克论证据》,汤维建等译,中国政法大学出版社 2004 年。
13. [美]罗纳德·J. 艾伦等:《证据法文本、问题和案例》,张保生、王进喜等译,高等教育出版社 2006 年。
14. [美]乔恩·R. 华尔兹:《刑事证据大全(第二版)》,何家弘等译,中国人民公安大学出版社 2004 年。
15. [德]阿图尔·考夫曼:《后现代法哲学——告别演讲》,米健译,法律出版社 2000 年。
16. [美]唐纳德·J. 布莱克:《法律的运作行为》,苏力、唐越译,中国政法大学出版社 2004 年。
17. [英]罗伯特·巴特莱特:《中世纪神判》,徐昕等译,浙江人民出版社 2007 年。
18. [苏]安·扬·维辛斯基:《苏维埃法律上的诉讼证据理论》,王之相译,法律出版社 1957 年。
19. [美]埃德蒙·M.摩根:《证据法之基本问题》,李学灯译,台湾世界书局 1982 年。
20. [奥]维特根斯坦:《逻辑哲学论》,贺绍甲译,商务印书馆 1996 年。
21. [美]波林·罗斯诺:《后现代主义与社会科学》,张国清译,上海译文出版社 1998 年。
22. [美]理查德·罗蒂:《真理与进步》,杨玉成译,华夏出版社 2003 年。
23. [美]弗兰西斯·威尔曼:《交叉询问的艺术》,周幸、陈意文译,红旗出版社 1999 年。
24. 何家弘、张卫平:《外国证据法选译》,上下及增补卷,人民法院出版社 2000、2002 年。
25. 熊志海等编译:《英国成文证据法》,中国法制出版社 2007 年。
26. [美]威廉·詹姆士:《实用主义》,陈羽伦、孙瑞禾译,商务印书馆 1979 年。
27. [英]波特兰·罗素:《逻辑与知识》,宛莉均译,商务印书馆 1996 年。
28. [英]波特兰·罗素:《人类的知识》,张金言译,商务印书馆 1983 年。
29. [英]波特兰·罗素:《西方哲学史》,何兆武、李约瑟译,商务印书馆 1963 年。
30. [英]边沁:《道德与立法原理导论》,时殷弘译,商务印书馆 2000 年。

四、英文著作

1. Ernest Bruncken; Layton B. Register, *Science of Legal Method*, The Boston Book Company 1917.
2. Mirjan R. Damaska, *Evidence Law Adrift*, Yale Uni. Press 1997.
3. Kenneth S. Broun, *McCormick on Evidence*, 6th Edition, West Publishing Co. 2006.
4. Edwin M. Borchard, *Convicting the Innocent*, Garden City, New York 1932.
5. Jay Robert Nash, *I Am Innocent*, DA CAPO, 2008.
6. Rosemary Pattenden, *Evidence Statutes*, Thomson Sweet & Maxwell, 2003.
7. Thomas J. Gardner & Terry M. Anderson, *Criminal Evidence Principles and Cases* (Third Edition), West Publishing Company 1995.
8. William Twining, *Rethinking Evidence: Exploratory Essays*, Basil Blackwell 1990.
9. Graham C. Lilly, *Principles of Evidence*, Thomson West 2006.

10. David Owen, *Hidden Evidence*, Firefly Books 2000.
11. Mueller Kirkpatrick, *Evidence*, Aspen Publishers 2003.
12. Jon R. Waltz Roger; C. Park, *Evidence-Cases and Materials*, Foundation Press 2005.
13. Steven L. Emanuel, *Evidence-Emaneul Law Outlines*, Wolters Kluwer 2007.
14. Charles Nesson, The Evidence or the Event? ON Judicial Proof and the Acceptability of Verdicts, 98 *Harv. L. Rev.*
15. Michael S. Moore, The Plain Truth about Legal Truth, *Harvard Journal of Law & Public Policy*, Winter 2003, Vol. 26.